EPIKTET · TELES · MUSONIUS

EPIKTET

Teles · Musonius

AUSGEWÄHLTE SCHRIFTEN

Griechisch – Deutsch

Herausgegeben und übersetzt
von Rainer Nickel

WISSENSCHAFTLICHE BUCHGESELLSCHAFT
DARMSTADT

Lizenzausgabe des
Artemis Verlags Zürich und München
Der Band erschien gleichzeitig in der Sammlung Tusculum.
Herausgeber: Karl Bayer, Manfred Fuhrmann,
Rainer Nickel

Bestellnummer 12566-5

Artemis & Winkler Verlag
© 1994 Artemis Verlags-AG, Zürich

INHALT

TEXT UND ÜBERSETZUNG

ANHANG

EPIKTET

(ETWA 50 BIS 120 N. CHR.)

ΕΠΙΚΤΗΤΟΥ ΕΓΧΕΙΡΙΔΙΟΝ.

c. 1. Τῶν ὄντων τὰ μέν ἐστιν ἐφ᾽ ἡμῖν, τὰ δὲ οὐκ ἐφ᾽
ἡμῖν. ἐφ᾽ ἡμῖν μὲν ὑπόληψις, ὁρμή, ὄρεξις, ἔκκλισις καὶ ἑνὶ
λόγῳ ὅσα ἡμέτερα ἔργα· οὐκ ἐφ᾽ ἡμῖν δὲ τὸ σῶμα, ἡ κτῆσις,
δόξαι, ἀρχαὶ καὶ ἑνὶ λόγῳ ὅσα οὐχ ἡμέτερα ἔργα. καὶ
τὰ μὲν ἐφ᾽ ἡμῖν ἐστι φύσει ἐλεύθερα, ἀκώλυτα, ἀπαραπόδιστα,
τὰ δὲ οὐκ ἐφ᾽ ἡμῖν ἀσθενῆ, δοῦλα, κωλυτά ἀλλότρια.
μέμνησο οὖν, ὅτι, ἐὰν τὰ φύσει δοῦλα ἐλεύθερα οἰηθῇς παὶ
τὰ ἀλλότρια ἴδια, ἐμποδισθήσῃ, πενθήσεις, ταραχθήσῃ,
μέμψῃ καὶ θεοὺς καὶ ἀνθρώπους, ἐὰν δὲ τὸ σὸν μόνον οἰηθῇς σὸν εἶναι, τὸ δὲ ἀλλότριον, ὥσπερ ἐστίν, ἀλλότριον,
οὐδείς σε ἀναγκάσει οὐδέποτε, οὐδείς σε κωλύσει, οὐ μέμψῃ
οὐδένα, οὐκ ἐγκαλέσεις τινί, ἄκων πράξεις οὐδὲ ἕν, οὐδείς σε
βλάψει, ἐχθρὸν οὐχ ἕξεις, οὐδὲ γὰρ βλαβερόν τι πείσῃ. τηλικούτων οὖν ἐφιέμενος μέμνησο, ὅτι οὐ δεῖ μετρίως

HANDBUCH DER MORAL

WAS IN UNSERER MACHT STEHT UND WAS NICHT (1)

Das eine steht in unserer Macht, das andere nicht. In unserer Macht stehen: Annehmen und Auffassen, Handeln-Wollen, Begehren und Ablehnen[1] – alles, was wir selbst in Gang setzen und zu verantworten haben. Nicht in unserer Macht stehen: unser Körper, unser Besitz, unser gesellschaftliches Ansehen, unsere Stellung – kurz: alles, was wir selbst nicht in Gang setzen und zu verantworten haben.

Was sich in unserer Macht befindet, ist von Natur aus[2] frei und läßt sich von einem Außenstehenden nicht behindern oder stören; was sich aber nicht in unserer Macht befindet, ist ohne Kraft, unfrei, läßt sich von außen behindern und ist fremdem Einfluß ausgesetzt. Denk daran[3]: Wenn du das von Natur aus Unfreie für frei und das Fremde für dein Eigentum hältst, dann wirst du dir selbst im Wege stehen, Grund zum Klagen haben, dich aufregen und aller Welt Vorwürfe machen; hältst du aber nur das für dein Eigentum, was wirklich dir gehört, das Fremde aber für fremd, dann wird niemand jemals Zwang auf dich ausüben, niemand wird dich behindern, du brauchst niemandem Vorwürfe zu machen oder die Schuld an etwas zu geben, wirst nichts gegen deinen Willen tun, keine Feinde haben, und niemand kann dir schaden; denn es gibt nichts, was dir Schaden zufügen könnte[4].

Wenn du nach einem so hohen Ziel strebst, dann sei dir

κεκινημένον ἅπτεσθαι αὐτῶν, ἀλλὰ τὰ μὲν ἀφιέναι παντελῶς, τὰ δ' ὑπερτίθεσθαι πρὸς τὸ παρόν. ἐὰν δὲ καὶ ταῦτ'
ἐθέλῃς καὶ ἄρχειν καὶ πλουτεῖν, τυχὸν μὲν οὐδ' αὐτῶν τούτων τεύξῃ διὰ τὸ καὶ τῶν προτέρων ἐφίεσθαι, πάντως γε μὴν
ἐκείνων ἀποτεύξῃ, δι' ὧν μόνων ἐλευθερία καὶ εὐδαιμονία
περιγίνεται. εὐθὺς οὖν πάσῃ φαντασίᾳ τραχείᾳ μελέτα ἐπιλέγειν ὅτι 'φαντασία εἶ καὶ οὐ πάντως τὸ φαινόμενον'.
ἔπειτα ἐξέταζε αὐτὴν καὶ δοκίμαζε τοῖς κανόσι τούτοις οἷς
ἔχεις, πρώτῳ δὲ τούτῳ καὶ μάλιστα, πότερον περὶ τὰ ἐφ' ἡμῖν
ἐστιν ἢ περὶ τὰ οὐκ ἐφ' ἡμῖν· κἂν περί τι τῶν οὐκ ἐφ' ἡμῖν
ᾖ, πρόχειρον ἔστω τὸ διότι 'οὐδὲν πρὸς ἐμέ'.

c. 2.   Μέμνησο, ὅτι ὀρέξεως ἐπαγγελία ἐπιτυχία, οὗ ὀρέγῃ,
ἐκκλίσεως ἐπαγγελία τὸ μὴ περιπεσεῖν ἐκείνῳ, ὃ ἐκκλίνεται, καὶ
ὁ μὲν ⟨ἐν⟩ ὀρέξει ἀποτυγχάνων ἀτυχής, ὁ δὲ ⟨ἐν⟩ ἐκκλίσει
περιπίπτων δυστυχής. ἂν μὲν οὖν μόνα ἐκκλίνῃς τὰ παρὰ
φύσιν τῶν ἐπὶ σοί, οὐδενί, ὧν ἐκκλίνεις, περιπεσῇ· νόσον δ' ἂν
ἐκκλίνῃς ἢ θάνατον ἢ πενίαν, δυστυχήσεις. ἆρον οὖν
τὴν ἔκκλισιν ἀπὸ πάντων τῶν οὐκ ἐφ' ἡμῖν καὶ μετάθες ἐπὶ

bewußt, daß dies mit erheblicher Anstrengung verbunden ist: Du mußt auf manches ganz verzichten und manches zeitweilig aufgeben.

Wenn du aber nicht nur dieses willst, sondern auch noch der Macht und dem Reichtum nachjagst, dann wirst du wahrscheinlich nicht einmal hierin Erfolg haben, weil du zugleich das andere haben willst. Auf keinen Fall aber wirst du das bekommen, wodurch allein Freiheit und Glück möglich sind. Bemühe dich daher, jedem unangenehmen Eindruck[5] sofort mit den Worten zu begegnen: «Du bist nur ein Eindruck, und ganz und gar nicht das, was du zu sein scheinst.» Dann prüfe und beurteile den Eindruck nach den Regeln, die du beherrschst, vor allem nach der ersten Regel, ob sich der Eindruck auf die Dinge bezieht, die in unserer Macht stehen oder nicht; und wenn er sich auf etwas bezieht, was nicht in unserer Macht steht, dann sag dir sofort[6]: «Es geht mich nichts an.»

WAS MAN BEGEHREN UND WAS MAN ABLEHNEN SOLL (2)

Merke dir: Begehren zielt darauf, daß man das, was man begehrt, auch bekommt; Ablehnung zielt darauf, daß einem das, was man ablehnt, nicht zuteil wird, und wer sein Begehren nicht befriedigen kann, ist unglücklich; unglücklich ist aber auch, wem das zuteil wird, was er vermeiden möchte. Wenn du also nur von den Dingen, die in deiner Macht stehen, das ablehnst, was gegen die Natur ist[7], dann wird dir auch nichts von dem zustoßen, was du ablehnst. Wenn du aber Krankheit, Tod oder Armut zu entgehen suchst, dann wirst du unglücklich sein. Hüte dich also vor Abneigung gegenüber allen Dingen, die nicht in unserer Macht stehen, und gib ihr nur nach gegenüber den Dingen,

τὰ παρὰ φύσιν τῶν ἐφ' ἡμῖν. τὴν ὄρεξιν δὲ παντελῶς ἐπὶ
τοῦ παρόντος ἄνελε· ἄν τε γὰρ ὀρέγῃ τῶν οὐκ ἐφ' ἡμῖν
τινος, ἀτυχεῖν ἀνάγκη τῶν τε ἐφ' ἡμῖν, ὅσων ὀρέγεσθαι καλὸν
ἄν, οὐδὲν οὐδέπω σοι πάρεστι. μόνῳ δὲ τῷ ὁρμᾶν καὶ ἀφορμᾶν
χρῶ, κούφως μέντοι καὶ μεθ' ὑπεξαιρέσεως παὶ ἀνειμένως.

c. 3. Ἐφ' ἑκάστου τῶν ψυχαγωγούντων ἢ χρείαν παρ-
εχόντων ἢ στεργομένων μέμνησο ἐπιλέγειν, ὁποῖόν ἐστιν, ἀπὸ
τῶν σμικροτάτων ἀρξάμενος· ἂν χύτραν στέργῃς, ὅτι ʼ χύτραν
στέργω'. κατεαγείσης γὰρ αὐτῆς οὐ ταραχθήσῃ· ἂν παιδίον
σαυτοῦ καταφιλῇς ἢ γυναῖκα, ὅτι ἄνθρωπον καταφιλεῖς· ἀποθανόντος γὰρ οὐ ταραχθήσῃ.

c. 4. Ὅταν ἅπτεσθαί τινος ἔργου μέλλῃς, ὑπομίμνησκε
σεαυτόν, ὁποῖόν ἐστι τὸ ἔργον. ἐὰν λουσόμενος ἀπίῃς, πρόβαλλε
σεαυτῷ τὰ γινόμενα ἐν βαλανείῳ, τοὺς ἀπορραίνοντας,
τοὺς ἐγκρονομένους, τοὺς λοιδοροῦντας, τοὺς κλέ-
πτοντας. καὶ οὕτως ἀσφαλέστερον ἅψῃ τοῦ ἔργου, ἐὰν
ἐπιλέγῃς εὐθὺς ὅτι ʼ λούσασθαι θέλω καὶ τὴν ἐμαυτοῦ προαίρεσιν

die in unserer Macht stehen, aber gegen die Natur sind. Das Begehren aber laß für den Augenblick ganz sein. Denn wenn du etwas begehrst, was nicht in unserer Macht steht, dann wirst du zwangsläufig unglücklich, und von den Dingen, die in unserer Macht stehen und die du gern begehren könntest, weißt du noch nichts. Beschränke dich auf den Willen zum Handeln[8] und auf den Willen, nicht zu handeln, doch nicht verkrampft, sondern mit Zurückhaltung und Gelassenheit.

SEI DIR ÜBER DAS WESEN DER DINGE IM KLAREN (3)

Bei allem, was dir Freude macht, was dir nützlich ist oder was du gern hast, denke daran, dir immer wieder zu sagen, was es eigentlich ist. Fang bei den unbedeutendsten Dingen an. Wenn du zum Beispiel an einem Topf hängst, dann sage dir: «Es ist ein einfacher Topf, an dem ich hänge.» Dann wirst du dich nämlich nicht aufregen, wenn er zerbricht. Wenn du dein Kind oder deine Frau küßt, dann sage dir: «Es ist ein Mensch, den du küßt.» Dann wirst du deine Fassung nicht verlieren, wenn er stirbt[9].

HALTUNG BEWAHREN (4)

Wenn du irgend etwas vorhast, dann mach dir klar, was du eigentlich vorhast. Wenn du zum Beispiel zum Baden gehst, dann stell dir vor, wie es in einem öffentlichen Bad zugeht, wie sie dich naßspritzen, hin und her stoßen, beschimpfen und bestehlen. Du wirst daher mit größerer Ruhe und Sicherheit hingehen, wenn du dir von vornherein sagst: «Ich will baden und meiner sittlichen Entscheidung[10]

κατὰ φύσιν ἔχουσαν τηρῆσαι'. καὶ ὡσαύτως ἐφ' ἑκάστου
ἔργου. οὕτω γὰρ ἄν τι πρὸς τὸ λούσασθαι γένηται ἐμ-
ποδών, πρόχειρον ἔσται διότι 'ἀλλ' οὐ τοῦτο ἤθελον
μόνον, ἀλλὰ καὶ τὴν ἐμαυτοῦ προαίρεσιν κατὰ φύσιν ἔχουσαν
τηρῆσαι· οὐ τηρήσω δέ, ἐὰν ἀγανακτῶ πρὸς τὰ γινόμενα.'

c. 5. Ταράσσει τοὺς ἀνθρώπους οὐ τὰ πράγματα, ἀλλὰ
τὰ περὶ τῶν πραγμάτων δόγματα· οἷον ὁ θάνατος οὐδὲν δεινόν (ἐπεὶ καὶ Σωκράτει ἂν ἐφαίνετο), ἀλλὰ τὸ δόγμα τὸ περὶ
τοῦ θανάτου, διότι δεινόν, ἐκεῖνο τὸ δεινόν ἐστιν. ὅταν οὖν
ἐμποδιζώμεθα ἢ ταρασσώμεθα ἢ λυπώμεθα, μηδέποτε ἄλλον
αἰτιώμεθα, ἀλλ' ἑαυτούς, τοῦτ' ἔστι τὰ ἑαυτῶν δόγματα.
ἀπαιδεύτου ἔργον τὸ ἄλλοις ἐγκαλεῖν, ἐφ' οἷς αὐτὸς
πράσσει κακῶς· ἠργμένου παιδεύεσθαι τὸ ἑαυτῷ·
πεπαιδευμένου τὸ μήτε ἄλλῳ μήτε ἑαυτῷ.

c. 6. Ἐπὶ μηδενὶ ἐπαρθῇς ἀλλοτρίῳ προτερήματι.
εἰ ὁ ἵππος ἐπαιρόμενος ἔλεγεν ὅτι 'καλός εἰμι', οἰστὸν

treu bleiben, durch die ich mich in Übereinstimmung mit der menschlichen Vernunftnatur befinde.» Das gilt auch für alles andere. Denn wenn dich wirklich etwas beim Baden stört, wirst du dir sagen können: «Ich wollte ja nicht nur baden, sondern auch meiner sittlichen Entscheidung treu bleiben, durch die ich mich in Übereinstimmung mit der menschlichen Vernunftnatur befinde. Das tue ich aber nicht, wenn ich mich über derartige Vorgänge ärgere.»

NICHT DIE DINGE SELBST MIT DEN URTEILEN ÜBER SIE VERWECHSELN (5)

Nicht die Dinge selbst beunruhigen die Menschen, sondern ihre Urteile und Meinungen[11] über sie. So ist zum Beispiel der Tod nichts Furchtbares – sonst hätte er auch Sokrates furchtbar erscheinen müssen –, sondern nur die Meinung, er sei furchtbar, ist das Furchtbare. Wenn wir also in Schwierigkeiten geraten, beunruhigt oder betrübt werden, wollen wir die Schuld niemals einem anderen, sondern nur uns selbst geben, das heißt unseren Meinungen und Urteilen.

Ein Ungebildeter pflegt seinen Mitmenschen vorzuwerfen, daß es ihm schlecht geht. Ein Anfänger in der philosophischen Bildung macht sich selbst Vorwürfe. Der wirklich Gebildete schiebt die Schuld weder auf einen anderen noch auf sich selbst.

WORAUF MAN STOLZ SEIN DARF (6)

Sei nicht stolz auf einen Vorzug, der nicht dein eigener ist. Wenn ein Pferd in seinem Stolz sagen würde: «Ich bin schön», so wäre das noch erträglich. Aber wenn du mit

ἂν ἦν· σὺ δέ, ὅταν λέγῃς ἐπαιρόμενος ὅτι 'ἵππον καλὸν ἔχω', ἴσθι, ὅτι ἐπὶ ἵππου ἀγαθῷ ἐπαίρῃ. τί οὖν ἐστι σόν; χρῆσις φαντασιῶν. ὥσθ', ὅταν ἐν χρήσει φαντασιῶν κατὰ φύσιν σχῇς, τηνικαῦτα ἐπάρθητι· τότε γὰρ ἐπὶ σῷ τινι ἀγαθῷ ἐπαρθήσῃ.

c. 7. Καθάπερ ἐν πλῷ τοῦ πλοίου καθορμισθέντος εἰ ἐξέλθοις ὑθρεύσασθαι, ὁδοῦ μὲν πάρεργον καὶ κοχλίδιον ἀναλέξῃ καὶ βολβάριον, τετάσθαι δὲ δεῖ τὴν διάνοιαν ἐπὶ τὸ πλοῖον καὶ συνεχῶς ἐπιστρέφεσθαι, μή ποτε ὁ κυβερνήτης καλέσῃ, κἂν καλέσῃ, πάντα ἐκεῖνα ἀφιέναι, ἵνα μὴ δεδεμένος ἐμβληθῇς ὡς τὰ πρόβατα· οὕτω καὶ ἐν τῷ βίῳ, ἐὰν διδῶται ἀντὶ βολβαρίου καὶ κοχλιδίου γυναικάριον καὶ παιδίον, οὐδὲν κωλύσει· ἐὰν δὲ ὁ κυβερνήτης καλέσῃ, τρέχε ἐπὶ τὸ πλοῖον ἀφεὶς ἐκεῖνα ἅπαντα μηδὲ ἐπιστρεφόμενος. ἐὰν δὲ γέρων ᾖς, μηδὲ ἀπαλλαγῇς ποτε τοῦ πλοίου μακράν, μή ποτε καλοῦντος ἐλλίπῃς.

c. 8. Μὴ ζήτει τὰ γινόμενα γίνεσθαι ὡς θέλεις, ἀλλὰ θέλε τὰ γινόμενα ὡς γίνεται καὶ εὐροήσεις.

Stolz behaupten würdest: «Ich habe ein schönes Pferd», dann mußt du bedenken, daß du nur auf die Schönheit deines Pferdes stolz bist. Was gehört also dir? Der Gebrauch deiner Eindrücke[12]. Wenn du dich aber beim Gebrauch deiner Eindrücke im Einklang mit der menschlichen Vernunftnatur befindest[13], dann kannst du mit Recht stolz sein. Dann nämlich wirst du auf einen Vorzug stolz sein, der wirklich dir gehört.

WENN DER STEUERMANN RUFT (7)

Wenn das Schiff auf einer Seereise vor Anker geht und du aussteigst, um frisches Wasser zu holen, dann kannst du unterwegs eine Muschel oder einen kleinen Tintenfisch auflesen, aber deine Aufmerksamkeit muß auf das Schiff gerichtet bleiben, und du mußt es ständig im Auge behalten, der Steuermann könnte ja rufen, und wenn er ruft, dann mußt du alles liegen lassen, damit du nicht gefesselt wie die Schafe auf das Schiff geworfen wirst. So ist es auch im Leben: Wenn dir statt einer Muschel oder eines Tintenfisches eine Frau und ein Kind gegeben sind, so wird dies kein Hindernis sein. Wenn der Steuermann ruft, lauf zum Schiff, laß alles liegen und dreh dich nicht um. Wenn du aber alt geworden bist, dann entferne dich nur nicht zu weit vom Schiff, damit du nicht zurückbleibst, falls du gerufen wirst[14].

NICHT ZUVIEL VERLANGEN (8)

Verlange nicht, daß alles, was geschieht, so geschieht, wie du es willst, sondern wünsche dir, daß alles so geschieht, wie es geschieht, und du wirst glücklich sein[15].

c. 9. *Νόσος σώματός ἐστιν ἐμπόδιον, προαιρέσεως δὲ οὔ, ἐὰν μὴ αὐτὴ θέλῃ. χώλανσις σκέλους ἐστὶν
ἐμπόδιον, προαιρέσεως δὲ οὔ. καὶ τοῦτο ἐφ᾿ ἑκάστου τῶν
ἐμπιπτόντων ἐπίλεγε· εὑρήσεις γὰρ αὐτὸ ἄλλου τινὸς ἐμπόδιον, σὸν δὲ οὔ.*

c. 10. *Ἐφ᾿ ἑκάστου τῶν προσπιπτόντων μέμνησο ἐπι-
στρέφων ἐπὶ σεαυτὸν ζητεῖν, τίνα δύναμιν ἔχεις πρὸς τὴν χρῆσιν
αὐτοῦ. ἐὰν καλὸν ἴδῃς ἢ καλήν, εὑρήσεις δύναμιν πρὸς ταῦτα
ἐγκράτειαν· ἐὰν πόνος προσφέρηται, εὑρήσεις καρτε-
ρίαν· ἂν λοιδορία, εὑρήσεις ἀνεξικακίαν. καὶ οὕτως
ἐθιζόμενόν σε οὐ συναρπάσουσιν αἱ φαντασίαι.*

c. 11. *Μηδέποτε ἐπὶ μηδενὸς εἴπῃς ὅτι ᾿ἀπώλεσα
αὐτό᾿, ἀλλ᾿ ὅτι ᾿ἀπέδωκα᾿. τὸ παιδίον ἀπέθανεν; ἀπεδόθη. ἡ γυνὴ ἀπέθανεν; ἀπεδόθη. ᾿τὸ χωρίον ἀφῃρέ-
θην.᾿ οὐκοῦν καὶ τοῦτο ἀπεδόθη. ᾿ἀλλὰ κακὸς ὁ
ἀφελόμενος.᾿ τί δὲ σοὶ μέλει, διὰ τίνος σε ὁ δοὺς ἀπῄτησε;
μέχρι δ᾿ ἂν διδῷ, ὡς ἀλλοτρίου αὐτοῦ ἐπιμελοῦ, ὡς τοῦ
πανδοχείου οἱ παριόντες.*

KRANKHEIT IST KEIN UNGLÜCK (9)

Krankheit ist hinderlich für den Körper, nicht aber für die sittliche Entscheidung, falls sie selbst es nicht will. Eine Lähmung behindert ein Bein, nicht aber die sittliche Entscheidung[16]. Sag dir das bei allem, was dir zustößt. Du wirst nämlich finden, daß es für etwas anderes hinderlich ist, nicht aber für dich selbst.

WAS GEGEN FALSCHE VORSTELLUNGEN HILFT (10)

Bei allem, was dir passiert, denke daran, in dich zu gehen und dich zu fragen: «Welche Kraft hast du, um richtig darauf zu reagieren?» Wenn du einen schönen Knaben oder ein schönes Mädchen siehst, so wirst du als Gegenkraft Selbstbeherrschung haben; erwartet dich eine schwere Anstrengung, so wird dein Gegenmittel Ausdauer sein, wird dir eine Beleidigung zuteil, so wirst du mit Duldsamkeit reagieren[17]. Wenn du dich daran gewöhnt hast, werden dich die (falschen) Vorstellungen und Eindrücke nicht mehr beherrschen[18].

MAN KANN NICHTS VERLIEREN (11)

Sag nie von einer Sache: «Ich habe sie verloren», sondern: «Ich habe sie zurückgegeben.» Dein Kind ist gestorben? Nein, du hast es zurückgegeben. Deine Frau ist gestorben[19]? Nein, du hast sie zurückgegeben. «Ich habe mein Grundstück verloren.» Gut, auch das hast du zurückgegeben. «Aber es ist doch ein Verbrecher, der es mir gestohlen hat.» Was geht es dich an, durch wen es der, der es dir einst gab, von dir zurückforderte? Solange er es dir überläßt, be-

c. 12. Εἰ προκόψαι θέλεις, ἄφες τοὺς τοιούτους ἐπι-
λογισμούς. 'ἐὰν ἀμελήσω τᾶν ἐμῶν, οὐχ ἕξω διατροφάς'· 'ἐὰν
μὴ κολάσω τὸν παῖδα, πονηρὸς ἔσται.' κρεῖσσον γὰρ λιμῷ
ἀποθανεῖν ἄλυπον καὶ ἄφοβον γενόμενον ἢ ζῆν ἐν ἀφθόνοις
ταρασσόμενον. κρεῖττον δὲ τὸν παῖδα κακὸν εἶναι ἢ σὲ
κακοδαίμονα. ἄρξαι τοιγαροῦν ἀπὸ τῶν σμικρῶν. ἐκχεῖται τὸ
ἐλάδιον, κλέπτεται τὸ οἰνάριον· ἐπίλεγε ὅτι 'τοσούτου πωλεῖται
ἀπάθεια, τοσούτου ἀταραξία'· προῖκα δὲ οὐδὲν περιγίνεται.
ὅταν δὲ καλῇς τὸν παῖδα, ἐνθυμοῦ, ὅτι δύναται μὴ ὑπακοῦσαι
καὶ ὑπακούσας μηδὲν ποιῆσαι ὧν θέλεις· ἀλλ' οὐχ οὕτως
ἐστὶν αὐτῷ καλῶς, ἵνα ἐπ' ἐκείνῳ ᾖ τὸ σὲ μὴ ταρα-
χθῆναι.ᵉ

c. 13. Εἰ προκόψαι θέλεις, ὑπόμεινον ἕνεκα τῶν ἐκτὸς
ἀνόητος δόξας καὶ ἠλίθιος, μηδὲν βούλου δοκεῖν ἐπίστασθαι·
κἂν δόξῃς τις εἶναί τισιν, ἀπίστει σεαυτῷ. ἴσθι γὰρ ὅτι οὐ
ῥᾴδιον τὴν προαίρεσιν τὴν σεαυτοῦ κατὰ φύσιν ἔχουσαν φυλάξαι καὶ τὰ ἐκτός, ἀλλὰ τοῦ ἑτέρου ἐπιμελούμενον τοῦ ἑτέρου
ἀμελῆσαι πᾶσα ἀνάγκη.

handle es als fremdes Eigentum wie die Reisenden ihr Gasthaus.

DU MUSST UMDENKEN (12)

Wenn du moralische Fortschritte [20] machen willst, mußt du Gedanken wie die folgenden abwerfen: «Wenn ich mich nicht um mein Vermögen kümmere, werde ich nichts zu essen haben.» Oder: «Wenn ich meinen Diener nicht bestrafe, wird er ein Taugenichts.» Denn es ist besser zu verhungern, aber ohne Sorgen und Angst[21] gelebt zu haben, als im Überfluß, aber in ständiger Aufregung. Es ist besser, daß dein Diener ein Taugenichts ist, als daß du selbst unglücklich[22] bist. Beginne also mit kleinen Dingen[23]: Wird dir ein Tropfen Öl vergossen oder ein bißchen Wein gestohlen, so sage dir: «Das ist der Preis für Gleichmut und innere Ruhe. Umsonst bekommt man nichts[24].»

Wenn du deinen Diener rufst, bedenke, daß er dich vielleicht nicht hören kann, und wenn er dich gehört hat, daß er vielleicht gar nicht in der Lage ist, das zu tun, was du von ihm verlangst. Aber er befände sich in keiner besonders glücklichen Lage, wenn deine innere Ruhe von ihm abhinge[25].

WAS MAN VON DIR DENKT, SEI DIR GLEICHGÜLTIG (13)

Wenn du Fortschritte[26] machen willst, dann halte es aus, daß man dich wegen äußerer Dinge für töricht und einfältig hält, und habe auch nicht den Wunsch, den Anschein zu erwecken, etwas zu verstehen, und wenn andere es von dir glauben, mißtraue dir selbst. Denn sei dir darüber im klaren, daß es nicht leicht ist, seiner moralischen Entschei-

c. 14. Ἐὰν θέλῃς τὰ τέκνα σου καὶ τὴν γυναῖκα καὶ
τοὺς φίλους σου πάντοτε ζῆν, ἠλίθιος εἶ· τὰ γὰρ μὴ ἐπὶ σοὶ
θέλεις ἐπὶ σοὶ εἶναι καὶ τὰ ἀλλότρια σὰ εἶναι. οὕτω κἂν τὸν
παῖδα θέλῃς μὴ ἁμαρτάνειν, μωρὸς εἶ· θέλεις γὰρ τὴν κακίαν μὴ εἶναι κακίαν, ἀλλ' ἄλλο τι. ἐὰν δὲ θέλῃς ὀρεγόμενος μὴ ἀποτυγχάνειν, τοῦτο δύνασαι. τοῦτο οὖν ἄσκει.
ὃ δύνασαι. κύριος ἑκάστου ἐστὶν ὁ τῶν ὑπ' ἐκείνου θελομένων ἢ μὴ θελομένων ἔχων τὴν ἐξουσίαν εἰς τὸ περιποιῆσαι
ἢ ἀφελέσθαι. ὅστις οὖν ἐλεύθερος εἶναι βούλεται, μήτε θε-
λέτω τι μήτε φευγέτω τι τῶν ἐπ' ἄλλοις· εἰ δὲ μή, δουλεύειν
ἀνάγκη.

c. 15. Μέμνησο, ὅτι ὡς ἐν συμποσίῳ σε δεῖ ἀναστρέφεσθαι. περιφερόμενον γέγονέ τι κατὰ σέ· ἐκτείνας τὴν χεῖρα
κοσμίως μετάλαβε. παρέρχεται· μὴ κάτεχε. οὔπω ἥκει· μὴ ἐπί-

dung, durch die man sich in Übereinstimmung mit der menschlichen Vernunftnatur befindet, treu zu bleiben und zugleich die äußeren Dinge zu berücksichtigen. Es gibt vielmehr nur ein Entweder–Oder: Wer sich um das eine kümmert, muß das andere vernachlässigen.

ÜBE, WAS IN DEINER MACHT STEHT (14)

Wenn du willst, daß deine Kinder, deine Frau und deine Freunde ewig leben, bist du ein Narr; denn du verlangst, daß das, was nicht in deiner Macht steht, in deiner Macht stehe, und daß das, was dir nicht gehört, dir gehöre. Ebenso töricht bist du, wenn du wünschst, daß dein Diener keinen Fehler mache; denn du willst, daß der Fehler kein Fehler sei, sondern etwas anderes.

Wenn du aber den Willen hast, dein Ziel nicht zu verfehlen, so kann dir dies möglich sein. Übe dich[27] einfach in dem, was dir möglich ist.

Jedem anderen überlegen ist derjenige, der die Möglichkeit hat, ihm das zu geben, was er haben will, und ihn von dem zu befreien, was er nicht haben will.

Wer aber frei sein will, der darf weder erstreben noch meiden, was in der Macht eines anderes steht. Sonst wird er zwangsläufig zum Sklaven.

VERZICHTEN IST BESSER ALS ZUGREIFEN (15)

Denke daran, daß du dich im Leben verhalten mußt wie bei einem Gastmahl. Es wird etwas herumgereicht, und du kommst an die Reihe. Streck deine Hand aus und nimm dir ein bißchen. Es wird weitergereicht. Halte es nicht zurück.

24 Epiktet

βάλλε πόρρω τὴν ὄρεξιν, ἀλλὰ περίμενε, μέχρις ἂν γένηται κατὰ
σέ. οὕτω πρὸς τέκνα, οὕτω πρὸς γυναῖκα, οὕτω πρὸς ἀρχάς,
οὕτω πρὸς πλοῦτον· καὶ ἔσῃ ποτὲ ἄξιος τῶν θεῶν συμπότης.
ἂν δὲ καὶ παρατεθέντων σοι μὴ λάβῃς, ἀλλ' ὑπερίδῃς,
τότε οὐ μόνον συμπότης τῶν θεῶν ἔσῃ, ἀλλὰ καὶ συν-
άρχων. οὕτω γὰρ ποιῶν Διογένης καὶ Ἡράκλειτος καὶ
οἱ ὅμοιοι ἀξίως   θεῖοί τε ἦσαν καὶ ἐλέγοντο .

c. 16. Ὅταν κλαίοντα ἴδῃς τινὰ ἐν πένθει   ἢ ἀποδη-
μοῦντος τέκνου   ἢ ἀπολωλεκότα τὰ ἑαυτοῦ,   πρόσεχε μή σε ἡ
φαντασία συναρπάσῃ   ὡς ἐν κακοῖς ὄντος αὐτοῦ τοῖς ἐκτός,
ἀλλ' εὐθὺς ἔστω πρόχειρον   ὅτι 'τοῦτον θλίβει οὐ τὸ συμ-
βεβηκός   (ἄλλον γὰρ οὐ θλίβει),   ἀλλὰ τὸ δόγμα τὸ περὶ τούτου'.   μέχρι μέντοι λόγου μὴ ὄκνει συμπεριφέρεσθαι αὐτῷ,
κἂν οὕτω τύχῃ, καὶ συνεπιστενάξαι·   πρόσεχε μέντοι μὴ
καὶ ἔσωθεν στενάξῃς.

c. 17. Μέμνησο, ὅτι ὑποκριτὴς εἶ δράματος, οἵου ἂν θέλῃ
ὁ διδάσκαλος· ἂν βραχύ, βραχέος· ἂν μακρόν, μακροῦ· ἂν πτω-

Es ist noch nicht bei dir angekommen. Richte dein Verlangen nicht weiter darauf, sondern warte, bis es zu dir kommt.

So halte es auch mit dem Wunsch nach Kindern, nach einer Frau, nach einer angesehenen Stellung, nach Reichtum, und du wirst eines Tages[28] eines Gastmahls mit den Göttern würdig sein.

Wenn du aber nichts von dem nimmst, was dir vorgesetzt wird, sondern es unbeachtet läßt, dann wirst du nicht nur ein Tischgenosse der Götter sein, sondern auch an ihrer Macht teilhaben. Denn so taten es Diogenes, Herakles[29] und ähnliche Männer, und darum waren sie mit Recht göttlich und wurden mit Recht göttlich genannt.

GRENZEN DES MITLEIDS (16)

Wenn du jemanden jammern und klagen siehst, weil sein Kind weit fort ist oder weil er sein Vermögen verloren hat, achte darauf, daß du dich nicht von der Vorstellung hinreißen läßt, er sei aufgrund dieser äußeren Dinge tatsächlich im Unglück. Halte dir vielmehr sofort vor Augen: «Nicht das, was passiert ist, betrübt diesen Mann (jemand anders nämlich betrübt es nicht), sondern seine Meinung[30] darüber.»

Zögere jedoch nicht, ihn mit Worten zu trösten und, wenn es sich so ergibt, auch mit ihm zu klagen. Aber hüte dich davor, auch mit innerer Anteilnahme zu jammern.

SPIEL DEINE ROLLE GUT (17)

Erinnere dich, daß du ein Schauspieler in einem Drama bist; deine Rolle verdankst du dem Schauspieldirektor[31]. Spiele

χὸν ὑποκρίνασθαί σε θέλῃ, ἵνα καὶ τοῦτον εὐφυῶς ὑποκρίνῃ
ἂν χωλόν, ἂν ἄρχοντα, ἂν ἰδιώτην. σὸν γὰρ τοῦτ᾽ ἔστι, τὸ δο-
θὲν ὑποκρίνασθαι πρόσωπον καλῶς· ἐκλέξασθαι δ᾽ αὐτὸ ἄλλου.

c. 18. Κόραξ ὅταν μὴ αἴσιον κεκράγῃ, μὴ συν-
αρπαζέτω σε ἡ φαντασία· ἀλλ᾽ εὐθὺς διαίρει παρὰ
σεαυτῷ καὶ λέγε ὅτι ᾽τούτων ἐμοὶ οὐδὲν ἐπισημαίνε-
ται, ἀλλ᾽ ἢ τῷ σωματίῳ μου ἢ τῷ κτησειδίῳ μου ἢ τῷ
δοξαρίῳ μου ἢ τοῖς τέκνοις ἢ τῇ γυναικί. ἐμοὶ δὲ
πάντα αἴσια σημαίνεται, ἐὰν ἐγὼ θέλω· ὅ τι γὰρ ἂν
τούτων ἀποβαίνῃ, ἐπ᾽ ἐμοί ἐστιν ὠφεληθῆναι ἀπ᾽ αὐτοῦ᾽.

c. 19. Ἀνίκητος εἶναι δύνασαι, ἐὰν εἰς μηδένα ἀγῶνα
καταβαίνῃς, ὃν οὐκ ἔστιν ἐπὶ σοὶ νικῆσαι. ὅρα μήποτε ἰδών
τινα προτιμώμενον ἢ μέγα δυνάμενον ἢ ἄλλως εὐδοκι-
μοῦντα μακαρίσῃς, ὑπὸ τῆς φαντασίας συναρπασθείς. ἐὰν
γὰρ ἐν τοῖς ἐφ᾽ ἡμῖν ἡ οὐσία τοῦ ἀγαθοῦ ᾖ, οὔτε φθόνος
οὔτε ζηλοτυπία χώραν ἔχει· σύ τε αὐτὸς οὐ στρατηγός,
οὐ πρύτανις ἢ ὕπατος εἶναι θελήσεις, ἀλλ᾽ ἐλεύθερος. μία
δὲ ὁδὸς πρὸς τοῦτο, καταφρόνησις τῶν οὐκ ἐφ᾽ ἡμῖν.

sie, ob sie nun kurz oder lang ist. Wenn er verlangt, daß du einen Bettler darstellst, so spiele auch diesen angemessen; ein Gleiches gilt für einen Krüppel, einen Herrscher oder einen Durchschnittsmenschen.

Denn das allein ist deine Aufgabe: die dir zugeteilte Rolle gut zu spielen; sie auszuwählen, ist Sache eines anderen.

VORZEICHEN (18)

Wenn dir ein Rabe krächzend Unheil verkündet, laß dich nicht von deiner Vorstellung hinreißen, sondern triff sofort die Unterscheidung[32] bei dir und sag dir: «Keines dieser Vorzeichen gilt mir, sondern nur meinem erbärmlichen Körper, meinem bißchen Besitz, meinem kümmerlichen Ansehen, meinen Kindern oder meiner Frau. Mir aber wird überhaupt nur Glück prophezeit, wenn ich es will. Was auch immer davon eintreffen mag – es liegt bei mir, Nutzen daraus zu ziehen.»

WAHRE FREIHEIT (19)

Du kannst unbesiegbar sein, wenn du dich auf keinen Kampf[33] einläßt, in dem der Sieg nicht von dir abhängt. Wenn du jemanden siehst, der hochgeehrt, sehr mächtig oder sonst in großem Ansehen steht, laß dich nicht von dem äußeren Eindruck blenden und preise ihn nicht glücklich. Denn wenn das wahre Wesen des Guten zu dem gehört, was in unserer Macht steht, dann ist weder Neid noch Eifersucht am Platze. Du selbst willst doch kein Feldherr, Senator oder Konsul sein, sondern ein freier Mann. Dahin führt aber nur ein einziger Weg[34]: Alles gering zu schätzen, was nicht in unserer Macht steht.

c. 20.   Μέμνησο, ὅτι οὐχ ὁ λοιδορῶν ἢ ὁ τύπτων ὑβρίζει,
ἀλλὰ τὸ δόγμα τὸ περὶ τούτων ὡς ὑβριζόντων.   ὅταν οὖν
ἐρεθίσῃ   σέ τις, ἴσθι, ὅτι ἡ σή σε ὑπόληψις ἠρέθικε.
τοιγαροῦν ἐν πρώτοις πειρῶ ὑπὸ τῆς φαντασίας μὴ συναρπα-
σθῆναι·   ἂν γὰρ ἅπαξ χρόνου καὶ διατριβῆς τύχῃς, ῥᾷον κρα-
τήσεις σεαυτοῦ.

c. 21.   Θάνατος καὶ φυγὴ καὶ πάντα τὰ δεινὰ φαινόμενα   πρὸ ὀφθαλμῶν ἔστω σοι καθ' ἡμέραν, μάλιστα δὲ
πάντων ὁ θάνατος·   καὶ οὐδὲν οὐδέποτε οὔτε ταπεινὸν ἐνθυ-
μηθήσῃ   οὔτε ἄγαν ἐπιθυμήσεις τινός.

c. 22.   Εἰ φιλοσοφίας ἐπιθυμεῖς, παρασκευάζου αὐτόθεν
ὡς καταγελασθησόμενος,   ὡς καταμωκησομένων σου πολλῶν,   ὡς ἐρούντων ὅτι 'ἄφνω φιλόσοφος ἡμῖν ἐπανελήλυθε'
καὶ 'πόθεν ἡμῖν αὕτη ἡ ὀφρύς;'   σὺ δὲ ὀφρὺν μὲν μὴ
σχῇς·   τῶν δὲ βελτίστων σοι φαινομένων οὕτως ἔχου, ὡς
ὑπὸ τοῦ θεοῦ τεταγμένος εἰς ταύτην τὴν χώραν·   μέμνησό
τε διότι, ἐὰν μὲν ἐμμείνῃς τοῖς αὐτοῖς, οἱ καταγελῶντές
σου τὸ πρότερον οὗτοί σε ὕστερον θαυμάσονται, ἐὰν δὲ ἡττηθῇς αὐτῶν, διπλοῦν προσλήψῃ καταγέλωτα.

BELEIDIGUNGEN KÖNNEN MICH NICHT TREFFEN (20)

Sei dir dessen bewußt, daß dich derjenige nicht verletzen kann, der dich beschimpft oder schlägt; es ist vielmehr deine Meinung, daß diese Leute dich verletzen. Wenn dich also jemand reizt, dann wisse, daß es deine eigene Auffassung ist[35], die dich gereizt hat. Deshalb versuche vor allem, dich von deinem ersten Eindruck nicht hinreißen zu lassen. Denn wenn du dir Zeit zum Nachdenken nimmst, dann wirst du die Dinge leichter in den Griff bekommen.

NACHDENKEN ÜBER DEN TOD (21)

Tod, Verbannung und alles andere, was als furchtbar gilt, halte dir täglich vor Augen, besonders aber den Tod[36], und du wirst niemals kleinliche Gedanken haben oder etwas übermäßig begehren.

SICH NICHT BEIRREN LASSEN (22)

Wenn du nach Weisheit strebst, so mach dich von vornherein darauf gefaßt, daß man dich auslachen wird und daß dich viele verspotten und sagen werden: «Er ist plötzlich als Philosoph wiedergekommen.» Oder: «Wie kommt es, daß er auf einmal die Brauen so hochzieht?»

Du brauchst aber keine finstere Miene zu ziehen. Aber halte dich an das, was dir als das Beste erscheint, so als ob du von Gott auf diesen Posten gestellt wärest. Erinnere dich daran: Wenn du dabei bleibst, dann werden dich alle, die dich vorher ausgelacht haben, nachher bewundern. Wenn du dich aber von ihnen einschüchtern läßt, dann wird man dich doppelt auslachen.

c. 23. Ἐάν ποτέ σοι γένηται ἔξω στραφῆναι πρὸς
τὸ βούλεσθαι ἀρέσαι τινί, ἴσθι ὅτι ἀπώλεσας τὴν ἔνστασιν. ἀρκοῦ οὖν ἐν παντὶ τῷ εἶναι φιλόσοφος εἰ δὲ καὶ
δοκεῖν βούλει [τῷ εἶναι], σαυτῷ φαίνου καὶ ἱκανὸς ἔσῃ.

c. 24. Οὗτοί σε οἱ διαλογισμοὶ μὴ θλιβέτωσαν 'ἄτι-
μος ἐγὼ βιώσομαι καὶ οὐδεὶς οὐδαμοῦ'. εἰ γὰρ ἡ ἀτιμία ἐστὶ κακόν, οὐ δύνασαι ἐν κακῷ εἶναι δι' ἄλλον, οὐ
μᾶλλον ἢ ἐν αἰσχρῷ· μή τι οὖν σόν ἐστιν ἔργον τὸ ἀρχῆς
τυχεῖν ἢ παραληφθῆναι ἐφ' ἑστίασιν; οὐδαμῶς. πῶς οὖν ἔτι
τοῦτ' ἔστιν ἀτιμία; πῶς δὲ οὐδεὶς οὐδαμοῦ ἔσῃ, ὃν ἐν
μόνοις εἶναί τινα δεῖ τοῖς ἐπὶ σοί, ἐν οἷς ἔξεστί σοι
εἶναι πλείστου ἀξίῳ; ἀλλά σοι οἱ φίλοι ἀβοήθητοι
ἔσονται. τί λέγεις τὸ ἀβοήθητοι; οὐχ ἕξουσι παρὰ σοῦ
κερμάτιον· οὐδὲ πολίτας Ῥωμαίων αὐτοὺς ποιήσεις·
τίς οὖν σοι εἶπεν, ὅτι ταῦτα τῶν ἐφ' ἡμῖν ἐστιν, οὐχὶ
δὲ ἀλλότρια ἔργα; τίς δὲ δοῦναι δύναται ἑτέρῳ, ἃ μὴ
ἔχει αὐτός; 'κτῆσαι οὖν', φησίν, 'ἵνα ἡμεῖς ἔχω-

DEM LEBENSPLAN TREU BLEIBEN (23)

Wenn es dir einmal passiert, daß du dich den Äußerlichkeiten zuwendest, weil du jemandem gefallen willst, dann sei dir darüber im klaren: Du hast deinen Lebensplan aufgegeben. Es muß dir also ganz und gar genügen, ein Philosoph zu sein; wenn du aber auch als solcher angesehen werden willst[37], dann sieh dich selbst als solchen an, und du wirst zufrieden sein.

WOZU BIN ICH NÜTZLICH? (24)

Diese Gedanken dürfen dich nicht quälen: «Ich werde ohne Ansehen leben und nirgends etwas gelten.» Falls das Fehlen von Ansehen wirklich ein Unglück ist: du kannst doch nicht durch einen anderen im Unglück oder in Schande[38] leben. Hängt es etwa von dir ab, ein Amt zu bekommen oder zu einem Gastmahl eingeladen zu werden? Keineswegs. Wieso ist dies dann noch als Fehlen von Ansehen zu verstehen? Wie kann es sein, daß du nirgends etwas giltst, da du doch einzig auf dem Gebiet, das in deiner Macht steht, etwas bedeuten sollst, wo es dir möglich ist am bedeutendsten zu sein?

Aber du hast Freunde und kannst ihnen nicht helfen? Was meinst du mit «nicht helfen können»? Sie werden von dir kein Geld bekommen; du wirst ihnen auch nicht das römische Bürgerrecht verschaffen können. Wer hat dir denn gesagt, daß dies zu den Dingen gehört, die in unserer Macht stehen, obwohl sie in Wirklichkeit unserem Einfluß entzogen sind? Wer kann jemandem etwas geben, was er selbst gar nicht besitzt? «Dann verschaff dir Geld», sagt ein Freund, «damit auch wir etwas davon haben.» Wenn ich

μεν'. εἰ δύναμαι κτήσασθαι τηρῶν ἐμαυτὸν αἰδήμονα καὶ πιστὸν καὶ μεγαλόφρονα, δείκνυε τὴν ὁδὸν
καὶ κτήσομαι. εἰ δ' ἐμὲ ἀξιοῦτε τὰ ἀγαθὰ τὰ ἐμαυτοῦ ἀπολέσαι, ἵνα ὑμεῖς τὰ μὴ ἀγαθὰ περιποιήσησθε,
ὁρᾶτε ὑμεῖς, πῶς ἄνισοί ἐστε καὶ ἀγνώμονες. τί δὲ
καὶ βούλεσθε μᾶλλον; ἀργύριον ἢ φίλον πιστὸν καὶ
αἰδήμονα; εἰς τοῦτο οὖν μοι μᾶλλον συλλαμβάνετε καὶ
μή, δι' ὧν ἀποβαλῶ αὐτὰ ταῦτα, ἐκεῖνά με πράσσειν
ἀξιοῦτε. 'ἀλλ' ἡ πατρίς, ὅσον ἐπ' ἐμοί', φησίν, 'ἀβοήθητος ἔσται'. πάλιν, ποίαν καὶ ταύτην βοήθειαν;
στοὰς οὐχ ἕξει διὰ σὲ οὔτε βαλανεῖα. καὶ τί τοῦτο;
οὐδὲ γὰρ ὑποδήματα ἔχει διὰ τὸν χαλκέα οὐδ' ὅπλα
διὰ τὸν σκυτέα· ἱκανὸν δέ, ἐὰν ἕκαστος ἐκπληρώσῃ
τὸ ἑαυτοῦ ἔργον. εἰ δὲ ἄλλον τινὰ αὐτῇ κατεσκεύαζες
πολίτην πιστὸν καὶ αἰδήμονα, οὐδὲν ἂν αὐτὴν ὠφέ-
λεις; 'ναί.' οὐκοῦν οὐδὲ σὺ αὐτὸς ἀνωφελὴς ἂν εἴης
αὐτῇ. 'τίνα οὖν ἕξω', φησί, 'χώραν ἐν τῇ πόλει;' ἣν
ἂν δύνῃ φυλάττων ἅμα τὸν πιστὸν καὶ αἰδήμονα. εἰ δὲ
ἐκείνην ὠφελεῖν βουλόμενος ἀποβαλεῖς ταῦτα, τί ὄφελος ἂν αὐτῇ γένοιο ἀναιδὴς καὶ ἄπιστος ἀποτελεσθείς;

c. 25. Προετιμήθη σού τις ἐν ἑστιάσει ἢ ἐν προσα-
γορεύσει ἢ ἐν τῷ παραληφθῆναι εἰς συμβουλίαν; εἰ

Geld bekommen kann, ohne dabei meine Zurückhaltung[39], meine Zuverlässigkeit und Glaubwürdigkeit[40] und meine Großzügigkeit zu verlieren, dann zeige mir den Weg, und ich werde das Geld erwerben. Wenn ihr aber von mir verlangt, daß ich meine Güter aufgebe, damit ihr zu Gütern kommt, die gar keine sind, dann müßt ihr begreifen, wie ungerecht und unverständig ihr seid.

Was wollt ihr denn lieber haben? Geld oder einen verläßlichen und bescheidenen Freund? Helft mir also lieber dabei und verlangt nicht von mir, daß ich etwas tue, wodurch ich diese Eigenschaften verliere.

«Aber das Vaterland wird von mir keinen Nutzen haben.» Dazu ist wiederum zu fragen: Welche Art von Nutzen meinst du? Säulenhallen und Badeanstalten wird es nicht von dir bekommen. Aber was heißt das schon? Denn es bekommt ja auch keine Schuhe vom Schmied und keine Waffen vom Schuster. Es reicht, wenn jeder seine eigene Aufgabe erfüllt[41]. Wenn du aus irgendeinem Mitmenschen einen zuverlässigen und bescheidenen Mitbürger machst, bist du damit dem Vaterland etwa nicht nützlich? «Doch.» Folglich dürftest du ihm auch nicht nutzlos sein. «Welche Stellung werde ich im Staat einnehmen?» Die Stellung, die du ausfüllen kannst, ohne dabei deine Zuverlässigkeit und Bescheidenheit zu verlieren. Wenn du diese Eigenschaften aber verlierst, weil du dem Staat dienen willst, was dürfte es ihm nützen, wenn du am Ende unzuverlässig und unbescheiden geworden bist?

ÜBER DIE BEDINGUNGEN DES ÖFFENTLICHEN ERFOLGES (25)

Es wurde dir jemand bei einer Einladung oder bei einer morgendlichen Begrüßung[42] vorgezogen, oder du bist nicht um

μὲν ἀγαθὰ ταῦτά ἐστι, χαίρειν σε δεῖ, ὅτι ἔτυχεν αὐτῶν ἐκεῖνος· εἰ δὲ κακά, μὴ ἄχθου, ὅτι σὺ αὐτῶν οὐκ
ἔτυχες· μέμνησο δέ, ὅτι οὐ δύνασαι μὴ ταὐτὰ ποιῶν πρὸς τὸ
τυγχάνειν τῶν οὐκ ἐφ' ἡμῖν τῶν ἴσων ἀξιοῦσθαι. πῶς γὰρ
ἴσον ἔχειν δύναται ὁ μὴ φοιτῶν ἐπὶ θύρας τινὸς τῷ φοιτῶντι;
ὁ μὴ παραπέμπων τῷ παραπέμποντι; ὁ μὴ ἐπαινῶν τῷ ἐπαι-
νοῦντι, ἄδικος οὖν ἔσῃ καὶ ἄπληστος, εἰ μὴ προϊέμενος
ταῦτα, ἀνθ' ὧν ἐκεῖνα πιπράσκεται, προῖκα αὐτὰ βου-
λήσῃ λαμβάνειν. ἀλλὰ πόσου πιπράσκονται θρίδακες; ὀβολοῦ,
ἂν οὕτω τύχῃ. ἂν οὖν τις προέμενος τὸν ὀβολὸν λάβῃ
θρίδακας, σὺ δὲ μὴ προέμενος μὴ λάβῃς, μὴ οἴου
ἔλαττον ἔχειν τοῦ λαβόντος. ὡς γὰρ ἐκεῖνος ἔχει θρίδακας, οὕτω σὺ τὸν ὀβολόν, ὃν οὐκ ἔδωκας. τὸν αὐτὸν δὴ τρόπον καὶ ἐνταῦθα. οὐ παρεκλήθης ἐφ' ἑστίασίν
τινος; οὐ γὰρ ἔδωκας τῷ καλοῦντι, ὅσου πωλεῖ τὸ δεῖπνον.
ἐπαίνου δ' αὐτὸ πωλεῖ, θεραπείας πωλεῖ. δὸς οὖν τὸ διάφορον, εἰ σοι λυσιτελεῖ, ὅσου πωλεῖται. εἰ δὲ κἀκεῖνα
θέλεις μὴ προΐεσθαι καὶ ταῦτα λαμβάνειν, ἄπληστος εἶ καὶ
ἀβέλτερος. οὐδὲν οὖν ἔχεις ἀντὶ τοῦ δείπνου; ἔχεις μὲν οὖν
τὸ μὴ ἐπαινέσαι τοῦτον, ὃν οὐκ ἤθελες, τὸ μὴ ἀνασχέσθαι αὐτοῦ τῶν ἐπὶ τῆς εἰσόδου.

einen Rat gebeten worden. Wenn dies etwas Gutes ist, dann solltest du dich freuen, daß jemand anders in seinen Genuß gekommen ist. Wenn es aber etwas Schlechtes ist, dann ärgere dich nicht, daß du es nicht bekommen hast.

Bedenke doch, daß du, wenn du nicht dasselbe tust wie die anderen, um das zu bekommen, was nicht in unserer Macht steht, nicht dasselbe beanspruchen kannst. Denn wie kann einer, der nicht die Klinken eines Mächtigen putzt, dasselbe beanspruchen wie einer, der es tut? Entsprechendes gilt für den, der sich im Gefolge eines Mächtigen sehen läßt, und den, der das nicht tut, oder für den, der diesen lobt, und den, der das sein läßt.

Du wirst ungerecht und unersättlich sein, wenn du jenes, ohne den Preis zu bezahlen, für den man es kaufen kann, umsonst haben willst. Wieviel kostet zum Beispiel der Salat? Einen Obolus vielleicht. Wenn also jemand den Obolus hinlegt und dafür seinen Salat bekommt, du aber nichts hinlegst und nichts bekommst, dann darfst du nicht glauben, daß du schlechter daran bist als derjenige, der etwas bekommt. Denn wie jener seinen Salat hat, so hast du noch den Obolus, den du nicht ausgegeben hast.

Dasselbe ist auch hier der Fall. Du bist nicht zum Essen eingeladen worden? Du hast nämlich dem Gastgeber den Preis nicht bezahlt, für den er sein Essen verkauft. Für ein Lob oder eine Aufmerksamkeit verkauft er es. Gib ihm den Preis, für den er es verkauft, wenn es dir nützlich ist. Wenn du das eine aber nicht bezahlen und das andere trotzdem haben willst, dann bist du unverschämt und einfältig.

Hast du nichts statt der Einladung? Du kannst doch sagen, du hast den nicht gelobt, den du nicht loben wolltest, und du brauchst dich nicht mit den Wächtern an seiner Tür auseinanderzusetzen[43].

c. 26. Τὸ βούλημα τῆς φύσεως καταμαθεῖν ἔστιν ἐξ
ὧν οὐ διαφερόμεθα πρὸς ἀλλήλους. οἷον, ὅταν ἄλλου
παιδάριον κατεάξῃ τὸ ποτήριον, πρόχειρον εὐθὺς
λέγειν ὅτι τῶν γινομένων ἐστίν'. ἴσθι οὖν, ὅτι, ὅταν
καὶ τὸ σὸν κατεαγῇ, τοιοῦτον εἶναί σε δεῖ, ὁποῖον ὅτε
καὶ τὸ τοῦ ἄλλου κατεάγη. οὕτω μετατίθει καὶ ἐπὶ τὰ
μείζονα. τέκνον ἄλλου τέθνηκεν ἢ γυνή; οὐδείς ἐστιν
ὃς οὐκ ἂν εἴποι 'ὅτι 'ἀνθρώπινον'· ἀλλ' ὅταν τὸ αὐτοῦ
τινος ἀποθάνῃ, εὐθὺς 'οἴμοι, τάλας ἐγώ'. ἐχρῆν δὲ
μεμνῆσθαι, τί πάσχομεν περὶ ἄλλων αὐτὸ ἀκούσαντες.

c. 27. Ὥσπερ σκοπὸς πρὸς τὸ ἀποτυχεῖν οὐ τίθεται, οὕτως οὐδὲ κακοῦ φύσις ἐν κόσμῳ γίνεται.

c. 28. Εἰ μὲν τὸ σῶμά σού τις ἐπέτρεπε τῷ ἀπαντή-
σαντι, ἠγανάκτεις ἄν· ὅτι δὲ σὺ τὴν γνώμην τὴν σεαυτοῦ ἐπιτρέπεις τῷ τυχόντι, ἵνα, ἐὰν λοιδορήσηταί σοι, ταραχθῇ ἐκείνη,
καὶ συγχυθῇ, οὐκ αἰσχύνη τούτου ἕνεκα;

LEID IST FÜR ALLE GLEICH (26)

Den Willen der Natur kann man dort erkennen, wo wir uns
nicht voneinander unterscheiden. Wenn zum Beispiel der
Diener eines anderen das Trinkglas zerbricht, dann sagt
man sogleich: «Das kann schon einmal passieren.» Also sei
dir darüber im klaren: Wenn dein eigenes Trinkglas zerbricht, dann mußt du dich konsequenterweise genauso verhalten wie damals, als das Glas des anderen zerbrach. Über-
trage dies nun auch auf wichtigere Dinge. Ein Kind oder die
Frau eines anderen ist gestorben. Es gibt keinen, der nicht
sagen würde: «Das ist nun einmal das Los des Menschen.»
Aber wenn einem das eigene Kind stirbt, dann jammert er
sofort: «Ach, ich Armer.» Aber es wäre nötig, daß wir bedenken, was wir empfinden, wenn wir bei einem anderen
von einem solchen Unglück hören.

DAS BÖSE (27)

Wie kein Ziel aufgestellt wird, damit man es verfehle, so
gibt es auch nichts von Natur aus Böses in der Welt[44].

LASS DICH NICHT AUS DER FASSUNG BRINGEN (28)

Wenn jemand deinen Körper dem ersten besten, der dir begegnet, übergeben würde, dann wärst du empört. Daß du
aber dein Herz jedem Beliebigen überläßt, und es sich,
wenn du beschimpft wirst, aufregt und aus der Fassung gerät – deshalb schämst du dich nicht?

c. 29. Ἑκάστου ἔργου σκόπει τὰ καθηγούμενα καὶ τὰ
ἀκόλουθα αὐτοῦ καὶ οὕτως ἔρχου ἐπ᾽ αὐτό εἰ δὲ μή, τὴν μὲν
πρώτην προθύμως ἥξεις ἅτε μηδὲν τῶν ἑξῆς ἐντεθυμημένος,
ὕστερον δὲ ἀναφανέντων δυσχερῶν τινων αἰσχρῶς ᾽ἀποστήσῃ.
θέλεις Ὀλύμπια νικῆσαι; κἀγώ, νὴ τοὺς θεούς· κομψὸν γάρ
ἐστιν. ἀλλὰ σκόπει τὰ καθηγούμενα καὶ τὰ ἀκόλουθα καὶ οὕτως ἅπτου τοῦ ἔργου. δεῖ σ᾽ εὐτακτεῖν, ἀναγκοτροφεῖν, ἀπέχεσθαι πεμμάτων, γυμνάζεσθαι πρὸς ἀνάγκην, ἐν ὥρᾳ τεταγμένῃ,
ἐν καύματι, ἐν ψύχει, μὴ ψυχρὸν πίνειν, μὴ οἶνον, ὡς ἔτυχεν,
ἁπλῶς ὡς ἰατρῷ παραδεδωκέναι σεαυτὸν τῷ ἐπιστάτῃ, εἶτα ἐν
τῷ ἀγῶνι παρορύσσεσθαι, ἔστι δὲ ὅτε χεῖρα ἐκβαλεῖν, σφυρὸν
στρέψαι, πολλὴν ἀφὴν καταπιεῖν, ἔσθ᾽ ὅτε μαστιγωθῆναι καὶ
μετὰ τούτων πάντων νικηθῆναι. ταῦτα ἐπισκεψάμενος, ἂν ἔτι
θέλῃς, ἔρχου ἐπὶ τὸ ἀθλεῖν. εἰ δὲ μή, ὡς τὰ παιδία ἀναστραφήσῃ, ἃ νῦν μὲν παλαιστὰς παίζει, νῦν δὲ μονομάχους, νῦν δὲ
σαλπίζει, εἶτα τραγῳδεῖ· οὕτω καὶ σὺ νῦν μὲν ἀθλητής, νῦν δὲ
μονομάχος, εἶτα ῥήτωρ, εἶτα φιλόσοφος, ὅλῃ δὲ τῇ ψυχῇ οὐδέν·
ἀλλ᾽ ὡς πίθηκος πᾶσαν θέαν, ἣν ἂν ἴδῃς, μιμῇ καὶ ἄλλο ἐξ
ἄλλου σοι ἀρέσκει. οὐ γὰρ μετὰ σκέψεως ἦλθες ἐπί τι οὐδὲ

MAN MUSS SICH ENTSCHEIDEN (29)

Bei jeder Tat prüfe ihre Voraussetzungen und Folgen und geh erst dann an sie heran. Wenn du das nicht tust, wirst du dich anfangs mit Begeisterung auf die Sache werfen, da du ja nicht an ihre Folgen gedacht hast; wenn später aber irgendwelche Schwierigkeiten auftreten, dann wirst du aufgeben und Schimpf und Schande ernten.

Du willst in Olympia siegen? Das will ich auch, bei den Göttern. Denn das ist eine schöne Sache. Aber denke an die Voraussetzungen und Folgen und dann erst geh an die Sache heran. Du mußt dich einer strengen Disziplin unterwerfen, eine Diät einhalten, darfst keinen Kuchen mehr essen, mußt nach einem genauen Plan trainieren – zu festgesetzter Zeit, bei Hitze und Kälte. Dann darfst du kein kaltes Wasser und keinen Wein trinken, wenn du Lust dazu hast, du hast dich dem Trainer wie einem Arzt auszuliefern. Darauf mußt du dich beim Wettkampf auf der Erde wälzen. Es kann auch vorkommen, daß du dir die Hand verrenkst, den Fuß verstauchst und viel Staub schlucken mußt. Manchmal bekommst du sogar Schläge – und nach all diesen Anstrengungen mußt du vielleicht am Ende eine Niederlage hinnehmen.

Wenn du dies alles bedacht hast und noch willst, dann nimm an den Spielen teil. Andernfalls wirst du dich wie die Kinder benehmen, die einmal Ringkampf, ein anderes Mal Gladiatorenkampf[45] spielen, bald Trompete blasen, bald Theater spielen. So bist auch du heute ein Ringer, morgen ein Gladiator, dann wieder Redner und ein anderes Mal Philosoph. Mit ganzer Seele aber bist du gar nichts, sondern wie ein Affe machst du alles nach, was du siehst, und heute gefällt dir dieses, morgen jenes. Denn du gehst ohne Überlegung und ohne gründliche Prüfung

περιοδεύσας, ἀλλ᾿ εἰκῇ καὶ κατὰ ψυχρὰν ἐπιθυμίαν. οὕτω θεασάμενοί τινες φιλόσοφον καὶ ἀκούσαντες οὕτω τινὸς λέγοντος, ὡς Εὐφράτης λέγει (καίτοι τίς οὕτω δύναται εἰπεῖν, ὡς ἐκεῖνος;), θέλουσι καὶ αὐτοὶ φιλοσοφεῖν. ἄνθρωπε, πρῶτον ἐπίσκεψαι, ὁποῖόν ἐστι τὸ πρᾶγμα· εἶτα καὶ τὴν σεαυτοῦ φύσιν κατάμαθε, εἰ δύνασαι βαστάσαι. πένταθλος εἶναι βούλει ἢ παλαιστής; ἴδε σεαυτοῦ τοὺς βραχίονας, τοὺς μηρούς, τὴν ὀσφὺν κατάμαθε. ἄλλος γὰρ πρὸς ἄλλο πέφυκε. δοκεῖς, ὅτι ταῦτα ποιῶν ὡσαύτως δύνασαι ἐσθίειν, ὡσαύτως πίνειν, ὁμοίως ὀρέγεσθαι, ὁμοίως δυσαρεστεῖν; ἀγρυπνῆσαι δεῖ, πονῆσαι, ἀπὸ τῶν οἰκείων ἀπελθεῖν, ὑπὸ παιδαρίου καταφρονηθῆναι, ὑπὸ τῶν ἀπαντώντων καταγελασθῆναι, ἐν παντὶ ἧττον ἔχειν, ἐν τιμῇ, ἐν ἀρχῇ, ἐν δίκῃ, ἐν πραγματίῳ παντί. ταῦτα ἐπίσκεψαι. εἰ θέλεις ἀντικαταλλάξασθαι τούτων ἀπάθειαν, ἐλευθερίαν, ἀταραξίαν· εἰ δὲ μή, μὴ προσάγαγε. μὴ ὡς τὰ παιδία νῦν φιλόσοφος, ὕστερον δὲ τελώνης, εἶτα ῥήτωρ, εἶτα ἐπίτροπος Καίσαρος. ταῦτα οὐ συμφωνεῖ. ἕνα σε δεῖ ἄνθρωπον ἢ ἀγαθὸν ἢ κακὸν εἶναι· ἢ τὸ ἡγεμονικόν σε δεῖ ἐξεργάζεσθαι τὸ σαυτοῦ ἢ τὸ ἐκτὸς ἢ περὶ τὰ ἔσω φιλοτεχνεῖν ἢ περὶ τὰ ἔξω· τοῦτ᾿ ἔστιν ἢ φιλοσόφου τάξιν ἐπέχειν ἢ ἰδιώτου.

an eine Sache heran. Du folgst bedenkenlos jeder zufälligen Laune.

So haben zum Beispiel manche einen Philosophen gesehen und reden hören, wie Euphrates[46] redet – in der Tat: Wer kann so reden wie er? –, und nun wollen sie selbst Philosophen sein. Mensch, überlege dir doch, worum es eigentlich geht. Dann prüfe deine eigenen Fähigkeiten, ob du der Sache auch gewachsen bist. Du willst Fünfkämpfer oder Ringer werden? Sieh dir deine Arme und deine Schultern an, untersuche deine Hüften. Denn der eine ist für dieses, der andere für jenes geeignet.

Meinst du, daß du bei dieser Tätigkeit[47] wie bisher essen und trinken oder die gleichen Wünsche und Abneigungen haben kannst? Du mußt auf Schlaf verzichten, Anstrengungen auf dich nehmen[48], die Angehörigen verlassen, von einem Sklaven dich verachten lassen, dich von den Leuten auf der Straße auslachen lassen, in allem unterlegen sein, wenn es um eine Stellung oder ein Amt geht und wenn du vor Gericht stehst, in jeder Hinsicht also mußt du Nachteile in Kauf nehmen. Überleg es dir gut: Willst du um diesen Preis innere Ruhe, Freiheit und Ungestörtheit gewinnen?

Wenn du das nicht willst, dann fang gar nicht erst an, damit du es nicht wie die Kinder machst: Heute Philosoph, morgen Zöllner, dann Redner, dann Beamter des Kaisers. Das paßt nicht zusammen. Du kannst nur eines sein: ein guter oder ein schlechter Mensch[49].

Du mußt dich entscheiden: Entweder arbeitest du für deine Seele oder für die äußeren Dinge. Entweder bemühst du dich um das Innere oder um das Äußere, das heißt, entweder spielst du die Rolle eines Philosophen oder eines gewöhnlichen Menschen.

c. 80.   Τὰ καθήκοντα ὡς ἐπίπαν ταῖς σχέσεσι παραμε-
τρεῖται.   πατήρ ἐστιν· ὑπαγορεύεται ἐπιμελεῖσθαι, παραχωρεῖν
ἁπάντων, ἀνέχεσθαι λοιδοροῦντος, παίοντος.   'ἀλλὰ πατὴρ
κακός ἐστι'.   μή τι οὖν πρὸς ἀγαθὸν πατέρα φύσει ᾠκειώθης;
ἀλλὰ πρὸς πατέρα.   'ὁ ἀδελφὸς ἀδικεῖ.'   τήρει τοιγαροῦν
τὴν τάξιν τὴν σεαυτοῦ πρὸς αὐτόν   μηδὲ σκόπει, τι ἐκεῖνος
ποιεῖ, ἀλλὰ τί σοὶ ποιήσαντι κατὰ φύσιν ἡ σὴ ἕξει προαίρεσις·
σὲ γὰρ ἄλλος οὐ βλάψει,   ἂν μὴ σὺ θέλῃς· τότε δὲ ἔσῃ βεβλαμμένος, ὅταν ὑπολάβῃς βλάπτεσθαι.   οὕτως οὖν ἀπὸ τοῦ
γείτονος,   ἀπὸ τοῦ πολίτου,   ἀπὸ τοῦ στρατηγοῦ τὸ καθῆκον
εὑρήσεις,   ἐὰν τὰς σχέσεις ἐθίζῃ θεωρεῖν.

c. 81.   Τῆς περὶ τοὺς θεοὺς εὐσεβείας ἴσθι ὅτι τὸ κυριώτατον ἐκεῖνό ἐστιν, ὀρθὰς ὑπολήψεις περὶ αὐτῶν ἔχειν   ὡς ὄντων καὶ διοικούντων τὰ ὅλα καλῶς   καὶ δικαίως   καὶ σαυτὸν
εἰς τοῦτο κατατεταχέναι,   τὸ πείθεσθαι αὐτοῖς   καὶ εἴκειν πᾶσι
τοῖς γινομένοις   καὶ ἀκολουθεῖν ἑκόντα   ὡς ὑπὸ τῆς ἀρίστης
γνώμης ἐπιτελουμένοις.   οὕτω γὰρ οὐ μέμψῃ ποτὲ τοὺς θεοὺς

DIE PFLICHTEN (30)

Unsere Pflichten[50] richten sich im allgemeinen nach unseren sozialen Beziehungen. Da ist ein Vater: Man ist dazu verpflichtet, sich um ihn zu kümmern, ihm in allem nachzugeben, es zu ertragen, wenn er schimpft und einen schlägt. «Aber es ist ein schlechter Vater.» Hast du dich etwa einem von Natur aus guten Vater anvertraut[51]? Nein, sondern nur einem Vater. «Mein Bruder tut mir unrecht.» Gut, aber ändere nicht dein Verhalten ihm gegenüber. Kümmere dich nicht darum, was er tut, sondern was du tun mußt, wenn deine sittliche Entscheidung in Übereinstimmung mit der Vernunftnatur bleiben soll. Denn dir wird kein anderer Schaden zufügen, wenn du es nicht willst. Du wirst aber dann geschädigt, wenn du annimmst, daß du geschädigt wirst.

So wirst du auch erkennen, was du von deinem Nachbarn, deinem Mitbürger und deinem Feldherrn zu erwarten hast, wenn du dich daran gewöhnst, deine sozialen Beziehungen zu ihnen zu berücksichtigen.

FRÖMMIGKEIT (31)

Was die Frömmigkeit gegenüber den Göttern betrifft, so wisse, daß es am wichtigsten ist, richtige Vorstellungen über sie zu haben: daß sie existieren und die ganze Welt schön und gerecht regieren und daß du dich darauf einstellen mußt, ihnen zu gehorchen und dich allem, was geschieht, zu fügen und freiwillig zu unterwerfen in der Überzeugung, daß es von der höchsten Vernunft vollzogen wurde. Dann wirst du die Götter nämlich niemals tadeln

οὔτε ἐγκαλέσεις ὡς ἀμελούμενος. ἄλλως δὲ οὐχ οἷόν τε τοῦτο γίνεσθαι, ἐὰν μὴ ἄρῃς ἀπὸ τῶν οὐκ ἐφ᾽ ἡμῖν καὶ ἐν τοῖς ἐφ᾽ ἡμῖν μόνοις θῇς τὸ ἀγαθὸν καὶ τὸ κακόν. ὡς, ἄν γέ τι ἐκείνων ὑπολάβῃς ἀγαθὸν ἢ κακόν, πᾶσα ἀνάγκη, ὅταν ἀποτυγχάνῃς ὧν θέλεις καὶ περιπίπτῃς οἷς μὴ θέλεις, μέμψασθαί σε καὶ μισεῖν τοὺς αἰτίους. πέφυκε γὰρ πρὸς τοῦτο πᾶν ζῷον τὰ μὲν βλαβερὰ φαινόμενα καὶ τὰ αἴτια αὐτῶν φεύγειν καὶ ἐκτρέπεσθαι, τὰ δὲ ὠφέλιμα καὶ τὰ αἴτια αὐτῶν μετιέναι τε καὶ τεθηπέναι. ἀμήχανον οὖν βλάπτεσθαί τινα οἰόμενον χαίρειν τῷ δοκοῦντι βλάπτειν, ὥσπερ καὶ τὸ αὐτῇ τῇ βλάβῃ χαίρειν ἀδύνατον. ἔνθεν καὶ πατὴρ ὑπὸ υἱοῦ λοιδορεῖται, ὅταν τῶν δοκούντων ἀγαθῶν εἶναι τῷ παιδὶ μὴ μεταδιδῷ· καὶ Πολυνείκην καὶ Ἐτεοκλέα τοῦτ᾽ ἐποίησε πολεμίους ἀλλήλοις τὸ ἀγαθὸν οἴεσθαι τὴν τυραννίδα. διὰ τοῦτο καὶ ὁ γεωργὸς λοιδορεῖ τοὺς θεούς, διὰ τοῦτο ὁ ναύτης, διὰ τοῦτο ὁ ἔμπορος, διὰ τοῦτο οἱ τὰς γυναῖκας καὶ τὰ τέκνα ἀπολλύντες. ὅπου γὰρ τὸ συμφέρον, ἐκεῖ καὶ τὸ εὐσεβές. ὥστε, ὅστις ἐπιμελεῖται τοῦ ὀρέγεσθαι ὡς δεῖ καὶ ἐκκλίνειν, ἐν τῷ αὐτῷ καὶ εὐσεβείας ἐπιμελεῖται. σπένδειν δὲ καὶ θύειν καὶ ἀπάρχεσθαι κατὰ τὰ πάτρια ἑκάστοτε προσήκει καθαρῶς καὶ μὴ ἐπισεσυρμένως μηδὲ ἀμελῶς μηδέ γε γλίσχρως μηδὲ ὑπὲρ δύναμιν.

und ihnen vorwerfen, daß sie sich nicht um dich kümmerten.

Aber das ist nur dann möglich, wenn du deine Vorstellung von Gut und Böse nicht aus dem gewinnst, was nicht in unserer Macht steht, sondern allein dort suchst, wo wir freie Verfügungsgewalt haben. Denn wenn du etwas von den Dingen, die nicht in unserer Macht stehen, für gut oder schlecht hältst, dann ist es nur konsequent, daß du die Verursacher tadelst und haßt, sobald du etwas nicht bekommst, was du dir wünschst, oder wenn dir etwas zustößt, was du nicht willst. Denn es liegt in der Natur eines jeden Lebewesens, das, was ihm schädlich erscheint und was Schaden verursacht, zu meiden und zu fliehen, dem Nützlichen und seinen Ursachen aber nachzugehen und es zu bewundern[52].

Es ist undenkbar, daß sich einer, der sich geschädigt glaubt, über den vermeintlichen Urheber des Schadens freut, wie es ja auch ausgeschlossen ist, daß man sich über den Schaden selbst freut.

Daher wird auch ein Vater von seinem Sohn verwünscht, wenn er ihn nicht an den Dingen teilhaben läßt, die er für gut hält. So wurden auch Polyneikes und Eteokles[53] zu Feinden, weil sie glaubten, die Herrschaft sei ein Gut. Deshalb beschimpfen auch der Bauer, der Seemann und der Kaufmann die Götter, und dasselbe tun diejenigen, die ihre Frauen und Kinder verlieren. Denn wo Nutzen ist, dort ist auch Frömmigkeit.

Wer daher das Richtige erstrebt oder meidet, der ist auch fromm. Aber Trank- und Brandopfer darzubringen und die Erstlingsgaben nach altem Brauch darzubringen, ist jedermanns Pflicht – mit reinem Herzen, nicht gedankenlos, nicht nachlässig, nicht zu knausrig, aber auch nicht über unsere Möglichkeiten hinaus.

c. 32. Ὅταν μαντικῇ προσίῃς, μέμνησο, ὅτι, τί
μὲν ἀποβήσεται, οὐκ οἶδας, ἀλλὰ ἥκεις ὡς παρὰ τοῦ
μάντεως αὐτὸ πευσόμενος, ὁποῖον δέ τι ἐστίν, ἐλήλυθας
εἰδώς, εἴπερ εἶ φιλόσοφος. εἰ γὰρ ἐστί τι τῶν οὐκ ἐφ'
ἡμῖν, πᾶσα ἀνάγκη μήτε ἀγαθὸν αὐτὸ εἶναι μήτε κα-
κον. μὴ φέρε οὖν πρὸς τὸν μάντιν ὄρεξιν ἢ ἔκκλισιν μηδὲ
τρέμων αὐτῷ πρόσει, ἀλλὰ διεγνωκώς, ὅτι πᾶν τὸ ἀπο-
βησόμενον ἀδιάφορον καὶ οὐδὲν πρὸς σέ, ὁποῖον δ' ἂν
ᾖ, ἔσται αὐτῷ χρήσασθαι καλῶς καὶ τοῦτο οὐθεὶς κωλύσει. θαῤῥῶν οὖν ὡς ἐπὶ συμβούλους ἔρχου τοὺς θεούς·
καὶ λοιπόν, ὅταν τί σοι συμβουλευθῇ, μέμνησο τίνας συμβούλους
παρέλαβες καὶ τίνων παρακούσεις ἀπειθήσας. ἔρχου δὲ ἐπὶ
τὸ μαντεύεσθαι, καθάπερ ἠξίου Σωκράτης, ἐφ' ὧν ἡ
πᾶσα σκέψις τὴν ἀναφορὰν εἰς τὴν ἔκβασιν ἔχει καὶ
οὔτε ἐκ λόγου οὔτε ἐκ τέχνης τινὸς ἄλλης ἀφορμαὶ
δίδονται πρὸς τὸ συνιδεῖν τὸ προκείμενον· ὥστε, ὅταν
δεήσῃ συγκινδυνεῦσαι φίλῳ ἢ πατρίδι, μὴ μαντεύεσθαι, εἰ συγ-
κινδυνευτέον. καὶ γὰρ ἂν προείπῃ σοι ὁ μάντις φαῦλα
γεγονέναι τὰ ἱερά, δῆλον ὅτι θάνατος σημαίνεται ἢ
πήρωσις μέρους τινὸς τοῦ σώματος ἢ φυγή· ἀλλ' αἱρεῖ
ὁ λόγος καὶ σὺν τούτοις παρίστασθαι τῷ φίλῳ καὶ τῇ πατρίδι

ÜBER DIE BEFRAGUNG DES
ORAKELS (32)

Wenn du zu einem Orakel[54] gehst, denke daran, daß du nicht weißt, was passieren wird, sondern daß du gekommen bist, um das vom Wahrsager zu erfahren. Von welcher Art aber eine Sache ist, das wußtest du schon, als du hingingst – falls du wirklich ein Philosoph bist. Denn wenn es etwas ist, was zu den Dingen gehört, die nicht in unserer Macht stehen, dann ist es zwangsläufig weder etwas Gutes noch etwas Schlimmes. Äußere also gegenüber dem Wahrsager weder einen Wunsch noch Ablehnung; geh auch nicht mit einem Gefühl der Angst zu ihm, sondern in der Überzeugung, daß alles, was geschehen wird, gleichgültig[55] ist und für dich keine Bedeutung hat. Was es auch sei, es wird dir möglich sein, einen guten Gebrauch davon zu machen, und niemand wird dich daran hindern.

Wende dich mutig an die Götter, die du als deine Ratgeber betrachten mögest. Und dann, wenn dir ein Rat erteilt wird, denke daran, an welche Ratgeber du dich gewandt hast und wem du den Gehorsam verweigerst, falls du nicht hörst. Aber wende dich nach dem Vorbild des Sokrates nur in solchen Fällen an das Orakel, wo sich die ganze Befragung auf den Ausgang des Geschehens richtet und wo es weder durch vernünftige Überlegung noch durch irgendeine andere Kunst möglich ist, die anstehenden Fragen zu klären.

Wenn es also nötig ist, einem Freund oder dem Vaterland beizustehen, frage nicht das Orakel, ob du Hilfe leisten sollst. Denn wenn dir der Wahrsager erklärt, daß die Opferzeichen etwas Schlimmes bedeuten, dann heißt dies, daß Tod, schwerer körperlicher Schaden oder Verbannung angekündigt werden. Die Vernunft jedoch gebietet, trotz die-

συγκινδυνεύειν. τοιγαροῦν τῷ μείζονι μάντει πρόσεχε,
τῷ Πυθίῳ, ὃς ἐξέβαλε τοῦ ναοῦ τὸν οὐ βοηθήσαντα
ἀναιρουμένῳ τῷ φίλῳ.

c. 88. Τάξον τινὰ ἤδη χαρακτῆρα σαυτῷ καὶ τύ-
πον, ὃν φυλάξεις ἐπί τε σεαυτοῦ ὢν καὶ ἀνθρώποις
ἐντυγχάνων. καὶ σιωπῇ τὸ πολὺ ἔστω ἢ λαλείσθω τὰ
ἀναγκαῖα παὶ δι' ὀλίγων. σπανίως δέ ποτε καιροῦ
παρακαλοῦντος ἐπὶ τὸ λέγειν λέξον μέν, ἀλλὰ περὶ οὐδενὸς τῶν τυχόντων· μὴ περὶ μονομαχιῶν, μὴ περὶ ἱπποδρομιῶν,
μὴ περὶ ἀθλητῶν, μὴ περὶ βρωμάτων ἢ πομάτων, τῶν
ἑκασταχοῦ, μάλιστα δὲ μὴ περὶ ἀνθρώπων ψέγων ἢ ἐπαινῶν ἢ συγκρίνων. ἂν μὲν οὖν οἷός τε ᾖς, μετάγαγε τοῖς σοῖς
λόγοις καὶ τοὺς τῶν συνόντων ἐπὶ τὸ προσῆκον. εἰ δὲ ἐν ἀλλο-
φύλοις ἀποληφθεὶς τύχοις, σιώπα. γέλως μὴ πολὺς ἔστω
μηδὲ ἐπὶ πολλοῖς μηδὲ ἀνειμένος. ὅρκον παραίτησαι,
εἰ μὲν οἷόν τε, εἰς ἅπαν, εἰ δὲ μή, ἐκ τῶν ἐνόντων.
ἑστιάσεις τὰς ἔξω καὶ ἰδιωτικὰς διακρούου· ἐὰν δέ
ποτε γίνηται καιρός, ἐντετάσθω σοι ἡ προσοχή, μήποτε
ἄρα ὑπορρυῇς εἰς ἰδιωτισμόν. ἴσθι γάρ, ὅτι, ἐὰν ὁ ἑταῖρος ᾖ
μεμολυσμένος, καὶ τὸν συναινατριβόμενον αὐτῷ συμμολύνεσθαι
ἀνάγκη, κἂν αὐτὸς ὢν τύχῃ καθαρός. τὰ περὶ τὸ σῶμα μέχρι

ser Gefahren dem Freund zu helfen und dem Vaterland beizustehen.

Folge also dem größeren Wahrsager, dem pythischen
Apoll[56], der einen Menschen des Tempels verwies, weil er
seinem Freund in Lebensgefahr nicht zu Hilfe gekommen
war.

LIEBER SCHWEIGEN (33)

Gib endlich deiner Persönlichkeit ein dauerhaftes Gepräge,
das du bewahrst, ob du nun für dich allein oder mit anderen
zusammen bist.

Schweige meistens oder sprich nur das Notwendige und
das nur mit wenigen Worten. Selten aber und nur, wenn die
Umstände dich zum Reden veranlassen, rede, aber nicht
über die üblichen Themen, über Kämpfe in der Arena, über
Pferderennen, Athleten, Essen und Trinken, die Allerwelts-
themen. Vor allem sprich nicht über andere Leute, weder
tadelnd, noch lobend oder sie vergleichend. Wenn du es
schaffst, so lenke das gemeinsame Gespräch durch deinen
Beitrag auf einen wertvollen Gegenstand. Bist du aber allein unter Freunden, so schweige lieber.

Lach nicht zu oft, nicht über zu viele Dinge und nicht ungehemmt.

Einen Eid mußt du ganz ablehnen, falls es geht; ist das
nicht möglich, soweit es geht.

Lehne Einladungen bei Andersgesinnten und philosophisch Ungebildeten ab. Sollte es aber einmal unumgäng-
lich sein, stell dich voll darauf ein, daß du niemals das Benehmen solcher Leute annimmst. Denn sei dir darüber im
klaren: Hat man einen verkommenen Freund, so muß man,
wenn man engen Umgang mit ihm pflegt, ebenso verkommen, auch wenn man selbst unverdorben ist.

τῆς χρείας ψιλῆς παραλάμβανε, οἷον τροφάς, πόμα, ἀμπεχόνην,
οἰκίαν, οἰκετίαν· τὸ δὲ πρὸς δόξαν ἢ τρυφὴν ἅπαν περίγραφε.
περὶ ἀφροδίσια εἰς δύναμιν πρὸ γάμου καθαρευτέον· ἁπτομένῳ
δὲ ὧν νόμιμόν ἐστι μεταληπτέον. μὴ μέντοι ἐπαχθὴς γίνου τοῖς
χρωμένοις μηδὲ ἐλεγκτικός· μηδὲ πολλαχοῦ τὸ ὅτι αὐτὸς οὐ χρῇ,
παράφερε. ἐὰν τίς σοι ἀπαγγείλῃ ὅτι ὁ δεῖνά σε κακῶς
λέγει, μὴ ἀπολογοῦ πρὸς τὰ λεχθέντα, ἀλλ' ἀποκρίνου
διότι 'ἠγνόει γὰρ τὰ ἄλλα τὰ προσόντα μοι κακά, ἐπεὶ
οὐκ ἂν ταῦτα μόνα ἔλεγεν'. εἰς τὰ θέατρα τὸ πολὺ
παριέναι οὐκ ἀναγκαῖον. εἰ δέ ποτε καιρὸς εἴη, μηδενὶ
σπουδάζων φαίνου ἢ σεαυτῷ, τοῦτ' ἔστι θέλε γίνεσθαι μόνα
τὰ γινόμενα καὶ νικᾶν μόνον τὸν νικῶντα· οὕτω γὰρ οὐκ ἐμποδισθήσῃ. βοῆς δὲ καὶ τοῦ ἐπιγελᾶν τινι ἢ ἐπὶ πολὺ
συγκινεῖσθαι παντελῶς ἀπέχου. καὶ μετὰ τὸ ἀπαλ-
λαγῆναι μὴ πολλὰ περὶ τῶν γεγενημένων διαλέγου,
ὅσα μὴ φέρει πρὸς τὴν σὴν ἐπανόρθωσιν· ἐμφαίνεται
γὰρ ἐκ τοῦ τοιούτου, ὅτι ἐθαύμασας τὴν θέαν. εἰς
ἀκροάσεις τινῶν μὴ εἰκῇ μηδὲ ῥᾳδίως πάριθι· παριὼν
δὲ τὸ σεμνὸν καὶ τὸ εὐσταθὲς καὶ ἅμα ἀνεπαχθὲς
φύλασσε. ὅταν τινὶ μέλλῃς συμβαλεῖν, μάλιστα τῶν ἐν
ὑπεροχῇ δοκούντων, πρόβαλε σαυτῷ, τί ἂν ἐποίησεν ἐν τούτῳ
Σωκράτης ἢ Ζήνων, καὶ οὐκ ἀπορήσεις τοῦ χρήσασθαι προσ-

Die körperlichen Bedürfnisse, wie Essen, Trinken, Kleidung, Wohnung und Bedienung, befriedige nur so weit, wie es unbedingt notwendig ist. Aber meide ganz, was äußeren Glanz verleiht oder dem Luxus dient.

In geschlechtlicher Hinsicht übe vor der Ehe größtmögliche Zurückhaltung. Wenn du dich dennoch darauf einläßt, so bleibe im Rahmen des gesetzlich Erlaubten. Beschimpfe und tadle auf jeden Fall nicht diejenigen, die sich dem Geschlechtsgenuß hingeben. Erzähle auch nicht überall, daß du dies nicht tust.

Wenn dir jemand mitteilt, dir sage jemand Böses nach, dann rechtfertige dich nicht, sondern antworte: «Er kannte wohl meine anderen Fehler nicht; denn sonst würde er nicht nur diese hier erwähnen.»

Es ist nicht nötig, häufig zu den öffentlichen Spielen[57] zu gehen. Wenn sich einmal die Gelegenheit dazu ergibt, dann zeige dich für niemanden besonders interessiert außer für dich selbst, das heißt habe nur den Wunsch, daß alles so abläuft, wie es abläuft, und laß den Sieger Sieger sein. So gerätst du nämlich nicht aus der Fassung[58].

Verzichte ganz darauf zu schreien, über jemanden zu lachen oder dich zu sehr aufzuregen. Und wenn alles zu Ende ist, unterhalte dich nicht zu lange über das, was geschehen ist, soweit es nicht zu deinem eigenen Vorteil ist. Denn ein solches Verhalten zeigt, daß das Schauspiel deine Bewunderung hervorgerufen hat.

Zu den öffentlichen Autorenlesungen[59] geh nicht unüberlegt und ohne innere Bereitschaft. Gehst du aber hin, so bewahre deine Würde und Zurückhaltung[60] und sorge dafür, daß du niemandem lästig wirst[61].

Wenn du die Absicht hast, jemanden zu treffen, vor allem wenn es sich um eine hochgestellte Persönlichkeit handelt, dann stell dir vor, was Sokrates und Zenon[62] in dieser

ηκόντως τῷ ἐμπεσόντι. ὅταν φοιτᾷς πρός τινα τῶν μέγα δυναμένων, πρόβαλε, ὅτι οὐχ εὑρήσεις αὐτὸν ἔνδον, ὅτι ἀποκλει-
σθήσῃ, ὅτι ἐντιναχθήσονταί σοι αἱ θύραι, ὅτι οὐ
φροντιεῖ σου. κἂν σὺν τούτοις ἐλθεῖν καθήκῃ, ἐλθὼν
φέρε τὰ γινόμενα καὶ μηδέποτε εἴπῃς αὐτὸς πρὸς
ἑαυτὸν ὅτι ʽοὐκ ἦν τοσούτουʼ· ἰδιωτικὸν γὰρ καὶ διαβεβλημένον πρὸς τὰ ἐκτός. ἐν ταῖς ὁμιλίαις ἀπέστω τὸ
ἑαυτοῦ τινων ἔργων ἢ κινδύνων ἐπὶ πολὺ καὶ ἀμέτρως μεμνῆσθαι. οὐ γάρ, ὡς σοὶ ἡδύ ἐστι τὸ τῶν σῶν κινδύνων μεμνῆσθαι, οὕτω καὶ τοῖς ἄλλοις ἡδύ ἐστι τὸ τῶν σοὶ συμβεβηκότων
ἀκούειν. ἀπέστω δὲ καὶ τὸ γέλωτα κινεῖν· ὀλισθηρὸς
γὰρ ὁ τρόπος εἰς ἰδιωτισμὸν καὶ ἅμα ἱκανὸς τὴν αἰδῶ
τὴν πρὸς σὲ τῶν πλησίον ἀνιέναι. ἐπισφαλὲς δὲ καὶ
τὸ εἰς αἰσχρολογίαν προελθεῖν. ὅταν οὖν τι συμβῇ
τοιοῦτον, ἂν μὲν εὔκαιρον ᾖ, καὶ ἐπίπληξον τῷ προ-
ελθόντι· εἰ δὲ μή, τῷ γε ἀποσιωπῆσαι καὶ ἐρυθριᾶσαι
καὶ σκυθρωπάσαι δῆλος γίνου δυσχεραίνων τῷ λόγῳ.

c. 84. Ὅταν ἡδονῆς τινος φαντασίαν λάβῃς, καθάπερ
ἐπὶ τῶν ἄλλων, φύλασσε σαυτόν, μὴ συναρπασθῇς ὑπ' αὐ-

Situation getan hätten, und du wirst genau wissen, wie du die Situation angemessen meistern kannst.

Wenn du einen mächtigen und bedeutenden Mann aufsuchen mußt, dann mach dir klar, du wirst ihn zu Hause nicht antreffen, man läßt dich nicht vor, die Tür wird dir vor der Nase zugeschlagen oder er wird dich überhaupt nicht beachten. Und wenn du trotzdem hingehen mußt, dann geh, nimm hin, was kommt, und sag dir nicht: «Das hat sich nicht gelohnt!» Denn das bewiese eine unphilosophische und verkehrte Einstellung gegenüber den äußeren Dingen[63].

Wenn du mit anderen Menschen zusammen bist, vermeide es, zu ausführlich und zu ausgiebig von deinen eigenen Leistungen und Problemen zu reden. Denn wenn es dir Spaß macht, von deinen Abenteuern zu erzählen, so bedeutet dies nicht, daß auch die anderen gern hören, was du überstanden hast. Verzichte auch darauf, Witze zu reißen. Denn ein derartiges Verhalten wirkt schnell gewöhnlich und führt dazu, daß deine Mitmenschen die Achtung vor dir verlieren.

Gefährlich ist es auch, in ein Gespräch über unanständige Dinge verwickelt zu werden. Wenn derartiges geschieht, dann weise denjenigen, der es so weit hat kommen lassen, zurecht, falls die Situation es zuläßt. Sollte dir das aber unmöglich sein, so zeige wenigstens durch dein Schweigen, dein Erröten und deine finstere Miene, daß dir die Worte mißfallen.

LUSTGEFÜHLE (34)

Wenn du dir eines Lustgefühls bewußt wirst, dann hüte dich wie bei allen anderen Eindrücken, dich von ihm überwältigen zu lassen. Laß vielmehr die Sache nicht gleich an

τῆς· ἀλλ' ἐκδεξάσθω σε τὸ πρᾶγμα, καὶ ἀναβολήν τινα παρὰ
σεαυτοῦ λάβε. ἔπειτα μνήσθητι ἀμφοτέρων τῶν χρόνων, καθ'
ὅν τε ἀπολαύσεις τῆς ἡδονῆς, καὶ καθ' ὃν ἀπολαύσας ὕστερον
μετανοήσεις καὶ αὐτὸς σεαυτῷ λοιδορήσῃ· καὶ τούτοις ἀντίθες
ὅπως ἀποσχόμενος χαιρήσεις καὶ ἐπαινέσεις αὐτὸς σεαυτόν. ἐὰν
δέ σοι καιρὸς φανῇ ἅψασθαι τοῦ ἔργου, πρόσεχε, μὴ
ἡττήσῃ σε τὸ προσηνὲς αὐτοῦ καὶ ἡδὺ καὶ ἐπαγωγόν·
ἀλλ' ἀντιτίθει, πόσῳ ἄμεινον τὸ συνειδέναι σεαυτῷ ταύτην τὴν
νίκην νενικηκότι.

c. 85. Ὅταν τι διαγνούς, ὅτι ποιητέον ἐστί, ποιῇς,
μηδέποτε φύγῃς ὀφθῆναι πράσσων αὐτό, κἂν ἀλλοῖόν
τι μέλλωσιν οἱ πολλοὶ περὶ αὐτοῦ ὑπολαμβάνειν. εἰ
μὲν γὰρ οὐκ ὀρθῶς ποιεῖς, αὐτὸ τὸ ἔργον φεῦγε· εἰ
δὲ ὀρθῶς, τί φοβῇ τοὺς ἐπιπλήξοντας οὐκ ὀρθῶς;

c. 86. Ὡς τὸ 'ἡμέρα ἐστί' καὶ 'νύξ ἐστι' πρὸς μὲν
τὸ διεζευγμένον μεγάλην ἔχει ἀξίαν, πρὸς δὲ τὸ συμπεπλεγμένον ἀπαξίαν, οὕτω καὶ τὸ τὴν μείζω μερίδα ἐκλέξασθαι πρὸς μὲν τὸ σῶμα ἐχέτω ἀξίαν, πρὸς δὲ ⟨τὸ⟩ τὸ κοι-
νωνικὸν ἐν ἑστιάσει, οἷον δεῖ, φυλάξαι, ἀπαξίαν ἔχει. ὅταν οὖν
συνεσθίῃς ἑτέρῳ, μέμνησο, μὴ μόνον τὴν πρὸς τὸ σῶμα ἀξίαν

dich heran. Halte dich noch ein Weilchen zurück. Dann denke an die beiden Augenblicke, wo du die Lust genießt und wo du sie genossen hast, aber alles bereuen wirst und dir Vorwürfe machst. Und halte dagegen, wie du dich freuen und mit dir selbst zufrieden sein wirst, wenn du dich zurückgehalten hast.

Hältst du es aber für angebracht, dich auf die Sache einzulassen, so achte darauf, daß dich ihre Verlockung, ihr Reiz und ihre Anziehung nicht überwältigen. Denk stattdessen daran, wieviel schöner es ist, sich bewußt zu sein, einen Sieg errungen zu haben.

LASS DICH NICHT BEIRREN (35)

Wenn du erkannt hast, daß du etwas Bestimmtes tun mußt, und es dann auch tust, dann scheue dich nicht, dabei gesehen zu werden, auch wenn die Mehrheit dazu neigt, schlecht darüber zu denken. Denn wenn das, was du vorhast, Unrecht ist, dann laß es sein. Wenn das aber nicht der Fall ist, warum fürchtest du die Leute, die dich zu unrecht tadeln?

ANSTAND WAHREN (36)

Wie die beiden Sätze «Es ist Tag» und «Es ist Nacht» sehr sinnvoll sind, wenn sie nicht miteinander verbunden sind, aber keinen Sinn ergeben, wenn sie miteinander verknüpft sind, so mag es zwar auch für den Körper gut sein, sich beim Essen das größte Stück zu nehmen; im Blick auf die in Gesellschaft notwendige Zurückhaltung und Bescheidenheit ist dieses Benehmen jedoch würdelos. Wenn du also bei jemandem zum Essen eingeladen bist, denk daran, nicht nur

τῶν παρακειμένων ὁρᾶν,   ἀλλὰ καὶ τὴν πρὸς τὸν ἑστιάτορα
αἰδῶ φυλάξαι.

c. 87. Ἐὰν ὑπὲρ δύναμιν ἀναλάβῃς τι πρόσωπον,
καὶ ἐν τούτῳ ἠσχημόνησας καί, ὃ ἠδύνασο ἐκπληρῶσαι,
παρέλιπες.

c. 88. Ἐν τῷ περιπατεῖν καθάπερ προσέχεις, μὴ
ἐπιβῇς ἥλῳ ἢ στρέψῃς τὸν πόδα σου, οὕτω πρόσεχε,
μὴ καὶ τὸ ἡγεμονικὸν βλάψῃς τὸ σεαυτοῦ. καὶ τοῦτο
ἐὰν ἐφ᾽ ἑκάστου ἔργου παραφυλάσσωμεν, ἀσφαλέστερον
ἁψόμεθα τοῦ ἔργου.

c. 89. Μέτρον κτήσεως τὸ σῶμα ἑκάστῳ ὡς ὁ ποὺς
ὑποδήματος. ἐὰν μὲν οὖν ἐπὶ τούτου στῇς, φυλάξεις
τὸ μέτρον· ἐὰν δὲ ὑπερβῇς, ὡς κατὰ κρημνοῦ λοιπὸν
ἀνάγκη φέρεσθαι· καθάπερ καὶ ἐπὶ τοῦ ὑποδήματος,
ἐὰν ὑπὲρ τὸν πόδα ὑπερβῇς, γίνεται κατάχρυσον ὑπόδημα, εἶτα πορφυροῦν, κεντητόν. τοῦ γὰρ ἅπαξ ὑπὲρ
τὸ μέτρον ὅρος οὐθεὶς ἐστιν.

den Wert der aufgetragenen Speisen im Auge zu haben, sondern auch gegenüber dem Gastgeber Anstand[64] und Zurückhaltung zu zeigen.

ÜBERFORDERT? (37)

Falls du eine Rolle übernimmst, die deine Kräfte übersteigt, so machst du keine gute Figur und hast außerdem das versäumt, wozu du eigentlich fähig gewesen wärst.

VORSICHTIG SEIN (38)

Wie du beim Gehen darauf achtest, daß du nicht in einen Nagel trittst oder dir den Fuß verstauchst, so nimm dich auch davor in acht, daß das leitende Prinzip in dir[65] keinen Schaden nimmt. Und wenn wir diese Regel bei jeder Handlung einhalten, dann werden wir mit größerer Sicherheit an die Sache herangehen.

DAS RICHTIGE MASS (39)

Bei jedem Menschen ist der Körper ein Maß für den Umfang seines materiellen Besitzes[66] wie der Fuß für den Schuh. Wenn du dich von diesem Prinzip leiten läßt, dann wirst du das richtige Maß einhalten[67]. Wenn du es aber überschreitest, dann wirst du eines Tages unweigerlich in den Abgrund stürzen. Es ist wie beim Schuh: Wenn du einmal den Fuß als natürliches Maß überschritten hast, dann bekommst du zuerst einen vergoldeten, dann einen purpurnen und schließlich einen gestickten Schuh. Denn wenn du

c. 40. Αἱ γυναῖκες εὐθὺς ἀπὸ τεσσαρεσκαίδεκα
ἐτῶν ὑπὸ τῶν ἀνδρῶν κύριαι καλοῦνται. τοιγαροῦν
ὁρῶσαι, ὅτι ἄλλο μὲν οὐδὲν αὐταῖς πρόσεστι, μόνον δὲ
συγκοιμῶνται τοῖς ἀνδράσι, ἄρχονται καλλωπίζεσθαι
καὶ ἐν τούτῳ πάσας ἔχειν τὰς ἐλπίδας. προσέχειν οὖν
ἄξιον, ἵνα αἴσθωνται, διότι ἐπ᾽ οὐδενὶ ἄλλῳ τιμῶνται
ἢ τῷ κόσμιαι φαίνεσθαι καὶ αἰδήμονες.

c. 41. Ἀφυΐας σημεῖον τὸ ἐνδιατρίβειν τοῖς περὶ
τὸ σῶμα, οἷον ἐπὶ πολὺ γυμνάζεσθαι, ἐπὶ πολὺ ἐσθίειν,
ἐπὶ πολὺ πίνειν, ἐπὶ πολὺ ἀποπατεῖν, ὀχεύειν. ἀλλὰ
ταῦτα μὲν ἐν παρέργῳ ποιητέον· περὶ δὲ τὴν γνώμην
ἡ πᾶσα ἔστω ἐπιστροφή.

c. 42. Ὅταν σέ τις κακῶς ποιῇ ἢ κακῶς λέγῃ, μέμνησο,
ὅτι καθήκειν αὐτῷ οἰόμενος ποιεῖ ἢ λέγει. οὐχ οἷόν τε οὖν
ἀκολουθεῖν αὐτὸν τῷ σοὶ φαινομένῳ, ἀλλὰ τῷ ἑαυτῷ, ὥστε, εἰ
κακῶς αὐτῷ φαίνεται, ἐκεῖνος βλάπτεται, ὅστις καὶ ἐξηπάτηται.

erst einmal das Maß überschritten hast, dann gibt es keine Grenze mehr.

DIE MÄDCHEN (40)

Die Mädchen werden, wenn sie vierzehn geworden sind, von den Männern «Damen» genannt. Und wenn sie sehen, daß sie keine andere Aufgabe haben, als Bettgenossinnen der Männer zu sein, fangen sie an, sich schön zu machen und darauf all ihre Hoffnung zu setzen. Es ist also angebracht, ihnen bewußt zu machen, daß sie nur dann geehrt werden, wenn sie bescheiden und zurückhaltend sind[68].

KÖRPER UND GEIST (41)

Es ist ein Zeichen mangelhafter Begabung, wenn man sich zu ausgiebig mit körperlichen Dingen beschäftigt, zum Beispiel: wenn man zuviel Sport treibt, zuviel ißt, zuviel trinkt, zu oft zur Toilette rennt, um sich zu entleeren, und zu oft den Beischlaf ausführt. Statt dessen sollte man diese Dinge nur nebenbei tun, und die ganze Fürsorge sollte auf die Entfaltung deiner Vernunft gerichtet sein.

«ES SCHIEN IHM EBEN RICHTIG SO» (42)

Wenn dir jemand etwas Böses antut oder schlecht über dich redet, denke daran, daß er dies tut oder sagt, weil er glaubt, er müsse es tun. Es ist doch nicht möglich, daß er tut, was du für richtig hältst, sondern was ihm richtig erscheint. Daraus folgt, daß auch er den Schaden hat, wenn er die Dinge falsch sieht. Denn er ist es, der sich irrte. Denn auch wenn jemand

καὶ γὰρ τὸ ἀληθὲς συμπεπλεγμένον ἄν τις ὑπολάβῃ ψεῦδος, οὐ
τὸ συμπεπλεγμένον βέβλαπται, ἀλλ᾽ ὁ ἐξαπατηθείς. ἀπὸ τούτων οὖν ὁρμώμενος πρᾴως ἕξεις πρὸς τὸν λοιδοροῦντα. ἐπι-
φθέγγου γὰρ ἐφ᾽ ἑκάστῳ ὅτι 'ἔδοξεν αὐτῷ'.

c. 43. Πᾶν πρᾶγμα δύο ἔχει λαβάς, τ ὴ ν μ ὲ ν φ ο ρ η-
τ ή ν, τ ὴ ν δ ὲ ἀ φ ό ρ η τ ο ν. ὁ ἀ δ ε λ φ ὸ ς ἐ ὰ ν ἀ δ ι κ ῇ, ἐ ν-
τ ε ῦ θ ε ν α ὐ τ ὸ μ ὴ λ ά μ β α ν ε, ὅτι ἀ δ ι κ ε ῖ (αὕτη γὰρ ἡ λαβὴ
ἔ σ τ ι ν α ὐ τ ο ῦ ο ὐ φ ο ρ η τ ή), ἀ λ λ ὰ ἐ κ ε ῖ θ ε ν μ ᾶ λ λ ο ν, ὅ τ ι
ἀ δ ε λ φ ό ς, ὅ τ ι σ ύ ν τ ρ ο φ ο ς, κ α ὶ λ ή ψ ῃ α ὐ τ ὸ κ α θ᾽ ὃ φ ο-
ρ η τ ό ν.

c. 44. Οὗτοι οἱ λόγοι ἀσύνακτοι 'ἐγώ σου πλουσιώτερός
εἰμι, ἐγώ σου ἄρα κρείσσων᾽· 'ἐγώ σου λογιώτερος, ἐγώ σου ἄρα
κρείσσων᾽. ἐκεῖνοι δὲ μᾶλλον συνακτικοί 'ἐγώ σου πλουσιώτερός
εἰμι, ἡ ἐμὴ ἄρα κτῆσις τῆς σῆς κρείσσων᾽· 'ἐγώ σου λογιώτερος,
ἡ ἐμὴ ἄρα λέξις τῆς σῆς κρείσσων᾽. σὺ δέ γε οὔτε κτῆσις εἶ
οὔτε λέξις.

c. 45. Λούεταί τις ταχέως· μὴ εἴπῃς ὅτι κακῶς, ἀλλ᾽ ὅτι
ταχέως. πίνει τις πολὺν οἶνον· μὴ εἴπῃς ὅτι κακῶς.

eine richtige Verknüpfung von Aussagen[69] für falsch hält, so schadet das der Verknüpfung nicht, sondern nur dem, der sich geirrt hat. Wenn du das bedenkst, wirst du nachsichtig gegenüber dem, der dich beschimpft. Sag dir nämlich immer: «Es schien ihm eben richtig so.»

JEDES DING HAT ZWEI HENKEL (43)

Jedes Ding hat zwei Henkel. An dem einen kann man es anfassen, an dem anderen nicht. Wenn dir dein Bruder unrecht tut, dann packe ihn nicht bei seinem Unrecht – denn an diesem Henkel läßt er sich nicht anfassen –, sondern lieber an dem anderen Henkel, der besagt, daß er dein Bruder ist und mit dir aufwuchs; dann wirst du ihn dort packen, wo er sich fassen läßt.

UNVEREINBARE AUSSAGEN (44)

Folgende Aussagen sind unvereinbar: «Ich bin reicher als du – also bin ich dir überlegen. Ich kann besser reden als du – also bin ich dir überlegen.» Folgende Aussagen passen besser zusammen: «Ich bin reicher als du – also ist mein Besitz größer als dein Besitz. Ich kann besser reden als du – also bin ich ein besserer Redner als du.» Du selbst bist doch weder dein Besitz noch deine Redekunst.

NICHT ZU VOREILIG URTEILEN (45)

Jemand wäscht sich eilig. Sag nicht: er wäscht sich schlecht, sondern: er wäscht sich eilig. Jemand trinkt viel Wein. Sag

ἀλλ' ὅτι πολύν. πρὶν γὰρ διαγνῶναι τὸ δόγμα, πόθεν οἶσθα.
εἰ κακῶς; οὕτως οὐ συμβήσεταί σοι ἄλλων μὲν φαντασίας καταληπτικὰς λαμβάνειν, ἄλλοις δὲ συγκατατίθεσθαι.

c. 46. Μηδαμοῦ σεαυτὸν εἴπῃς φιλόσοφον μηδὲ λάλει
τὸ πολὺ ἐν ἰδιώταις περὶ τῶν θεωρημάτων, ἀλλὰ ποίει τὸ ἀπὸ
τῶν θεωρημάτων· οἷον ἐν συμποσίῳ μὴ λέγε, πῶς δεῖ ἐσθίειν,
ἀλλ' ἔσθιε, ὡς δεῖ. μέμνησο γὰρ, ὅτι οὕτως ἀφῃρήκει πανταχόθεν Σωκράτης τὸ ἐπιδεικτικόν, ὥστε ἤρχοντο πρὸς αὐτὸν βου-
λόμενοι φιλοσόφοις ὑπ' αὐτοῦ συσταθῆναι, κἀκεῖνος ἀπῆγεν
αὐτούς. οὕτως ἠνείχετο παρορώμενος. κἂν περὶ θεωρήματός
τινος ἐν ἰδιώταις ἐμπίπτῃ λόγος, σιώπα τὸ πολύ· μέγας γὰρ ὁ
κίνδυνος εὐθὺς ἐξεμέσαι, ὃ οὐκ ἔπεψας. καὶ ὅταν εἴπῃ σοί
τις, ὅτι οὐδὲν οἶσθα, καὶ σὺ μὴ δηχθῇς, τότε ἴσθι, ὅτι ἄρχῃ
τοῦ ἔργου. ἐπεὶ καὶ τὰ πρόβατα οὐ χόρτον φέροντα
τοῖς ποιμέσιν ἐπιδεικνύει πόσον, ἔφαγεν, ἀλλὰ τὴν
νομὴν ἔσω πέψαντα ἔρια ἔξω φέρει καὶ γάλα· καὶ σὺ
τοίνυν μὴ τὰ θεωρήματα τοῖς ἰδιώταις ἐπιδείκνυε, ἀλλ' ἀπ' αὐτῶν πεφθέντων τὰ ἔργα.

nicht: das ist schlecht, sondern: er trinkt viel. Denn bevor du dir deine Meinung bilden kannst – woher weißt du denn, ob er schlecht handelt? So wird es dir nicht passieren, daß du von einigen Dingen eine richtige Vorstellung gewinnst, anderen aber unüberlegt deine Zustimmung[70] gibst.

NICHT REDEN, HANDELN (46)

Nenn dich niemals einen Philosophen und sprich mit den Leuten auch möglichst nicht über philosophische Überzeugungen, sondern handle danach. Ebenso sag während eines Gastmahls nicht, wie man essen muß, sondern iß, wie es sich gehört. Denn erinnere dich, daß Sokrates so vollständig auf äußere Selbstdarstellung verzichtete, daß die Leute zu ihm kamen und ihn baten, sie mit Philosophen bekannt zu machen, und er sie weiterempfahl. So leicht fiel es ihm, übersehen zu werden. Und wenn unter gewöhnlichen Leuten die Sprache auf irgendein philosophisches Thema kommt, schweige, so gut es geht. Denn die Gefahr ist groß, daß du gleich wieder etwas hervorbringst, was du noch nicht verdaut hast. Und wenn jemand zu dir sagt, daß du nichts weißt, und du dich dadurch nicht verletzt fühlst, dann wisse, daß du einen Anfang gemacht hast. Denn auch die Schafe bringen ihr Futter nicht zu ihrem Hirten, um ihnen zu zeigen, wieviel sie gefressen haben; sie verdauen vielmehr ihre Nahrung und liefern dann Wolle und Milch. So bring auch du keine philosophischen Überzeugungen unter die Leute, sondern zeig Taten, nachdem du die Lehren der Philosophen verarbeitet hast.

c. 47. Ὅταν εὐτελῶς ἡρμοσμένος ᾖς κατὰ τὸ σῶμα,
μὴ καλλωπίζου ἐπὶ τούτῳ   μήδ᾽, ἂν ὕδωρ πίνῃς, ἐκ πάσης
ἀφορμῆς λέγε, ὅτι ὕδωρ πίνεις.   κἂν ἀσκῆσαί ποτε πρὸς πόνον
θέλῃς. σεαυτῷ καὶ μὴ τοῖς ἔξω·   μὴ τοὺς ἀνδριάντας περιλάμ-
βανε·   ἀλλὰ διψῶν ποτε σφοδρῶς ἐπίσπασαι ψυχροῦ ὕδατος καὶ
ἔκπτυσον καὶ μηδενὶ εἴπῃς.

c. 48. Ἰδιώτου στάσις καὶ χαρακτήρ   οὐδέποτε ἐξ ἑαυτοῦ
προσδοκᾷ ὠφέλειαν ἢ βλάβην, ἀλλ᾽ ἀπὸ τῶν ἔξω. φιλοσόφου
στάσις καὶ χαρακτήρ· πᾶσαν ὠφέλειαν καὶ βλάβην ἐξ ἑαυτοῦ
προσδοκᾷ. σημεῖα προκόπτοντος·   οὐδένα ψέγει, οὐδένα
ἐπαινεῖ, οὐδένα μέμφεται, οὐδενὶ ἐγκαλεῖ, οὐδὲν περὶ
ἑαυτοῦ λέγει ὡς ὄντος τινὸς ἢ εἰδότος τι.   ὅταν ἐμποδισθῇ
τι ἢ κωλυθῇ, ἑαυτῷ ἐγκαλεῖ.   κἄν τις αὐτὸν ἐπαινῇ,
καταγελᾷ τοῦ ἐπαινοῦντος αὐτὸς παρ᾽ ἑαυτῷ·   κἂν ψέγῃ,
οὐκ ἀπολογεῖται. περίεισι δὲ καθάπερ οἱ ἄρρωστοι,
εὐλαβούμενός τι κινῆσαι τῶν καθισταμένων, πρὶν
πῆξιν λαβεῖν.   ὄρεξιν ἅπασαν ἦρκεν ἐξ ἑαυτοῦ· τὴν δ᾽ ἔκκλισιν εἰς μόνα τὰ παρὰ φύσιν τῶν ἐφ᾽ ἡμῖν μετατέθεικεν.
ὁρμῇ πρὸς ἅπαντα ἀνειμένῃ χρῆται. ἂν ἠλίθιος ἢ

NICHT PRAHLEN (47)

Wenn du deinen Körper an ein einfaches Leben gewöhnt hast, dann prahle nicht damit. Und wenn du nur Wasser trinkst, dann sage nicht bei jeder Gelegenheit, daß du nur Wasser trinkst. Wenn du dich im Ertragen von Strapazen üben willst, dann tue das für dich und nicht vor anderen. Umarme nicht die kalten Standbilder[71] in aller Öffentlichkeit, sondern wenn du einmal furchtbaren Durst hast, nimm einen Schluck kaltes Wasser, spuck es wieder aus und erzähle das niemandem.

WER AUF DEM RICHTIGEN WEG IST (48)

Zustand und Charakter eines Durchschnittsmenschen: Niemals erwartet er Nutzen oder Schaden von sich selbst, sondern nur von den äußeren Umständen. Zustand und Charakter eines Philosophen: er erwartet allen Nutzen und allen Schaden von sich selbst[72].

Kennzeichen eines Menschen, der auf dem richtigen Weg ist[73]: er rügt niemanden, lobt niemanden, tadelt niemanden, macht niemandem Vorwürfe, spricht nicht von sich selbst, als ob er etwas sei oder etwas wüßte. Wenn er durch irgend etwas behindert oder gestört wird, macht er sich selbst Vorwürfe. Und wenn ihn jemand lobt, lacht er im Stillen über den, der ihn lobt. Und wenn ihn jemand tadelt, verteidigt er sich nicht. Er bewegt sich wie ein Kranker und paßt auf, daß er nicht etwas bewegt, was noch nicht richtig in Ordnung ist.

Jedes Verlangen hat er verdrängt. Seine Ablehnung gilt allein den widernatürlichen Dingen, die in unserer Macht stehen. Allem gegenüber übt er größte Zurückhaltung. Es

ἀμαθὴς δοκῇ, οὐ πεφρόντικεν. ἐνί τε λόγῳ, ὡς ἐχθρὸν
ἑαυτὸν παραφυλάσσει καὶ ἐπίβουλον.

c. 49. Ὅταν τις ἐπὶ τῷ νοεῖν καὶ ἐξηγεῖσθαι δύνασθαι
τὰ Χρυσίππου βιβλία σεμνύνηται, λέγε αὐτὸς πρὸς ἑαυτὸν ὅτι
'εἰ μὴ Χρύσιππος ἀσαφῶς ἐγεγράφει, οὐδὲν ἂν εἶχεν οὗτος,
ἐφ᾽ ᾧ ἐσεμνύνετο.' ἐγὼ δὲ τί βούλομαι; καταμαθεῖν τὴν φύσιν
καὶ ταύτῃ ἕπεσθαι. ζητῶ οὖν, τίς ἐστιν ὁ ἐξηγούμενος· καὶ
ἀκούσας, ὅτι Χρύσιππος, ἔρχομαι πρὸς αὐτόν. ἀλλ᾽ οὐ νοῶ τὰ
γεγραμμένα· ζητῶ οὖν τὸν ἐξηγούμενον. καὶ μέχρι τούτων
οὔπω σεμνὸν οὐδέν. ὅταν δὲ εὕρω τὸν ἐξηγούμενον, ἀπολείπεται χρῆσθαι τοῖς παρηγγελμένοις· τοῦτο αὐτὸ μόνον σεμνόν ἐστιν. ἂν δὲ αὐτὸ τοῦτο τὸ ἐξηγεῖσθαι θαυμάσω, τί ἄλλο ἢ γραμματικὸς ἀπετελέσθην ἀντὶ φιλοσόφου;
πλήν γε δὴ ὅτι ἀντὶ Ὁμήρου Χρύσιππον ἐξηγούμενος. μᾶλλον οὖν, ὅταν τις εἴπῃ μοι 'ἐπανάγνωθί μοι Χρύσιππον',
ἐρυθριῶ, ὅταν μὴ δύνωμαι ὅμοια τὰ ἔργα καὶ σύμφωνα ἐπιδεικνύειν τοῖς λόγοις.

c. 50. Ὅσα προτίθεται, τούτοις ὡς νόμοις, ὡς ἀσε-
βήσων, ἂν παραβῇς, ἔμμενε. ὅ τι δ᾽ ἂν ἐρῇ τις περὶ
σοῦ, μὴ ἐπιστρέφου· τοῦτο γὰρ οὐκ ἔτ᾽ ἔστι σόν.

macht ihm nichts aus, wenn er als einfältig oder töricht gilt. Mit einem Wort: Wie einen Feind, der ihm ständig auflauert, beobachtet er sich selbst voll Argwohn.

THEORIE UND PRAXIS (49)

Wenn jemand stolz darauf ist, daß er die Schriften des Chrysipp[74] versteht und erklären kann, dann sprich zu dir selbst: «Wenn Chrysipp nicht schwer verständlich geschrieben hätte, dann hätte ich nichts, worauf ich stolz sein könnte.» Was aber will ich? Ich will die Vernunftnatur[75] erkennen und ihr folgen. Ich frage daher, wer sie mir erklärt; und da ich gehört habe, daß Chrysipp es tut, wende ich mich an ihn. Aber ich verstehe seine Schriften nicht. Also suche ich jemanden, der sie mir erklärt. Bis jetzt besteht noch kein Grund, stolz zu sein. Wenn ich aber einen gefunden habe, der sie mir erklärt, dann bleibt nur noch die Aufgabe, die Lehren auch anzuwenden. Nur darauf kann man stolz sein. Wenn ich aber nur die Auslegung bewunderte, dann wäre ich höchstens ein Philologe, aber kein Philosoph. Der Unterschied wäre nur, daß ich statt Homer Chrysipp interpretierte. Daher erröte ich noch mehr, sobald jemand zu mir sagt: «Lies mir aus Chrysipp vor», wenn ich nicht in der Lage bin, die Taten aufzuweisen, die den Worten entsprechen[76].

VORSÄTZEN TREU BLEIBEN (50)

Bleibe deinen Vorsätzen wie gewöhnlichen Gesetzen treu – in der Überzeugung, daß du eine gottlose Tat begehst, wenn du sie mißachtest. Was man auch über dich sagt – kümmere dich nicht darum; denn das ist nicht mehr deine Sache.

c. 51. Εἰς ποῖον ἔτι χρόνον ἀναβάλλῃ τὸ τῶν βελτίστων ἀξιοῦν σεαυτὸν καὶ ἐν μηδενὶ παραβαίνειν τὸν διαιροῦντα λόγον; παρείληφας τὰ θεωρήματα, οἷς ἔδει σε συμβάλλειν, καὶ συμβέβληκας. ποῖον οὖν ἔτι διδάσκαλον προσδοκᾷς, ἵνα εἰς ἐκεῖνον ὑπερθῇ τὴν ἐπανόρθωσιν ποιῆσαι τὴν σεαυτοῦ; οὐκ ἔτι εἶ μειράκιον, ἀλλὰ ἀνὴρ ἤδη τέλειος. ἂν νῦν ἀμελήσῃς καὶ ῥᾳθυμήσῃς καὶ ἀεὶ προθέσεις ἐκ προθέσεως ποιῇ καὶ ἡμέρας ἄλλας ἐπ' ἄλλαις ὁρίζῃς, μεθ' ἃς προσέξεις σεαυτῷ, λήσεις σεαυτὸν οὐ προκόψας, ἀλλ' ἰδιώτης διατελέσεις καὶ ζῶν καὶ ἀποθνήσκων. ἤδη οὖν ἀξίωσον σεαυτὸν βιοῦν ὡς τέλειον καὶ προκόπτοντα· καὶ πᾶν τὸ βέλτιστον φαινόμενον ἔστω σοι νόμος ἀπαράβατος. κἂν ἐπίπονόν τι ἢ ἡδὺ ἢ ἔνδοξον ἢ ἄδοξον προσάγηται, μέμνησο, ὅτι νῦν ὁ ἀγὼν καὶ ἤδη πάρεστι τὰ Ὀλύμπια καὶ οὐκ ἔστιν ἀναβάλλεσθαι οὐκέτι καὶ ὅτι παρὰ μίαν ἡμέραν καὶ ἓν πρᾶγμα καὶ ἀπόλλυται προκοπὴ καὶ σῴζεται. Σωκράτης οὕτως ἀπετελέσθη, ἐπὶ πάντων τῶν προσαγομένων αὐτῷ μηδενὶ ἄλλῳ προσέχων ἢ τῷ λόγῳ. σὺ δὲ εἰ καὶ μήπω εἶ Σωκράτης, ὡς Σωκράτης γε εἶναι βουλόμενος ὀφείλεις βιοῦν.

WIE LANGE WARTEST DU NOCH? (51)

Wie lange willst du noch damit warten, dich zu dem höchsten moralischen Ziel zu bekennen und auf keinen Fall gegen die Vernunft zu handeln, die die richtige Unterscheidung[77] ermöglicht? Du hast die philosophischen Lehren[78] empfangen, die du anerkennen mußt, und du hast sie anerkannt. Auf welchen Lehrer wartest du jetzt noch, um ihm die Aufgabe anzuvertrauen, deine moralische Besserung herbeizuführen? Du bist kein Kind mehr, sondern ein erwachsener Mann. Wenn du jetzt nachlässig und leichtsinnig bist, immer nur einen Vorsatz nach dem anderen faßt und es von einem Tag auf den anderen schiebst, an dir arbeiten zu wollen, dann wirst du, ohne es zu merken, keine Fortschritte machen, sondern als Durchschnittsmensch weiter dahinleben, bis du stirbst. Entschließe dich endlich, wie ein erwachsener Mann zu leben, der auf seinem Weg vorankommt; und alles, was dir als das Beste erscheint, sei dir ein unverbrüchliches Gesetz. Auch wenn dir etwas Beschwerliches oder Angenehmes, Ruhmvolles oder Ruhmloses begegnet, denke daran, daß es jetzt zu kämpfen gilt und daß die olympischen Spiele angefangen haben und es nicht mehr möglich ist, etwas aufzuschieben, und daß es von einem einzigen Tag und einer einzigen Tat abhängt, ob der Fortschritt bestehen bleibt oder zusammenbricht.

Auf diese Weise wurde Sokrates so, wie er war, indem er bei allem, womit er zu tun hatte, auf nichts anderes achtete als auf die Vernunft. Du aber, auch wenn du noch kein Sokrates bist, solltest so leben, als ob du einer sein wolltest.

c. 52. Ὁ πρῶτος καὶ ἀναγκαιότατος τόπος ἐστὶν
ἐν φιλοσοφίᾳ ὁ τῆς χρήσεως τῶν θεωρημάτων, οἷον
τὸ μὴ ψεύδεσθαι· ὁ δεύτερος ὁ τῶν ἀποδείξεων, οἷον
πόθεν ὅτι οὐ δεῖ ψεύδεσθαι· τρίτος ὁ αὐτῶν τούτων
βεβαιωτικὸς καὶ διαρθρωτικός, οἷον πόθεν ὅτι τοῦτο
ἀπόδειξις; τί γάρ ἐστιν ἀπόδειξις, τί ἀκολουθία, τί
μάχη, τί ἀληθές, τί ψεῦδος; οὐκοῦν ὁ μὲν τρίτος τόπος ἀναγκαῖος διὰ τὸν δεύτερον, ὁ δὲ δεύτερος διὰ
τὸν πρῶτον· ὁ δὲ ἀναγκαιότατος καὶ ὅπου ἀναπαύεσθαι δεῖ, ὁ πρῶτος. ἡμεῖς δὲ ἔμπαλιν ποιοῦμεν· ἐν
γὰρ τῷ τρίτῳ τόπῳ διατρίβομεν καὶ περὶ ἐκεῖνόν ἐστιν
ἡμῖν ἡ πᾶσα σπουδή· τοῦ δὲ πρώτου παντελῶς ἀμε-
λοῦμεν. τοιγαροῦν ψευδόμεθα μέν, πῶς δὲ ἀποδεί-
κνυται ὅτι οὐ δεῖ ψεύδεσθαι, πρόχειρον ἔχομεν.

c. 53. Ἐπὶ παντὸς πρόχειρα ἑκτέον ταῦτα·
ἄγου δέ μ', ὦ Ζεῦ, καὶ σύ γ' ἡ Πεπρωμένη,
ὅποι ποθ' ὑμῖν εἰμι διατεταγμένος·
ὡς ἔψομαί γ' ἄοκνος· ἢν δέ γε μὴ θέλω,
κακὸς γενόμενος, οὐδὲν ἧττον ἔψομαι.
'ὅστις δ' ἀνάγκῃ συγκεχώρηκεν καλῶς,
σοφὸς παρ' ἡμῖν, καὶ τὰ θεῖ' ἐπίσταται.'
'ἀλλ', ὦ Κρίτων, εἰ ταύτῃ τοῖς θεοῖς φίλον, ταύτῃ γενέσθω.'
'ἐμὲ δὲ Ἄνυτος καὶ Μέλιτος ἀποκτεῖναι μὲν δύνανται, βλάψαι
δὲ οὔ.'

AUF DIE PRAXIS KOMMT ES AN (52)

Der erste und notwendigste Bereich der Philosophie umfaßt
die Anwendung ihrer Lehren, wie zum Beispiel nicht zu lügen. Der zweite handelt von den Beweisen: Hier geht es
zum Beispiel um die Frage, aus welchem Grund man nicht
lügen darf. Der dritte bezieht sich auf die Begründung und
Gliederung dieser Beweise; dabei wird zum Beispiel gefragt: Wie kommt es, daß dies ein Beweis ist? Wodurch ist
es denn ein Beweis? Was ist eine logische Folgerung? Was
ist ein Widerspruch? Was ist wahr? Was ist falsch? Der
dritte Bereich ist notwendig wegen des zweiten und der
zweite wegen des ersten. Der wichtigste, mit dem man sich
vor allem befassen soll, ist der erste[79]. Wir machen es aber
genau umgekehrt. Denn wir verbringen unsere Zeit mit
dem dritten Bereich, und ihm gilt unser ganzer Eifer. Den
ersten aber vernachlässigen wir völlig. Deshalb lügen wir.
Wie man aber beweist, daß man nicht lügen darf, ist uns
vertraut.

SICH DEM SCHICKSAL FÜGEN (53)

Bei jeder Gelegenheit müssen wir uns folgendes vergegen-
wärtigen: «Ach, Zeus, und du, mein Schicksal, führt mich
an den Platz, der mir einst von euch bestimmt wurde. Ich
werde folgen ohne Zögern. Wenn ich aber nicht wollte,
wäre ich ein feiger Schwächling und müßte euch trotzdem
folgen[80].» – «Wer sich dem unausweichlichen Schicksal auf
rechte Weise fügt, gilt bei uns als weise und kennt das Göttliche[81].» – «Nun, mein Kriton, wenn es den Göttern recht ist,
soll es so geschehen[82].»

«Anytos und Meletos können mich zwar töten, aber
schaden können sie mir nicht[83].»

FRAGMENTA

I

Τί μοι μέλει, φησί, πότερον ἐξ ἀτόμων ἢ ἐξ ἀμερῶν ἢ ἐκ πυρὸς καὶ γῆς συνέστηκε τὰ ὄντα; οὐ γὰρ ἀρκεῖ μαθεῖν τὴν οὐσίαν τοῦ ἀγαθοῦ καὶ κακοῦ καὶ τὰ μέτρα τῶν ὀρέξεων καὶ ἐκκλίσεων καὶ ἔτι ὁρμῶν καὶ ἀφορμῶν καὶ τούτοις ὥσπερ κανόσι χρώμενον διοικεῖν τὰ τοῦ βίου, τὰ δ' ὑπὲρ ἡμᾶς ταῦτα χαίρειν ἐᾶν, ἃ τυχὸν μὲν ἀκατάληπτά ἐστι τῇ ἀνθρωπίνῃ γνώμῃ, εἰ δὲ καὶ τὰ μάλιστα θ⟨εί⟩η τις εἶναι καταληπτά, ἀλλ' οὖν τί ὄφελος καταληφθέντων; οὐχὶ δὲ διακενῆς πράγματα ἔχειν φατέον τοὺς ταῦτα ὡς ἀναγκαῖα τῷ τοῦ φιλοσόφου λόγῳ προσνέμοντας; — Μή τι οὖν καὶ τὸ ἐν Δελφοῖς παράγγελμα παρέλκον ἐστί, τὸ Γνῶθι σαυτόν; — Τοῦτο δὲ μὲν οὔ, φησί. — Τίς οὖν ἡ δύναμις αὐτοῦ; εἰ χορευτῇ τις παρήγγελλε τὸ γνῶναι ἑαυτόν, οὔκουν ἂν τῇ προστάξει προσεῖχε τῷ ἐπιστραφῆναι‖ καὶ τῶν συγχορευτῶν καὶ τῆς πρὸς αὐτοὺς συμφωνίας; — Φησίν. — Εἰ δὲ ναύτῃ; εἰ δὲ στρατιώτῃ; πότερον οὖν ὁ ἄνθρωπος αὐτὸς ἐφ' αὑτοῦ πεποιῆσθαί σοι δοκεῖ ζῷον ἢ πρὸς κοινωνίαν; ⟨— Πρὸς κοινωνίαν.⟩ — Ὑπὸ τίνος; —

LEHRGESPRÄCHE (DIATRIBEN)

AN EINEN, DER SICH MIT DEM PROBLEM DES SEINS HERUMSCHLUG

«Was interessiert es mich», sagte Epiktet, «ob das Seiende aus Atomen oder unteilbaren Teilchen, aus Feuer oder Erde besteht? Genügt es nicht, das Wesen des Guten und des Bösen und die Grenzen unserer Wünsche und Abneigungen und auch unseres Wollens und Nichtwollens kennenzulernen und nach dieser Richtschnur unser Leben einzurichten, aber die Dinge, die zu hoch für uns sind, sein zu lassen? Denn anscheinend sind diese dem menschlichen Erkenntnisvermögen unerreichbar. Aber selbst wenn jemand behauptete, sie seien begreifbar – was sollte es nützen, sie zu begreifen? Und müssen wir nicht sagen, daß diejenigen sich überflüssige Mühe machen, die diese Dinge als unumgängliche Gegenstände dem Aufgabengebiet des Philosophen zuweisen?» – «Ist deshalb auch die Aufforderung ‹Erkenne dich selbst› am Tempel zu Delphi überflüssig?» – «Nein, das nicht.» – «Was bedeutet es denn?» – «Wenn man einen Chorsänger dazu aufforderte, sich selbst zu erkennen, käme er dann nicht dem Befehl nach, indem er seine Aufmerksamkeit auf seine Mitsänger und auf sein Singen in Harmonie mit ihnen richtete?» – «Ja.» – «Und wie wäre es bei einem Seemann? Oder bei einem Soldaten? Scheint dir also der Mensch als Lebewesen für sich allein geschaffen zu sein oder für die Gemeinschaft?» – «Für die Gemeinschaft.» –

Ὑπὸ τῆς φύσεως. — Τίνος οὔσης καὶ πῶς διοικούσης τὰ ὅλα καὶ πότερον οὔσης ἢ μή, ταῦτα οὐκέτι ἀναγκαῖον πολυπραγμονεῖν;

III

Πάντα ὑπακούει τῷ κόσμῳ καὶ ὑπηρετεῖ καὶ γῆ καὶ θάλασσα καὶ ἥλιος καὶ τὰ λοιπὰ ἄστρα καὶ τὰ γῆς φυτὰ καὶ ζῷα· ὑπακούει δὲ αὐτῷ καὶ τὸ ἡμέτερον σῶμα καὶ νοσοῦν καὶ ὑγιαῖνον, ὅταν ἐκεῖνος θέλῃ, καὶ νεάζον καὶ γηρῶν καὶ τὰς ἄλλας διερχόμενον μεταβολάς. οὐκ- οῦν εὔλογον καί, ὃ ἐφ' ἡμῖν ἐστι, τουτέστι τὴν κρίσιν, μὴ ἀντιτείνειν μόνην πρὸς αὐτόν· καὶ γὰρ ἰσχυρός ἐστι καὶ κρείσσων καὶ ἄμεινον ὑπὲρ ἡμῶν βεβούλευται μετὰ τῶν ὅλων καὶ ἡμᾶς συνδιοικῶν. πρὸς δὲ τούτοις καὶ ἡ ἀντίπραξις μετὰ τοῦ ἀλόγου καὶ πλέον οὐδὲν ποιοῦσα πλὴν τὸ διακενῆς σπᾶσθαι καὶ περιπίπτειν ὀδύ- ναις καὶ λύπαις ποιεῖ.

IV

Τῶν ὄντων τὰ μὲν ἐφ' ἡμῖν ἔθετο ὁ θεός, τὰ δ' οὐκ ἐφ' ἡμῖν. ἐφ' ἡμῖν μὲν τὸ κάλλιστον καὶ σπουδαιότα- τον, ᾧ δὴ καὶ αὐτὸς εὐδαίμων ἐστί, τὴν χρῆσιν τῶν φαντασιῶν. τοῦτο γὰρ ὀρθῶς γιγνόμενον ἐλευθερία ἐστίν, εὔροια, εὐθυμία, εὐστάθεια, τοῦτο δὲ καὶ δίκη ἐστὶ καὶ νόμος καὶ σωφροσύνη καὶ ξύμπασα ἀρετή. τὰ

«Von wem?» – «Von der Natur.» – «Was die Natur ist und
wie sie die Welt verwaltet und ob sie wirklich existiert oder
nicht – das sind Fragen, mit denen man sich nicht mehr abzumühen braucht.»

ÜBERALL IST GOTT

Alles gehorcht und dient dem Kosmos[1]: Erde, Meer, Sonne
und die anderen Gestirne und die Pflanzen und Tiere auf der
Erde. Es gehorcht ihm auch unser Körper in Krankheit und
Gesundheit, wenn der Kosmos es will, in Jugend und Alter
und bei allen anderen Veränderungen, die er durchmacht.
Daher ist es auch vernünftig, daß das, was allein in unserer
Macht steht, das heißt unsere Willensentscheidung, nicht
die einzige Kraft ist, die sich gegen den Kosmos auflehnt.
Denn er ist mächtig und stärker als wir und hat einen besseren Plan für unser Dasein gefaßt, als wir es können, indem
er zusammen mit dem Ganzen auch über uns waltet. Außerdem bringt uns der Widerstand, der sich mit der Unver-
nunft verbündet und nichts weiter erwirkt, als daß wir uns
vergeblich sträuben, auch noch Schmerzen und Kummer.

WAS IN UNSERER MACHT STEHT

Von allem, was existiert, hat Gott einen Teil in unsere Verfügungsgewalt gegeben, den anderen Teil nicht. In unserer
Macht steht das Schönste und Wichtigste, wodurch Gott
selbst glücklich ist: der Gebrauch unserer Eindrücke und
Vorstellungen[2]. Denn wenn diese Möglichkeit richtig ge-
nutzt wird, bedeutet dies Freiheit, Glück[3], Heiterkeit[4],
Würde[5], aber auch Recht, Gesetz, Selbstbeherrschung und

δ' ἄλλα πάντα οὐκ ἐφ' ἡμῖν ἐποιήσατο. οὐκοῦν καὶ ἡμᾶς συμψήφους χρὴ τῷ θεῷ γενέσθαι καὶ ταύτῃ διελόντας τὰ πράγματα τῶν μὲν ἐφ' ἡμῖν πάντα τρόπον ἀντιποιεῖσθαι, τὰ δὲ μὴ ἐφ' ἡμῖν ἐπιτρέψαι τῷ κόσμῳ καί, εἴτε τῶν παίδων δέοιτο εἴτε τῆς πατρίδος εἴτε τοῦ σώματος εἴτε ὁτουοῦν, ἀσμένους παραχωρεῖν.

V

Τὸ δὲ Λυκούργου τοῦ Λακεδαιμονίου τίς ἡμῶν οὐ θαυμάζει; πηρωθεὶς γὰρ ὑπό τινος τῶν πολιτῶν τῶν ὀφθαλμῶν τὸν ἕτερον καὶ παραλαβὼν τὸν νεανίσκον παρὰ τοῦ δήμου, ἵνα τιμωρήσαιτο, ὅπως ⟨ἂν⟩ αὐτὸς βούληται, τούτου μὲν ἀπέσχετο, παιδεύσας δὲ αὐτὸν καὶ ἀποφήνας ἄνδρα ἀγαθὸν παρήγαγεν εἰς τὸ θέατρον. θαυμαζόντων δὲ τῶν Λακεδαιμονίων 'τοῦτον μέντοι λαβών', ἔφη, 'παρ' ὑμῶν ὑβριστὴν καὶ βίαιον ἀποδίδωμι ὑμῖν ἐπιεικῆ καὶ δημοτικόν'.

VII

Τὸ δὲ οἴεσθαι εὐκαταφρονήτους τοῖς ἄλλοις ἔσεσθαι, ἐὰν μὴ τοὺς πρώτους ἐχθροὺς παντὶ τρόπῳ βλάψωμεν, σφόδρα ἀγεννῶν καὶ ἀνοήτων ἀνθρώπων. φαμὲν γὰρ τὸν εὐκαταφρόνητον νοεῖσθαι μὲν καὶ κατὰ τὸ ἀδύνα-

Tüchtigkeit in jeder Form. Alles andere aber hat Gott nicht
in unsere Macht gegeben. Daher ist es notwendig, daß wir
in Übereinstimmung mit Gott gelangen und uns, indem wir
die Dinge dementsprechend unterscheiden[6], auf jede nur
erdenkliche Weise um die Dinge kümmern, die in unserer
Macht stehen, die Dinge aber, die nicht in unserer Macht
stehen, dem Kosmos überlassen und freudig übergeben, ob
er nun unsere Kinder, unsere Heimat, unseren Körper oder
sonst etwas von uns fordert.

DIE RACHE DES LYKURG

Wer von uns bewundert nicht das Verhalten des Spartaners
Lykurg? Es war ihm nämlich von einem seiner Mitbürger
ein Auge ausgeschlagen worden. Das Volk überließ ihm
den jungen Mann, damit er nach eigenem Gutdünken Rache an ihm nehmen könne. Lykurg aber verzichtete auf
seine Rache. Statt dessen erzog er ihn und machte ihn zu
einem tüchtigen Mann. Dann zeigte er ihn der Öffentlichkeit. Als die Spartaner sich darüber wunderten, sagte er:
«Diesen Mann übergabt ihr mir als gewalttätigen Verbrecher. Ich gebe ihn euch zurück als ordentlichen und verant-
wortungsbewußten Menschen[7].»

MUSS MAN SEINEN FEINDEN SCHADEN?

Zu glauben, daß wir von den anderen verachtet werden,
wenn wir nicht mit allen Mitteln unseren Feinden, sobald
sie uns entgegentreten, Schaden zufügen, ist Zeichen einer
wirklich unedlen und törichten Einstellung. Allerdings behauptet man, daß jemand zu verachten sei, der unfähig sei,

τον εἶναι βλάψαι· ἀλλὰ πολὺ μᾶλλον νοεῖται κατὰ τὸ
ἀδύνατον εἶναι ὠφελεῖν.

VIII

Ὅτι τοιαύτη ἡ τοῦ κόσμου φύσις καὶ ἦν καὶ ἔστι
καὶ ἔσται καὶ οὐχ οἷόν τε ἄλλως γίγνεσθαι τὰ γιγνόμενα ἢ ὡς νῦν ἔχει· καὶ ὅτι ταύτης τῆς τροπῆς καὶ
τῆς μεταβολῆς οὐ μόνον οἱ ἄνθρωποι μετειλήφασι καὶ
τἄλλα ζῷα τὰ ἐπὶ γῆς, ἀλλὰ καὶ τὰ θεῖα καὶ νὴ Δί'
αὐτὰ τὰ τέτταρα στοιχεῖα ἄνω καὶ κάτω τρέπεται καὶ
μεταβάλλει καὶ γῆ τε ὕδωρ γίνεται καὶ ὕδωρ ἀήρ, οὗτος
δὲ πάλιν εἰς αἰθέρα μεταβάλλει· καὶ ὁ αὐτὸς τρόπος
τῆς μεταβολῆς ἄνωθεν κάτω. ἐὰν πρὸς ταῦτά τις ἐπι-
χειρῇ ῥέπειν τὸν νοῦν καὶ πείθειν ἑαυτὸν ἑκόντα δέχεσθαι τὰ ἀναγκαῖα, πάνυ μετρίως καὶ μουσικῶς διαβιώ-
σεται τὸν βίον.

IX

Visa animi, quibus mens hominis prima statim specie
accidentis ad animum rei pellitur, non voluntatis sunt
neque arbitraria, sed vi quadam sua inferunt sese homi-
nibus noscitanda; probationes autem, quibus eadem visa
noscuntur, voluntariae sunt fiuntque hominum arbitra-
tu. propterea cum sonus aliquis formidabilis aut caelo aut
ex ruina aut repentinus nescio cuius periculi nuntius vel

anderen zu schaden. Doch als viel verächtlicher ist derjenige anzusehen, der unfähig ist, anderen nützlich zu sein.

DIE NATUR DES KOSMOS

So war, ist und wird die Natur des Kosmos sein[8], und es ist ausgeschlossen, daß das Geschehende anders geschieht, als es jetzt der Fall ist. An diesem Wandel und an dieser Veränderung[9] nehmen nicht nur der Mensch und die übrigen Lebewesen auf der Erde teil, sondern auch das Göttliche, und, beim Zeus, auch die vier Elemente bewegen sich aufwärts und abwärts und verändern sich: Die Erde wird zu Wasser und das Wasser zu Luft, diese wiederum verwandelt sich in das himmlische Feuer. Dieselbe Art von Verwandlung verläuft wieder von oben nach unten. Wer sich dazu bereit findet, seine Aufmerksamkeit auf diese Vorgänge zu richten und sich selbst dazu zu bringen, das Notwendige freiwillig zu akzeptieren, der wird ein ganz und gar vernünftiges und harmonisches Leben haben.

FALSCHE VORSTELLUNGEN

Die Vorstellungen und Eindrücke, durch die der Geist des Menschen gleich bei der ersten Begegnung mit einem äußeren Vorgang in Berührung kommt, unterliegen nicht seinem Willen und seiner Kontrolle. Sie drängen sich gleichsam mit Gewalt in das Bewußtsein des Menschen. Die Zustimmung[10] aber, mit der eben diese Vorstellungen und Eindrücke aufgenommen werden, ist freiwillig und beruht auf einer bewußten Entscheidung des Menschen. Deshalb wird auch der Philosoph, wenn irgendein furchtbares Ge-

quid aliud est eiusmodi factum, sapientis quoque animum paulisper moveri et contrahi et pallescere necessum est, non opinione alicuius mali praecepta, sed quibusdam motibus rapidis et inconsultis officium mentis atque rationis praevertentibus. mox tamen ille sapiens ibidem visa istaec animi sui terrifica non adprobat, sed abicit respuitque nee ei metuendum esse in his quicquam videtur. atque hoc inter insipientis sapientisque animum differe dicunt, quod insipiens, qualia sibi esse primo animi sui pulsu visa sunt saeva et aspera, talia esse vero putat et eadem incepta, tamquam si iure metuenda sint, sua quoque adsensione adprobat, sapiens autem, cum breviter et strictim colore atque vultu motus est, *οὐ συγκατατίθεται*, sed statum vigoremque sententiae suae retinet, quam de huiuscemodi visis semper habuit, ut de minime metuendis, sed fronte falsa et formidine inani territantibus.

XI

Ἀλλὰ δὴ Σωκράτης Ἀρχελάου μεταπεμπομένου αὐτὸν ὡς ποιήσοντος πλούσιον ἐκέλευσεν ἀπαγγεῖλαι αὐτῷ διότι ᾿Ἀθήνησι τέσσαρές εἰσι χοίνικες τῶν ἀλφίτων ὀβολοῦ ὥνιοι καὶ κρῆναι ὕδατος ῥέουσιν'. εἰ γάρ τοι μὴ ἱκανὰ τὰ ὄντα ἐμοί, ἀλλ' ἐγὼ τούτοις ἱκανὸς καὶ

räusch vom Himmel kommt, ein Gebäude einstürzt, sich
plötzlich eine Gefahr ankündigt oder Ähnliches passiert,
zwangsläufig einen Augenblick lang beunruhigt, beklom-
men und blaß, aber nicht weil er etwas Schlimmes erwar-
tete, sondern weil bestimmte heftige und unerwartete
Bewegungen der Tätigkeit des Geistes und der Vernunft zu-
vorkommen. Doch nach kurzer Zeit versagt der Philosoph
den Vorstellungen von scheinbar schrecklichen Vorgängen
seine Zustimmung. Er weist sie entschieden zurück und
sieht in ihnen keinen Grund zur Furcht. Und das – so heißt
es – sei der Unterschied zwischen einem Toren und einem
Philosophen: der Tor glaubt, daß die Dinge, die auf ihn ein-
stürmten, tatsächlich so schrecklich und schlimm seien, wie
es ihm auf den ersten Blick erschien, und er gibt seinen Vorstellungen, die er von den Dingen gewonnen hat, seine aus-
drückliche Zustimmung, als ob sie mit Recht zu fürchten
seien. Der Philosoph aber verweigert seine Zustimmung,
nachdem sich nur ganz kurz seine Gesichtsfarbe und sein
Ausdruck verändert haben. Er bewahrt seine Haltung und
die Stärke seiner Überzeugung, der er angesichts derartiger
Erscheinungen stets treu geblieben ist, weil diese keinesfalls
zu fürchten sind, sondern unter falscher Maske unbegrün-
det Angst verbreiten.

GENÜGSAMKEIT

Als Archelaos[11] Sokrates zu sich eingeladen hatte, um ihn
zu einem reichen Mann zu machen, ließ dieser dem König
mitteilen: «In Athen kosten vier Liter Gerstengraupen
einen Obolus, und die Quellen liefern reichlich Wasser.»
Wenn auch das, was vorhanden ist, mir eigentlich nicht genügt, so begnüge ich mich doch mit dem Vorhandenen, und

οὕτω κἀκεῖνα ἐμοί. ἢ οὐχ ὁρᾷς, ὅτι οὐκ εὐφωνότερον
οὐδὲ ἥδιον ὁ Πῶλος τὸν τύραννον Οἰδίποδα ὑπεκρί-
νετο ἢ τὸν ἐπὶ Κολωνῷ ἀλήτην καὶ πτωχόν; εἶτα χείρων Πώλου ὁ γενναῖος ἀνὴρ φανεῖται, ὡς μὴ πᾶν τὸ
περιτεθὲν ἐκ τοῦ δαιμονίου πρόσωπον ὑποκρίνασθαι
καλῶς; οὐδὲ τὸν Ὀδυσσέα μιμήσεται, ὃς καὶ ἐν τοῖς
ῥάκεσιν οὐδὲν μεῖον διέπρεπεν ἢ ἐν τῇ οὔλῃ χλαίνῃ τῇ
πορφυρᾷ;

XIII

Ἀλλ᾽ ὁρῶ, φησί τις, τοὺς καλοὺς καὶ ἀγαθοὺς καὶ
λιμῷ καὶ ῥίγει ἀπολλυμένους. — Τοὺς δὲ μὴ καλοὺς καὶ
μὴ ἀγαθοὺς οὐχ ὁρᾷς τρυφῇ καὶ ἀλαζονείᾳ καὶ ἀπει-
ροκαλίᾳ ἀπολλυμένους; — Ἀλλ᾽ αἰσχρὸν τὸ παρ᾽ ἄλλου
τρέφεσθαι. — Καὶ τίς, ὦ κακόδαιμον, αὐτὸς ἐξ ἑαυτοῦ
τρέφεται ἄλλος γε ἢ ὁ κόσμος; ὅστις γοῦν ἐγκαλεῖ τῇ
προνοίᾳ, ὅτι οἱ πονηροὶ οὐ διδόασι δίκην, ὅτι ἰσχυροί
εἰσι καὶ πλούσιοι, ὅμοιόν τι δρᾷ ὥσπερ εἰ τοὺς ὀφθαλμοὺς ἀπολωλεκότων αὐτῶν ἔλεγε μὴ δεδωκέναι δίκην
αὐτούς, ὅτι οἱ ὄνυχες ὑγιεῖς εἶεν. ἐγὼ μὲν γάρ φημι
πολὺ [αἰ] διαφέρειν μᾶλλον ἀρετὴν † κακίας ἢ ὀφθαλ-
μοὶ ὀνύχων διαφέρουσιν.

XIX

Τῷ μὲν ἰατρῷ μηδὲν συμβουλεύοντι ἄχθονται οἱ
κάμνοντες καὶ ἡγοῦνται ἀπεγνῶσθαι ὑπ᾽ αὐτοῦ· πρὸς

so genügt es mir letztlich auch. Oder siehst du nicht, daß
Polos[12] den König Ödipus keinesfalls mit schönerer Stimme
und zur größeren Freude seines Publikums darstellte als
den Bettler auf Kolonos[13]? Soll denn der edle Mann ein
schlechteres Bild abgeben als Polos und nicht jede ihm von
Gott zugewiesene Rolle gut spielen[14]? Wird er nicht Odysseus nachahmen, der auch in Lumpen keine weniger gute
Figur machte als in seinem purpurnen Königsmantel[15].

AUGEN UND FINGERNÄGEL

«Aber ich sehe doch», sagt jemand, «wie die Anständigen
und Tüchtigen durch Hunger und Kälte zugrunde gehen.»
– «Siehst du aber nicht auch, daß die Nicht-Anständigen
und Nicht-Tüchtigen durch Überfluß, Prahlerei und gemei-
nes Benehmen zugrunde gehen?» – «Es ist aber doch eine
Schande, sich von einem anderen ernähren zu lassen.» –
«Und wer, du Unglücklicher, erhält sich ganz aus eigener
Kraft außer dem Kosmos? Wer daher die Vorsehung[16] an-
klagt, weil die Bösen nicht bestraft werden und dazu noch
reich und mächtig sind, handelt so, als ob er sagen würde,
sie seien nach dem Verlust ihrer Augen noch nicht richtig
bestraft, weil sie noch gesunde Fingernägel hätten.» – Ich
behaupte nämlich, daß zwischen Tüchtigkeit und Reichtum
ein noch viel größerer Unterschied besteht als zwischen
Augen und Fingernägeln.

ARZT UND PHILOSOPH

Wenn die Menschen krank sind und der Arzt ihnen nichts
verschreibt, ärgern sie sich und glauben, er habe sie aufge-

δὲ τὸν φιλόσοφον διὰ τί οὐκ ἄν τις οὕτω διατεθείη,
ὥστε οἰηθῆναι ἀπεγνῶσθαι ὑπ᾿ αὐτοῦ σωφρονήσειν, εἰ
μηδὲν λέγοι [τι] πρὸς αὐτὸν τῶν χρησίμων;

XX

Οἱ τὸ σῶμα εὖ διακείμενοι καὶ καύματα καὶ ψύχη
ὑπομένουσιν· οὕτω δὲ καὶ οἱ τὴν ψυχὴν καλῶς διακείμενοι καὶ ὀργὴν καὶ λύπην καὶ περιχάρειαν καὶ τὰ ἄλλα
πάθη φέρουσιν.

XXIII

Θαυμαστὴ ἡ φύσις καί, ὥς φησιν ὁ Ξενοφῶν, φι-
λόζωος. τὸ γοῦν σῶμα, τὸ πάντων ἀηδέστατον καὶ
ῥυπαρώτατον, στέργομεν καὶ θεραπεύομεν· εἰ γὰρ ἔδει
πέντε μόναις ἡμέραις θεραπεῦσαι τὸ τοῦ γείτονος σῶμα,
οὐκ ἂν ὑπεμείναμεν. ὅρα γὰρ οἷόν ἐστιν ἕωθεν ἀνα-
στάντα τρίβειν τοὺς ὀδόντας τοὺς ἀλλοτρίους καί τι
τῶν ἀναγκαίων ποιήσαντα ἀπονίζειν ἐκεῖνα τὰ μέρη.
τῷ ὄντι θαυμαστόν ἐστι φιλεῖν πρᾶγμα, ᾧ τοσαῦτα
λειτουργοῦμεν καθ᾿ ἑκάστην ἡμέραν. νάττω τουτονὶ
τὸν θύλακον· εἶτα κενῶ· τί τούτου βαρύτερον; ἀλλὰ
θεῷ δεῖ με ὑπηρετεῖν. διὰ τοῦτο μένω καὶ ἀνέχομαι
λούων τὸ δύστηνον τοῦτο σωμάτιον, χορτάζων, σκέπων·
ὅτε δὲ νεώτερος ἦν, καὶ ἄλλο τι προσέταττέ μοι καὶ
ὅμως ἠνειχόμην αὐτοῦ. διὰ τί οὖν οὐκ ἀνέχεσθε, ὅταν

geben. Warum hat man dem Philosophen gegenüber nicht dieselbe Einstellung? Warum meint man nicht, er habe keine Hoffnung mehr, daß man noch zur Vernunft kommen könne, wenn er einem nichts Brauchbares sagt?

SEELISCHE GESUNDHEIT

Wer sich in guter körperlicher Verfassung befindet, kann Hitze und Kälte ertragen. So können auch diejenigen, die seelisch gesund sind, Zorn, Schmerz, übermäßige Freude und die übrigen Gefühle beherrschen.

UNSER KÖRPER

Wundervoll ist die Natur und, wie Xenophon sagt[17], voll Liebe zu ihren Geschöpfen. Jedenfalls lieben und pflegen wir unseren Körper, das unerfreulichste und schmutzigste aller Dinge. Wenn es freilich nötig wäre, nur fünf Tage lang den Körper des Nachbarn zu versorgen, dann hielten wir das nicht aus. Denn stell dir vor, was es heißt, morgens aufzustehen und die Zähne eines anderen zu putzen, ihm bei den notwendigen Verrichtungen zu helfen und jene Körperteile auch noch zu versorgen. Es ist wirklich seltsam, eine Sache zu lieben, für die wir jeden Tag so viel Arbeit auf uns nehmen müssen. Ich fülle diesen Sack; dann leere ich ihn wieder aus. Was ist ekelhafter als dies? Aber ich muß Gott dienen. Deshalb bleibe ich und ertrage es, diesen elenden Leib zu reinigen, zu füttern und zu bekleiden.

Als ich noch jünger war, verlangte er noch andere Dinge von mir, und trotzdem ertrug ich ihn. Warum also ertragt ihr es nicht, wenn die Natur den Körper wieder zurückha-

ἡ δοῦσα ἡμῖν φύσις τὸ σῶμα ἀφαιρῆται; — Φιλῶ, φησιν, αὐτό. — Οὐκ οὖν, ὃ νῦν δὴ ἔλεγον, καὶ αὐτὸ τὸ
φιλεῖν [αὐτὸ] ἡ φύσις σοι δέδωκεν; ἡ δ' αὐτὴ λέγει
'ἄφες αὐτὸ ἤδη καὶ μηκέτι πρᾶγμα ἔχε'.

XXV

Ὅτῳ μετὰ ἀνατάσεως καὶ ἀπειλῆς ἐπιχειρεῖς, μέμνησο
προλέγειν, ὅτι ἥμερος εἶ· καὶ οὐδὲν ἄγριον δράσας
ἀμετανόητος καὶ ἀνεύθυνος διαγενήσῃ.

'Ἀρριανὸς Λουκίῳ Γελλίῳ χαίρειν.

Οὔτε συνέγραψα ἐγὼ τοὺς Ἐπικτήτου λόγους οὕτως
ὅπως ἄν τις συγγράψειε τὰ τοιαῦτα οὔτε ἐξήνεγκα εἰς
ἀνθρώπους αὐτός, ὅς γε οὐδὲ συγγράψαι φημί. ὅσα δὲ
ἤκουον αὐτοῦ λέγοντος, ταῦτα αὐτὰ ἐπειράθην αὐτοῖς
ὀνόμασιν ὡς οἷόν τε ἦν γραψάμενος ὑπομνήματα εἰς
ὕστερον ἐμαυτῷ διαφυλάξαι τῆς ἐκείνου διανοίας καὶ
παρρησίας. ἔστι δὴ τοιαῦτα ὥσπερ εἰκὸς ὁποῖα ἄν τις
αὐτόθεν ὁρμηθεὶς εἴποι πρὸς ἕτερον, οὐχ ὁποῖα ἄν ἐπὶ
τῷ ὕστερον ἐντυγχάνειν τινὰς αὐτοῖς συγγράφοι. τοιαῦτα
δ' ὄντα οὐκ οἶδα ὅπως οὔτε ἑκόντος ἐμοῦ οὔτε εἰδότος
ἐξέπεσεν εἰς ἀνθρώπους. ἀλλ' ἐμοί γε οὐ πολὺς λόγος,
εἰ οὐχ ἱκανὸς φανοῦμαι συγγράφειν, Ἐπικτήτῳ τε οὐδ'

ben will, nachdem sie ihn uns doch gegeben hat? – «Ich liebe ihn», heißt es dann. Hat dir die Natur, wie ich eben sagte, diese Liebe nicht auch gegeben? Sie selbst aber sagt auch: «Laß den Körper endlich fahren und befreie dich von deinen Schwierigkeiten[18].»

DU BIST DOCH KEIN WILDES TIER

Wenn du heftig und in drohender Haltung auf jemanden losgehen willst, dann denke daran, dir zuvor zu sagen, daß du ein friedfertiges Lebewesen bist. Dann wirst du nicht wie ein wildes Tier handeln, sondern leben, ohne etwas bereuen oder wiedergutmachen zu müssen.

VORWORT
(zu den vier Büchern der «Diatriben»)

Lieber Lucius Gellius, ich habe Epiktets Worte weder so verfaßt, wie man Texte dieser Art verfassen könnte[19], noch habe ich sie selbst veröffentlicht. Ich behaupte auch gar nicht, ihr Verfasser zu sein. Was ich Epiktet aber habe sagen hören, das habe ich, so weit es möglich war, Wort für Wort mitzuschreiben und mir für später zur Erinnerung an sein Denken und freimütiges Reden zu bewahren versucht. Folglich entsprechen meine Aufzeichnungen, wie nicht anders zu erwarten, einem Bericht, den man unverzüglich an einen Dritten weitergibt, und nicht einer ausgefeilten Darstellung für spätere Lektüre. In dieser Form sind sie – ich weiß nicht wie – gegen meinen Willen und ohne mein Wissen unter die Leute gekommen. Es macht mir freilich nicht viel aus, wenn es so aussähe, als ob ich keine darstel-

ὀλίγος, εἰ καταφρονήσει τις αὐτοῦ τῶν λόγων, ἐπεὶ καὶ λέγων αὐτοὺς οὐδενὸς ἄλλου δῆλος ἦν ἐφιέμενος ὅτι μὴ κινῆσαι τὰς γνώμας τῶν ἀκουόντων πρὸς τὰ βέλτιστα. εἰ μὲν δὴ τοῦτό γε αὐτὸ διαπράττοιντο οἱ λόγοι οὗτοι, ἔχοι⟨εν⟩ ἂν οἶμαι ὅπερ χρὴ ἔχειν τοὺς τῶν φιλοσόφων λόγους· εἰ δὲ μή, ἀλλ᾽ ἐκεῖνο ἴστωσαν οἱ ἐντυγχάνοντες ὅτι, αὐτὸς ὁπότε ἔλεγεν αὐτούς, ἀνάγκη ἦν τοῦτο πάσχειν τὸν ἀκροώμενον αὐτῶν ὅπερ ἐκεῖνος αὐτὸν παθεῖν ἠβούλετο. εἰ δ᾽ οἱ λόγοι αὐτοὶ ἐφ᾽ αὑτῶν τοῦτο οὐ διαπράττονται, τυχὸν μὲν ἐγὼ αἴτιος, τυχὸν δὲ καὶ ἀνάγκη οὕτως ἔχειν. ἔρρωσο.

Περὶ τῶν ἐφ᾽ ἡμῖν καὶ οὐκ ἐφ᾽ ἡμῖν.

Τῶν ἄλλων δυνάμεων οὐδεμίαν εὑρήσετε αὐτὴν αὑτῆς θεωρητικήν, οὐ τοίνυν οὐδὲ δοκιμαστικὴν ἢ ἀποδοκιμαστικήν. ἡ γραμματικὴ μέχρι τίνος κέκτηται τὸ θεωρητικόν; μέχρι τοῦ διαγνῶναι τὰ γράμματα. ἡ μουσική; μέχρι τοῦ διαγνῶναι τὸ μέλος. αὐτὴ οὖν αὑτὴν θεωρεῖ τις αὐτῶν; οὐδαμῶς. ἀλλ᾽ ὅτε μέν, ἄν τι γράφῃς τῷ ἑταίρῳ, δεῖ τούτων τῶν γραπτέων, ἡ γραμματικὴ ἐρεῖ· πότερον δὲ γραπτέον τῷ ἑταίρῳ ἢ οὐ γραπτέον, ἡ γραμματικὴ οὐκ ἐρεῖ. καὶ περὶ τῶν μελῶν ὡσαύτως ἡ μουσική· πότερον δ᾽ ᾀστέον νῦν καὶ κιθαριστέον ἢ οὔτε ᾀστέον οὔτε κιθαριστέον οὐκ ἐρεῖ. τίς οὖν ἐρεῖ; ἡ καὶ

*lerische Begabung hätte. Epiktet schmerzte es jedoch sehr,
wenn ihn jemand wegen seiner Worte verachtete. Denn
schon als er die Worte sprach, hatte er offensichtlich nichts
anderes im Sinn, als seine Zuhörer auf das Beste und Wichtigste[20] aufmerksam zu machen. Wenn also seine Worte
diesen Zweck erfüllten, dann – so glaube ich – hätten sie die
Wirksamkeit, die die Worte der Philosophen im allgemeinen haben müssen. Sollte das aber nicht geschehen, dann
müssen ihre Leser wissen, daß sie im Munde Epiktets auf
ihre Hörer genau den Eindruck machten, den sie wecken
wollten. Sollten aber die Worte für sich allein diese Wirkung nicht haben, so ist das vielleicht meine Schuld, vielleicht aber auch unvermeidlich.*

Alles Gute. Dein Arrian

WAS IN UNSERER MACHT STEHT
UND WAS NICHT (1, 1)

Unter den Fähigkeiten und Künsten werdet ihr keine finden, die sich selbst reflektieren, geschweige denn sich selbst
akzeptieren oder verwerfen kann. Wie weit reicht die
Möglichkeit zur Selbstreflexion zum Beispiel bei der
Schreibkunst? Bis zur Auskunft über die Bedingungen des
Schreibens. Wie weit geht sie bei der Musik? Nur bis zur
Auskunft über die Bedingungen des Komponierens. Kann
sich etwa eine dieser Künste selbst reflektieren? Keineswegs. Aber wenn du deinem Freund etwas schreibst, dann
wird dir die Schreibkunst sagen, wie du schreiben mußt.
Doch ob du deinem Freund schreiben sollst oder nicht, wird
dir die Schreibkunst nicht sagen. Dasselbe gilt für das Kom-
ponieren. Ob es aber jetzt angebracht ist zu singen und zu
spielen oder nicht, wird dir die Musik nicht sagen. Wer aber

αὐτὴν θεωροῦσα καὶ τἆλλα πάντα. αὕτη δ᾽ ἐστὶ τίς; ἡ δύναμις ἡ λογική· μόνη γὰρ αὕτη καὶ αὑτὴν κατανοήσουσα παρείληπται, τίς τέ ἐστι καὶ τί δύναται καὶ πόσου ἀξία οὖσα ἐλήλυθεν, καὶ τὰς ἄλλας ἁπάσας. τί γάρ ἐστιν ἄλλο τὸ λέγον ὅτι χρυσίον καλόν ἐστιν; αὐτὸ γὰρ οὐ λέγει. δῆλον ὅτι ἡ χρηστικὴ δύναμις ταῖς φαντασίαις. τί ἄλλο τὸ μουσικήν, γραμματικήν, τὰς ἄλλας δυνάμεις διακρῖνον, δοκιμάζον τὰς χρήσεις αὐτῶν καὶ τοὺς καιροὺς παραδεικνύον; οὐδὲν ἄλλο.

Ὥσπερ οὖν ἦν ἄξιον, τὸ κράτιστον ἁπάντων καὶ κυριεῦον οἱ θεοὶ μόνον ἐφ᾽ ἡμῖν ἐποίησαν, τὴν χρῆσιν τὴν ὀρθὴν ταῖς φαντασίαις, τὰ δ᾽ ἄλλα οὐκ ἐφ᾽ ἡμῖν. ἆρά γε ὅτι οὐκ ἤθελον; ἐγὼ μὲν δοκῶ ὅτι, εἰ ἠδύναντο, κἀκεῖνα ἂν ἡμῖν ἐπέτρεψαν· ἀλλὰ πάντως οὐκ ἠδύναντο. ἐπὶ γῆς γὰρ ὄντας καὶ σώματι συνδεδεμένους τοιούτῳ καὶ κοινωνοῖς‖ τοιούτοις πῶς οἷόν τ᾽ ἦν εἰς ταῦτα ὑπὸ τῶν ἐκτὸς μὴ ἐμποδίζεσθαι;

Ἀλλὰ τί λέγει ὁ Ζεύς; ''Ἐπίκτητε, εἰ οἷόν τε ἦν, καὶ τὸ σωμάτιον ἄν σου καὶ τὸ κτησίδιον ἐποίησα ἐλεύθερον καὶ ἀπαραπόδιστον. νῦν δέ, μή σε λανθανέτω, τοῦτο οὐκ ἔστιν σόν, ἀλλὰ πηλὸς κομψῶς πεφυραμένος. ἐπεὶ δὲ τοῦτο οὐκ ἠδυνάμην, ἐδώκαμέν σοι μέρος τι ἡμέτερον, τὴν δύναμιν ταύτην τὴν ὁρμητικήν τε καὶ ἀφορμητικὴν καὶ ὀρεκτικήν τε καὶ ἐκκλιτικὴν καὶ ἁπλῶς τὴν χρηστικὴν ταῖς φαντασίαις, ἧς ἐπιμελούμενος καὶ ἐν ᾗ

wird es dir sagen? Nur die Kunst, die sich selbst und alles
andere reflektiert. Welche Kunst ist das? Das Denkvermögen. Denn das ist unsere einzige Fähigkeit, die sowohl sich
selbst erkennt und begreift, was sie ist, was sie kann und
was sie wert ist, als auch alle übrigen Fähigkeiten. Denn wer
sagt uns sonst, daß Gold etwas Schönes ist? Das Gold selbst
sagt es uns nicht. Offensichtlich tut dies die Fähigkeit, die
den Gebrauch der Vorstellungen und Eindrücke von den
Dingen steuert. Wer beurteilt sonst die Musik, die Schreibkunst und die anderen Künste? Wer prüft sonst ihren Gebrauch und den richtigen Zeitpunkt ihrer Anwendung?
Niemand anders (als das Denkvermögen). Wie es nun recht
und billig war, haben die Götter von allen Dingen allein das
Stärkste und alles Beherrschende in unsere Macht gegeben:
den richtigen Gebrauch der Vorstellungen und Eindrücke.
Alles andere haben sie nicht in unsere Macht gegeben.
Weshalb wollten sie das nicht? Ich glaube, sie hätten auch
die anderen Dinge in unsere Macht gestellt, wenn sie es ge-
konnt hätten. Doch sie konnten es einfach nicht. Denn da
wir auf der Erde leben und an einen solchen Körper und an
solche Schicksalsgenossen gebunden sind, wie wäre es da
möglich, von den äußeren Dingen nicht behindert zu werden? Was aber sagt Zeus? «Epiktet, wenn es möglich gewesen wäre, dann hätte ich dein bißchen Körper und deinen
unbedeutenden Besitz als frei und unbehindert geschaffen.
Jetzt aber – und das soll dir nicht verborgen bleiben – ist dieser Körper nicht dein Eigentum, sondern kunstvoll ge-
mischter Kot[21]. Da ich dazu nicht in der Lage war, habe ich
dir wenigstens ein Stück von unserem Wesen gegeben: die
Fähigkeit zu wollen und nicht zu wollen, zu begehren und
abzulehnen – mit einem Wort: die Fähigkeit, deine Vorstellungen und Eindrücke zu gebrauchen; wenn du diese Fähigkeit pflegst und auf diese dein ganzes Dasein gründest, dann

τὰ σαυτοῦ τιθέμενος οὐδέποτε κωλυθήσῃ, οὐδέποτ' ἐμποδισθήσῃ, οὐ στενάξεις, οὐ μέμψῃ, οὐ κολακεύσεις οὐδένα. τί οὖν; μή τι μικρά σοι φαίνεται ταῦτα;' 'μὴ γένοιτο.' 'ἀρκῇ οὖν αὐτοῖς;' 'εὔχομαι †δὲ τοῖς θεοῖς.'
    Νῦν δ' ἑνὸς δυνάμενοι ἐπιμελεῖσθαι καὶ ἑνὶ προσ-
ηρτηκέναι ἑαυτοὺς μᾶλλον θέλομεν πολλῶν ἐπιμελεῖσθαι
καὶ πολλοῖς προσδεδέσθαι καὶ τῷ σώματι καὶ τῇ κτήσει
καὶ ἀδελφῷ καὶ φίλῳ καὶ τέκνῳ καὶ δούλῳ. ἅτε οὖν
πολλοῖς προσδεδεμένοι βαρούμεθα ὑπ' αὐτῶν καὶ καθ-
ελκόμεθα. διὰ τοῦτο, ἂν ἄπλοια ᾖ, καθήμεθα σπώμε-
νοι καὶ παρακύπτομεν συνεχῶς· 'τίς ἄνεμος πνεῖ; βο-
ρέας.' τί ἡμῖν καὶ αὐτῷ; 'πότε ὁ ζέφυρος πνεύσει;' ὅταν
αὐτῷ δόξῃ, ὦ βέλτιστε, ἢ τῷ Αἰόλῳ. σὲ γὰρ οὐκ ἐποίησεν ὁ θεὸς ταμίαν τῶν ἀνέμων, ἀλλὰ τὸν Αἴολον. τί
οὖν; δεῖ τὰ ἐφ' ἡμῖν βέλτιστα κατασκευάζειν, τοῖς δ'
ἄλλοις χρῆσθαι ὡς πέφυκεν. 'πῶς οὖν πέφυκεν;' ὡς ἂν
ὁ θεὸς θέλῃ.
    ''Ἐμὲ οὖν νῦν τραχηλοκοπεῖσθαι μόνον;' τί οὖν; ἤθε-
λες πάντας τραχηλοκοπηθῆναι, ἵνα σὺ παραμυθίαν ἔχῃς;
οὐ θέλεις οὕτως ἐκτεῖναι τὸν τράχηλον, ὡς Λατερανός
τις ἐν τῇ Ῥώμῃ κελευσθεὶς ὑπὸ τοῦ Νέρωνος ἀποκεφα-
λισθῆναι; ἐκτείνας γὰρ τὸν τράχηλον καὶ πληγεὶς καὶ
πρὸς αὐτὴν τὴν πληγὴν ἀσθενῆ γενομένην ἐπ' ὀλίγον
συνελκυσθεὶς πάλιν ἐξέτεινεν. ἀλλὰ καὶ ἔτι πρότερον
προσελθόντι τις Ἐπαφροδίτῳ τῷ †κυρίῳ τοῦ Νέρωνος
καὶ ἀνακρίνοντι αὐτὸν ὑπὲρ τοῦ συγκρουσθῆναι '"Ἂν τι
θέλω,' φησίν, 'ἐρῶ σου τῷ κυρίῳ'.
    'Τί οὖν δεῖ πρόχειρον ἔχειν ἐν τοῖς τοιούτοις;' τί γὰρ

wirst du niemals behindert, niemand wird dir etwas verei-
teln, du wirst nicht stöhnen, nicht tadeln und niemandem
schmeicheln. Was? Ist das in deinen Augen unbedeutend?»
– «Gott bewahre.» – «Bist du also damit zufrieden?» – «Die
Götter mögen mir helfen.»

Doch in Wirklichkeit wollen wir uns lieber – obwohl wir
die Möglichkeit hätten, uns nur um eine Sache zu kümmern
und uns nur einer Sache zu widmen – mit vielen Dingen beschäftigen und uns an vieles binden: an den Körper, den Besitz, an einen Bruder, einen Freund, ein Kind, einen Sklaven. Da wir uns nun an vieles gebunden haben, werden wir
davon beschwert und niedergezogen. Deshalb sitzen wir
unruhig da, wenn einmal Windstille ist, und halten ununterbrochen Ausschau: «Was für ein Wind weht?» Nordwind. «Was können wir mit dem anfangen? Wann wird
Westwind aufkommen?» Wenn es ihm oder dem Aiolos gefällt, mein Bester. Denn dich hat Gott nicht zum Herrn über
die Winde gemacht, sondern den Aiolos[22]. Was nun? Wir
müssen aus den Dingen, die in unserer Macht stehen, das
Beste machen und alles andere so nehmen, wie es ist. «Wie
ist es denn?» Wie es Gott gefällt.

«Soll ich jetzt als einziger geköpft werden?» Wieso?
Wolltest du etwa, daß dir zum Trost alle geköpft werden?
Bist du nicht bereit, deinen Hals so hinzuhalten, wie es ein
gewisser Lateranus in Rom tat, der auf Neros Befehl geköpft werden sollte? Denn er hielt seinen Hals hin und
wurde getroffen. Der Hieb aber war zu schwach. Da zuckte
er ein wenig zusammen und hielt seinen Hals erneut hin.

Ja, einige Zeit vorher wandte sich Epaphroditos, Neros
Freigelassener, an einen Gefangenen und wollte ihn verhö-
ren. Dieser sagte nur: «Wenn ich einen Wunsch habe, dann
werde ich es seinem Herrn sagen.»

«Was also muß ich mir in derartigen Situationen vor Au-

ἄλλο ἢ τί ἐμὸν καὶ τί οὐκ ἐμὸν καὶ τί μοι ἔξεστιν καὶ
τί μοι οὐκ ἔξεστιν; ἀποθανεῖν με δεῖ· μή τι οὖν καὶ στένοντα; δεθῆναι· μή τι καὶ θρηνοῦντα; φυγαδευθῆναι·
μή τις οὖν κωλύει γελῶντα καὶ εὐθυμοῦντα καὶ εὐρο-
οῦντα; 'εἰπὲ τὰ ἀπόρρητα.' οὐ λέγω· τοῦτο γὰρ ἐπ'
ἐμοί ἐστιν. 'ἀλλὰ δήσω σε.' ἄνθρωπε, τί λέγεις; ἐμέ;
τὸ σκέλος μου δήσεις, τὴν προαίρεσιν δὲ οὐδ' ὁ Ζ⟨εὺς
νι⟩κῆσαι δύναται. 'εἰς φυλακήν σε βαλῶ.' τὸ ⟨σω⟩μά-
τιον. 'ἀποκεφαλίσω σε.' πότε οὖν σοι εἶπον, ὅτι μόνου
ἐμοῦ ὁ τράχηλος ἀναπότμητός ἐστιν; ταῦτα ἔδει μελετᾶν
τοὺς φιλοσοφοῦντας, ταῦτα καθ' ἡμέραν γράφειν, ἐν
τούτοις γυμνάζεσθαι.

Θρασέας‖ εἰώθει λέγειν 'Σήμερον ἀναιρεθῆναι θέλω
μᾶλλον ἢ αὔριον φυγαδευθῆναι'. τί οὖν αὐτῷ Ῥοῦφος
εἶπεν; 'Εἰ μὲν ὡς βαρύτερον ἐκλέγῃ, τίς ἡ μωρία τῆς
ἐκλογῆς; εἰ δ' ὡς κουφότερον, τίς σοι δέδωκεν; οὐ θέλεις μελετᾶν ἀρκεῖσθαι τῷ δεδομένῳ;'

Διὰ τοῦτο γὰρ Ἀγριππῖνος τί ἔλεγεν; ὅτι ''Εγὼ
ἐμαυτῷ ἐμπόδιος οὐ γίνομαι'. ἀπηγγέλη αὐτῷ ὅτι
'κρίνῃ ἐν συγκλήτῳ.' — 'Ἀγαθῇ τύχῃ. ἀλλὰ ἦλθεν ἡ
πέμπτη'(ταύτῃ δ' εἰώθει γυμνασάμενος ψυχρολουτρεῖν)·
'ἀπέλθωμεν καὶ γυμνασθῶμεν.' γυμνασαμένῳ λέγει τις
αὐτῷ ἐλθὼν ὅτι 'Κατακέκρισαι'. — 'Φυγῇ', φησίν, 'ἢ

gen halten?» Was denn anderes als eine Antwort auf die
Frage: Was steht in meiner Macht und was nicht, und was
ist mir erlaubt und was nicht?

Ich muß sterben: Muß ich deshalb auch jammern? Ich
soll gefesselt werden: Muß ich deshalb auch klagen? Ich
muß ins Exil gehen: Hindert mich etwa jemand daran, dabei
zu lachen, fröhlich und glücklich zu sein? «Verrate die Ge-
heimnisse.» Ich sage nichts. Denn das steht in meiner
Macht. «Aber ich werde dich fesseln.» Mensch, was sagst
du da? Mich fesseln? Mein Bein wirst du fesseln, meine moralische Entscheidung[23] kann nicht einmal Zeus beeinflussen. «Ich werde dich ins Gefängnis werfen.» Mein bißchen
Körper. «Ich werde dich köpfen lassen.» Wann habe ich dir
gesagt, daß nur mein Hals unverwundbar ist?

Solche Gedanken zu haben, müssen sich die Philosophierenden[24] üben[25]; solche Gedanken müssen sie jeden Tag
niederschreiben; mit solchen Gedanken müssen sie sich
täglich trainieren. Thrasea[26] pflegte zu sagen: «Ich will lieber heute umgebracht als morgen verbannt werden.» Was
erwiderte ihm Rufus[27] darauf? «Wenn du den Tod als das
schlimmere von zwei Übeln vorziehst – was ist das für eine
törichte Entscheidung? Wenn du ihn aber als das geringere
Übel vorziehst – wer hat dich überhaupt vor die Wahl gestellt? Willst du dich nicht darin üben, mit dem Gegebenen
zufrieden zu sein?»

Nun, was pflegte Agrippinus[28] zu sagen? «Ich stehe mir
selbst nicht im Weg.» Man meldete ihm: «Im Senat läuft
deine Gerichtsverhandlung.» – «In Gottes Namen. Aber es
ist jetzt gerade 10 Uhr (zu dieser Tageszeit pflegte er gewöhnlich zu turnen und anschließend kalt zu baden);
komm, wir wollen gehen und turnen.» Als er geturnt hatte,
kam jemand zu ihm und meldete: «Du bist verurteilt.» –
«Verbannung oder Tod?» – «Verbannung.» – «Was ge-

θανάτῳ;' — 'Φυγῇ.' — 'Τὰ ὑπάρχοντα τί;' — 'Οὐκ
ἀφῃρέθη.' — 'Εἰς Ἀρίκειαν οὖν ἀπελθόντες ἀριστή-
σωμεν.' — Τοῦτ' ἔστι μεμελετηκέναι ἃ δεῖ μελετᾶν,
ὄρεξιν ἔκκλισιν ἀκώλυτα ἀπερίπτωτα παρεσκευακέναι.
ἀποθανεῖν με δεῖ. εἰ ἤδη, ἀποθνήσκω· κἂν μετ' ὀλίγον,
νῦν ἀριστῶ τῆς ὥρας ἐλθούσης, εἶτα τότε τεθνήξομαι.
πῶς; ὡς προσήκει τὸν τὰ ἀλλότρια ἀποδιδόντα.

Περὶ συμ⟨περι⟩φορᾶς.

Τούτῳ τῷ τόπῳ πρὸ πάντων σε δεῖ προσέχειν, μή
ποτε ἄρα τῶν προτέρων συνήθων ἢ φίλων ἀνακραθῇς
τινι οὕτως, ὥστ' εἰς τὰ αὐτὰ συγκαταβῆναι αὐτῷ· εἰ
δὲ μή, ἀπολεῖς σεαυτόν. ἂν δέ σ' ὑποτρέχῃ ὅτι 'ἀδέξιος
αὐτῷ φανοῦμαι καὶ οὐχ ὁμοίως ἕξει ὡς πρότερον',
μέμνησο, ὅτι προῖκα οὐδὲν γίνεται οὐδ' ἔστι δυνατὸν
μὴ τὰ αὐτὰ ποιοῦντα [μὴ] τὸν αὐτὸν εἶναι τῷ ποτέ.‖
ἑλοῦ οὖν πότερον θέλεις, ὁμοίως φιλεῖσθαι ὑφ' ὧν
πρότερον ὅμοιος ὢν τῷ πρότερον σεαυτῷ ἢ κρείσσων
ὢν μὴ τυγχάνειν τῶν ἴσων. εἰ γὰρ τοῦτο κρεῖσσον,
αὐτόθεν ἀπόνευσον ἐπὶ τοῦτο μηδέ σε περισπάτωσαν
οἱ ἕτεροι διαλογισμοί. οὐδεὶς γὰρ ἐπαμφοτερίζων δύναται προκόψαι, ἀλλ' εἰ τοῦτο πάντων προκέκρικας, εἰ

schieht mit meinem Vermögen?» – «Es ist nicht beschlagnahmt.» – «Dann wollen wir nach Aricia[29] gehen und dort frühstücken.»

Das heißt beherrschen, was man ständig üben muß: Verlangen und Ablehnung freizuhalten von jeder Behinderung und zu sichern gegenüber dem Zufall. Ich muß einmal sterben. Wenn schon jetzt, dann sterbe ich eben. Wenn aber erst ein wenig später, dann frühstücke ich erst einmal, da es Zeit zum Frühstücken ist. Danach werde ich bereit sein zu sterben. Wie? Wie es sich für einen Mann gehört, der fremdes Eigentum zurückgibt.

ÜBER SOZIALE BEZIEHUNGEN (4, 2)

Auf den Punkt mußt du vor allem achten, wie du es vermeiden kannst, zu einem deiner früheren Bekannten oder Freunde irgendwann einmal wieder so enge Beziehungen aufzunehmen, daß du auf dasselbe Niveau wie dieser zurücksinkst. Andernfalls wirst du dich ruinieren. Wenn dir aber der Gedanke kommt: «Ich werde ihm weltfremd erscheinen, und er wird sich mir gegenüber nicht mehr so verhalten wie früher», dann denke daran, daß nichts umsonst zu bekommen ist und daß es ausgeschlossen ist, derselbe zu bleiben wie früher, wenn man nicht mehr dasselbe tut. Entscheide dich also: Entweder derselbe zu sein wie früher und von denselben Menschen wie früher geliebt zu werden oder über dich selbst hinauszuwachsen und deine früheren Bindungen aufzugeben. Denn wenn dies besser ist, dann schlage diese Richtung unverzüglich ein und laß es nicht zu, daß dich die Gedanken an das andere davon abbringen. Denn niemand kann moralische Fortschritte[30] machen, der

πρὸς τούτῳ μόνῳ θέλεις εἶναι, εἰ τοῦτο ἐκπονῆσαι,
ἄφες ἅπαντα τἄλλα· εἰ δὲ μή, οὗτος ὁ ἐπαμφοτερισμὸς
ἑκάτερόν σοι ποιήσει, οὔτε προκόψεις κατ' ἀξίαν οὔτ'
ἐκείνων τεύξῃ, ὧν πρότερον ἐτύγχανες. πρότερον γὰρ
εἰλικρινῶς ἐφιέμενος τῶν οὐδενὸς ἀξίων ἡδὺς ἦς τοῖς
συνοῦσιν. οὐ δύνασαι δ' ἐν ἀμφοτέρῳ τῷ εἴδει διενεγ-
κεῖν· ἀλλ' ἀνάγκη, καθόσον ἂν τοῦ ἑτέρου κοινωνῇς,
ἀπολείπεσθαί σ' ἐν θατέρῳ. οὐ δύνασαι μὴ πίνων μεθ'
ὧν ἔπινες ὁμοίως ἡδὺς αὐτοῖς φαίνεσθαι· ἑλοῦ οὖν,
πότερον μεθυστὴς εἶναι θέλεις καὶ ἡδὺς ἐκείνοις ἢ νή-
φων ἀηδής. οὐ δύνασαι μὴ ᾄδων μεθ' ὧν ᾖδες ὁμοίως
φιλεῖσθαι ὑπ' αὐτῶν· ἑλοῦ οὖν καὶ ἐνταῦθα, πότερον
θέλεις. εἰ γὰρ κρεῖσσον τὸ αἰδήμονα εἶναι καὶ κόσμιον
τοῦ εἰπεῖν τινα 'ἡδὺς ἄνθρωπος', ἄφες τὰ ἕτερα, ἀπό-
γνωθι, ἀποστράφηθι, μηδὲν σοὶ καὶ αὐτοῖς. εἰ δὲ μὴ
ἀρέσει ταῦτα, ὅλος ἀπόκλινον ἐπὶ τἀναντία· γενοῦ εἷς
τῶν κιναίδων, εἷς τῶν μοιχῶν καὶ ποίει τὰ ἑξῆς καὶ
τεύξῃ ὧν θέλεις. καὶ ἀναπηδῶν ἐπικραύγαζε τῷ ὀρχη-
στῇ. διάφορα δ' οὕτως πρόσωπα οὐ μίγνυται· οὐ δύνασαι καὶ Θερσίτην ὑποκρίνασθαι καὶ Ἀγαμέμνονα. ἂν
Θερσίτης εἶναι θέλῃς, κυρτόν σε εἶναι δεῖ, φαλακρόν·
ἂν Ἀγαμέμνων, μέγαν καὶ καλὸν καὶ τοὺς ὑποτεταγμέ-
νους φιλοῦντα.

zwei Herren dienen will oder sich nicht entscheiden kann. Doch wenn du diesen Weg allen anderen vorgezogen hast, wenn du dich für ihn allein entschieden hast und wenn du ihn mit ganzer Kraft zu Ende gehen willst, dann laß alles andere sein; sonst wird dir deine Unentschlossenheit zweierlei einbringen: Du wirst weder nennenswerte Fortschritte machen noch das bekommen, was du früher zu bekommen pflegtest. Denn früher, als du, ohne zu zögern, den wertlosen Dingen nachliefst, warst du deinen Freunden ein angenehmer Zeitgenosse. Du kannst dich aber nicht auf beiden Gebieten auszeichnen, sondern in dem Maße, wie du dich mit dem einen abgibst, wirst du zwangsläufig auf dem anderen versagen. Wenn du nicht mehr mit deinen alten Saufkumpanen trinkst, kannst du bei ihnen nicht mehr so beliebt sein wie früher. Entscheide dich also, ob du ein munterer Zecher und bei ihnen beliebt sein willst oder ob du nicht mehr trinken und dich unbeliebt machen willst. Du kannst bei deinen alten Sangesbrüdern nicht mehr so beliebt sein wie früher, wenn du nicht mehr mitsingst. Wähle also auch hier, was du willst. Wenn es nämlich mehr wert ist, zurückhaltend[31] und anständig als ein netter Kerl zu sein, dann gib alles andere auf, weise es zurück, wende dich davon ab und wolle nichts mehr damit zu tun haben. Sollte dir dies aber nicht gefallen, dann begib dich ganz auf die Gegenseite: Schließ dich den Lüstlingen und Ehebrechern an und handle entsprechend; dann wirst du bekommen, was du willst. Ja, spring in die Luft und applaudiere dem Tänzer.

So verschiedene Rollen vertragen sich aber nicht miteinander. Du kannst nicht gleichzeitig Thersites und Agamemnon spielen. Willst du Thersites sein, so mußt du einen Buckel und eine Glatze haben; willst du Agamemnon sein, so mußt du groß und schön sein und deine Untergebenen lieben.

Πρὸς Νάσωνα.

Εἰσελθόντος τινὸς τῶν Ῥωμαικῶν μετὰ υἱοῦ καὶ ἐπακούοντος ἑνὸς ἀναγνώσματος Οὗτος, ἔφη, ὁ τρόπος ἐστὶ τῆς διδασκαλίας καὶ ἀπεσιώπησεν. ἀξιοῦντος δ' ἐκείνου εὑρεῖν τὰ ἑξῆς Κόπον ἔχει, ἔφη, πᾶσα τέχνη τῷ ἰδιώτῃ καὶ ἀπείρῳ αὐτῆς, ὅταν παραδιδῶται. καὶ τὰ μὲν ἀπὸ τῶν τεχνῶν γινόμενα τήν τε χρείαν εὐθὺς ἐνδείκνυται πρὸς ὃ γέγονεν καὶ τὰ πλεῖστα^{li} αὐτῶν ἔχει τι καὶ ἀγωγὸν καὶ ἐπίχαρι. καὶ γὰρ σκυτεὺς πῶς μὲν μανθάνει τις παρεῖναι καὶ παρακολουθεῖν ἀτερπές, τὸ δ' ὑπόδημα χρήσιμον καὶ ἰδεῖν ἄλλως οὐκ ἀηδές. καὶ τέκτονος ἡ μὲν μάθησις ἀνιαρὰ μάλιστα τῷ ἰδιώτῃ παρατυγχάνοντι, τὸ δ' ἔργον ἐπιδείκνυσι τὴν χρείαν τῆς τέχνης πολὺ δὲ μᾶλλον ἐπὶ μουσικῆς ὄψει αὐτό· ἂν γὰρ παρῇς τῷ διδασκομένῳ, φανεῖταί σοι πάντων ἀτερπέστατον τὸ μάθημα, τὰ μέντοι ἀπὸ τῆς μουσικῆς ἡδέα καὶ ἐπιτερπῆ τοῖς ἰδιώταις ἀκούειν. καὶ ἐνταῦθα τὸ μὲν ἔργον τοῦ φιλοσοφοῦντος τοιοῦτόν τι φανταζόμεθα, ὅτι δεῖ τὴν αὐτοῦ βούλησιν συναρμόσαι τοῖς γινομένοις, ὡς μήτε τι τῶν γινομένων ἀκόντων ἡμῶν γίνεσθαι μήτε τῶν μὴ γινομένων θελόντων ἡμῶν μὴ γίνεσθαι. ἐξ οὗ περίεστι τοῖς συστησαμένοις αὐτὸ ἐν ὀρέξει μὴ ἀποτυγχάνειν, ἐν ἐκκλίσει δὲ μὴ περιπίπτειν, ἀλύπως, ἀφόβως, ἀταράχως διεξάγειν καθ' αὑτὸν μετὰ

WAS VERSTEHST DU EIGENTLICH RICHTIG? (2, 14)

Es kam einmal ein römischer Bürger namens Naso mit seinem Sohn zu Epiktet und hörte eine seiner Vorlesungen.
Da sagte dieser: «So ist mein Unterricht.» Dann ver-
stummte er. Als aber der andere die Fortsetzung hören
wollte, sprach Epiktet: Die Einführung in jede Kunst bereitet dem unerfahrenen Anfänger Schwierigkeiten. Allerdings zeigen die Kunstprodukte sofort, zu welchem Zweck
sie hergestellt sind, und die meisten von diesen sind auch
noch reizvoll und attraktiv. Denn es ist zum Beispiel nicht
besonders angenehm, dabei zu sein und zuzuschauen, wie
ein Schuhmacher sein Handwerk lernt; doch der fertige
Schuh ist eine nützliche Sache und bietet einen keinesfalls
unerfreulichen Anblick. Auch die Zimmermannslehre
kommt dem zufällig anwesenden Laien recht unangenehm
vor. Das fertige Werk aber beweist den Nutzen der Kunst.
Du wirst dies noch viel mehr bei der Musik beobachten.
Denn wenn du dabei bist, während jemand unterrichtet
wird, wird dir das Lernen dieser Kunst außerordentlich un-
erfreulich vorkommen; die Werke der Musik jedoch klingen auch in den Ohren der Laien angenehm und schön.

So ist es auch bei uns; nach unserer Vorstellung sieht die
Arbeit des Philosophen folgendermaßen aus: Er muß seinen eigenen Willen in Übereinstimmung mit dem Weltge-
schehen bringen, so daß weder etwas von dem, was geschieht, gegen seinen Willen geschieht, noch etwas von
dem, was nicht geschieht, nicht geschieht, obwohl er es will.
Daraus ergibt sich, daß alle, die sich dieser Arbeit verschrie-
ben haben, in ihren Wünschen nicht enttäuscht werden und
im Falle von Ablehnung oder Abneigung nicht mit dem
konfrontiert werden, was sie ablehnen, und daß jeder einzelne für sich ohne Kummer, Furcht und Aufregung lebt,

τῶν κοινωνῶν τηροῦντα τὰς σχέσεις τάς τε φυσικὰς
καὶ ἐπιθέτους, τὸν υἱόν, τὸν πατέρα, τὸν ἀδελφόν, τὸν
πολίτην, τὸν ἄνδρα, τὴν γυναῖκα, τὸν γείτονα, τὸν σύνοδον, τὸν ἄρχοντα, τὸν ἀρχόμενον.

Τὸ ἔργον τοῦ φιλοσοφοῦντος τοιοῦτόν τι φανταζόμεθα. λοιπὸν ἐφεξῆς τούτῳ ζητοῦμεν, πῶς ἔσται τοῦτο.
ὁρῶμεν οὖν ὅτι ὁ τέκτων μαθών τινα γίνεται τέκτων,
ὁ κυβερνήτης μαθών τινα γίνεται κυβερνήτης. μή ποτ᾽
οὖν καὶ ἐνθάδε οὐκ ἀπαρκεῖ τὸ βούλεσθαι καλὸν καὶ
ἀγαθὸν γενέσθαι, χρεία δὲ καὶ μαθεῖν τινα; ζητοῦμεν
οὖν τίνα ταῦτα. λέγουσιν οἱ φιλόσοφοι, ὅτι μαθεῖν δεῖ
πρῶτον τοῦτο,∥ ὅτι ἔστι θεὸς καὶ προνοεῖ τῶν
ὅλων καὶ οὐκ ἔστι λαθεῖν αὐτὸν οὐ μόνον ποιοῦντα, ἀλλ᾽ οὐδὲ διανοούμενον ἢ ἐνθυμούμε-
νον· εἶτα ποῖοί τινες εἰσίν. οἷοι γὰρ ἂν ἐκεῖνοι
εὑρεθῶσιν, τὸν ἐκείνοις ἀρέσοντα καὶ πεισθη-
σόμενον ἀνάγκη πειρᾶσθαι κατὰ δύναμιν ἐξο-
μοιοῦσθαι ἐκείνοις· εἰ πιστόν ἐστι τὸ θεῖον, καὶ
τοῦτον εἶναι πιστόν· εἰ ἐλεύθερον, καὶ τοῦτον ἐλεύθε-
ρον· εἰ εὐεργετικόν, καὶ τοῦτον εὐεργετικόν· εἰ μεγαλόφρον, καὶ τοῦτον μεγαλόφρονα· ὡς θεοῦ τοίνυν ζη-
λωτὴν τὰ ἑξῆς πάντα καὶ ποιεῖν καὶ λέγειν.

Πόθεν οὖν ἄρξασθαι δεῖ; — Ἂν συγκαθῇς, ἐρῶ
σοι ὅτι πρῶτον δεῖ σε τοῖς ὀνόμασι παρακολουθεῖν. —
Ὥστ᾽ ἐγὼ νῦν οὐ παρακολουθῶ τοῖς ὀνόμασιν; — Οὐ
παρακολουθεῖς. — Πῶς οὖν χρῶμαι αὐτοῖς; — Οὕτως

gleichzeitig aber seine erworbenen und natürlichen Beziehungen zu seinen Mitmenschen pflegt – zum Vater, zum Bruder, zum Mitbürger, zum Mann, zur Frau, zum Nachbarn, zum Mitreisenden, zum Vorgesetzten oder zum Untergebenen.

So etwa stellen wir uns die Arbeit des Philosophen vor. Im Anschluß daran haben wir noch die Aufgabe zu untersuchen, wie diese Arbeit zu verwirklichen ist. Wir sehen doch, daß man erst, nachdem man etwas Bestimmtes gelernt hat, zum Zimmermann wird. Entsprechendes gilt für den Steuermann. Dürfte es nun nicht auch in unserem Falle unzureichend sein, nur den Willen zu haben, ein sittlich vollkommener Mensch zu sein? Ist es nicht vielmehr unerläßlich, auch etwas Bestimmtes zu lernen? Wir untersuchen also, was dies ist. Wie die Philosophen sagen, muß man zuerst lernen, daß es einen Gott gibt und daß er für alles vorsorgt[32] und daß es unmöglich ist, vor ihm verborgen zu bleiben – nicht nur mit dem, was man tut, sondern auch mit dem, was man denkt und beabsichtigt. Darauf müssen wir lernen, wie die Götter eigentlich sind. Denn was auch immer über sie herausgefunden wird, man muß, wenn man ihnen gefallen und gehorchen will, versuchen, ihnen möglichst gleich[33] zu sein. Wenn die Gottheit zuverlässig und treu ist, dann muß auch der Mensch treu und zuverlässig sein. Wenn sie wohltätig ist, dann muß auch der Mensch wohltätig sein. Wenn sie großzügig ist, dann hat auch der Mensch großzügig zu sein. Deshalb muß er sich in allem, was er sagt und tut, als ein Nachahmer Gottes erweisen.

Wo müssen wir nun anfangen? – Wenn du diese Aufgabe übernimmst, dann werde ich dir sagen, daß du zuerst die Bedeutung der Wörter verstehen mußt. – Verstehe ich denn jetzt die Wörter nicht? – Du verstehst sie nicht. – Wie gebrauche ich sie denn? – So wie die Menschen, die nicht

⟨ὡς⟩ οἱ ἀγράμματοι ταῖς ἐγγραμμάτοις φωναῖς, ὡς τὰ
κτήνη ταῖς φαντασίαις· ἄλλο γὰρ ἐστι χρῆσις, ἄλλο
παρακολούθησις. εἰ δ᾽ οἴει παρακολουθεῖν, φέρε ὃ θέλεις ὄνομα καὶ βασανίσωμεν αὐτούς, εἰ παρακολουθοῦ-
μεν. — Ἀλλ᾽ ἀνιαρὸν τὸ ἐξελέγχεσθαι πρεσβύτερον
ἄνθρωπον ἤδη κἂν οὕτως τύχῃ τὰς τρεῖς στρατ⟨ε⟩ίας
ἐστρατευμένον. — Οἶδα κἀγώ. νῦν γὰρ σὺ ἐλήλυθας
πρὸς ἐμὲ ὡς μηδενὸς δεόμενος. τίνος δ᾽ ἂν καὶ φαν-
τασθείης ὡς ἐνδέοντος; πλουτεῖς, τέκνα ἔχεις τυχὸν
καὶ γυναῖκα καὶ οἰκέτας πολλούς, ὁ Καῖσάρ σε οἶδεν,
ἐν Ῥώμῃ πολλοὺς φίλους κέκτησαι, τὰ καθήκοντα ἀπο-
δίδως, οἶδας τὸν εὖ ποιοῦντα ἀντευποιῆσαι καὶ τὸν
κακῶς ποιοῦντα κακῶς ποιῆσαι. τί σοι λείπει; ἂν οὖν
σοι δείξω, ὅτι τὰ ἀναγκαιότατα¹ καὶ μέγιστα πρὸς εὐδαιμονίαν καὶ ὅτι μέχρι δεῦρο πάντων μᾶλλον ἢ τῶν
προσηκόντων ἐπιμεμέλησαι, καὶ τὸν κολοφῶνα ἐπιθῶ·
οὔτε τί θεός ἐστιν οἶδας οὔτε τί ἄνθρωπος οὔτε τί
ἀγαθὸν οὔτε τί κακόν, καὶ τὸ μὲν τῶν ἄλλων ἴσως
ἀνεκτόν, ὅτι δ᾽ αὐτὸς αὑτὸν ἀγνοεῖς, πῶς δύνασαι
ἀνασχέσθαι μου καὶ ὑποσχεῖν τὸν ἔλεγχον καὶ παρα-
μεῖναι; οὐδαμῶς, ἀλλ᾽ εὐθὺς ἀπαλλάσσῃ χαλεπῶς ἔχων.
καίτοι τί σοι ἐγὼ κακὸν πεποίηκα; εἰ μὴ καὶ τὸ ἔσοπτρον
τῷ αἰσχρῷ, ὅτι δεικνύει αὐτὸν αὑτῷ οἷός ἐστιν· εἰ μὴ
καὶ ὁ ἰατρὸς τὸν νοσοῦντα [ὅταν αὐτὸν] ὑβρίζει, ὅταν
εἴπῃ αὐτῷ 'ἄνθρωπε, δοκεῖς μηδὲν ἔχειν, πυρέσσεις δέ·
ἀσίτησον σήμερον, ὕδωρ πίε'· καὶ οὐδεὶς λέγει 'ὦ δει-

lesen und schreiben können, die geschriebenen Texte und
die Tiere ihre Eindrücke und Vorstellungen. Gebrauchen
und Verstehen sind nämlich zwei verschiedene Dinge.
Wenn du aber zu verstehen glaubst, nimm ein beliebiges
Wort, und wir wollen uns prüfen, ob wir es verstehen. –
Aber für einen Mann, der schon älter ist und möglicher-
weise schon seine drei Kriege mitgemacht hat, ist es unan-
genehm, sich prüfen und widerlegen zu lassen. – Das weiß
ich auch. Denn jetzt bist du zu mir gekommen als ein
Mensch, der nichts benötigt. Was aber hättest du deiner
Meinung nach vielleicht noch nötig? Du bist reich, hast
Kinder, wahrscheinlich auch eine Frau, viele Sklaven; der
Kaiser kennt dich, in Rom hast du viele Freunde, erfüllst
deine Pflichten; du siehst dich in der Lage, Gutes mit Gutem und Böses mit Bösem zu vergelten. Was fehlt dir noch?
Wenn ich dir aber zeige, daß dir das fehlt, was für ein
wahrhaft glückliches Leben das Notwendigste und Wichtigste ist, und daß du dich bis heute mehr um alles andere und
nur nicht um das wirklich Notwendige gekümmert hast,
und wenn ich dem Ganzen noch die Spitze aufsetze und behaupte, daß du weder weißt, was ein Gott, noch was ein
Mensch ist, noch was gut oder böse ist, und wenn ich dir
beweise, daß du darüber nicht Bescheid weißt, dann wäre
das vielleicht noch zu ertragen; wenn ich aber behaupte,
daß du dich selbst nicht kennst – wie kannst du es da mit mir
aushalten und dich meinen bohrenden Fragen weiterhin
aussetzen? Das geht auf keinen Fall. Du wirst sofort beleidigt fortgehen. Doch was habe ich dir Böses getan? Nichts,
es sei denn daß auch der Spiegel dem Häßlichen etwas Böses
antäte, weil er ihm zeigt, wie er aussieht, oder der Arzt den
Kranken beschimpfte, wenn er ihm sagte: «Mensch, du
glaubst, dir fehle nichts, aber du hast doch Fieber. Iß heute
nichts, trinke Wasser.» In diesem Falle sagt niemand: «Was

νῆς ὕβρεως'. ἐὰν δέ τινι εἴπῃς 'αἱ ὀρέξεις σου φλεγμαί-
νουσιν, αἱ ἐκκλίσεις ταπειναί εἰσιν, αἱ ἐπιβολαὶ ἀνομο-
λογούμεναι, αἱ ὁρμαὶ ἀσύμφωνοι τῇ φύσει, αἱ ὑπολήψεις
εἰκαῖαι καὶ ἐψευσμέναι', εὐθὺς ἐξελθὼν λέγει 'ὕβρι-
σέν με'.

Τοιαῦτά ἐστι τὰ ἡμέτερα ὡς ἐν πανηγύρει. τὰ μὲν
κτήνη π[α]ραθησόμενα ἄγεται καὶ οἱ βόες, οἱ δὲ πολλοὶ
τῶν ἀνθρώπων οἱ μὲν ὠνησόμενοι οἱ δὲ πωλήσοντες·
ὀλίγοι δέ τινές εἰσιν οἱ κατὰ θέαν ἐρχόμενοι τῆς πανηγύρεως, πῶς τοῦτο γίνεται καὶ διὰ τί καὶ τίνες οἱ
τιθέντες τὴν πανήγυριν καὶ ἐπὶ τίνι. οὕτως καὶ ἐνθάδ' ἐν τῇ πανηγύρει ταύτῃ· οἱ μέν τινες ὡς κτήνη
οὐδὲν πλέον πολυπραγμονοῦσι τοῦ χόρτου· ὅσοι γὰρ
περὶ κτῆσιν καὶ ἀγροὺς καὶ οἰκέτας καὶ ἀρχάς τινας
ἀναστρέφεσθε, ταῦτα οὐδὲν ἄλλο ἢ χόρτος ἐστίν· ὀλίγοι δ' εἰσὶν οἱ πανη‖γυρίζοντες ἄνθρωποι φιλοθεά-
μονες. 'τί ποτ' οὖν ἐστιν ὁ κόσμος, τίς αὐτὸν διοικεῖ.
οὐδείς; καὶ πῶς οἷόν τε πόλιν μὲν ἢ οἶκον μὴ δύνασθαι διαμένειν μηδ' ὀλιγοστὸν χρόνον δίχα τοῦ διοι-
κοῦντος καὶ ἐπιμελομένου, τὸ δ' οὕτως μέγα καὶ καλὸν
κατασκεύασμα εἰκῇ καὶ ὡς ἔτυχεν οὕτως εὐτάκτως
οἰκονομεῖσθαι; ἔστιν οὖν ὁ διοικῶν. ποῖός τις καὶ πῶς
ὁ διοικῶν; ἡμεῖς δὲ τίνες ὄντες ὑπ' αὐτοῦ γεγόναμεν
καὶ πρὸς τί ἔργον; ἆρά γ' ἔχομέν τινα ἐπιπλοκὴν πρὸς
αὐτὸν καὶ σχέσιν ἢ οὐδεμίαν;' ταῦτ' ἔστιν ἃ πάσχουσιν
οὗτοι οἱ ὀλίγοι· καὶ λοιπὸν τούτῳ μόνῳ σχολάζουσι τῷ
τὴν πανήγυριν ἱστορήσαντας ἀπελθεῖν. τί οὖν; κατα-

für eine Unverschämtheit.» Wenn du aber jemandem sagst: «Du brennst vor Begierde; deine Versuche, einer Sache aus dem Wege zu gehen, sind erniedrigend; deine Absichten sind widerspruchsvoll; deine Wünsche stehen nicht im Einklang mit der Vernunftnatur; deine Annahmen sind unüberlegt und falsch», dann läuft er sofort weg und schreit: «Er hat mich beleidigt.»

Unser Leben gleicht dem Treiben auf dem Jahrmarkt: die Schafe und Rinder werden zum Verkauf herbeigetrieben. Die meisten Menschen sind teils mit Kaufen, teils mit Verkaufen beschäftigt. Nur einige wenige kommen her, um sich den Jahrmarkt anzusehen und zu erfahren, wie und warum sich alles so abspielt und wer die Leute sind, die den Markt abhalten, und zu welchem Zweck sie dies tun. So ist es auch auf dem Jahrmarkt unseres Lebens. Die einen kümmern sich wie das Vieh um nichts weiter als um ihr Futter. Denn ihr, bei denen sich alles um Besitz, um Grundstücke, Sklaven und bestimmte Positionen dreht, solltet wissen, daß dies nichts anderes als Futter ist. Selten aber sind diejenigen Jahrmarktsbesucher, die nur Lust am Schauen haben. Was ist nun eigentlich die Welt und wer lenkt sie? Niemand? Wie wäre es möglich, daß zwar eine Stadt oder ein Betrieb nicht einmal einen einzigen Tage ohne eine fürsorgliche Leitung bestände, daß aber dieses großartige und schöne Weltgebäude ohne Planung und durch puren Zufall in so wunderbarer Ordnung gehalten würde? Es muß also jemanden geben, der es regiert. Welche Eigenschaften hat er und wie regiert er die Welt? Wer sind wir, die wir von ihm geschaffen wurden? Und was ist unsere Bestimmung? Haben wir irgendeine Verbindung und Beziehung zu ihm oder nicht? Das ist es, was diese wenigen innerlich beschäftigt. Und in Zukunft haben sie nur noch das eine im Sinn: den Jahrmarkt zu erforschen, bevor sie ihn verlassen. Was

γελῶνται ὑπὸ τῶν πολλῶν· καὶ γὰρ ἐκεῖ οἱ θεαταὶ ὑπὸ
τῶν ἐμπόρων· καὶ εἰ τὰ κτήνη συναίσθησίν τινα εἶχεν,
κατεγέλα τῶν ἄλλο τι τεθαυμακότων ἢ τὸν χόρτον.

Τί ἐρημία καὶ ποῖος ἔρημος.

Ἐρημία ἐστὶ κατάστασίς τις ἀβοηθήτου. οὐ γὰρ ὁ μόνος ὢν εὐθὺς καὶ ἔρημος, ὥσπερ οὐδ' ὁ ἐν πολλοῖς ὢν
οὐκ ἔρημος.‖ ὅταν γοῦν ἀπολέσωμεν ἢ ἀδελφὸν ἢ υἱὸν
ἢ φίλον, ᾧ προσαναπαυόμεθα, λέγομεν ἀπολελεῖφθαι
ἔρημοι, πολλάκις ἐν Ῥώμῃ ὄντες, τοσούτου ὄχλου ἡμῖν
ἀπαντῶντος καὶ τοσούτων συνοικούντων, ἔσθ' ὅτε πλῆθος δούλων ἔχοντες. θέλει γὰρ ὁ ἔρημος κατὰ τὴν ἔννοιαν ἀβοήθητός τις εἶναι καὶ ἐκκείμενος τοῖς βλάπτειν
βουλομένοις. διὰ τοῦτο, ὅταν ὁδεύωμεν, τότε μάλιστα
ἐρήμους λέγομεν ἑαυτούς, ὅταν εἰς λῃστὰς ἐμπέσωμεν.
οὐ γὰρ ἀνθρώπου ὄψις ἐξαιρεῖται ἐρημίας, ἀλλὰ πιστοῦ
καὶ αἰδήμονος καὶ ὠφελίμου. ἐπεὶ εἰ τὸ μόνον εἶναι
ἀρκεῖ πρὸς τὸ ἔρημον εἶναι, λέγε ὅτι καὶ ὁ Ζεὺς ἐν τῇ
ἐκπυρώσει ἔρημός ἐστι καὶ κατακλαίει αὐτὸς ἑαυτοῦ·
'τάλας ἐγώ, οὔτε τὴν Ἥραν ἔχω οὔτε τὴν Ἀθηνᾶν οὔτε
τὸν Ἀπόλλωνα οὔτε ὅλως ἢ ἀδελφὸν ἢ υἱὸν ἢ ἔγγονον
ἢ συγγενῆ'. ταῦτα καὶ λέγουσί τινες ὅτι ποιεῖ μόνος ἐν
τῇ ἐκπυρώσει. οὐ γὰρ ἐπινοοῦσι διεξαγωγὴν μόνου καὶ

ergibt sich daraus? Sie werden von der Menge ausgelacht, wie die Zuschauer auf dem wirklichen Jahrmarkt von den Kaufleuten ausgelacht werden. Ja, wenn die Tiere menschlichen Verstand hätten, dann würden sie alle auslachen, die etwas anderes bewunderten als ihr Futter.

WAS IST EINSAMKEIT? (3, 13, 1–19)

Einsamkeit ist der Zustand eines Menschen, dem niemand helfen kann. Denn wer allein ist, ist darum nicht gleich auch einsam, wie auch umgekehrt derjenige, der sich in einer großen Gesellschaft befindet, einsam sein kann. Auf jeden Fall sagen wir, wenn wir einen Bruder, einen Sohn oder einen Freund verloren haben, an den wir uns anlehnen konnten, wir seien einsam und verlassen, obwohl wir oft in Rom sind, wo uns soviel Volk begegnet und mit uns zusammenlebt; und manchmal geht es uns sogar so, auch wenn wir viele Sklaven haben. Denn seiner Bedeutung nach bezeichnet das Wort «einsam» jemanden, der hilflos denen ausgeliefert ist, die ihm schaden wollen. Darum bezeichnen wir uns selbst besonders dann als einsam, wenn wir auf Reisen unter die Räuber fallen. Denn nicht schon der Anblick eines Menschen an sich befreit uns von Einsamkeit, sondern nur die Gegenwart eines zuverlässigen, rücksichtsvollen[34] und hilfreichen Menschen. Denn wenn das Alleinsein schon genügte, um einsam zu sein, dann müßtest du auch behaupten, daß sogar Zeus angesichts des Weltbrandes[35] einsam sei und über sich selbst weine: «Ich Unglücklicher, ich habe weder Hera, noch Athene oder Apollon, noch überhaupt einen Bruder, Sohn, Enkel oder anderen Verwandten.» Einige behaupten ja auch wirklich, er tue dies, wenn er beim Weltbrand allein sei. Denn sie können sich bei einem,

ἀπό τινος φυσικοῦ ὁρμώμενοι, ἀπὸ τοῦ φύσει κοινωνικοῦ εἶναι καὶ φιλαλλήλου καὶ ἡδέως συναναστρέφεσθαι ἀνθρώποις. ἀλλ᾽ οὐδὲν ἧττον δεῖ τινα καὶ πρὸς τοῦτο παρασκευὴν ἔχειν τὸ δύνασθαι αὐτὸν ἑαυτῷ ἀρκεῖν, δύνασθαι αὐτὸν ἑαυτῷ συνεῖναι· ὡς ὁ Ζεὺς αὐτὸς ἑαυτῷ σύνεστιν καὶ ἡσυχάζει ἐφ᾽ ἑαυτοῦ καὶ ἐννοεῖ τὴν διοίκησιν τὴν ἑαυτοῦ οἷα ἐστὶ καὶ ἐν ἐπινοίαις γίνεται πρεπούσαις ἑαυτῷ, οὕτως καὶ ἡμᾶς δύνασθαι αὐτοὺς ἑαυτοῖς λαλεῖν, μὴ προσδεῖσθαι ἄλλων, διαγωγῆς μὴ ἀπορεῖν· ἐφιστάνειν τῇ θείᾳ διοικήσει, τῇ αὑτῶν πρὸς τἆλλα σχέσει· ἐπιβλέπειν, πῶς πρότερον εἴχομεν πρὸς τὰ συμβαἰνοντα, πῶς νῦν· τίνα ἐστὶν ἔτι τὰ θλίβοντα· πῶς ἂν θεραπευθῇ καὶ ταῦτα, πῶς ἐξαιρεθῇ· εἴ τινα ἐξεργασίας δεῖται ⟨τού⟩των, κατὰ τὸν αὑτῶν λόγον ἐξεργάζεσθαι.

Ὁρᾶτε γάρ, ὅτι εἰρήνην μεγάλην ὁ Καῖσαρ ἡμῖν δοκεῖ παρέχειν, ὅτι οὐκ εἰσὶν οὐκέτι πόλεμοι οὐδὲ μάχαι οὐδὲ λῃστήρια μεγάλα οὐδὲ πειρατικά, ἀλλ᾽ ἔξεστιν πάσῃ ὥρᾳ ὁδεύειν, πλεῖν ἀπ᾽ ἀνατολῶν ἐπὶ δυσμάς. μή τι οὖν καὶ ἀπὸ πυρετοῦ δύναται ἡμῖν εἰρήνην παρασχεῖν, μή τι καὶ ἀπὸ ναυαγίου, μή τι καὶ ἀπὸ ἐμπρησμοῦ ἢ ἀπὸ σεισμοῦ ἢ ἀπὸ κεραυνοῦ; ἄγε ἀπ᾽ ἔρωτος; οὐ δύναται. ἀπὸ πένθους; οὐ δύναται. ἀπὸ φθόνου; οὐ δύναται. ἀπ᾽ οὐδενὸς ἁπλῶς τούτων· ὁ δὲ λόγος ὁ τῶν φιλοσόφων ὑπισχνεῖται καὶ ἀπὸ τούτων εἰρήνην παρέχειν. καὶ τί λέγει; ᾽ἄν μοι προσέχητε, ὦ ἄνθρωποι, ὅπου ἂν ἦτε, ὅ

der allein ist, gar kein anderes Verhalten vorstellen, weil sie
von einem natürlichen Prinzip ausgehen, davon nämlich,
daß der Mensch von Natur aus auf Gemeinschaft hin ange-
legt ist, seinesgleichen liebt und gern mit Menschen lebt.
Aber nichtsdestoweniger muß man sich auch darauf einstellen, daß man sich selbst genügen und nur mit sich selbst
allein sein kann. Wie Zeus nur mit sich selbst zusammen
ist, in sich selbst ruht, das Wesen seines Waltens durch-
denkt und in Betrachtungen versunken ist, die seiner würdig sind, so müssen auch wir in der Lage sein, nur mit uns
selbst zu sprechen, keinen anderen zu benötigen und genau
zu wissen, wie wir unser Leben verbringen sollen. Wir
müssen über das göttliche Walten und über unser Verhältnis zu allen anderen Dingen nachdenken. Wir müssen
überlegen, welche Beziehung wir früher zum Weltgesche-
hen hatten, welche heute; welches die Vorgänge sind, die
uns noch beunruhigen; wie auch diese behandelt, wie sie
endgültig beseitigt werden können. Falls noch irgendwelche von den Fähigkeiten in uns der Vollendung bedürfen, müssen wir sie im Sinne der ihnen innewohnenden
Vernunft vollenden. Seht doch, daß uns der Kaiser einen
großartigen Frieden zu verbürgen scheint: Es gibt keine
Kriege, keine Kämpfe, keine nennenswerten Raubüberfälle
und Piratenangriffe mehr. Man kann vielmehr zu jeder Zeit
gefahrenlos reisen und die See vom Osten bis zum Westen
befahren. Kann er uns etwa auch Schutz vor dem Fieber
verschaffen oder vor Schiffbruch, Feuersbrunst, Erdbeben
oder Blitzschlag? Oder vor der Leidenschaft? Er kann es
nicht. Vor dem Kummer? Nein. Vor dem Neid? Nein. Vor
überhaupt keinem Ereignis dieser Art. Dagegen verspricht
die Lehre der Philosophen, auch vor diesen Ereignissen
Schutz zu gewähren. Und was sagt sie? «Wenn ihr euch an
mich haltet, ihr Menschen, wo auch immer ihr seid und was

τι ἂν ποιῆτε, οὐ λυπηθήσεσθε, οὐκ ὀργισθήσεσθε, οὐκ
ἀναγκασθήσεσθε, οὐ κωλυθήσεσθε, ἀπαθεῖς δὲ καὶ
ἐλεύθεροι διάξετε ἀπὸ πάντων'. ταύτην τὴν εἰρήνην τις
ἔχων [οὐχὶ] κεκηρυγμένην οὐχ ὑπὸ τοῦ Καίσαρος (πόθεν
γὰρ αὐτῷ ταύτην κηρύξαι;), ἀλλ' ὑπὸ τοῦ θεοῦ κεκηρυγμένην διὰ τοῦ λόγου οὐκ ἀρκεῖται, ὅταν ⟨ᾖ⟩ μόνος,
ἐπιβλέπων καὶ ἐνθυμούμενος 'νῦν ἐμοὶ κακὸν οὐδὲν
δύναται συμβῆναι, ἐμοὶ λῃστὴς οὐκ ἔστιν, ἐμοὶ σεισμὸς
οὐκ ἔστιν, πάντα εἰρήνης μεστά, πάντα ἀταραξίας· πᾶσα
ὁδός, πᾶσα πόλις, πᾶσ[α] σύνοδος, γείτων, κοινωνὸς
ἀβλαβής. ἄλλος παρέχει τροφάς, ᾧ μέλει, ἄλλος ἐσθῆτα,
ἄλλος αἰσθήσεις ἔδωκεν, ἄλλος προλήψεις. ὅταν δὲ μὴ
παρέχῃ τἀναγκαῖα, τὸ ἀνακλητικὸν σημαίνει, τὴν θύραν
ἤνοιξεν καὶ λέγει σοι "ἔρχου". ποῦ; εἰς οὐδὲν δεινόν,
ἀλλ' ὅθεν ἐγένου, εἰς τὰ φίλα καὶ συγγενῆ, εἰς τὰ στοιχεῖα. ὅσον ἦν ἐν σοὶ πυρ⟨ός⟩, εἰς πῦρ ἄπεισιν, ὅσον ἦν
γηδίου, εἰς γήδιον, ὅσον πνευματίου, εἰς πνευμάτιον,
ὅσον ὑδατίου, εἰς ὑδάτιον. οὐδεὶς Ἅιδης οὐδ' Ἀχέρων
οὐδὲ Κωκυτὸς οὐδὲ Πυριφλεγέθων, ἀλλὰ πάντα θεῶν
μεστὰ καὶ δαιμόνων'. ταῦτά τις ἐνθυμεῖσθαι ἔχων
καὶ βλέπων τὸν ἥλιον καὶ σελήνην καὶ ἄστρα καὶ γῆς
ἀπολαύων καὶ θαλάσσης ἔρημός ἐστιν οὐ μᾶλλον ἢ καὶ
ἀβοήθητος. 'τί οὖν; ἄν τις ἐπελθών μοι μόνῳ ἀποσφάξῃ
με;' μωρέ, σὲ οὔ, ἀλλὰ τὸ σωμάτιον.

ihr auch tut, dann werdet ihr unbehelligt bleiben, nicht in Zorn geraten, keinem Zwang ausgesetzt sein, unbehindert leben und ohne Leidenschaften und frei von allem Unglück euer Leben verbringen.» Wenn ein Mensch diesen Frieden gefunden hat, der ihm nicht vom Kaiser verkündet ist (denn woher sollte dieser die Macht nehmen, ihn zu verkünden), sondern von Gott durch die Vernunft verkündet ist, hat er dann nicht genug, sobald er allein ist und zugleich nachdenkt und sich besinnt: «Jetzt kann mir kein Übel widerfahren. Für mich existiert kein Räuber. Für mich gibt es kein Erdbeben. Alles ist erfüllt von Frieden, überall ist Stille. Kein Weg, keine Stadt, kein Begleiter, Nachbar oder Mitmensch kann dir schaden. Ein anderer[36], der sich darum kümmert, gibt dir Nahrung und Kleidung. Ein anderer gab dir das Wahrnehmungsvermögen und die allgemeinen Vorstellungen[37]. Wenn er aber das zum Leben Notwendige nicht mehr gewährt, dann gibt er das Zeichen zum Rückzug; er hat die Tür geöffnet und sagt zu dir: ‹Komm.› Wohin? Nicht in ein Reich des Schreckens, sondern dorthin, wo du hergekommen bist; du gehst ein in die vertraute und verwandte Materie; du löst dich auf in die Grundstoffe des Seins[38]. Was in dir Feuer war, geht wieder ein in das Feuer, was Erde war, wird wieder Erde. Was Luft war, vereinigt sich wieder mit der Luft. Was Wasser war, geht zurück in das Wasser. Es gibt keinen Hades, keine Acheron, keinen Kokytos und auch keinen Periphlegethon[39]; vielmehr ist alles erfüllt von Göttern und göttlichen Mächten[40].»

Wer sich dies vorstellen kann und zur Sonne, zum Mond und zu den Sternen blickt und wer Freude hat an Erde und Meer, ist weder einsam noch hilflos. «Aber wenn mich jemand überfällt, wenn ich allein bin, und mich umbringt?» Du Tor, dich doch nicht, sondern nur deinen sterblichen Leib.

Ποία οὖν ἔτι ἐρημία, ποία ἀπορία; τί χείρονας ἑαυτοὺς ποιῶμεν τῶν παιδαρίων; ἅ τινα ὅταν ἀπολειφθῇ
μόνα, τί ποιεῖ; ἄραντα ὀστράκια καὶ σποδὸν οἰκοδομεῖ
τί ποτε, εἶτα καταστρέφει καὶ πάλιν ἄλλο οἰκοδομεῖ· καὶ
οὕτως οὐδέποτε ἀπορεῖ διαγωγῆς. ἐγὼ οὖν, ἂν πλεύσητε
ὑμεῖς, μέλλω καθήμενος κλαίειν ὅτι μόνος ἀπελείφθην
καὶ ἔρημος οὕτως; οὐκ ὀστράκια ἔξω, οὐ σποδόν; ἀλλ'
ἐκεῖνα ὑπ' ἀφροσύνης ταῦτα ποιεῖ, ἡμεῖς δ' ὑπὸ φρονήσεως δυστυχοῦμεν;

Πρὸς τοὺς διὰ νόσον ⟨ἀ⟩π⟨αλ⟩λαττομένους.

Νοσῶ, φησίν, ἐνθάδε καὶ βούλομαι ἀπιέναι εἰς οἶκον.
— Ἐν οἴκῳ γὰρ ἄνοσος ἦς σύ; οὐ σκοπεῖς, εἴ τι ποιεῖς
ἐνθάδε τῶν πρὸς τὴν προαίρεσιν τὴν σαυτοῦ φερόντων,
ἵν' ἐπανορθωθῇ; εἰ μὲν γὰρ μηδὲν ἀνύεις, περισσῶς
καὶ ἦλθες. ἄπιθι, ἐπιμελοῦ τῶν ἐν οἴκῳ. εἰ γὰρ μὴ δύναταί σου τὸ ἡγεμονικὸν σχεῖν κατὰ φύσιν, τό γ' ἀγρί-
διον δυνήσεται· τό γε κερμάτιον αὐξήσεις, τὸν πατέρα
γηροκομήσεις, ἐν τῇ ἀγορᾷ ἀναστραφήσῃ, ἄρξεις· κακὸς
κακῶς τί ποτε ποιήσεις τῶν ἑξῆς. εἰ δὲ παρακολουθεῖς

Was für eine Einsamkeit oder Hilflosigkeit bleibt da
noch? Warum machen wir uns selbst hilfloser als die Kinder? Was tun sie, wenn sie allein gelassen werden? Sie sam-
meln sich Muscheln und Sand und bauen sich Häuser.
Dann zerstören sie sie wieder und bauen sich wieder neue
Häuser. Und so sind sie nie um Möglichkeiten einer sinnvollen Gestaltung ihres Lebens verlegen. Soll ich etwa,
wenn ihr weggefahren seid, zu Hause sitzen und heulen,
weil ich allein gelassen und so schrecklich einsam bin?
Werde ich denn keine Muscheln und keinen Sand haben?
Doch wenn die Kinder dies noch ohne vernünftige Überlegung schaffen, sollen wir uns dann mit unserer Vernunft
unglücklich fühlen?

AN JENE, DIE WEGEN KRANKHEIT NACH HAUSE WOLLEN
(3, 5, 1–11)

«Ich bin krank hier», sagt einer unserer Schüler, «und will
nach Hause.» Wärst du denn zu Hause nicht krank? Über-
legst du denn nicht, ob du hier etwas von den Dingen tun
kannst, die zur Festigung und Vertiefung deiner moralischen Entscheidung[41] führen? Denn wenn du hier keinen
Erfolg hast, dann bist du auch umsonst hierher gekommen.
Geh fort und kümmere dich um deine Angelegenheiten zu
Hause. Denn wenn das leitende Prinzip in dir[42] nicht in
Übereinstimmung mit der Natur zu bringen ist, so wird dir
dies doch wenigstens mit deinem Ackerland gelingen. Du
wirst dein bißchen Vermögen vermehren, deinen Vater im
Alter pflegen, auf dem Markt verkehren und ein Amt bekleiden. Erbärmlich, wie du bist, wirst du auch alles andere
erbärmlich machen, womit du zu tun hast.

Wenn du aber bei dir selbst feststellst, daß du manche

σαυτῷ, ὅτι ἀποβάλλεις τινὰ δόγματα φαῦλα καὶ ἄλλ᾽ ἀντ᾽ αὐτῶν ἀναλαμβάνεις καὶ τὴν σαυτοῦ στάσιν μετατέθεικας ἀπὸ τῶν ἀπροαιρέτων ἐπὶ τὰ προαιρετικά, κἄν ποτ᾽ εἴπῃς ᾽οἴμοι᾽, οὐ λέγεις διὰ τὸν πατέρα, τὸν ἀδελφόν, ἀλλὰ ᾽δι᾽ ἐμέ᾽, ἔτι ὑπολογίζῃ νόσον; οὐκ οἶδας, ὅτι καὶ νόσος καὶ θάνατος καταλαβεῖν ἡμᾶς ὀφείλουσίν τί ποτε ποιοῦντας; τὸν γεωργὸν γεωργοῦντα καταλαμβάνουσι, τὸν ναυτικὸν πλέοντα. σὺ τί θέλεις ποιῶν καταληφθῆναι; τί ποτε μὲν γὰρ ποιοῦντά σε δεῖ καταληφθῆναι. εἴ τι ἔχεις τούτου κρεῖσσον ποιῶν καταληφθῆναι, ποίει ἐκεῖνο.

Ἐμοὶ μὲν γὰρ καταληφθῆναι γένοιτο μηδενὸς ἄλλου ἐπιμελουμένῳ ἢ τῆς προαιρέσεως τῆς ἐμῆς, ἵν᾽ ἀπαθής, ἵν᾽ ἀκώλυτος, ἵν᾽ ἀνανάγκαστος, ἵν᾽ ἐλεύθερος. ταῦτα ἐπιτηδεύων θέλω εὑρεθῆναι, ἵν᾽ εἰπεῖν δύνωμαι τῷ θεῷ ᾽μή τι παρέβην σου τὰς ἐντολάς; μή τι πρὸς ἄλλα ἐχρησάμην ταῖς ἀφορμαῖς ἃς ἔδωκας; μή τι ταῖς αἰσθήσεσιν ἄλλως, μή τι ταῖς προλήψεσιν; μή τί σοί ποτ᾽ ἐνεκάλεσα; μή τι ἐμεμψάμην σου τὴν διοίκησιν; ἐνόσησα, ὅτε ἠθέλησας· καὶ οἱ ἄλλοι, ἀλλ᾽ ἐγὼ ἑκών. πένης ἐγενόμην σου θέλοντος, ἀλλὰ χαίρων. οὐκ ἦρξα, ὅτι σὺ οὐκ ἠθέλησας· οὐδέποτ᾽ ἐπεθύμησα ἀρχῆς. μή τί με τούτου ἕνεκα στυγνότερον εἶδες; μὴ οὐ προσῆλθόν σοί ποτε φαιδρῷ τῷ προσώπῳ, ἕτοιμος εἴ τι ἐπιτάσσεις, εἴ τι σημαίνεις; νῦν με θέλεις ἀπελθεῖν ἐκ τῆς πανηγύ-

Anschauungen, die nichts wert sind, abwirfst und durch andere ersetzt und wenn du deine Aufmerksamkeit von den Dingen, die nicht in deiner Macht liegen, abwendest und dich mit den Dingen befaßt, die sich im Bereich deiner moralischen Entscheidung befinden, und wenn du einmal «Wehe mir» sagst und dies nicht wegen deines Vaters oder Bruders tust, sondern deinetwegen, kannst du dann überhaupt noch an Krankheit denken? Weißt du denn nicht, daß uns Tod und Krankheit treffen müssen – ohne Rücksicht auf das, was wir gerade tun? Sie ereilen den Bauern, während er seinen Acker bestellt, den Seemann auf hoher See. Bei welcher Tätigkeit willst du von diesen Mächten gepackt werden? Wenn du bei einer besseren Beschäftigung, als diese es ist, von Krankheit und Tod überfallen werden kannst, dann übe sie aus.

Ich würde mir wünschen, der Tod ereilte mich bei keiner anderen Tätigkeit als bei der Schulung meines moralischen Willens, um ihn unanfechtbar, ungehindert, unbezwinglich und frei werden zu lassen. Ich wünsche mir, daß ich bei dieser Tätigkeit angetroffen werde, damit ich Gott sagen kann: «Habe ich etwa deine Gebote übertreten? Habe ich etwa die Anlagen, die du mir verliehen hast, zu anderen Zwecken mißbraucht? Etwa mein Wahrnehmungsvermögen oder meine allgemeinen Vorstellungen? Habe ich dir jemals Vorwürfe gemacht? Habe ich schon einmal über dein Walten geschimpft? Ich bin krank geworden, als du es wolltest; auch die anderen Menschen freilich, ich aber mit meiner Zustimmung. Arm bin ich geworden, als du es wolltest, aber mit Freuden. Ich habe kein Amt bekleidet, weil du es nicht wolltest. Niemals habe ich nach einem Amt verlangt. Hast du mich deswegen jemals mit finsterer Miene gesehen? Bin ich nicht stets mit fröhlichem Gesicht auf deine Befehle und Weisungen hin zu dir gekommen? Jetzt willst

ρεως· ἄπειμι, χάριν σοι ἔχω πᾶσαν, ὅτι ἠξίωσάς με
συμπανηγυρίσαι σοι καὶ ἰδεῖν ἔργα τὰ σὰ καὶ τῇ διοικήσει σου‖ συμπαρακολουθῆσαι [σοί]'. ταῦτά με ἐνθυ-
μούμενον, ταῦτα γράφοντα, ταῦτα ἀναγιγνώσκοντα κατα·
λάβοι ὁ θάνατος.

Τίς οὐσία τοῦ ἀγαθοῦ.

Ὁ θεὸς ὠφέλιμος· ἀλλὰ καὶ τἀγαθὸν ὠφέλιμον. εἰκὸς
οὖν, ὅπου ἡ οὐσία τοῦ θεοῦ, ἐκεῖ εἶναι καὶ τὴν τοῦ
ἀγαθοῦ. τίς οὖν οὐσία θεοῦ; σάρξ; μὴ γένοιτο. ἀγρός;
μὴ γένοιτο. φήμη; μὴ γένοιτο. νοῦς, ἐπιστήμη, λόγος
ὀρθός. ἐνταῦθα τοίνυν ἁπλῶς ζήτει τὴν οὐσίαν τοῦ
ἀγαθοῦ. ἐπεί τοι μή τι αὐτὴν ἐν φυτῷ ζητεῖς; οὔ. μή
τι ἐν ἀλόγῳ; οὔ. ἐν λογικῷ οὖν ζητῶν τί ἔτι ἀλλαχοῦ
ζητεῖς ἢ ἐν τῇ παραλλαγῇ τῇ πρὸς τὰ ἄλογα; τὰ φυτὰ
οὐδὲ φαντασίαις χρηστικά ἐστιν· διὰ τοῦτο οὐ λέγεις
ἐπ' αὐτῶν τὸ ἀγαθόν. δεῖται οὖν τὸ ἀγαθὸν χρήσεως
φαντασιῶν. ἀρά γε μόνης; εἰ γὰρ μόνης, λέγε καὶ ἐν
τοῖς ἄλλοις ζῴοις τὰ ἀγαθὰ εἶναι καὶ εὐδαιμονίαν καὶ
κακοδαιμονίαν. νῦν δ' οὐ λέγεις καὶ καλῶς ποιεῖς· εἰ
γὰρ καὶ τὰ μάλιστα χρῆσιν φαντασιῶν ἔχει, ἀλλὰ παρα-
κολούθησίν γε τῇ χρήσει τῶν φαντασιῶν οὐκ ἔχει. καὶ
εἰκότως. ὑπηρετικὰ γὰρ γέγονεν ἄλλοις, οὐκ α⟨ὐ⟩τὰ
προηγούμενα. ὁ ὄνος ἐπεὶ γέγονεν μή τι προηγουμένως;

du, daß ich das Fest verlasse. Ich gehe und danke dir von Herzen, daß du mich für wert gehalten hast, mit dir zu feiern, deine Werke zu schauen und dein Walten zu begreifen. Möge mich doch, während ich dieses denke, dieses schreibe, dieses lese, der Tod ereilen.

WAS IST GOTTES WAHRES WESEN? (2, 8, 1–14)

Gott ist nützlich. Aber auch das Gute ist nützlich. Wahrscheinlich liegt das Wesen des Guten dort, wo das Wesen Gottes ist. Was ist nun das Wesen Gottes? Fleisch? Keinesfalls. Landbesitz? Keinesfalls. Ruhm? Keinesfalls. Geist, Erkenntnis, wahre Vernunft. Da suche ganz einfach das Wesen des Guten. Denn du suchst es doch nicht in einer Pflanze. Doch auch nicht in der vernunftlosen Kreatur? Nein. Wenn du es also im Bereich des Vernünftigen suchst – warum suchst du es noch an einer anderen Stelle als dort, wo sich das Vernünftige vom Unvernünftigen unterscheidet? Die Pflanzen sind nicht einmal in der Lage, äußere Eindrücke aufzunehmen. Deshalb sagst du nicht, daß bei ihnen das Gute zu finden sei. Mit dem Guten ist die Fähigkeit zur Verarbeitung der äußeren Eindrücke notwendigerweise verbunden. Nur diese Fähigkeit? Wenn es nämlich nur diese Fähigkeit ist, dann mußt du behaupten, daß auch in den anderen Lebewesen das Gute, das Glück und das Unglück zu finden seien. Aber das behauptest du nicht und du tust gut daran. Denn wenn sie auch die Fähigkeit zur Verarbeitung der äußeren Eindrücke besitzen, so sind sie doch nicht in der Lage, diese Verarbeitung der äußeren Eindrücke zu durchschauen. Begreiflicherweise – denn sie sind dazu geschaffen, fremden Zwecken zu dienen. Sie haben ihren Zweck nicht in sich selbst[43]. Denn der Esel ist doch wohl

οὗ· ἀλλ' ὅτι νώτου χρείαν εἴχομεν βαστάζειν τι δυνα-
μένου. ἀλλὰ νὴ Δία καὶ περιπατοῦντος αὐτοῦ χρείαν
εἴχομεν· διὰ τοῦτο προσείληφε καὶ τὸ χρῆσθαι φαντα-
σίαις· ἄλλως γὰρ περιπατεῖν οὐκ ἐδύνατο. καὶ λοιπὸν
αὐτοῦ που πέπαυται. εἰ δὲ καὶ αὐτός που προσειλήφει
παρακολούθησιν τῇ χρήσει τῶν φαντασιῶν, καὶ δῆλον
ὅτι κατὰ λόγον οὐκέτ' ἂν ἡμῖν ὑπετέτακτο οὐδὲ τὰς
χρείας ταύτας παρεῖχεν, ἀλλ' ἦν ἂν ἴσος ἡμῖν καὶ
ὅμοιος.

Οὐ θέλεις οὖν ἐκεῖ ζητεῖν τὴν οὐσίαν τοῦ ἀγαθοῦ,
οὗ μὴ παρόντος ἐπ' οὐδενὸς τῶν ἄλλων θέλεις λέγειν
τὸ ἀγαθόν; 'τί οὖν; οὐκ ἔστι θεῶν ἔργα κἀκεῖνα;' ἔστιν,
ἀλλ' οὐ προηγούμενα οὐδὲ μέρη θεῶν. σὺ δὲ προηγούμενον εἶ, σὺ ἀπόσπασμα εἶ τοῦ θεοῦ· ἔχεις τι ἐν σεαυτῷ
μέρος ἐκείνου. τί οὖν ἀγνοεῖς σου τὴν συγγένειαν; τί
οὐκ οἶδας, πόθεν ἐλήλυθας; οὐ θέλεις μεμνῆσθαι, ὅταν
ἐσθίῃς, τίς ὢν ἐσθίεις καὶ τίνα τρέφεις; ὅταν συνουσίᾳ
χρῇ, τίς ὢν χρῇ; ὅταν ὁμιλίᾳ; ὅταν γυμνάζῃ, ὅταν δια-
λέγῃ, οὐκ οἶδας ὅτι θεὸν τρέφεις, θεὸν γυμνάζεις; θεὸν
περιφέρεις, τάλας, καὶ ἀγνοεῖς. δοκεῖς με λέγειν ἀργυ-
ροῦν τινα ἢ χρυσοῦν ἔξωθεν; ἐν σαυτῷ φέρεις αὐτὸν
καὶ μολύνων οὐκ αἰσθάνῃ ἀκαθάρτοις μὲν διανοήμασι,
ῥυπαραῖς δὲ πράξεσι. καὶ ἀγάλματος μὲν τοῦ θεοῦ παρόντος οὐκ ἂν τολμήσαις τι τούτων ποιεῖν ὧν ποιεῖς.
αὐτοῦ δὲ τοῦ θεοῦ παρόντος ἔσωθεν καὶ ἐφορῶντος

nicht um seiner selbst willen geschaffen? Nein, sondern
deswegen, weil wir einen Rücken benötigen, der etwas tragen kann. Aber, beim Zeus, wir konnten ihn nur gebrauchen, weil er auch laufen kann. Deshalb erhielt er auch die
Fähigkeit, äußere Eindrücke zu verarbeiten. Andernfalls
könnte er nicht herumlaufen. Seine Fähigkeiten haben hier
ihre Grenze. Wenn er aber selbst auch noch seine Verarbeitung der äußeren Eindrücke durchschauen könnte, dann
bliebe er uns selbstverständlich nicht mehr unterworfen
und hätte auch nicht mehr diesen Nutzen, sondern wäre
uns gleich und ebenbürtig.

Willst du also nicht das wahre Wesen des Guten dort suchen, wo es sich einzig und allein befindet und an keiner anderen Stelle sonst? «Wie? Sind denn nicht auch jene Wesen
(Pflanzen und Tiere) Geschöpfe Gottes?» Ja, aber sie sind
nicht um ihrer selbst willen da und haben nicht teil am
Göttlichen. Du aber bist um deiner selbst willen da, du bist
ein Stück von Gott. Du hast in dir einen Teil von ihm.
Wieso kennst du deine Abstammung nicht? Warum weißt
du nicht, woher du kommst? Willst du nicht, wenn du ißt,
daran denken, wer du bist, der da ißt, und wen du ernährst?
Und wenn du mit einer Frau zusammen bist, ist es dir dann
egal, wer du bist, der das tut? Oder wenn du mit anderen
Menschen verkehrst? Wenn du Sport treibst, wenn du dich
unterhältst, weißt du dann nicht, daß du einen Gott ernährst, einen Gott trainierst? Du Unglücksmensch, du
trägst einen Gott mit dir herum und weißt es nicht. Glaubst
du, ich spreche von einem äußerlich sichtbaren Gott aus Sil-
ber oder Gold? Du trägst ihn in dir, und du merkst gar nicht,
daß du ihn durch unreine Gedanken und schmutzige Handlungen besudelst. In Gegenwart eines Götterbildes würdest
du es nicht wagen, etwas von dem zu tun, was du tust. Obwohl aber Gott selbst in dir wohnt, alles sieht und alles hört,

πάντα καὶ ἐπακούοντος οὐκ αἰσχύνῃ ταῦτα ἐνθυμούμενος καὶ ποιῶν, ἀναίσθητε τῆς αὑτοῦ φύσεως καὶ θεο-
χόλωτε;

Πῶς ἀπὸ τοῦ.συγγενεῖς ἡμᾶς εἶναι τῷ θεῷ
ἐπέλθοι ἄν τις ἐπὶ τὰ ἑξῆς.

Εἰ ταῦτά ἐστιν ἀληθῆ τὰ περὶ τῆς συγγενείας τοῦ
θεοῦ καὶ ἀνθρώπων λεγόμενα ὑπὸ τῶν φιλοσόφων, τί
ἄλλο ἀπολείπεται τοῖς ἀνθρώποις ἢ τὸ τοῦ Σωκράτους,
μηδέποτε πρὸς τὸν πυθόμενον ποδαπός ἐστιν εἰπεῖν ὅτι
Ἀθηναῖος ἢ Κορίνθιος, ἀλλ' ὅτι κόσμιος; διὰ τί γὰρ
λέγεις Ἀθηναῖον εἶναι σεαυτόν, οὐχὶ δ' ἐξ ἐκείνης μόνον τῆς γωνίας, εἰς ἣν ἐρρίφη γεννηθέν σου τὸ σωμάτιον; ἢ δῆλον ὅτι ἀπὸ τοῦ κυριωτέρου καὶ περιέχοντος
οὐ μόνον αὐτὴν ἐκείνην τὴν γωνίαν, ⟨ἀλλὰ⟩ καὶ ὅλην
σου τὴν οἰκίαν καὶ ἁπλῶς ὅθεν σου τὸ γένος τῶν προ-
γόνων εἰς σὲ κατελήλυθεν ἐντεῦθέν ποθεν καλεῖς σεαυτὸν Ἀθηναῖον καὶ Κορίνθιον; ὁ τοίνυν τῇ διοικήσει
τοῦ κόσμου παρηκολουθηκὼς καὶ μεμαθηκώς, ὅτι ʽτὸ
μέγιστον καὶ κυριώτατον καὶ περιεκτικώτατον πάντων
τοῦτό ἐστι τὸ σύστημα τὸ ἐξ ἀνθρώπων καὶ θεοῦ,
ἀπ' ἐκείνου δὲ τὰ σπέρματα καταπέπτωκεν οὐκ εἰς τὸν
πατέρα τὸν ἐμὸν μόνον οὐδ' εἰς τὸν πάππον, ἀλλ' εἰς
ἅπαντα μὲν τὰ ἐπὶ γῆς γεννώμενά τε καὶ φυόμενα,
προηγουμένως δ' εἰς τὰ λογικά, ὅτι κοινωνεῖν μόνον
ταῦτα πέφυκεν τῷ θεῷ τῆς συναναστροφῆς κατὰ τὸν
λόγον ἐπι⟨πε⟩πλεγμένα', διὰ τί μὴ εἴπῃ [τις] αὑτὸν κόσμιον; διὰ τί μὴ υἱὸν τοῦ θεοῦ; διὰ τί δὲ φοβηθήσε⟨ται⟩
τι τῶν γιγνομένων ἐν ἀνθρώποις; ἀλλὰ πρὸς μὲν τὸν

schämst du dich da nicht, solche Gedanken zu haben und solche Dinge zu tun, du, der du keine Ahnung hast von deiner wahren Natur und Gottes Zorn herausforderst?

WELCHE KONSEQUENZEN SIND AUS DER VERWANDTSCHAFT MIT GOTT ZU ZIEHEN?
(1, 9, 1–26)

Wenn es wahr ist, was die Philosophen über die Verwandtschaft zwischen Gott und dem Menschen sagen – was bleibt da den Menschen außer dem Wort des Sokrates? Auf die Frage, woher man stamme, dürfe man niemals sagen, man sei Athener oder Korinther, sondern ein Bürger des Universums. Warum nennst du dich denn einen Athener und nicht einfach nach jenem Winkel, in den dein schwacher Leib bei deiner Geburt gefallen ist? Es ist doch wohl klar, daß du dich, wenn du dich als Athener oder Korinther vorstellst, nach einem Platz nennst, der größere Bedeutung hat und nicht nur eben jenen Winkel, sondern auch deine ganze Familie und – kurz und gut – den Ort umfaßt, aus dem alle deine Vorfahren bis zu deiner Generation stammen? Wer nun also die Verwaltung des Universums sorgfältig studiert und erkannt hat, daß das Größte, Bedeutendste und Umfassendste alles Seienden die Verbindung der Menschen mit Gott ist und daß von ihm die Samen herabgefallen sind nicht nur in meinen Vater und Großvater, sondern in alles, was auf der Erde erzeugt wird und wächst, vor allem aber in die vernunftbegabten Wesen, weil nur diese teilhaben an der Gemeinschaft mit Gott, indem sie durch den Geist mit ihm verbunden sind – warum sollte sich nicht ein solcher Mensch «Bürger des Universums» nennen? Warum nicht «Sohn Gottes»? Warum sollte er etwas fürchten von dem,

Καίσαρα ἡ συγγένεια ἢ ἄλλον τινὰ τῶν μέγα δυναμένων ἐν Ῥώμῃ ἱκανὴ παρέχειν ἐν ἀσφαλείᾳ διάγοντας
καὶ ἀκαταφρονήτους καὶ δεδοικότας μηδ᾽ ὁτιοῦν, τὸ δὲ
τὸν θεὸν ποιητὴν ἔχειν καὶ πατέρα καὶ κηδεμόνα οὐκέτι
ἡμᾶς ἐξαιρήσεται λυπῶν καὶ φόβων; — Καὶ πόθεν
φάγω, φησίν, μηδὲν ἔχων; — Καὶ πῶς οἱ δοῦλοι, πῶς
οἱ δραπέται, τίνι πεποιθότες ἐκεῖνοι ἀπαλλάττονται τῶν
δεσποτῶν; τοῖς ἀγροῖς ἢ τοῖς οἰκέταις ἢ τοῖς ἀργυρώ-
μασιν; οὐδενί, ἀλλ᾽ ἑαυτοῖς· καὶ ὅμως οὐκ ἐπιλείπου-
σιν αὐτοὺς τροφαί. τὸν δὲ φιλόσοφον ἡμῖν δεήσει ἄλλοις θαρροῦντα καὶ ἐπαναπαυόμενον ἀποδημεῖν καὶ μὴ
ἐπιμελεῖσθαι αὐτὸν αὑτοῦ καὶ τῶν θηρίων τῶν ἀλόγων
εἶναι χείρονα καὶ δειλότερον, ὧν ἕκαστον αὐτὸ αὑτῷ
ἀρκούμενον οὔτε τροφῆς ἀπορεῖ τῆς οἰκείας οὔτε διεξα-
γωγῆς τῆς καταλλήλου[ς] καὶ κατὰ φύσιν;

Ἐγὼ μὲν οἶμαι, ὅτι ἔδει καθῆσθαι τὸν πρεσβύτερον
ἐνταῦθα οὐ τοῦτο μηχανώμενον, ὅπως μὴ ταπεινοφρο-
νήσητε μηδὲ ταπεινοὺς μηδ᾽ ἀγεννεῖς τινας διαλογι-
σμοὺς διαλογιεῖσθε αὐτοὶ περὶ ἑαυτῶν, ἀλλὰ μή τινες
ἐμπίπτωσιν τοιοῦτοι νέοι, ⟨οἳ⟩ ἐπιγνόντες τὴν πρὸς τοὺς
θεοὺς συγγένειαν καὶ ὅτι δεσμά τινα ταῦτα προσηρτή-
μεθα τὸ σῶμα καὶ τὴν κτῆσιν αὐτοῦ καὶ ὅσα τούτων
ἕνεκα ἀναγκαῖα ἡμῖν γίνεται εἰς οἰκονομίαν καὶ ἀνα-
στροφὴν τὴν ἐν τῷ βίῳ, ὡς βάρη τινὰ καὶ ἀνιαρὰ καὶ
ἄχρηστα ἀπο⟨ρ⟩ρῖψαι θέλωσιν καὶ ἀπελθεῖν πρὸς τοὺς
συγγενεῖς. καὶ τοῦτον ἔδει τὸν ἀγῶνα ἀγωνίζεσθαι τὸν
διδάσκαλον ὑμῶν καὶ παιδευτήν, εἴ τις ἄρα ἦν· ὑμᾶς
μὲν ἔρχεσθαι λέγοντας Ἐπίκτητε, οὐκέτι ἀνεχόμεθα
μετὰ τοῦ σωματίου τούτου δεδεμένοι καὶ τοῦτο τρέφον-

was unter Menschen geschieht? Aber wenn die Verwandtschaft mit dem Kaiser oder einem anderen Mächtigen in Rom ausreicht, um Menschen in Sicherheit, sorglos und ohne jede Furcht leben zu lassen, kann uns dann etwa die Tatsache, daß wir Gott als unseren Schöpfer, Vater und Beschützer haben, nicht von allen Schmerzen und Ängsten befreien? – «Und wovon soll ich mich ernähren, wenn ich nichts habe?» – Aber wie machen es denn die entlaufenen Sklaven? Worauf vertrauen sie, wenn sie ihren Herren weglaufen? Auf Landbesitz, Diener und Geld? Auf nichts außer auf sich selbst. Und trotzdem geht ihnen die Nahrung nicht aus. Wird es da für unseren Philosophen nötig sein, sich während seiner Reise auf andere zu verlassen, statt für sich selbst zu sorgen, und schlechter und feiger als die vernunftlosen Tiere zu sein, von denen jedes einzelne auf sich selbst gestellt ist und dabei weder auf die ihm eigentümliche Nahrung noch auf die ihm entsprechende und naturgemäße Lebensweise zu verzichten braucht?

Ich glaube jedenfalls, daß der alte Mann[44] hier nicht zu sitzen und danach zu trachten braucht, daß ihr nicht kleinmütig seid und niedrigen oder schwächlichen Gedanken über euch selbst nachhängt. Weit mehr muß er fürchten, daß es einige junge Leute unter euch gibt, die ihre Verwandtschaft mit den Göttern erkannt haben und sehen, wie wir an den Körper und seine Habe und an alles, was uns deshalb zum Lebensunterhalt und zum Dasein hier auf Erden notwendig ist, gefesselt sind, und die nun den Wunsch haben, alle diese Dinge als lästig, schädlich und nutzlos wegzuwerfen und zu ihren Verwandten zurückzukehren. Und diesen Kampf müßte euer Lehrer und Erzieher durchfechten, falls er wirklich einer ist: Ihr könntet zu mir kommen und sagen: «Epiktet, wir halten es nicht mehr aus, an diesen hinfälligen Leib gebunden zu sein, ihn zu ernähren, mit Ge-

τες καὶ ποτίζοντες καὶ ἀναπαύοντες καὶ καθαίροντες,
εἶτα δι' αὐτὸ συμπεριφερόμενοι τοῖσδε καὶ τοῖσδε. οὐκ
ἀδιάφορα ταῦτα καὶ οὐδὲν πρὸς ἡμᾶς καὶ ὁ θάνατος οὐ
κακόν; καὶ συγγενεῖς τινες τοῦ θεοῦ ἐσμεν κάκεῖθεν
ἐληλύθαμεν; ἄφες ἡμᾶς ἀπελθεῖν ὅθεν ἐληλύθαμεν,
ἄφες λυθῆναί ποτε τῶν δεσμῶν τούτων τῶν ἐξηρτημέ-
νων καὶ βαρούντων. ἐνταῦθα λησταὶ καὶ κλέπται καὶ
δικαστήρια καὶ οἱ καλούμενοι τύραννοι δοκοῦντες ἔχειν
τινὰ ἐφ' ἡμῖν ἐξουσίαν διὰ τὸ σωμάτιον καὶ τὰ τούτου
κτήματα. ἄφες δείξωμεν αὐτοῖς, ὅτι οὐδενὸς ἔχουσιν
ἐξουσίαν· ἐμὲ δ' ἐν τῷ⟨δε⟩ λέγειν ὅτι 'ἄνθρωποι, ἐκ-
δέξασθε τὸν θεόν. ὅταν ἐκεῖνος σημήνῃ καὶ ἀπολύσῃ
ὑμᾶς ταύτης τῆς ὑπηρεσίας, τότ' ἀπολύεσθε πρὸς αὐ-
τόν· ἐπὶ δὲ τοῦ παρόντος ἀνάσχεσθε ἐνοικοῦντες ταύτην
τὴν χώραν, εἰς ἣν ἐκεῖνος ὑμᾶς ἔταξεν. ὀλίγος ἄρα
χρόνος οὗτος ὁ τῆς οἰκήσεως καὶ ῥάδιος τοῖς οὕτω
διακειμένοις. ποῖος γὰρ ἔτι τύραννος ἢ ποῖος κλέπτης
ἢ ποῖα δικαστήρια φοβερὰ τοῖς οὕτως παρ' οὐδὲν πε-
ποιημένοις τὸ σῶμα καὶ τὰ τούτου κτήματα; μείνατε,
μὴ ἀλογίστως ἀπέλθητε'.

Τοιοῦτόν τι ἔδει γίνεσθαι παρὰ τοῦ παιδευτοῦ πρὸς
τοὺς εὐφυεῖς τῶν νέων. νῦν δὲ τί γίνεται; νεκρὸς μὲν
ὁ παιδευτής, νεκροὶ δ' ὑμεῖς. ὅταν χορτασθῆτε σήμερον,
κάθησθε κλάοντες περὶ τῆς αὔριον, πόθεν φάγητε. ἀνδράποδον, ἂν σχῇς, ἕξεις· ἂν μὴ σχῇς, ἐξελεύσῃ· ἤνοικται ἡ θύρα. τί πενθεῖς; ποῦ ἔτι τόπος δακρύοις; τίς
ἔτι κολακείας ἀφορμή; διὰ τί ἄλλος ἄλλῳ φθονήσει; διὰ
τί πολλὰ κεκτημένους θαυμάσει ἢ τοὺς ἐν δυνάμει τε-

tränken zu versorgen, ausruhen zu lassen und zu reinigen und dann seinetwegen mit diesen oder jenen Leuten in Verbindung zu treten. Sind diese Dinge nicht gleichgültig? Gehen sie uns etwas an? Ist der Tod etwa ein Übel? Sind wir nicht mit Gott verwandt und von ihm hergekommen? Laß uns dahin gehen, woher wir gekommen sind. Wir wollen uns endlich von unseren Fesseln befreien, die an uns hängen und uns niederdrücken. Hier gibt es Räuber, Diebe, Gerichtshöfe und die sogenannten Tyrannen, die irgendeine Gewalt über uns zu haben scheinen – wegen unseres schwachen Körpers und seines Besitzes. Wir wollen ihnen zeigen, daß sie über nichts wirklich Macht haben.» Darauf würde ich erwidern: «Ihr Menschen, wartet auf Gott. Wenn er ein Zeichen gibt und euch von diesem Dienst befreit, dann macht euch auf zu ihm. Im Augenblick aber haltet auf dem Platz aus, auf den jener euch gestellt hat. Die Zeit eures Aufenthalts hier ist in Wirklichkeit kurz und mit dieser Einstellung leicht zu überstehen. Denn welcher Tyrann, welcher Dieb oder welcher Gerichtshof kann noch furchtbar sein für Menschen, die ihren Körper und seinen Besitz so sehr verachten? Haltet aus. Seid nicht so unvernünftig und geht fort.»

So etwa sollte der Lehrer zu den jungen Leuten mit guten Anlagen sprechen. Aber was geschieht jetzt? Der Lehrer ist tot, ihr seid tot. Wenn ihr euch heute satt gegessen habt, sitzt ihr da und jammert, weil ihr nicht wißt, wovon ihr euch morgen ernähren sollt. Sklavenseele, wenn du etwas bekommst, wirst du es haben; wenn du nichts bekommst, wirst du eben gehen. Die Tür ist offen. Warum jammerst du? Wo ist noch Raum für Tränen? Wo ist noch eine Gelegenheit zu schmeicheln? Warum soll noch einer auf den anderen neidisch sein? Warum soll er diejenigen bewundern, die viel besitzen oder Macht haben, besonders wenn sie ge-

ταγμένους, μάλιστ' ἂν καὶ ἰσχυροὶ ὦσιν καὶ ὀργίλοι; τί
γὰρ ἡμῖν ποιήσουσιν; ἃ δύνανται ποιῆσαι, τούτων οὐκ
ἐπιστρεφόμεθα· ὧν ἡμῖν μέλει, ταῦτα οὐ δύνανται. τίς
οὖν ἔτι ἄρξει τοῦ οὕτως διακειμένου; πῶς Σωκράτης
εἶχεν πρὸς ταῦτα; πῶς γὰρ ἄλλως ἢ ὡς ἔδει τὸν πεπεισ-
μένον ὅτι ἐστὶ τῶν θεῶν συγγενής; 'Ἄν μοι λέγητε',
φησίν, 'νῦν ὅτι "ἀφίεμέν σε ἐπὶ τούτοις, ὅπως
μηκέτι διαλέξῃ τούτους τοὺς λόγους οὓς μέχρι
νῦν διελέγου μηδὲ παρενοχλήσεις ἡμῶν τοῖς
νέοις μηδὲ τοῖς γέρουσιν", ἀποκρινοῦμαι ὅτι
γελοῖοί ἐστε, οἵτινες ἀξιοῦτε, εἰ μέν με ὁ στρα-
τηγὸς ὁ ὑμέτερος ἔταξεν εἴς τινα τάξιν, ὅτι ἔδει
με τηρεῖν αὐτὴν καὶ φυλάττειν καὶ μυριάκις
πρότερον αἱρεῖσθαι ἀποθνήσκειν ἢ ἐγκαταλιπεῖν
αὐτήν, εἰ δ' ὁ θεὸς ἔν τινι χώρᾳ καὶ ἀναστροφῇ
κατατέταχεν, ταύτην δ' ἐγκαταλιπεῖν δεῖ ἡμᾶς.'
τοῦτ' ἔστιν ἄνθρωπος ταῖς ἀληθείαις συγγενὴς τῶν θεῶν.
ἡμεῖς οὖν ὡς κοιλίαι, ὡς ἔντερα, ὡς αἰδοῖα, οὕτω περὶ
αὐτῶν διανοούμεθα, ὅτι φοβούμεθα, ὅτι ἐπιθυμοῦμεν·
τοὺς εἰς ταῦτα συνεργεῖν δυναμένους κολακεύομεν, τοὺς
αὐτοὺς τούτους δεδοίκαμεν.

Ὅτι πάντας ἐφορᾷ τὸ θεῖον.

Πυθομένου δέ τινος, πῶς ἄν τις πεισθείη, ὅτι ἕκαστον τῶν ὑπ' αὐτοῦ πραττομένων ἐφορᾶται ὑπὸ τοῦ
θεοῦ, Οὐ δοκεῖ σοι, ἔφη, ἡνῶσθαι τὰ πάντα; — Δοκεῖ,
ἔφη. — Τί δέ; συμπαθεῖν τὰ ἐπίγεια τοῖς οὐρανίοις οὐ

walttätig und jähzornig sind? Was werden sie uns denn tun? Was sie tun können, kümmert uns nicht. Was uns am Herzen liegt, darüber haben sie keine Macht. Wer wird noch über den herrschen können, der so eingestellt ist?

Wie stand Sokrates zu solchen Dingen? Wie denn anders, als es sich für einen Mann gehört, der davon überzeugt ist, daß er mit den Göttern verwandt ist? «Wenn ihr jetzt zu mir sagtet», hielt er seinen Richtern entgegen, «‹wir sprechen dich unter der Bedingung frei, daß du nicht mehr solche Gespräche führst, wie du sie bisher geführt hast, und daß du die jungen Leute und die Alten nicht mehr belästigst›, werde ich euch antworten: Ihr macht euch lächerlich, weil ihr glaubt, daß ich die Stellung, die ich auf Befehl eures Feldherrn bezogen habe, halten und verteidigen und lieber tausendmal sterben müßte, statt sie zu verlassen, daß wir aber, wenn Gott uns auf einen bestimmten Platz gestellt und uns eine bestimmte Lebensform auferlegt hat, diese einfach aufgeben dürften.» Das ist die Haltung eines Mannes, der wirklich mit den Göttern verwandt ist. Wir hingegen haben eine so niedrige Meinung von uns, daß wir uns, als ob wir Bäuche, Gedärme und Schamteile wären, von Furcht und Begierden beherrschen lassen. Vor den Menschen, die uns hierin unterstützen können, kriechen wir und fürchten sie auch noch.

GOTT SIEHT ALLES (1, 14)

Einmal fragte ihn jemand, wie er davon überzeugt sein könne, daß alles, was er tue, von Gott gesehen werde. Er antwortete: Glaubst du nicht, daß alles eins ist? – «So scheint es.» – Gut. Meinst du nicht, daß die Dinge auf der

δοκεῖ σοι; — Δοκεῖ, ἔφη. — Πόθεν γὰρ οὕτω τεταγμένως καθάπερ ἐκ προστάγματος τοῦ θεοῦ, ὅταν ἐκεῖνος
εἴπῃ τοῖς φυτοῖς ἀνθεῖν, ἀνθεῖ, ὅταν εἴπῃ βλαστάνειν,
βλαστάνει, ὅταν ἐκφέρειν τὸν καρπόν, ἐκφέρει, ὅταν
πεπαίνειν, πεπαίνει, ὅταν πάλιν ἀποβάλλειν καὶ φυλ-
λο⟨ρ⟩ροεῖν καὶ αὐτὰ εἰς αὐτὰ συνειλούμενα ἐφ᾽ ἡσυχίας
μένειν καὶ ἀναπαύεσθαι, μένει καὶ ἀναπαύεται; πόθεν
δὲ πρὸς τὴν αὔξησιν καὶ μείωσιν τῆς σελήνης καὶ τὴν
τοῦ ἡλίου πρόσοδον καὶ ἄφοδον τοσαύτη παραλλαγὴ
καὶ ἐπὶ τὰ ἐναντία μεταβολὴ τῶν ἐπιγείων θεωρεῖται;
ἀλλὰ τὰ φυτὰ μὲν καὶ τὰ ἡμέτερα σώματα οὕτως ἐν-
δέδεται τοῖς ὅλοις καὶ συμπέπονθεν, αἱ ψυχαὶ δ᾽ αἱ
ἡμέτεραι οὐ πολὺ πλέον; ἀλλ᾽ αἱ ψυχαὶ μὲν οὕτως εἰσὶν
ἐνδεδεμέναι καὶ συναφεῖς τῷ θεῷ ἅτε αὐτοῦ μόρια
οὖσαι καὶ ἀποσπάσματα, οὐ παντὸς δ᾽ αὐτῶν κινήματος
ἅτε οἰκείου καὶ συμφυοῦς ὁ θεὸς αἰσθάνεται; ἀλλὰ σὺ
μὲν περὶ τῆς θείας διοικήσεως καὶ περὶ ἑκάστου τῶν
θείων, ὁμοῦ δὲ καὶ περὶ τῶν ἀνθρωπίνων πραγμάτων
ἐνθυμεῖσθαι δύνασαι καὶ ἅμα μὲν αἰσθητικῶς ἀπὸ
μυρίων πραγμάτων κινεῖσθαι, ἅμα δὲ διανοητικῶς, ἅμα
δὲ συγκαταθετικῶς, τοῖς δ᾽ ἀνανευστικῶς ἢ ἐφεκτικῶς,
τύπους δὲ τοσούτους ἀφ᾽ οὕτω πολλῶν καὶ ποικίλων
πραγμάτων ἐν τῇ σαυτοῦ ψυχῇ φυλάττεις καὶ ἀπ᾽ αὐτῶν κινούμενος εἰς ἐπινοίας ὁμοειδεῖς ἐμπίπτεις τοῖς
πρώτως τετυπωκόσι τέχνας τ᾽ ἄλλην ἐπ᾽ ἄλλῃ καὶ μνή-
μας ἀπὸ μυρίων πραγμάτων διασῴζεις· ὁ δὲ θεὸς οὐχ
οἷός τ᾽ ἐστὶ πάντα ἐφορᾶν καὶ πᾶσιν συμπαρεῖναι καὶ

Erde in einer inneren Verbindung[45] mit den Dingen im
Himmel stehen? – «Ja.» – Woher kommt es denn, daß die
Pflanzen in so fester Ordnung wie auf Gottes Befehl blühen, wenn Gott zu ihnen sagt, sie sollen blühen, daß sie
sprießen, wenn er zu ihnen sagt, sie sollen sprießen, daß sie
Früchte tragen, wenn er zu ihnen sagt, sie sollen Früchte
tragen, daß sie reifen, wenn er zu ihnen sagt, sie sollen reifen, daß sie wiederum ihre Früchte fallen lassen, ihre Blätter abwerfen, sich selbst zurückziehen, zur Ruhe kommen
und sich erholen, wenn er es ihnen befiehlt? Woher kommt
es, daß im Einklang mit dem Zunehmen und Abnehmen des
Mondes und der Annäherung und Entfernung der Sonne
eine solche Verwandlung der irdischen Dinge in ihr Gegenteil beobachtet werden kann? Aber wenn schon die Pflanzen
und unsere Körper mit dem Weltganzen so verflochten sind
und in so inniger Verbindung mit ihm stehen, sollten da
unsere Seelen nicht noch viel enger mit dem Weltganzen
verbunden sein? Aber wenn die Seelen so sehr mit Gott verbunden und verknüpft sind, da sie ja Teile und Stücke von
ihm sind, nimmt dann Gott nicht jede ihrer Bewegungen
wahr, die doch zugleich ganz und gar seine eigenen sind?
Du aber kannst über das göttliche Walten und jede Offen-
barung des Göttlichen und zugleich über die menschlichen
Dinge nachdenken und gleichzeitig aufgrund deines Wahr-
nehmungsvermögens und deiner Vernunft mit Zustimmung, aber auch mit Ablehnung oder Zurückhaltung auf
zahllose Dinge reagieren, und du bewahrst so viele Eindrücke von so vielen und so mannigfachen Dingen in deiner
Seele und kommst von ihnen angeregt auf Gedanken, die
den ursprünglich gewonnenen Eindrücken entsprechen,
und du bewahrst Fähigkeiten über Fähigkeiten und Erinne-
rungen an unzählige Dinge in deinem Bewußtsein. Da
sollte Gott nicht imstande sein, alles zu überblicken, in al-

ἀπὸ πάντων τινὰ ἴσχειν διάδοσιν; ἀλλὰ φωτίζειν οἷός
τ' ἐστὶν ὁ ἥλιος τηλικοῦτον μέρος τοῦ παντός, ὀλίγον
δὲ τὸ ἀφώτιστον ἀπολιπεῖν ὅσον οἷόν τ' ἐπέχεσθαι ὑπὸ
σκιᾶς, ἣν ἡ γῆ ποιεῖ· ὁ δὲ καὶ τὸν ἥλιον αὐτὸν πεποιηκὼς καὶ περιάγων μέρος ὄν⟨τ'⟩ αὑτοῦ μικρὸν ὡς πρὸς
τὸ ὅλον, οὗτος δ' οὐ δύναται πάντων αἰσθάνεσθαι;
Ἀλλ' *ἐγώ,* *φησίν,* *οὐ* *δύναμαι* *πᾶσιν* *ἅμα* *τούτοις*
παρακολουθεῖν. — Τοῦτο δέ σοι καὶ λέγει τις, ὅτι ἴσην
ἔχεις δύναμιν τῷ Διί; ἀλλ' οὖν οὐδὲν ἧττον καὶ ἐπίτρο-
πον ἑκάστῳ παρέστησεν τὸν ἑκάστου δαίμονα καὶ παρέδωκεν φυλάσσειν αὐτὸν αὐτῷ καὶ τοῦτον ἀκοίμητον καὶ
ἀπαράλογιστον. τίνι γὰρ ἄλλῳ κρείττονι καὶ ἐπιμελεστέ-
ρῳ φύλακι παρέδωκεν ἡμῶν ἕκαστον; ὥσθ', ὅταν κλείσητε
τὰς θύρας καὶ σκότος ἔνδον ποιήσητε, μέμνησθε μηδέποτε λέγειν ὅτι μόνοι ἐστέ· οὐ γὰρ ἐστέ, ἀλλ' ὁ θεὸς
ἔνδον ἐστὶ καὶ ὁ ὑμέτερος δαίμων ἐστίν. καὶ τίς τούτοις χρεία φωτὸς εἰς τὸ βλέπειν τί ποιεῖτε; τούτῳ τῷ
θεῷ ἔδει καὶ ὑμᾶς ὀμνύειν ὅρκον, οἷον οἱ στρατιῶται
τῷ Καίσαρι. ἀλλ' ἐκεῖνοι μὲν τὴν μισθοφορίαν λαμβάνοντες ὀμνύουσιν πάντων προτιμήσειν τὴν τοῦ Καίσαρος σωτηρίαν, ὑμεῖς δὲ † δε τοσούτων καὶ τηλικούτων
ἠξιωμένοι οὐκ ὀμόσετε ἢ ὀμόσαντες οὐκ ἐμμενεῖτε; καὶ
τί ὀμόσετε; μὴ ἀπ⟨ε⟩ιθήσειν μηδέποτε μηδ' ἐγκαλέσειν
μηδὲ μέμψεσθαί τινι τῶν ὑπ' ἐκείνου δεδομένων μηδ'
ἄκοντες ποιήσειν τι ἢ πείσεσθαι τῶν ἀναγκαίων. ὅμοιός
γε ὅρκος οὗτος ἐκείνῳ; ἐκεῖ μὲν ὀμνύουσιν αὐτοῦ μὴ
προτιμήσειν ἕτερον, ἐνταῦθα δ' αὐτοὺς ἁπάντων.‖

lem gegenwärtig zu sein und von allem eine bestimmte Mitteilung zu empfangen? Nun, die Sonne ist in der Lage, einen so umfangreichen Teil des Ganzen zu erleuchten und nur das kleine Stück unbeleuchtet zu lassen, das vom Schatten der Erde verdeckt wird. Sollte da er, der die Sonne geschaffen und nur als kleinen Teil von sich selbst im Vergleich zum Ganzen herumkreisen läßt, nicht imstande sein, alle Dinge wahrzunehmen?

«Ich aber», wendet er ein, «kann alle diese Dinge nicht gleichzeitig erfassen.» Sagt dir denn jemand, daß du die gleiche Macht hast wie Zeus? Dennoch hat er jedem einzelnen einen eigenen Schutzgeist als Beschützer zur Seite gestellt und diesen beauftragt, über ihn zu wachen, ohne einzuschlafen und sich betrügen zu lassen. Welchem besseren und umsichtigeren Beschützer hätte er jeden einzelnen von uns denn anvertrauen können? Also denkt daran, daß ihr nie behauptet, allein zu sein, sobald ihr eure Türen verschlossen und innen alles dunkel gemacht habt. Denn ihr seid es nicht, weil Gott und euer Schutzgeist bei euch sind. Und wieso brauchen diese Licht, um zu sehen, was ihr tut? Ja, diesem Gott solltet auch ihr einen Eid schwören wie die Soldaten dem Kaiser. Aber diese schwören, wenn sie ihren Sold in Empfang nehmen, das Wohl des Kaisers über alles andere zu stellen. Ihr aber, die ihr so großartiger und herrlicher Gaben für wert gehalten werdet, wollt nicht schwören oder euren Schwur nicht halten? Und was werdet ihr schwören? Niemals ungehorsam zu sein, niemals euch zu beklagen und über etwas zu schimpfen, was euch von Gott gegeben worden ist, und nichts Unumgängliches widerwillig zu tun oder zu ertragen. Ist dieser Schwur dem Soldateneid irgendwie vergleichbar? Dort schwören sie, keinen anderen mehr zu achten als den Kaiser, hier dagegen, sich selbst über alles andere zu stellen.

Περὶ προνοίας.

Μὴ θαυμάζετ' εἰ τοῖς μὲν ἄλλοις ζῴοις τὰ πρὸς τὸ σῶμα ἕτοιμα γέγονεν, οὐ μόνον τροφαὶ καὶ πόμα, ἀλλὰ καὶ κοίτη καὶ τὸ μὴ δεῖσθαι ὑποδημάτων, μὴ ὑποστρωμάτων, μὴ ἐσθῆτος, ἡμεῖς δὲ πάντων τούτων προσδεόμεθα. τὰ γὰρ οὐκ αὐτῶν ἕνεκα, ἀλλὰ πρὸς ὑπηρεσίαν γεγονότα οὐκ ἐλυσιτέλει προσδεόμενα ἄλλων πεποιηκέναι. ἐπεὶ ὅρα οἷον ἦν ἡμᾶς φροντίζειν μὴ περὶ αὐτῶν μόνον ἀλλὰ καὶ περὶ τῶν προβάτων καὶ τῶν ὄνων, πῶς ἐνδύσηται καὶ πῶς ὑποδήσηται, πῶς φάγῃ, πῶς πίῃ. ἀλλ' ὥσπερ · οἱ στρατιῶται ἕτοιμοί εἰσι τῷ στρατηγῷ ὑποδεδεμένοι ἐνδεδυμένοι ὡπλισμένοι, εἰ δ' ἔδει περιερχόμενον τὸν χιλίαρχον ὑποδεῖν ἢ ἐνδύειν τοὺς χιλίους, δεινὸν ἂν ἦν, οὕτω καὶ ἡ φύσις πεποίηκε τὰ πρὸς ὑπηρεσίαν γεγονότα ἕτοιμα παρεσκευασμένα μηδεμιᾶς ἐπιμελείας ἔτι προσδεόμενα. οὕτως ἓν παιδίον μικρὸν καὶ ῥάβδῳ ἐλαύνει τὰ πρόβατα. νῦν δ' ἡμεῖς ἀφέντες ἐπὶ τούτοις εὐχαριστεῖν, ὅτι μὴ καὶ αὐτῶν τὴν ἴσην ἐπιμέλειαν ἐπιμελούμεθα, ἐφ' αὐτοῖς ἐγκαλοῦμεν τῷ θεῷ. καίτοι νὴ τὸν Δία καὶ τοὺς θεοὺς ἓν τῶν γεγονότων ἀπήρκει πρὸς τὸ αἰσθέσθαι τῆς προνοίας τῷ γε αἰδήμονι καὶ εὐχαρίστῳ. καὶ μή μοι νῦν τὰ μεγάλα· αὐτὸ τοῦτο τὸ ἐκ π[τ]όας γάλα γεννᾶσθαι καὶ ἐκ γάλακτος τυρὸν καὶ ἐκ δέρματος ἔρια τίς ἐστιν ὁ πεποιηκὼς ταῦτα ἢ ἐπινενοηκώς; ᾽οὐδὲ εἷς᾽ φησίν. ὦ μεγάλης ἀναισθησίας καὶ ἀναισχυντίας.

Ἄγε ἀφῶμεν τὰ ἔργα τῆς φύσεως, τὰ πάρεργα αὐτῆς θεασώμεθα. μή τι ἀχρηστότερον τριχῶν τῶν ἐπὶ

DIE VORSEHUNG DES SCHÖPFERS (1, 16)

Wundert es euch nicht, daß die anderen Lebewesen von Natur aus besitzen, was ihr Körper braucht – nicht nur Essen und Trinken, sondern auch ein Bett –, und daß sie keine Schuhe, keine Decken und keine Kleidung brauchen, wir aber alles dies noch nicht haben? Denn diese Geschöpfe, die nicht um ihrer selbst willen da sind, sondern um anderen zu dienen, hätten ja keinen Nutzen, wenn sie auf fremde Hilfe angewiesen wären. Überlege doch einmal, was es bedeuten würde, wenn wir uns nicht nur um uns selbst, sondern auch um unsere Schafe und Esel kümmern müßten: wie sie zu bekleiden und mit Schuhen auszustatten wären und wie sie essen und trinken sollten. Aber wie die Soldaten dem Feldherrn mit Schuhen, Kleidung und Waffen zur Verfügung stehen – es wäre ja furchtbar, wenn der Oberst seinen tausend Leuten Schuhe und Uniform anziehen müßte –, so hat auch die Natur die zum Dienen geschaffenen Lebewesen voll ausgerüstet, so daß sie keine weitere Fürsorge mehr benötigen. Daher kann ein kleines Kind mit einem Stock eine ganze Schafherde auf die Weide treiben. Wir aber unterlassen es, dafür dankbar zu sein, daß wir für sie nicht ebenso wie für uns zu sorgen brauchen, und machen Gott unsretwegen sogar Vorwürfe. Doch, beim Zeus und den anderen Göttern, ein einziges dieser Geschöpfe würde genügen – einem Menschen jedenfalls, der Ehrfurcht und Dankbarkeit empfindet –, um das Walten der Vorsehung sichtbar zu machen. Sprich mir jetzt nicht von den großen Dingen: daß aus Gras Milch, aus Milch Käse und aus Haut Wolle entsteht – wer ist es, der dies ermöglicht oder sich ausgedacht hat? «Niemand», sagt man. Ach, welch Blindheit und Schamlosigkeit.

Laß uns auf die großen Werke der Natur nicht weiter ein-

γενείου; τί οὖν; οὐ συνεχρήσατο καὶ ταύταις ὡς μάλιστα
πρεπόντως ἐδύνατο; οὐ διέκρινεν δι' αὐτῶν τὸ ἄρρεν
καὶ τὸ θῆλυ; οὐκ εὐθὺς μακρόθεν κέκραγεν ἡμῶν ἑκάστου ἡ φύσις 'ἀνήρ εἰμι· οὕτω μοι προσέρχου, οὕτω μοι
λάλει, ἄλλο μηδὲν ζήτει· ἰδοὺ τὰ σύμβολα'; πάλιν ἐπὶ
τῶν γυναικῶν ὥσπερ ἐν φωνῇ τι ἐγκατέμιξεν ἁπαλώτε-
ρον, οὕτως καὶ τὰς τρίχας ἀφεῖλεν. οὔ· ἀλλ' ἀδιάκρι-
τον ἔδει τὸ ζῷον ἀπολειφθῆναι καὶ κηρύσσειν ἕκαστον
ἡμῶν ὅτι 'ἀνήρ εἰμι'. πῶς δὲ καλὸν τὸ σύμβολον καὶ
εὐπρεπὲς καὶ σεμνόν, πόσῳ κάλλιον τοῦ τῶν ἀλεκτρυό-
νων λόφου, πόσῳ μεγαλοπρεπέστερον τῆς χαίτης τῶν
λεόντων. διὰ τοῦτο ἔδει σῴζειν τὰ σύμβολα τοῦ θεοῦ,
ἔδει αὐτὰ μὴ καταπροίεσθαι, μὴ συγχεῖν ὅσον ἐφ' ἑαυτοῖς τὰ γένη τὰ διῃρημένα.

Ταῦτα μόνα ἐστὶν ἔργα. ἐφ' ἡμῶν τῆς προνοίας; καὶ
τίς ἐξαρκεῖ λόγος ὁμοίως αὐτὰ ἐπαινέσαι ἢ παραστῆσαι;
εἰ γὰρ νοῦν εἴχομεν, ἄλλο τι ἔδει ἡμᾶς ποιεῖν καὶ κοινῇ
καὶ ἰδίᾳ ἢ ὑμνεῖν τὸ θεῖον καὶ εὐφημεῖν καὶ ἐπεξέρχε-
σθαι τὰς χάριτας; οὐκ ἔδει καὶ σκάπτοντας καὶ ἀροῦντας
καὶ ἐσθίοντας ᾄδειν τὸν ὕμνον τὸν εἰς τὸν θεόν; 'μέγας
ὁ θεός, ὅτι ἡμῖν παρέσχεν ὄργανα ταῦτα δι' ὧν τὴν γῆν
ἐργασόμεθα· μέγας ὁ θεός, ὅτι χεῖρας δέδωκεν, ὅτι κατάποσιν, ὅτι κοιλίαν, ὅτι αὔξεσθαι λεληθότως, ὅτι καθεύ-

gehen. Betrachten wir ihre kleinen Leistungen. Gibt es auf den ersten Blick etwas Nutzloseres als die Haare am Kinn? Wie ist es aber in Wirklichkeit? Hat die Natur nicht auch diese auf sehr geschickte Weise verwendet? Unterschied sie nicht mit Hilfe dieser Haare das männliche vom weiblichen Geschlecht? Ruft nicht schon von weitem die äußere Erscheinung eines jeden von uns sofort: «Ich bin ein Mann. In diesem Sinne verkehre mit mir, in diesem Sinne sprich mit mir; suche nichts anderes. Sieh nur auf die Zeichen.» Wie die Natur der weiblichen Stimme einen zarteren Klang gegeben hat, so ließ sie auch bei den Frauen die Haare am Kinn fort. – So sollte es nicht sein, meinst du, sondern die menschliche Gattung hätte ohne Unterscheidungsmerkmale bleiben, und jeder von uns hätte verkünden sollen: «Ich bin ein Mann.» Aber wie schön, wie angemessen, wie ehrwürdig ist dieses Zeichen und wieviel schöner als der Hahnenkamm, wieviel großartiger als die Löwenmähne. Deshalb müssen wir die gottgegebenen Zeichen erhalten. Wir dürfen sie nicht beseitigen und – soweit es an uns liegt – die Unterschiede der Geschlechter nicht verwischen.

Sind dies etwa die einzigen Werke der Vorsehung[46]? Nein, aber welche Worte reichten aus, sie angemessen zu loben und bewußt zu machen?

Wenn wir nämlich Verstand hätten, dürften wir da etwas anderes tun – gemeinsam oder jeder für sich –, als die Gottheit zu preisen und zu rühmen und unsere Dankbarkeit immer wieder zum Ausdruck zu bringen? Sollten wir nicht beim Graben, Pflügen und Essen den Hymnus auf Gott singen? «Groß ist Gott, weil er uns diese Werkzeuge geschenkt hat, mit denen wir die Erde bearbeiten. Groß ist Gott, weil er uns Hände, einen Hals zum Schlucken und einen Magen gegeben und es ermöglicht hat, daß wir wachsen, ohne es zu merken, und im Schlaf zu atmen.» Das sollten wir bei jeder

δοντας ἀναπνεῖν.' ταῦτα ἐφ' ἑκάστου ἐφυμνεῖν ἔδει καὶ
τὸν μέγιστον καὶ θειότατον ὕμνον ἐφυμνεῖν, ὅτι τὴν
δύναμιν ἔδωκεν τὴν παρακολουθητικὴν τούτοις καὶ ὁδῷ
χρηστικήν. τί οὖν; ἐπεὶ οἱ πολλοὶ ἀποτετύφλωσθε, οὐκ
ἔδει τινὰ εἶναι τὸν ταύτην ἐκπληροῦντα τὴν χώραν καὶ
ὑπὲρ πάντων ᾄδοντα τὸν ὕμνον τὸν εἰς τὸν θεόν; τί
γὰρ ἄλλο δύναμαι γέρων χωλὸς εἰ μὴ ὑμνεῖν τὸν θεόν;
εἰ γοῦν ἀηδὼν ἤμην, ἐποίουν τὰ τῆς ἀηδόνος, εἰ κύκνος,
τὰ τοῦ κύκνου. νῦν δὲ λογικός εἰμι· ὑμνεῖν με δεῖ τὸν
θεόν. τοῦτό μου τὸ ἔργον ἐστίν, ποιῶ αὐτὸ οὐδ' ἐγ-
καταλείψω τὴν τάξιν ταύτην, ἐφ' ὅσον ἂν διδῶται, καὶ
ὑμᾶς ἐπὶ τὴν αὐτὴν ταύτην ᾠδὴν παρακαλῶ.

Περὶ εὐαρεστήσεως.

Περὶ θεῶν οἱ μέν τινές εἰσιν οἱ λέγοντες μηδ' εἶναι
τὸ θεῖον, οἱ δ' εἶναι μέν, ἀργὸν δὲ καὶ ἀμελὲς καὶ μὴ
προνοεῖν μηδενός· τρίτοι δ' οἱ καὶ εἶναι καὶ προνοεῖν,
ἀλλὰ τῶν μεγάλων καὶ οὐρανίων, τῶν δὲ ἐπὶ γῆς μηδε-
νός· τέταρτοι δ' οἱ καὶ τῶν ἐπὶ γῆς καὶ τῶν ἀνθρωπίνων, εἰς κοινὸν δὲ μόνον καὶ οὐχὶ δὲ καὶ κατ' ἰδίαν
ἑκάστου· πέμπτοι δ', ὧν ἦν καὶ Ὀδυσσεὺς καὶ Σωκράτης,
οἱ λέγοντες ὅτι

                              οὐδέ σε λήθω
        Κινύμενος.

Πολὺ πρότερον οὖν ἀναγκαῖόν ἐστι περὶ ἑκάστου τούτων
ἐπεσκέφθαι, πότερα ὑγιῶς ἢ οὐχ ὑγιῶς λεγόμενόν ἐστιν.
εἰ γὰρ μὴ εἰσὶν θεοί, πῶς ἐστι τέλος ἕπεσθαι θεοῖς; εἰ

Gelegenheit singen und dabei den größten und göttlichsten
Hymnus erschallen lassen, weil er uns die Kraft gegeben
hat, dies zu begreifen und dabei den richtigen Weg einzu-
schlagen. Wie ist es aber in Wirklichkeit? Da die meisten
von euch blind sind, wäre es darum nicht nötig, daß einer
von euch dieses Amt übernähme und für alle den Hymnus
auf Gott anstimmte? Denn was kann ich, ein hinkender alter Mann, sonst noch, außer Gott zu preisen? Wenn ich eine
Nachtigall wäre, würde ich wie eine Nachtigall, und wenn
ich ein Schwan wäre, wie ein Schwan singen. Nun bin ich
aber ein vernunftbegabter Mensch. Also muß ich Gott preisen. Das ist meine Aufgabe. Ich erfülle sie und werde meinen Posten nicht verlassen, so lange es mir gegeben ist, und
ich fordere euch auf, mit einzustimmen.

ZUFRIEDENHEIT (1, 12)

Von den Göttern behaupten einige, es gebe sie gar nicht, andere dagegen, es gebe zwar eine Gottheit, aber sie sei untä-
tig und sorglos und kümmere sich um nichts[47]; wieder andere sagen, die Götter existierten und kümmerten sich auch
um etwas, jedoch nur um die großen und himmlischen
Dinge, aber auf keinen Fall um die Dinge auf der Erde. Eine
vierte Gruppe meint, sie kümmerten sich um die irdischen
und menschlichen Dinge, aber nur im allgemeinen und
nicht um jeden einzelnen Menschen besonders. Eine fünfte
Gruppe schließlich, zu der Odysseus und Sokrates gehörten, behauptet: «Dir bin ich nicht verborgen, wenn ich mich
rege[48].»
   Es ist daher vor allem erforderlich, jede einzelne dieser
Behauptungen dahingehend zu überprüfen, ob sie aus gutem Grund getroffen wird oder nicht. Wenn es nämlich

δ' εἰσὶν μέν, μηδενὸς δ' ἐπιμελούμενοι, καὶ οὕτως πῶς
ὑγιὲς ἔσται; ἀλλὰ δὴ καὶ ὄντων καὶ ἐπιμελομένων εἰ
μηδεμία διάδοσις εἰς ἀνθρώπους ἐστὶν ἐξ αὐτῶν καὶ νὴ
Δία γε καὶ εἰς ἐμέ, πῶς ἔτι καὶ οὕτως ὑγιές ἐστιν; πάντα
οὖν ταῦτα ὁ καλὸς καὶ ἀγαθὸς ἐπεσκεμμένος τὴν αὐτοῦ
γνώμην ὑποτέταχεν τῷ διοικοῦντι τὰ ὅλα καθάπερ οἱ
ἀγαθοὶ πολῖται τῷ νόμῳ τῆς πόλεως. ὁ δὲ παιδευόμενος
ταύτην ὀφείλει τὴν ἐπιβολὴν ἔχων ἐλθεῖν ἐπὶ τὸ παιδεύεσθαι 'πῶς ἂν ἑποίμην ἐγὼ ἐν παντὶ τοῖς θεοῖς καὶ
πῶς ἂν εὐαρεστοίην τῇ θείᾳ διοικήσει καὶ πῶς ἂν γε-
νοίμην ἐλεύθερος;' ἐλεύθερος γάρ ἐστιν, ᾧ γίνεται πάντα
κατὰ προαίρεσιν καὶ ὃν οὐδεὶς δύναται κωλῦσαι. τί οὖν;
ἀπόνοιά ἐστιν ἡ ἐλευθερία; μὴ γένοιτο. μανία γὰρ καὶ
ἐλευθερία εἰς ταὐτὸν οὐκ ἔρχεται. 'ἀλλ' ἐγὼ θέλω πᾶν
τὸ δοκοῦν μοι ἀποβαίνειν, κἂν ὁπωσοῦν δοκῇ.' μαινόμενος εἶ, παραφρονεῖς. οὐκ οἶδας, ὅτι καλόν τι ἐλευθερία ἐστὶ καὶ ἀξιόλογον; τὸ δ' ὡς ἔτυχέν με βούλεσθαι
τὰ [δ'] ὡς ἔτυχεν δόξαντα γίνεσθαι, τοῦτο κινδυνεύει
οὐ μόνον οὐκ εἶναι καλόν, ἀλλὰ καὶ πάντων αἴσχιστον
εἶναι. πῶς γὰρ ἐπὶ γραμματικῶν ποιοῦμεν; βούλομαι
γράφειν ὡς θέλω τὸ Δίωνος ὄνομα; οὔ· ἀλλὰ διδάσκο-
μαι θέλειν, ὡς δεῖ γράφεσθαι. τί ἐπὶ μουσικῶν; ὡσαύτως. τί ἐν τῷ καθόλου, ὅπου τέχνη τις ἢ ἐπιστήμη ἐστίν;
εἰ δὲ μή, οὐδενὸς ἦν ἄξιον τὸ ἐπίστασθαί τι, εἰ ταῖς

keine Götter gäbe, wie könnte es dann ein Lebenszweck
sein, den Göttern zu folgen? Wenn es sie aber gäbe, ohne
daß sie sich um etwas kümmerten, hätte jenes Ziel ebenso
wenig Sinn. Aber auch wenn sie existierten und sich um
etwas kümmerten, es aber keine Verbindung zwischen ihnen und den Menschen und, mein Gott, zwischen ihnen
und mir persönlich gäbe, wie könnte unser Lebensziel in
diesem Fall sinnvoll sein?

Alle diese Fragen hat sich der Gewissenhafte und Tüchtige gestellt und dann erst dem, der über das Universum
waltet, seinen Willen untergeordnet, wie sich die anständigen Bürger dem Gesetz des Staates unterwerfen. Wer an
seiner Bildung arbeitet, muß sich unter Berücksichtigung
folgender Fragen um seine Bildung bemühen: «Wie kann
ich in allem den Göttern folgen? Wie kann ich dem göttlichen Walten entsprechen? Wie kann ich frei werden?»
Denn frei ist der, dem alles nach seiner moralischen Entscheidung geht und den niemand hindern kann. Was bedeutet das? Ist Freiheit Wahnsinn? Auf keinen Fall. Denn
Torheit und Freiheit passen nicht zusammen. «Aber ich
will, daß alles geschieht, was mir in den Sinn kommt, möge
es sein, was es will.» Du bist wahnsinnig, du hast den Verstand verloren. Weißt du nicht, daß Freiheit etwas Schönes
und Wertvolles ist? Daß ich aber rein nach Laune und Zufall
will, daß das, was mir nach Laune und Zufall eingefallen ist,
wirklich geschieht, ist nicht nur nicht schön, sondern auch
höchst schädlich. Wie machen wir es denn beim Schreiben?
Will ich denn den Namen «Dion» schreiben, wie es mir gefällt? Nein. Mir wird vielmehr beigebracht, so schreiben zu
wollen, wie es richtig ist. Wie ist es beim Musizieren? Genauso. Wie ist es sonst, wo es um eine Kunst oder Wissenschaft geht? Wäre es anders, so hätte es keinen Sinn, etwas
zu beherrschen, wenn seine Ausübung von der Willkür je-

ἑκάστων βουλήσεσι προσηρμόζετο. ἐνταῦθα οὐ⟨ν⟩ μόνον
ἐπὶ τοῦ μεγίστου καὶ κυριωτάτου, τῆς ἐλευθερίας, ὡς
ἔτυχεν ἐφεῖταί μοι θέλειν; οὐδαμῶς, ἀλλὰ τὸ παιδεύεσθαι τοῦτ' ἔστι μανθάνειν ἕκαστα οὕτω θέλειν ὡς γίνεται. πῶς δὲ γίνεται; ὡς διέταξεν αὐτὰ ὁ διατάσσων.
διέταξε δὲ θέρος εἶναι καὶ χειμῶνα καὶ φορὰν καὶ ἀφο-
ρίαν καὶ ἀρετὴν καὶ κακίαν καὶ πάσας τὰς τοιαύτας ἐναν-
τιότητας ὑπὲρ συμφωνίας τῶν ὅλων ἡμῶν θ' ἑκάστῳ
σῶμα καὶ μέρη τοῦ σώματος καὶ κτῆσιν καὶ κοινωνοὺς
ἔδωκεν.

Ταύτης οὖν τῆς διατάξεως μεμνημένους ἔρχεσθαι δεῖ
ἐπὶ τὸ παιδεύεσθαι, οὐχ ἵν' ἀλλάξωμεν τὰς ὑποθέσεις
(οὔτε γὰρ δίδοται ἡμῖν οὔτ' ἄμεινον), ἀλλ' ἵνα οὕτως
ἐχόντων τῶν περὶ ἡμᾶς ὡς ἔχει καὶ πέφυκεν αὐτοὶ τὴν
γνώμην τὴν αὐτῶν συνηρμοσμένην τοῖς γινομένοις ἔχω-
μεν. τί γάρ; ἐνδέχεται φυγεῖν ἀνθρώπους; καὶ πῶς οἷόν
τε; ἀλλὰ συνόντας αὐτοῖς ἐκείνους ἀλλάξαι; καὶ τίς ἡμῖν
δίδωσιν; τί οὖν ἀπολείπεται ἢ τίς εὑρίσκεται μηχανὴ
πρὸς τὴν χρῆσιν αὐτῶν; τοιαύτη, δι' ἧς ἐκεῖνοι μὲν
ποιήσουσι τὰ φαινόμενα αὐτοῖς, ἡμεῖς δ' οὐδὲν ἧττον
κατὰ φύσιν ἕξομεν. σὺ δ' ἀταλαίπωρος εἶ καὶ δυσάρε-
στος κἂν μὲν μόνος ᾖς, ἐρημίαν καλεῖς τοῦτο, ἂν δὲ
μετὰ ἀνθρώπων, ἐπιβούλους λέγεις καὶ λῃστάς, μέμφῃ
δὲ καὶ γονεῖς τοὺς σεαυτοῦ καὶ τέκνα καὶ ἀδελφοὺς καὶ
γείτονας. ἔδει δὲ μόνον μένοντα ἡσυχίαν καλεῖν αὐτὸ
καὶ ἐλευθερίαν καὶ ὅμοιον τοῖς θεοῖς ἡγεῖσθαι αὐτόν,
μετὰ πολλῶν δ' ὄντα μὴ ὄχλον καλεῖν μηδὲ θόρυβον

des einzelnen abhinge. Sollte es mir da ausgerechnet beim Größten und Wichtigsten, der Freiheit, erlaubt sein, mein Wollen dem Zufall zu überlassen? Auf keinen Fall, sondern die wahre Bildung besteht darin, alles so zu wollen, wie es geschieht. Aber wie geschieht es? Wie es der angeordnet hat, der alles anordnet. Er hat angeordnet, daß es Sommer und Winter, Ernte und Mißernte, Tugend und Laster und alle anderen Gegensätze dieser Art um der Harmonie des Ganzen willen gibt, und er hat jedem einzelnen von uns einen Körper und Körperteile, Eigentum und Mitmenschen geschenkt.

Im Bewußtsein dieser Weltordnung müssen wir uns um Bildung bemühen, nicht um die Grundlagen des Daseins zu ändern – denn das ist uns nicht vergönnt, und es wäre auch nicht besser, wenn es so wäre –, sondern damit wir, da die Welt, in der wir leben, so ist, wie sie ist, unseren Willen in Einklang bringen mit allem, was geschieht. Wieso? Können wir denn den Menschen entfliehen? Wie sollte das möglich sein? Aber können wir unsere Mitmenschen ändern? Wer gäbe uns die Macht dazu? Was bleibt uns daher noch oder welche Möglichkeit haben wir, um mit ihnen zusammenzuleben? Doch nur die, daß sie tun, was ihnen richtig erscheint, wir aber trotzdem im Einklang mit der Vernunftnatur leben. Du aber bist ein Schwächling und ein Nörgler, und wenn du einmal allein bist, nennst du diesen Zustand «Einsamkeit», wenn du aber mit Menschen zusammen bist, bezeichnest du sie als hinterhältige Kerle und Räuber. Du schimpfst sogar auf deine Eltern, Kinder, Geschwister und Nachbarn. Statt dessen solltest du den Zustand des Alleinseins als Ruhe und Freiheit verstehen und dich selbst für gottähnlich halten. Wenn du aber mit vielen Menschen zusammen bist, dann solltest du nicht von Pöbel, Lärm und Widerwärtigkeit sprechen, sondern ein Fest und eine

μηδ' ἀηδίαν, ἀλλ' ἑορτὴν καὶ πανήγυριν καὶ οὕτως πάντα εὐαρέστως δέχεσθαι. τίς οὖν ἡ κόλασις τοῖς οὐ προσ-
δεχομένοις; τὸ οὕτως ἔχειν ὡς ἔχουσιν. δυσαρεστεῖ τις
τῷ μόνος εἶναι; ἔστω ἐν ἐρημίᾳ. δυσαρεστεῖ τις τοῖς
γονεῦσιν; ἔστω κακὸς υἱὸς καὶ πενθείτω. δυσαρεστεῖ
τοῖς τέκνοις; ἔστω κακὸς πατήρ. 'βάλε αὐτὸν εἰς φυλακήν.'
ποίαν φυλακήν; ὅπου νῦν ἐστιν. ἄκων γάρ ἐστιν· ὅπου
δέ τις ἄκων ἐστίν, ἐκεῖνο φυλακὴ αὐτῷ ἐστιν. καθὸ καὶ
Σωκράτης οὐκ ἦν ἐν φυλακῇ, ἑκὼν γὰρ ἦν. 'σκέλος οὖν
μοι γενέσθαι πεπηρωμένον.' ἀνδράποδον, εἶτα δι' ἓν
σκελύδριον τῷ κόσμῳ ἐγκαλεῖς; οὐκ ἐπιδώσεις αὐτὸ τοῖς
ὅλοις; οὐκ ἀποστήσῃ; οὐ χαίρων παραχωρήσεις τῷ δε-
δωκότι; ἀγανακτήσεις δὲ καὶ δυσαρεστήσεις τοῖς ὑπὸ
τοῦ Διός διατεταγμένοις, ἃ ἐκεῖνος μετὰ τῶν Μοιρῶν
παρουσῶν καὶ ἐπικλωθουσῶν σου τὴν γένεσιν ὥρισεν καὶ
διέταξεν; οὐκ οἶσθα[ς], ἡλίκον μέρος πρὸς τὰ ὅλα; τοῦτο
δὲ κατὰ τὸ σῶμα, ὡς κατά γε τὸν λόγον οὐδὲν χείρων
τῶν θεῶν οὐδὲ μικρότερος· λόγου γὰρ μέγεθος οὐ μήκει
οὐδ' ὕψει κρίνεται, ἀλλὰ δόγμασιν.

Οὐ θέλεις οὖν, καθ' ἃ ἴσος εἶ τοῖς θεοῖς, ἐκεῖ που
τίθεσθαι τὸ ἀγαθόν; 'τάλας ἐγώ, τὸν πατέρα ἔχω τοιοῦτον καὶ τὴν μητέρα.' τί οὖν; ἐδίδοτό σοι προελθόντι
ἐκλέξασθαι καὶ εἰπεῖν 'ὁ δεῖνα τῇ δεῖνι συνελθέτω τῇδε
τῇ ὥρᾳ, ἵνα ἐγὼ γένωμαι'; οὐκ ἐδίδοτο. ἀλλ' ἔδει προυπο-
στῆναί σου τοὺς γονεῖς, εἶτα οὕτως γεννηθῆναι. ἐκ ποίων

Volksbelustigung darin sehen und alles auf diese Weise mit Zufriedenheit und Wohlwollen über dich ergehen lassen. Was ist die Strafe für diejenigen, die das nicht tun? Daß sie so sind, wie sie sind. Ist jemand unzufrieden darüber, daß er allein ist? Dann soll er einsam sein. Ist jemand unzufrieden mit seinen Eltern? Dann soll er ein schlechter Sohn sein und jammern. Ist jemand mit seinen Kindern unzufrieden? Dann soll er ein schlechter Vater sein. «Wirf ihn ins Gefängnis.» In welches Gefängnis? Wo er jetzt schon ist. Er ist nämlich gegen seinen Willen da. Wo aber jemand gegen seinen Willen ist, das ist für ihn ein Gefängnis. Daher war auch Sokrates nicht im Gefängnis; denn er war freiwillig da. «Daß ich ein verkrüppeltes Bein haben muß.» Du Sklavenseele, du schimpfst wegen eines lächerlichen Beines über das Universum? Willst du es nicht dem Ganzen opfern? Willst du nicht darauf verzichten? Willst du es nicht mit Freuden dem überlassen, der es dir gegeben hat? Willst du dich lieber beschweren und mit den Anordnungen des Zeus unzufrieden sein, die er zusammen mit den Schicksalsgöttinnen getroffen hat, die dir deinen Lebensfaden spinnen? Weißt du nicht, wie winzig du im Verhältnis zum Weltganzen bist? Das gilt jedenfalls für deinen sterblichen Körper. Was jedoch deinen Geist angeht, so bist du den Göttern nicht unterlegen und nicht kleiner als sie. Denn die Größe des Geistes wird nicht nach Länge und Höhe gemessen, sondern nach seinen sittlichen Prinzipien.

Willst du also das Gute nicht dort suchen, wo du den Göttern gleich bist? «Ich bin so unglücklich – bei so einem Vater und so einer Mutter.» Wieso? Stand es dir denn frei, ins Leben zu treten, auszuwählen und dann zu sagen: «Der Mann dort soll sich mit der Frau da zu dieser Stunde vereinigen, damit ich gezeugt werden kann.» Das stand dir nicht frei, sondern deine Eltern mußten vor dir da sein; darauf erst

τινῶν; ἐκ τοιούτων, ὁποῖοι ἦσαν. τί οὖν; τοιούτων αὐτῶν
⟨ὄντων⟩ οὐδεμία σοι δίδοται μηχανή; εἰτ᾽ εἰ μὲν τὴν ὁρα-
τικὴν δύναμιν ἠγνόεις πρὸς τί κέκτησαι, δυστυχὴς ἂν ἦς
καὶ ἄθλιος, εἰ κατέμυες, προσαγόντων σοι τῶν χρωμάτων·
ὅτι δὲ μεγαλοψυχίαν ἔχων καὶ γενναιότητα πρὸς ἕκαστα
τούτων ἀγνοεῖς, οὐ δυστυχέστερος εἶ καὶ ἀθλιώτερος;
προσάγεταί σοι τὰ κατάλληλα ॥ τῇ δυνάμει ἣν ἔχεις· σὺ
δ᾽ αὐτὴν τότε μάλιστα ἀποστρέφεις, ὁπότε ἠνοιγμένην
καὶ βλέπουσαν ἔχειν ἔδει. οὐ μᾶλλον εὐχαριστεῖς τοῖς
θεοῖς, ὅτι σε ἐπάνω τούτων ἀφῆκαν ὅσα μηδ᾽ ἐποίησαν
ἐπὶ σοί, μόνον δ᾽ ὑπεύθυνον ἀπέφηναν τῶν ἐπὶ σοί;
γονέων ἕνεκα ἀνυπεύθυνον ἀφῆκαν· ἀδελφῶν ἕνεκα
ἀφῆκαν, σώματος ἕνεκα ἀφῆκαν, κτήσεως, θανάτου,
ζωῆς. τίνος οὖν ὑπεύθυνόν σε ἐποίησαν; τοῦ μόνου ὄντος ἐπὶ σοί, χρήσεως οἵας δεῖ φαντασιῶν. τί οὖν ἐπισπᾷς
σεαυτῷ ταῦτα ὧν ἀνυπεύθυνος εἶ; τοῦτό ἐστιν ἑαυτῷ
παρέχειν πράγματα.

                         ἀλλὰ τὸ μέγα
τοῦτο, ἀπολιπεῖν ἑκάστῳ τὴν αὑτοῦ δύναμιν ἣν ἔχει
καὶ ἀπολιπόντα ἰδεῖν τὴν ἀξίαν τῆς δυνάμεως καὶ τὸ
κράτιστον τῶν ὄντων καταμαθεῖν καὶ τοῦτο ἐν παντὶ

konntest du so erzeugt werden, wie du bist. Von was für Eltern? Von solchen, wie sie es eben waren. Wie? Nun sind sie schon einmal so, wie sie sind. Gibt es denn keinen Ausweg für dich? Angenommen, du wüßtest nicht, wozu du deine Sehkraft hast, dann wärst du ganz furchtbar unglücklich, wenn du die Augen zumachtest, sobald dir Farben begegneten. Aber bist du nicht noch viel unglücklicher, weil du nicht weißt, daß du Seelengröße und edle Gesinnung besitzt, um mit allem, was dir passiert, fertig zu werden? Die Dinge, die deinen Kräften entsprechen, treten an dich heran. Du aber verzichtest ausgerechnet dann auf den Einsatz deiner Kräfte, wenn du sie geschärft und einsatzbereit halten solltest. Schuldest du nicht vielmehr den Göttern Dank dafür, daß sie dich über alle Dinge gestellt haben, die deinem Einfluß entzogen sind, und daß sie dich nur für das verantwortlich machen, was deinem Einfluß ausgesetzt ist? Für deine Eltern haben sie dir keine Verantwortung übertragen und auch nicht für deine Geschwister, deinen Körper, dein Vermögen, Leben und Tod. Wofür machen sie dich verantwortlich? Nur für das, was in deiner Macht steht, für den rechten Gebrauch deiner Vorstellungen und Eindrücke. Warum also ziehst du auch noch das an dich heran, wofür du nicht verantwortlich bist? Damit machst du dir selbst nur Schwierigkeiten.

DIE HAUPTSACHE NICHT AUS DEN AUGEN VERLIEREN
(2, 23, 34−47)

Das Wesentliche ist doch, jeder Sache die ihr eigentümliche Funktion zu lassen und dann den Wert dieser Funktion zu prüfen, ferner das Wichtigste auf dieser Welt zu begreifen, diesem in allem nachzuspüren, es mit größtem Ernst zu be-

μεταδιώκειν, περὶ τοῦτο ἐσπουδακέναι, πάρεργα τᾶλλα
πρὸς τοῦτο πεποιημένον, οὐ μέντοι ἀμελοῦντα οὐδ᾿
ἐκείνων κατὰ δύναμιν. καὶ γὰρ ὀφθαλμῶν ἐπιμελητέον,
ἀλλ᾿ οὐχ ὡς τοῦ κρατίστου, ἀλλὰ καὶ τούτων διὰ τὸ
κράτιστον· ὅτι ἐκεῖνο οὐκ ἄλ⟨λ⟩ως ἕξει κατὰ φύσιν εἰ
μὴ ἐν τούτοις εὐλογιστοῦν καὶ τὰ ἕτερα παρὰ τὰ ἕτερα
αἱρούμενον.

Τί οὖν ἐστι τὸ γινόμενον; οἷον εἴ τις ἀπιὼν εἰς
τὴν πατρίδα τὴν ἑαυτοῦ καὶ διοδεύων πανδοκεῖον κα
λὸν ἀρέσαντος αὐτῷ τοῦ πανδοκείου καταμένοι ἐν τῷ
πανδοκείῳ. ἄνθρωπε, ἐπελάθου σου τῆς προθέσεως·
οὐκ εἰς τοῦτο ὥδευες, ἀλλὰ διὰ τούτου. 'ἀλλὰ κομψὸν
τοῦτο.' πόσα δ᾿ ἄλλα πανδοκεῖα κομψά, πόσοι δὲ λει
μῶνες· ἁπλῶς ὡς δίοδος. τὸ δὲ προκείμενον ἐκεῖνο· εἰς
τὴν πατρίδα ἐπανελθεῖν, τοὺς οἰκείους ἀπαλλάξαι δέους,
αὐτὸν τὰ τοῦ πολίτου ποιεῖν, γῆμαι, παιδοποιεῖ
σθαι, ἄρξαι τὰς νομιζομένας ἀρχάς. οὐ γὰρ τοὺς
κομψοτέρους ἡμῖν τόπους ἐκλεξόμενος ἐλήλυθας, ἀλλ᾿
ἐν οἷς ἐγένου καὶ ὧν κατατέταξαι πολίτης, ἐν τούτοις
ἀναστραφησόμενος. τοιοῦτόν τι καὶ ἐνταῦθά ἐστι τὸ
γινόμενον. ἐπ⟨ε⟩ὶ διὰ λόγου καὶ τοιαύτης παραδόσεως
ἐλθεῖν ἐπὶ τὸ τέλειον δεῖ‖ καὶ τὴν αὐτοῦ προαίρεσιν
ἐκκαθᾶραι καὶ τὴν δύναμιν τὴν χρηστικὴν τῶν φαντα
σιῶν ὀρθὴν κατασκευάσαι, ἀνάγκη δὲ τὴν παράδοσιν γί
νεσθαι ⟨διά⟩ τ⟨ιν⟩ων θεωρημάτων καὶ διὰ λέξεως ποιᾶς
καὶ μετά τινος ποικιλίας καὶ δριμύτητος τῶν θεωρημά
των, ὑπ᾿ αὐτῶν τινες τούτων ἁλισκόμενοι καταμένου-

treiben und alles andere im Vergleich dazu als nebensächlich zu betrachten, ohne es jedoch ganz zu vernachlässigen, so weit es geht. Denn man muß sich ja auch um seine Augen kümmern, aber nicht so, als ob sie das Wichtigste wären, sondern um des Wichtigsten willen, weil dieses sich sonst nicht seiner Natur entsprechend entfaltete, wenn es die Augen nicht zu einem vernünftigen Zweck gebrauchen und das eine anstelle des anderen auswählen könnte.

Was bedeutet dies nun eigentlich? Es ist so, als ob jemand auf Reisen wäre und auf dem Weg in seine Heimatstadt in einem schönen Gasthaus einkehrte und dort bliebe, weil es ihm so gut gefiele. Mensch, du hast dein Reiseziel vergessen. Das Gasthaus war doch nicht dein Ziel, sondern nur als Raststätte gedacht. «Aber es ist doch so hübsch hier.» Wie viele andere Gasthäuser sind auch hübsch, wie viele Wiesen ebenfalls – aber einfach nur vorübergehende Aufenthaltsorte. Deine Absicht sah doch anders aus: du wolltest in deine Heimatstadt zurückkehren, deine Angehörigen von der Sorge um dich befreien, deine Pflichten als Bürger erfüllen, heiraten, eine Familie gründen, die üblichen Ämter und Aufgaben übernehmen. Du bist doch nicht hier, um uns die besonders hübschen Gegenden auszusuchen, sondern um dich dort aufzuhalten und zu wirken, wo du geboren und als Bürger eingetragen bist. Entsprechendes geschieht nun auch hier: Da man nur durch die Wissenschaft und durch einschlägige Anleitung zur Vollendung kommen, seine moralische Entscheidung läutern und seine Kraft zum richtigen Gebrauch der Vorstellungen und Eindrücke richtig ausbilden kann und da die Anleitung über bestimmte Denkprozesse in einer bestimmten Form der Rede und mit einer gewissen Abwechslung und Schärfe in der Problembewältigung erfolgen muß, läßt sich mancher von den Fragestellungen und Inhalten dieses Prozesses fesseln

σιν αὐτοῦ, ὁ μὲν ὑπὸ τῆς λέξεως, ὁ δ' ὑπὸ συλλο-
γισμῶν, ὁ δ' ὑπὸ μεταπιπτόντων, ὁ δ' ὑπ' ἄλλου τινὸς
τοιούτου πανδοκείου, καὶ προσμείναντες κατασήπονται
ὡς παρὰ ταῖς Σειρῆσιν.

"Ἄνθρωπε, τὸ προκείμενον ἦν σοι κατασκευάσαι σαυτὸν χρηστικὸν ταῖς προσπιπτούσαις φαντασίαις κατὰ
φύσιν, ἐν ὀρέξει ἀναπότευκτον, ἐν δ' ἐκκλίσει ἀπερίπτωτον, μηδέποτ' ἀτυχοῦντα, μηδέποτε δυστυχοῦντα,
ἐλεύθερον, ἀκώλυτον, ἀνανάγκαστον, συναρμόζοντα τῇ
τοῦ Διὸς διοικήσει, ταύτῃ πειθόμενον, ταύτῃ εὐαρε-
στοῦντα, μηδένα μεμφόμενον, μηδέν' αἰτιώμενον, δυνάμενον εἰπεῖν τούτους τοὺς στίχους ἐξ ὅλης ψυχῆς

ἄγου δέ μ', ὦ Ζεῦ, καὶ σύ ⟨γ'⟩ ἡ Πεπρωμένη.

εἶτα τοῦτο τὸ προκείμενον ἔχων ἀρέσαντός σοι λεξει-
δίου, ἀρεσάντων θεωρημάτων τινῶν αὐτοῦ καταμένεις
καὶ κατοικεῖν προαιρῇ ἐπιλαθόμενος τῶν ἐν οἴκῳ καὶ
λέγεις 'ταῦτα κομψά ἐστιν'; τίς γὰρ λέγει μὴ εἶναι
αὐτὰ κομψά; ἀλλ' ὡς δίοδον, ὡς πανδοκεῖα. τί γὰρ
κωλύει φράζοντα ὡς Δημοσθένης ἀτυχεῖν; τί δὲ κωλύει συλλογισμοὺς ἀναλύοντα ὡς Χρύσιππος ἄθλιον
εἶναι, πενθεῖν, φθονεῖν, ἁπλῶς ταράσσεσθαι, κακοδαιμονεῖν; οὐδὲ ἕν. ὁρᾷς οὖν ὅτι πανδοκεῖα ἦν ταῦτα οὐδενὸς ἄξια, τὸ δὲ προκείμενον ἄλλο ἦν. ταῦτα ὅταν
λέγω πρός τινας, οἴονταί με κ καταβάλλειν τὴν περὶ τὸ
λέγειν ἐπιμέλειαν ἢ τὴν περὶ τὰ θεωρήματα. ἐγὼ δ' οὐ
ταύτην καταβάλλω, ἀλλὰ τὸ περὶ ταῦτ' ἀκαταληκτικῶς

und bleibt dabei stehen: der eine von der Form der Rede, der andere von den Schlußfolgerungen, mancher von den dialektischen Raffinessen, mancher auch von einem anderen «Gasthaus» dieser Art, und einmal hängengeblieben verkommen sie wie bei den Sirenen. Mensch, dein Ziel war es doch, die Fähigkeit zu erwerben, die Vorstellungen und Eindrücke, denen du ausgesetzt bist, im Einklang mit der Natur zu gebrauchen, bei deinen Wünschen dein Ziel nicht zu verfehlen, und wenn du etwas ablehnst, nicht dem Abgelehnten zu verfallen, niemals ein Mißgeschick oder Unglück zu erleiden, frei, ungehindert, ohne Zwang und in Übereinstimmung mit dem Walten des Zeus zu leben, ihm zu gehorchen, mit ihm zufrieden zu sein, niemanden zu beschuldigen und in der Lage zu sein, folgenden Vers mit ganzem Herzen zu zitieren: «Führe mich, Zeus, und auch du, Schicksal[49].» Und da willst du trotz dieses Zieles stehenbleiben, wenn dir ein raffiniertes Stilmittel oder bestimmte Lehrsätze gefallen, und ziehst es vor, dich niederzulassen, während du deine Pflichten zu Hause vergißt und sagst: «Es ist hübsch hier.» Wer sagt denn, daß es nicht hübsch ist? Aber nur als Durchgangspunkt, als Raststätte oder Gasthaus. Was hält einen denn davon ab, daß man zwar so reden kann wie Demosthenes, aber trotzdem kein Glück hat? Was schützt einen denn davor, daß man zwar logische Schlüsse auflösen kann wie Chrysipp, aber trotzdem unglücklich ist, jammert, neidisch ist, mit einem Wort – keinen inneren Frieden hat und von einem bösen Geist besessen ist? «Nichts.» Siehst du nun ein, daß dies wertlose Gasthäuser waren, während dein Ziel ein ganz anderes ist?

Wenn ich diese Gedanken vor gewissen Leuten äußere, dann glauben sie, daß ich das Studium der Rhetorik oder der Logik abwerten wolle. Ich verwerfe es aber gar nicht; ich wende mich nur dagegen, daß jemand auf Dauer bei diesen

ἔχειν καὶ ἐνταῦθα τίθεσθαι τὰς αὑτῶν ἐλπίδας. εἴ τις
τοῦτο παριστὰς βλάπτει τοὺς ἀκούοντας, κἀμὲ τίθεσθε
ἕνα τῶν βλαπτόντων. οὐ δύναμαι δ' ἄλλο βλέπων τὸ
κράτιστον καὶ τὸ κυριώτατον ἄλλο λέγειν εἶναι, ἵν' ὑμῖν
χαρίσωμαι.

Πῶς ἀγωνιστέον πρὸς τὰς φαντασίας.

Πᾶσα ἕξις καὶ δύναμις ὑπὸ τῶν καταλλήλων ἔργων
συνέχεται καὶ αὔξεται, ἡ περιπατητικὴ ὑπὸ τοῦ περιπατεῖν, ἡ τροχαστικὴ ὑπὸ τοῦ τρέχειν. ἂν θέλῃς ἀναγνωστι-
κὸς εἶναι, ἀναγίγνωσκε· ἂν γραφικός, γράφε. ὅταν δὲ
τριάκοντα ἐφεξῆς ἡμέρας μὴ ἀναγνῷς, ἀλλ' ἄλλο τι
πράξῃς, γνώσῃ τὸ γινόμενον. οὕτως κἂν ἀναπέσῃς δέκα
ἡμέρας, ἀναστὰς ἐπιχείρησον μακροτέραν ὁδὸν περιπατῆσαι καὶ ὄψει, πῶς σου τὰ σκέλη παραλύεται. καθόλου
οὖν εἴ τι ποιεῖν ἐθέλῃς, ἑκτικὸν ποίει αὐτό· εἴ τι μὴ
ποιεῖν ἐθέλῃς, μὴ ποίει αὐτό, ἀλλ' ἔθισον ἄλλο τι πράττειν μᾶλλον ἀντ' αὐτοῦ. οὕτως ἔχει καὶ ἐπὶ τῶν ψυχι-
κῶν· ὅταν ὀργισθῇς, γίγνωσκε ὅτι οὐ μόνον σοι τοῦτο
γέγονεν κακόν, ἀλλ' ὅτι καὶ τὴν ἕξιν ηὔξησας καὶ ὡς
πυρὶ φρύγανα παρέβαλες. ὅταν ἡττηθῇς τινος ἐν συνουσίᾳ, μὴ τὴν μίαν ἧτταν ταύτην λογίζου, ἀλλ' ὅτι καὶ
τὴν ἀκρασίαν σου τέτροφας, ἐπηύξησας. ἀδύνατον γὰρ
ἀπὸ τῶν καταλλήλων ἔργων μὴ καὶ τὰς ἕξεις καὶ τὰς

Disziplinen stehenbleibt und darauf all seine Hoffnungen setzt. Wenn jemand, der diesen Standpunkt vertritt, seine Zuhörer schädigt, dann betrachte auch mich als einen solchen Schädling. Aber wenn ich etwas Bestimmtes als das Beste und Wichtigste ansehe, dann kann ich nicht dasselbe von etwas anderem sagen, nur um euch zu gefallen.

WIE MAN GEGEN SEINE VORSTELLUNGEN ANKÄMPFEN MUSS (2, 18)

Jede Veranlagung und jede Fähigkeit wird durch die ihr entsprechende Tätigkeit erhalten und gefördert: die Fähigkeit zu gehen durch Gehen, die zu laufen durch Laufen. Wenn du ein guter Leser sein willst, dann lies; wenn du gut schreiben willst, dann schreib. Wenn du aber dreißig Tage hintereinander nicht liest, sondern etwas anderes tust, dann wirst du schon sehen, was passiert. Und ebenso wird es dir ergehen, wenn du zehn Tage im Bett gelegen hast: Steh nur auf und versuche, eine etwas weitere Strecke zu gehen, und du wirst sehen, wie weich deine Knie sind. Überhaupt – wenn du etwas tun willst, mach eine Gewohnheit daraus. Wenn du etwas nicht tun willst, dann tue es auch nicht, sondern gewöhne dich daran, statt dessen etwas anderes zu tun.

Das gilt auch für seelische Vorgänge. Wenn du in Zorn gerätst, erkenne, daß dir nicht nur dieses Übel (des Zorns) widerfahren ist, sondern daß du auch die Neigung dazu vergrößert und gleichsam deinem Feuer Nahrung gegeben hast. Wenn du von jemandem verführt worden bist, dann denke nicht nur an diese eine Schwäche, sondern auch daran, daß du deine Unbeherrschtheit genährt und gesteigert hast. Denn es ist zwangsläufig der Fall, daß sich die Eigenschaften und Fähigkeiten durch entsprechende Hand-

δυνάμεις τὰς μὲν ἐμφύεσθαι μὴ πρότερον οὔσας, τὰς δ' ἐπιτείνεσθαι καὶ ἰσχυροποιεῖσθαι.

Οὕτως ἀμέλει καὶ τὰ ἀρρωστήματα ὑποφύεσθαι λέγουσιν οἱ φιλόσοφοι. ὅταν γὰρ ἅπαξ ἐπιθυμήσῃς ἀργυρίου, ἂν μὲν προσαχθῇ λόγος εἰς αἴσθησιν ἄξ[ι]ων τοῦ κακοῦ, πέπαυταί τε ἡ ἐπιθυμία καὶ τὸ ἡγεμονικὸν ἡμῶν εἰς τὸ ἐξαρχῆς ἀποκατέστη· ἐὰν δὲ μηδὲν προσαγάγῃς εἰς θεραπείαν, οὐκέτι εἰς ταὐτὰ ἐπάνεισιν, ἀλλὰ πάλιν ἐρεθισθὲν ὑπὸ τῆς καταλλήλου φαντασίας θᾶττον ⟨ἢ⟩ πρότερον ἐξήφθη πρὸς τὴν ἐπιθυμίαν. καὶ τούτου συνεχῶς γινομένου τυλοῦται λοιπὸν καὶ τὸ ἀρρώστημα βεβαιοῖ τὴν φιλαργυρίαν. ὁ γὰρ πυρέξας, εἶτα παυσάμενος οὐχ ὁμοίως ἔχει τῷ πρὸ τοῦ πυρέξαι, ἂν μή τι θεραπευθῇ εἰς ἅπαν. τοιοῦτόν τι καὶ ἐπὶ τῶν τῆς ψυχῆς παθῶν γίνεται. ἴχνη τινὰ καὶ μώλωπες ἀπολ⟨ε⟩ίπονται ἐν αὐτῇ, οὓς εἰ μή τις ἐξαλείψῃ καλῶς, πάλιν κατὰ τῶν αὐτῶν μαστιγωθεὶς οὐκέτι μώλωπας, ἀλλ' ἕλκη ποιεῖ. εἰ οὖν θέλεις μὴ εἶναι ὀργίλος, μὴ τρέφε σου τὴν ἕξιν, μηδὲν αὐτῇ παράβαλλε αὐξητικόν. τὴν πρώτην ἡσύχασον καὶ τὰς ἡμέρας ἀρίθμει ἃς οὐκ ὠργίσθης. 'καθ' ἡμέραν εἰώθειν ὀργίζεσθαι, νῦν παρ' ἡμέραν, εἶτα παρὰ δύο, εἶτα παρὰ τρεῖς.' ἂν δὲ καὶ τριάκοντα παραλίπῃς, ἐπίθυσον τῷ θεῷ. ἡ γὰρ ἕξις ἐκλύεται τὴν πρώτην, εἶτα καὶ παντελῶς ἀναιρεῖται. 'σήμερον οὐκ ἐλυπήθην οὐδ' αὐ-

lungen entwickeln, wenn sie vorher nicht vorhanden waren, oder sich steigern und verstärkt werden.

Auf diese Weise entstehen zweifellos auch die sittlichen Krankheiten[50], wie die Philosophen sagen. Wenn du nämlich nur einmal Verlangen nach Geld hast, dann hört das Verlangen auch wieder auf und das leitende Prinzip[51] in uns erhält wieder seine ursprüngliche Funktion, sobald die Vernunft wirksam wird und dich zur Erkenntnis des Übels veranlaßt. Wenn du aber nichts zur Heilung unternimmst, dann kehrt das leitende Prinzip nicht in seine ursprüngliche Stellung zurück, sondern sobald es erneut von einer entsprechenden Vorstellung gereizt worden ist, wird es noch schneller als vorher zur Begierde entflammt. Und wenn dies dauernd geschieht, dann stumpft es im Laufe der Zeit ab, und diese Krankheit verstärkt die Geldgier. Denn wer Fieber hatte, befindet sich, auch nachdem es zurückgegangen ist, nicht mehr in demselben Zustand wie vor dem Fieberanfall, falls er nicht ganz und gar geheilt ist. Etwas Ähnliches geschieht im Zusammenhang mit den Erregungen der Seele. Gewisse Spuren und Striemen bleiben in ihr zurück, und wenn man sie nicht völlig beseitigt, bekommt man, sobald man erneut auf dieselben Stellen geschlagen wird, keine Striemen mehr, sondern offene Wunden. Wenn du also nicht jähzornig sein willst, nähre deine Veranlagung nicht und gib ihr nichts, was sie verstärken könnte. Am ersten Tag halte dich zurück und zähle dann die folgenden Tage, an denen du nicht in Jähzorn gerätst. «Jeden Tag pflegte ich zornig zu werden, dann nur noch jeden zweiten Tag, dann alle drei, dann nur noch alle vier Tage.» Wenn du aber dreißig Tage ohne Zorn überstanden hast, dann bringe Gott ein Dankopfer dar. Denn deine Veranlagung wird zuerst geschwächt und dann vollständig beseitigt. «Heute habe ich mich nicht geärgert, den nächsten Tag

ριον οὐδ' ἐφεξῆς διμήνῳ καὶ τριμήνῳ· ἀλλὰ προσέσχον
γενομένων τινῶν ἐρεθιστικῶν.' γίγνωσκε ὅτι κομψῶς
σοί ἐστιν. 'σήμερον καλὸν ἰδὼν ἢ καλὴν οὐκ εἶπον αὐτὸς ἐμαυτῷ ὅτι 'ὤφελόν τις μετὰ ταύτης ἐκοιμήθη' καὶ
'μακάριος ὁ ἀνὴρ αὐτῆς'· ὁ γὰρ τοῦτ' εἰπὼν 'μακάριος'
καὶ 'ὁ μοιχός'· οὐδὲ τὰ ἑξῆς ἀναζωγραφῶ, παροῦσαν
αὐτὴν καὶ ἀποδυομένην καὶ παρακατακλινομένην. κατα-
ψῶ τὴν κορυφήν μου καὶ λέγω· εὖ, Ἐπίκτητε, κομψὸν
σοφισμάτιον ἔλυσας, πολλῷ κομψότερον τοῦ Κυριεύον-
τος. ἂν δὲ καὶ βουλομένου τοῦ γυναικαρίου καὶ νεύον-
τος καὶ προσπέμποντος, ἂν δὲ καὶ ἁπτομένου καὶ συνεγ-
γίζοντος ἀπόσχωμαι καὶ νικήσω, τοῦτο μὲν ἤδη τὸ σό-
φισμα ὑπὲρ τὸν Ψευδόμενον, ὑπὲρ τὸν Ἡσυχάζοντα.
ἐπὶ τούτῳ καὶ μέγα φρονεῖν ἄξιον, οὐκ ἐπὶ τῷ τὸν Κυ-
ριεύοντα ἐρωτῆσαι.

Πῶς οὖν γένηται τοῦτο; θέλησον ἀρέσαι αὐτός ποτε
σεαυτῷ, θέλησον καλὸς φανῆναι τῷ θεῷ· ἐπιθύμησον
καθαρὸς μετὰ καθαροῦ σαυτοῦ γενέσθαι καὶ μετὰ τοῦ
θεοῦ. εἶθ' ὅταν προσπίπτῃ σοί τις φαντασία τοιαύτη, Πλάτων μὲν ὅτι ἴθι ἐπὶ τὰς ἀποδιοπομπή-
σεις, ἴθι ἐπὶ θεῶν ἀποτροπαίων ἱερὰ ἱκέτης·
ἀρκεῖ κἂν ἐπὶ τὰς τῶν καλῶν καὶ ἀγαθῶν ἀνδρῶν
συνουσίας ἀποχωρήσας πρὸς τούτῳ γίνῃ ἀντεξετάζων,
ἄν τε τῶν ζώντων τινὰ ἔχῃς ἄν τε τῶν ἀποθανόντων.
ἄπελθε πρὸς Σωκράτη καὶ ἴδε αὐτὸν συγκατακείμενον
Ἀλκιβιάδῃ καὶ διαπαίζοντα αὐτοῦ τὴν ὥραν. ἐνθυμήθητι
οἵαν νίκην ποτὲ ἔγνω ἐκεῖνος νενικηκότα ἑαυτόν, οἷα

auch nicht und dann zwei, drei Monate lang nicht; aber ich habe aufgepaßt, wenn irgendwelche Versuchungen an mich herantraten.» Erkenne, daß es gut mit dir steht.

Als ich heute einen hübschen Kerl oder ein schönes Mädchen sah, sagte ich zu mir: «Könnte ich doch mit dem ins Bett gehen» und «Glücklich der Mann». Denn wer hier «glücklich» sagt, ist auch schon der Ehebrecher. Ich male mir auch das Weitere nicht aus – daß sie bei mir ist, sich auszieht und zu mir legt. Ich fasse mich an den Kopf und sage mir: Gut, Epiktet, du hast ein kniffliges Problem gelöst, ein kniffligeres als den sogenannten «Herrschenden»[52]. Aber wenn das Frauenzimmer selbst will, wenn sie mir zunickt und nach mir schickt, ja wenn sie mich sogar berührt und sich an mich schmiegt und wenn ich mich dann zurückhalte und der Versuchung widerstehe – diese Leistung ist noch größer als die Lösung des «Lügners» oder des «Ruhigen»[53]. Darauf kann man mit Recht stolz sein, nicht aber, wenn man den «Herrschenden» nach allen Regeln der Kunst zu entwickeln versteht.

Doch wie kann man das erreichen? Du mußt den Willen haben, dir selbst zu gefallen und vor Gott dich als anständig und tüchtig zu erweisen. Habe den Wunsch, rein zu werden in Gemeinschaft mit dir selbst und mit Gott. Wenn dich einmal eine solche Vorstellung überkommt, dann – so sagt Platon[54] – geh und bring ein Sühneopfer dar und bete zu den unheilabwehrenden Göttern. Es genügt auch, wenn du dich in die Gesellschaft der guten und tüchtigen Männer begibst und dein Verhalten mit ihrer Haltung vergleichst; dabei ist es egal, ob du dir einen von den Lebenden oder von den Toten zum Vorbild nimmst. Geh zu Sokrates und sieh dir an, wie er mit Alkibiades zusammenliegt[55] und über dessen jugendliche Schönheit spottet. Denk daran, wie ihm damals bewußt wurde, welch großen Sieg er errungen hatte, einem

Ὀλύμπια, πόστος ἀφ᾽ Ἡρακλέους ἐγένετο· ἵνα τις, νὴ
τοὺς θεούς, δικαίως ἀσπάζηται αὐτὸν ῾χαῖρε, παράδοξε᾽,
οὐχὶ τοὺς σαπροὺς τούτους πύκτας καὶ παγκρατιαστὰς
οὐδὲ τοὺς ὁμοίους αὐτοῖς, τοὺς μονομάχους. ταῦτα ἀν-
τιθεὶς νικήσεις τὴν φαντασίαν, οὐχ ἑλκυσθήσῃ ὑπ᾽ αὐτῆς. τὸ πρῶτον δ᾽ ὑπὸ τῆς ὀξύτητος μὴ συναρπασθῇς,
ἀλλ᾽ εἰπὲ ῾ἔκδεξαί με μικρόν, φαντασία· ἄφες ἴδω τίς
εἶ καὶ περὶ τίνος, ἄφες σε δοκιμάσω.᾽ καὶ τὸ λοιπὸν μὴ
ἐφῇς αὐτῇ προάγειν ἀναζωγραφούσῃ τὰ ἑξῆς. εἰ δὲ μή,
οἴχεταί σε ἔχουσα ὅπου ἂν θέλῃ. ἀλλὰ μᾶλλον ἄλλην
τινὰ ἀντεισάγαγε καλὴν καὶ γενναίαν φαντασίαν καὶ ταύτην τὴν ῥυπαρὰν ἔκβαλε. κἂν ἐθισθῇς οὕτως γυμνάζεσθαι, ὄψει, οἷοι ὦμοι γίνονται, οἷα νεῦρα, οἷοι τόνοι· νῦν
δὲ μόνον τὰ λογάρια καὶ πλέον οὐδὲ ἕν.
   Οὗτός ἐστιν ὁ ταῖς ἀληθείαις ἀσκητὴς ὁ πρὸς τὰς
τοιαύτας φαντασίας γυμνάζων ἑαυτόν. μεῖνον, τάλας,
μὴ συναρπασθῇς. μέγας ὁ ἀγών ἐστιν, θεῖον τὸ ἔργον,
ὑπὲρ βασιλείας, ὑπὲρ ἐλευθερίας, ὑπὲρ εὐροίας, ὑπὲρ
ἀταραξίας. τοῦ θεοῦ μέμνησο, ἐκεῖνον ἐπικαλοῦ βοη-
θὸν καὶ παραστάτην ὡς τοὺς Διοσκόρους ἐν χειμῶνι
οἱ πλέοντες. ποῖος γὰρ μείζων χειμὼν ἢ ὁ ἐκ φαντασιῶν
ἰσχυρῶν καὶ ἐκκρουστικῶν τοῦ λόγου; αὐτὸς γὰρ ὁ χειμὼν τί ἄλλο ἐστὶν ἢ φαντασία; ἐπεί τοι ἆρον τὸν φόβον
τοῦ θανάτου καὶ φέρε ὅσας θέλεις βροντὰς καὶ ἀστρα-
πὰς καὶ γνώσῃ, ὅση γαλήνη ἐστὶν ἐν τῷ ἡγεμονικῷ καὶ
εὐδία. ἂν δ᾽ ἅπαξ ἡττηθεὶς εἴπῃς ὅτι ὕστερον νικήσεις,

Sieg in Olympia vergleichbar, und welche Stelle er nach
Herakles auf der Siegerliste einnahm[56]. So kann man ihn,
bei den Göttern, zu Recht mit «Heil dir, du Wunderbarer»
begrüßen, nicht aber diese anrüchigen Boxer und Freistil-
ringer oder die Gladiatoren, die diesen Typen entsprechen.
Wenn du diese Gedanken mit deiner Vorstellung kon-
frontierst, dann wirst du sie besiegen und nicht von ihr verführt werden. Die Hauptsache aber ist, daß du dich nicht
gleich von ihrer Attraktivität hinreißen läßt. Sag vielmehr
zu dir selbst: «Warte einen Augenblick auf mich, liebe Vorstellung. Laß sehen, wer du bist und worum es sich handelt;
ich will dich erst prüfen.» Darauf erlaube ihr nicht, sich aus-
zubreiten und das Weitere auszumalen. Sonst hat sie dich
bald da, wo sie dich haben will. Laß statt dessen eine andere
schöne und edle Vorstellung in deine Seele und wirf jene
schmutzige hinaus. Und wenn du dich daran gewöhnt hast,
dich in diesem Sinne zu üben, dann wirst du sehen, was für
Schultern, Muskeln und Sehnen du bekommst. Jetzt aber
gibst du dich nur mit philosophischer Wortklauberei ab, mit
nichts weiter sonst.
Wer sich gegen derartige Vorstellungen wappnet, ist der
wahre Kämpfer. Halt, du Unglücklicher, laß dich nicht unterkriegen. Groß ist der Kampf, göttlich der Lohn: Wahres
Königtum, Freiheit, Glück[57], Seelenruhe. Denk an Gott, ruf
ihn als Helfer und Beschützer an, wie die Seeleute im Sturm
die Dioskuren[58]. Denn welcher Sturm ist heftiger als jener,
der durch mächtige Vorstellungen und Eindrücke erregt
wird, die das vernünftige Denken aus der Seele vertreiben?
Was ist denn der Sturm selbst anderes als eine Vorstellung?
Du brauchst ja bloß die Furcht vor dem Tod[59] zu überwinden und dann laß es donnern und blitzen, wie es will, und du
wirst erkennen, welche Stille und Heiterkeit in deiner
Seele, dem leitenden Prinzip in dir, herrschen. Wenn

εἶτα πάλιν τὸ αὐτό, ἴσθι ὅτι οὕτως ποθ᾽ ἕξεις κακῶς
καὶ ἀσθενῶς, ὥστε μηδ᾽ ἐφιστάνειν ὕστερον ὅτι ἁμαρ-
τάνεις, ἀλλὰ καὶ ἀπολογίας ἄρξῃ πορίζειν ὑπὲρ τοῦ
πράγματος· καὶ τότε βεβαιώσεις τὸ τοῦ Ἡσιόδου, ὅτι
ἀληθές ἐστιν

αἰεὶ δ᾽ ἀμβολιεργὸς ἀνὴρ ἄτῃσι παλαίει.

Πῶς πρὸς τὰς περιστάσεις ἀγωνιστέον.

Αἱ περιστάσεις εἰσὶν αἱ τοὺς ἄνδρας δεικνύουσαι.
λοιπὸν ὅταν ἐμπέσῃ περίστασις, μέμνησο ὅτι ὁ θεός σε
ὡς ἀλείπτης τραχεῖ νεανίσκῳ ⟨συμ⟩βέβληκεν. — Ἵνα
τί; φησίν. — Ἵνα Ὀλυμπιονίκης γένῃ· δίχα δ᾽ ἱδρῶτος
οὐ γίγνεται. ἐμοὶ μὲν οὐδεὶς δοκεῖ κρείσσονα ἐσχη-
κέναι περίστασιν ἧς σὺ ἔσχηκας, ἂν θέλῃς ὡς ἀθλητὴς
νεανίσκῳ χρῆσθαι. καὶ νῦν ἡμεῖς γε εἰς τὴν Ῥώμην
κατάσκοπον πέμπομεν. οὐδεὶς δὲ δειλὸν κατάσκοπον
πέμπει, ἵν᾽, ἂν μόνον ἀκούσῃ ψόφου καὶ σκιάν ποθεν
ἴδῃ, τρέχων ἔλθῃ τεταραγμένος καὶ λέγων ἤδη παρεῖναι
τοὺς πολεμίους. οὕτως νῦν καὶ σὺ ἂν ἐλθὼν ἡμῖν
εἴπῃς ῾φοβερὰ τὰ ἐν Ῥώμῃ πράγματα, δεινόν ἐστι θάνατος, δεινόν ἐστι φυγή, δεινὸν λοιδορία, δεινὸν πενία·
φεύγετε ἄνδρες, πάρεισιν οἱ πολέμιοι᾽, ἐροῦμέν σοι
῾ἄπελθε, σεαυτῷ μαντεύου· ἡμεῖς τοῦτο μόνον ἡμάρτο-
μεν, ὅτι τοιοῦτον κατάσκοπον ἐπέμπομεν᾽.

du dich aber einmal hast unterkriegen lassen und zu dir sagst, beim nächsten Mal wirst du siegen, und dann passiert wieder dasselbe, so sei dir darüber im klaren, du befindest dich am Ende in einem so schlechten Zustand und bist so schwach, daß du später dein eigenes Fehlverhalten nicht einmal mehr merkst. Ja du wirst sogar anfangen, nach Gründen für eine Rechtfertigung deines Handelns zu suchen. Und dann wirst du das Wort des Hesiod[60] bestätigen: «Ewig ringt der Mann, der seine Arbeit aufschiebt, mit seinem Verderben.»

WIE MAN GEGEN DIE SCHWIERIGKEITEN KÄMPFEN MUSS (1, 24)

Was ein Mann ist, beweist er, wenn er in Schwierigkeiten ist. Also denke daran, wenn eine Schwierigkeit auftritt, daß dich Gott wie ein Trainer einem starken Partner gegenübergestellt hat. «Wozu?» fragt man. Damit du Olympiasieger wirst. Ohne Schweiß geht das nicht. Mir scheint, niemand ist mit einer besseren und schöneren Schwierigkeit konfrontiert als du, wenn du nur bereit bist, sie so anzupacken, wie der Athlet seinen starken Gegner. Und jetzt schicken wir einen Kundschafter nach Rom [61]. Niemand schickt aber einen feigen Kundschafter los, der doch nur, sobald er nur ein Geräusch hört und irgendwo einen Schatten sieht, völlig verstört zurückgelaufen kommt und schreit, daß die Feinde schon da seien. Gerade so steht die Sache jetzt. Wenn du kommst und uns meldest: «Die Lage in Rom ist furchtbar, etwas Schreckliches ist der Tod, schrecklich die Verbannung, Beschimpfung, Armut. Flieht, Leute, die Feinde sind da», dann werden wir sagen: «Geh fort und prophezeie dir selbst. Wir haben nur den Fehler gemacht, daß wir einen solchen Kerl als Kundschafter ausschickten.»

Πρὸ σοῦ κατάσκοπος ἀποσταλεὶς Διογένης ἄλλα ἡμῖν
ἀπήγγελκεν. λέγει ὅτι ὁ θάνατος οὐκ ἔστι κακόν,
οὐδὲ γὰρ αἰσχρόν· λέγει ὅτι ἀδοξία ψόφος ἐστὶ
μαινομένων ἀνθρώπων. οἷα δὲ περὶ πόνου, οἷα δὲ
περὶ ἡδονῆς, οἷα περὶ πενίας εἴρηκεν οὗτος ὁ κατάσκοπος.
τὸ δὲ γυμν[ασι]ὸν εἶναι λέγει ὅτι κρεῖσσόν ἐστι
πάσης περιπορφύρου· τὸ δ' ἐπ' ἀστρώτῳ πέδῳ
καθεύδειν λέγει ὅτι μαλακωτάτη κοίτη ἐστίν. καὶ
ἀπόδειξιν φέρει περὶ ἑκάστου τὸ θάρσος τὸ αὑτοῦ, τὴν
ἀταραξίαν, τὴν ἐλευθερίαν, εἶτα καὶ τὸ σωμάτιον στίλ-
βον καὶ συνεστραμμένον. 'οὐδείς', φησίν, 'πολέμιος ἐγ-
γύς ἐστιν· πάντα εἰρήνης γέμει.' πῶς, ὦ Διόγενες;
'ἰδού', φησίν, 'μή τι βέβλημαι, μή τι τέτρωμαι, μή τινα
πέφευγα;' τοῦτ' ἔστιν οἷος δεῖ κατάσκοπος, σὺ δ' ἡμῖν
ἐλθὼν ἄλλα ἐξ ἄλλων λέγεις. οὐκ ἀπελεύσῃ πάλιν καὶ
ὄψει ἀκριβέστερον δίχα τῆς δειλίας;

Τί οὖν ποιήσω; — Τί ποιεῖς, ἐκ πλοίου ὅταν ἐξίῃς;
μή τι τὸ πηδάλιον αἴρεις, μή τι τὰς κώπας; τί οὖν
αἴρεις; τὰ σά, τὴν λήκυθον, τὴν πήραν. καὶ νῦν ἂν
ᾖς μεμνημένος τῶν σῶν, οὐδέποτε τῶν ἀλλοτρίων ἀν-
τιποιήσῃ. λέγει σοι 'θὲς τὴν πλατύσημον'· ἰδοὺ στε-
νόσημος. 'θὲς καὶ ταύτην·' ἰδοὺ ἱμάτιον μόνον. 'θὲς
τὸ ἱμάτιον·' ἰδοὺ γυμνός. 'ἀλλὰ φθόνον μοι κινεῖς.'
λάβε τοίνυν ὅλον τὸ σωμάτιον. ᾧ δύναμαι ῥῖψαι τὸ
σωμάτιον, ἔτι τοῦτο⟨ν⟩ φοβοῦμαι; ἀλλὰ κληρονόμον μ'
οὐκ ἀπολείψει. τί οὖν; ἐπελαθόμην ὅτι τούτων οὐδὲν
ἐμὸν ἦν; πῶς οὖν ἐμὰ αὐτὰ λέγομεν; ὡς τὸν κράβαττον
ἐν τῷ πανδοκείῳ. ἂν οὖν ὁ πανδοκεὺς ἀποθανὼν ἀπολί-

Vor dir war Diogenes[62] als Kundschafter ausgesandt. Er hat uns etwas anderes verkündet[63]. Er hat gesagt: «Der Tod ist kein Übel. Denn er ist keine Schande.» Er sagt: «Üble Nachrede ist das Geschwätz von Idioten.» Was hat dieser Kundschafter über die Anstrengung, über die Lust, über die Armut berichtet? «Nackt zu sein», sagt er, «ist besser als jedes Purpurgewand.» Oder: «Auf dem bloßen Erdboden zu schlafen, bedeutet das weichste Bett.» Und jedes seiner Worte bestätigt er mit seinem Mut, seiner Unerschütterlichkeit, seiner Freiheit und seinem vor Gesundheit strotzenden und gut trainierten Körper. «Kein Feind ist in der Nähe. Alles ist von Frieden erfüllt.» Wieso, Diogenes? «Sieh mich an. Bin ich etwa getroffen oder verwundet? Bin ich etwa vor jemandem geflohen?» Das ist ein Kundschafter, wie er sein muß. Du aber kommst zu uns und erzählst uns Schauergeschichten. Willst du nicht wieder umkehren und genauer hinsehen – frei von Angst?

«Was soll ich nun tun?» Was tust du, wenn du von Bord an Land gehst? Nimmst du etwa das Steuer oder die Ruder mit? Was nimmst du denn mit? Dein Gepäck, die Ölflasche, den Ranzen. Auch jetzt wirst du, wenn du an dein Eigentum denkst, niemals auf etwas Anspruch erheben, was dir nicht gehört. Er[64] sagt zu dir: «Lege die Toga mit dem breiten Saum[65] ab.» Du ziehst die Toga mit dem schmalen Saum[66] an. «Leg auch diese ab.» Du hast nur noch den Überwurf[67]. «Leg den Überwurf ab.» Du bist nackt. «Aber du machst mich neidisch.» So nimm also meinen ganzen Körper. Wem ich meinen Körper vor die Füße werfen kann, vor dem soll ich noch Angst haben? «Aber er wird mich nicht als seinen Erben einsetzen.» Was soll das? Habe ich denn ganz vergessen, daß mir nichts von diesen Dingen je gehört hat? Wie können wir da sagen, es gehörte mir? Doch nur so, wie das Bett im Gasthaus. Wenn der Gastwirt stirbt, kann er dir

πῃ σοι τοὺς κραβάττους· ἂν δ᾽ ἄλλῳ, ἐκεῖνος ἕξει, σὺ
δ᾽ ἄλλον ζητήσεις· ἂν οὖν μὴ εὕρῃς, χαμαὶ κοιμήσῃ
μόνον· θαρρῶν καὶ ῥέγκων καὶ μεμνημένος ὅτι ἐν τοῖς
πλουσίοις καὶ βασιλεῦσι καὶ τυράννοις αἱ τραγῳδίαι
τόπον ἔχουσιν, οὐδεὶς δὲ πένης τραγῳδίαν συμπληροῖ
εἰ μὴ ὡς χορευτής. οἱ δὲ βασιλεῖς ἄρχονται μὲν ἀπ᾽
ἀγαθῶν·

στέψατε δώματα·

εἶτα περὶ τρίτον ἢ τέταρτον μέρος·

ἰὼ Κιθαιρών, τί μ᾽ ἐδέχου;

ἀνδράποδον, ποῦ οἱ στέφανοι, ποῦ τὸ διάδημα; οὐδέν
σε ὠφελοῦσιν οἱ δορυφόροι; ὅταν οὖν ἐκείνων τινὶ
προσίῃς, τούτων μέμνησο, ὅτι τραγῳδῷ προσέρχῃ, οὐ
τῷ ὑποκριτῇ, ἀλλ᾽ αὐτῷ τῷ Οἰδίποδι. 'ἀλλὰ μακάριος
ὁ δεῖνα· μετὰ πολλῶν γὰρ περιπατεῖ.' κἀγὼ συγκατα-
τάττω ἐμαυτὸν σὺν τοῖς πολλοῖς καὶ μετὰ πολλῶν περιπατῶ. τὸ δὲ κεφάλαιον· μέμνησο ὅτι ἡ θύρα ἤνοικται.
μὴ γίνου τῶν παιδ⟨ί⟩ων δειλότερος, ἀλλ᾽ ὡς ἐκεῖνα, ὅταν
αὐτοῖς μὴ ἀρέσκῃ τὸ πρᾶγμα, λέγει 'οὐκέτι παίξω', καὶ
σύ, ὅταν σοι φαίνηταί τινα εἶναι τοιαῦτα, εἰπὼν 'οὐκέτι
παίξω' ἀπαλλάσσου, μένων δὲ μὴ θρήνει.

Περὶ προσοχῆς.

Ὅταν ἀφῇς πρὸς ὀλίγον τὴν προσοχήν, μὴ τοῦτο
φαντάζου, ὅτι, ὁπόταν θέλῃς, ἀναλήψῃ αὐτήν, ἀλλ᾽

natürlich die Betten hinterlassen. Falls er sie aber jemand anders vermacht, wird der sie besitzen, und du wirst dir ein anderes Bett suchen müssen. Wenn du aber keins findest, dann mußt du auf dem nackten Boden schlafen. Dir bleiben dann nur deine Zuversicht, dein Schnarchen und der Gedanke, daß die Tragödien unter den Reichen, den Königen und den Tyrannen spielen und daß kein Armer eine tragische Rolle bekommt, es sei denn als Mitglied des Chores. Die Könige aber beginnen das Drama in ungetrübtem Glück: «Schmückt den Palast mit Girlanden.» Im dritten oder vierten Akt heißt es dann aber: «Ach, Kithairon[68], warum nahmst du mich auf[69]?» Du Sklave, wo sind deine Kränze, wo ist dein königlicher Schmuck? Nützt dir deine Leibwache nun nichts mehr?

Wenn du also einem dieser großen Männer begegnest, dann denk daran, daß du einer tragischen Gestalt begegnest, keinem Schauspieler, sondern Ödipus selbst. «Aber der da ist glücklich. Denn er geht mit vielen Begleitern spazieren.» Auch ich schließe mich der Masse an und gehe mit großem Gefolge. Die Hauptsache ist, vergiß nicht, die Tür steht offen. Sei nicht ängstlicher als die Kinder, sondern mach es wie diese: Wenn ihnen die Sache keinen Spaß mehr macht, sagen sie: «Ich will nicht mehr mitspielen.» Sag auch du, wenn dir die Verhältnisse untragbar erscheinen: «Ich will nicht mehr mitspielen», und entferne dich einfach; falls du aber bleibst, so klage nicht.

ÜBER DIE AUFMERKSAMKEIT (4, 12)

Wenn du in deiner Aufmerksamkeit nur ein Weilchen nachläßt, dann – das bilde dir nicht ein – kannst du sie nicht mehr nach Belieben wieder aufnehmen. Es muß dir viel-

ἐκεῖνο πρόχειρον ἔστω σοι, ὅτι παρὰ τὸ σήμερον ἁμαρ-
τηθὲν εἰς τἆλλα χεῖρον ἀνάγκη σοι τὰ πράγματα ἔχειν.
πρῶτον μὲν γὰρ τὸ πάντων χαλεπώτατον ἔθος τοῦ μὴ
προσέχειν ἐγγίνεται, εἶτα ἔθος τοῦ ἀναβάλλεσθαι τὴν
προσοχήν· ἀ[ι]εὶ δ' εἰς ἄλλον καὶ ἄλλον χρόνον εἴωθας
ὑπερτίθεσθαι τὸ εὐροεῖν, τὸ εὐσχημονεῖν, τὸ κατὰ φύσιν ἔχειν καὶ διεξάγειν. εἰ μὲν οὖν λυσιτελὴς ἡ ὑπέρ-
θεσίς ἐστιν, ἡ παντελὴς ἀπόστασις αὐτῆς ἐστι λυσιτε-
λεστέρα· εἰ δ' οὐ λυσιτελεῖ, τί οὐχὶ διηνεκῆ τὴν προσοχὴν φυλάσσεις; 'σήμερον παῖξαι θέλω.' τί οὖν ⟨κωλύει⟩
προσέχοντα; 'ᾆσαι.' τί οὖν κωλύει προσέχοντα; μὴ γὰρ
ἐξαιρεῖταί τι μέρος τοῦ βίου, ἐφ' ὃ οὐ διατείνει τὸ
προσέχειν;‖ χεῖρον γὰρ αὐτὸ προσέχων ποιήσεις, βέλτιον
δὲ μὴ προσέχων; καὶ τί ἄλλο τῶν ἐν τῷ βίῳ κρεῖσσον
ὑπὸ τῶν μὴ προσεχόντων γίνεται; ὁ τέκτων μὴ προσέχων*............; ⟨ὁ κυβερνήτης μὴ προσέχων⟩ κυ-
βερνᾷ ἀσφαλέστερον; ἄλλο δέ τι τῶν μικροτέρων ἔργων
ὑπὸ ἀπροσεξίας ἐπιτελεῖται κρεῖσσον; οὐκ αἰσθάνῃ, ὅτι,
ἐπειδὰν ἀφῇς τὴν γνώμην, οὐκ ἔτι ἐπὶ σοί ἐστιν ἀνακα-
λέσασθαι αὐτήν, οὐκ ἐπὶ τὸ εὔσχημον, οὐκ ἐπὶ τὸ αἰδῆμον, οὐκ ἐπὶ τὸ κατεσταλμένον; ἀλλὰ πᾶν τὸ ἐπελθὸν
ποιεῖς, ταῖς προθυμίαις ἐπακολουθεῖς.

Τίσιν οὖν δεῖ με προσέχειν; — Πρῶτον μὲν ἐκείνοις
τοῖς καθολικοῖς καὶ ἐκεῖνα πρόχειρα ἔχειν καὶ χωρὶς
ἐκείνων μὴ καθεύδειν, μὴ ἀνίστασθαι, μὴ πίνειν, μὴ
ἐσθίειν, μὴ συμβάλλειν ἀνθρώποις· ὅτι προαιρέσεως

---

* τεκταίνει ἀκριβέστερον.

mehr klar sein, daß sich deine Lage aufgrund des heute ge-
machten Fehlers auch in anderer Beziehung zwangsläufig
verschlechtert hat. Denn zuerst entsteht die schlimmste aller Gewohnheiten, nicht aufmerksam zu sein und die Aufmerksamkeit erst später wieder aufnehmen zu wollen. So
gewöhnst du dich daran, das Glück, die Anständigkeit, das
naturgemäße Verhalten und ein entsprechendes Leben von
einer Gelegenheit zur anderen zu verschieben. Wenn dieses
Aufschieben nützlich wäre, dann wäre es noch nützlicher,
auf die Aufmerksamkeit ganz zu verzichten. Wenn Aufschieben aber nichts nützt, warum achtest du dann nicht auf
dauernde Aufmerksamkeit? «Heute will ich spielen.» Was
hindert dich daran, wenn du zugleich aufmerksam bist?
«Ich will singen.» Warum nicht, wenn du zugleich aufmerksam bist? Denn es gibt doch wohl keine Tätigkeit im
Leben, die nicht auf Aufmerksamkeit angewiesen wäre.
Wirst du diese etwa schlechter ausüben, wenn du aufmerksam, oder besser, wenn du unaufmerksam bist? Und was
wird sonst im Leben von den Unaufmerksamen besser gemacht? Baut etwa der unaufmerksame Baumeister mit größerer Genauigkeit? Steuert etwa der unaufmerksame Steuermann sicherer? Oder wird eine andere unbedeutendere
Arbeit aufgrund von Unaufmerksamkeit besser ausge-
führt? Merkst du nicht, daß es dir nicht mehr möglich ist,
wenn du deinen Verstand einmal nicht gebrauchst, ihn
nachher wieder in Gang zu setzen, um anständig, zurückhaltend und maßvoll zu sein? Du tust vielmehr alles, was
dir gerade einfällt; du folgst deinen Neigungen und Regun-
gen.

Worauf muß ich denn besonders achtgeben? Vor allem
auf die allgemeinen Grundsätze (des sittlichen Lebens). Du
mußt sie stets gegenwärtig haben und darfst ohne sie nicht
schlafen, aufstehen, trinken, essen und mit Menschen zu-

ἀλλοτρίας κύριος οὐδείς, ἐν ταύτῃ δὲ μόνῃ τἀγαθὸν καὶ κακόν. οὐδεὶς οὖν κύριος οὔτ' ἀγαθόν
μοι περιποιῆσαι οὔτε κακῷ με περιβαλεῖν, ἀλλ' ἐγὼ αὐτὸς ἐμαυτοῦ κατὰ ταῦτα ἐξουσίαν ἔχω μόνος. ὅταν οὖν
ταῦτα ἀσφαλῆ μοι ᾖ, τί ἔχω περὶ τὰ ἐκτὸς ταράσσεσθαι;
ποῖος τύραννος φοβερός, ποία νόσος, ποία πενία, ποῖον
πρόσκρουσμα; — Ἀλλ' οὐκ ἤρεσα τῷ δεῖνι. — Μὴ οὖν
ἐκεῖνος ἐμόν ἐστιν ἔργον, μή τι ἐμὸν κρίμα; — Οὔ. —
Τί οὖν ἔτι μοι μέλει; — Ἀλλὰ δοκεῖ τις εἶναι. — Ὄψεται αὐτὸς καὶ οἷς δοκεῖ, ἐγὼ δ' ἔχω, τίνι με δεῖ ἀ-
ρέσκειν, τίνι ὑποτετάχθαι, τίνι πείθεσθαι· τῷ θεῷ καὶ
μετ' ἐκεῖνον*...... ἐμὲ ἐκεῖνος συνέστησεν ἐμαυτῷ καὶ
τὴν ἐμὴν προαίρεσιν ὑπέταξεν ἐμοὶ μόνῳ δοὺς κανόνας
εἰς χρῆσιν αὐτῆς τὴν ὀρθήν,‖ οἷς ὅταν κατακολουθήσω,
ἐν συλλογισμοῖς οὐκ ἐπιστρέφομαι οὐδενὸς τῶν ἄλλο
τι λεγόντων, ἐν μεταπίπτουσιν οὐ φροντίζω οὐδενός.
διὰ τί οὖν ἐν τοῖς μείζοσιν ἀνιῶσί με οἱ ψέγοντες; τί
τὸ αἴτιον ταύτης τῆς ταραχῆς; οὐδὲν ἄλλο ἢ ὅτι ἐν τούτῳ τῷ τόπῳ ἀγύμναστός εἰμι. ἐπεί τοι πᾶσα ἐπιστήμη
καταφρονητική ἐστι τῆς ἀγνοίας καὶ τῶν ἀγνοούντων
καὶ οὐ μόνον αἱ ἐπιστῆμαι, ἀλλὰ καὶ αἱ τέχναι. φέρε
ὃν θέλεις σκυτέα καὶ τῶν πολλῶν καταγελᾷ περὶ τὸ
αὑτοῦ ἔργον· φέρε ὃν θέλεις τέκτονα.

Πρῶτον μὲν οὖν ταῦτα ἔχειν πρόχειρα καὶ μηδὲν

* ἐμοί.

sammen sein. Außerdem mußt du im Auge behalten, daß niemand auf die moralische Entscheidung eines anderen Einfluß hat und daß in ihr allein das Gute und das Böse begründet liegen. Folglich hat auch niemand die Macht, mir etwas Gutes oder Böses zu tun, sondern ich allein habe in dieser Hinsicht die Macht über mich selbst. Wenn ich also in diesem Bereich sicher bin, was brauche ich mich da wegen der Vorgänge draußen beunruhigen zu lassen? Welcher Tyrann kann mir Angst machen, welche Krankheit, welche Armut, welche Unannehmlichkeit? «Aber ich habe Herrn So-und-So nicht gefallen.» Was jener tut und läßt, ist doch wohl nicht meine Sache und unterliegt auch nicht meinem Urteil? Nein. Was interessiert es mich also noch? «Aber er scheint doch jemand zu sein.» Er selbst und diejenigen, die etwas von ihm halten, werden es so sehen; ich aber weiß, wem ich gefalle, wem ich mich füge, wem ich gehorchen muß: Gott und danach mir. Mich hat er mir selbst anvertraut und meine moralische Entscheidung mir allein unterstellt und mir dazu Maßstäbe zum richtigen Gebrauch der moralischen Entscheidung gegeben. Wenn ich diesen Maßstäben gerecht werde, kümmere ich mich bei logischen Schlüssen um keinen von denen, die etwas anderes behaupten; bei hypothetischen Urteilen[70] verschwende ich keinen Gedanken an jemand anders. Warum ärgere ich mich bei den viel wichtigeren Fragen über die Leute, die mich tadeln? Was ist die Ursache für diese Beunruhigung? Keine andere als die, daß ich auf diesem Gebiet ohne Übung bin. Verachtet doch jede Wissenschaft die Unwissenheit und die Unwissenden, und nicht nur die Wissenschaften, sondern auch die Künste tun das. Nimm einen beliebigen Schuhmacher: Er lacht über die Menge, wenn es um seine Arbeit geht. Dasselbe tut auch jeder Zimmermann.

Zuerst also muß man diese (allgemeinen Grundsätze des

δίχα τούτων ποιεῖν, ἀλλὰ τετάσθαι τὴν ψυχὴν ἐπὶ τοῦτον τὸν σκοπόν, μηδὲν τῶν ἔξω διώκειν, μηδὲν τῶν
ἀλλοτρίων, ἀλλ' ὡς διέταξεν ὁ δυνάμενος, τὰ προαιρετικὰ ἐξ ἅπαντος, τὰ δ' ἄλλα ὡς ἂν διδῶται. ἐπὶ τούτοις
δὲ μεμνῆσθαι, τίνες ἐσμὲν καὶ τί ἡμῖν ὄνομα, καὶ πρὸς
τὰς δυνάμεις τῶν σχέσεων πειρᾶσθαι τὰ καθήκοντα
ἀπευθύνειν· τίς καιρὸς ᾠδῆς, τίς καιρὸς παιδ[ε]ιᾶς, τίνων παρόντων· τί ἔσται ἀπὸ τοῦ πράγματος· μή τι κα-
ταφρονήσωσιν ἡμῶν ⟨οἱ⟩ συνόντες, μή τι ἡμεῖς αὐτῶν·
πότε σκῶψαι καὶ τίνας ποτὲ καταγελάσαι καὶ ἐπὶ τίνι
ποτὲ συμπεριενεχθῆναι καὶ τίνι, καὶ λοιπὸν ἐν τῇ συμ-
περιφορᾷ πῶς τηρῆσαι τὸ αὐτοῦ. ὅπου δ' ἂν ἀπονεύ-
σῃς ἀπό τινος τούτων, εὐθὺς‖ ζημία, οὐκ ἔξωθέν ποθεν,
ἀλλ' ἐξ αὐτῆς τῆς ἐνεργ⟨ε⟩ίας.

Τί οὖν; δυνατὸν ἀναμάρτητον ἤδη εἶναι; ἀμήχανον,
ἀλλ' ἐκεῖνο δυνατὸν πρὸς τὸ μὴ ἁμαρτάνειν τετάσθαι
διηνεκῶς. ἀγαπητὸν γάρ, εἰ μηδέποτ' ἀνιέντες ταύτην
τὴν προσοχὴν ὀλίγων γε ἁμαρτημάτων ἐκτὸς ἐσόμεθα.
νῦν δ' ὅταν εἴπῃς 'ἀπαύριον προσέξω', ἴσθι ὅτι τοῦτο
λέγεις 'σήμερον ἔσομαι ἀναίσχυντος, ἄκαιρος, ταπεινός·
ἐπ' ἄλλοις ἔσται τὸ λυπεῖν με· ὀργισθήσομαι σήμερον,
φθονήσω'. βλέπε, ὅσα κακὰ σεαυτῷ ἐπιτρέπεις. ἀλλ' εἰ

sittlichen Lebens) gegenwärtig haben und nichts ohne sie tun, sondern seine Seele auf dieses Ziel hin ausrichten. Man darf keinem von den äußeren Dingen und von denen, die uns nicht gehören, nachjagen; aber – wie es der angeordnet hat, der die Macht hat – den Dingen, die im Bereich unserer moralischen Entscheidung liegen, müssen wir unsere gesamte Aufmerksamkeit widmen, und den übrigen Dingen, wie es sich gerade ergibt. Und außerdem müssen wir daran denken, wer wir sind und was unsere Bestimmung ist, und versuchen, die Erfüllung unserer Pflichten nach den Möglichkeiten unserer sozialen Beziehungen auszurichten. Wir müssen daran denken, was der günstigste Zeitpunkt zum Singen oder Spielen ist und welche Leute dabei sein sollen, ferner welche Folgen unser Handeln hat, damit uns die Anwesenden nicht verachten und wir sie ebensowenig, wann es angebracht ist zu spotten, wen man auslachen darf und zu welchem Zweck und mit wem wir in gesellschaftlichen Kontakt treten und schließlich wie man dabei seine eigene Persönlichkeit bewahren kann. Wo du aber von einem dieser Grundsätze abweichst, folgt die Strafe auf dem Fuße, nicht von außen irgendwoher, sondern sie erwächst aus der Handlung selbst.

Was bedeutet das? Ist es möglich, von vornherein ohne Fehler zu sein? Ausgeschlossen; aber es ist möglich, unablässig danach zu streben, Fehler zu vermeiden. Denn wir müssen schon zufrieden sein, wenn wir, indem wir niemals in unserer Aufmerksamkeit nachlassen, wenigstens einige Fehler vermeiden. Wenn du jetzt aber sagst: «Morgen werde ich aufmerksam sein», dann sei dir darüber im klaren, daß du damit sagst: «Heute werde ich schamlos, taktlos und niederträchtig sein; von anderen wird es abhängen, mich zu kränken; heute werde ich in Zorn geraten und neidisch sein.» Sieh dir das Übel an, das du dir selbst zuziehst.

σ⟨οι⟩ αὔριον καλῶς ἔχει, πόσῳ κρεῖττον σήμερον· εἰ
αὔριον συμφέρει, πολὺ μᾶλλον σήμερον, ἵνα καὶ αὔριον
δυνηθῇς καὶ μὴ πάλιν ἀναβάλῃ εἰς τρίτην.

Πῶς ἀπὸ τῶν ὀνομάτων τὰ καθήκοντα
ἔστιν εὑρίσκειν.

Σκέψαι τίς εἶ. τὸ πρῶτον ἄνθρωπος, τοῦτο δ' ἔστιν
οὐδὲν ἔχων κυριώτερον προαιρέσεως, ἀλλὰ ταύτῃ τὰ
ἄλλα ὑποτεταγμένα, αὐτὴν δ' ἀδούλευτον καὶ ἀνυπό-
τακτον. σκόπει οὖν, τίνων κεχώρισαι κατὰ λόγον. κεχώρισαι θηρίων, κεχώρισαι προβάτων. ἐπὶ τούτοις πολίτης εἶ τοῦ κόσμου καὶ μέρος αὐτοῦ, οὐχ ἓν τῶν ὑπηρε-
τικῶν, ἀλλὰ τῶν προηγουμένων· παρακολουθητικὸς γὰρ
εἶ τῇ θείᾳ διοικήσει καὶ τοῦ ἑξῆς ἐπιλογιστικός. τίς
οὖν ἐπαγγελία πολίτου; μηδὲν ἔχειν ἰδίᾳ συμφέρον,
περὶ μηδενὸς βουλεύεσθαι ὡς ἀπόλυτον, ἀλλ' ὥσπερ ἄν,
εἰ ἡ χεὶρ ἢ ὁ πούς λογισμὸν εἶχον καὶ παρηκολούθουν
τῇ φυσικῇ κατασκευῇ, οὐδέποτ' ἂν ἄλλως ὥρμησαν ἢ
ὠρέχθησαν ἢ ἐπανενεγκόντες ἐπὶ τὸ ὅλον. διὰ τοῦτο
καλῶς λέγουσιν οἱ φιλόσοφοι ὅτι εἰ προῄδει ὁ καλὸς
καὶ ἀγαθὸς τὰ ἐσόμενα, συνήργει ἂν καὶ τῷ
νοσεῖν καὶ τῷ ἀποθνῄσκειν καὶ τῷ πηροῦσθαι,
αἰσθανόμενός γε, ὅτι ἀπὸ τῆς τῶν ὅλων διατάξεως τοῦτο

Doch wenn es dir morgen gefällt, (aufmerksam zu sein,) wieviel besser wäre es schon heute? Wenn es dir morgen nützlich ist, dann ist es das heute noch viel mehr, damit du auch morgen die Kraft dazu hast und es nicht wieder auf übermorgen verschiebst.

WIE MAN AUS DEN NAMEN, DIE MAN TRÄGT, SEINE PFLICHTEN ABLEITEN KANN (2, 10)

Prüfe, wer du bist. Zuerst ein Mensch, das heißt du hast nichts Stärkeres in dir als deine moralische Entscheidung. Dieser ist alles andere untergeordnet; sie kann von niemandem geknechtet und unterworfen werden. Überlege nun, von welchen Wesen du dich kraft deiner Vernunft unterscheidest. Du unterscheidest dich von den wilden Tieren und von den Haustieren. Außerdem bist du ein Bürger des Universums und ein Teil von ihm, aber keiner von den untergeordneten, die fremden Zwecken dienen, sondern von denen, die ihren Zweck in sich selbst haben. Denn du kannst mit deinem Geist der göttlichen Weltregierung folgen und alles, was damit zusammenhängt, durchdenken. Was ist nun die Pflicht eines Bürgers? Er sucht keinen persönlichen Vorteil und faßt keine Pläne, als ob er ein isoliertes Einzelwesen wäre, sondern genauso, wie die Hand oder der Fuß, wenn sie denken und die natürliche Organisation des Körpers begreifen könnten, sich nie anders bewegen oder ausstrecken würden als in Rücksicht auf das Ganze. Deshalb haben die Philosophen recht: Wenn der anständige und tüchtige Mensch die Zukunft voraussähe, dann würde er seine Krankheit, sein Sterben und seine Verstümmelung noch von sich aus fördern und unterstützen, weil er erkennt, daß ihm dieses von der Verwaltung des Ganzen zu-

ἀπονέμεται, κυριώτερον δὲ τὸ ὅλον τοῦ μέρους καὶ ἡ πόλις τοῦ πολίτου. νῦν δ᾿ ὅτι οὐ προγιγνώσκομεν, καθήκει τῶν πρὸς ἐκλογὴν εὐφυεστέρων ἔχεσθαι, ὅτι καὶ πρὸς τοῦτο γεγόναμεν.

Μετὰ τοῦτο μέμνησο, ὅτι υ⟨ἱ⟩ὸς εἶ. τίς τούτου τοῦ προσώπου ἐπαγγελία; πάντα ⟨τὰ⟩ αὐτοῦ ἡγεῖσθαι τοῦ πατρός, πάντα ὑπακούειν, μηδέποτε ψέξαι πρός τινα μηδὲ βλαβερόν τι αὐτῷ εἰπεῖν ἢ πρᾶξαι, ἐξίστασθαι ἐν πᾶσιν καὶ παραχωρεῖν συνεργοῦντα κατὰ δύναμιν. μετὰ τοῦτο ἴσθι ὅτι καὶ ἀδελφὸς εἶ. καὶ πρὸς τοῦτο δὲ τὸ πρόσωπον ὀφείλεται παραχώρησις, εὐπ⟨ε⟩ίθεια, εὐφημία, μηδέποτ᾿ ἀντιποιήσασθαί τινος πρὸς [ε]αὐτὸν τῶν ἀπροαιρέτων, ἀλλ᾿ ἡδέως ἐκεῖνα προΐεσθαι, ἵν᾿ ἐν τοῖς προαιρετικοῖς πλέον ἔχῃς. ὅρα γὰρ οἷόν ἐστιν ἀντὶ θιδράκος, ἂν οὕτως τύχῃ, καὶ καθέδρας αὐτὸν εὐγνωμοσύνην κτήσασθαι, ὅση ἡ πλεονεξία. μετὰ ταῦτα εἰ βουλευτὴς πόλεώς τινος, ὅτι βουλευτής· ⟨εἰ⟩ νέος, ὅτι νέος· εἰ πρεσβύτης, ὅτι πρεσβύτης· εἰ πατήρ, ὅτι πατήρ. ἀεὶ γὰρ ἕκαστον τῶν τοιούτων ὀνομάτων εἰς ἐπιλογισμὸν ἐρχόμενον ὑπογράφει τὰ οἰκεῖα ἔργα. ἐὰν δ᾿ ἀπελθὼν ψέγῃ⟨ς⟩ σου τὸν ἀδελφόν, λέγω σοι ᾿ἐπελά-

geteilt wird und daß das Ganze wichtiger ist als der Teil und die Stadt wichtiger als der einzelne Bürger. Weil wir aber die Zukunft nicht voraussehen, ist es unsere Pflicht, uns an das zu halten, was einer verantwortungsvollen Auswahl[71] eher zugänglich ist; denn wir sind zur Erfüllung dieser Aufgabe geschaffen.

Danach denke daran, daß du ein Sohn bist. Welche Pflicht ergibt sich aus dieser Rolle? Alle eigenen Angelegenheiten für Angelegenheiten des Vaters zu halten, ihm in jeder Hinsicht gehorsam zu sein, ihn niemals vor anderen schlecht zu machen und auch nichts zu sagen oder zu tun, was ihm schädlich ist, ihm in allen Dingen nachzugeben und ihm Platz zu machen und ihn nach Kräften zu unterstützen.

Dann sei dir darüber im klaren, daß du auch ein Bruder bist. Auch angesichts dieser Rolle besteht eine Verpflichtung zum Nachgeben, zum Gehorsam, zu freundlichen Worten. Außerdem darfst du deinem Bruder gegenüber niemals auf etwas Anspruch erheben, das nicht im Einflußbereich deiner moralischen Entscheidung liegt, sondern du mußt ihm dieses gern überlassen, damit du ihm in den Angelegenheiten, die im Bereich deiner moralischen Entscheidung liegen, überlegen bist. Denn sieh doch, was es bedeutet, für den Preis eines Salatkopfes, wenn es sich so ergibt, und eines Sessels eine gute Seele zu gewinnen. Was ist das für ein schöner Gewinn.

Ferner denke daran, wenn du Ratsherr in einer Stadt bist, daß du Ratsherr, wenn du jung bist, daß du jung, wenn du alt bist, daß du alt, wenn du Vater bist, daß du Vater bist. Denn stets bezeichnet ein jeder dieser Namen, wenn man ihn genau betrachtet, die besonderen Pflichten seines Trägers. Wenn du aber hingehst und schwärzt deinen Bruder an, dann sage ich dir: «Du hast vergessen, wer du bist und

θου, τίς εἶ καὶ τί σοι ὄνομα'. εἶτα εἰ μὲν χαλκεὺς
ὢν ἐχρῶ τῇ σφύρᾳ ἄλλως, ἐπιλελησμένος ἂν ἦς τοῦ
χαλκέως· εἰ δὲ τοῦ ἀδελφοῦ ἐπελάθου καὶ. ἀντὶ ἀδελφοῦ ἐχθρὸς ἐγένου, οὐδὲν ἀντ' οὐδενὸς ἠλλάχθαι φανεῖ
σεαυτῷ; εἰ δ' ἀντὶ ἀνθρώπου, ἡμέρου ζῴου καὶ κοινωνικοῦ, θηρίον γέγονας βλαβερόν, ἐπίβουλον, δηκτι-
κόν, οὐδὲν ἀπολώλεκας; ἀλλὰ δεῖ σε κέρμα ἀπολέσαι,
ἵνα ζημιωθῇς, ἄλλ⟨ου δ'⟩ οὐδενὸς ἀπώλεια ζημιοῖ τὸν
ἄνθρωπον; εἰ⟨τα⟩ γραμματικὴν μὲν ἀποβαλὼν ἢ μουσικὴν ζημίαν ⟨ἂν⟩ ἡγοῦ τὴν ἀπώλειαν αὐτῆς· εἰ δ'
αἰδῶ καὶ καταστολὴν καὶ ἡμερότητα ἀποβαλεῖς, οὐδὲν
ἡγῇ τὸ πρᾶγμα; καίτοι ἐκεῖνα μὲν παρ' ἔξωθέν τινα καὶ
ἀπροαίρετον αἰτίαν ἀπόλλυται, ταῦτα δὲ παρ' ἡμᾶς·
καὶ ἐκεῖνα μὲν οὔτ' ἔχειν ⟨καλόν ἐστιν⟩ οὔτ' ἀπολ-
λύειν αἰσχρόν ἐστιν, ταῦτα δὲ καὶ μὴ ἔχειν καὶ ἀπολ-
λύειν καὶ αἰσχρόν ἐστι καὶ ἐπονείδιστον καὶ ἀτύχημα.
τί ἀπολλύει ὁ τὰ τοῦ κιναίδου πάσχων; τὸν ἄνδρα.
ὁ δὲ διατιθείς; πολλὰ μὲν καὶ ἄλλα καὶ αὐτὸς δ' οὐδὲν
ἧττον ⟨τὸν⟩ ἄνδρα. τί ἀπολλύει ὁ μοιχεύων; τὸν αἰδήμονα, τὸν ἐγκρατῆ, τὸν κόσμιον, τὸν πολίτην, τὸν γείτονα. τί ἀπολλύει ὁ ὀργιζόμενος; ἄλλο τι. ὁ φοβούμενος; ἄλλο τι. οὐδεὶς δίχα ἀπωλείας καὶ ζημίας κακός
ἐστιν. λοιπὸν εἰ τὴν ζημίαν ζητεῖς ἐν κέρματι, πάντες
οὗτοι ἀβλαβεῖς, ἀζήμιοι, ἂν οὕτως τύχῃ, καὶ ὠφελού-

wie dein Name lautet.» Wenn du ein Schmied wärst und
würdest den Hammer falsch gebrauchen, dann hättest du
vergessen, daß du ein Schmied bist. Wenn du aber vergessen hättest, daß du ein Bruder bist, und statt dessen ein
Feind geworden wärst, glaubtest du da wirklich, nichts für
nichts eingetauscht zu haben? Wenn du aber statt eines
Menschen, eines freundlichen und sozialen Wesens, ein
schädliches, heimtückisches, bissiges wildes Tier geworden
bist, hast du dann nichts verloren? Aber ist es denn nötig,
erst Geld zu verlieren, um einen Schaden zu erleiden? Gibt
es denn nichts anderes, dessen Verlust den Menschen schädigt? Wenn du die Fähigkeit zu schreiben oder zu musizieren verloren hättest, dann würdest du diesen Verlust als
Schaden ansehen. Wenn du aber Zurückhaltung[72], Würde
und Freundlichkeit verlieren wirst, hältst du das für bedeutungslos? Allerdings verliert man jene Fähigkeiten durch
eine äußere und unserer moralischen Entscheidung nicht
ausgesetzte Ursache, diese Eigenschaften aber durch eigene
Schuld. Es ist weder eine Ehre, jene Fähigkeiten zu besitzen,
noch eine Schande, sie zu verlieren. Diese Eigenschaften
aber nicht zu haben und zu verlieren, ist eine Schande, eine
Schmach und ein Unglück. Was verliert der Mensch, der
sich widernatürlicher Lust hingibt? Seine Eigenschaft, ein
Mann zu sein. Und der andere, der ihn zum Werkzeug seiner Lust macht? Vieles andere und ebenso auch seine Eigenschaft, ein Mann zu sein. Was verliert der Ehebrecher? Die
Eigenschaft, ein von Schamgefühl geprägter, beherrschter
und vornehmer Mann, ein Bürger und Nachbar zu sein.
Was verliert der Jähzornige? Entsprechendes. Der Ängst-
liche? Entsprechendes. Kein Mensch ist schlecht, ohne etwas
zu verlieren und bestraft zu werden. Wenn du übrigens nur
den Verlust von Geld als Verlust ansiehst, dann sind alle
diese frei von Schaden und Strafe, wenn es der Zufall so

μενοι καὶ κερδαίνοντες, ὅταν διά τινος τούτων τῶν ἔργων κέρμα αὐτοῖς προσγένηται. ὅρα δ' εἰ ἐπὶ κερμάτιον πάντα ἀνάγεις, ὅτι οὐδ' ὁ τὴν ῥῖνά σοι ἀπολλύων ἔσται βεβλαμμένος. — Ναί, φησίν, κεκολόβωται γὰρ τὸ σῶμα. — Ἄγε, ὁ δὲ τὴν ὀσφρασίαν αὐτὴν ἀπολωλεκὼς οὐδὲν ἀπολλύει; ψυχῆς οὖν δύναμις οὐκ ἔστιν οὐδεμία, ἣν ὁ μὲν κτησάμενος ὠφελεῖται, ὁ δ' ἀποβαλὼν ζημιοῦται; — Ποίαν καὶ λέγεις; — Οὐδὲν ἔχομεν αἰδῆμον φύσει; — Ἔχομεν. — Ὁ τοῦτο ἀπολλύων οὐ ζημιοῦται, οὐδενὸς στερίσκεται, οὐδὲν ἀποβάλλει τῶν πρὸς αὐτόν; οὐκ ἔχομεν φύσει τι πιστόν, φύσει στερκτικόν, φύσει ὠφελητικόν, ἀλλήλων φύσει ἀνεκτικόν; ὅστις οὖν εἰς ταῦτα περιορᾷ ζημιούμενον ἑαυτόν, οὗτος ᾖ ἀβλαβὴς καὶ ἀζήμιος;

Τί οὖν; μὴ βλάψω τὸν βλάψαντα; — Πρῶτον μὲν ἰδού, τί ἐστι βλάβη καὶ μνήσθητι ὧν ἤκουσας παρὰ τῶν φιλοσόφων. εἰ γὰρ τὸ ἀγαθὸν ἐν προαιρέσει καὶ τὸ κακὸν ὡσαύτως ἐν προαιρέσει, βλέπε μὴ τοιοῦτ' ἐστιν ὃ λέγεις 'τί οὖν; ἐπειδὴ ἐκεῖνος ἑαυτὸν ἔβλαψεν πρὸς ἐμέ τι ἄδικον ποιήσας, ἐγὼ ἐμαυτὸν μὴ βλάψω πρὸς ἐκεῖνον ἄδικόν τι ποιήσας;' τί οὖν οὐ τοιοῦτόν τι φανταζόμεθα, ἀλλ' ὅπου τι σωματικὸν ἐλάττωμα ⟨ἢ⟩ εἰς κτῆσιν, ἐκεῖ ἡ βλάβη, ὅπου εἰς τὴν προαίρεσιν, οὐδεμία βλάβη; οὔτε γὰρ τὴν κεφαλὴν ἀλγεῖ ὁ ἐξαπατηθεὶς ἢ ἀδικήσας οὔτε τὸν ὀφθαλμὸν οὔτε τὸ ἰσχίον οὔτε τὸν ἀγρὸν ἀπολλύει. ἡμεῖς δ' ἄλλο οὐδὲν ἐθέλομεν ἢ ταῦτα· τὴν προαίρεσιν δὲ π[ρ]ότερον αἰδήμονα καὶ

will, und haben sogar noch Nutzen und Gewinn, wenn sie durch eine dieser Handlungen zu Geld kommen. Doch bedenke, wenn du alles auf das Geld beziehst, daß nicht einmal derjenige, der seine Nase verliert, einen Verlust erleiden wird. Doch, sagt man, denn sein Körper ist ja verstümmelt. Weiter: Wer seinen Geruchssinn verliert, verliert der nichts? Gibt es nun keine Fähigkeit der Seele, deren Besitz uns nützt, deren Verlust uns schadet? Welche meinst du? Haben wir von Natur aus kein Schamgefühl? Doch. Wird derjenige, der es verliert, nicht geschädigt? Wird ihm nichts geraubt? Verliert er nichts von dem, was ihm gehört? Haben wir nicht einen natürlichen Sinn für Treue und Zuverlässigkeit, für Liebe, für Hilfsbereitschaft, für gegenseitige Rücksichtnahme? Ist denn der Mensch, der es zuläßt, daß er etwas davon verliert, ohne Schaden und Verlust?

Was meinst du dazu? Soll ich dem nicht schaden, der mich geschädigt hat? Zuerst prüfe, was schaden heißt, und erinnere dich an das, was du bei den Philosophen gehört hast. Wenn nämlich das Gute im Bereich der moralischen Entscheidung liegt und das Böse ebenso, dann überlege, ob deine Behauptung nicht auf folgendes hinausläuft: «Was heißt das? Jener hat sich selbst geschadet, weil er mir Unrecht zugefügt hat. Soll ich mir etwa selbst schaden, indem ich ihm Unrecht zufüge?» Wie kommt es, daß wir uns das nicht vorstellen? Statt dessen sehen wir nur dort den Schaden, wo wir einen körperlichen oder materiellen Nachteil erleiden. Wenn es sich aber um einen Verlust im Bereich der moralischen Entscheidung handelt, dann fühlen wir uns nicht geschädigt. Denn wer betrogen worden ist oder Unrecht tat, hat keine Schmerzen im Kopf, am Auge oder an der Hüfte, und er verliert auch nicht seinen Acker. Wir aber haben nichts anderes als dies im Sinn. Ob wir jedoch zu einer moralischen Entscheidung fähig sind, die von Scham-

πιστὴν ἕξομεν ἢ ἀναίσχυντον καὶ ἄπιστον, οὐδ' ἐγγὺς
διαφερόμεθα πλὴν μόνον ἐν τῇ σχολῇ μέχρι τῶν λογαρίων. τοιγαροῦν μέχρι τῶν λογαρίων προκόπτομεν,
ἔξω δ' αὐτῶν οὐδὲ τὸ ἐλάχιστον.

Ὅτι ἀπὸ πάντων τῶν ἐκτὸς ἔστιν
ὠφελεῖσθαι.

Ἐπὶ τῶν θεωρητικῶν φαντασιῶν πάντες σχεδὸν τὸ
ἀγαθὸν καὶ τὸ κακὸν ἐν ἡμῖν ἀπέλιπον, οὐχὶ δ' ἐν τοῖς
ἐκτός. οὐδεὶς λέγει ἀγαθὸν τὸ ἡμέραν εἶναι, κακὸν τὸ
νύκτα εἶναι, μέγιστον δὲ κακῶν τὸ τρία τέσσαρα εἶναι.
ἀλλὰ τί; τὴν μὲν ἐπιστήμην ἀγαθόν, τὴν δ' ἀπάτην κακόν, ὥστε καὶ περὶ αὐτὸ τὸ ψεῦδος ἀγαθὸν συνίστασθαι,
τὴν ἐπιστήμην τοῦ ψεῦδος εἶναι αὐτό. ἔδει οὖν οὕτως
καὶ ἐπὶ τοῦ βίου. ὑγεία ἀγαθόν, νόσος δὲ κακόν; οὔ,
ἄνθρωπε. ἀλλὰ τί; τὸ καλῶς ὑγιαίνειν ἀγαθόν, τὸ κακῶς κακόν. — Ὥστε καὶ ἀπὸ νόσου ἔστιν ὠφεληθῆναι;
— Τὸν θεόν σοι, ἀπὸ θανάτου γὰρ οὐκ ἔστιν; ἀπὸ
π[λ]ηρώσεως γὰρ οὐκ ἔστιν, μικρά σοι δοκεῖ ὁ Μενοι-
κεὺς ὠφεληθῆναι, ὅτ' ἀπέθνησκεν; — Τοιαῦτά τις εἰπὼν ὠφεληθείη [ἢ] οἷα ἐκεῖνος ὠφελήθη. — Ἔα, ἄνθρωπε, οὐκ ἐτήρησεν τὸν φιλόπατριν, τὸν μεγαλόφρονα, τὸν
πιστόν, τὸν γενναῖον; ἐπιζήσας δὲ οὐκ ἀπώλλυεν ταῦτα

gefühl und Zuverlässigkeit oder von Schamlosigkeit und Unzuverlässigkeit bestimmt wird, darüber regen wir uns nicht besonders auf, es sei denn, wir erheben das Problem zum Gegenstand einer oberflächlichen Erörterung in der Philosophenschule. Daher machen wir nur im Rahmen dieser Erörterung einen Fortschritt[73], sonst aber nicht im geringsten.

VOM NUTZEN DER ÄUSSEREN DINGE (3, 20)

Im Bereich der theoretischen Auseinandersetzung über die Eindrücke und Vorstellungen stimmen fast alle darin überein, daß das Gute und das Böse in uns selbst liegen und nicht in den äußeren Dingen. Niemand behauptet, daß es etwas Gutes sei, daß es Tag ist, und etwas Schlechtes, daß es Nacht ist, oder daß es das größte Übel sei, daß drei gleich vier ist. Aber was sonst? Jedermann sagt, daß das Wissen etwas Gutes, der Irrtum etwas Schlechtes sei, so daß sogar im Zusammenhang mit der Lüge etwas Gutes entsteht, nämlich das Wissen, daß es sich um eine Lüge handelt. So sollte es auch im täglichen Leben sein. Ist Gesundheit ein Gut? Krankheit ein Übel? Nein, Mensch. Was denn? Der rechte Gebrauch der Gesundheit ist ein Gut, der falsche ein Übel. «Kann man also auch aus einer Krankheit Nutzen ziehen?» Bei Gott, kann man nicht auch aus dem Tod Nutzen ziehen? Oder aus der körperlichen Behinderung[74]? Scheint dir Menoikeus[75] etwa nur geringen Nutzen gehabt zu haben, als er starb? Wenn doch jemand, der solches behauptete, einmal solchen Nutzen davon hätte wie jener von seinem Tod. Menschenkind, bewies er auf diese Weise nicht, wie vaterlandsliebend, wie edelmütig, zuverlässig und tapfer er war? Hätte er weitergelebt, hätte er dann nicht alle diese Tugenden ver-

πάντα; ού περιεποιεῖτο τὰ ἐναντία; τὸν δειλὸν οὐκ ἀν-
ελάμβανεν, τὸν ἀγεννῆ, τὸν μισόπατριν,‖ τὸν φιλόψυχον;
ἄγε δοκεῖ σοι μικρὰ ὠφεληθῆναι ἀποθανών; οὔ· ἀλλ' ὁ
τοῦ Ἀδμήτου πατὴρ μεγάλα ὠφελήθη ζήσας οὕτως ἀγεννῶς καὶ ἀθλίως; ὕστερον γὰρ οὐκ ἀπέθανεν; παύσασθε,
τοὺς θεοὺς ὑμῖν, τὰς ὕλας θαυμάζοντες, παύσασθ' ἑαυτοὺς δούλους ποιοῦντες πρῶτον τῶν πραγμάτων, εἶτα
δι' αὐτὰ καὶ τῶν ἀνθρώπων τῶν ταῦτα περιποιεῖν ἢ
ἀφαιρεῖσθαι δυναμένων.

Ἔστιν οὖν ἀπὸ τούτων ὠφεληθῆναι; — Ἀπὸ πάντων.
— Καὶ ἀπὸ τοῦ λοιδοροῦντος; — Τί δ' ὠφελεῖ τὸν
ἀθλητὴν ὁ προσγυμναζόμενος; τὰ μέγιστα. καὶ οὗτος
ἐμοῦ προγυμναστὴς γίνεται· τὸ ἀνεκτικόν μου γυμνάζει,
τὸ ἀόργητον, τὸ πρᾷον. οὔ· ἀλλ' ὁ μὲν τοῦ τραχήλου
καθάπτων καὶ τὴν ὀσφῦν μου καὶ τοὺς ὤμους καταρτί-
ζων ὠφελεῖ με καὶ ὁ ἀλείπτης καλῶς ποιῶν λέγει 'ἆρον
ὕπερ⟨ον⟩ ἀμφοτέρα⟨ι⟩ς'· καὶ ὅσῳ βαρύτερός ἐστιν ἐκεῖνος, τοσούτῳ μᾶλλον ὠφελοῦμαι ἐγώ· εἰ δέ τις πρὸς
ἀοργησίαν με γυμνάζει, οὐκ ὠφελεῖ με; τοῦτ' ἔστι τὸ
μὴ εἰδέναι ἀπ' ἀνθρώπων ὠφελεῖσθαι. κακὸς γείτων;
αὑτῷ· ἀλλ' ἐμοὶ ἀγαθός· γυμνάζει μου τὸ εὔγνωμον, τὸ
ἐπιεικές. κακὸς πατήρ; αὑτῷ· ἀλλ' ἐμοὶ ἀγαθός. τοῦτ'
ἔστι τὸ τοῦ Ἑρμοῦ ῥαβδίον· 'οὗ θέλεις', φησίν, 'ἅψαι
καὶ χρυσοῦν ἔσται'. οὔ· ἀλλ' ὃ θέλεις φέρε κἀγὼ
αὐτὸ ἀγαθὸν ποιήσω. φέρε νόσον, φέρε θάνατον, φέρε

loren? Hätte er dann nicht das Gegenteil erreicht? Hätte er sich nicht als Feigling erwiesen, als Schwächling, als Feind des Vaterlandes, als ein Mensch, der über Gebühr am Leben hängt? Hat er deiner Ansicht nach durch seinen Tod nur wenig gewonnen? Nein. Aber hatte denn der Vater des Admetos[76] großen Nutzen davon, daß er sein Leben auf so schmähliche und elende Weise verlängerte? Mußte er etwas später nicht doch sterben? Bei allen Göttern, hört endlich damit auf, die materiellen Dinge zu bewundern, hört auf, euch selbst zu Sklaven zu machen, vor allem zu Sklaven der Dinge, dann um deretwillen zu Sklaven auch der Menschen, die die Macht haben, euch diese Dinge zu verschaffen oder wegzunehmen.

«Kann man also von solchen Dingen Nutzen haben?» Ja, von allen Dingen. «Auch von einem Menschen, der mich beschimpft?» Was nützt dem Athleten der Gegner? Sehr viel. Auch derjenige, der mich beschimpft, erweist sich als mein Trainer. Er trainiert meine Geduld, meine Fähigkeit, den Zorn zu beherrschen, meine Sanftmut. Du sagst: Nein. Aber der Mann, der mich am Hals packt und mir Hüfte und Schultern wieder einrenkt, nützt mir, und der Masseur handelt recht, wenn er sagt: «Heb die Keule mit beiden Händen.» Und je schwerer sie ist, desto mehr habe ich davon. Wenn aber jemand meine Fähigkeit trainiert, den Zorn zu beherrschen, ist der mir etwa nicht nützlich? Das hieße ja sonst, nicht zu wissen, aus dem Verhalten unserer Mitmenschen Nutzen zu ziehen. Ein böser Nachbar? Nur für sich selbst. Für mich aber ist er ein guter Nachbar. Er trainiert meine Gelassenheit und Nachgiebigkeit. Ein schlechter Vater? Für sich selbst. Für mich ist er gut. Das ist der Zauberstab des Hermes: «Berühre damit, was du willst, und es wird zu Gold[77].» Nein, aber bring mir, was du willst, und ich werde es in etwas Gutes verwandeln. Bring mir nur

ἀπορίαν, φέρε λοιδορίαν, δίκην τὴν περὶ τῶν ἐσχάτων·
πάντα ταῦτα τῷ ῥαβδίῳ τοῦ Ἑρμοῦ ὠφέλιμα ἔσται.
'τὸν θάνατον τί ποιήσεις;' τί γὰρ ἄλλο ἢ ἵνα σε κοσμή-
σῃ ἢ ἵνα δείξῃς[ε] ἔργῳ δι' αὐτοῦ, τί ἐστιν ἄνθρωπος τῷ
βουλήματι τῆς φύσεως παρακολουθῶν; 'τὴν νόσον τί
ποιήσεις;' δείξω αὐτῆς τὴν φύσιν, διαπρέψω ἐν αὐτῇ,
εὐσταθήσω, εὐροήσω, τὸν ἰατρὸν οὐ κολακεύσω, οὐκ
εὔξομαι ἀποθανεῖν. τί ἔτι ἄλλο ζητεῖς; πᾶν ὃ ἂν δῷς,
ἐγὼ αὐτὸ ποιήσω μακάριον, εὐδαιμονικόν, σεμνόν, ζη-
λωτόν.

Οὔ· ἀλλὰ 'βλέπε μὴ νοσήσῃς· κακόν ἐστιν'. οἷον εἰ
τις ἔλεγεν 'βλέπε μὴ λάβῃς ποτὲ φαντασίαν τοῦ τὰ τρία
τέσσαρα εἶναι· κακόν ἐστιν'. ἄνθρωπε, πῶς κακόν; ἂν
ὃ δεῖ περὶ αὐτοῦ ὑπολάβω, πῶς ἔτι με βλάψει; οὐχὶ δὲ
μᾶλλον καὶ ὠφελήσει; ἂν οὖν περὶ πενίας ὃ δεῖ ὑπολάβω, ἂν περὶ νόσου, ἂν περὶ ἀναρχίας, οὐκ ἀρκεῖ μοι;
οὐκ ὠφέλιμα ἔσται; πῶς οὖν ἔτι ἐν τοῖς ἐκτὸς τὰ κακὰ
καὶ τἀγαθὰ δεῖ με ζητεῖν; ἀλλὰ τί; ταῦτα μέχρι ὧδε, εἰς
οἶκον δ' οὐδεὶς ἀποφέρει· ἀλλ' εὐθὺς πρὸς τὸ παιδάριον
πόλεμος, πρὸς τοὺς γείτονας, πρὸς τοὺς σκώψαντας, πρὸς
τοὺς καταγελάσαντας. καλῶς γένοιτο Λεσβίῳ, ὅτι με
καθ' ἡμέραν ἐξελέγχει μηδὲν εἰδότα.

Krankheit, Tod, Not, Beschimpfung, ein drohendes Todesurteil. Alles wird durch den Stab des Hermes zu etwas Nützlichem. «Was aber wirst du mit dem Tod anfangen?» Was denn anderes, als daß er dir Ruhm verschafft oder daß du mit seiner Hilfe tatsächlich zeigen kannst, was ein Mensch ist, der dem Willen der Natur folgt? «Was fängst du mit der Krankheit an?» Ich werde ihr wahres Wesen zeigen, ich werde glänzen in ihr, werde Haltung bewahren, werde heiter sein, werde dem Arzt nicht schmeicheln und den Tod nicht herbeiwünschen. Was verlangst du noch mehr? Alles, was du mir gibst, werde ich zu einer Quelle der Seligkeit und des Glücks, zu einem Gegenstand der Verehrung und Bewunderung machen.

«Nein, sieh vielmehr zu, daß du nicht krank wirst. Das ist schlimm.» So als ob jemand sagte: «Sieh zu, daß du dir nicht vorstellst, drei sei gleich vier. Das ist schlimm.» Mensch, wieso schlimm? Wenn ich die richtige Einstellung dazu gewinne, wie sollte es mir dann noch schaden? Wird es mir nicht vielmehr nützlich sein? Wenn ich also über Armut, Krankheit und Anarchie die richtige Ansicht habe, reicht mir das nicht? Werden diese Vorkommnisse dann nicht nützlich sein? Was brauche ich da noch in den äußeren Dingen das Schlechte und das Gute zu suchen?

Aber was hat das für einen Sinn? Das gilt nur bis zur Tür dieses Hörsaales; aber niemand nimmt es mit nach Hause, sondern gleich geht der Streit wieder los – mit dem Sklaven, den Nachbarn und mit denen, die uns verspotten und auslachen. Gesegnet sei der Lesbier[78], daß er mir jeden Tag beweist, daß ich nichts weiß.

Πῶς ἔχειν δεῖ πρὸς τοὺς τυράννους.

Ὅτι ἄν τινι προσῇ τι πλεονέκτημα ἢ δοκῇ γε προσεῖναι μὴ προσόν, τοῦτον πᾶσα ἀνάγκη, ἐὰν ἀπαίδευτος ᾖ, πεφυσῆσθαι δι' αὐτό. εὐθὺς ὁ τύραννος λέγει 'ἐγώ εἰμι ὁ πάντων κράτιστος.' καὶ τί μοι δύνασαι παρασχεῖν; ὄρεξίν μοι δύνασαι περιποιῆσαι ἀκώλυτον; πόθεν σοι; σὺ γὰρ ἔχεις; ἔκκλισιν ἀπερίπτωτον; σὺ γὰρ ἔχεις; ὁρμὴν ἀναμάρτητον; καὶ ποῦ σοι μέτεστιν; ἄγε, ἐν νηὶ δὲ σαυτῷ θαρρεῖς ἢ τῷ εἰδότι; ἐπὶ δ' ἅρματος τίνι ἢ τῷ εἰδότι; τί δ' ἐν ταῖς ἄλλαις τέχναις; ὡσαύτως. τί οὖν δύνασαι; 'πάντες με θεραπεύουσιν.' καὶ γὰρ ἐγὼ τὸ πινάκιον θεραπεύω καὶ πλύνω αὐτὸ καὶ ἐκμάσσω καὶ τῆς ληκύθου ἕνεκα πάσσαλον πήσσω. τί οὖν; ταῦτά μου κρείττονά ἐστιν; οὔ· ἀλλὰ χρείαν μοι παρέχει τινά. ταύτης οὖν ἕνεκα θεραπεύω αὐτά. τί δέ; τὸν ὄνον οὐ θεραπεύω; οὐ νίπτω αὐτοῦ τοὺς πόδας; οὐ περικαθαίρω; οὐκ οἶδας ὅτι πᾶς ἄνθρωπος ἑαυτὸν θεραπεύει, σὲ δ' οὕτως ὡς τὸν ὄνον; ἐπεὶ τίς σε θεραπεύει ὡς ἄνθρωπον; δείκνυε. τίς σοι θέλει ὅμοιος γενέσθαι, τίς σου ζηλωτὴς γίνεται ὡς Σωκράτους; 'ἀλλὰ δύναμαί σε τραχηλοκοπῆσαι.' καλῶς λέγεις. ἐξελαθόμην ὅτι σε δεῖ θερα-

WIE MAN SICH
GEGENÜBER TYRANNEN VERHALTEN SOLL
(1, 19, 1−23)

Wenn ein Mensch anderen in irgendeiner Hinsicht überlegen ist oder wenigstens glaubt, er sei überlegen, ohne es wirklich zu sein, dann ist es ganz unvermeidlich, daß er sich, wenn es sich um einen Ungebildeten handelt, deshalb mächtig aufbläst. Der Tyrann sagt zum Beispiel: «Ich bin der Mächtigste von allen.» Gut, was kannst du für mich tun? Kannst du es mir ermöglichen, daß mein Wollen durch nichts gehindert wird? Woher nimmst du diese Macht? Hast du sie denn selbst? Kannst du deine Ablehnung so stärken, daß sie nicht in Zustimmung umschlägt? Kannst du deinen Willen zum Handeln von Fehlerhaftigkeit freihalten? Und wo ist dir das möglich? Nun, wenn du an Bord bist, verläßt du dich dann auf dich selbst oder auf den Sachverständigen? Und wenn du in einem Wagen sitzt, wem vertraust du sonst außer dem Fahrer? Wie steht es mit den anderen Künsten? So ist es auch dort. Was kannst du also wirklich? «Alle beachten mich.» Ja, ich beachte auch meinen Teller, wasche ihn ab und trockne ihn ab, und für meine Ölflasche schlage ich einen Nagel in die Wand. Was ergibt sich daraus? Sind diese Dinge mir darum überlegen? Nein. Aber sie gewähren mir einen gewissen Nutzen. Deshalb beachte ich sie. Wie weiter? Beachte ich nicht auch meinen Esel? Wasche ich ihm nicht die Hufe? Putze ich nicht sein Fell? Weißt du nicht, daß jeder Mensch sich selbst beachtet, dich aber nicht anders als seinen Esel? Denn wer beachtet dich als einen Menschen? Zeig mir den. Wer will so werden wie du, wer eifert dir nach wie dem Sokrates? «Doch ich kann dich köpfen lassen.» Richtig. Ich vergaß, daß man dich beachten muß wie Fieber und Cholera und dir einen Altar

πεύειν καὶ ὡς πυρετὸν καὶ ὡς χολέραν καὶ βωμὸν στῆσαι, ὡς ἐν Ῥώμῃ Πυρετοῦ βωμός ἐστιν.

Τί οὖν ἐστι τὸ ταράσσον καὶ καταπλῆττον τοὺς πολλούς; ὁ τύραννος καὶ οἱ δορυφόροι; πόθεν; μὴ γένοιτο· οὐκ ἐνδέχεται τὸ φύσει ἐλεύθερον¹ ὑπ' ἄλλου τινὸς ταραχθῆναι ἢ κωλυθῆναι πλὴν ὑφ' ἑαυτοῦ. ἀλλὰ τὰ δόγματα αὐτὸν ταράσσει. ὅταν γὰρ ὁ τύραννος εἴπῃ τινὶ 'δήσω σου τὸ σκέλος', ὁ μὲν τὸ σκέλος τετιμηκὼς λέγει 'μή· ἐλέησον', ὁ δὲ τὴν προαίρεσιν τὴν ἑαυτοῦ λέγει 'εἰ σοι λυσιτελέστερον φαίνεται, δῆσον'. 'οὐκ ἐπιστρέφῃ;' 'οὐκ ἐπιστρέφομαι.' 'ἐγώ σοι δείξω ὅτι κύριός εἰμι.' 'πόθεν σύ; ἐμὲ ὁ Ζεὺς ἐλεύθερον ἀφῆκεν. ἢ δοκεῖς ὅτι ἔμελλεν τὸν ἴδιον υἱὸν ἐᾶν καταδουλοῦσθαι; τοῦ νεκροῦ δέ μου κύριος εἶ, λάβε αὐτόν.' 'ὥσθ' ὅταν μοι προσίῃς, ἐμὲ οὐ θεραπεύεις;' 'οὐ· ἀλλ' ἐμαυτόν. εἰ δὲ θέλεις με λέγειν ὅτι καὶ σέ, λέγω σοι οὕτως ὡς τὴν χύτραν.'

Τοῦτο οὐκ ἔστιν φίλαυτον· γέγονε γὰρ οὕτως τὸ ζῷον· αὑτοῦ ἕνεκα πάντα ποιεῖ. καὶ γὰρ ὁ ἥλιος αὑτοῦ ἕνεκα πάντα ποιεῖ καὶ τὸ λοιπὸν αὐτὸς ὁ Ζεύς. ἀλλ' ὅταν θέλῃ εἶναι 'Ὑέτιος καὶ Ἐπικάρπιος καὶ πατὴρ ἀνδρῶν τε θεῶν τε, ὁρᾷς ὅτι τούτων τῶν ἔργων καὶ τῶν προσηγοριῶν οὐ δύναται τυχεῖν, ἂν μὴ εἰς τὸ κοινὸν ὠφέλιμος ᾖ. καθόλου τε τοιαύτην ⟨τὴν⟩ φύσιν τοῦ λογικοῦ ζῴου κατεσκεύασεν, ἵνα μηδενὸς τῶν ἰδίων ἀγαθῶν δύνηται τυγχάνειν, ⟨ἂν⟩ μή τι εἰς τὸ κοινὸν ὠφέλιμον προσφέρηται. οὕτως οὐκέτι ἀκοινώνητον γίνεται τὸ

errichten sollte, wie es ja in Rom einen Altar des Fiebergottes gibt.

Was ist es nun, das die Masse beunruhigt und einschüchtert? Der Tyrann und seine Schergen? Wieso? Niemals. Was von Natur aus frei ist, kann niemals von einem anderen in Angst versetzt oder behindert werden – außer von sich selbst. Aber die eigenen Urteile setzen ihn in Angst. Wenn nämlich der Tyrann zu jemandem sagt: «Ich werde dein Bein fesseln», dann sagt derjenige, der sein Bein für wertvoll hält: «Nein, habe Mitleid.» Wer aber seine moralische Entscheidung hoch achtet, sagt: «Wenn es dir nützlich erscheint, dann fessele es.» – «Macht dir das nichts aus?» – «Es macht mir nichts aus.» – «Ich werde dir schon zeigen, daß ich der Herr bin.» – «Du? Wie denn? Mich hat Zeus als freien Mann in die Welt gesetzt. Oder glaubst du, daß er seinen eigenen Sohn einen Knecht werden lassen wollte? Du aber bist Herr über meinen Leichnam, nimm ihn.» – «Wenn du zu mir kommst, beachtest du mich also nicht?» – «Nein, sondern nur mich selbst. Wenn du aber willst, daß ich sage: ‹Auch dich›, dann antworte ich dir: ‹So, wie auch meinen Kochtopf›.»

Das ist nicht Ausdruck beschränkter Selbstsucht. Denn so empfindet jedes Lebewesen. Es tut alles nur für sich selbst. Sogar die Sonne tut alles um ihrer selbst willen, und das gilt im übrigen auch für Zeus. Aber wenn er «Regenspender» und «Fruchtbringer» und «Vater der Götter und Menschen» sein will, dann kann er – das siehst du doch ein – diese Leistungen nicht vollbringen oder diese Bezeichnungen bekommen, wenn er nicht für die Allgemeinheit nützlich ist. Überhaupt hat er die Natur des vernünftigen Wesens so eingerichtet, daß es keines seiner ihm eigentümlichen Güter bekommen kann, wenn es nicht etwas zum allgemeinen Nutzen beiträgt. Daraus ergibt sich, daß es nicht

πάντα αὐτοῦ ἕνεκα ποιεῖν. ἐπεὶ τί ἐκδέχῃ; ἵνα τις ἀποστῇ αὐτοῦ καὶ τοῦ ἰδίου συμφέροντος; καὶ πῶς ἔτι μία καὶ ἡ αὐτὴ ἀρχὴ πᾶσιν ἔσται ἡ πρὸς αὐτὰ οἰκείωσις;

Τί οὖν; ὅταν ὑπῇ δόγματα ἀλλόκοτα περὶ τῶν ἀπροαιρέτων [π]ὡς ὄντων ἀγαθῶν καὶ κακῶν, πᾶσα ἀνάγκη θεραπεύει⟨ν⟩ τοὺς τυράννους. ὄφελον γὰρ τοὺς τυράννους μόνον, τοὺς κοιτωνίτας δ᾽ οὔ. πῶς δὲ καὶ φρόνιμος γίνεται ἐξαίφνης ὁ ἄνθρωπος, ὅταν Καῖσαρ αὐτὸν ἐπὶ τοῦ λασάνου ποιήσῃ· πῶς εὐθὺς λέγομεν 'φρονίμως μοι λελάληκεν Φηλικίων'. ἤθελον αὐτὸν ἀποβληθῆναι τοῦ κοπρῶνος, ἵνα πάλιν ἄφρων σοι δοκῇ. εἶχέν τινα Επαφρόδιτος σκυτέα, ὃν διὰ τὸ ἄχρηστον εἶναι ἐπώλησεν. εἶτα ἐκεῖνος κατά τινα δαίμονα ἀγορασθεὶς ὑπό τινος τῶν Καισαριανῶν τοῦ Καίσαρος σκυτεὺς ἐγένετο. εἶδες ἂν πῶς αὐτὸν ἐτίμα ὁ Ἐπαφρόδιτος· 'τί πράσσει Φηλικίων ὁ ἀγαθός; φιλῶ σε.' εἶτα εἴ τις ἡμῶν ἐπύθετο 'τί ποιεῖ αὐτός;' ἐλέγετο ὅτι 'μετὰ Φηλικίωνος βουλεύεται περί τινος'. οὐχὶ γὰρ πεπράκει αὐτὸν ὡς ἄχρηστον; τίς οὖν αὐτὸν ἄφνω φρόνιμον ἐποίησεν; τοῦτ᾽ ἔστι τὸ τιμᾶν ἄλλο τι ἢ τὰ προαιρετικά.

mehr als unsozial anzusehen ist, alles um seiner selbst willen zu tun. Denn was erwartest du? Daß einer sich selbst und seinen eigenen Nutzen im Stich läßt? Wie kann dann noch für alle ein und dasselbe Prinzip gültig sein: die natürliche Hinwendung zu den eigenen Interessen[79]?

Was bedeutet das? Wenn man abwegige Auffassungen von den Dingen hat, die nicht im Bereich der moralischen Entscheidung liegen, und sie für Güter und Übel hält, dann muß man den Tyrannen unweigerlich Achtung entgegenbringen.

Wenn es doch nur die Tyrannen wären und nicht auch noch ihre Kammerdiener. Wie kommt es, daß der Mensch plötzlich klug ist, wenn der Kaiser ihn zum Aufseher über seinen Nachttopf ernennt? Wieso sagen wir dann gleich: «Phelikion[80] hat ein kluges Wort zu mir gesagt»? Mir wäre es lieber, er würde von seinem Misthaufen heruntergeholt, damit du ihn wieder für einen Dummkopf halten kannst.

Epaphroditos[81] besaß einen Schuster, der nichts taugte, so daß er ihn als Sklaven verkaufte. Da wurde dieser durch eine seltsame Fügung von einem hohen kaiserlichen Beamten gekauft und auf diesem Wege auch Schuster des Kaisers. Da hättest du sehen sollen, wie unterwürfig Epaphroditos ihm plötzlich begegnete: «Wie geht es dem tüchtigen Phelikion? Meine Ehrerbietung.» Wenn sich dann jemand bei uns[82] erkundigte: «Was macht der Herr?» dann hieß es: «Er hat mit Phelikion eine Konferenz.» Ja, aber hatte er ihn nicht als unbrauchbar verkauft? Wer hat ihn denn so plötzlich zu Verstand kommen lassen?

Das bedeutet, auf etwas anderes Wert zu legen als auf die Dinge, die im Bereich der moralischen Entscheidung liegen.

Πρὸς τοὺς ἀποπίπτοντας ὧν προέθεντο.

Σκέψαι, ὧν προέθου ἀρχόμενος, τίνων μὲν ἐκράτη-
σας, τίνων δ' οὔ, καὶ πῶς ἐφ' οἷς μὲν εὐφραίνῃ ἀνα-
μιμνησκόμενος, ἐφ' οἷς δ' ἄχθῃ, καὶ εἰ δυνατόν, ἀνά-
λαβε κἀκεῖνα ὧν ἀπώλισθες. οὐ γὰρ ἀποκνητέον τὸν
ἀγῶνα τὸν μέγιστον ἀγωνιζομένοις, ἀλλὰ καὶ πληγὰς
ληπτέον· οὐ γὰρ ὑπὲρ πάλης καὶ παγκρατίου ὁ ἀγὼν
πρόκειται, οὗ καὶ τυχόντι καὶ μὴ τυχόντι ἔξεστιν μὲν
πλείστου ἀξίῳ, ἔξεστι δὲ ὀλίγου εἶναι καὶ νὴ Δία ἔξεστιν μὲν εὐτυχεστάτῳ, ἔξεστι δὲ κακοδαιμονεστάτῳ
εἶναι, ἀλλ' ὑπὲρ αὐτῆς εὐτυχίας καὶ εὐδαιμονίας. τί
οὖν; οὐδ' ἂν ἀπαυδήσωμεν ἐνταῦθα, κωλύει τις πάλιν
ἀγωνίζεσθαι οὐδὲ δεῖ περιμεῖναι τετραετίαν ἄλλην, ἵν'
ἔλθῃ ἄλλα Ὀλύμπια, ἀλλ' εὐθὺς ἀναλαβόντι καὶ ἀνα-
κτησαμένῳ ἑαυτὸν καὶ τὴν αὐτὴν εἰσφέροντι προθυμίαν ἔξεστιν ἀγωνίζεσθαι· κἂν πάλιν ἀπείπῃς, πάλιν ἔξεστιν, κἂν ἅπαξ νικήσῃς, ὅμοιος εἶ τῷ μηδέποτε ἀπει-
πόντι. μόνον μὴ ὑπὸ ἔθους τοῦ αὐτοῦ ἡδέως αὐτὸ ἄρξῃ
ποιεῖν· καὶ λοιπὸν ὡς κακὸς ἀθλητὴς περιέρχῃ νικώ-
μενος τὴν περίοδον ὅμοιος τοῖς ἀποφυγοῦσιν ὄρτυξιν.
ʽἡττᾷ με φαντασία παιδισκαρίου καλοῦ. τί γάρ; πρώην
οὐχ ἡττήθην;' ʽπροθυμία μοι γίνεται ψέξαι τινά. πρώην

AN JENE, DIE IHREN VORSÄTZEN UNTREU
WERDEN (3, 25)

Denk einmal darüber nach, welche deiner guten Vorsätze du in die Tat umgesetzt hast, welche nicht und wie du dich in deiner Erinnerung über die einen freust, über die anderen ärgerst, und, wenn es möglich ist, nimm auch jene wieder auf, die dir entglitten sind. Denn man darf nicht verzagen, selbst wenn man den schwersten Kampf durchzustehen hat, sondern man muß auch Schläge hinnehmen. Der Kampf, der vor uns liegt, ist kein Ringkampf und kein Freistilringen, wo man im Falle des Sieges oder der Niederlage sehr berühmt oder ganz unten sein kann und wo es – beim Zeus – möglich ist, das höchste Glück zu genießen oder vom größten Unglück betroffen zu sein. Uns steht vielmehr der Kampf um Glück und Seligkeit bevor. Was heißt das? Auch wenn wir hier einmal versagen, hindert uns niemand daran, den Kampf wieder aufzunehmen. Wir brauchen auch nicht noch einmal vier Jahre auf neue olympische Spiele zu warten, sondern jeder hat die Möglichkeit, sich sofort wieder aufzuraffen, sich wieder in den Griff zu bekommen und mit demselben Eifer zu kämpfen. Und wenn du erneut versagst, dann ist es dir wieder möglich, und wenn du einmal gewonnen hast, dann bist du dem gleich, der niemals versagt hat. Nur darfst du nicht aus Gewohnheit immer wieder mit Vergnügen dasselbe zu tun beginnen und schließlich wie ein schlechter Athlet durch die Welt ziehen, der sich auf allen Sportplätzen[83] besiegen läßt wie die Wachteln[84], die sich dem Kampf entziehen. «Der Gedanke an ein schönes Mädchen überkommt mich. Was ist denn dabei? War es nicht neulich auch schon so?» – «Ich habe Lust, jemanden auszuschimpfen. Habe ich das denn neulich nicht auch schon getan?»

γὰρ οὐκ ἔψεξα;' οὕτως ἡμῖν λαλεῖς ὡς ἀζήμιος ἐξελη-
λυθώς, οἱονεί τις τῷ ἰατρῷ κωλύοντι λούσασθαι λέγοι
'πρῴην γὰρ οὐκ ἐλουσάμην;' ἂν οὖν ⟨ὁ⟩ ἰατρὸς αὐτῷ
ἔχῃ λέγειν 'ἄγε, λουσάμενος οὖν τί ἔπαθες; οὐκ ἐπύ-
ρεξας; οὐκ ἐκεφαλάλγησας;' καὶ σὺ ψέξας πρῴην τινὰ
οὐ κακοήθους ἔργον ἔπραξας; οὐ φλυάρου; οὐκ ἔθρε-
ψάς σου τὴν ἕξιν ταύτην παραβάλλων αὐτῇ τὰ οἰκεῖα
ἔργα; ἡττηθεὶς δὲ τοῦ παιδισκαρίου ἀπῆλθες ἀζήμιος;
τί οὖν τὰ πρῴην λέγεις; ἔδει δ' οἶμαι μεμνημένον, ὡς
οἱ δοῦλοι τῶν πληγῶν, ἀπέχεσθαι τῶν αὐτῶν ἁμαρτημάτων. ἀλλ' οὐχ ὅμοιον· ἐνταῦθα μὲν γὰρ ὁ πόνος
τὴν μνήμην ποιεῖ, ἐπὶ δὲ τῶν ἁμαρτημάτων ποῖος πόνος, ποία ζημία; πότε γὰρ εἰθίσθης φεύγειν τὸ κακῶς
ἐνεργῆσαι;

Πρὸς τὸν εἰς ἀναισχυντίαν μεταβληθέντα.

Ὅταν ἄλλον ἴδῃς ἄρχοντα, ἀντίθες, ὅτι σὺ ἔχεις τὸ
μὴ δεῖσθαι ἀρχῆς· ὅταν ἄλλον πλουτοῦντα, ἰδοῦ, τί
ἀντὶ τούτου ἔχεις. εἰ μὲν γὰρ μηδὲν ἔχεις ἀντ' αὐτοῦ,
ἄθλιος εἶ· εἰ δ' ἔχεις τὸ μὴ χρείαν ἔχειν πλούτου, γίγνωσκε, ὅτι πλεῖον ἔχεις καὶ πολλῷ πλείονος ἄξιον.
ἄλλος γυναῖκα εὔμορφον, σὺ τὸ μὴ ἐπιθυμεῖν εὐμόρφου

Das erzählst du uns, als ob du ohne Schaden davonge-
kommen wärst, wie wenn jemand zu seinem Arzt, der das
Baden verbietet, sagte: «Habe ich etwa neulich nicht auch
gebadet?» und nun der Arzt darauf erwiderte: «Gut, aber
wie ist dir das Bad bekommen? Hast du nicht Fieber gehabt?
Hattest du etwa keine Kopfschmerzen?» Und hast du nicht,
als du neulich jemanden beschimpftest, wie ein schlechter
Mensch gehandelt? Oder wie ein Schwätzer? Hast du nicht
deinen Hang zu diesem Fehlverhalten verstärkt, indem du
entsprechend handeltest? Bist du etwa, als dich die Vorstellung von dem Mädchen überkam, ohne Schaden davonge-
kommen? Warum sprichst du von dem, was neulich passiert ist? Ich meine, du mußt wie die Sklaven an die Schläge
denken und dich vor denselben Fehlern in acht nehmen.
Aber das ist nicht dasselbe. Denn den Sklaven schärft der
Schmerz die Erinnerung; bei sittlichen Vergehen aber – was
gibt es da für einen Schmerz oder Schaden? Wann hast du
dich denn endlich daran gewöhnt, die unsittlichen Handlungen zu unterlassen?

AN EINEN, DER IN SCHAMLOSIGKEIT
VERSUNKEN IST (4, 9)

Wenn du einen anderen ein Amt verwalten siehst, dann
stelle dem die Tatsache gegenüber, daß du die Fähigkeit besitzt, ohne ein Amt zu leben. Wenn du den Reichtum eines
anderen siehst, dann überlege, was du statt dessen besitzt.
Besitzt du nämlich nichts statt dessen, so bist du ein armseliger Kerl. Hast du aber die Fähigkeit, Reichtum nicht zu benötigen, so sei dir darüber im klaren, daß du mehr besitzt
und obendrein noch etwas, was viel wertvoller ist. Jemand
hat eine schöne Frau, du dagegen die Fähigkeit, kein Ver-

γυναικός. μικρά σοι δοκεῖ ταῦτα; καὶ πόσου ἂν τιμή-
σαιντο οὗτοι αὐτοὶ οἱ πλουτοῦντες καὶ ἄρχοντες καὶ
μετ᾽ εὐμόρφων διαιτώμενοι δύνασθαι πλούτου καταφρονεῖν καὶ ἀρχῶν καὶ αὐτῶν τούτων τῶν γυναικῶν,
ὧν ἐρῶσιν καὶ ὧν τυγχάνουσιν; ἀγνοεῖς οἷόν τί ἐστι
δίψος πυρέσσοντος; οὐδὲν ὅμοιον ἔχει τῷ τοῦ ὑγιαίνον-
τος. ἐκεῖνος πιὼν ἀποπέπαυται· ὁ δὲ πρὸς ὀλίγον ἡσθεὶς
ναυτιᾷ, χολὴν αὐτὸ ποιεῖ ἀντὶ ὕδατος, ἐμεῖ, στροφοῦται,
διψῇ σφοδρότερον. τοιοῦτόν ἐστι μετ᾽ ἐπιθυμίας πλουτεῖν, μετ᾽ ἐπιθυμίας ἄρχειν, μετ᾽ ἐπιθυμίας καλῇ συγ-
καθεύδειν· ζηλοτυπία πρόσεστιν, φόβος τοῦ στερηθῆναι,
αἰσχροὶ λόγοι, αἰσχρὰ ἐνθυμήματα, ἔργα ἀσχήμονα.

Καὶ τί, φησίν, ἀπολλύω; — Ἄνθρωπε, ὑπῆρχες αἰδήμων καὶ νῦν οὐκέτι εἶ· οὐδὲν ἀπολώλεκας; ἀντὶ Χρυσίππου καὶ Ζήνωνος Ἀριστείδην ἀναγιγνώσκεις καὶ
Εὐηνόν· οὐδὲν ἀπολώλεκας; ἀντὶ Σωκράτους καὶ Διογένους τεθαύμακας τὸν πλείστας διαφθεῖραι καὶ ἀνα-
πεῖσαι δυνάμενον. καλὸς εἶναι θέλεις καὶ πλάσσεις
σεαυτὸν μὴ ὢν καὶ ἐσθῆτα ἐπιδεικνύειν θέλεις στιλπνήν,
ἵνα τὰς γυναῖκας ἐπιστρέφῃς, κἄν που μυραφίου᾽ ἐπι-
τύχῃς, μακάριος εἶναι δοκεῖς. πρότερον δ᾽ οὐδὲ ἐνεθυ-
μοῦ τι τούτων, ἀλλὰ ποῦ εὐσχήμων λόγος, ἀνὴρ ἀξιό-

langen nach einer schönen Frau zu empfinden. Scheint dir
das wenig zu sein? Doch was würden diese Leute, die in
Reichtum leben, Ämter haben und ihre Tage mit schönen
Frauen verbringen, dafür geben, wenn sie in der Lage wären, auf Reichtum, Ämter und schöne Frauen, die sie begehren und auch bekommen, zu verzichten? Weißt du
nicht, wie der Durst des Fieberkranken ist? Er hat keine
Ähnlichkeit mit dem des Gesunden. Wenn dieser getrun-
ken hat, ist der Durst gelöscht. Dem Kranken aber wird
nach kurzem Genuß übel, das Wasser verwandelt sich in
Galle; er übergibt sich, hat furchtbare Leibschmerzen und
am Ende noch mehr Durst. Genauso geht es dem Menschen, der reich ist und dabei ein heftiges Verlangen nach
mehr Reichtum empfindet, oder dem, der ein Amt bekleidet
und dabei von einem heftigen Verlangen (nach einem höheren Amt) getrieben wird, oder dem, der mit einer schönen
Frau schläft und dabei von heftigem Verlangen (nach einer
anderen schönen Frau) gepackt wird: Eifersucht spielt dabei
eine Rolle, Angst vor Verlust, häßliche Worte, häßliche Gedanken, ungehörige Taten.

«Und was verliere ich dabei?» Mensch, früher warst du
ein anständiger Kerl und jetzt bist du es nicht mehr. Hast du
wirklich nichts verloren? Statt Chrysipp und Zenon liest du
Aristeides und Eubios[85]. Hast du nichts verloren? Statt Sokrates und Diogenes bewunderst du den Mann, der die meisten Frauen verführen und abschleppen kann. Schön willst
du sein und putzt dich heraus, obwohl du gar nicht schön
bist; du möchtest durch deine glänzende Kleidung auffallen, um auf die Frauen anziehend zu wirken, und wenn du
irgendwo ein billiges Parfüm bekommst, hältst du dich für
glücklich. Früher kümmertest du dich um solche Dinge
überhaupt nicht; da interessierte dich nur, wo eine gute
Rede, ein tüchtiger Mann und ein vornehmer Gedanke zu

λογος, ἐνθύμημα γενναῖον. τοιγαροῦν ἐκάθευδες ὡς
ἀνήρ, προῄεις ὡς ἀνήρ, ἐσθῆτα ἐφόρεις ἀνδρικήν, λόγους ἐλάλεις πρέποντας ἀνδρὶ ἀγαθῷ· εἶτά μοι λέγεις
'οὐδὲν ἀπώλεσα'; οὕτως οὐδὲν ἄλλο ἢ κέρμα ἀπολλύου-
σιν ἄνθρωποι; αἰδὼς οὐκ ἀπόλλυται, εὐσχημοσύνη οὐκ
ἀπόλλυται; ἢ οὐκ ἔστι ζημιωθῆναι ταῦτα ἀπολέσαντα;
σοὶ μὲν οὐ⟨ν⟩ δοκεῖ τάχα τούτων οὐδὲν οὐκέτι εἶναι
ζημία· ἢν δέ ποτε χρόνος, ὅτε μόνην αὐτὴν ὑπελογίζου
καὶ ζημίαν καὶ βλάβην, ὅτε ἠγωνίας, μή τις ἐκσείσῃ σε
τούτων τῶν λόγων καὶ ἔργων.

Ἰδού, ἐκσέσεισαι ὑπ' ἄλλου μὲν οὐδενός, ὑπὸ σαυτοῦ
δέ. μαχέσθητι σαυτῷ, ἀφελοῦ σαυτὸν εἰς εὐσχημοσύνην,
εἰς αἰδῶ, εἰς ἐλευθερίαν. εἰ σοί τίς που ἔλεγεν περὶ
ἐμοῦ ταῦτα, ὅτι μέ τις μοιχεύειν ἀναγκάζει, ὅτι ἐσθῆτα
φορεῖν τοιαύτην, ὅτι μυρίζεσθαι, οὐκ ἂν ἀπελθὼν αὐτό-
χειρ ἐγένου τούτου τοῦ ἀνθρώπου τοῦ οὕτως μοι παρα-
χρωμένου; νῦν οὖν οὐ θέλεις σαυτῷ βοηθῆσαι; καὶ
πόσῳ ῥάων αὕτη ἡ βοήθεια; οὐκ ἀποκτεῖναί τινα δεῖ,
οὐ δῆσαι, οὐχ ὑβρίσαι, οὐκ εἰς ἀγορὰν προελθεῖν, ἀλλ'
αὐτὸν αὑτῷ λαλῆσαι, τῷ μάλιστα πεισθησομένῳ, πρὸς
ὃν οὐδείς ἐστί σου πιθανώτερος. καὶ πρῶτον μὲν κα-
τάγνωθι τῶν γιγνομένων, εἶτα καταγνοὺς μὴ ἀπογνῷς
σεαυτοῦ μηδὲ πάθῃς τὸ τῶν ἀγεννῶν ἀνθρώπων, οἳ
ἅπαξ ἐνδόντες εἰσάπαν ἐπέδωκαν ἑαυτοὺς καὶ ὡς ὑπὸ
ῥεύματος παρεσύρησαν, ἀλλὰ μάθε τὸ τῶν παιδοτριβῶν.

finden waren. Deshalb pflegtest du auch wie ein Mann zu schlafen, wie ein Mann auf die Straße zu gehen, männliche Kleidung zu tragen und nur Worte zu sprechen, wie sie sich für einen anständigen Mann gehören. Da sagst du mir: «Ich habe nichts verloren.» Können Menschen denn nichts anderes als Geld verlieren? Kann man nicht auch seine Selbstachtung, seine Anständigkeit verlieren? Oder ist es ausgeschlossen, daß der Verlust dieser Eigenschaften einen Schaden darstellt? Anscheinend empfindest du den Verlust in keinem dieser Fälle als einen Schaden. Doch gab es einmal eine Zeit, wo du es schon für einen gewaltigen Schaden hieltest, wenn du nur darum besorgt sein mußtest, daß dich jemand von diesen Worten und Taten abbrächte.

Sieh doch hin: Du bist von keinem anderen Menschen aus der Bahn geworfen worden als von dir selbst. Kämpf mit dir selbst, reiß dich los – zu einem anständigen Leben, zur Selbstachtung, zur Freiheit. Wenn man dir von mir erzählte, daß mich jemand dazu zwänge, Ehebrecher zu sein, solche Kleidung zu tragen und nach Parfüm zu riechen, würdest du da nicht losgehen und den Kerl mit eigener Hand umbringen, der mich so mißbrauchte? Jetzt aber willst du nicht einmal dir selbst helfen? Und wieviel leichter ist diese Hilfe. Du brauchst niemanden umzubringen, zu fesseln oder zu mißhandeln. Du brauchst nicht auf den Markt zu laufen, sondern nur Zwiesprache zu halten mit dir selbst, mit einem Menschen also, der sich ohne Schwierigkeiten überreden läßt und bei dem niemand mehr Vertrauen genießt als du selbst. Zuerst verurteile, was geschehen ist; wenn du das getan hast, dann verzweifle nicht an dir und gib dich nicht den Gedanken der laschen Gesellen hin, die sich vollkommen aufgeben, nachdem sie einmal einen Fehler gemacht haben, und sich wie von einem Strom fortreißen lassen. Lern vielmehr, dich ganz so zu verhalten,

πέπτωκε τὸ παιδίον· 'ἀναστάς', φησίν, 'πάλιν πάλαιε,
μέχρις ἂν ἰσχυροποι(ι)ηθῇς.' τοιοῦτόν τι καὶ σὺ πάθε·
ἴσθι γάρ, ὅτι οὐδέν ἐστιν εὐαγωγότερον ἀνθρωπίνης
ψυχῆς. θελῆσαι δεῖ καὶ γέγονεν, διώρθωται· ὡς πάλιν
ἀπονυστάσαι καὶ ἀπόλωλεν. ἔσωθεν γάρ ἐστι καὶ ἀπώλεια καὶ βοήθεια. — Εἶτα τί μοι ἀγαθόν; — Καὶ τί
ζητεῖς τούτου μεῖζον; ἐξ ἀναισχύντου αἰδήμων ἔσῃ, ἐξ
ἀκόσμου κόσμιος, ἐξ ἀπίστου πιστός, ἐξ ἀκολάστου σώφρων. εἴ τινα ἄλλα τούτων μείζονα ζητεῖς, ποίει ἃ
ποιεῖς· οὐδὲ θεῶν σέ τις ἔτι σῶσαι δύναται.

Περὶ Κυνισμοῦ.

Πυθομένου δὲ τῶν γνωρίμων τινὸς αὐτοῦ, ὃς ἐφαίνετο ἐπιρρεπῶς ἔχων πρὸς τὸ κυνίσαι, Ποῖόν τι⟨να⟩
εἶναι δεῖ τὸν κυνίζοντα καὶ τίς ἡ πρόληψις ἡ τοῦ πράγματος, Σκεψόμεθα κατὰ σχολήν. τοσοῦτον δ' ἔχω σοι
εἰπεῖν, ὅτι ὁ δίχα θεοῦ τηλικούτῳ πράγματι ἐπιβαλλό-
μενος θεοχόλωτός ἐστι καὶ οὐδὲν ἄλλο ἢ δημοσίᾳ θέλει
ἀσχημονεῖν. οὐδὲ γὰρ ἐν οἰκίᾳ καλῶς οἰκουμένῃ παρ-
ελθών τις αὐτὸς ἑαυτῷ λέγει 'ἐμὲ δεῖ οἰκονόμον εἶναι'·
εἰ δὲ μή, ἐπιστραφεὶς ὁ κύριος καὶ ἰδὼν αὐτὸν σοβαρῶς

wie der Trainer eines Sportlers: Der Junge ist gestürzt! «Steh auf», sagt er, «nimm den Kampf wieder auf, bis du wieder genug Kraft hast.»

So laß es auch dir ergehen. Denn wisse, daß nichts leichter zu beeinflussen ist als die menschliche Seele. Man muß es nur wollen, und es geschieht, und man ist wieder auf dem rechten Weg, wie man andererseits nur einmal einzuschlafen braucht, und alles ist verloren. Für Verderben und Rettung bist du nämlich selbst verantwortlich.

«Was habe ich davon?» Kann man überhaupt nach einem größeren Gut suchen als diesem? Aus einem schamlosen Kerl wirst du dich in einen Menschen mit Selbstachtung verwandeln, aus einem unordentlichen wird ein ordentlicher, aus einem unzuverlässigen ein zuverlässiger, aus einem zügellosen ein Mensch mit Selbstbeherrschung. Wenn du nach etwas anderem suchst, das bedeutender ist als dieses, dann tue, was du tust. Selbst ein Gott kann dich dann nicht mehr retten.

DAS WAHRE GLÜCK (3, 22)

Es fragte ihn, Epiktet, einmal einer seiner Schüler, der Sympathie für den Kynismus zu haben schien, welche Art von Mensch der Kyniker sein müsse und was die Grundlage seiner Lehre sei. Darauf erwiderte Epiktet: Laß uns die Sache in Ruhe untersuchen. Soviel aber kann ich dir vorweg sagen, daß der Mann, der sich ohne Gottes Hilfe an eine solche Sache heranwagt, ein Gottverhaßter ist und sich nur öffentlich blamieren will. Denn auch in einem wohlgeordneten Haushalt kommt keiner so einfach daher und sagt zu sich selbst: «Hier muß ich Hausherr sein.» Täte er das aber doch, so würde ihn der echte Herr des Hauses, wenn er sich

διατασσόμενον, ἑλκύσας ἔτεμεν. οὕτως γίνεται καὶ ἐν τῇ
μεγάλῃ ταύτῃ πόλει. ἔστι γάρ τις καὶ ἐνθάδ' οἰκοδεσπό-
της ἕκαστα ὁ διατάσσων. 'σὺ ἥλιος εἶ· δύνασαι περιερχόμενος ἐνιαυτὸν ποιεῖν καὶ ὥρας καὶ τοὺς καρποὺς
αὔξειν καὶ τρέφειν καὶ ἀνέμους κινεῖν καὶ ἀνιέναι καὶ
τὰ σώματα τῶν ἀνθρώπων θερμαίνειν συμμέτρως· ὕπαγε, περιέρχου καὶ οὕτως διακίνει ἀπὸ τῶν μεγίστων ἐπὶ
τὰ μικρότατα. σὺ μοσχάριον εἶ· ὅταν ἐπιφανῇ λέων, τὰ
σαυτοῦ πρᾶσσε· εἰ δὲ μή, οἰμώξεις. σὺ ταῦρος εἶ, προσ-
ελθὼν μάχου· σοὶ γὰρ τοῦτο ἐπιβάλλει καὶ πρέπει καὶ
δύνασαι αὐτὸ ποιεῖν. σὺ δύνασαι ἡγεῖσθαι τοῦ στρατεύ-
ματος ἐπὶ Ἴλιον· ἴσθι Ἀγαμέμνων. σὺ δύνασαι τῷ Ἕκτορι
μονομαχῆσαι· ἴσθι Ἀχιλλεύς.' εἰ δὲ Θερσίτης παρελθὼν
ἀντεποιεῖτο τῆς ἀρχῆς, ἢ οὐκ ἂν ἔτυχεν ἢ τυχὼν ἂν
ἠσχημόνησεν ἐν πλείοσι μάρτυσι.

Καὶ σὺ[μ]βούλευσαι περὶ πράγματος ἐπιμελῶς· οὐκ
ἔστιν οἷον δοκεῖ σοι. 'τριβώνιον καὶ νῦν φορῶ καὶ τόθ'
ἕξω, κοιμῶμαι καὶ νῦν σκληρῶς καὶ τότε κοιμήσομαι, πηρίδιον προσλήψομαι καὶ ξύλον καὶ περιερχόμενος αἰτεῖν
ἄρξομαι τοὺς ἀπαντῶντας, λοιδορεῖν· κἂν ἴδω τινὰ δρω-
πακιζόμενον, ἐπιτιμήσω αὐτῷ, κἂν τὸ κόμιον πεπλακότα
ἢ ἐν κοκκίνοις περιπατοῦντα.' εἰ τοιοῦτόν τι φαντάζῃ
τὸ πρᾶγμα, μακρὰν ἀπ' αὐτοῦ· μὴ προσέλθῃς, οὐδέν

umdrehte und sähe, wie ein Hergelaufener in überheblichem Ton Anweisungen erteilte, einfach packen und verhauen lassen. So geht es einem auch in diesem großen Staat, der Welt. Denn auch hier gibt es einen Hausherrn, der alles anordnet: «Du bist die Sonne. Du kannst, indem du deine Bahn ziehst, das Jahr und die Jahreszeiten heraufführen, die Früchte reifen und wachsen lassen, die Winde erregen und wieder beruhigen und die Leiber der Menschen nach Maßen erwärmen. Los, zieh deine Bahn und setze alle Dinge von den Größten bis zu den Kleinsten in Bewegung.» – «Du bist ein Kälbchen. Wenn ein Löwe auftaucht, dann tu, was dir zukommt. Andernfalls wirst du Schmerzen erleiden.» – «Du bist ein Stier, greif an und kämpfe. Denn das erwartet man von dir, das paßt zu dir, und du bist fähig, es zu tun.» – «Du hast die Fähigkeit, ein Heer gegen Troja zu führen. Sei ein Agamemnon.» – «Du besitzt die Kraft, mit Hektor zu kämpfen. Sei ein Achilleus.» Wenn aber ein Thersites daher käme und die Herrschaft beanspruchte, würde er sie entweder nicht bekommen oder, sollte er sie bekommen, sich vor zahlreichen Zeugen lächerlich machen.

So denk auch du über die Angelegenheit sorgfältig nach. Sie ist nicht so, wie du sie dir vorstellst. «Einen alten Rock trage ich schon und werde auch in Zukunft einen besitzen; ich schlafe auch jetzt schon auf einem harten Bett und werde dies auch weiterhin tun. Ich werde mir einen Ranzen nehmen und einen Stock, umherziehen und anfangen, die Leute, die mir begegnen, anzubetteln und auszuschimpfen. Und sobald ich jemanden sehe, der sich sorgfältig rasiert und fein frisiert oder in scharlachroten Kleidern einherstolziert, werde ich ihn anherrschen.» Wenn du dir die Sache so vorstellst, dann bist du weit entfernt davon. Laß die Hände davon; es ist nichts für dich. Aber wenn du die richtige Vor-

ἐστι πρὸς σέ. εἰ δ' οἷόν ἐστι φανταζόμενος οὐκ ἀπαξιοῖς
σεαυτόν, σκέψαι ἡλίκῳ πράγματι ἐπιχειρεῖς.

Πρῶτον ἐν τοῖς κατὰ σαυτὸν οὐκέτι δεῖ σε ὅμοιον ἐν
οὐδενὶ φαίνεσθαι οἷς νῦν ποιεῖς, οὐ θεῷ ἐγκαλοῦντα,
οὐκ ἀνθρώπῳ· ὄρεξιν ἆραί σε δεῖ παντελῶς, ἔκκλισιν
ἐπὶ μόνα μεταθεῖναι τὰ προαιρετικά· σοὶ μὴ ὀργὴν εἶναι, μὴ μῆνιν, μὴ φθόνον, μὴ ἔλεον· μὴ κοράσιόν‖ σοι
φαίνεσθαι καλόν, μὴ δοξάριον, μὴ παιδάριον, μὴ πλακουντάριον. ἐκεῖνο γὰρ εἰδέναι σε δεῖ, ὅτι οἱ ἄλλοι
ἄνθρωποι τοὺς τοίχους προβέβληνται καὶ τὰς οἰκίας καὶ
τὸ σκότος, ὅταν τι τῶν τοιούτων ποιῶσιν, καὶ τὰ κρύ-
ψοντα πολλὰ ἔχουσιν. κέκλ⟨ε⟩ικε τὴν θύραν, ἔστακέν
τινα πρὸ τοῦ κοιτῶνος· 'ἄν τις ἔλθῃ, λέγε ὅτι ἔξω ἐστίν,
οὐ σχολάζει.' ὁ Κυνικὸς δ' ἀντὶ πάντων τούτων ὀφείλει
τὴν αἰδῶ προβεβλῆσθαι· εἰ δὲ μή, γυμνὸς καὶ ἐν ὑπαίθρῳ
ἀσχημονήσει. τοῦτο οἰκία ἐστὶν αὐτῷ, τοῦτο θύρα, τοῦτο
οἱ ἐπὶ τοῦ κοιτῶνος, τοῦτο σκότος. οὔτε γὰρ θέλειν τι
δεῖ ἀποκρύπτειν αὐτὸν τῶν ἑαυτοῦ (εἰ δὲ μή, ἀπῆλθεν,
ἀπώλεσε τὸν Κυνικόν, τὸν ὕπαιθρον, τὸν ἐλεύθερον,
ἦρκταί τι τῶν ἐντὸς φοβεῖσθαι, ἦρκται χρείαν ἔχειν τοῦ
ἀποκρύψοντος) οὔτε ὅταν θέλῃ δύναται. ποῦ γὰρ αὑτὸν
ἀποκρύψῃ ἢ πῶς; ἂν δ' ἀπὸ τύχης ἐμπέσῃ ὁ παιδευτὴς
ὁ κοινός, ὁ παιδαγωγός, οἷα πάσχειν ἀνάγκη; ταῦτ' οὖν
δεδοικότα ἐπιθαρρεῖν οἷόν τ' ἔτι ἐξ ὅλης ψυχῆς ἐπιστα-

stellung und genügend Selbstbewußtsein hast, dann bedenke, auf was für eine große Sache du dich da einläßt.

Vor allem darfst du dich in deinen persönlichen Angelegenheiten nicht mehr so wie bisher verhalten: Du darfst weder Gott noch einem Menschen Vorwürfe machen. Begehren darfst du überhaupt nichts mehr und ablehnen nur das, was im Bereich deiner moralischen Entscheidung liegt. Zorn, Groll, Neid, Mitleid müssen dir unbekannt sein. Kein Mädchen darfst du schön finden, kein bißchen Anerkennung, keinen Knaben, keinen Leckerbissen. Denn das mußt du wissen: Die übrigen Menschen leben im Schutz ihrer Mauern, ihrer Häuser und der Dunkelheit, wenn sie derartiges tun, und sie haben viele Möglichkeiten, alles zu verstecken. Jemand hält seine Tür verschlossen und hat einen Wächter vor seinem Schlafzimmer stehen: «Wenn einer kommt, dann sag: ‹Er ist ausgegangen› oder ‹Er hat keine Zeit›.» Der Kyniker aber muß auf all diese Vorkehrungen verzichten und sich statt dessen in den Schutz seines Schamgefühls und seiner Selbstachtung begeben. Tut er das nicht, dann wird er nackt dastehen und sich in aller Öffentlichkeit lächerlich machen. Das ist sein Haus, seine Tür, seine Wache vor dem Schlafzimmer, seine Dunkelheit. Denn er darf weder den Wunsch haben, etwas von dem, was er hat oder tut, zu verbergen (andernfalls ist er nicht mehr da und zerstört den Kyniker in sich, den Mann unter freiem Himmel, den Ungebundenen, hat er angefangen, etwas von den äußeren Dingen zu fürchten, hat er begonnen, etwas nötig zu haben, was ihn verbirgt), noch kann er es, wenn er es auch möchte. Denn wo oder wie sollte er sich verstecken? Wenn aber unser gemeinsamer Erzieher und Pädagoge durch Zufall in eine zweifelhafte Situation geriete, welche Folgen müßte das für ihn haben? Kann denn jemand mit solchen Ängsten noch den Mut haben, den anderen Men-

τεῖν τοῖς ἄλλοις ἀνθρώποις; ἀμήχανον, ἀδύνατον. πρῶτον οὖν τὸ ἡγεμονικόν σε δεῖ τὸ σαυτοῦ καθαρὸν ποιῆσαι καὶ τὴν ἔνστασιν ταύτην· 'νῦν ἐμοὶ ὕλη ἐστὶν ἡ ἐμὴ διάνοια, ὡς τῷ τέκτονι τὰ ξύλα, ὡς τῷ σκυτεῖ τὰ δέρματα· ἔργον δ' ὀρθὴ χρῆσις τῶν φαντασιῶν. τὸ σωμάτιον δὲ οὐδὲν πρὸς ἐμέ· τὰ τούτου μέρη οὐδὲν πρὸς ἐμέ. θάνατος; ἐρχέσθω, ὅταν θέλῃ, εἴτε ὅλου εἴτε μέρους τινός. φυγή; καὶ ποῦ δύναταί τις ἐκβαλεῖν; ἔξω τοῦ κόσμου οὐ δύναται. ὅπου‖ δ' ἂν ἀπέλθω, ἐκεῖ ἥλιος, ἐκεῖ σελήνη, ἐκεῖ ἄστρα, ἐνύπνια, οἰωνοί, ἡ πρὸς θεοὺς ὁμιλία.'

Εἶθ' οὕτως παρασκευασάμενον οὐκ ἔστι τούτοις ἀρκεῖσθαι τὸν ταῖς ἀληθείαις Κυνικόν, ἀλλ' εἰδέναι δεῖ, ὅτι ἄγγελος ἀπὸ τοῦ Διὸς ἀπέσταλται καὶ πρὸς τοὺς ἀνθρώπους περὶ ἀγαθῶν καὶ κακῶν ὑποδείξων αὐτοῖς, ὅτι πεπλάνηνται καὶ ἀλλαχοῦ ζητοῦσι τὴν οὐσίαν τοῦ ἀγαθοῦ καὶ τοῦ κακοῦ, ὅπου οὐκ ἔστιν, ὅπου δ' ἔστιν, οὐκ ἐνθυμοῦνται, καὶ ὡς ὁ Διογένης ἀπαχθεὶς πρὸς Φίλιππον μετὰ τὴν ἐν Χαιρωνείᾳ μάχην κατάσκοπος εἶναι. τῷ γὰρ ὄντι κατάσκοπός ἐστιν ὁ Κυνικὸς τοῦ τίνα ἐστὶ τοῖς ἀνθρώποις φίλα καὶ τίνα πολέμια. καὶ δεῖ αὐτὸν ἀκριβῶς κατασκεψάμενον ἐλθόντ' ἀπαγγεῖλαι τἀληθῆ μήθ' ὑπὸ φόβου ἐκπλαγέντα, ὥστε τοὺς μὴ ὄντας πολεμίο⟨υ⟩ς δεῖξαι, μήτε τινὰ ἄλλον τρόπον ὑπὸ τῶν φαντασιῶν παραταραχθέντα ἢ συγχυθέντα.

Δεῖ οὖν αὐτὸν δύνασθαι ἀνατεινάμενον, ἂν οὕτως τύχῃ, καὶ ἐπὶ σκηνὴν τραγικὴν ἀνερχόμενον λέγειν τὸ τοῦ Σωκράτους 'ἰὼ ⟨ἄ⟩νθρωποι, ποῖ φέρεσθε; τί

schen aus voller Überzeugung Weisungen zu erteilen? Das ist ausgeschlossen, unmöglich.

Zuerst also mußt du das leitende Prinzip in dir reinigen und dir folgenden Lebensplan[86] zurechtlegen: «Von heute an ist mein Geist das Material, an dem ich arbeite, wie der Zimmermann an seinen Balken oder der Schuster an dem Leder. Mein armseliger Körper geht mich nichts an. Der Tod? Er soll kommen, wann er will, sei es für den ganzen Menschen, sei es für irgendeinen Teil des Körpers. Verbannung? Wohin kann man mich jagen? An keinen Platz außerhalb des Kosmos. Wohin ich auch gehe – dort gibt es die Sonne, den Mond und die Sterne, dort gibt es Träume und Vorzeichen und die Gemeinschaft mit den Göttern.»

Auch wenn er so vorbereitet ist, darf der wahrhafte Kyniker damit noch nicht zufrieden sein; er muß vielmehr wissen, daß er einerseits als Bote[87] von Zeus zu den Menschen gesandt ist, um ihnen zu zeigen, daß sie über das Gute und das Böse nicht Bescheid wissen und das Wesen des Guten und des Bösen dort suchen, wo es nicht ist, und nicht ahnen, wo es ist, und daß er andererseits wie Diogenes, als er nach der Schlacht bei Chaironeia zu Philipp geführt wurde, ein Kundschafter[88] ist. Denn tatsächlich ist der Kyniker ein Kundschafter für das, was den Menschen freundlich und was ihnen feindlich ist. Und es ist notwendig, daß er alles genau auskundschaftet und dann zurückkehrt, um die Wahrheit zu verkünden, ohne von Angst befallen zu sein und dann diejenigen als Feinde zu bezeichnen, die es in Wirklichkeit gar nicht sind, oder auf andere Weise von seinen Einbildungen und Vorstellungen betört oder verwirrt zu sein.

Er muß daher imstande sein, wenn es sich so ergibt, seine Stimme zu erheben und auf die tragische Bühne hinaufzusteigen und das Wort des Sokrates[89] zu sprechen: «Wehe,

ποιεῖτε, ὦ ταλαίπωροι; ὡς τυφλοὶ ἄνω καὶ κάτω κυ-
λίεσθε· ἄλλην ὁδὸν ἀπέρχεσθε τὴν οὖσαν ἀπολελοιπό-
τες, ἀλλαχοῦ ζητεῖτε τὸ εὔρουν καὶ τὸ εὐδαιμονικόν,
ὅπου οὐκ ἔστιν, οὐδ' ἄλλου δεικνύοντος πιστεύετε. τί
αὐτὸ ἔξω ζητεῖτε; ἐν σώματι οὐκ ἔστιν. εἰ ἀπιστεῖτε,
ἴδετε Μύρωνα, ἴδετε Ὀφέλλιον. ἐν κτήσει οὐκ ἔστιν. εἰ
δ' ἀπιστεῖτε, ἴδετε Κροῖσον, ἴδετε τοὺς νῦν πλουσίους,
ὅσης οἰμωγῆς ὁ βίος αὐτῶν μεστός ἐστιν. ἐν ἀρχῇ οὐκ
ἔστιν. εἰ δὲ μή γε, ἔδει τοὺς δὶς καὶ τρὶς ὑπάτους‖ εὐδαίμονας εἶναι· οὐκ εἰσὶ δέ. τίσιν περὶ τούτου πιστεύ-
σομεν; ὑμῖν τοῖς ἔξωθεν τὰ ἐκείνων βλέπουσιν καὶ ὑπὸ
τῆς φαντασίας περιλαμπομένοις ἢ αὐτοῖς ἐκείνοις; τί
λέγουσιν; ἀκούσατε αὐτῶν, ὅταν οἰμώζωσιν, ὅταν στέ-
νωσιν, ὅταν δι' αὐτὰς τὰς ὑπατ⟨ε⟩ίας καὶ τὴν δόξαν
καὶ τὴν ἐπιφάνειαν ἀθλιώτερον οἴωνται καὶ ἐπικινδυ-
νότερον ἔχειν. ἐν βασιλείᾳ οὐκ ἔστιν. εἰ δὲ μή, Νέρων
ἂν εὐδαίμων ἐγένετο καὶ Σαρδανάπαλλος. ἀλλ' οὐδ'
Ἀγαμέμνων εὐδαίμων ἦν καίτοι κομψότερος ὢν Σαρδα-
ναπάλλου καὶ Νέρωνος, ἀλλὰ τῶν ἄλλων ῥεγκόντων
ἐκεῖνος τί ποιεῖ;

> πολλὰς ἐκ κεφαλῆς προθελύμνους ἕλκετο χαίτας.

καὶ αὐτὸς τί λέγει;

> πλάζομαι ὧδε,

φησίν, καὶ

> ἀλαλύκτημαι· κραδίη δέ μοι ἔξω
> στηθέων ἐκθρῴσκει.

τάλας, τί τῶν σῶν ἔχει κακῶς; ἡ κτῆσις; οὐκ ἔχει. τὸ
σῶμα; οὐκ ἔχει. ἀλλὰ π ο λ ύ χ ρ υ σ ο ς εἶ καὶ π ο λ ύ χ α λ-
κ ο ς· τί οὖν σοι κακόν ἐστιν; ἐκεῖνο, ὅ τι ποτὲ ἠμέληταί
σου καὶ κατέφθαρται, ᾧ ὀρεγόμεθα, ᾧ ἐκκλίνομεν, ᾧ
ὁρμῶμεν καὶ ἀφορμῶμεν. πῶς ἠμέληται; ἀγνοεῖ τὴν οὐ-

ihr Menschen, wohin laßt ihr euch treiben?» Was tut ihr da,
ihr Elenden? Wie Blinde stolpert ihr umher. Ihr seid vom
wahren Weg abgekommen und geht in die Irre: Ihr sucht
den guten Fluß eures Lebens[90] und euer Glück an der falschen Stelle, wo es nicht ist, und wenn es ein anderer euch
zeigen will, wollt ihr ihm nicht glauben. Warum sucht ihr
es draußen. Im Körper ist es nicht. Wenn ihr daran zweifelt,
seht euch Myron und Ophellios[91] an. Im Besitz liegt es auch
nicht. Wenn ihr das nicht glauben wollt, dann blickt auf
Kroisos und die Reichen unserer Tage und hört nur, wie ihr
Leben von Jammern und Klagen erfüllt ist. In einem hohen
Amt steckt es ebenso wenig. Sonst müßten ja diejenigen,
die zwei- oder dreimal Konsul waren, glücklich sein. Sie
sind es aber nicht. Wem können wir in dieser Frage Vertrauen schenken? Euch, die ihr deren Leben von außen betrachtet und vom äußeren Schein geblendet werdet, oder jenen selbst? Hört ihnen einmal zu, wenn sie jammern, wenn
sie stöhnen, wenn sie meinen, daß sie gerade wegen ihrer
hohen Stellung, ihres Ansehens und ihrer Prominenz unglücklich und gefahrvoller leben als andere. In der Herrschaft liegt das Glück auch nicht. Sonst wären doch Nero
und Sardanapal glücklich gewesen. Aber nicht einmal Agamemnon war glücklich, obwohl er ein besserer Mensch als
Sardanapal und Nero war[92]. Doch was tut er, während die
anderen schlafen? «Viele Haare vom Kopf riß er sich aus
mit der Wurzel[93].» Und was sagt er selbst? «So werde ich
hin und her gejagt» und «ich bin voll Angst, und das Herz
will mir aus der Brust springen.» Du armer Kerl, was fehlt
dir denn? Hab und Gut? Nein, «sondern du hast viel Gold
und Bronze». Dein Körper? Nein. Was stimmt denn nicht
mit dir? Eben jenes innere Prinzip, das du hast verwahrlo-
sen und verkommen lassen, jenes, womit wir begehren, ablehnen, wollen und zurückweisen. Inwiefern ist es ver-

σίαν τοῦ ἀγαθοῦ πρὸς ἣν πέφυκε καὶ τὴν τοῦ κακοῦ
καὶ τί ἴδιον ἔχει καὶ τί ἀλλότριον. καὶ ὅταν τι τῶν ἀλλοτρίων κακῶς ἔχῃ, λέγει 'οὐαί μοι, οἱ γὰρ Ἕλληνες
κινδυνεύουσι'. ταλαίπωρον ἡγεμονικὸν καὶ μόνον ἀτημέλητον καὶ ἀθεράπευτον. 'μέλλουσιν ἀποθνήσκειν ὑπὸ
τῶν Τρώων ἀναιρεθέντες.' ἂν δ' αὐτοὺς οἱ Τρῶες μὴ
ἀποκτείνωσιν, οὐ μὴ ἀποθάνωσιν; 'ναί, ἀλλ' οὐχ' ὑφ'
ἓν πάντες.' τί οὖν διαφέρει; εἰ γὰρ κακόν ἐστι τὸ ἀποθανεῖν, ἄν τε ὁμοῦ ἄν τε καθ' ἕνα ὁμοίως κακόν ἐστιν.
μή τι‖ ἄλλο τι μέλλει γίνεσθαι ἢ τὸ σωμάτιον χωρίζε-
σθαι καὶ ἡ ψυχή; οὐδέν. σοὶ δὲ ἀπολλυμένων τῶν Ἑλ-
λήνων ἡ θύρα κέκλεισται; οὐκ ἔξεστιν ἀποθανεῖν; 'ἔξεστιν.' τί οὖν πενθεῖς; 'οὐᾶ, βασιλεὺς καὶ τὸ τοῦ Διὸς
σκῆπτρον ἔχων.' ἀτυχὴς βασιλεὺς οὐ γίνεται· οὐ μᾶλλον
ἢ ἀτυχὴς θεός. τί οὖν εἶ; ποιμὴν ταῖς ἀληθείαις· οὕτως
γὰρ κλάεις ὡς οἱ ποιμένες, ὅταν λύκος ἁρπάσῃ τι τῶν
προβάτων αὐτῶν· καὶ οὗτοι δὲ πρόβατά εἰσιν οἱ ὑπὸ
σοῦ ἀρχόμενοι. τί δὲ καὶ ἦρχου; μή τι ὄρεξις ὑμῖν ἐκινδυνεύετο, μή τι ἔκκλισις, μή τι ὁρμή, μή τι ἀφορμή;
'οὔ', φησίν, 'ἀλλὰ τοῦ ἀδελφοῦ μου τὸ γυναικάριον ἡρ-
πάγη.' οὐκ οὖν κέρδος μέγα στερηθῆναι μοιχικοῦ γυναικαρίου; 'καταφρονηθῶμεν οὖν ὑπὸ τῶν Τρώων;' τίνων
ὄντων; φρονίμων ἢ ἀφρόνων; εἰ φρονίμων, τί αὐτοῖς
πολεμεῖτε; εἰ ἀφρόνων, τί ὑμῖν μέλει;

wahrlost? Es kennt nicht das wahre Wesen des Guten, für das es geschaffen ist, und auch nicht das Wesen des Bösen, und es weiß nicht, was sein eigentlicher Besitz ist und was nicht in seiner Reichweite liegt. Und wenn sich etwas von dem, was außerhalb seiner Reichweite liegt, in einem schlechten Zustand befindet, dann schreit es: «Wehe mir, denn die Griechen sind in Gefahr.» Ein jämmerliches leitendes Prinzip und völlig verwahrlost. «Sie sind verloren. Sie werden von den Trojanern erschlagen.» Aber wenn die Trojaner sie nicht töten, sterben sie dann etwa nicht auf andere Weise? «Doch. Aber nicht alle auf einmal.» Das ist doch gleich. Denn wenn der Tod ein Übel ist, bleibt er ein Übel, ob sie nun alle zusammen oder einzeln sterben. Wird dabei denn etwas anderes passieren, als daß Körper und Seele getrennt werden? «Nein.» Wenn die Griechen sterben, ist dann für dich die Tür verschlossen? Ist es dir dann nicht möglich zu sterben? «Doch.» Warum jammerst du also? «Ach, ich bin ein König und trage das Szepter des Zeus.» Ein König wird nicht unglücklich[94] – ebensowenig wie ein Gott unglücklich wird. Was bist du denn? In Wirklichkeit bist du ein Schafhirt. Denn du grämst dich wie die Schafhirten, wenn ihnen ein Wolf eines ihrer Schafe geraubt hat. Auch die Männer, über die du herrschst, sind Schafe. Warum hast du den Krieg überhaupt angefangen? Waren etwa euer Begehren, eure Ablehnung, eure Zustimmung, eure Zurückweisung in Gefahr[95]? «Nein, aber die Frau meines Bruders hatte man geraubt.» War es nicht ein großer Gewinn, eine Ehebrecherin losgeworden zu sein? «Sollen wir uns denn von den Trojanern verachten lassen?» Was sind das denn für Leute? Sind sie vernünftig oder unvernünftig? Wenn sie vernünftig sind, warum führt ihr Krieg mit ihnen? Wenn sie unvernünftig sind, warum kümmert ihr euch um sie?

Ἐν τίνι οὖν ἔστι τὸ ἀγαθόν, ἐπειδὴ ἐν τούτοις οὐκ ἔστιν; εἰπὲ ἡμῖν, κύριε ἄγγελε καὶ κατάσκοπε.' 'ὅπου οὐ δοκεῖτε οὐδὲ θέλετε ζητῆσαι αὐτό. εἰ γὰρ ἠθέλετε, εὕρετε ἂν αὐτὸ ἐν ὑμῖν ὂν οὐδ' ἂν ἔξω ἐπλάζεσθε οὐδ' ἂν ἐζητεῖτε τὰ ἀλλότρια ὡς ἴδια. ἐπιστρέψατε αὐτοὶ ἐφ' ἑαυτούς, καταμάθετε τὰς προλήψεις ἃς ἔχετε. ποῖόν τι φαντάζεσθε τὸ ἀγαθόν; τὸ εὔρουν, τὸ εὐδαιμονικόν, τὸ ἀπαραπόδιστον. ἄγε, μέγα δ' αὐτὸ φυσικῶς οὐ φαντάζεσθε; ἀξιόλογον οὐ φαντάζεσθε; ἀβλαβὲς οὐ φαντάζεσθε; ἐν ποίᾳ οὖν ὕλῃ δεῖ ζητεῖν τὸ εὔρουν καὶ ἀπαραπόδιστον; ἐν τῇ δούλῃ ἢ ἐν τῇ ἐλευθέρᾳ;' 'ἐν τῇ ἐλευθέρᾳ.' 'τὸ σωμάτιον οὖν ἐλεύθερον ἔχετε ἢ δοῦλον;' 'οὐκ ἴσμεν.' 'οὐκ ἴστε ὅτι πυρετοῦ δοῦλόν ἐστιν, ποδάγρας, ὀφθαλμίας, δυσεντερίας, τυράννου, πυρός, σιδήρου, παντὸς τοῦ ἰσχυροτέρου;' 'ναὶ δοῦλον.' 'πῶς οὖν ἔτι ἀνεμπόδιστον εἶναί τι δύναται τῶν τοῦ σώματος; πῶς δὲ μέγα ἢ ἀξιόλογον τὸ φύσει νεκρόν, ἡ γῆ, ὁ πηλός; τί οὖν; οὐδὲν ἔχετε ἐλεύθερον;' 'μήποτε οὐδέν.' 'καὶ τίς ὑμᾶς ἀναγκάσαι δύναται συγκαταθέσθαι τῷ ψευδεῖ φαινομένῳ;' 'οὐδείς.' 'τίς δὲ μὴ συγκαταθέσθαι τῷ φαινομένῳ ἀληθεῖ;' 'οὐδείς.' ἐνθάδ' οὖν ὁρᾶτε, ὅτι ἔστι τι ἐν ὑμῖν ἐλεύθερον φύσει. ὀρέγεσθαι δ' ἢ ἐκκλίνειν ἢ ὁρμᾶν ἢ ἀφορμᾶν ἢ παρασκευάζεσθαι ἢ προτίθεσθαι τίς ὑμῶν δύναται μὴ λαβὼν φαντασίαν λυσιτελοῦς ἢ μὴ καθήκοντος;' 'οὐδείς.' 'ἔχετε οὖν καὶ ἐν τούτοις

Worin liegt nun das Gute, da es in diesen Dingen nicht zu finden ist? Sag es uns, großer Bote und Kundschafter. «Es ist dort, wo ihr es nicht vermutet und wo ihr es nicht suchen wollt. Wenn ihr es nämlich wolltet, dann hättet ihr es schon in euch selbst gefunden und würdet nicht draußen umherirren und nicht dem Fremden nachjagen, als ob es euch gehörte. Richtet eure Gedanken auf euch selbst. Werdet euch eurer natürlichen moralischen Vorstellungen[96] bewußt. Wie stellt ihr euch das Gute vor? Es ist der gute Fluß des Lebens, das Glücklichsein, die Freiheit von jeglichem Zwang. Nun, stellt ihr es euch nicht als eine Sache vor, die natürlich etwas ganz Großes ist? Etwas ganz Wertvolles? Etwas ganz Unzerstörbares? In welchem Lebensbereich muß man den guten Fluß des Lebens und die Freiheit von jeglichem Zwang suchen? Im Bereich der Knechtschaft oder der Freiheit? «Im Bereich der Freiheit.» Ist der Körper, den ihr besitzt, ein freies Wesen oder ein Sklave? «Das wissen wir nicht.» Ihr wißt nicht, daß er ein Sklave des Fiebers, der Gicht, der Augenkrankheit, des Darmleidens, des Tyrannen, des Feuers, des Eisens und überhaupt jedes Stärkeren ist? «Doch, der Körper ist ein Sklave.» Wie kann da noch ein Glied des Körpers frei von Zwang sein? Wie kann das, was von Natur aus tot, Erde, Kot ist, groß und wertvoll sein[97]? Wie? Habt ihr denn nichts, was wirklich frei ist? «Wahrscheinlich gar nichts.» Doch wer kann euch zwingen, dem zuzustimmen, was sich euch als falsch darstellt? «Niemand.» Wer kann euch zwingen, dem nicht zuzustimmen, was sich euch als wahr darstellt? «Niemand.» Da seht ihr also, daß etwas in euch ist, was von Natur aus frei ist. Wer von euch kann begehren, ablehnen, zustimmen, zurückweisen, sich auf etwas vorbereiten oder sich etwas vornehmen, ohne sich zuvor eine Vorstellung vom Nützlichen oder Unangebrachten gebildet zu haben? «Niemand.» Ihr

ἀκώλυτον καὶ ἐλεύθερον. ταλαίπωροι, τοῦτο ἐξεργάζεσθε, τούτου ἐπιμέλεσθε, ἐνταῦθα ζητεῖτε τὸ ἀγαθόν.'

Καὶ πῶς ἐνδέχεται μηδὲν ἔχοντα, γυμνόν, ἄοικον, ἀνέστιον, αὐχμῶντα, ⟨ἄ⟩δουλον, ἄπολιν διεξάγειν εὐρόως; ἰδοὺ ἀπέσταλκεν ὑμῖν ὁ θεὸς τὸν δείξοντα ἔργῳ, ὅτι ἐνδέχεται. 'ἴδετέ με, ἄοικός εἰμι, ἄπολις, ἀκτήμων, ἄδουλος· χαμαὶ κοιμῶμαι· οὐ γυνή, οὐ παιδία, οὐ πραιτωρίδιον, ἀλλὰ γῆ μόνον καὶ οὐρανὸς καὶ ἓν τριβωνάριον. καὶ τί μοι λείπει[ν]; οὐκ εἰμὶ ἄλυπος, οὐκ εἰμὶ ἄφοβος, οὐκ εἰμὶ ἐλεύθερος; πότε ὑμῶν εἰδέν μέ τις ἐν ὀρέξει [με] ἀποτυγχάνοντα, πότ᾽ ἐν ἐκκλίσει περιπίπτοντα; πότ᾽ ἐμεμψάμην ἢ θεὸν ἢ ἄνθρωπον, πότ᾽ ἐνεκάλεσά τινι; μή τις ὑμῶν ἐσκυθρωπακότα με εἶδεν; πῶς δ᾽ ἐντυγχάνω τούτοις, οὓς ὑμεῖς φοβεῖσθε καὶ θαυμάζετε; οὐχ ὡς ἀνδραπόδοις; τίς με ἰδὼν οὐχὶ τὸν βασιλέα τὸν ἑαυτοῦ ὁρᾶν οἴεται καὶ δεσπότην;'

Ἴδε κυνικαὶ φωναί, ἴδε χαρακτήρ, ἴδ᾽ ἐπιβολή. οὔ· ἀλλὰ πηρίδιον καὶ ξύλον καὶ γνάθοι μεγάλαι· καταφαγεῖν πᾶν ὃ [ε]ἂν δῷς ἢ ἀποθησαυρίσαι ἢ τοῖς ἀπαντῶσι λοιδορεῖσθαι ἀκαίρως ἢ καλὸν τὸν ὦμον δεικνύειν. τηλικούτῳ πράγματι ὁρᾷς πῶς μέλλεις ἐγχειρεῖν; ἔσοπτρον πρῶτον λάβε, ἴδε σου τοὺς ὤμους, κατάμαθε τὴν ὀσφύν, τοὺς μηρούς. Ὀλύμπια μέλλεις ἀπογράφεσθαι, ἄνθρωπε,

besitzt also auch hierin etwas, was nicht behindert werden kann und frei ist. Ihr armen Kerle, entfaltet es, kümmert euch darum, sucht dort das Gute.

Aber wie ist es möglich, glücklich zu leben, wenn man nichts hat, nackt, ohne Haus und Herd im Elend sein Dasein fristet, ohne Diener und ohne Heimat auskommen muß? Siehe, da hat euch Gott einen Mann gesandt, der durch die Tat gezeigt hat, daß es möglich ist. «Seht mich an: Ich habe kein Haus, keine Heimat, keinen Besitz, keinen Diener. Ich schlafe auf dem blanken Boden. Ich habe keine Frau, keine Kinder, keinen schäbigen Gouverneurspalast, sondern nur die Erde, den Himmel und einen armseligen Rock. Und was fehlt mir? Lebe ich nicht ohne Leid und ohne Angst? Bin ich nicht frei? Wann hat einer von euch gesehen, daß ich etwas ohne Erfolg begehrte oder daß ich dem verfallen bin, was ich ablehnte? Wann habe ich einem Gott oder einem Menschen jemals gegrollt? Wann habe ich jemandem Vorwürfe gemacht? Hat mich etwa einer von euch mit finsterer Miene gesehen? Wie trete ich denen entgegen, die ihr fürchtet und bewundert? Etwa nicht wie Sklaven? Wer meint nicht, wenn er mich sieht, seinen König und Herrn zu sehen?»

Ja, das sind Worte eines echten Kynikers, ja, das ist sein wahres Wesen, ja, das ist sein Lebensplan. Aber nein – du behauptest, was einen Kyniker ausmache, das sei ein schäbiger Ranzen, ein Stock und mächtige Kinnbacken, und daß er alles, was man ihm gebe, herunterschlinge oder wegstecke oder daß er die Leute, die ihm begegneten, maßlos beschimpfe oder ihnen seine schöne Schulter zeige[98]. Siehst du nun, wie schwierig die Sache ist, mit der du dich beschäftigen willst? Nimm erst einmal einen Spiegel und sieh dir deine Schultern an und prüfe deine Hüften und deine Schenkel. Mensch, du hast die Absicht, dich als Kämpfer in Olympia einschreiben zu lassen, nicht für irgendeinen billi-

οὐχί τινά ποτε ἀγῶνα ψυχρὸν καὶ ταλαίπωρον. οὐκ
ἔστιν ἐν Ὀλυμπίοις νικηθῆναι μόνον καὶ ἐξελθεῖν, ἀλλὰ
πρῶτον μὲν ὅλης τῆς οἰκουμένης βλεπούσης δεῖ ἀσχη-
μονῆσαι, οὐχὶ Ἀθηναίων μόνον ἢ Λακεδαιμονίων ἢ Νι-
κοπολιτῶν, εἶτα καὶ δέρεσθαι δεῖ τὸν εἰκῆ ἐξελθόντα,
πρὸ δὲ τοῦ δαρῆναι διψῆσαι, καυματισθῆναι, πολλὴν
ἀφὴν καταπιεῖν.

Βούλευσαι ἐπιμελέστερον, γνῶθι σαυτόν, ἀνάκρινον
τὸ δαιμόνιον, δίχα θεοῦ μὴ ἐπιχειρήσῃς. ἂν γὰρ συμ-
βουλεύσῃ, ἴσθι ὅτι μέγαν σε θέλει γενέσθαι ἢ πολλὰς
πληγὰς λαβεῖν. καὶ γὰρ τοῦτο λίαν κομψὸν τῷ Κυνικῷ
παραπέπλεκται· δέρεσθαι αὐτὸν δεῖ ὡς ὄνον καὶ δερό-
μενον φιλεῖν αὐτοὺς τοὺς δέροντας ὡς πατέρα πάντων,
ὡς ἀδελφόν. οὔ· ἀλλ᾽ ἄν τίς σε δέρῃ, κραύγαζε στὰς ἐν
τῷ μέσῳ 'ὦ Καῖσαρ, ἐν τῇ σῇ εἰρήνῃ οἷα πάσχω; ἄγω-
μεν ἐπὶ τὸν ἀνθύπατον'. Κυνικῷ δὲ Καῖσαρ τί ἐστιν‖ ἢ
ἀνθύπατος ἢ ἄλλος ἢ ὁ καταπεπομφὼς αὐτὸν καὶ ᾧ
λατρεύει, ὁ Ζεύς; ἄλλον τινὰ ἐπικαλεῖται ἢ ἐκεῖνον; οὐ
πέπεισται δ᾽, ὅ τι ἂν πάσχῃ τούτων, ὅτι ἐκεῖνος αὐτὸν
γυμνάζει; ἀλλ᾽ ὁ μὲν Ἡρακλῆς ὑπὸ Εὐρυσθέως γυμναζόμενος οὐκ ἐνόμιζεν ἄθλιος εἶναι, ἀλλ᾽ ἀόκνως ἐπετέλει
πάντα τὰ πρ⟨οστ⟩αττόμενα· οὗτος δ᾽ ὑπὸ τοῦ Διὸς
ἀθλούμενος καὶ γυμναζόμενος μέλλει κεκραγέναι καὶ
ἀγανακτεῖν, ἄξιος φορεῖν τὸ σκῆπτρον τὸ Διογένους;
ἄκουε, τί λέγει ἐκεῖνος πυρέσσων πρὸς τοὺς παριόντας·
'κακαί', ἔφη, 'κεφαλαί, οὐ μενεῖτε; ἀλλ᾽ ἀθλητῶν
μὲν ὄλεθρον ἢ μάχην ὀψόμενοι ἄπιτε ὁδὸν το

gen, kümmerlichen Wettkampf. Man kann in Olympia nicht einfach besiegt werden und dann fortgehen, sondern man setzt sich erstens unter den Augen der ganzen Welt und nicht nur der Athener, Spartaner oder der Leute aus Nikopolis zwangsläufig einer großen Blamage aus, und zweitens läßt es sich nicht vermeiden, daß derjenige, der aufs Geratewohl öffentlich aufgetreten ist, auch noch verprügelt wird, und daß er, bevor dies geschieht, Durst ertragen, schwitzen und viel Staub schlucken muß. Denke noch sorgfältiger darüber nach, erkenne dich selbst, befrage die Gottheit[99], unternimm nichts ohne Gottes Hilfe. Wenn er dir nämlich zurät, dann sei dir dessen sicher, daß er will, daß du ein großer Mann wirst oder viele Schläge einstecken mußt. Denn das ist das besonders Raffinierte, das mit dem Dasein des Kynikers verknüpft ist: Er muß sich prügeln lassen wie ein Esel und, wenn er geprügelt wird, auch noch diejenigen lieben, die ihn prügeln, als ob er ein Vater oder Bruder von allen wäre. Nein. Wenn dich einer verprügelt, dann stell dich auf den Markt und schreie: «Ach, mein Kaiser, was muß ich leiden in deinem friedlichen Reich? Laßt uns vor Gericht gehen.» Doch wer ist für den Kyniker ein Kaiser oder Prokonsul außer Zeus, der ihn in die Welt gesandt hat und dem er dient? Wendet er sich etwa an einen anderen als ihn? Und ist er nicht überzeugt davon, daß Gott ihn nur trainiert[100] mit allem, was ihm zustößt? Ja, auch Herakles[101], der von Eurystheus trainiert wurde, glaubte nicht, unglücklich zu ein, sondern führte ohne Zaudern alle Aufgaben aus. Da sollte derjenige, dem Zeus seine Übungen und Prüfungen auferlegt, schreien und schimpfen, er, der es wert ist, das Szepter des Diogenes zu tragen?

Hör, was er im Fieber zu den Vorübergehenden sagt: «Ihr elenden Schädel, wollt ihr nicht stehen bleiben? Wenn ihr einen Kampf armseliger Athleten sehen wollt, dann

σαύτην εἰς Ὀλυμπίαν· πυρετοῦ δὲ καὶ ἀνθρώπου μάχην ἰδεῖν οὐ βούλεσθε;' ταχύ γ' ἂν ὁ τοιοῦτος ἐνεκάλεσεν τῷ θεῷ καταπεπομφότι αὐτὸν ὡς παρ'
ἀξίαν αὐτῷ χρωμένῳ, ὅς γε ἐνεκαλλωπίζετο ταῖς περι-
στάσεσι καὶ θέαμα εἶναι ἤξίου τῶν παριόντων. ἐπὶ τίνι
γὰρ ἐγκαλέσει; ὅτι εὐσχημονεῖ; [ὅ]τί κατηγορεῖ; ὅτι λαμ-
προτέραν ἐπιδείκνυται τὴν ἀρετὴν τὴν ἑαυτοῦ; ἄγε, περὶ
πενίας δὲ τί λέγει, περὶ θανάτου, περὶ πόνου; πῶς συν-
έκρινεν τὴν εὐδαιμονίαν τὴν αὐτοῦ τῇ μεγάλου βασιλέως; μᾶλλον δ' οὐδὲ συγκριτὸν ᾤετο εἶναι. ὅπου γὰρ
ταραχαὶ καὶ λῦπαι καὶ φόβοι καὶ ὀρέξεις ἀτελεῖς καὶ ἐκκλίσεις περιπίπτουσαι καὶ φθόνοι καὶ ζηλοτυπίαι, ποῦ
ἐκεῖ πάροδος εὐδαιμονίας; ὅπου δ' ἂν ᾖ σαπρὰ δόγματα,
ἐκεῖ πάντα ταῦτα εἶναι ἀνάγκη.

Πυθομένου δὲ τοῦ νεανίσκου, εἰ νοσήσας ἀξιοῦντος
φίλου πρὸς αὐτὸν ἐλθεῖν ὥστε νοσοκομηθῆναι ὑπακού-
σει, Ποῦ δὲ φίλον μοι δώσεις Κυνικοῦ; ἔφη. δεῖ γὰρ
αὐτὸν ἄλλον εἶναι τοιοῦτον, ‖ ἵν' ἄξιος ᾖ φίλος αὐτοῦ
ἀριθμεῖσθαι. κοινωνὸν αὐτὸν εἶναι δεῖ τοῦ σκήπτρου
καὶ τῆς βασιλείας καὶ διάκονον ἄξιον, εἰ μέλλει φιλίας
ἀξιωθήσεσθαι, ὡς Διογένης Ἀντισθένους ἐγένετο, ὡς
Κράτης Διογένους. ἢ δοκεῖ σοι, ὅτι, ἂν χαίρειν αὐτῷ
λέγῃ προσερχόμενος, φίλος ἐστὶν αὐτοῦ κἀκεῖνος αὐτὸν
ἄξιον ἡγήσεται τοῦ πρὸς αὐτὸν εἰσελθεῖν; ὥστε ἂν σοι
δοκῇ καὶ ἐνθυμηθῇς τι τοιοῦτον, κοπρίαν μᾶλλον περι-
βλέπου κομψήν, ἐν ᾗ πυρέξεις, ἀποσκέπουσαν τὸν βο-

nehmt ihr eine so weite Reise nach Olympia auf euch. Den Kampf eines Mannes aber mit seinem Fieber wollt ihr nicht sehen?» Ohne Zweifel hätte ein Mann dieser Sorte seinem Gott, der ihn in die Welt geschickt hat, den Vorwurf gemacht, daß er ihn unwürdig behandelte, ein Mann, der stolz war auf sein Mißgeschick und die Forderung erhob, den Passanten ein Schauobjekt zu sein. Weshalb sollte er sich beschweren? Daß er ein schönes Leben hat? Was ist der Anklagepunkt? Daß er seine Tugend auf noch herrlichere Weise darstellt? Komm, was sagt er über die Armut, den Tod, das Leid? Wie verglich er gewöhnlich sein Glück mit dem des persischen Großkönigs? Oder besser: Er hielt es gar nicht für vergleichbar[102]. Denn wo es Aufregung, Kummer, Angst, unstillbares Begehren, vergebliche Ablehnung, Neid und Eifersucht gibt, wo ist da ein Zugang für das Glück? Wo aber die Urteile morsch sind, dort muß auch alles andere so sein.

Als ihn aber der junge Mann fragte, ob er zustimmen solle, falls ihn ein Freund auffordere, wenn er krank sei, zu ihm nach Hause zu kommen, so daß er entsprechend gepflegt werden könne, sagte Epiktet: Wo kannst du mir denn den Freund eines Kynikers auftreiben? Denn eine solche Person müßte ein anderer Kyniker sein, um als sein Freund gelten zu können. Er müßte sein Szepter und sein Königreich mit ihm teilen und ein ebenbürtiger Helfer sein, wenn er seiner Freundschaft für würdig gehalten werden wollte, wie Diogenes der Freund des Antisthenes und Krates der Freund des Diogenes war. Oder meinst du, daß jemand, der auf einen Kyniker zugeht und ihm freundlich «Guten Tag» sagt, schon sein Freund sei und daß er ihn seines Besuches für würdig halten würde? Wenn du dir so etwas einbildest, dann sieh dich besser nach einem hübschen Misthaufen um, auf dem du dein Fieber kurieren kannst, wo du Schutz vor

ῥέαν, ἵνα μὴ περιψυγῇς. σὺ δέ μοι δοκεῖς θέλειν εἰς οἰκόν τινος ἀπελθὼν διὰ χρόνου χορτασθῆναι. τί οὖν σοι καὶ ἐπιχειρεῖν πράγματι τηλικούτῳ;

Γάμος δ᾽, ἔφη, καὶ παῖδες προηγουμένως παραληφθήσονται ὑπὸ τοῦ Κυνικοῦ; — Ἄν μοι σοφῶν, ἔφη, δῷς πόλιν, τάχα μὲν οὐδ᾽ ἥξει τις ῥᾳδίως ἐπὶ τὸ κυνίζειν. τίνων γὰρ ἕνεκα ἀν⟨α⟩δέξηται ταύτην τὴν διεξαγωγήν; ὅμως δ᾽ ἂν ὑποθώμεθα, οὐδὲν κωλύσει καὶ γῆμαι αὐτὸν καὶ παιδοποιήσασθαι. καὶ γὰρ ἡ γυνὴ αὐτοῦ ἔσται ἄλλη τοιαύτη καὶ ὁ πενθερὸς ἄλλος τοιοῦτος καὶ τὰ παιδία οὕτως ἀνατραφήσεται. τοιαύτης δ᾽ οὔσης καταστάσεως, οἷα νῦν ἐστιν, ὡς ἐν παρατάξει, μή ποτ᾽ ἀπερίσπαστον εἶναι δεῖ τὸν Κυνικόν, ὅλον πρὸς τῇ διακονίᾳ τοῦ θεοῦ, ἐπιφοιτᾶν ἀνθρώποις δυνάμενον, οὐ προσδεδεμένον καθήκουσιν ἰδιωτικοῖς οὐδ᾽ ἐμπεπλεγμένον σχέσεσιν, ἃς παραβαίνων οὐκέτι σώσει τὸ τοῦ καλοῦ καὶ ἀγαθοῦ πρόσωπον, τηρῶν δ᾽ ἀπολεῖ τὸν ἄγγελον καὶ κατάσκοπον καὶ κήρυκα τῶν θεῶν; ὅρα γάρ, ὅτι αὐτὸν ἀποδεικνύναι ⟨δεῖ⟩ τινα τῷ πενθερῷ, ἀποδιδόναι τοῖς ἄλλοις συγγενέσι τῆς γυναικός, αὐτῇ τῇ γυναικί· εἰς νοσοκομίας λοιπὸν ἐκκλείεται, εἰς πορισμόν. ἵνα τἆλλα ἀφῶ, δεῖ αὐτὸν κουκκούμιον, ὅπου θερμὸν ποιήσει τῷ παιδίῳ, ἵν᾽ αὐτὸ λούσῃ εἰς σκάφην· ἐρίδια τεκούσῃ τῇ

dem Nordwind hast, damit du dich nicht erkältest. Du scheinst mir nur in das Haus eines anderen umsiedeln zu wollen, um dich eine Zeitlang vollfressen zu können. Warum glaubst du, dich auf eine solche Sache einlassen zu sollen?

«Aber», fragt der junge Mann weiter, «werden Ehe und Kinder von dem Kyniker um ihrer selbst willen als notwendig akzeptiert?» Wenn du mir – so antwortet Epiktet – eine Stadt mit lauter Weisen vorführst, wird dort wohl keiner so leicht darauf verfallen, Kyniker werden zu wollen. Denn warum sollte er ein solches Leben auf sich nehmen? Wenn wir dennoch annehmen, daß er so handelt, wird ihn nichts daran hindern, zu heiraten und Kinder zu bekommen. Denn seine Frau und sein Schwiegervater werden sein wie er, und seine Kinder werden in demselben Geist aufgezogen werden. Da aber die Verhältnisse so sind, wie sie jetzt sind, das heißt wie auf dem Schlachtfeld, ist es da nicht unerläßlich, daß der Kyniker nicht durch andere Geschäfte abgelenkt wird, sondern sich ganz dem Gottesdienst widmet, und daß er in der Lage ist, sich unter seine Mitmenschen zu mischen, ohne durch private Pflichten aufgehalten oder durch persönliche Beziehungen gebunden zu sein, bei deren Vernachlässigung er die Rolle des guten und anständigen Mannes nicht mehr spielen könnte und bei deren Berücksichtigung er seine Funktion als Bote, Kundschafter und Herold der Götter verraten würde?

Mach dir doch einmal klar, daß er seinem Schwiegervater, den anderen Verwandten seiner Frau und seiner Frau selbst gegenüber bestimmte Pflichten zu erfüllen hat. Schließlich wird er von seiner Aufgabe abgehalten, um Kranke zu pflegen und Geld zu verdienen. Um es kurz zu machen - er benötigt einen Kessel, mit dem er für sein Kind warmes Wasser machen kann, um es in einer Wanne baden

γυναικί, ἔλαιον, κραβάττιον, ποτήριον (γίνεται ἤδη πλείω
σκευάρια)· τὴν ἄλλην ἀσχολίαν, τὸν περισπασμόν. ποῦ
μοι λοιπὸν ἐκεῖνος ὁ βασιλεὺς ὁ τοῖς κοινοῖς προσ-
ευκαιρῶν,

          ᾧ λαοί τ᾽ ἐπιτετράφαται καὶ τόσσα μέμηλεν·

ὃν δεῖ τοὺς ἄλλους ἐπισκοπεῖν, τοὺς γεγαμηκότας, τοὺς
πεπαιδοποιημένους, τίς καλῶς χρῆται τῇ αὑτοῦ γυναικί,
τίς κακῶς, τίς διαφέρεται, ποία οἰκία εὐσταθεῖ, ποία οὔ,
ὡς ἰατρὸν περιερχόμενον καὶ τῶν σφυγμῶν ἁπτόμενον;
'σὺ πυρέττεις, σὺ κεφαλαλγεῖς, σὺ ποδαγρᾷς· σὺ ἀνάτει-
νον, σὺ φάγε, σὺ ἀλούτησον· σὲ δεῖ τμηθῆναι, σὲ δεῖ
καυθῆναι.' ποῦ σχολὴ τῷ εἰς τὰ ἰδιωτικὰ καθήκοντα
ἐνδεδεμένῳ; οὐ δεῖ αὐτὸν πορίσαι ἱματίδια τοῖς παιδίοις; ἄγε, πρὸς γραμματιστὴν ἀποστεῖλαι πινακίδια
ἔχοντα, γραφεῖα, τιτλάρια, καὶ τούτοις κραβάττιον ἑτοι-
μάσαι; οὐ γὰρ ἐκ τῆς κοιλίας ἐξελθόντα δύναται Κυνικὰ
εἶναι· εἰ δὲ μή, κρεῖσσον ἦν αὐτὰ γενόμενα ῥῖψαι ἢ οὕτως ἀποκτεῖναι. σκόπει, ποῦ κατάγομεν τὸν Κυνικόν,
πῶς αὐτοῦ τὴν βασιλείαν ἀφαιρούμεθα. — Ναί· ἀλλὰ
Κράτης ἔγημεν. — Περίστασίν μοι λέγεις ἐξ ἔρωτος γενομένην καὶ γυναῖκα τιθεῖς ἄλλον Κράτητα. ἡμεῖς δὲ
περὶ τῶν κοινῶν γάμων καὶ ἀπεριστάτων ζητοῦμεν καὶ
οὕτως ζητοῦντες οὐχ εὑρίσκομεν ⟨ἐν⟩ ταύτῃ τῇ κατα-
στάσει προηγούμενον τῷ Κυνικῷ τὸ πρᾶγμα.

     Πῶς οὖν ἔτι, φησίν, διασώσει τὴν κοινωνίαν; — Τὸν

zu können; er braucht Wolläppchen für seine Frau, wenn
sie ein Kind bekommen hat, Öl, ein Bett, eine Tasse und
noch so manches mehr. Von der übrigen Unruhe und Ab-
lenkung ganz zu schweigen. Wo bleibt mir da noch jener
König, der Zeit hat für das Gemeinwohl, «dem das Volk anvertraut ist und der sich um so vieles kümmert»[103]? Wo ist
der König, der die anderen beaufsichtigen soll, die geheira-
tet haben und die Kinder bekommen haben: wer seine Frau
gut behandelt, wer schlecht, wer sich streitet, in welchem
Haus ein guter Geist herrscht, in welchem nicht – indem er
wie ein Arzt herumgeht und den Puls fühlt? «Du hast Fieber, du Kopfschmerzen, du Gicht. Du mußt fasten, du essen, du darfst nicht baden. Du mußt operiert, du gebrannt
werden.» Wo hat einer Zeit dafür, wenn er in private Pflichten eingebunden ist? Komm, muß er nicht Mäntelchen für
seine Kleinen kaufen? Muß er sie nicht mit Schreibtafel,
Griffel und Notizbuch in die Schule schicken? Und muß er
ihnen nicht auch noch ihr Bett machen? Sie können doch
nicht gleich nach ihrer Geburt schon Kyniker sein. Wenn er
dies alles nicht täte, dann wäre es besser gewesen, er hätte
sie gleich nach ihrer Geburt ausgesetzt, statt sie auf diese
Weise verkommen zu lassen. Beachte, in welche Situation
wir den Kyniker bringen und wie wir ihm sein Königreich
fortnehmen. «Ja, aber Krates war doch verheiratet.» Da
nennst du mir ein Verhältnis, das aus Liebe erwachsen ist,
und eine Frau, die ein zweiter Krates war. Unsere Untersuchung befaßt sich jedoch mit den gewöhnlichen und unge-
schützten Ehen, und unter diesem Gesichtspunkt finden
wir nicht, daß die Ehe unter den gegenwärtigen Bedingungen für den Kyniker eine Sache ist, die ihren Wert in sich
selbst trägt.

«Wie wird der Kyniker dann», fragt der junge Mann,
«noch in der Lage sein, die menschliche Gesellschaft zu er-

θεόν σοι· μείζονα δ' εὐεργετοῦσιν ἀνθρώπους οἱ ἢ δύο
ἢ τρία κακόρυγχα παιδία ἀνθ' αὑτῶν εἰσάγοντες ἢ οἱ
ἐπισκοποῦντες πάντας κατὰ δύναμιν ἀνθρώπους, τί ποιοῦσιν, πῶς διάγουσιν, τίνος ἐπιμελοῦνται, τίνος ἀμε-
λοῦσι παρὰ τὸ προσῆκον; καὶ Θηβαίους μείζονα ὠφέ-
λησαν ὅσοι τεκνία αὑτοῖς κατέλιπον Ἐπαμινώνδου τοῦ
ἀτέκνου ἀποθανόντος; καὶ Ὁμήρου πλείονα τῇ κοινωνίᾳ
συνεβάλετο Πρίαμος ὁ πεντήκοντα γεννήσας περικαθάρ-
ματα ἢ Δαναὸς ἢ Αἴολος; εἶτα στρατηγία μὲν ἢ σύν-
ταγμά τινα ἀπείρξει γάμου ἢ παιδοποιίας καὶ οὐ δόξει
οὗτος ἀντ' οὐδενὸς ἠλλάχθαι τὴν ἀτεκνίαν, ἡ δὲ τοῦ
Κυνικοῦ βασιλεία οὐκ ἔσται ἀνταξία; μήποτε οὐκ αἰσθα-
νόμεθα τοῦ μεγέθους αὐτοῦ οὐδὲ φανταζόμεθα κατ' ἀξίαν
τὸν χαρακτῆρα τὸν Διογένους, ἀλλ' εἰς τοὺς νῦν ἀπο-
βλέπομεν, τοὺς τραπεζῆ⟨α⟩ς πυλαωρούς, οἳ οὐδὲν μι-
μοῦνται ἐκείνους ἢ εἴ [ὅ]τι ἄρα πόρδωνες γίνονται, ἄλλο
δ' οὐδέν· ἐπεὶ οὐκ ἂν ἡμᾶς ἐκίνει ταῦτα οὐδ' ἂν ἐπεθαυ-
μάζομεν, εἰ μὴ γαμήσει ἢ παιδοποιήσεται. ἄνθρωπε, πάντας ἀνθρώπους πεπαιδοποίηται, τοὺς ἄνδρας υἱοὺς ἔχει,
τὰς γυναῖκας θυγατέρας· πᾶσιν οὕτως προσέρχεται, οὕτως πάντων κήδεται. ἢ σὺ δοκεῖς ὑπὸ περιεργίας λοιδορεῖσθαι τοῖς ἀπαντῶσιν; ὡς πατὴρ αὐτὸ ποιεῖ, ὡς ἀδελφὸς καὶ τοῦ κοινοῦ πατρὸς ὑπηρέτης τοῦ Διός.

Ἄν σοι δόξῃ, πυθοῦ μου καὶ εἰ πολιτεύσεται. σαν-

halten?» In Gottes Namen – wer leistet denn der Menschheit einen größeren Dienst? Diejenigen, die zwei oder drei
rotznäsige Gören in die Welt setzen, damit sie ihren Platz
einnehmen, oder diejenigen, die nach Kräften auf alle Menschen achten: was sie treiben, wie sie leben, um was sie sich
kümmern, was sie pflichtvergessen vernachlässigen? Hatten die Thebaner etwa von den Leuten mehr Nutzen, die ihnen Kinder hinterließen, als von Epaminondas, der kinder-
los starb? Und hat etwa Priamos, der fünfzig Taugenichtse
in die Welt setzte, oder Danaos oder Aiolos der menschlichen Gemeinschaft mehr genützt als Homer? Ein militäri-
sches Kommando oder eine andere Aufgabe wird manchen
davon abhalten, eine Ehe einzugehen oder Kinder zu bekommen, und keiner von diesen Leuten wird den Anschein
erwecken, er hätte die Kinderlosigkeit für nichts eingetauscht. Da sollte die Königsherrschaft des Kynikers nicht
gleichwertig sein? Nehmen wir denn seine Größe gar nicht
wahr? Haben wir denn gar keine richtige Vorstellung von
der Persönlichkeit des Diogenes? Haben wir nur die modernen Kyniker vor Augen, die Schmarotzer und Türwächter,
die jenen Großen nicht nacheifern, außer im Furzen und in
nichts anderem sonst? Normalerweise würde uns dies gar
nicht auffallen und unsere Verwunderung erregen, daß der
Kyniker nicht heiraten oder Kinder zeugen wird. Mensch,
der Kyniker hat alle Menschen zu seinen Kindern gemacht.
Die Männer sind seine Söhne, die Frauen seine Töchter. In
diesem Sinne geht er mit allen um, in diesem Sinne sorgt er
für alle. Oder glaubst du, daß er aus reiner Aufdringlichkeit
die Leute, die ihm begegnen, zurechtweist? Wie ein Vater
tut er dies, wie ein Bruder und Diener des Zeus, unseres gemeinsamen Vaters.

Wenn es dir richtig erscheint, dann kannst du mich auch
fragen, ob er sich politisch betätigt. Du Tölpel, suchst du

νίων, μείζονα πολιτείαν ζητεῖς, ἧς πολιτεύ[σ]εται; ἢ ἐν
Ἀθηναίοις παρελθὼν ἐρεῖ τις περὶ προσόδων ἢ πόρων,
ὃν δεῖ πᾶσιν ἀνθρώποις διαλέγεσθαι, ἐπίσης μὲν Ἀθηναίοις, ἐπίσης δὲ Κορινθίοις, ἐπίσης δὲ Ῥωμαίοις οὐ
περὶ πόρων οὐδὲ περὶ προσόδων οὐδὲ περὶ εἰρήνης ἢ
πολέμου, ἀλλὰ περὶ εὐδαιμονίας [ἢ] καὶ κακοδαιμονίας,
περὶ εὐτυχίας καὶ δυστυχίας, περὶ δουλείας καὶ ἐλευθερίας; τηλικαύτην πολιτείαν πολιτευομένου ἀνθρώπου
σύ μου πυνθάνῃ εἰ πολιτεύσεται; πυθοῦ μου καί, εἰ
ἄρξει· πάλιν ἐρῶ σοι· μωρέ, ποίαν ἀρχὴν μείζονα, ἧς
ἄρχει;

Χρεία μέντοι καὶ σώματος ποιοῦ τῷ τοιούτῳ. ἐπεί
τοι ἂν φθισικὸς προέρχηται, λεπτὸς καὶ ὠχρός, οὐκέτι
ὁμοίαν ἔμφασιν ἡ μαρτυρία αὐτοῦ ἔχει. δεῖ γὰρ αὐτὸν
οὐ μόνον τὰ τῆς ψυχῆς ἐπιδεικνύοντα παριστάνειν τοῖς
ἰδιώταις ὅτι ἐνδέχεται δίχα τῶν θαυμαζομένων εἶναι
ὑπ' αὐτῶν καλὸν καὶ ἀγαθόν, ἀλλὰ καὶ διὰ τοῦ σώματος
ἐνδείκνυσθαι, ὅτι ἡ ἀφελὴς καὶ λιτὴ καὶ ὕπαιθρος δίαι-
τα οὐδὲ τὸ σῶμα λυμαίνεται· 'ἰδοὺ καὶ τούτου μάρτυς
εἰμὶ ἐγὼ καὶ τὸ σῶμα τὸ ἐμόν.' ὡς Διογένης ἐποίει·
στίλβων γὰρ περιήρχετο καὶ κατ' αὐτὸ τὸ σῶμα ἐπέστρε-
φε τοὺς πολλούς. ἐλεούμενος δὲ Κυνικὸς ἐπαίτης δοκεῖ·
πάντες ἀποστρέφονται, πάντες προσκόπτουσιν. οὐδὲ γὰρ
ῥυπαρὸν αὐτὸν δεῖ φαίνεσθαι, ὡς μηδὲ κατὰ τοῦτο τοὺς
ἀνθρώπους ἀποσοβεῖν, ἀλλ' αὐτὸν τὸν αὐχμὸν αὐτοῦ.
δεῖ καθαρὸν εἶναι καὶ ἀγωγόν.

nach einem politischen Betätigungsfeld, das bedeutender ist als das, auf dem er tätig ist? Oder soll der Mann in Athen auftreten und über Steuern und Zölle reden, der Mann, der verpflichtet ist, mit allen Menschen zu sprechen, mit den Athenern ebenso wie mit den Korinthern und Römern, aber nicht über Steuern und Zölle, auch nicht über Krieg oder Frieden, sondern über Glück und Unglück, Erfolg und Mißerfolg, über Knechtschaft und Freiheit? Wenn sich ein Mensch mit einer so bedeutenden Politik befaßt, dann fragst du mich noch, ob er sich politisch betätigt? Du kannst mich auch noch fragen, ob er ein Amt bekleiden wird, und wieder werde ich dir antworten: Du Tor, welches Amt ist bedeutender als sein Amt?

Allerdings muß ein solcher Mann auch eine entsprechende körperliche Konstitution haben. Denn wenn ein Schwindsüchtiger daherkommt, mager und blaß, dann macht das Zeugnis, das er ablegt, nicht mehr denselben Eindruck. Er muß nämlich nicht nur durch die Darstellung seiner seelischen Qualitäten den noch nicht eingeweihten Menschen klar machen, daß es möglich ist, ohne die von ihnen bewunderten Dinge ein guter und hervorragender Mann zu sein, sondern er muß auch durch seine körperliche Erscheinung beweisen, daß das schlichte und einfache Leben unter dem freien Himmel auch dem Körper nicht schadet. «Sieh her, ich und mein Körper bezeugen dies.» So, wie Diogenes es gemacht hat. Er sah glänzend aus, wenn er auf die Straße ging, und erregte die Aufmerksamkeit der Menge durch seine äußere Erscheinung. Aber ein Kyniker, der Mitleid erregt, wird als Bettler angesehen. Alle wenden sich ab und nehmen Anstoß an ihm. Denn er darf nicht schmutzig aussehen, um nicht auf diese Weise die Menschen abzustoßen, sondern gerade sein einfaches Erscheinungsbild muß sauber und anziehend sein.

*Δεῖ δὲ καὶ χάριν πολλὴν προσεῖναι φυσικὴν τῷ Κυ-
νικῷ καὶ ὀξύτητα (εἰ δὲ μή, μύξα γίνεται, ἄλλο δ᾿ οὐδέν), ἵνα ἑτοίμως δύνηται καὶ παρακειμένως πρὸς τὰ
ἐμπίπτοντα ἀπαντᾶν.*ǁ *ὡς Διογένης πρὸς τὸν εἰπόντα
'σὺ εἶ ὁ Διογένης ὁ μὴ οἰόμενος εἶναι θεούς;'
'καὶ πῶς', ἔφη, 'σὲ θεοῖς ἐχθρὸν νομίζω⟨ν⟩;'
πάλιν Ἀλεξάνδρῳ ἐπιστάντι αὐτῷ κοιμωμένῳ καὶ εἰπόντι*

'*οὐ χρὴ παννύχιον εὗδειν βουληφόρον ἄνδρα*'
ἔνυπνος ἔτι ὢν ἀπήντησεν
'*ᾧ λαοί τ᾿ ἐπιτετράφαται καὶ τόσσα μέμηλεν*'.

*Πρὸ πάντων δὲ τὸ ἡγεμονικὸν αὐτοῦ δεῖ καθαρώ-
τερον εἶναι τοῦ ἡλίου· εἰ δὲ μή, κυβευτὴν ἀνάγκη καὶ
ῥᾳδιουργόν, ὅστις ἐνεχόμενός τινι αὐτὸς κακῷ ἐπιτιμή-
σει τοῖς ἄλλοις. ὅρα γάρ, οἷόν ἐστιν. τοῖς βασιλεῦσι τούτοις καὶ τυράννοις οἱ δορυφόροι καὶ τὰ ὅπλα παρεῖχε
τὸ ἐπιτιμᾶν τισιν καὶ δύνασθαι καὶ κολάζειν τοὺς ἁμαρ-
τάνοντας καὶ αὐτοῖς οὖσι κακοῖς, τῷ Κυνικῷ ἀντὶ τῶν
ὅπλων καὶ τῶν δορυφόρων τὸ συνειδὸς τὴν ἐξουσίαν
ταύτην παραδίδωσιν. ὅταν ἴδῃ[ς], ὅτι ὑπερηγρύπνηκεν
ὑπὲρ ἀνθρώπων καὶ πεπόνηκεν καὶ καθαρὸς μὲν κεκοί-
μηται, καθαρώτερον δ᾿ αὐτὸν ἔτι ὁ ὕπνος ἀφῆκεν, ἐντεθύμηται δ᾿, ὅσα ἐντεθύμηται ὡς φίλος τοῖς θεοῖς, ὡς
ὑπηρέτης, ὡς μετέχων τῆς ἀρχῆς τοῦ Διός, πανταχοῦ δ᾿
αὐτῷ πρόχειρον τὸ*

ἄγου δέ μ᾿ ὦ Ζεῦ καὶ σύ γ᾿ ἡ Πεπρωμένη,

*καὶ ὅτι εἰ ταύτῃ τοῖς θεοῖς φίλον, ταύτῃ γινέ-
σθω· διὰ τί μὴ θαρρήσῃ παρρησιάζεσθαι πρὸς τοὺς
ἀδελφοὺς τοὺς ἑαυτοῦ, πρὸς τὰ τέκνα, ἁπλῶς πρὸς τοὺς
συγγενεῖς; διὰ τοῦτο οὔτε περίεργος οὔτε πολυπράγμων*

Der Kyniker muß auch viel natürliche Anmut und Schlagfertigkeit besitzen – sonst wird er zum Ekel, weiter nichts –, damit er auf alles, was ihm begegnet, mühelos die passende Antwort hat, wie Diogenes einem, der zu ihm gesagt hatte: «Bist du der Diogenes, der nicht an die Götter glaubt?» antwortete: «Wie ist das möglich, wo ich dich für einen Feind der Götter halte?» Und wie Alexander an ihn herantrat, als er gerade schlief, und zu ihm sagte: «Wer anderen Rat schafft, darf nicht die ganze Nacht hindurch schlafen[104]», antwortete er noch halb im Schlaf: «Dem die Völker anvertraut sind und so viele Sorgen[105].» Vor allem aber muß das leitende Prinzip des Kynikers reiner sein als die Sonne. Andernfalls wird er unweigerlich zum Abenteurer und Gauner, der die anderen zurechtweisen will, obwohl er selbst nicht ohne Makel ist. Mach dir doch einmal klar, was das bedeutet: den Königen und Tyrannen hier auf Erden geben ihre Leibwächter und Söldner die Möglichkeit, bestimmte Personen zur Verantwortung zu ziehen, und die Macht, die Übeltäter auch zu bestrafen, selbst wenn sie selbst Schmutz am Stecken haben; dem Kyniker aber kann statt der Söldner und Leibwächter nur das gute Gewissen diese Autorität verleihen, wenn er sieht, daß er zum Wohle der Menschheit wacht und arbeitet, daß er frei von Schuld abends einschläft und am nächsten Morgen noch freier von Schuld wieder aufwacht, daß er alles, was er denkt, als ein Freund der Götter denkt, als Mitregent des Zeus, daß ihm überall der Vers zur Hand ist. «Führe du mich, Zeus, und auch du, mein Schicksal[106]», und das andere Wort: «Wenn es den Göttern so gefällt, möge es geschehen[107].» Warum sollte er da nicht den Mut haben, zu seinen Brüdern offen zu sprechen, zu seinen Kindern, überhaupt zu seinen Verwandten? Daher ist der Mann, der sich in einer solchen Verfassung befindet, weder ein Wichtigtuer noch ein Unberu-

ἐστὶν ὁ οὕτω διακείμενος· οὐ γὰρ τὰ ἀλλότρια πολυ-
πραγμονεῖ, ὅταν τὰ ἀνθρώπινα ἐπισκοπῇ, ἀλλὰ τὰ ἴδια.
εἰ δὲ μή, λέγε καὶ τὸν στρατηγὸν πολυπράγμονα, ὅταν
τοὺς στρατιώτας ἐπισκοπῇ καὶ ἐξετάζῃ καὶ παραφυλάσσῃ
καὶ τοὺς ἀκοσμοῦντας κολάζῃ. ἐὰν δ' ὑπὸ μάλης ἔχων
πλακουντάριον ἐπιτιμᾷς ἄλλοις, ἐρῶ σοι· οὐ θέλεις μᾶλλον ἀπελθὼν εἰς γωνίαν καταφαγεῖν ἐκεῖνο ὃ κέκλοφας;
τί δὲ σοὶ καὶ τοῖς ἀλλοτρίοις; τίς γὰρ εἶ; ὁ ταῦρος εἶ ἢ
ἡ βασίλισσα τῶν μελισσῶν; δεῖξόν μοι τὰ σύμβολα τῆς
ἡγεμονίας, οἷα ἐκείνη ἐκ φύσεως ἔχει. εἰ δὲ κηφὴν εἶ
ἐπιδικαζόμενος τῆς βασιλείας τῶν μελισσῶν, οὐ δοκεῖς
ὅτι καὶ σὲ καταβαλ[λ]οῦσιν οἱ συμπολιτευόμενοι, ὡς αἱ
μέλισσαι τοὺς κηφῆνας;

Τὸ μὲν γὰρ ἀνεκτικὸν τοσοῦτον ἔχειν δεῖ τὸν Κυνικόν, ὥστ' αὐτὸν ἀναίσθητον δοκεῖν τοῖς πολλοῖς καὶ
λίθον· οὐδεὶς αὐτὸν λοιδορεῖ, οὐδεὶς τύπτει, οὐδεὶς
ὑβρίζει· τὸ σωμάτιον δ' αὐτοῦ δέδωκεν αὐτὸς χρῆσθαι
τῷ θέλοντι ὡς βούλεται. μέμνηται γάρ, ὅτι τὸ χεῖρον
ἀνάγκη νικᾶσθαι ὑπὸ τοῦ κρείττονος, ὅπου χεῖρόν ἐστιν,
τὸ δὲ σωμάτιον τῶν πολλῶν χεῖρον, τὸ ἀσθενέστερον
τῶν ἰσχυροτέρων. οὐδέποτ' οὖν εἰς τοῦτον καταβαίνει
τὸν ἀγῶνα, ὅπου δύναται νικηθῆναι, ἀλλὰ τῶν ἀλλοτρίων εὐθὺς ἐξίσταται, τῶν δούλων οὐκ ἀντιποιεῖται.
ὅπου δὲ προαίρεσις καὶ χρῆσις τῶν φαντασιῶν, ἐκεῖ
ὄψει, ὅσα ὄμματα ἔχει, ἵν' εἴπῃ⟨ς⟩, ὅτι Ἄργος τυφλὸς ἦν
πρὸς αὐτόν. μή που συγκατάθεσις προπετής, μή που

fener. Denn er kümmert sich nicht um die Angelegenheiten fremder Leute, wenn er das menschliche Treiben beobachtet, sondern um seine eigenen. Sonst müßte man auch den Feldherrn als einen Unberufenen bezeichnen, wenn er seine Soldaten beobachtet, prüft, kontrolliert und die Disziplinlosen bestraft. Wenn du aber ein Stück Kuchen unter dem Arm versteckst und andere tadelst, dann werde ich dir sagen: «Willst du dich nicht lieber in einem Winkel verstecken und dort verschlingen, was du gestohlen hast? Was gehen dich die Angelegenheiten anderer Leute an? Wer bist du denn? Bist du der Leitstier oder die Bienenkönigin? Wo sind die Zeichen deiner Herrschaft, wie sie jene von Natur aus hat? Falls du eine Drohne bist und auf die Königsherrschaft über die Bienen Anspruch erhebst, meinst du dann nicht auch, daß dich deine Mitbürger vernichten werden, wie die Bienen die Drohnen?

Die Geduld des Kynikers muß so groß sein, daß er den Leuten gefühllos wie ein Stein vorkommt; niemand kann ihn beschimpfen, niemand mißhandeln, niemand verhöhnen. Seinen Körper hat er selbst jedem zu beliebiger Verwendung überlassen. Denn er ist sich dessen bewußt, daß das Schwächere, wo es sich als das Schwächere erweist, zwangsläufig vom Stärkeren besiegt wird, und daß der Körper im Vergleich zur Masse der Menschen schwächer ist, da das physisch Schwächere dem physisch Stärkeren ganz einfach unterlegen ist. Daher läßt er sich niemals auf den Kampf ein, in dem er besiegt werden kann, sondern er geht den Dingen, die ihm nicht gehören, unverzüglich aus dem Weg und erhebt auf Sklavendinge keinen Anspruch. Wo aber der moralische Vorsatz und der Gebrauch der Vorstellungen wirksam werden können, dort wirst du sehen, wie viele Augen er hat; dann kannst du sagen, daß im Vergleich mit ihm Argos ein Blinder war. Ist etwa seine Zustimmung

ὁρμὴ εἰκαία, μή που ὄρεξις ἀποτευκτική, μή που ἔκκλισις περιπτωτική, ⟨μή που⟩ ἐπιβολὴ ἀτελής, μή που
μέμψις, μή που ταπείνωσις ἢ φθόνος; ὧδε ἡ πολλὴ
προσοχὴ καὶ σύντασις, τῶν δ' ἄλλων ἕνεκα ὕπτιος ῥέγ-
κει· εἰρήνη πᾶσα. λῃστὴς προαιρέσεως οὐ γίνεται, τύραννος οὐ γίνεται. σωματίου δέ; ναί. καὶ κτησειδίου;
ναί· καὶ ἀρχῶν καὶ τιμῶν. τί οὖν αὐτῷ τούτων‖ μέλει;
ὅταν οὖν τις διὰ τούτων αὐτὸν ἐκφοβῇ, λέγει αὐτῷ
'ὕπαγε, ζήτει τὰ παιδία· ἐκείνοις τὰ προσωπεῖα φοβερά
ἐστιν, ἐγὼ δ' οἶδα, ὅτι ὀστράκινά ἐστιν, ἔσωθεν δὲ οὐδὲν ἔχει'.

Περὶ τοιούτου πράγματος βουλεύῃ. ὥστε ἐάν σοι δόξῃ,
τὸν θεόν σοι, ὑπέρθου καὶ ἰδού σοι πρῶτον τὴν παρα-
σκευήν. ἰδοὺ γάρ, τί καὶ ὁ Ἕκτωρ λέγει τῇ Ἀνδρομάχῃ·
'ὕπαγε', φησίν, 'μᾶλλον εἰς οἶκον καὶ ὕφαινε·

> πόλεμος δ' ἄνδρεσσι μελήσει
> πᾶσι, μάλιστα δ' ἐμοί.'

οὕτως καὶ τῆς ἰδίας παρασκευῆς συνῄσθετο καὶ τῆς ἐκείνης ἀδυναμίας.

Περὶ ἐλευθερίας.

Ἐλεύθερός ἐστιν ὁ ζῶν ὡς βούλεται, ὃν οὔτ' ἀναγκάσαι ἔστιν οὔτε κωλῦσαι οὔτε βιάσασθαι, οὗ αἱ ὁρμαὶ
ἀνεμπόδιστοι, αἱ ὀρέξεις ἐπιτευκτικαί, αἱ ἐκκλίσεις ἀπε-
ρίπτωτοι. τίς οὖν θέλει ζῆν ἁμαρτάνων; — Οὐδείς. —
Τίς θέλει ζῆν ἐξαπατώμενος, προπίπτων, ἄδικος ὤν,
ἀκόλαστος, μεμψίμοιρος, ταπεινός; — Οὐδείς. — Οὐ-

vorschnell, sein Wollen vergeblich, sein Begehren frucht-
los, seine Ablehnung umsonst, sein Vorhaben erfolglos?
Gibt es bei ihm etwa Murren, Kleinmut oder Neid? Hier
sind seine Aufmerksamkeit und seine Anspannung besonders groß; alles andere läßt ihn ruhig schlafen. Er lebt in
tiefstem Frieden. Seine moralische Entscheidung entzieht
sich dem Zugriff eines Räubers und ebenso eines Tyrannen.
Aber sein Körper? Ja, das ist etwas anderes. Und sein mate-
rieller Besitz? Ebenfalls. Auch seine Ämter und Würden.
Was gehen ihn die an? Wenn ihn jemand damit einschüchtern will, sagt er zu diesem: «Scher dich fort, geh zu den
Kindern. Sie haben Angst vor den Masken, ich aber weiß,
daß sie aus Ton sind und nichts dahinter ist.»

Das ist der Kern der Sache, über die du nachdenkst.
Wenn es dir also recht ist, dann – in Gottes Namen – schieb
deine Entscheidung noch etwas auf und prüfe erst einmal,
ob du wirklich das Zeug dazu hast. Denk auch daran, was
Hektor zu Andromache sagt: «Geh du lieber ins Haus und
setz dich ans Spinnrad. Krieg aber ist eine Sache für Männer, für alle und besonders für mich[108].» So sehr war er sich
seiner Aufgabe bewußt und auch der Schwäche seiner Frau.

WIE WERDE ICH WIRKLICH FREI? (4, 1)

Frei ist der Mensch, der lebt, wie er es will, der weder zu
etwas zu zwingen noch an etwas zu hindern ist, dem man
keine Gewalt antun kann, dessen Wollen nicht zu hemmen
ist, dessen Begehren sein Ziel erreicht, dessen Ablehnung
nicht in ihr Gegenteil umschlägt. Wer will schon in dauern-
dem Irrtum leben? Niemand. Wer möchte schon leben und
dabei betrogen werden, gedankenlos, ungerecht und zügellos sein, mit seinem Schicksal hadern oder ohne Hoffnung

δεὶς ἄρα τῶν φαύλων ζῇ ὡς βούλεται· οὐ τοίνυν οὐδ' ἐλεύθερός ἐστιν. τίς δὲ θέλει λυπούμενος ζῆν, φοβούμενος, φθονῶν, ἐλεῶν, ὀρεγόμενος καὶ ἀποτυγχάνων, ἐκκλίνων καὶ περιπίπτων; — Οὐδὲ εἷς. — Ἔχομεν οὖν τινα τῶν φαύλων ἄλυπον, ἄφοβον, ἀπερίπτωτον, ἀναπότευκτον; — Οὐδένα. — Οὐκ ἄρα οὐδὲ ἐλεύθερον.

Ταῦτα ἄν τις ἀκούσῃ δισύπατος, ἂν μὲν προσθῇς ὅτι 'ἀλλὰ σύ γε σοφὸς εἶ, οὐδὲν πρὸς σὲ ταῦτα', συγγνώσεταί σοι. ἂν δ' αὐτῷ τὰς ἀληθείας εἴπῃς ὅτι 'τῶν τρὶς πεπραμένων οὐδὲν διαφέρεις πρὸς τὸ μὴ καὶ αὐτὸς δοῦλος εἶναι', τί ἄλλο ἢ πληγάς σε δεῖ προσδοκᾶν; 'πῶς γάρ', φησίν, 'ἐγὼ δοῦλός εἰμι; ὁ πατὴρ ἐλεύθερος, ἡ μήτηρ ἐλευθέρα, οὗ ὠνὴν οὐδεὶς ἔχει· ἀλλὰ καὶ συγκλητικός εἰμι καὶ Καίσαρος φίλος καὶ ὑπάτευκα καὶ δούλους πολλοὺς ἔχω.' πρῶτον μέν, ὦ βέλτιστε συγκλητικέ, τάχα σου καὶ ὁ πατὴρ τὴν αὐτὴν δουλείαν δοῦλος ἦν καὶ ἡ μήτηρ καὶ ὁ πάππος καὶ ἐφεξῆς πάντες οἱ πρόγονοι. εἰ δὲ δὴ καὶ τὰ μάλιστα ἦσαν ἐλεύθεροι, τί τοῦτο πρὸς σέ; τί γάρ, εἰ ἐκεῖνοι μὲν γενναῖοι ἦσαν, σὺ δ' ἀγεννής; ἐκεῖνοι μὲν ἄφοβοι, σὺ δὲ δειλός; ἐκεῖνοι μὲν ἐγκρατεῖς, σὺ δ' ἀκόλαστος;

Καὶ τί, φησί, τοῦτο πρὸς τὸ δοῦλον εἶναι; — Οὐδέν σοι φαίνεται εἶναι τὸ ἄκοντά τι ποιεῖν, τὸ ἀναγκαζόμενον, τὸ στένοντα πρὸς τὸ δοῦλον εἶναι; — Τοῦτο μὲν ἔστω, φησίν. ἀλλὰ τίς με δύναται ἀναγκάσαι, εἰ μὴ ὁ

sein? Niemand. Demnach lebt kein in diesem Sinne Armseliger so, wie er will; also ist er auch nicht wirklich frei. Wer will schon in Kummer leben, von Angst, Neid und Mitleid überwältigt? Wer möchte Verlangen empfinden und es nicht stillen können, etwas ablehnen wollen und es nicht ablehnen können? Nicht ein einziger. Gibt es also unter den Armseligen jemanden, der ohne Kummer, ohne Angst ist, der niemals umfällt, niemals sein Ziel verfehlt? Es gibt keinen. Also ist auch keiner von diesen frei.

Wenn dies jemand hört, der zweimal Konsul war, wird er dir verzeihen, falls du noch hinzufügst: «Aber du bist ein gebildeter Mann; auf dich trifft das alles nicht zu.» Doch wenn du ihm die Wahrheit sagst: «Von den Leuten, die dreimal in die Sklaverei verkauft worden sind, unterscheidest du dich in nichts angesichts der Tatsache, daß du selbst ein Sklave bist», darfst du da etwas anderes als Schläge erwarten? «Wieso bin ich denn», fragt jener, «ein Sklave? Mein Vater war doch frei, meine Mutter war frei; nie im Leben sind sie als Sklaven verkauft worden. Ich bin sogar Senator und ein Freund des Kaisers, war Konsul und habe viele Sklaven.» Zuerst, Senator, mein Bester, war vielleicht auch dein Vater in demselben Sinne Sklave wie du und ebenso deine Mutter, dein Großvater und alle deine Vorfahren. Doch selbst wenn sie wirklich ganz frei gewesen wären – was würde es dir helfen? Was wäre nämlich, wenn jene brave Leute waren, du aber nichts taugst? Jene furchtlose Männer, du aber ein Feigling? Jene selbstbeherrscht, du aber zügellos?

«Und was hat das», sagt er, «mit einer Sklavenexistenz zu tun?» Scheint es dir nichts mit der Existenz eines Sklaven zu tun zu haben, wenn man etwas gegen seinen Willen, unter Zwang und Stöhnen tut? «Zugegeben. Aber wer könnte mich zwingen, abgesehen vom Kaiser, dem Herrn von uns

πάντων κύριος Καῖσαρ; — Οὐκοῦν ἕνα μὲν δεσπότην
σαυτοῦ καὶ σὺ αὐτὸς ὡμολόγησας. ὅτι δὲ πάντων, ὡς
λέγεις, κοινός ἐστιν, μηδέν σε τοῦτο παραμυθείσθω,
ἀλλὰ γίγνωσκε, ὅτι ἐκ μεγάλης οἰκίας δοῦλος εἶ. οὕτως
καὶ Νικοπολῖται ἐπιβοᾶν εἰώθασι 'νὴ τὴν Καίσαρος τύχην, ἐλεύθεροί ἐσμεν'.

Ὅμως δ', ἐάν σοι δοκῇ, τὸν μὲν Καίσαρα πρὸς τὸ
παρὸν ἀφῶμεν, ἐκεῖνο δέ μοι εἰπέ· οὐδέποτ' ἠράσθης
τινός; οὐ παιδισκαρίου, οὐ παιδαρίου, οὐ δούλου, οὐκ
ἐλευθέρου; — Τί οὖν τοῦτο πρὸς τὸ δοῦλον εἶναι ἢ
ἐλεύθερον; — Οὐδέποθ' ὑπὸ τῆς ἐρωμένης ἐπετάγης
οὐδὲν ὧν οὐκ ἤθελες; οὐδέποτέ σου τὸ δουλάριον ἐκο-
λάκευσας; οὐδέποτ' αὐτοῦ τοὺς πόδας κατεφίλησας;
καίτοι τοῦ Καίσαρος ἄν σέ τις ἀναγκάσῃ, ὕβριν αὐτὸ
ἡγῇ καὶ ὑπερβολὴν τυραννίδος. τί οὖν ἄλλο ἐστὶ δου-
λεία; νυκτὸς οὐδέποτ' ἀπῆλθες, ὅπου οὐκ ἤθελες; ἀνά-
λωσας, ὅσα οὐκ ἤθελες; εἶπάς τινα οἰμώζων καὶ στένων,
ἠνέσχου λοιδορούμενος, ἀποκλειόμενος; ἀλλ' εἰ σὺ αἰσχύνῃ τὰ σαυτοῦ ὁμολογεῖ⟨ν⟩, ὅρα ἃ λέγει καὶ ποιεῖ ὁ
Θρασωνίδης, ὃς τοσαῦτα στρατευσάμενος, ὅσα τάχα οὐδὲ
σύ, πρῶτον μὲν ἐξελήλυθε νυκτός, ὅτε ὁ Γέτας οὐ τολμᾷ ἐξελθεῖν, ἀλλ' εἰ προσηναγκάζετο ὑπ' αὐτοῦ, πόλλ'
ἂν ἐπικραυγάσας καὶ τὴν πικρὰν δουλείαν ἀπολοφυρά-
μενος ἐξῆλθεν. εἶτα, τί λέγει;

		παιδισκάριόν με,
φησίν,

			καταδεδούλωκ' εὐτελές,
		ὃν οὐδ⟨ὲ⟩ εἷς τῶν πολεμίων ⟨οὐ⟩πώποτε.

allen?» Da hast du also auch selbst schon zugegeben, daß ein Herr über dir steht. Daß er, wie du sagst, der allen gemeinsame Herr ist, kann kein Trost für dich sein; mach dir doch klar, daß der Unterschied bloß der ist, daß du Sklave in einem großen Haus bist. So pflegen auch die Leute hier in Nikopolis[109] lautstark zu beteuern: «Wahrhaftig, beim Glück des Kaisers, wir sind frei.»

Doch wir wollen, wenn es dir recht ist, den Kaiser im Augenblick aus dem Spiel lassen. Beantworte mir vielmehr folgende Frage: Bist du nie in jemanden verliebt gewesen? In ein Mädchen, einen Knaben, einen Sklaven oder Freien? «Was hat denn das damit zu tun, ob jemand ein Sklave oder ein freier Mann ist?» Hast du nie von deiner Geliebten einen Auftrag erhalten, zu dem du keine Lust hattest? Hast du nie deinem hübschen Sklaven Komplimente gemacht? Hast du ihm nie die Füße geküßt? Wenn dich aber einer dazu zwänge, dem Kaiser die Füße zu küssen, dann würdest du das für brutale Gewalt und den Gipfel der Tyrannis halten. Was ist denn Unfreiheit sonst? Bist du niemals nachts irgendwo hingegangen, wo du nicht hin wolltest? Hast du nie mehr Geld ausgegeben, als du wolltest? Nie Worte unter Seufzen und Stöhnen gesprochen? Nie dich schelten oder aussperren lassen? Doch wenn es dir peinlich ist, deine eigenen Fehler zuzugeben, überlege einmal, was Thrasonides[110] sagt und tut, der so viele Feldzüge mitgemacht hat wie vielleicht nicht einmal du. Zunächst ist er in finsterer Nacht hinausgerannt, zu einer Zeit, wo sein Sklave Geta es nicht wagte, das Haus zu verlassen; aber wäre er von ihm dazu gezwungen worden, dann wäre er nur unter lautem Geschrei und Gejammer über sein elendes Sklavenlos hinausgegangen. Und dann? Was sagt Thrasonides? «Ein junges Mädchen, ein billiges Frauenzimmer, hat mich ganz zu ihrem Sklaven gemacht, mich, den noch nie ein Feind be-

τάλας, ὅς γε καὶ παιδισκαρίου δοῦλος εἶ καὶ παιδισκαρίου εὐτελοῦς. τί οὖν ἔτι σαυτὸν ἐλεύθερον λέγεις; τί
δὲ προφέρεις σου τὰς στρατε⟨ί⟩ας; εἶτα ξίφος αἰτεῖ καὶ
πρὸς τὸν ὑπ' εὐνοίας μὴ διδόντα χαλεπαίνει[ν] καὶ
δῶρα τῇ μισούσῃ πέμπει καὶ δεῖται καὶ κλαίει, πάλιν
δὲ μικρὰ εὐημερήσας ἐπαίρεται· πλὴν καὶ τότε πῶς;
†μηδ' ἐπιθυμεῖν ἢ φοβεῖσθαι οὔτ' ἐλευθερίαν†.

Σκέψαι δ' ἐπὶ τῶν ζῴων, πῶς χρώμεθα τῇ ἐννοίᾳ
τῆς ἐλευθερίας. λέοντας τρέφουσιν ἡμέρους ἐγκλείσαν-
τες καὶ σιτίζουσι καὶ κομίζουσιν ἔνιοι μεθ' αὑτῶν. καὶ
τίς ἐρεῖ τοῦτον τὸν λέοντα ἐλεύθερον; οὐχὶ δ' ὅσῳ μαλακώτερον διεξάγει, τοσούτῳ δουλικώτερον; τίς δ' ἂν
λέων αἴσθησιν καὶ λογισμὸν λαβὼν βούλοιτο τούτων τις
εἶναι τῶν λεόντων; ἄγε, τὰ δὲ πτηνὰ ταῦτα ὅταν ληφθῇ
καὶ ἐγκεκλειμένα τρέφηται, οἷα πάσχει ζητοῦντα ἐκφυγεῖν; καὶ ἔνιά γε αὐτῶν λιμῷ διαφθείρεται μᾶλλον ἢ
ὑπομένει τὴν τοιαύτην διεξαγωγήν, ὅσα δ' οὖν διασῴ-
ζεται, μόγις καὶ χαλεπῶς καὶ φθίνοντα, κἂν ὅλως εὕρῃ
τι παρεῳγμένον, ἐξεπήδησεν. οὕτως ὀρέγεται τῆς φυσι-
κῆς ἐλευθερίας καὶ τοῦ αὐτόνομα καὶ ἀκώλυτα εἶναι.
καὶ τί σοι κακόν ἐστιν ἐνταῦθα; 'οἷα λέγεις; πέτεσθαι
πέφυκα ὅπου θέλω, ὕπαιθρον διάγειν, ᾄδειν ὅταν
θέλω· σύ με πάντων τούτων ἀφαιρῇ καὶ λέγεις "τί σοι

zwang.» Du armer Kerl, der du Sklave eines jungen Mädchens bist und noch dazu eines billigen Frauenzimmers. Wieso kannst du dich da noch als einen freien Mann bezeichnen? Wie kannst du da noch mit deinen Feldzügen prahlen?

Dann fordert der Mensch ein Schwert und brüllt den Mann an, der es ihm in guter Absicht nicht aushändigt, und schickt der Frau, die ihn nicht ausstehen kann, noch Geschenke, bettelt und heult und schwebt, sobald er ein bißchen Erfolg hat, wieder in den Wolken. Aber trotzdem – wie könnte dieser Mann, der es nicht gelernt hat, Begierde oder Furcht zu überwinden, im Besitz der Freiheit sein?

Untersuch doch einmal an den Tieren, wie wir da den Begriff der Freiheit verwenden. Manche Leute sperren Löwen ein, pflegen und füttern sie und nehmen sie sogar mit auf Reisen. Wer würde wohl sagen, ein solcher Löwe sei frei? Erhöht sich nicht seine Unfreiheit in dem Maße, wie seine Zahmheit zunimmt? Welcher Löwe würde wohl, wenn er ein menschliches Wahrnehmungsvermögen und Verstand besäße, ein solcher Löwe sein wollen? Und dann denk doch einmal an die Vögel dort: Was nehmen sie alles auf sich bei ihren ständigen Versuchen zu entkommen, wenn sie gefangen sind und in Käfigen gehalten werden. Ja, manche von ihnen verhungern lieber, als daß sie ein solches Dasein ertrügen. Und die anderen, die unter äußerst kümmerlichen Umständen am Leben bleiben, fliegen fort, sobald sie nur irgendein Schlupfloch finden. So mächtig ist ihre Sehnsucht nach ihrer natürlichen Freiheit, nach Selbständigkeit und Unabhängigkeit. «Und was fehlt dir denn hier in deinem Käfig?» – «Was ist das für eine Frage? Es liegt in meiner Natur zu fliegen, wohin ich will, unter freiem Himmel zu leben und zu singen, wann ich will; du aber hast mir das alles genommen und sagst: ‹Was fehlt dir denn?›»

κακόν ἐστιν" '; διὰ τοῦτο ἐκεῖνα μόνα ἐροῦμεν ἐλεύθερα,
ὅσα τὴν ἅλωσιν οὐ φέρει, ἀλλ' ἅμα τε ἑάλω καὶ ἀπο-
θανόντα διέφυγεν. οὕτως καὶ Διογένης που λέγει
μίαν εἶναι μηχανὴν πρὸς ἐλευθερίαν τὸ εὐκόλως ἀποθνήσκειν, καὶ τῷ Περσῶν βασιλεῖ γράφει
ὅτι 'τὴν Ἀθηναίων πόλιν καταδουλώσασθαι οὐ
δύνασαι· οὐ μᾶλλον', φησίν, 'ἢ τοὺς ἰχθύας'.
'πῶς; οὐ γὰρ λήψομαι αὐτούς;' 'ἂν λάβῃς', φησίν,
'εὐθὺς ἀπολιπόντες σε οἰχήσονται, καθάπερ οἱ
ἰχθύες.' καὶ γὰρ ἐκείνων ὃν ἂν λάβῃς, ἀπέθανεν· καὶ
οὗτοι ληφθέντες ἐὰν ἀποθνήσκωσιν, τί σοί ἐστι τῆς
παρασκευῆς ὄφελος; τοῦτ' ἔστιν ἐλευθέρου ἀνδρὸς φωνὴ σπουδῇ ἐξητακότος τὸ πρᾶγμα καὶ ὥσπερ εἰκὸς εὑρη-
κότος. ἂν δ' ἀλλαχοῦ ζητῇς ἢ ὅπου ἐστίν, τί θαυμαστόν,
εἰ οὐδέποτε αὐτὸ εὑρίσκεις;

Ὁ δοῦλος εὐθὺς εὔχεται ἀφεθῆναι ἐλεύθερος. διὰ τί;
δοκεῖτε, ὅτι τοῖς εἰκοστώναις ἐπιθυμεῖ δοῦναι ἀργύ-
ρ⟨ι⟩ον; οὔ· ἀλλ' ὅτι φαντάζεται μέχρι νῦν διὰ τὸ μὴ τε-
τυχηκέναι τούτου ἐμποδίζεσθαι καὶ δυσροεῖν. 'ἂν ἀφε-
θῶ', φησίν, 'εὐθὺς πᾶσα εὔροια, οὐδενὸς ἐπιστρέφομαι,
πᾶσιν ὡς ἴσος καὶ ὅμοιος λαλῶ, πορεύομαι ὅπου θέλω,
ἔρχομαι ὅθεν θέλω καὶ ὅπου θέλω.' εἶτα ἀπηλευθέρω-
ται καὶ εὐθὺς μὲν οὐχ ἔχων, ποῖ φάγῃ, ζητεῖ, τίνα κο-
λακεύσῃ, παρὰ τίνι δειπνήσῃ· εἶτα ἢ ἐργάζεται τῷ σώματι καὶ πάσχει τὰ δεινότατα κἂν σχῇ τινα φάτνην,
ἐμπέπτωκεν εἰς δουλείαν πολὺ τῆς προτέρας χαλεπω-

Wir können daher nur die Tiere frei nennen, die die Gefangenschaft nicht ertragen, sondern durch den Tod ihrem Schicksal entgehen, sobald sie gefangen sind. So sagt auch Diogenes irgendwo, daß es einen sicheren Weg zur Freiheit gebe: Heiter zu sterben, und dem Perserkönig schreibt er: «Die Stadt der Athener kannst du nicht unterwerfen, ebensowenig wie die Fische.» – «Wie? Kann ich sie denn nicht festhalten?» – «Wenn du sie festhältst, werden sie dir sofort entwischen und entkommen wie die Fische. Denn wenn du einen von ihnen packst, stirbt er. Und wenn nun die Athener, sobald sie von dir festgehalten werden, sterben, was nützt dir dann dein ganzes Unternehmen?» Das ist das Wort eines freien Mannes, der die Sache gründlich geprüft und eine angemessene Lösung gefunden hat. Wenn du aber anderswo danach suchst als dort, wo es tatsächlich ist, was ist dann verwunderlich daran, daß du es niemals findest?

Jeder Sklave hat sofort den Wunsch, freigelassen zu werden. Warum? Glaubt ihr, daß er das will, weil er den Steuerpächtern die Fünf-Prozent-Steuer[111] bezahlen möchte? Sicher nicht, sondern weil er sich einbildet, daß er solange behindert ist und im Unglück steckt, bis er seine Freiheit bekommen hat. «Wenn ich freikomme», sagt er, «dann bedeutet dies mein Glück, dann brauche ich mich um niemanden zu kümmern, spreche mit allen auf derselben Ebene, reise, wohin ich will, gehe fort, von wo ich will und wohin ich will.» Wenn er dann wirklich freigelassen worden ist, dann passiert es ihm sofort, daß er nicht weiß, wo er essen soll, und jemanden sucht, an den er sich heranmachen und bei dem er seine Mahlzeit einnehmen kann. Dann erwirbt er seinen Lebensunterhalt durch Prostitution[112] und läßt die schlimmsten Dinge über sich ergehen, und wenn er irgendeine Futterkrippe ergattert, gerät er in eine noch viel elendere Knechtschaft als vorher. Oder er findet wirklich eine

τέραν ἢ καὶ εὐπορήσας ἄνθρωπος ἀπειρόκαλος πεφίληκε παιδισκάριον καὶ δυστυχῶν ἀνακλαίεται καὶ τὴν δουλείαν ποθεῖ. 'τί γάρ μοι κακὸν ἦν; ἄλλος μ' ἐνέδυεν, ἄλλος μ' ὑπέδει, ἄλλος ἔτρεφεν, ἄλλος ἐνοσοκόμει, ὀλίγα αὐτῷ ὑπηρέτουν. νῦν δὲ τάλας οἷα πάσχω πλείοσι δουλεύων ἀνθ' ἑνός; ὅμως δ' ἐὰν δακτυλίους', φησίν, 'λάβω, τότε γ' εὐρούστατα διάξω καὶ εὐδαιμονέστατα'. πρῶτον μὲν ἵνα λάβῃ, πάσχει ὧν ἐστιν ἄξιος· εἶτα λαβὼν πάλιν ταὐτά. εἶτά φησιν 'ἂν μὲν στρατεύσωμαι, ἀπηλλάγην πάντων τῶν κακῶν'. στρατεύεται, πάσχει ὅσα μαστιγίας καὶ οὐδὲν ἧττον δευτέραν αἰτεῖ στρατείαν καὶ τρίτην. εἶθ' ὅταν αὐτὸν τὸν κολοφῶνα ἐπιθῇ καὶ γένηται συγκλητικός, τότε γίνεται δοῦλος εἰς σύλλογον ἐρχόμενος, τότε τὴν καλλίστην καὶ λιπαρωτάτην δουλείαν δουλεύει.

Ἵνα μὴ μωρὸς ᾖ, ἀλλ' ἵνα μάθῃ, ἃ ἔλεγεν ὁ Σωκράτης, τί ἐστι τῶν ὄντων ἕκαστον, καὶ μὴ εἰκῇ τὰς προλήψεις ἐφαρμόζῃ ταῖς ἐπὶ μέρους οὐσίαις. τοῦτο γάρ ἐστι τὸ αἴτιον τοῖς ἀνθρώποις πάντων τῶν κακῶν, τὸ τὰς προλήψεις τὰς κοινὰς μὴ δύνασθαι ἐφαρμόζειν τοῖς ἐπὶ μέρους. ἡμεῖς δ' ἄλλοι ἄλλο οἰόμεθα. ὁ μὲν ὅτι νοσεῖ. οὐδαμῶς, ἀλλ' ὅτι τὰς προλήψεις οὐκ ἐφαρμόζει. ὁ δ' ὅτι πτωχός ἐστιν, ὁ δ' ὅτι πατέρα χαλεπὸν

befriedigende Existenz, da verliebt er sich in seiner Dummheit in ein junges Mädchen, wird aber abgewiesen, und nun jammert er und sehnt sich nach seinem früheren Sklavendasein zurück. «Was fehlte mir denn? Ein anderer kleidete mich, ein anderer sorgte für meine Schuhe, ein anderer ernährte mich, ein anderer sorgte für mich, und ich brauchte nur wenig für ihn zu tun. Und jetzt? Welch elendes Leben habe ich Unglücksmensch. Für einen Herrn habe ich mehrere eingetauscht. Doch wenn ich erst einmal die goldenen Ringe[113] bekommen habe, dann werde ich das schönste und glücklichste Leben haben.» Damit er sie bekommt, muß er zuvor erdulden, was er verdient. Dann kriegt er sie, und es ist wieder dasselbe. Dann sagt er: «Wenn ich in den Krieg zöge, wäre ich von allem Elend erlöst.» Er zieht in den Krieg; er nimmt alles auf sich, was ein Gefangener erleidet, und trotzdem verlangt er nach einem zweiten und dritten Feldzug[114]. Wenn er dann den Gipfel erreicht hat und Senator geworden ist, dann wird er zum Sklaven, sobald er in den Senat geht, und nimmt die schönste und glänzendste Knechtschaft auf sich.

Komm, laß ihn kein Tor sein, laß ihn begreifen, wie Sokrates zu sagen pflegte, «was jedes einzelne Ding bedeutet»[115], und laß ihn seine natürlichen Vorstellungen nicht gedankenlos den konkreten Verhältnissen anpassen. Denn das ist der Grund allen Übels für die Menschen, daß sie ihre allgemeinen Vorstellungen den konkreten Verhältnissen nicht richtig anpassen können. Wir haben vielmehr unterschiedliche Auffassungen von den Dingen, der eine diese, der andere jene. Der eine meint, er sei krank. Doch er ist es nicht wirklich, er glaubt es nur zu sein, weil er seine allgemeinen Vorstellungen seiner besonderen Lage nicht anpaßt. Der andere meint, er sei ein Bettler, ein dritter, er habe einen bösen Vater oder eine böse Mutter, ein vierter,

ἔχει ἢ μητέρα, τῷ δ' ὅτι ὁ Καῖσαρ οὐχ ἵλεώς ἐστιν.
τοῦτο δ' ἐστὶν ἓν καὶ μόνον τὸ τὰς προλήψεις ἐφαρμόζειν μὴ εἰδέναι. ἐπεὶ τίς οὐκ ἔχει κακοῦ πρόληψιν, ὅτι
βλαβερόν ἐστιν, ὅτι φευκτόν ἐστιν, ὅτι παντὶ τρόπῳ
ἀποικονόμητόν ἐστιν; πρόληψις προλήψει οὐ μάχεται,
ἀλλ' ὅταν ἔλθῃ ἐπὶ τὸ ἐφαρμόζειν. τί οὖν τὸ κακόν
ἐστι τοῦτο καὶ βλαβερὸν καὶ φευκτόν; λέγει τὸ Καίσαρος
μὴ εἶναι φίλον· ἀπῆλθεν, ἀπέ[σ]πεσεν τῆς ἐφαρμογῆς,
θλίβεται, ζητεῖ τὰ μηδὲν πρὸς τὸ προκείμενον· ὅτι τυχὼν τοῦ φίλος εἶναι Καίσαρος οὐδὲν ἧττον· τοῦ ζητου-
μένου οὐ τέτευχεν. τί γάρ ἐστιν, ὃ ζητεῖ πᾶς ἄνθρωπος; εὐσταθῆσαι, εὐδαιμονῆσαι, πάντα ὡς θέλει ποιεῖν,
μὴ κωλύεσθαι, μὴ ἀναγκάζεσθαι. ὅταν οὖν γένηται
Καίσαρος φίλος, πέπαυται κωλυόμενος, πέπαυται ἀναγ-
καζόμενος, εὐσταθεῖ, εὐροεῖ; τίνος πυθώμεθα; τίνα
ἔχομεν ἀξιοπιστότερον ἢ αὐτὸν τοῦτον τὸν γεγονότα
φίλον; ἐλθὲ εἰς τὸ μέσον καὶ εἰπὲ ἡμῖν, πότε ἀταραχώτερον ἐκάθευδες, νῦν ἢ πρὶν γενέσθαι φίλος τοῦ Καίσαρος; εὐθὺς ἀκούεις ὅτι 'παῦσαι, τοὺς θεούς σοι,
ἐμπαίζων μου τῇ τύχῃ· οὐκ οἶδας, οἷα πάσχω τάλας·
οὐδ' ὕπνος ἐπέρχεταί μοι, ἀλλ' ἄλλος ἐλθὼν λέγει, ὅτι

daß ihm der Kaiser nicht gewogen sei. Aber der einzige
Grund dafür ist die Unfähigkeit zur Anpassung der allgemeinen Vorstellungen an die konkrete Situation. Denn wer
hat nicht die allgemeine Vorstellung von dem Bösen, daß es
schädlich ist, daß man es meiden und daß man sich auf jede
Weise von ihm fernhalten muß? Die allgemeinen Vorstellungen stehen nicht im Widerspruch zueinander; ein solcher entsteht erst dann, wenn diese den besonderen Verhältnissen angepaßt werden sollen.

Was ist nun das Böse, das uns schadet und das wir meiden
müssen? Einer bezeichnet die Tatsache, daß der Kaiser nicht
sein Freund ist, als ein Übel. Er ist aber auf dem Holzweg;
ihm ist die richtige Anpassung seiner allgemeinen Vorstellungen an den speziellen Fall mißlungen; er kommt in
Schwierigkeiten und jagt Dingen nach, die nichts mit der
Sache, um die es geht, zu tun haben. Denn selbst wenn es
ihm geglückt ist, ein Freund des Kaisers zu werden, hat er
sein Ziel gleichwohl nicht erreicht. Denn was ist es, wonach
jeder Mensch strebt? Ein gutes Allgemeinbefinden[116] zu
haben, glücklich zu sein, alles so zu tun, wie man es möchte,
nicht behindert zu werden, keinem Zwang ausgesetzt zu
sein. Wenn er nun ein Freund des Kaisers geworden ist,
wird er dann nicht mehr behindert, unterliegt er dann keinem Zwang mehr, verfügt er dann über ein gutes Allgemeinbefinden und genießt er dann einen guten Fluß des
Lebens? Wen sollen wir danach fragen? Wer würde das
glaubwürdiger bezeugen als derjenige, der ein Freund des
Kaisers geworden ist? Tritt vor und sag uns, wann du ruhiger geschlafen hast, jetzt oder bevor du ein Freund des Kaisers geworden bist? Du hörst sofort: «Hör auf, um Gottes
willen, mich wegen meines Schicksals zu verhöhnen. Du
weißt nicht, was ich Unglücklicher alles zu erleiden habe.
Schlafen kann ich überhaupt nicht mehr, sondern einer

ἤδη ἐγρήγορεῖ, ἤδη πρόεισιν· εἶτα ταραχαί, εἶτα φροντίδες'. ἄγε, ἐδείπνεις δὲ πότε εὐαρεστότερον, νῦν ἢ πρότερον; ἄκουσον αὐτοῦ καὶ περὶ τούτων τί λέγει· ὅτι, ἂν μὲν μὴ κληθῇ, ὀδυνᾶται, ἂν δὲ κληθῇ, ὡς δοῦλος παρὰ κυρίῳ δειπνεῖ μεταξὺ προσέχων, μή τι μωρὸν εἴπῃ ἢ ποιήσῃ. καὶ τί δοκεῖς φοβεῖται; μὴ μαστιγωθῇ ὡς δοῦλος; πόθεν αὐτῷ οὕτως καλῶς; ἀλλ' ὡς πρέπει τηλικοῦτον ἄνδρα, Καίσαρος φίλον, μὴ ἀπολέσῃ τὸν τράχηλον. ἐλούου δὲ πότ' ἀταραχώτερον; ἐγυμνάζου δὲ πότε σχολαίτερον; τὸ σύνολον ποῖον μᾶλλον ἤθελες βίον βιοῦν, τὸν νῦν ἢ τὸν τότε; ὁμόσαι δύναμαι, ὅτι οὐδεὶς οὕτως ἐστὶν ἀναίσθητος ἢ ἀναλήθης, μὴ ἀποδύρασθαι τὰς αὐτοῦ συμφοράς, ὅσῳ ἂν ᾖ φίλτερος.

Ὅταν οὖν μήτε οἱ βασιλεῖς λεγόμενοι ζῶσιν ὡς θέλουσι μήθ' οἱ φίλοι τῶν βασιλέων, τίνες ἔτι εἰσὶν ἐλεύθεροι; — Ζήτει καὶ εὑρήσεις. ἔχεις γὰρ ἀφορμὰς παρὰ τῆς φύσεως πρὸς εὕρεσιν τῆς ἀληθείας. εἰ δ' αὐτὸς οὐχ οἷός τε εἶ κατὰ ταύτας ψιλὰς πορευόμενος εὑρεῖν τὸ ἑξῆς, ἄκουσον παρὰ τῶν ἐζητηκότων. τί λέγουσιν; ἀγαθόν σοι δοκεῖ ἡ ἐλευθερία; — Τὸ μέγιστον. — Δύναται οὖν τις τοῦ μεγίστου ἀγαθοῦ τυγχάνων κακοδαιμονεῖν ἢ κακῶς πράσσειν; — Οὔ. — Ὅσους οὖν ἂν ἴδῃς κακοδαιμονοῦντας, δυσροοῦντας, πενθοῦντας, ἀποφαίνου θαρρῶν μὴ εἶναι ἐλευθέρους. — Ἀποφαίνομαι. — Οὐκοῦν ἀπὸ μὲν ὠνῆς καὶ πράσεως καὶ τῆς τοιαύτης ἐν κτήσει κατατάξεως ἤδη ἀποκεχωρήκαμεν.

nach dem anderen kommt zu mir, um mir zu sagen, daß der
Kaiser schon wach oder daß er schon draußen sei. Dann die
Aufregungen, die Unruhe.» Weiter: Wann hast du mit größerem Genuß gegessen, jetzt oder früher? Höre auch, was
er hierüber sagt: Wenn er nicht eingeladen wird, ärgert er
sich; wird er aber eingeladen, so ißt er wie ein Sklave bei
seinem Herrn und hat dauernd Angst, etwas Dummes zu
sagen oder zu tun. Und was meinst du, fürchtet er? Daß er
ausgepeitscht wird wie ein Sklave? Nein, wie könnte ihm
etwas so Gutes passieren? Er fürchtet vielmehr, wie es sich
für einen so bedeutenden Mann, einen Freund des Kaisers,
gehört, daß er einen Kopf kürzer gemacht wird. «Wann
hast du ruhiger gebadet? Wann friedlicher geturnt? Überhaupt, welches Leben gefällt dir besser, das jetzige oder das
frühere?» Ich schwöre, daß niemand so unempfindlich oder
so unheilbar krank ist, daß er nicht sein Schicksal verwünscht, je enger er mit dem Kaiser befreundet ist.

Wenn nun weder die sogenannten Könige so leben, wie
sie wollen, noch die Freunde der Könige, wer ist dann überhaupt frei? Suche und du wirst finden. Du hast ja von der
Natur die Fähigkeit zur Auffindung der Wahrheit erhalten.
Wenn du aber selbst nicht imstande bist, nur aufgrund deines gesunden Menschenverstandes das weitere zu finden,
so höre es von denen, die es mit Erfolg gesucht haben. Was
sagen sie? Scheint dir die Freiheit ein Gut zu sein? «Das
größte von allen.» Kann wohl jemand, der im Besitz des
größten Gutes ist, unglücklich sein oder kann es ihm
schlecht gehen? «Nein.» Erkläre also alle, die du unglücklich, elend und bekümmert siehst, ohne Bedenken für
unfrei. «Das tue ich.» Wir haben also hiermit den Gesichtspunkt des Kaufens und Verkaufens und eine dementspre-
chende Einordnung der Menschen in ein äußerliches Be-
sitzverhältnis schon aufgegeben[117]. Denn wenn du dieser

εἰ γὰρ ὀρθῶς ὡμολόγησας ταῦτα, ἄν τε μέγας βασιλεὺς
κακοδαιμονῇ, οὐκ ἂν ἐλεύθερος, ἄν τε μικρὸς ἄν θ᾽
ὑπατικὸς ἄν τε δισύπατος. — Ἔστω.

Ἔτι οὖν ἀπόκριναί μοι κἀκεῖνο· δοκεῖ σοι μέγα τι
εἶναι καὶ γενναῖον ἡ ἐλευθερία καὶ ἀξιόλογον; — Πῶς
γὰρ οὔ; — Ἔστιν οὖν τυγχάνοντά τινος οὕτως μεγάλου καὶ ἀξιολόγου καὶ γενναίου ταπεινὸν εἶναι; —
Οὐκ ἔστιν. — Ὅταν οὖν ἴδῃς τινὰ ὑποπεπτωκότα ἑτέρῳ
ἢ κολακεύοντα παρὰ τὸ φαινόμενον αὐτῷ, λέγε καὶ τοῦτον θαρρῶν μὴ εἶναι ἐλεύθερον· καὶ μὴ μόνον, ἂν δει-
πναρίου ἕνεκα αὐτὸ ποιῇ, ἀλλὰ κἂν ἐπαρχίας ἕνεκα κἂν
ὑπατ⟨ε⟩ίας. ἀλλ᾽ ἐκείνους μὲν μικροδούλους λέγε τοὺς
μικρῶν τινων ἕνεκα ταῦτα ποιοῦντας, τούτους δ᾽, ὡς
εἰσὶν ἄξιοι, μεγαλοδούλους. — Ἔστω καὶ ταῦτα. — Δοκεῖ δέ σοι ἡ ἐλευθερία αὐτεξούσιόν τι εἶναι καὶ αὐτό-
νομον; — Πῶς γὰρ οὔ; — Ὅντινα οὖν ἐπ᾽ ἄλλῳ κωλῦσαι ἔστι καὶ ἀναγκάσαι, θαρρῶν λέγε μὴ εἶναι ἐλεύθερον. καὶ μή μοι πάππους αὐτοῦ καὶ προπάππους
βλέπε καὶ ὠνὴν ζήτει καὶ πρᾶσιν, ἀλλ᾽ ἂν ἀκούσῃς λέγοντος ἔσωθεν καὶ ἐκ πάθους 'κύριε', κἂν δώδεκα
ῥάβδοι προάγωσιν, λέγε δοῦλον· κἂν ἀκούσῃς λέγοντος
'τάλας ἐγώ, οἷα πάσχω', λέγε δοῦλον· ἂν ἁπλῶς ἀπο-
κλαιόμενον ἴδῃς, μεμφόμενον, δυσροοῦντα, λέγε δοῦλον
περιπόρφυρον ἔχοντα. ἂν οὖν μηδὲν τούτων ποιῇ, μήπω εἴπῃς ἐλεύθερον, ἀλλὰ τὰ δόγματα αὐτοῦ κατάμαθε,
μή τι ἀναγκαστά, μή τι κωλυτικά, μή τι δυσροητικά·

Feststellung mit Recht zugestimmt hast, dann dürfte selbst
der Großkönig, falls er unglücklich ist, nicht frei sein; das
gleiche gilt für den Kleinfürsten, den Konsul oder den, der
zweimal Konsul war. «Ganz recht.»

Beantworte mir noch die eine Frage: Scheint dir die Freiheit etwas Großes zu sein, etwas Edles und Wertvolles?
«Wieso denn nicht?» Ist es nun möglich, daß man, wenn
man etwas so Großes, Wertvolles und Edles erreicht hat,
unterwürfig ist? «Unmöglich.» Wenn du nun jemanden
siehst, der vor einem anderen kriecht oder ihm gegen seine
Überzeugung nach dem Mund redet, dann nenne ihn ruhig
unfrei, und nicht nur dann, wenn er es wegen einer billigen
Mahlzeit tut, sondern auch, wenn er so handelt, um den Posten eines Provinzstatthalters oder eines Konsuls zu ergat-
tern. Bezeichne jene Leute lieber als «kleine Sklaven», weil
sie dies wegen kleiner Dinge tun, diese aber, wie es ihnen
zusteht, als «große Sklaven». – «Auch das sei zugegeben.»
– Scheint dir nun die Freiheit auch Unabhängigkeit und Au-
tonomie zu umfassen? – «Wieso nicht?» – Nenne also ruhig
jeden, den ein anderer behindern und zwingen kann, unfrei. Und schau mir nicht seine Großväter und Urgroßväter
an und untersuche auch nicht, ob er einmal als Sklave verkauft worden ist, sondern wenn du hörst, wie er aus tiefster
Seele und mit Inbrunst «Herr» sagt, dann nenne ihn einen
Sklaven, auch wenn ihn zwölf Liktoren begleiten[118]. Und
wenn du hörst, wie einer stöhnt: «Ich Unglücklicher. Was
muß ich leiden», dann nenne ihn einen Sklaven. Kurz und
gut: Wenn du siehst, wie er jammert, sich beklagt oder fru-
striert ist, dann nenne ihn einen Sklaven in der Toga mit
den Purpurstreifen. Wenn er aber nichts dergleichen tut,
dann bezeichne ihn noch nicht als frei, sondern lerne erst
seine Anschauungen und Urteile kennen und prüfe, ob sie
nicht von Zwängen bestimmt sind, behindert werden oder

κἂν εὕρῃς τοιοῦτον, λέγε δοῦλον ἀνοχὰς ἔχοντα ἐν
Σατο[υ]ρναλίοις· λέγε, ὅτι ὁ κύριος αὐτοῦ ἀποδημεῖ· εἶθ᾽
ἥξει καὶ γνώσῃ οἷα πάσχει. — Τίς ἥξει; — Πᾶς ὃς ἂν
ἐξουσίαν ἔχῃ τῶν ὑπ᾽ αὐτοῦ τινος θελομένων πρὸς τὸ
περιποιῆσαι ταῦτα ἢ ἀφελέσθαι. — Οὕτως οὖν πολλοὺς
κυρίους ἔχομεν; — Οὕτως. τὰ γὰρ πράγματα προτέρους
τούτων κυρίους ἔχομεν· ἐκεῖνα δὲ πολλά ἐστιν. διὰ
ταῦτα ἀνάγκη καὶ τοὺς τούτων τινὸς ἔχοντας ἐξουσίαν
κυρίους εἶναι· ἐπεί τοι οὐδεὶς αὐτὸν τὸν Καίσαρα φοβεῖται, ἀλλὰ θάνατον, φυγήν, ἀφαίρεσιν τῶν ὄντων,
φυλακήν, ἀτιμίαν. οὐδὲ φιλεῖ τις τὸν Καίσαρα, ἂν μή
τι ᾖ πολλοῦ ἄξιος, ἀλλὰ πλοῦτον φιλοῦμεν, δημαρχίαν,
στρατηγίαν, ὑπατ⟨ε⟩ίαν. ὅταν ταῦτα φιλῶμεν καὶ μισῶ-
μεν καὶ φοβώμεθα, ἀνάγκη τοὺς ἐξουσίαν αὐτῶν ἔχοντας κυρίους ἡμῶν εἶναι. διὰ τοῦτο καὶ ὡς θεοὺς αὐτοὺς
προσκυνοῦμεν· ἐννοοῦμεν γάρ, ὅτι τὸ ἔχον ἐξουσίαν τῆς
μεγίστης ὠφελείας θεῖόν ἐστιν, εἶθ᾽ ὑποτάσσομεν κακῶς 'οὗτος δ᾽ ἔχει [τῆς μεγίστης‖ ὠφελείας· θεῖόν ἐστιν.
εἶθ᾽ ὑποτάσσομεν κακῶς, οὗτος δ᾽ ἔχει] τῆς μεγίστης
ὠφελείας ἐξουσίαν᾽. ἀνάγκη καὶ τὸ γενόμενον ἐξ αὐτῶν
ἐπενεχθῆναι κακῶς.

Τί οὖν ἐστι τὸ ποιοῦν ἀκώλυτον τὸν ἄνθρωπον καὶ
αὐτεξούσιον; πλοῦτος γὰρ οὐ ποιεῖ οὐδ᾽ ὑπατ⟨ε⟩ία οὐδ᾽
ἐπαρχία οὐδὲ βασιλεία, ἀλλὰ δεῖ τι ἄλλο εὑρεθῆναι. τί
οὖν ἐστι τὸ ἐν τῷ γράφειν ἀκώλυτον ποιοῦν καὶ ἀπαρα-

von Frustration zeugen. Und wenn du einen solchen Menschen gefunden hast, dann nenne ihn einen Sklaven, der anläßlich der Saturnalien[119] vorübergehend nicht im Dienst ist. Sag, daß sein Herr verreist ist. Wenn er zurückkommt, wirst du schon sehen, was passiert. «Wer wird zurückkommen?» Jeder, der die Macht hat, die Dinge, die sich jemand wünscht, zu gewähren oder fortzunehmen. «Haben wir denn so viele Herren?» Ja. Denn vor diesen Herren sind schon die Dinge unsere Herren. Von denen aber gibt es viele. Daraus folgt zwangsläufig, daß auch diejenigen, die über eines dieser Dinge verfügen, unsere Herren sind. Denn niemand fürchtet den Kaiser um seiner selbst willen; er fürchtet vielmehr den Tod, die Verbannung, die Einziehung des Vermögens, Gefängnis und den Verlust der bürgerlichen Rechte. Niemand liebt den Kaiser selbst, es sei denn, er ist eine wirklich hervorragende Persönlichkeit. Wir lieben vielmehr den Reichtum, das Amt des Volkstribunen, des Prätors oder Konsuls. Wenn wir diese Dinge lieben, hassen und fürchten, sind auch unweigerlich diejenigen, die die Macht darüber haben, unsere Herren. Deshalb verehren wir sie ja auch wie Götter. Denn wir stellen die Prämisse auf, daß das Wesen, das die Verfügungsgewalt über den größten Nutzen hat, göttlich ist. Darunter stellen wir dann als zweite Prämisse die falsche Behauptung: «Dieser hat die Macht über den größten Nutzen.» Zwangsläufig ist auch die Konklusion, die wir aus diesen Prämissen ziehen, falsch[120].

Was ist es nun, das den Menschen von jeglicher Behinderung befreit und zum Herrn über sich selbst erhebt? Reichtum bewirkt dies ja nicht und auch nicht das Amt des Konsuls und des Statthalters oder die Königsherrschaft. Es muß vielmehr etwas anderes gefunden werden. Was ist es denn, was uns zum Beispiel beim Schreiben von Behinderung und

πόδιστον; — Ἡ ἐπιστήμη τοῦ γράφειν. — Τἰ δ' ἐν τῷ κιθαρίζειν; — Ἡ ἐπιστήμη τοῦ κιθαρίζειν. — Οὐκοῦν καὶ ἐν τῷ βιοῦν ἡ ἐπιστήμη τοῦ βιοῦν. ὡς μὲν οὖν ἁπλῶς, ἀκήκοας· σκέψαι δ' αὐτὸ καὶ ἐκ τῶν ⟨ἐπὶ⟩ μέρους. τὸν ἐφιέμενόν τινος τῶν ἐπ' ἄλλοις ὄντων ἐνδέχεται ἀκώλυτον εἶναι; — Οὔ. — Ἐνδέχεται ἀπαραπόδιστον; — Οὔ. — Οὐκοῦν οὐδ' ἐλεύθερον. ὅρα οὖν· πότερον οὐδὲν ἔχομεν, ὃ ἐφ' ἡμῖν μόνοις ἐστίν, ἢ πάντα ἢ τὰ μὲν ἐφ' ἡμῖν ἐστιν, τὰ δ' ἐπ' ἄλλοις; — Πῶς λέγεις; — Τὸ σῶμα ὅταν θέλῃς ὁλόκληρον εἶναι, ἐπὶ σοὶ ἐστιν ἢ οὔ; — Οὐκ ἐπ' ἐμοί. — Ὅταν δ' ὑγιαίνειν; — Οὐδὲ τοῦτο. — Ὅταν δὲ καλὸν εἶναι; — Οὐδὲ τοῦτο. — Ζῆν δὲ καὶ ἀποθανεῖν; — Οὐδὲ τοῦτο. — Οὐκοῦν τὸ μὲν σῶμα ἀλλότριον, ὑπεύθυνον παντὸς τοῦ ἰσχυροτέρου. — Ἔστω. — Τὸν ἀγρὸν δ' ἐπὶ σοὶ ἐστιν ἔχειν, ὅταν θέλῃς καὶ ἐφ' ὅσον θέλεις καὶ οἷον θέλεις; — Οὔ. — Τὰ δὲ δουλάρια; — Οὔ. — Τὰ δ' ἱμάτια; — Οὔ. — Τὸ δὲ οἰκίδιον; — Οὔ. — Τοὺς δ' ἵππους; — Τούτων μὲν οὐδέν. — Ἂν δὲ τὰ τέκνα σου ζῆν θέλῃς ἐξ ἅπαντος ἢ τὴν γυναῖκα ἢ τὸν ἀδελφὸν ἢ τοὺς φίλους, ἐπὶ σοὶ ἐστιν; — Οὐδὲ ταῦτα.

Πότερον οὖν οὐδὲν ἔχεις αὐτεξούσιον, ὃ ἐπὶ μόνῳ ἐστί σοί, ἢ ἔχεις τι τοιοῦτον; — Οὐκ οἶδα. — Ὅρα οὖν οὕτως καὶ σκέψαι αὐτό. μή τις δύναταί σε ποιῆσαι συγκαταθέσθαι τῷ ψεύδει; — Οὐδείς. — Οὐκοῦν ἐν μὲν τῷ συγκαταθετικῷ τόπῳ ἀκώλυτος εἶ καὶ ἀνεμπόδιστος. — Ἔστω. — Ἄγε, ὁρμῆσαι δέ σε ἐφ' ὃ μὴ θέ-

Zwang befreit? Zu wissen, wie man schreibt. Und beim Zitherspiel? Zu wissen, wie man spielt. So ist es im Falle des Lebens das Wissen, wie man lebt. Damit hast du die grundsätzliche Antwort auf die Frage gehört. Betrachte dies aber auch in seiner konkreten Anwendung. Ist es möglich, daß jemand, der nach etwas strebt, was in der Gewalt anderer ist, nicht behindert werden kann? «Nein.» Oder daß man ihn nicht zurückhalten kann? «Nein.» Also ist ein solcher Mensch auch nicht frei. Nun paß auf: Haben wir nichts, was ausschließlich in unserer Gewalt ist, oder ist alles in unserer Gewalt? Oder sind einige Dinge in unserer, einige in fremder Gewalt? «Wie meinst du das?» Wenn du willst, daß dein Körper ganz unversehrt ist, steht das in deiner Macht oder nicht? «Es steht nicht in meiner Macht.» Und wenn du willst, daß er gesund ist? «Das steht auch nicht in meiner Macht.» Wenn du willst, daß er schön ist? «Auch darauf habe ich keinen Einfluß.» Daß er lebt und stirbt? «Auch das nicht.» Also ist der Körper etwas Fremdes, das der Willkür jedes Stärkeren ausgesetzt ist. «Allerdings.» Steht es in deiner Macht, das Grundstück zu besitzen, wenn du es willst und solange du es willst und wie du es willst? «Nein.» Deine Sklaven? «Nein.» Deine Kleider? «Nein.» Dein Häuschen? «Nein.» Deine Pferde? «Nichts von diesen Dingen.» Wenn du aber willst, daß deine Kinder, deine Frau, dein Bruder oder deine Freunde auf jeden Fall am Leben bleiben, liegt das bei dir? «Auch das nicht.»

Hast du denn gar nichts zur freien Verfügung, was ausschließlich in deiner Gewalt ist? Oder hast du etwas Derartiges? «Ich weiß es nicht.» Denk doch einmal über diese Frage nach. Kann dich etwa jemand dazu veranlassen, dem zuzustimmen, was falsch ist? «Niemand.» Also bist du auf dem Gebiet der Zustimmung unbehindert und unbeschränkt frei? «Richtig.» Weiter: Kann dich jemand zwin-

λεις τις δύναται ἀναγκάσαι; — Δύναται. ὅταν γάρ μοι
θάνατον ἢ δεσμὰ ἀπειλῇ, ἀναγκάζει μ' ὁρμῆσαι. — Ἂν
οὖν καταφρονῇς τοῦ ἀποθανεῖν καὶ τοῦ δεδέσθαι, ἔτι
αὐτοῦ ἐπιστρέφῃ; — Οὔ. — Σὸν οὖν ἐστιν ἔργον τὸ
καταφρονεῖν θανάτου ἢ οὐ σόν; — Ἐμόν. — Σὸν ἄρα
ἐστὶ καὶ τὸ ὁρμῆσαι ἢ οὔ; — Ἔστω ἐμόν. — Τὸ δ'
ἀφορμῆσαι τίνος; σὸν καὶ τοῦτο. — Τί οὖν, ἂν ἐμοῦ
ὁρμήσαντος περιπατῆσαι ἐκεῖνός με κωλύσῃ; — Τί σου
κωλύσει; μή τι τὴν συγκατάθεσιν; — Οὔ· ἀλλὰ τὸ σωμάτιον. — Ναί, ὡς λίθον. — Ἔστω· ἀλλ' οὐκέτι ἐγὼ
περιπατῶ. — Τίς δέ σοι εἶπεν 'τὸ περιπατῆσαι σὸν ἔργον ἐστὶν ἀκώλυτον'; ἐγὼ γὰρ ἐκεῖνο ἔλεγον ἀκώλυτον
μόνον τὸ ὁρμῆσαι· ὅπου δὲ σώματος χρεία καὶ τῆς ἐκ
τούτου συνεργ⟨ε⟩ίας, πάλαι ἀκήκοας, ὅτι οὐδέν ἐστι σόν.
— Ἔστω καὶ ταῦτα. — Ὀρέγεσθαι δέ σε οὐ μὴ θέλεις τις
ἀναγκάσαι δύναται; — Οὐδείς. — Προθέσθαι δ' ἢ
ἐπιβαλέσθαι τις ἢ ἁπλῶς χρῆσθαι ταῖς προσπιπτούσαις
φαντασίαις; — Οὐδὲ τοῦτο· ἀλλὰ ὀρεγόμενόν με κωλύσει τυχεῖν οὗ ὀρέγομαι. — Ἂν τῶν σῶν τινος ὀρέγῃ
καὶ τῶν ἀκωλύτων, πῶς σε κωλύσει; — Οὐδαμῶς. — Τίς
οὖν σοι λέγει, ὅτι ὁ τῶν ἀλλοτρίων ὀρεγόμενος ἀκώλυ-
τός ἐστιν;

Ὑγείας οὖν μὴ ὀρέγωμαι; — Μηδαμῶς, μηδ' ἄλλου
ἀλλοτρίου μηδενός. ὃ γὰρ οὐκ ἔστιν ἐπὶ σοὶ παρασκευ-
άσαι ἢ τηρῆσαι ὅτε θέλεις, τοῦτο ἀλλότριόν ἐστιν. μα-

gen zu wollen, was du nicht willst? «Er kann es. Denn wenn
er mir Tod und Gefängnis androht, zwingt er mich zu wollen, was ich nicht will.» Wenn du aber Tod und Gefängnis
verachtest, brauchst du dich dann noch um ihn zu kümmern? «Nein.» Ist es nun deine selbständige Leistung, den
Tod zu verachten, oder nicht? «Es ist meine selbständige
Leistung.» Also liegt es auch bei dir, etwas zu wollen, oder
nicht? «Zugegeben, es liegt bei mir.» Aber von wem hängt
es ab, etwas nicht zu wollen? Doch wohl auch von dir. «Was
geschieht aber, wenn ich spazieren gehen will und ein anderer hindert mich daran?» Was kann er an dir behindern?
Etwa deine Zustimmung? «Nein, sondern nur meinen Körper.» Ja, wie einen Stein. «Richtig. Aber ich gehe dann doch
nicht spazieren.» Wer hat dir denn gesagt: «Das Spazieren-
gehen ist deine eigene, von niemandem behinderte Tat.»
Ich habe doch nur behauptet, daß allein das Wollen von niemandem behindert werden kann. Wo aber der Körper und
seine Mitwirkung nötig sind, hast du keinen Einfluß, wie du
bereits vor einiger Zeit gehört hast. «Auch das sei zugegeben.» Kann dich jemand dazu zwingen, etwas zu begehren,
was du nicht willst? «Niemand kann das.» Kann dich einer
dazu zwingen, dir etwas vorzunehmen, etwas zu planen
oder einfach deine Vorstellungen, die in dir entstehen, zu
gebrauchen? «Das geht auf keinen Fall. Aber wenn ich
etwas begehre, kann er mich daran hindern, es zu bekommen.» Wenn du etwas begehrst, was in deiner Macht steht
und fremdem Zugriff entzogen ist, wie wird er dich da hindern können? «Auf keinen Fall kann er das.» Wer sagt dir
nun, daß derjenige, der nach Dingen strebt, die ihm nicht
gehören, nicht behindert werden kann? «Soll ich also nicht
nach Gesundheit streben?» Keinesfalls, und auch nicht nach
irgendeiner anderen Sache, die dir nicht gehört. Denn was
zu erwerben oder zu erhalten nicht in deiner Macht steht,

κρᾶν ἀπ᾽ αὐτοῦ οὐ μόνον τὰς χεῖρας, ἀλλὰ πολὺ πρότερον τὴν ὄρεξιν· εἰ δὲ μή, παρέδωκας σαυτὸν δοῦλον,
ὑπέθηκας τὸν τράχηλον,† ἂν θαυμάσῃς τῶν [τι] μὴ σῶν
ᾧ τινι ἂν τῶν ὑπευθύνων καὶ θνητῶν προσπαθῇς. —
Ἡ χεὶρ οὐκ ἔστιν ἐμή; — Μέρος ἐστὶ σόν, φύσει δὲ
πηλός, κωλυτόν, ἀναγκαστόν, δοῦλον παντὸς τοῦ ἰσχυροτέρου. καὶ τί σοι λέγω χεῖρα; ὅλον τὸ σῶμα οὕτως
ἔχει⟨ν⟩ σε δεῖ ὡς ὀνάριον ἐπισεσαγμένον, ἐφ᾽ ὅσον ἂν
οἷόν τε ᾖ, ἐφ᾽ ὅσον ἂν διδῶται· ἂν δ᾽ ἀγγαρ⟨ε⟩ία ᾖ καὶ
στρατιώτης ἐπιλάβηται, ἄφες, μὴ ἀντίτεινε μηδὲ γόγ-
γυζε. εἰ δὲ μή, πληγὰς λαβὼν οὐδὲν ἧττον ἀπολεῖς καὶ
τὸ ὀνάριον. ὅταν δὲ πρὸς τὸ σῶμα οὕτως ἔχειν σε δέῃ,
ὅρα, τί ἀπολείπεται περὶ τὰ ἄλλα, ὅσα τοῦ σώματος
ἕνεκα παρασκευάζεται. ὅταν ἐκεῖνο ὀνάριον ᾖ, τἆλλα
γίνεται χαλινάρια τοῦ ὀναρίου, σαγμάτια, ὑποδημάτια,
κριθαί, χόρτος. ἄφες κἀκεῖνα, ἀπόλυε θᾶττον καὶ εὐκολώτερον ἢ τὸ ὀνάριον.

Καὶ ταύτην τὴν παρασκευὴν παρασκευασάμενος καὶ
τὴν ἄσκησιν ἀσκήσας τὰ ἀλλότρια ἀπὸ τῶν ἰδίων διακρίνειν, τὰ κωλυτὰ ἀπὸ τῶν ἀκωλύτων, ταῦτα πρὸς
σαυτὸν ἡγεῖσθαι, ἐκεῖνα μὴ πρὸς σαυτόν, ἐνταῦθα ἐπι-
στρόφως ἔχε⟨ιν⟩ τὴν ὄρεξιν, ἐνταῦθα τὴν ἔκκλισιν, μή
τι ἔτι φοβῇ τινα; — Οὐδένα. — Περὶ τίνος γὰρ φοβήσῃ; περὶ τῶν σεαυτοῦ, ὅπου σοι ἡ οὐσία τοῦ ἀγαθοῦ
καὶ τοῦ κακοῦ; καὶ τίς τούτων ἐξουσίαν ἔχει; τίς ἀφε-

gehört dir nicht. Halte nicht nur deine Hände weit davon
entfernt, sondern viel mehr noch dein Begehren. Andernfalls machst du dich selbst zum Sklaven und gibst dich auf,
wenn du etwas bewunderst, was nicht in deiner Macht
steht, und du dein Herz an etwas hängst, was anderen gehört und vergänglich ist. «Gehört diese Hand nicht mir?»
Sie ist ein Teil von dir, von Natur aus ist sie Staub, kann von
anderen behindert und zu etwas gezwungen werden und ist
ein Sklave jedes Stärkeren. Doch was sage ich dir von der
Hand? Deinen ganzen Körper mußt du so besitzen wie
einen bepackten Esel, solange es möglich ist, solange es erlaubt ist. Aber wenn der Befehl gegeben wird und der Soldat
Hand an dich legt, dann laß ihn los, leiste keinen Widerstand und murre nicht. Andernfalls bekommst du Schläge
und verlierst den Esel trotzdem. Wenn du dich deinem Körper gegenüber so verhalten mußt, dann überlege, was dir
bei den anderen Dingen zu tun bleibt, die man sich wegen
des Körpers verschafft. Wenn der Körper nun ein Eselchen
ist, dann sind die übrigen Dinge das Zaumzeug des Esels,
der Sattel, die Fußhüllen, Gerste und Heu. Laß auch diese
Dinge fahren, laß sie noch schneller und leichter los als das
Eselchen.

Wenn du dich an diese Denkweise gewöhnt und darin geübt hast, das Fremde vom Eigenen und die Dinge, die von
außen behindert, von denen, die nicht behindert werden
können, zu unterscheiden und diese als die Dinge zu betrachten, die dich etwas angehen, jene als solche, die dich
nichts angehen, und auf diese dein ganzes Streben, auf jene
deine ganze Ablehnung zu richten, brauchst du dann etwa
noch jemanden zu fürchten? «Niemanden.» Natürlich. Um
was solltest du auch Angst haben? Um das, was dir wirklich
gehört, worin für dich das wahre Wesen des Guten und des
Bösen beschlossen liegt? Und wer hätte Macht darüber?

λέσθαι αὐτὰ δύναται, τίς ἐμποδίσαι; οὐ μᾶλλον ἢ τὸν
θεόν. ἀλλ' ὑπὲρ τοῦ σώματος καὶ τῆς κτήσεως; ὑπὲρ
τῶν ἀλλοτρίων; ὑπὲρ τῶν οὐδὲν πρὸς σέ; καὶ τί ἄλλο
ἐξ ἀρχῆς ἐμελέτας ἢ διακρίνειν τὰ σὰ καὶ οὐ σά, τὰ ἐπὶ
σοὶ καὶ οὐκ ἐπὶ σοί, τὰ κωλυτὰ καὶ ἀκώλυτα; τίνος δὲ
ἕνεκα προσῆλθες τοῖς φιλοσόφοις; ἵνα μηδὲν ἧττον
ἀτυχῇς καὶ δυστυχῇς; οὐκοῦν ἄφοβος μὲν οὕτως ἔσει
καὶ ἀτάραχος. λύπη δὲ τί πρὸς σέ; ὧν γὰρ προσδοκω-
μένων φόβος γίνεται, καὶ λύπη παρόντων. ἐπιθυμήσεις
δὲ τίνος ἔτι; τῶν μὲν γὰρ προαιρετικῶν ἅτε καλῶν ὄντων καὶ παρόντων σύμμετρον ἔχεις καὶ καθισταμένην
τὴν ὄρεξιν, τῶν δ' ἀπροαιρέτων οὐδενὸς ὀρέγῃ, ἵνα καὶ
τόπον σχῇ τὸ ἄλογον ἐκεῖνο καὶ ὠστικὸν καὶ παρὰ τὰ
μέτρα ἠπειγμένον;

Ὅταν οὖν πρὸς τὰ πράγματα οὕτως ἔχῃς, τίς ἔτι ἄνθρωπος δύναται φοβερὸς εἶναι; τί γὰρ ἔχει ἄνθρωπος
ἀνθρώπῳ φοβερὸν ἢ ὀφθεὶς ἢ λαλήσας ἢ ὅλως συν-
αναστραφείς; οὐ μᾶλλον ἢ ἵππος ἵππῳ ἢ κύων κυνὶ ἢ
μέλισσα μελίσσῃ. ἀλλὰ τὰ πράγματα ἑκάστῳ φοβερά
ἐστιν· ταῦτα δ' ὅταν περιποιεῖν τις δύνηταί τινι ἢ
ἀφελέσθαι, τότε καὶ αὐτὸς φοβερὸς γίνεται. πῶς οὖν

Wer könnte es dir wegnehmen? Wer könnte dich dabei behindern? Dich ebenso wenig wie Gott. Aber um deinen
Körper und dein Vermögen hast du Angst? Um Dinge, die
dir nicht wirklich gehören? Um Dinge, die dich nichts angehen? Worin sonst hast du dich von Anfang an geübt als in
der Unterscheidung der Dinge, die dir gehören und die dir
nicht gehören, die in deiner Macht und nicht in deiner
Macht liegen, die zu behindern und nicht zu behindern
sind? Weshalb bist du denn zu den Philosophen gegangen?
Um so unglücklich und elend zu sein wie zuvor?

Unter solchen Voraussetzungen wirst du ohne Angst und
Unruhe sein. Was geht dich der Kummer an? Denn die
Dinge, deren Erwartung uns Angst macht, erzeugen auch
Kummer, wenn sie da sind. Wonach wirst du noch Verlangen haben? Denn nach den Dingen, die im Bereich deines
moralischen Vorsatzes liegen, hast du ein maßvolles und
kontrolliertes Verlangen, da diese Dinge ja wertvoll und
bereits vorhanden sind. Von den Dingen aber, die nicht in
der Reichweite deines moralischen Vorsatzes liegen, begehrst du nichts, damit jenes vernunftwidrige Verlangen
mit seinem Ungestüm und maßlosen Drängen keinen
Platz hat.

Wenn du so zu den Dingen stehst, welcher Mensch kann
dir da noch Furcht einflößen? Denn was hat ein Mensch
aufgrund seines Anblicks, seiner Worte oder überhaupt
aufgrund seines Auftretens einem anderen gegenüber
Furchterregendes an sich? Ebenso wenig wie ein Pferd
einem Pferd gegenüber, ein Hund einem Hund gegenüber
oder eine Biene einer Biene gegenüber. Vielmehr sind es die
Dinge, die dem einzelnen Angst machen. Wenn jemand
diese einem anderen verschaffen oder wegnehmen kann,
dann wird er dadurch auch selbst für den anderen zu einer
furchterregenden Gestalt.

ἀκρόπολις καταλύεται; οὐ σιδήρῳ οὐδὲ πυρί, ἀλλὰ δόγμασιν. ἂν γὰρ τὴν οὖσαν ἐν τῇ πόλει καθέλωμεν, μή τι καὶ τὴν τοῦ πυρετοῦ, μή τι καὶ τὴν τῶν καλῶν γυναικαρίων, μή τι ἁπλῶς τὴν ἐν ἡμῖν ἀκρόπολιν καὶ τοὺς ἐν ἡμῖν τυράννους ἀποβεβλήκαμεν, οὓς ἐφ' ἑκάστοις καθ' ἡμέραν ἔχομεν, ποτὲ μὲν τοὺς αὐτούς, ποτὲ δ' ἄλλους; ἀλλ' ἔνθεν ἄρξασθαι δεῖ καὶ ἔνθεν καθελεῖν τὴν ἀκρόπολιν, ἐκβάλλειν τοὺς τυράννους· τὸ σωμάτιον ἀφεῖναι, τὰ μέρη αὐτοῦ, τὰς δυνάμεις, τὴν κτῆσιν, τὴν φήμην, ἀρχάς, τιμάς, τέκνα, ἀδελφούς, φίλους, πάντα ταῦτα ἡγήσασθαι ἀλλότρια. κἂν ἔνθεν ἐκβληθῶσιν οἱ τύραννοι, τί ἔτι ἀποτειχίζω τὴν ἀκρόπολιν ἐμοῦ γε ἕνεκα; ἑστῶσα γὰρ τί μοι ποιεῖ; τί ἔτι ἐκβάλλω τοὺς δορυφόρους; ποῦ γὰρ αὐτῶν αἰσθάνομαι; ἐπ' ἄλλους ἔχουσιν τὰς ῥάβδους καὶ τοὺς κοντοὺς καὶ τὰς μαχαίρας. ἐγὼ δ' οὐπώποτ' οὔτε θέλων ἐκωλύθην οὔτ' ἠναγκάσθην μὴ θέλων. καὶ πῶς τοῦτο δυνατόν; προσκατατέταχά μου τὴν ὁρμὴν τῷ θεῷ. θέλει μ' ἐκεῖνος πυρέσσειν· κἀγὼ θέλω. θέλει ὁρμᾶν ἐπί τι· κἀγὼ θέλω. θέλει ὀρέγεσθαι· κἀγὼ θέλω. θέλει με τυχεῖν τινος· κἀγὼ βούλομαι. οὐ θέλει· οὐ βούλομαι. ἀποθανεῖν οὖν θέλω· στρεβλωθῆναι οὖν θέλω. τίς ἔτι με κωλῦσαι δύναται παρὰ τὸ ἐμοὶ φαινόμενον ἢ ἀναγκάσαι; οὐ μᾶλλον ἢ τὸν Δία.

Οὕτως ποιοῦσι καὶ τῶν ὁδοιπόρων οἱ ἀσφαλέστεροι. ἀκήκοεν ὅτι λῃστεύεται ἡ ὁδός· μόνος οὐ τολμᾷ καθεῖναι, ἀλλὰ περιέμεινεν συνοδίαν ἢ πρεσβευτοῦ ἢ ταμίου ἢ ἀνθυπάτου καὶ προσκατατάξας ἑαυτὸν παρέρχε-

Wie kommt nun eine Burg zu Fall? Nicht durch Feuer und Schwert, sondern durch Urteile. Denn wenn wir die Burg in der Stadt einnehmen, haben wir damit auch die Burg des Fiebers, der verführerischen Frauen und überhaupt die Burg und die Tyrannen in uns zu Fall gebracht, die wir täglich als Herrscher über jeden einzelnen von uns in uns haben, manchmal dieselben, manchmal andere? Aber da muß man anfangen, da die Burg zu Fall bringen und die Tyrannen vertreiben: den sterblichen Leib fahrenlassen, seine Glieder und seine Kräfte, den materiellen Besitz, den Ruhm, Ämter, Ehren, Kinder, Brüder, Freunde, all das muß man für fremde Dinge halten. Und wenn von dort die Tyrannen verjagt werden, warum liegt es dann noch in meinem Interesse, die Burg zu zerstören? Denn was berührt es mich, wenn sie stehen bleibt? Warum sollte ich noch die Leibwächter des Tyrannen verjagen? Wo merke ich denn etwas von ihnen? Für andere haben sie ihre Stöcke, Spieße und Schwerter. Ich aber wurde nie daran gehindert, etwas zu wollen, oder gezwungen, etwas nicht zu wollen. Und wie ist das möglich? Ich habe all mein Sinnen und Trachten Gott anheimgestellt. Er will, daß ich Fieber habe. Auch ich will es. Er will, daß ich etwas erstrebe. Auch ich will es. Er will, daß ich mir etwas wünsche. Auch ich will es. Er will, daß ich etwas bekomme. Auch ich will es. Will er es nicht, will ich es auch nicht. Ich bin bereit zu sterben. Ich bin bereit, mich foltern zu lassen. Wer kann mich noch an etwas hindern gegen meine Überzeugung oder zu etwas zwingen? So wenig, wie er Gott zwingen kann.

So handeln auch die Reisenden, die besonders vorsichtig sind. Jemand hat gehört, daß der Weg von Räubern unsicher gemacht wird. Allein wagt er sich nicht auf die Reise, sondern wartet eine Reisegesellschaft ab, etwa die eines Gesandten, eines Quästors oder eines Prokonsuls; ihr schließt

ται ἀσφαλῶς. οὕτως καὶ ἐν τῷ κόσμῳ ποιεῖ ὁ φρόνιμος.
'πολλὰ ληστήρια, τύραννοι, χειμῶνες, ἀπορίαι, ἀποβολαὶ
τῶν φιλτάτων. ποῦ τις καταφύγῃ; πῶς ἀλήστευτος
παρέλθῃ; ποίαν συνοδίαν περιμείνας ἀσφαλῶς διέλθῃ;
τίνι προσκατατάξας ἑαυτόν; τῷ δεῖνι, τῷ πλουσίῳ, τῷ
ὑπατικῷ. καὶ τί μοι ὄφελος; αὐτὸς ἐκδύεται, οἰμώζει,
πενθεῖ. τί δ', ἂν ὁ συνοδοιπόρος αὐτὸς ἐπ' ἐμὲ στρα-
φεὶς λῃστής μου γένηται; τί ποιήσω; φίλος ἔσομαι Καί-
σαρος· ἐκείνου με ὄντα ἑταῖρον οὐδεὶς ἀδικήσει. πρῶτον μέν, ἵνα γένωμαι, π[ρ]όσα με δεῖ τλῆναι καὶ παθεῖν,
ποσάκις καὶ ὑπὸ πόσων ληστευθῆναι· εἶτα ἐὰν γένωμαι,
καὶ οὗτος θνητός ἐστιν [καὶ οὗτος θνητός]. ἂν δ' αὐτὸς ἔκ τινος περιστάσεως ἐχθρός μου γένηται, ἀναχω-
ρῆσαί πού ποτε κρεῖσσον; εἰς ἐρημίαν; ἄγε, ἐκεῖ πυρετὸς οὐκ ἔρχεται; τί οὖν γένηται; οὐκ ἔστιν εὑρεῖν ἀσφαλῆ σύνοδον, πιστόν, ἰσχυρόν, ἀνεπιβούλευτον;' οὕτως
ἐφίστησιν καὶ ἐννοεῖ, ὅτι, ἐὰν τῷ θεῷ προσκατατάξῃ
ἑαυτόν, διελεύσεται ἀσφαλῶς.

Πῶς λέγεις προσκατατάξαι; — Ἵν', ὃ ἂν ἐκεῖνος
θέλῃ, καὶ αὐτὸς θέλῃ καί, ὃ ἂν ἐκεῖνος μὴ θέλῃ, τοῦτο
μηδ' αὐτὸς θέλῃ. — Πῶς οὖν τοῦτο γένηται; — Πῶς
γὰρ ἄλλως ἢ ἐπισκεψαμένῳ τὰς ὁρμὰς τοῦ θεοῦ καὶ
τὴν διοίκησιν; τί μοι δέδωκεν ἐμὸν καὶ αὐτεξούσιον, τί
αὑτῷ κατέλ[ε]ιπεν; τὰ προαιρετικά μοι δέδωκεν, ἐπ'
ἐμοὶ πεποίηκεν, ἀνεμπόδιστα, ἀκώλυτα. τὸ σῶμα τὸ

er sich an und reist ohne Gefahr. So handelt auch der kluge Mann im täglichen Leben. Da gibt es viele Räuberbanden, Tyrannen, Unwetter, Schwierigkeiten, Verlust dessen, was man am liebsten hat. Wohin soll man fliehen? Wie soll man reisen, ohne beraubt zu werden? Auf welche Reisebegleitung soll man warten, um unbehelligt durchzukommen? Wem soll man sich anschließen? Diesem oder jenem, dem Reichen, dem Prokonsul? Doch was hilft mir das? Er selbst wird ja ausgeplündert, jammert und klagt. Ja, und was passiert, wenn mich mein eigener Reisegefährte überfällt und beraubt? Was soll ich tun? «Ich will ein Freund des Kaisers werden. Wenn ich erst sein Vertrauter bin, wird mir niemand etwas tun. Aber um es so weit zu bringen, was muß ich da zunächst erdulden und über mich ergehen lassen. Wie oft und von wie vielen muß ich mich ausrauben lassen. Wenn ich dann sein Freund bin, ist auch er nur ein sterblicher Mensch. Wenn er aber aufgrund irgendeines Umstandes mein Feind wird, wohin in aller Welt soll ich da fliehen? In die Wüste? Wieso? Kommt nicht auch dort das Fieber hin? Was soll nun werden? Ist es nicht möglich, einen zuverlässigen Reisegefährten zu finden, der treu, stark und unangreifbar ist?» So grübelt er und kommt auf den Gedanken, daß er nur dann ohne Gefahr durch die Welt zieht, wenn er sich Gott anschließt.

Was verstehst du unter «sich anschließen»? – Wenn er das, was Gott will, auch selbst will, und das, was jener nicht will, auch selbst nicht will. – Wie kann dies geschehen? – Wie sonst als durch Beachtung von Gottes Wollen und Walten. Was hat er mir als Eigentum gegeben und zur eigenen Entscheidung überlassen? Was hat er sich selbst vorbehalten? Alles, was in den Bereich meiner sittlichen Entscheidung gehört, hat er mir gegeben und meinem freien und ungehinderten Zugriff überlassen. Wie hätte er mir

πήλινον πῶς ἐδύνατο ἀκώλυτον ποιῆσαι; ὑπέταξεν οὖν
τῇ τῶν ὅλων περιόδῳ, τὴν κτῆσιν, τὰ σκεύη, τὴν οἰκίαν, τὰ τέκνα, τὴν γυναῖκα. τί οὖν θεομαχῶ; τί θέλω
τὰ μὴ θελητά, τὰ μὴ δοθέντα μοι ἐξ ἅπαντος ἔχειν;
ἀλλὰ πῶς; ὡς δέδοται καὶ ἐφ' ὅσον δύναται. ἀλλ' ὁ
δοὺς ἀφαιρεῖται. τί οὖν ἀντιτείνω; οὐ λέγω, ὅτι ἠλίθιος ἔσομαι τὸν ἰσχυρότερον βιαζόμενος, ἀλλ' ἔτι πρότερον ἄδικος. πόθεν γὰρ ἔχων αὐτὰ ἦλθον; ὁ πατήρ
μου αὐτὰ ἔδωκεν. ἐκείνῳ δὲ τίς; τὸν ἥλιον δὲ τίς πεποίηκε, τοὺς καρποὺς δὲ τίς, τὰς δ' ὥρας τίς, τὴν δὲ
πρὸς ἀλλήλους συμπλοκὴν καὶ κοινωνίαν τίς;

Εἶτα σύμπαντα εἰληφὼς παρ' ἄλλου καὶ αὐτὸν σεαυτόν, ἀγανακτεῖς καὶ μέμφῃ τὸν δόντα, ἄν σού τι ἀφέ-
ληται; τίς ὢν καὶ ἐπὶ τί ἐληλυθώς; οὐχὶ ἐκεῖνός σε
εἰσήγαγεν; οὐχὶ τὸ φῶς ἐκεῖνός σοι ἔδειξεν; οὐ συνερ-
γοὺς δέδωκεν; οὐ καὶ αἰσθήσεις; οὐ λόγον; ὡς τίνα δὲ
εἰσήγαγεν; οὐχ ὡς θνητόν; οὐχ ὡς μετὰ ὀλίγου σαρκι-
δίου ζή‖σοντα ἐπὶ γῆς καὶ θεασόμενον τὴν διοίκησιν
αὐτοῦ καὶ συμπομπεύσοντα αὐτῷ καὶ συνεορτάσοντα
πρὸς ὀλίγον; οὐ θέλεις οὖν, ἕως δέδοταί σοι, θεασάμε-
νος τὴν πομπὴν καὶ τὴν πανήγυριν εἶτα, ὅταν σ' ἐξάγῃ,
πορεύεσθαι προσκυνήσας καὶ εὐχαριστήσας ὑπὲρ ὧν
ἤκουσας καὶ εἶδες; 'οὔ· ἀλλ' ἔτι ἑορτάζειν ἤθελον.' καὶ
γὰρ οἱ μύσται μυεῖσθαι, τάχα καὶ οἱ ἐν Ὀλυμπίᾳ ἄλ-

meinen sterblichen Leib zur freien Verfügung überlassen
können? Daher hat er auch meinen Besitz, die Dinge des
täglichen Gebrauchs, mein Haus, meine Kinder und meine
Frau dem Kreislauf des Universums unterstellt. Warum
sollte ich mit Gott hadern? Warum sollte ich haben wollen,
was nicht in der Reichweite meines Willens liegt, und behalten wollen, was mir nicht auf immer gegeben wurde?
Wie aber soll ich damit umgehen? Wie es mir gegeben ist
und solange es möglich ist. Doch er, der es gegeben hat,
nimmt es auch wieder fort[121]. Warum sollte ich also Widerstand leisten? Ich sage nicht, daß ich ein Tor wäre, wenn ich
den zwingen wollte, der stärker ist als ich, sondern vielmehr
noch, daß ich unrecht täte. Denn von wem erhielt ich die
Dinge, als ich auf die Welt kam? Mein Vater gab sie mir.
Wer aber gab sie ihm? Wer hat die Sonne geschaffen, wer
die Früchte des Feldes, die Jahreszeiten, die Verbindung und
Gemeinschaft der Menschen untereinander?

Und da murrst du, wo du alles, selbst deine eigene Person
von einem anderen empfangen hast, und machst dem Geber
Vorwürfe, wenn er dir etwas nimmt? Und wozu bist du auf
die Welt gekommen? Hat er dich nicht auf die Welt gebracht? Hat er dir nicht das Licht gezeigt? Hat er dir nicht
Helfer gegeben? Nicht auch die Sinne? Den Verstand? Als
was hat er dich auf die Welt gebracht? Etwa nicht als ein
sterbliches Geschöpf? Nicht als ein Wesen, das mit seinem
bißchen Leib auf der Erde leben, sein Walten schauen, ein
Weilchen bei seinem Festzug zusehen und mitfeiern soll?
Willst du da nicht, solange es dir vergönnt ist, dem Festzug
und der Feier beiwohnen und dann, wenn er dich fortführt,
gehen, ihn anbeten und preisen für alles, was du gehört und
gesehen hast? «Nein. Ich wollte lieber noch weiterfeiern.»
Denn auch die in die Mysterien Eingeweihten wollen den
Weihen noch zuschauen, und die Zuschauer in Olympia

λους ἀθλητὰς βλέπειν· ἀλλὰ ἡ πανήγυρις πέρας ἔχει·
ἔξελθε, ἀπαλλάγηθι ὡς εὐχάριστος, ὡς αἰδήμων· δὸς
ἄλλοις τόπον· δεῖ γενέσθαι καὶ ἄλλους, καθάπερ καὶ
σὺ ἐγένου, καὶ γενομένους ἔχειν χώραν καὶ οἰκήσεις,
τὰ ἐπιτήδεια. ἂν δ' οἱ πρῶτοι μὴ ὑπεξάγωσιν, τί ὑπο-
λ⟨ε⟩ίπεται; τί ἄπληστος εἶ; τί ἀνίκανος; τί στενοχωρεῖς
τὸν κόσμον; — Ναί· ἀλλὰ τὰ τεκνία μετ' ἐμαυτοῦ
εἶναι θέλω καὶ τὴν γυναῖκα. — Σὰ γάρ ἐστιν; οὐχὶ
τοῦ δόντος; οὐχὶ καὶ τοῦ σὲ πεποιηκότος; εἶτα οὐκ ἐκστήσῃ τῶν ἀλλοτρίων; οὐ παραχωρήσεις τῷ κρείσσονι;
— Τί οὖν μ' εἰσῆγεν ἐπὶ τούτοις; — Καὶ εἰ μὴ ποιεῖ
σοι, ἔξελθε· οὐκ ἔχει χρείαν θεατοῦ μεμψιμοίρου. τῶν
συνεορταζόντων δεῖται, τῶν συγχορευόντων, ἵν' ἐπι-
κροτῶσι μᾶλλον, ἐπιθ⟨ε⟩ιάζωσιν, ὑμνῶσι δὲ τὴν πανήγυριν. τοὺς ⟨ἀ⟩ταλαιπώρους δὲ καὶ δειλοὺς οὐκ ἀηδῶς
ὄψεται ἀπολελειμμένους τῆς πανηγύρεως· οὐδὲ γὰρ
παρόντες ὡς ἐν ἑορτῇ διῆγον οὐδ' ἐξεπλήρουν τὴν χώραν τὴν πρέπουσαν, ἀλλ' ὠδυνῶντο, ἐμέμφοντο τὸν
δαίμονα, τὴν τύχην, τοὺς συνόντας· ἀναίσθητοι καὶ ὧν
ἔτυχον καὶ τῶν ἑαυτῶν δυνάμεων, ἃς εἰλήφασι πρὸς τὰ
ἐναντία, μεγαλοψυχίας, γενναιότητος, ἀνδρείας, αὐτῆς
τῆς νῦν ζητουμένης ἐλευθερίας. — Ἐπὶ τί οὖν εἴληφα
ταῦτα; — Χρησόμενος. — Μέχρι τίνος; — Μέχρις ἂν
ὁ χρήσας θέλῃ. — Ἂν οὖν ἀναγκαῖά μοι ᾖ; — Μὴ

wollen auch noch andere Athleten sehen. Aber das Fest ist zu Ende. Geh fort, entferne dich voll Dankbarkeit und Ehrfurcht. Mach anderen Platz. Es müssen auch noch andere ins Leben treten, wie auch du geboren wurdest, und wenn sie geboren sind, müssen sie Raum, Wohnung und Nahrung haben. Wenn sich aber die Frühergeborenen nicht leise entfernen, was bleibt dann den Späteren? Warum bist du so unersättlich? Warum so unbescheiden? Warum machst du die Welt so eng?

Ja, aber ich will meine Kinder und meine Frau bei mir behalten. – Sind sie denn dein Eigentum? Gehören sie nicht dem, der sie gegeben hat? Nicht dem, der sie geschaffen hat? Willst du denn wirklich nicht auf fremdes Eigentum verzichten? Willst du dem Stärkeren nicht nachgeben? – Warum hat er mich unter diesen Bedingungen in die Welt gesetzt? – Wenn es dir nicht paßt, dann geh doch fort. Gott braucht keinen unzufriedenen und streitsüchtigen Zuschauer. Er braucht Menschen, die ihn feiern und mit ihm tanzen, damit sie um so lebhafter Beifall klatschen, ihm zujubeln und das Fest preisen. Schwächlinge und Feiglinge wird er nicht ungern das Fest verlassen sehen. Denn während ihrer Anwesenheit haben sie sich nicht wie Feiernde benommen und nicht den Platz ausgefüllt, der ihnen zukam, sondern nur gejammert, ihrem Gott, ihrem Schicksal und ihren Mitmenschen Vorwürfe gemacht. Sie hatten kein Gefühl für das, was ihnen zuteil wurde, und für ihre Kräfte, die sie zu einem ganz anderen Zweck erhalten haben, zum Beispiel Seelengröße, Vornehmheit, Tapferkeit und Freiheit, wie wir sie jetzt gerade untersuchen.

Wozu habe ich denn diese Gaben bekommen? – Um sie zu gebrauchen. – Für wie lange denn? – So lange es derjenige will, der sie dir geliehen hat. – Wenn ich sie aber dringend benötige? – Hänge dein Herz nicht daran, und es wird

πρόσπασχε αὐτοῖς καὶ οὐκ ἔσται. σὺ αὐτὰ αὑτῷ μὴ εἴπῃς ἀναγκαῖα καὶ οὐκ ἔστιν.

Ταύτην τὴν μελέτην ἔωθεν εἰς ἑσπέραν μελετᾶν ἔδει. ἀπὸ τῶν μικροτάτων, ἀπὸ τῶν εὐεπηρεαστο⟨τά⟩των ἀρξάμενος, ἀπὸ χύτρας, ἀπὸ ποτηρίου, εἶθ᾽ οὕτως ἐπὶ χιτωνάριον πρόσελθε, ἐπὶ κυνάριον, ἐπὶ ἱππάριον, ἐπὶ ἀγρίδιον· ἔνθεν ἐπὶ σαυτόν, τὸ σῶμα, τὰ μέρη τοῦ σώματος, τὰ τέκνα, τὴν γυναῖκα, τοὺς ἀδελφούς. πανταχοῦ περιβλέψας ἀπόρριψον ἀπὸ σεαυτοῦ· κάθηρον τὰ δόγματα, μή τι προσήρτηταί σοι τῶν οὐ σῶν, μή τι συμπέφυκεν, μή τι ὀδυνήσει σ᾽ ἀποσπώμενον. καὶ λέγε γυμναζόμενος καθ᾽ ἡμέραν, ὡς ἐκεῖ, μὴ ὅτι φιλοσοφεῖς (ἔστω φορτικὸν τὸ ὄνομα), ἀλλ᾽ ὅτι καρπιστὴν δίδως. τοῦτο γάρ ἐστιν ἡ ταῖς ἀληθείαις ἐλευθερία. ταύτην ἠλευθερώθη Διογένης παρ᾽ Ἀντισθένους καὶ οὐκέτι ἔφη καταδουλωθῆναι δύνασθαι ὑπ᾽ οὐδενός. διὰ τοῦτο πῶς ἑάλω, πῶς τοῖς πειραταῖς ἐχρῆτο· μή τι κύριον εἶπέν τινα αὐτῶν; καὶ οὐ λέγω τὸ ὄνομα· οὐ γὰρ τὴν φωνὴν φοβοῦμαι, ἀλλὰ τὸ πάθος, ἀφ᾽ οὗ ἡ φωνὴ ἐκπέμπεται. πῶς ἐπιτιμᾷ αὐτοῖς, ὅτι κακῶς ἔτρεφον τοὺς ἑαλωκότας· πῶς ἐπράθη· μή τι κύριον ἐζήτει; ἀλλὰ δοῦλον. πῶς δὲ πραθεὶς ἀνεστρέφετο πρὸς τὸν δεσπότην· εὐθὺς διελέγετο πρὸς αὐτόν, ὅτι οὐχ οὕτως ἐστολίσθαι δεῖ αὐτόν, οὐχ οὕτως κεκάρθαι, περὶ τῶν υἱῶν, πῶς δεῖ αὐτοὺς διάγειν. καὶ τί θαυμαστόν; εἰ γὰρ παιδοτρίβην ἐώνητο, ἐν τοῖς παλαιστρικοῖς ὑπηρέτῃ

nicht der Fall sein. Rede dir nicht selbst ein, daß du sie brauchst, und es wird nicht passieren.

Das solltest du dir von morgens bis abends vor Augen führen, indem du beim Unbedeutendsten und Zerbrechlichsten anfängst, bei einem Tongefäß oder Trinkbecher; darauf befasse dich mit einem billigen Hemd, einem Straßenköter, einem Gaul, einem Stück Land. Dann sieh dich selbst an, deinen Körper, die Teile deines Körpers, deine Kinder, deine Frau und deine Brüder. Sieh dir alles genau an und reiße es aus deinem Herzen. Reinige deine Urteile und prüfe, ob du dich nicht an etwas gehängt hast, das dir nicht gehört, und ob dir nicht etwas angewachsen ist, das dir nur unter Schmerzen wieder abgerissen werden kann. Und während du täglich trainierst wie auf dem Sportplatz, sag nicht, du philosophierst – ein wirklich hochtrabendes Wort –, sondern daß du deine Freilassung betreibst. Denn das ist die wahre Freiheit. So wurde Diogenes von Antisthenes befreit und stellte daraufhin fest, daß er von niemandem mehr geknechtet werden könne. Wie benahm er sich denn, als er in Gefangenschaft geriet[122]? Wie ging er mit den Seeräubern um? Bezeichnete er etwa einen von diesen als seinen Herrn? Ich meine freilich nicht das Wort, sondern das Gefühl, das mit dem Wort zum Ausdruck gebracht wird. Wie beschimpfte er sie, weil sie die Gefangenen schlecht ernährten. Welche Haltung bewies er, als er verkauft wurde. Suchte er etwa einen Herrn? Nein, einen Sklaven. Wie verhielt er sich gegenüber seinem Herrn, nachdem er verkauft worden war? Sofort begann er ein Gespräch mit ihm, um ihm zu sagen, daß er sich nicht so herausputzen dürfe, daß er seine Haare nicht so kurz schneiden lassen solle und wie seine Söhne leben müßten. Was ist daran so verwunderlich? Wenn er sich nämlich einen Turnlehrer gekauft hätte, würde er ihn dann nicht in allen Angelegenheiten, die mit

ἂν αὐτῷ ἐχρῆτο ἢ κυρίῳ; εἰ δ' ἰατρόν, ὡσαύτως, εἰ δ'
ἀρχιτέκτονα. καὶ οὕτως ἐφ' ἑκάστης ὕλης τὸν ἔμπειρον
τοῦ ἀπείρου κρατεῖν πᾶσα ἀνάγκη. ὅστις οὖν καθόλου
τὴν περὶ βίον ἐπιστήμην κέκτηται, τί ἄλλο ἢ τοῦτον
εἶναι δεῖ τὸν δεσπότην; τίς γάρ ἐστιν ἐν νηὶ κύριος;
— Ὁ κυβερνήτης. — Διὰ τί; ὅτι ὁ ἀπειθῶν αὐτῷ ζημιοῦται. — Ἀλλὰ δεῖραί με δύναται. -- Μή τι οὖν
ἀζημίως; — Οὕτως μὲν κἀγὼ ἔκρινον. — Ἀλλ' ὅτι οὐκ
ἀζημίως, διὰ τοῦτο οὐκ ἔξεστιν· οὐδενὶ δ' ἀζήμιόν ἐστι
τὸ ποιεῖν τὰ ἄδικα. — Καὶ τίς ἡ ζημία τῷ δήσαντι τὸν
αὐτοῦ δοῦλον, ἢν δοκεῖς; — Τὸ δῆσαι· τοῦτο ὃ καὶ σὺ
ὁμολογήσεις, ἂν θέλῃς σῴζειν, ὅτι ἄνθρωπος οὐκ ἔστι
θηρίον, ἀλλ' ἥμερον ζῷον. ἐπεὶ πότ' ἄμπελος πράσσει
κακῶς; ὅταν παρὰ τὴν ἑαυτῆς φύσιν πράσσῃ. πότ' ἀλεκ-
τρυών; ὡσαύτως. οὐκοῦν καὶ ἄνθρωπος. τίς οὖν αὐτοῦ
ἡ φύσις; δάκνειν καὶ λακτίζειν καὶ εἰς φυλακὴν βάλ-
λειν καὶ ἀποκεφαλίζειν; οὔ· ἀλλ' εὖ ποιεῖν, συνεργεῖν,
ἐπεύχεσθαι. τότ' οὖν κακῶς πράσσει, ἄν τε θέλῃς ἄν τε
μή, ὅταν ἀγνωμονῇ.

Ὥστε Σωκράτης οὐκ ἔπραξε κακῶς; — Οὔ, ἀλλ' οἱ
δικασταὶ καὶ οἱ κατήγοροι. — Οὐδ' ἐν Ῥώμῃ Ἑλουί-
διος; — Οὔ, ἀλλ' ὁ ἀποκτείνας αὐτόν. — Πῶς λέγεις;
— Ὡς καὶ σὺ ἀλεκτρυόνα οὐ λέγεις κακῶς πρᾶξαι τὸν
νικήσαντα καὶ κατακοπέντα, ἀλλὰ τὸν ἀπλῆγα ἡττη-
θέντα· οὐδὲ κύνα εὐδαιμονίζεις τὸν μήτε διώκοντα
μήτε πονοῦντα, ἀλλ' ὅταν ἱδρῶντα ἴδῃς, ὅταν ὀδυνώ-

dem Turnen zu tun haben, als Helfer oder Herrn ansehen? Entsprechendes gilt für einen Arzt oder einen Architekten. Und so muß auf jedem Gebiet der Fachmann dem Laien unbedingt überlegen sein. Wer also das Wissen vom rechten Leben an sich besitzt, muß der nicht auf jeden Fall der Herr sein? Wer ist denn der Herr auf einem Schiff? – Der Kapitän. – Warum? Weil derjenige, der sich ihm widersetzt, bestraft wird? – (Nein, weil er Fachmann in der Schiffsführung ist.) – Aber er kann mich auch durchprügeln lassen. – Doch nicht etwa ungestraft? – So dachte ich auch. – Aber weil er es nicht ungestraft tun kann, eben deshalb darf er es nicht, und niemand tut ungestraft unrecht. – Und was ist die Strafe für den, der seinen eigenen Sklaven in Ketten legt, wenn er Lust dazu hat? – Ihn selbst in Ketten zu legen. Dem wirst auch du zustimmen, wenn du den Satz aufrechterhalten willst, daß ein Mensch kein wildes Tier ist, sondern «ein gutartiges Wesen»[123]. Wann geht es denn einem Weinstock schlecht? – Wenn ihm etwas passiert, was seiner Natur nicht entspricht. – Wann einem Hahn? – Unter denselben Bedingungen. – Das gilt also auch für einen Menschen. Was ist nun seine Natur? Beißen, bellen, ins Gefängnis werfen und köpfen lassen? Nein, sondern Gutes tun, helfen, beten. Dann also geht es ihm schlecht, ob du willst oder nicht, wenn er ohne Liebe handelt.

Also ging es Sokrates nicht schlecht? – Nein, nur seinen Richtern und Anklägern. – Auch Helvidius in Rom nicht[124]? – Nein, nur seinem Mörder. – Wie meinst du das? – Du behauptest doch auch nicht, daß es dem Hahn schlecht geht, der gesiegt hat und dabei übel zugerichtet wurde, sondern nur dem, der verloren hat, ohne verwundet zu sein. Du lobst doch auch den Jagdhund nicht, wenn er sein Wild nicht verfolgt und sich nicht anstrengt, sondern erst, wenn du siehst, daß er schweißüberströmt, ausgepumpt und

μενον, ὅταν ῥηγνύμενον ὑπὸ τοῦ δρόμου. τί παραδοξο-
λογοῦμεν, εἰ λέγομεν παντὸς κακὸν εἶναι τὸ παρὰ τὴν
ἐκείνου φύσιν; τοῦτο παράδοξόν ἐστιν; σὺ γὰρ αὐτὸ
ἐπὶ πάντων τῶν ἄλλων οὐ λέγεις; διὰ τί ἐπὶ μόνου οὖν
τοῦ ἀνθρώπου ἄλλως φέρῃ; ἀλλ᾽ ὅτι λέγομεν ἥμερον
εἶναι τοῦ ἀνθρώπου τὴν φύσιν καὶ φιλάλληλον
καὶ πιστήν, τοῦτο παράδοξον οὐκ ἔστιν; — Οὐδὲ
τοῦτο. — Πῶς οὖν ἔτι οὐ δερόμενος βλάπτεται ἢ δε-
σμευόμενος ἢ ἀποκεφαλιζόμενος; οὐχὶ οὕτως μέν· ⟨εἰ⟩
γενναίως πάσχει, καὶ προσκερδαίνων καὶ προσωφελού-
μενος ἀπέρχεται, ἐκεῖνος δὲ βλαπτόμενός ἐστιν ὁ τὰ
οἰκτρότατα πάσχων καὶ αἴσχιστα, ὁ ἀντὶ ἀνθρώπου λύκος γινόμενος ἢ ἔχις ἢ σφήξ;

Ἄγε οὖν ἐπέλθωμεν τὰ ὡμολογημένα. ὁ ἀκώλυτος
ἄνθρωπος ἐλεύθερος, ᾧ πρόχειρα τὰ πράγματα ὡς βούλεται. ὃν δ᾽ ἔστιν ἢ κωλῦσαι ἢ ἀναγκάσαι ἢ ἐμποδίσαι
ἢ ἄκοντα εἴς τι ἐμβαλεῖν, δοῦλός ἐστιν. τίς δ᾽ ἀκώλυτος; ὁ μηδενὸς τῶν ἀλλοτρίων ἐφιέμενος. τίνα δ᾽ ἀλλότρια; ἃ οὐκ ἔστιν ἐφ᾽ ἡμῖν οὔτ᾽ ἔχειν οὔτε μὴ ἔχειν
οὔτε ποιὰ ἔχειν ἢ πῶς ἔχοντα. οὐκοῦν τὸ σῶμα ἀλλότριον, τὰ μέρη αὐτοῦ ἀλλότρια, ἡ κτῆσις ἀλλοτρία. ἂν
οὖν τινι τούτων ὡς ἰδίῳ προσπαθῇς, δώσεις δίκας
ἃς ἄξιον τὸν τῶν ἀλλοτρίων ἐφιέμενον. αὕτη ⟨ἡ⟩
ὁδὸς ἐπ᾽ ἐλευθερίαν ἄγει, αὕτη μόνη ἀπαλλαγὴ δουλείας, [μόνη] τὸ δυνηθῆναί ποτ᾽ εἰπεῖν ἐξ ὅλης ψυχῆς τὸ

halbtot vom Laufen ist. Was ist abwegig daran, wenn wir sagen, daß für jeden das schlecht ist, was seiner Natur nicht entspricht? Ist das sonderbar? Bist du nicht bei allen anderen Wesen dieser Auffassung? Warum hast du nur beim Menschen eine andere Meinung? Aber wenn wir sagen, daß der Mensch von Natur aus friedfertig ist, seine Mitmenschen liebt und zuverlässig ist, ist das nicht sonderbar? – Nein, es ist nicht sonderbar. – Wie kommt es denn, daß ein Mensch, der geschlagen, in Ketten gelegt oder enthauptet wird, dadurch keinen Schaden erleidet? Ist es nicht so: Wenn er tapfer leidet, geht er mit Nutzen und Gewinn davon, während der andere in Wirklichkeit Schaden erleidet, der Mann nämlich, der das Erbärmlichste und Schändlichste erleidet, weil er sich aus einem Menschen in einen Wolf, eine Schlange oder eine Wespe verwandelt?

Nun laß uns zusammenfassen, worin wir übereinstimmen. Der Mensch ist frei, den nichts hindert und dem alles zur Verfügung steht, wie er es will. Wen man aber hindern, zwingen, hemmen oder in eine von ihm nicht gewollte Lage bringen kann, der ist ein Sklave. Wen aber kann nichts hindern? Den Menschen, der nichts haben will, was ihm nicht gehört oder nicht erreichbar ist. Was gehört ihm nicht? Die Dinge gehören uns nicht, bei denen es nicht von uns abhängt, ob wir sie besitzen oder nicht und in welchem Zustand oder unter welchen Bedingungen wir sie besitzen. Folglich ist unser Körper nicht unser Eigentum, ebenso seine Teile und jeder Besitz. Wenn du also an eines dieser Dinge dein Herz hängst, als ob es dein Eigentum wäre, dann wirst du die Strafe bekommen, die der erhält, der nach fremdem Eigentum die Hand ausstreckt. Das ist der Weg, der zur Freiheit führt, das ist die einzige Möglichkeit, die Sklaverei zu überwinden: Eines Tages mit ganzer Seele sagen zu können: «Führe du mich, Zeus, und auch du, mein

ἄγου δέ μ', ὦ Ζεῦ, καὶ σύ γ' ἡ Πεπρωμένη,
ὅποι ποθ' ὑμῖν εἰμι διατεταγμένος.

Ἀλλὰ τί λέγεις, φιλόσοφε; καλεῖ σε ὁ τύραννος
ἐροῦντά τι ὧν οὐ πρέπει σοι. λέγεις ἢ οὐ λέγεις; εἰπέ
μοι. — Ἄφες σκέψωμαι. — Νῦν σκέψῃ; ὅτε δ' ἐν τῇ σχολῇ
ἦς, τί ἐσκέπτου; οὐκ ἐμελέτας, τίνα ἐστὶ τὰ ἀγαθὰ
καὶ τὰ κακὰ καὶ τίνα οὐδέτερα; — Ἐσκεπτόμην. —
Τίνα οὖν ἤρεσκεν ὑμῖν; — Τὰ δίκαια καὶ καλὰ ἀγαθὰ εἶναι,
τὰ ἄδικα καὶ αἰσχρὰ κακά. — Μή τι τὸ ζῆν ἀγαθόν;
— Οὔ. — Μή τι τὸ ἀποθανεῖν κακόν; — Οὔ. — Μή τι
φυλακή; — Οὔ. — Λόγος δ' ἀγεννὴς καὶ ἄπιστος καὶ
φίλου προδοσία καὶ κολακεία τυράννου τί ὑμῖν ἐφαίνετο; — Κακά. — Τί οὖν; οὐχὶ σκέπτῃ, οὐχὶ δ' ἔσκε-
ψαι καὶ βεβούλευσαι. ποία γὰρ σκέψις, εἰ καθήκει μοι
δυναμένῳ τὰ μέγιστα ἀγαθὰ ἐμαυτῷ περιποιῆσαι, τὰ
μέγιστα κακὰ μὴ περιποιῆσαι; καλὴ σκέψις καὶ ἀναγ-
καία, πολλῆς βουλῆς δεομένη. τί ἡμῖν ἐμπαίζεις, ἄνθρωπε; οὐδέποτε τοιαύτη σκέψις γίνεται. οὐδ' εἰ ταῖς
ἀληθείαις κακὰ μὲν ἐφαντάζου τὰ αἰσχρά, τὰ δ' ἄλλα
οὐδέτερα, ἦλθες ἂν ἐπὶ ταύτην τὴν ἐπίστασιν, οὐδ'
ἐγγύς· ἀλλ' αὐτόθεν διακρίνειν εἶχες, ὥσπερ ὄψει τῇ
διανοίᾳ. πότε γὰρ σκέπτῃ, εἰ τὰ μέλανα λευκά ἐστιν, εἰ
τὰ βαρέα κοῦφα; οὐχὶ δὲ τοῖς ἐναργῶς φαινομένοις

Schicksal, dorthin, wo nach eurem Willen mein Platz ist[125].»

Doch was sagst du dazu, mein Philosoph? Der Tyrann fordert dich auf, etwas zu sagen, was deiner nicht würdig ist. Sagst du es oder sagst du es nicht? Antworte mir. – Laß mich darüber nachdenken. – Jetzt erst willst du darüber nachdenken? Worüber hast du denn nachgedacht, als du noch in der Philosophenschule warst? Hast du dir nicht die Frage gestellt, was gut, was schlecht und was keines von beidem ist? – Ich habe darüber nachgedacht. – Zu welchem Ergebnis kamt ihr denn? – Daß das Gerechte und Schöne gut, das Ungerechte und Häßliche schlecht sind. – Ist etwa das Leben ein Gut? – Nein. – Ist etwa der Tod ein Übel? – Nein. – Das Gefängnis etwa? – Nein. – Aber ein niederträchtiges und unwahres Wort, der Verrat eines Freundes und das Kriechen vor dem Tyrannen – wie dachtet ihr darüber? – Daß es schlechte Taten sind. – Wie? Du denkst ja gar nicht nach und hast bisher auch noch nicht nachgedacht und überlegt. Denn was ist das für eine Überlegung, wenn ich darüber nachdenke, ob es meine Pflicht ist, mir die größten Güter zu verschaffen und die größten Übel zu meiden, wo ich doch dazu in der Lage bin? Wahrhaftig, eine feine und notwendige Überlegung, die viel Nachdenken erfordert. Warum machst du dich lustig über uns, Mensch? Über solche Dinge gibt es kein Nachdenken.

Wenn du tatsächlich das Schimpfliche für schlecht und alle übrigen Dinge für indifferent hieltest, wärst du keinesfalls auf diese Frage gekommen, nicht einmal ansatzweise. Du hättest vielmehr sofort ein Urteil abgeben können, und zwar aufgrund deiner Denkfähigkeit, sozusagen auf den ersten Blick. Denn wann fiele es dir ein zu überlegen, ob das Schwarze weiß oder das Schwere leicht sei? Verläßt du dich nicht auf die eindeutige Wahrnehmung deiner Sinne? Wie

ἐπακολουθεῖς; πῶς οὖν νῦν σκέπτεσθαι λέγεις, ⟨εἰ⟩ τὰ
οὐδέτερα τῶν κακῶν φευκτότερα; ἀλλ' οὐκ ἔχεις τὰ
δόγματα ταῦτα, ἀλλὰ φαίνεταί σοι οὔτε ταῦτα οὐδέτερα, ἀλλὰ τὰ μέγιστα κακά, οὔτ' ἐκεῖνα ⟨κακά⟩, ἀλλ'
οὐδὲν πρὸς ἡμᾶς. οὕτως γὰρ ἐξ ἀρχῆς εἴθισας σεαυτόν·
'ποῦ εἰμι; ἐν σχολῇ. καὶ ἀκούουσί μου τίνες; λέγω
μετὰ τῶν φιλοσόφων. ἀλλ' ἐξελήλυθα τῆς σχολῆς·
ἆρον ἐκεῖνα τὰ τῶν σχολαστικῶν καὶ τῶν μωρῶν.' οὕτως καταμαρτυρεῖται φίλος ὑπὸ φιλοσόφου, οὕτως πα-
ρασιτεῖ φιλόσοφος, οὕτως ἐπ' ἀργυρίῳ ἐκμισθοῖ ἑαυτόν, οὕτως ἐν συγκλήτῳ τις οὐ λέγει τὰ φαινόμενα·
ἔνδοθεν τὸ δόγμα αὐτοῦ βοᾷ, οὐ ψυχρὸν καὶ ταλαίπωρον ὑποληψείδιον ἐκ λόγων εἰκαίων ὡς ἐκ τριχὸς ἠρτη-
μένον, ἀλλὰ ἰσχυρὸν καὶ χρηστικὸν καὶ ὑπὸ τοῦ διὰ
τῶν ἔργων γεγυμνάσθαι μεμνημένον. παραφύλαξον
σαυτόν, πῶς ἀκούεις — οὐ λέγω, ὅτι τὸ παιδίον σου
ἀπέθανεν· πόθεν σοι; ἀλλ' ὅτι σου τὸ ἔλαιον ἐξεχέθη,
ὁ οἶνος ἐξεπόθη, ἵνα τις ἐπιστὰς διατεινομένῳ σοι τοῦτ'
αὐτὸ μόνον εἴπῃ 'φιλόσοφε, ἄλλα λέγεις ἐν τῇ σχολῇ·
τί ἡμᾶς ἐξαπατᾷς; τί σκώληξ ὢν λέγεις, ὅτι ἄνθρωπος
εἶ;' ἤθελον ἐπιστῆναί τινι αὐτῶν συνουσιάζοντι, ἵνα
ἴδω, πῶς τείνεται καὶ ποίας φωνὰς ἀφίησιν, εἰ μέμνηται τοῦ ὀνόματος αὐτοῦ, τῶν λόγων οὓς ἀκούει ἢ λέγει
ἢ ἀναγιγνώσκει.

kannst du also behaupten, daß du überlegen müßtest, ob die indifferenten Dinge eher zu meiden sind als die schlechten? Aber du hast diese Ansichten und Urteile gar nicht; vielmehr erscheinen dir diese Dinge (Gefangenschaft und Tod) gar nicht als indifferent, sondern als die größten Übel, und die anderen Dinge (häßliche Worte und Taten) gar nicht als schlecht, sondern als Vorgänge, die uns nichts angehen. Denn so warst du es von Anfang an gewohnt: «Wo bin ich? In einer Philosophenschule. Und wer hört mir zu? Ich spreche mit den Philosophen. Nun habe ich aber die Schule verlassen. Weg mit den Sprüchen der Stubengelehrten und Narren.» So kommt es, daß der Freund vom «Philosophen» verraten wird, daß der Philosoph zum Schmarotzer wird und sich für Geld verkauft, daß ein Mann im Senat seine Überzeugung verleugnet[126], während in seinem Innern seine wirkliche Meinung laut schreit und sich nicht etwa als eine belanglose und nichtssagende Einwendung darstellt und an elenden Scheinbegründungen wie an einem Haar hängt, sondern festgegründet, brauchbar und sachkundig ist, weil sie sich im praktischen Leben bewährt hat. Achte darauf, wie du bestimmte Dinge aufnimmst – ich sage nicht gleich, daß dein Kind gestorben ist; wie könntest du dies ertragen? Ich sage vielmehr, daß dir dein Öl ausgelaufen ist oder dein Wein ausgetrunken wurde, damit jemand, der zugegen ist, während du dich darüber aufregst, dir nur dieses eine Wort sagt: «Philosoph, in der Schule sprichst du ganz anders. Warum betrügst du uns? Warum betonst du, daß du ein Mensch bist, wo du dich doch als ein gemeiner Wurm erweist?» Ich wäre gern dabei, wenn es einer von diesen Typen mit einer Frau treibt, um zu sehen, wie er in Leidenschaft gerät, welche Worte er ausstößt, ob er sich an seinen Namen erinnert oder an die Reden, die er hört, hält oder liest.

Καὶ τί ταῦτα πρὸς ἐλευθερίαν; — Οὐκ ἄλλα μὲν
οὖν ἢ ταῦτ', ἄν τε θέλητε ὑμεῖς οἱ πλούσιοι ἄν τε μή.
— Καὶ τί[ς] σοι μαρτυρεῖ ταῦτα; — Τί γὰρ ἄλλο ἢ
αὐτοὶ ὑμεῖς οἱ τὸν κύριον τὸν μέγαν ἔχοντες καὶ πρὸς
τὸ ἐκείνου νεῦμα καὶ κίνημα ζῶντες, κἄν τινα ὑμῶν
ἴδῃ μόνον συνεστραμμένῳ βλέμματι, ἀποψυχόμενοι, τὰς
γραίας θεραπεύοντες καὶ τοὺς γέροντας καὶ λέγοντες
ὅτι 'οὐ δύναμαι τοῦτο ποιῆσαι· οὐκ ἔξεστί μοι'; διὰ τί
οὐκ ἔξεστίν σοι; οὐκ ἄρτι ἐμάχου μοι λέγων ἐλεύθερος
εἶναι; 'ἀλλὰ Ἄπρυλλά με κεκώλυκεν.' λέγε οὖν τὰς
ἀληθείας, δοῦλε, καὶ μὴ δραπέτευέ σου τοὺς κυρίους
μηδ' ἀπαρνοῦ μηδὲ τόλμα καρπιστὴν διδόναι τοσούτους
ἔχων τῆς δουλείας ἐλέγχους. καίτοι τὸν μὲν ὑπ' ἔρωτος
ἀναγκαζόμενόν τι ποιεῖν παρὰ τὸ φαινόμενον καὶ ἅμα
μὲν ὁρῶντα τὸ ἄμεινον, ἅμα δ' οὐκ ἐξευτονοῦντα ἀκο-
λουθῆσαι αὐτῷ ἔτι μᾶλλον ἄν τις συγγνώμης ἄξιον
ὑπολάβοι, ἆθ' ὑπό τινος βιαίου καὶ τρόπον τινὰ θείου
κατεσχημένον. σοῦ δὲ τίς ἀνάσχοιτο τῶν γραῶν ἐρῶν-
τος καὶ τῶν γερόντων καὶ ἐκείνας ἀπομύσσοντος καὶ
ἀποπλύνοντος καὶ δωροδοκοῦντος καὶ ἅμα μὲν νοσού-
σας θεραπεύοντος ὡς δούλου, ἅμα δ' ἀποθανεῖν εὐχο-
μένου καὶ τοὺς ἰατροὺς διακρίνοντος, εἰ ἤδη θανασίμως
ἔχουσιν; ἢ πάλιν ὅταν ὑπὲρ τῶν μεγάλων τούτων καὶ
σεμνῶν ἀρχῶν καὶ τιμῶν τὰς χεῖρας τῶν ἀλλοτρίων
δούλων καταφιλῇς, ἵνα μηδ' ἐλευθέρων δοῦλος ᾖς; εἶτά
μοι σεμνὸς περιπατεῖς στρατηγῶν, ὑπατεύων. οὐκ οἶδα,
πῶς ἐστρατήγησας, πόθεν τὴν ὑπατ⟨ε⟩ίαν ἔλαβες, τίς
σοι αὐτὴν ἔδωκεν; ἐγὼ μὲν οὐδὲ ζῆν ἤθελον, εἰ διὰ

Doch was hat das mit Freiheit zu tun? – Ja, nichts anderes
als dies hat mit Freiheit zu tun, ob ihr Reichen es nun wollt
oder nicht. – Und was sind deine Beweise dafür? – Was
sollte es sonst sein? Ihr seid es selbst, die ihr diesem mächtigen Herrn, dem Kaiser, dient und ganz nach seiner Pfeife
tanzt. Und wenn er einen von euch nur einmal streng ansieht, fallt ihr schon in Ohnmacht, ihr, die ihr die alten
Frauen und alten Männer umwedelt und ständig sagt: «Ich
kann dies nicht tun; ich darf es nicht.» Weshalb darfst du
nicht? Hast du nicht gerade mit mir gestritten und behauptet, du seist frei? «Aber Aprylla hat es mir verboten.» Sag
die Wahrheit, du Sklavenseele, und lauf deinem Herrn
nicht weg; leugne nicht und wage es nicht, deine Freilassung zu betreiben, da du doch so viele Beweise deiner skla-
vischen Gesinnung lieferst. Allerdings könnte man dem
Menschen, der unter dem Zwang leidenschaftlicher Liebe
etwas gegen seine Überzeugung tut und zugleich das Bessere sieht, aber nicht die Kraft aufbringt, danach zu handeln, noch eher verzeihen, weil er im Bann einer gewaltigen
und gewissermaßen göttlichen Macht steht. Aber wer
könnte es ertragen, wie du in die alten Frauen und alten
Männer vernarrt bist, ihnen die Nase putzt, sie wäschst, auf
ihre Geschenke lauerst und sie, wenn sie krank sind, pflegst
wie ein Sklave und zugleich ihren Tod herbeisehnst und
ihre Ärzte aushorchst, ob sie dem Tod schon nahe sind?
Oder wenn du, um eines von diesen bedeutenden und erha-
benen Ämtern und Ehrenstellen zu bekommen, die Hände
fremder Sklaven küßt, damit du Sklave von Leuten wirst,
die nicht einmal selbst frei sind? Und dann stolzierst du umher mit der Würde eines Prätors oder Konsuls. Ich weiß
nicht, wie du Prätor geworden bist, womit du dein Amt als
Konsul bekommen hast oder wer es dir gegeben hat. Ich
wollte nicht mehr leben, wenn ich von der Gnade eines Phe-

Φηλικίωνα ἔδει ζῆσαι τῆς ὀφρύος αὐτοῦ καὶ τοῦ δουλι
κοῦ φρυάγματος ἀνασχόμενον. οἶδα γάρ, τί ἐστι δοῦλος
εὐτυχῶν ὡς δοκεῖ καὶ τετυφ[λ]ωμένος.

Σὺ οὖν, φησίν, ἐλεύθερος εἶ; — Θέλω νὴ τοὺς θεοὺς
καὶ εὔχομαι, ἀλλ' οὔπω δύναμαι ἀντιβλέψαι τοῖς κυ
ρίοις, ἔτι τιμῶ τὸ σωμάτιον, ὁλόκληρον αὐτὸ ἔχειν ἀντὶ
πολλοῦ ποιοῦμαι καίτοι μηδ' ὁλόκληρον ἔχων. ἀλλὰ
δύναμαί σοι δεῖξαι ἐλεύθερον, ἵνα μηκέτι ζητῆς τὸ πα
ράδειγμα. Διογένης ἦν ἐλεύθερος. πόθεν τοῦτο; οὐχ
ὅτι ἐξ ἐλευθέρων ἦν (οὐ γὰρ ἦν), ἀλλ' ὅτι αὐτὸς ἦν,
ὅτι ἀποβεβλήκει πάσας τὰς τῆς δουλείας [β]λαβὰς οὐδ'
ἦν, ὅπως τις προσέλθῃ πρὸς αὐτὸν οὐδ' ὅθεν λάβηται
πρὸς τὸ καταδουλώσασθαι. πάντα εὔλυτα εἶχεν, πάντα
μόνον προσηρτημένα. εἰ τῆς κτήσεως ἐπελάβου, αὐτὴν
ἀφῆκεν ἄν σοι μᾶλλον ἢ ἠκολούθησεν δι' αὐτήν· εἰ
τοῦ σκέλους, ⟨τὸ σκέλος⟩· εἰ ὅλου τοῦ σωματίου, ὅλον
τὸ σωμάτιον· οἰκείους, φίλους, πατρίδα ὡσαύτως.
ᾔδει, πόθεν ἔχει καὶ παρὰ τίνος καὶ ἐπὶ τίσιν λαβών.
τοὺς μέν γ' ἀληθ[ε]ινοὺς προγόνους, τοὺς θεούς, καὶ
τὴν τῷ ὄντι πατρίδα οὐδεπώποτ' ἂν ἐγκατέλ[ε]ιπεν
οὐδὲ παρεχώρησεν ἄλλῳ μᾶλλον πείθεσθαι αὐτοῖς καὶ
ὑπακούειν οὐδ' ὑπεραπέθανεν ἂν εὐκολώτερον τῆς πα
τρίδος ἄλλος. οὐ γὰρ ἐζήτει ποτὲ δόξαι τι ποιεῖν ὑπὲρ
τῶν ὅλων, ἀλλ' ἐμέμνητο, ὅτι πᾶν τὸ γενόμενον ἐκεῖθέν
ἐστιν καὶ ὑπ⟨ὲρ⟩ ἐκείνης πράττεται καὶ ὑπὸ τοῦ διοι-

likion[127] abhinge und seine hochgezogene Augenbraue und das eingebildete Benehmen dieses Emporkömmlings ertragen müßte. Ich weiß ja, was mit einem Sklaven los ist, dem das Schicksal gewogen ist, wie es scheint, und der vor Stolz platzt[128].

«Bist du denn frei?» fragt jemand. – Ich will es sein, bei den Göttern, und ich bete dafür, aber ich kann meinen Herren noch nicht ins Gesicht sehen; noch achte ich auf meinen Körper und lege großen Wert darauf, daß er unversehrt sei. Aber ich kann dir einen freien Mann zeigen, damit du nicht mehr nach einem Vorbild zu suchen brauchst. Diogenes war frei. Wieso? Nicht weil er von freien Eltern abstammte; das war nämlich nicht der Fall, sondern weil er es aus sich selbst heraus war, weil er alle Bande der Knechtschaft abgeworfen hatte und niemandem die Gelegenheit bot, an ihn heranzukommen und ihn zum Sklaven zu machen. Alles, was er besaß, war leicht ablösbar, alles war nur lose umgehängt. Wenn du dich an seinem Besitz vergriffen hättest, dann hätte er ihn dir eher überlassen, als daß er dich deswegen verfolgt hätte. Wenn du sein Bein hättest haben wollen, dann hätte er es dir gegeben. Wenn du seinen ganzen Körper hättest haben wollen, hätte er ihn dir ganz überlassen. Entsprechendes gilt für seine Verwandten, seine Freunde und sein Vaterland. Er wußte, woher er sie hatte und von wem und unter welchen Bedingungen. Seine wahren Vorfahren, die Götter, und sein wirkliches Vaterland hätte er jedoch niemals aufgegeben. Niemals hätte er einem anderen mehr Gehorsam und Unterwerfung zuteil werden lassen als ihnen, und niemand wäre für sein Vaterland freudiger gestorben als er. Er trachtete nämlich nicht danach, nur den Anschein zu erwecken, etwas für die Welt zu tun, sondern er war sich dessen bewußt, daß alles, was geschieht, dort seinen Ursprung hat, für jenes Vaterland getan wird

κοῦντος αὐτὴν παρεγγυᾶται. τοιγαροῦν ὅρα, τί λέγει
αὐτὸς καὶ γράφει· 'διὰ τοῦτό σοι', φησίν, 'ἔξεστιν,
ὦ Διόγενες, καὶ τῷ Περσῶν βασιλεῖ καὶ Ἀρχι-
δάμῳ τῷ Λακεδαιμονίων ὡς βούλει διαλέγεσθαι'. ἀρά γ' ὅτι ἐξ ἐλευθέρων ἦν; πάντες γὰρ Ἀθηναῖοι καὶ πάντες Λακεδαιμόνιοι καὶ Κορίνθιοι διὰ τὸ
ἐκ δούλων εἶναι οὐκ ἠδύναντο αὐτοῖς ὡς ἠβούλοντο
διαλέγεσθαι, ἀλλ' ἐδεδοίκεσαν καὶ ἐθεράπευον; διὰ
τί οὖν, φησίν, ἔξεστιν; 'ὅτι τὸ σωμάτιον ἐμὸν οὐχ
ἡγοῦμαι, ὅτι οὐδενὸς δέομαι, ὅτι ὁ νόμος μοι πάντα
ἐστὶ καὶ ἄλλο οὐδέν.' ταῦτα ἦν τὰ ἐλεύθερον ἐκεῖνον
ἐάσαντα.

Καὶ ἵνα μὴ δόξῃς, ὅτι παράδειγμα δείκνυμι ἀνδρὸς
ἀπεριστάτου μήτε γυναῖκα ἔχοντος μήτε τέκνα μήτε
πατρίδα ἢ φίλους ἢ συγγενεῖς, ‖ ὑφ' ὧν κάμπτεσθαι καὶ
περισπᾶσθαι ἠδύνατο, λάβε Σωκράτη καὶ θέασαι γυναῖκα καὶ παιδία ἔχοντα, ἀλλὰ ὡς ἀλλότρια[ν], πατρίδα,
ἐφ' ὅσον ἔδει καὶ ὡς ἔδει, φίλους, συγγενεῖς, πάντα
ταῦτα ὑποτεταχότα τῷ νόμῳ καὶ τῇ πρὸς ἐκεῖνον εὐ-
πειθ⟨ε⟩ίᾳ. διὰ τοῦτο, στρατεύεσθαι μὲν ὁπότ' ἔδει,
πρῶτος ἀπῄει κἀκεῖ ἐκινδύνευεν ἀφειδέστατα· ἐπὶ Λέοντα δ' ὑπὸ τῶν τυράννων πεμφθείς, ὅτι αἰσχρὸν
ἡγεῖτο, οὐδ' ἐπεβουλεύσατο εἰδώς, ὅτι ἀποθανεῖν δεήσει, ἂν οὕτως τύχῃ. καὶ τί αὐτῷ διέφερεν; ἄλλο γάρ τι
σῴζειν ἤθελεν· οὐ τὸ σαρκίδιον, ἀλλὰ τὸν πιστόν, τὸν
αἰδήμονα. ταῦτα ἀπαρεγχείρητα, ἀνυπότακτα. εἶθ' ὅτ'

und uns von dem, der es regiert, aufgegeben ist. Sieh doch
einmal, was er selbst sagt und schreibt: «Aus diesem Grund
kannst du dich mit dem Perserkönig und mit Archidamos
von Sparta unterhalten, wie es dir gefällt.» Etwa weil er von
freien Eltern abstammte? Konnten sich denn alle Athener,
Spartaner und Korinther, weil sie Kinder von Sklaven waren, nicht mit ihnen unterhalten, wie sie es wollten, oder
weil sie nur Angst hatten und ihnen den Hof machten?
Warum kann er es denn? «Weil ich meinen Körper nicht als
mein Eigentum betrachte, weil ich nichts benötige, weil mir
das göttliche Gesetz alles ist und außerdem nichts auf der
Welt.» Das war es, was ihn einen freien Mann sein ließ.

Und damit du nicht glaubst, daß ich einen Mann als Vorbild hinstelle, der äußerlich unabhängig war, keine Frau,
keine Kinder, kein Vaterland oder Freunde und Verwandte
hatte, durch die er von seinem Weg hätte abgebracht werden können, nimm Sokrates und sieh dir mit ihm einen
Mann an, der Frau und Kinder hatte – jedoch nur als fremdes Eigentum, der ein Vaterland besaß, jedoch nur solange
es nötig war und wie es die Pflicht erforderte, und der
Freunde und Verwandte hatte, aber dies alles dem Gesetz
und dem Gehorsam gegen das Gesetz unterordnete. Deshalb rückte er, als er Kriegsdienst leisten mußte, als erster
ins Feld und setzte sich dort schonungslos der Gefahr aus.
Als er aber von den Dreißig Tyrannen ausgeschickt wurde,
um Leon zu verhaften, dachte er nicht daran zu gehorchen,
weil er die Ausführung des Befehls für eine Schande hielt,
obwohl er wußte, daß er sterben müßte, wenn es sich so ergeben sollte. Doch was bedeutete dies für ihn? Er wollte
etwas anderes bewahren: Nicht sein sterbliches Fleisch,
sondern den Mann der Glaubwürdigkeit und Zuverlässigkeit, den Mann der Achtung vor dem Gesetz. Das sind un-
angreifbare, durch nichts zu beeinträchtigende Eigenschaf-

ἀπολογεῖσθαι ἔδει ὑπὲρ τοῦ ζῆν, μή τι ὡς τέκνα ἔχων
ἀναστρέφεται, μή τι ὡς γυναῖκα; ἀλλ' ὡς μόνος. τί δ',
ὅτε πιεῖν ἔδει τὸ φάρμακον, πῶς ἀναστρέφεται; δυνάμενος διασωθῆναι καὶ τοῦ Κρίτωνος αὐτῷ λέγοντος ὅτι
'ἔξελθε διὰ τὰ παιδία' τί λέγει; ἕρμαιον ἡγεῖτο αὐτό;
πόθεν; ἀλλὰ τὸ εὔσχημον σκοπεῖ, τἆλλα δ' οὐδ' ὁρᾷ,
οὐδ' ἐπιλογίζεται. οὐ γὰρ ἤθελεν, φησίν, σῶσαι τὸ σωμάτιον, ἀλλ' ἐκεῖνο, ὃ τῷ δικαίῳ μὲν αὔξεται καὶ
σῴζεται, τῷ δ' ἀδίκῳ μειοῦται καὶ ἀπόλλυται.
Σωκράτης δ' αἰσχρῶς οὐ σῴζεται, ὁ μὴ ἐπιψηφίσας
Ἀθηναίων κελευόντων, ὁ τοὺς τυράννους ὑπεριδών, ὁ
τοιαῦτα περὶ ἀρετῆς καὶ καλοκἀγαθίας διαλεγόμενος·
τοῦτον οὐκ ἔστι σῶσαι αἰσχρῶς, ἀλλ' ἀποθνήσκων σῴζεται, οὐ φεύγων. καὶ γὰρ ὁ ἀγαθὸς ὑποκριτὴς‖ παυόμε-
νος ὅτε δεῖ σῴζεται μᾶλλον ἢ ὑποκρινόμενος παρὰ καιρόν. τί οὖν ποιήσει τὰ παιδία; 'εἰ μὲν εἰς Θετταλίαν ἀπῄει⟨ν⟩, ἐπεμελήθητε αὐτῶν· εἰς Ἅιδου δέ
μου ἀποδημήσαντος οὐδεὶς ἔσται ὁ ἐπιμελησό-
μενος;' ὅρα, πῶς ὑποκορίζεται καὶ σκώπτει τὸν θάνατον. εἰ δ' ἐγὼ καὶ σὺ ἦμεν, εὐθὺς ἂν καταφιλοσοφή-
σαντες ὅτι 'τοὺς ἀδικοῦντας δεῖ τοῖς ἴσοις ἀμύνεσθαι'
καὶ προσθέ⟨ν⟩τες ὅτι 'ὄφελος ἔσομαι πολλοῖς ἀνθρώποις σωθείς, ἀποθανὼν δ' οὐδενί', εἰ [γ]ἄρ' ἔδει διὰ

ten. Und dann, als er sich vor Gericht verteidigen mußte –
sein Leben hing davon ab – benahm er sich da etwa so, als ob
er Kinder und eine Frau hätte? Nein, sondern als ob er ganz
allein wäre. Und als er das Gift trinken mußte, wie verhielt
er sich da? Als er sich hätte retten können und Kriton zu
ihm sagte[129]: «Verlaß das Gefängnis um deiner Kinder willen», was sagte er da? Hielt er dieses Wort für einen glücklichen Vorwand? Überhaupt nicht. Er hat vielmehr nur das
im Auge, was sittlich geboten ist; alles andere sieht er nicht;
er denkt an nichts anderes. Er wollte nämlich nicht, so sagte
er, seinen Körper retten, sondern nur das, was durch Gerechtigkeit gestärkt und erhalten, durch Ungerechtigkeit
aber verringert und vernichtet wird. Ein Sokrates aber läßt
sich nicht auf schändliche Weise retten, ein Sokrates, der
gegen den Befehl der Athener nicht abstimmen ließ[130], der
die Dreißig Tyrannen verachtete, der so herrliche Gespräche über die Tugend und die moralische Vorbildlichkeit
führte. Für einen solchen Mann gibt es keine Rettung auf
schändliche Weise. Er wird vielmehr durch den Tod und
nicht durch die Flucht gerettet. Bewahrt doch auch der gute
Schauspieler nur dann sein Ansehen, wenn er rechtzeitig
abtritt und nicht über die Zeit hinaus auf der Bühne bleibt.
Doch was wird mit seinen unmündigen Kindern? «Wenn
ich nach Thessalien gegangen wäre, dann hättet ihr euch
um sie gekümmert; aber wenn ich in den Hades gegangen
bin, wird sich dann niemand um sie kümmern[131]?» – Sieh
nur, wie freundlich er über den Tod spricht und wie er über
ihn scherzt. Wenn aber wir beide in dieser Lage wären,
würden wir sofort spitzfindig philosophieren und sagen:
«Unrecht muß man mit Unrecht vergelten.» Und wir würden noch hinzufügen: «Bleibe ich am Leben, so werde ich
noch vielen Menschen nützlich sein; wenn ich sterbe, hat
niemand etwas davon.» Ja, wenn wir durch ein Loch in der

τρώγλης ἐκδύντας, ἐξήλθομεν ἄν. καὶ πῶς ἂν ὠφελήσα-
μέν τινα; ποῦ γὰρ ἂν ἔτι ἔμενον ἐκεῖνοι; ἢ οἳ ὄντες
ἦμεν ὠφέλιμοι, οὐχὶ πολὺ μᾶλλον ἀποθανόντες ἂν
ὅτε ἔδει καὶ ὡς ἔδει ὠφελήσαμεν ἀνθρώπους; καὶ νῦν
Σωκράτους ἀποθανόντος οὐθὲν ἧττον ἢ καὶ πλεῖον
ὠφέλιμός ἐστιν ἀνθρώποις ἡ μνήμ⟨η⟩ ὧν ἔτι ζῶν ἔπρα-
ξεν ἢ εἶπεν.

Ταῦτα μελέτα, ταῦτα τὰ δόγματα, τούτους τοὺς λόγους, εἰς ταῦτα ἀφόρα τὰ παραδείγματα, εἰ θέλεις ἐλεύθερος εἶναι, εἰ ἐπιθυμεῖς κατ᾽ ἀξίαν τοῦ πράγματος.
καὶ τί θαυμαστόν, εἰ τηλικοῦτο πρᾶγμα τοσούτων καὶ
τηλικούτων ὠνῇ; ὑπὲρ τῆς νομιζομένης ἐλευθερίας ταύτης οἱ μὲν ἀπάγχονται, οἱ δὲ κατακρημνίζουσιν αὑτούς,
ἔστι δ᾽ ὅτε καὶ πόλεις ὅλαι ἀπώλοντο· ὑπὲρ τῆς ἀλη-
θ[ε]ινῆς καὶ ἀνεπιβουλεύτου καὶ ἀσφαλοῦς ἐλευθερίας
ἀπαιτοῦντι τῷ θεῷ ἃ δέδωκεν οὐκ ἐκστήσῃ; οὐχ, ὡς
Πλάτων λέγει, μελετήσεις οὐχὶ ἀποθνήσκειν μόνον, ἀλλὰ καὶ στρεβλοῦσθαι καὶ φεύγειν καὶ δέρεσθαι καὶ
πάνθ᾽ ἁπλῶς ἀποδιδόναι τἀλλότρια; ἔσει‖ τοίνυν δοῦλος
ἐν δούλοις, κἂν μυριάκις ὑπατεύσῃς, κἂν εἰς τὸ παλά-
τιον ἀναβῇς, οὐδὲν ἧττον· καὶ αἰσθήσει, ὅτι παράδοξα μὲν ἴσως φασὶν οἱ φιλόσοφοι, καθάπερ καὶ
ὁ Κλεάνθης ἔλεγεν, οὐ μὴν παράλογα. ἔργῳ γὰρ
εἴσῃ, ὅτι ἀληθῆ ἐστι καὶ τούτων τῶν θαυμαζομένων
καὶ σπουδαζομένων ὄφελος οὐδέν ἐστι τοῖς τυχοῦσι·

Mauer hätten kriechen müssen, um zu entkommen, dann hätten wir dies getan. Doch wieso hätten wir dadurch jemandem nützen können? Denn wo hätten wir dies tun können, wenn die anderen noch dort (in Athen) geblieben wären[132]? Oder wenn wir den Menschen, solange wir lebten, nützlich waren, hätten wir ihnen dadurch nicht viel mehr noch genützt, daß wir starben, als es sein mußte, und so, wie es notwendig war? Und jetzt, wo Sokrates gestorben ist, ist die Erinnerung an das, was er im Leben getan oder gesagt hat, nicht weniger oder sogar noch mehr von Nutzen für die Menschheit.

Denke über diese Dinge, Grundsätze und Aussagen genau nach; schau auf diese Vorbilder, wenn du frei sein willst und den Wunsch hast, dieses Ziel in angemessener Weise zu erreichen. Wieso ist es da verwunderlich, wenn du für ein so großes Gut solche Opfer bringen mußt? Für die Freiheit im gewöhnlichen Sinne hängen sich manche auf, stürzen sich manche in die Tiefe und sind manchmal schon ganze Städte untergegangen. Für die wahre, die unantastbare, die vollkommene, sichere Freiheit willst du Gott nicht, wenn er es verlangte, herausgeben, was er dir überließ? Du willst dich nicht, wie Platon[133] sagt, darauf vorbereiten, nicht nur zu sterben, sondern auch gefoltert, verbannt, mißhandelt zu werden und – mit einem Wort – alles aufzugeben, was dir nicht gehört?

Du wirst also Sklave unter Sklaven bleiben; und wenn du tausendmal Konsul bist und im Kaiserpalast ein und aus gehst – du wirst dennoch Sklave sein; und du wirst sehen, daß die Philosophen, wie auch Kleanthes zu sagen pflegte, zwar Unerhörtes, aber nichts Unsinniges behaupten. Denn du wirst durch eigene Erfahrung lernen, daß die Philosophen recht haben und die Dinge, die man bewundert und begehrt, ohne wirklichen Nutzen sind, wenn man sie be-

τοῖς δὲ μηδέπω τετευχόσι φαντασία γίνεται, ὅτι παρα-
γενομένων αὐτῶν ἅπαντα παρέσται αὐτοῖς τὰ ἀγαθά·
εἶθ᾽ ὅταν παραγένηται, τὸ καῦμα ἴσον, ὁ ῥιπτασμὸς ὁ
αὐτός, ἡ ἄση, ⟨ἡ⟩ τῶν οὐ παρόντων ἐπιθυμία. οὐ γὰρ
ἐκπληρώσει τῶν ἐπιθυμουμένων ἐλευθερία παρασκευάζεται, ἀλλὰ ἀνασκευῇ τῆς ἐπιθυμίας. καὶ ἵν᾽ ⟨ε⟩ἰδῇς,
ὅτι ἀληθῆ ταῦτά ἐστιν, ὡς ἐκείνων ἕνεκα πεπόνηκας,
οὕτως καὶ ἐπὶ ταῦτα μετάθες τὸν πόνον· ἀγρύπνησον
ἕνεκα τοῦ δόγμα περιποιήσασθαι ἐλευθεροποιόν, θερά-
πευσον ἀντὶ γέροντος πλουσίου φιλόσοφον, περὶ θύρας ὄφθητ[α]ι τὰς τούτου· οὐκ ἀσχημονήσεις ὀφθείς, οὐκ
ἀπελεύσῃ κενὸς οὐδ᾽ ἀκερδής, ἂν ὡς δεῖ προσέλθῃς. εἰ
δὲ μή, πειρασόν γ᾽· οὐκ ἔστιν αἰσχρὰ ἡ πεῖρα.

Πῶς ἄν τις ἀπὸ τοῦ τὸν θεὸν πατέρα εἶναι
τῶν ἀνθρώπων ἐπὶ τὰ ἑξῆς ἐπέλθοι.

Εἴ τις τῷ δόγματι τούτῳ συμπαθῆσαι κατ᾽ ἀξίαν δύναιτο, ὅτι γεγόναμεν ὑπὸ τοῦ θεοῦ πάντες προηγουμένως καὶ ὁ θεὸς πατήρ ἐστι τῶν τ᾽ ἀνθρώπων καὶ τῶν θεῶν, οἶμαι ὅτι οὐδὲν ἀγεννὲς οὐδὲ τα-

kommt, daß sich aber diejenigen, die diese Dinge noch nicht bekommen haben, einbilden, daß ihnen alles Glück dieser Welt vergönnt sei, sobald sie sie erst besäßen. Wenn diese «Güter» wirklich da sind, dann brennt das Herz genauso wie vorher, und die Unruhe ist ganz dieselbe; Überdruß entsteht, und die Gier nach dem, was man nicht hat, erwacht.

Die wahre Freiheit wird nämlich nicht durch Befriedigung aller Wünsche erreicht, sondern durch Ausrottung der Begierde. Und damit du einsiehst, daß dies wahr ist: Wie du dich für jene anderen Dinge abgemüht hast, so richte deine Anstrengungen jetzt auch auf diese. Versage dir den Schlaf, um dir eine Überzeugung zu erarbeiten, die dich wirklich frei macht, schenke deine Aufmerksamkeit keinem reichen Alten, sondern einem Philosophen, laß dich in seinem Hörsaal sehen. Sobald du dort erscheinst, wirst du deine Selbstachtung nicht verlieren und nicht mit leeren Händen und ohne Gewinn fortgehen, wenn du mit der richtigen Einstellung zu ihm gekommen bist. Sollte es dir nicht gleich gelingen, so versuch es wenigstens. Den Versuch zu machen, ist keine Schande.

WELCHE KONSEQUENZEN SOLLTE MAN AUS DER TATSACHE ZIEHEN, DASS GOTT DER VATER DER MENSCHEN IST (1, 3)?

Wenn jemand, wie es zu erwarten ist, dieser Überzeugung mit ganzem Herzen und im Einklang mit der Weltvernunft zustimmen könnte, daß wir alle im Sinne des ursprünglichen Schöpfungsplanes um unser selbst willen von Gott geschaffen sind und daß Gott der Vater der Götter und Menschen ist, dann wird er, wie ich meine, nichts Unedles

πεινὸν ἐνθυμηθήσεται περὶ ἑαυτοῦ. ἀλλ' ἂν μὲν Καῖσαρ
εἰσποιήσηταί σε, οὐδείς σου τὴν ὀφρῦν βαστάσει· ἂν δὲ
γνῷς, ὅτι τοῦ Διὸς υἱὸς εἶ, οὐκ ἐπαρθήσῃ; νῦν δ' οὐ
ποιοῦμεν, ἀλλ' ἐπειδὴ δύο ταῦτα ἐν τῇ γενέσει ἡμῶν
ἐγκαταμέμικται, τὸ σῶμα μὲν κοινὸν πρὸς τὰ ζῷα, ὁ λόγος δὲ καὶ ἡ γνώμη κοινὸν πρὸς τοὺς θεούς, ἄλλοι μὲν
ἐπὶ ταύτην ἀποκλίνουσιν τὴν συγγένειαν τὴν ἀτυχῆ καὶ
νεκράν, ὀλίγοι δέ τινες ἐπὶ τὴν θείαν καὶ μακαρίαν. ἐπειδὴ τοίνυν ἀνάγκη πάνθ' ὁντινοῦν οὕτως ἑκάστῳ¹ χρῆσθαι ὡς ἂν περὶ αὐτοῦ ὑπολάβῃ, ἐκεῖνοι μὲν οἱ ὀλίγοι,
ὅσοι πρὸς πίστιν οἴονται γεγονέναι καὶ πρὸς αἰδῶ καὶ
πρὸς ἀσφάλειαν τῆς χρήσεως τῶν φαντασιῶν, οὐδὲν
ταπεινὸν οὐδ' ἀγε⟨ν⟩νὲς ἐνθυμοῦνται περὶ αὑτῶν, οἱ δὲ
πολλοὶ τἀναντία. 'τί γὰρ εἰμί; ταλαίπωρον ἀνθρωπάριον'
καὶ 'τὰ δύστηνά μου σαρκίδια'. τῷ μὲν ὄντι δύστηνα,
ἀλλὰ ἔχεις τι καὶ κρεῖσσον τῶν σαρκιδίων. τί οὖν ἀφεὶς
ἐκεῖνο τούτοις προστέτηκας;

Διὰ ταύτην τὴν συγγένειαν οἱ μὲν ἀποκλίναντες λύ-
κοις ὅμοιοι γινόμεθα, ἄπιστοι καὶ ἐπίβουλοι καὶ βλα-
βεροί, οἱ δὲ λέουσιν, ἄγριοι καὶ θηριώδεις καὶ ἀνήμεροι,
οἱ πλείους δ' ἡμῶν ἀλώπεκες καὶ ὡς ἐν ζῴοις ἀτυχήματα.
τί γὰρ ἐστιν ἄλλο λοίδορος καὶ κακοήθης ἄνθρωπος ἢ
ἀλώπηξ ἢ τί ἄλλο ἀτυχέστερον καὶ ταπεινότερον; ὁρᾶτε
οὖν καὶ προσέχετε, μή τι τούτων ἀποβῆτε τῶν ἀτυχη-
μάτων.

und Niedriges von sich selbst denken. Doch wenn der Kaiser dich adoptiert, wird niemand deine Einbildung ertragen können. Wenn du aber erkennst, daß du ein Sohn des Zeus bist, dann solltest du nicht stolz sein? In Wirklichkeit aber handeln wir nicht so, sondern da diese beiden Elemente bei unserer Erschaffung miteinander vermischt wurden, der Körper, den wir mit den Tieren gemeinsam haben, und der Geist und das Erkenntnisvermögen, die wir mit den Göttern teilen, verfallen manche von uns ganz der unglücklichen und dem Tod ausgesetzten Beziehung zum Körper, und nur wenige entsprechen der göttlichen und glückverheißenden Verwandtschaft mit dem Geist und dem Erkenntnisvermögen. Da es nun unausweichlich ist, daß jeder Mensch mit jedem Ding nur so umgehen kann, wie es sich in seinem Bewußtsein darstellt, haben nur diejenigen, die glauben, sie seien aufgrund ihrer Herkunft zur Treue, zur Achtung und zum sicheren Urteil beim Gebrauch ihrer Vorstellungen verpflichtet, keine niedrige und geringe Meinung über sich selbst; die Masse tut gerade das Gegenteil: «Was bin ich denn? Ein elendes Menschlein» und «Mein unglückseliger, vergänglicher Leib». Ja, das ist wirklich unglückselig; aber du hast doch noch etwas Besseres als das elende Fleisch. Warum mißachtest du jenes und klebst an diesem?

Aufgrund dieser Verwandtschaft mit dem Fleisch verfallen wir ihm ganz, und einige von uns werden den Wölfen ähnlich: treulos, heimtückisch und böse. Andere von uns werden wie die Löwen: wild, unmenschlich, grausam. Aber die meisten werden Füchse, das heißt erbärmliche Schurken des Tierreiches. Denn worin unterscheidet sich ein verleumderischer und bösartiger Mensch von einem Fuchs oder von einem anderen noch heimtückischeren und gemeineren Wesen? Paßt auf und hütet euch, daß ihr nicht eines von diesen Ungeheuern werdet.

Περὶ προνοίας.

Ἀφ᾽ ἑκάστου τῶν ἐν τῷ κόσ⟨μῳ γινο⟩μένων ῥᾴδιόν
ἐστιν ἐγκωμιάσαι τὴν πρόνοιαν, ἂν δύ⟨ο ἔχῃ τις⟩ ταῦτα
ἐν ἑαυτῷ, δύναμίν τε συνορατικὴν τῶν γεγονότων ἑκάστῳ
καὶ τὸ εὐχάριστον. εἰ δὲ μή, ὁ μὲν οὐκ ὄψεται τὴν εὐ-
χρηστίαν τῶν γεγονότων, ὁ δ᾽ οὐκ εὐχαριστήσει ἐπ᾽ αὐτοῖς οὐδ᾽ ἂν ⟨ἴδῃ⟩. χρώματα ὁ θεὸς εἰ πεποιήκει, δύναμιν δὲ θεατικὴν αὐτῶν μὴ πεποιήκει, τί ἂν ἦν ὄφελος;
— Οὐδ᾽ ὁτιοῦν. — Ἀλλ᾽ ἀνάπαλιν εἰ τὴν μὲν δύναμιν
πεποιήκει, τὰ ὄντα δὲ μὴ τοιαῦτα οἷα ὑποπίπτειν τῇ
δυνάμει τῇ ὁρατικῇ, καὶ οὕτως τί ὄφελος; — Οὐδ᾽ ὁτιοῦν.
— Τί δ᾽, εἰ καὶ ἀμφότερα ταῦτα πεποιήκει, φῶς δὲ μὴ
πεποιήκει; — Οὐδ᾽ οὕτως τι ὄφελος. — Τίς οὖν ὁ ἁρμόσας τοῦτο πρὸς ἐκεῖνο κἀκεῖνο πρὸς τοῦτο; τίς δ᾽ ὁ
ἁρμόσας τὴν μάχαιραν πρὸς τὸ κολεὸν καὶ τὸ κολεὸν
πρὸς τὴν μάχαιραν; οὐδείς; καὶ μὴν ἐξ αὐτῆς τῆς κα-
τασκευῆς τῶν ἐπιτετελεσμένων ἀποφαίνεσθαι εἰώθαμεν,
ὅτι τεχνίτου τινὸς πάντως τὸ ἔργον, οὐχὶ δ᾽ εἰκῇ κατ-
εσκευασμένον. ἆρ᾽ οὖν τούτων μὲν ἕκαστον ἐμφαίνει
τὸν τεχνίτην, τὰ δ᾽ ὁρατὰ καὶ ὅρασ[ε]ις καὶ φῶς οὐκ ἐμφαίνει; τὸ δ᾽ ἄρρεν καὶ τὸ θῆλυ καὶ ἡ προθυμία ⟨ἡ⟩
πρὸς τὴν συνουσίαν ἑκατέρου καὶ δύναμις ἡ χρηστικὴ
τοῖς μορίοις τοῖς κατεσκευασμένοις οὐδὲ ταῦτα ἐμφαίνει
τὸν τεχνίτην; ἀλλὰ ταῦτα μέν· ἡ δὲ τοιαύτη τῆς διανοίας κατασκευή, καθ᾽ ἣν οὐχ ἁπλῶς ὑποπίπτοντες τοῖς

DIE SINNHAFTIGKEIT DER SCHÖPFUNG (1, 6)

Alles, was in der Welt geschieht, bietet leicht einen Anlaß, die Vorsehung zu preisen, wenn man über diese beiden Fähigkeiten verfügt: die Gabe, jedes einzelne Geschehen in seinem größeren Zusammenhang zu sehen, und das Gefühl der Dankbarkeit. Wenn diese Fähigkeiten aber nicht vorhanden sind, dann wird man einerseits den Sinn und Zweck des Geschehens nicht sehen und andererseits nicht dankbar sein können, auch wenn man ihn sieht. Wenn Gott nun die Farben, aber die Fähigkeit, sie zu sehen, nicht geschaffen hätte, was hätten sie dann für einen Nutzen? – Gar keinen. – Umgekehrt, wenn er die Fähigkeit geschaffen hätte, aber keine Gegenstände, die der Sehkraft zugänglich wären, was hätte sie in diesem Fall für einen Nutzen? – Überhaupt keinen. – Und schließlich, wenn er beides zwar geschaffen, aber kein Licht hätte werden lassen? – In diesem Falle wäre beides ohne Nutzen. – Wer ist es nun, der dafür gesorgt hat, daß dieses zu jenem und jenes zu diesem paßt? Wer ist es, der dafür gesorgt hat, daß das Schwert zur Scheide und die Scheide zum Schwert paßt? Niemand? Wir pflegen doch aus der sinnvollen Bauweise aller Gegenstände zu schließen, daß das Werk ganz sicher von einem zweckbewußten Künstler stammt und nicht durch Zufall entstanden ist.

Weist nun jedes einzelne dieser Werke auf seinen Hersteller hin, aber die sichtbaren Dinge, das Sehvermögen und das Licht tun das nicht? Das Männliche und das Weibliche, das Verlangen nach Vereinigung beider und die Fähigkeit, die für diesen Zweck geschaffenen Organe zu gebrauchen – weist dies nicht auch auf einen Schöpfer hin? – Gut, dies sei nun zugegeben. – Aber die wunderbare Einrichtung des menschlichen Geistes, wodurch wir, wenn wir den sinnlich

αἰσθητοῖς τυπούμεθα ὑπ' αὐτῶν, ἀλλὰ καὶ ἐκλαμβάνομέν τι καὶ ἀφαιροῦμεν καὶ προστίθεμεν καὶ συντίθεμεν τάδε τινὰ δι' αὐτῶν καὶ νὴ Δία μεταβαίνομεν ἀπ' ἄλλων ἐπ' ἄλλα τ⟨ιν⟩ὰ οὕτω πως παρακείμενα, οὐδὲ ταῦτα ἱκανὰ κινῆσαί τινας καὶ διατρέψαι πρὸς τὸ ἀπολιπεῖν τὸν τεχνίτην; ἢ ἐξηγησάσθωσαν ἡμῖν τί τὸ ποιοῦν ἐστιν ἕκαστον τούτων ἢ πῶς οἷόν τε τὰ οὕτω θαυμαστὰ καὶ τεχνικὰ εἰκῆ καὶ ἀπὸ ταὐτομάτου γίνεσθαι.

Τί οὖν; ἐφ' ἡμῶν μόνων γίνεται ταῦτα; πολλὰ μὲν ἐπὶ μόνων, ὧν ἐξαιρέτως χρείαν εἶχεν τὸ λογικὸν ζῷον, πολλὰ δὲ κοινὰ εὑρήσεις ἡμῖν καὶ πρὸς τὰ ἄλογα. ἆρ' οὖν καὶ παρακολουθεῖ τοῖς γινομένοις ἐκεῖνα; οὐδαμῶς. ἄλλο γάρ ἐστι χρῆσις καὶ ἄλλο παρακολούθησις. ἐκείνων χρείαν εἶχεν ὁ θεὸς χρωμένων ταῖς φαντασίαις, ἡμῶν δὲ παρακολουθούντων τῇ χρήσει. διὰ τοῦτο ἐκείνοις μὲν ἀρκεῖ τὸ ἐσθίειν καὶ πίνειν καὶ τὸ ἀναπαύεσθαι καὶ ὀχεύειν καὶ τἄλλ' ὅσα ἐπιτελεῖ τῶν αὐτῶν ἕκαστον, ἡμῖν δ', οἷς καὶ τὴν παρακολουθητικὴν δύναμιν ἔδωκεν, οὐκέτι ταῦτ' ἀπαρκεῖ, ἀλλ' ἂν μὴ κατὰ τρόπον καὶ τεταγμένως καὶ ἀκολούθως τῇ ἑκάστου φύσει καὶ κατασκευῇ πράττωμεν, οὐκέτι τοῦ τέλους τευξόμεθα τοῦ ἑαυτῶν. ὧν γὰρ αἱ κατασκευαὶ διάφοροι, τούτων καὶ τὰ ἔργα καὶ τὰ τέλη. οὗ τοίνυν ἡ κατασκευὴ μόνον

wahrnehmbaren Erscheinungen ausgesetzt sind, von Sinneseindrücken nicht einfach nur getroffen werden, sondern etwas auswählen, wegnehmen, hinzufügen und bestimmte Verbindungen zwischen ihnen herstellen und, beim Zeus, vom einen zum anderen fortschreiten, das in einer gewissen Beziehung zu diesem steht – reicht nicht einmal diese Tatsache aus, bei manchen etwas in Bewegung zu setzen und sie zu veranlassen, den Künstler nicht aus den Augen zu verlieren? Oder sie sollen uns doch einmal darlegen, was denn das ist, was jeden einzelnen dieser Vorgänge auslöst, oder wie es möglich ist, daß so wunderbare und kunstvolle Dinge zufällig und ganz von selbst geschehen.

Wie steht es nun damit? Liegt dies allein in unserer Macht? Bei uns allein liegt in der Tat zwar vieles, was ausschließlich das vernunftbegabte Wesen gebrauchen kann; aber du wirst auch vieles finden, was wir mit den vernunftlosen Wesen gemeinsam haben. Begreifen sie aber auch das, was in der Welt geschieht? Keineswegs. Denn das bloße Gebrauchen ist eine Sache, das Begreifen eine andere. Gott benötigte jene Lebewesen als solche, die ihre Vorstellungen einfach nur gebrauchen und auf sie reagieren, und uns Menschen, die wir den Gebrauch auch begreifen und geistig verarbeiten. Daher genügt es jenen zu essen, zu trinken, sich auszuruhen, sich fortzupflanzen und was sonst noch jedes Tier seiner Bestimmung gemäß zu tun hat; uns aber, denen er auch die Fähigkeit zu begreifen gegeben hat, genügt das nicht mehr, sondern wenn nicht jeder von uns angemessen, der Ordnung gemäß und im Einklang mit seiner jeweils individuellen Natur und Beschaffenheit handelt, dann werden wir die uns auferlegte Bestimmung nicht erfüllen. Denn diejenigen, deren Beschaffenheit verschieden ist, haben auch unterschiedliche Aufgaben und Ziele. Dem Lebewesen also, dessen Beschaffenheit nur das Gebrauchen

χρηστική, τούτῳ χρῆσθαι ὁπωσοῦν ἀπαρκεῖ· οὐ δὲ καὶ
παρακολουθητικὴ τῇ χρήσει, τούτῳ τὸ κατὰ τρόπον ἂν
μὴ προσῇ οὐδέποτε τεύξεται τοῦ τέλους. τί οὖν; ἐκείνων
ἕκαστον κατασκευάζει τὸ μὲν ὥστ᾽ ἐσθίεσθαι, τὸ δ᾽ ὥστε
ὑπηρετεῖν εἰς γεωργίαν, τὸ δ᾽ ὥστε τυρὸν φέρειν, τό δ᾽
ἄλλο ἐπ᾽ ἄλλῃ χρείᾳ παραπλησίῳ, πρὸς ἃ τίς χρεία τοῦ
παρακολουθεῖν ταῖς φαντασίαις καὶ ταύτας διακρίνειν
δύνασθαι; τὸν δ᾽ ἄνθρωπον θεατὴν εἰσήγαγεν αὐτοῦ
τε καὶ τῶν ἔργων τῶν αὐτοῦ, καὶ οὐ μόνον θεατήν, ἀλλὰ
καὶ ἐξηγητὴν αὐτῶν. διὰ τοῦτο αἰσχρόν ἐστι τῷ ἀνθρώπῳ ἄρχεσθαι καὶ καταλήγειν ὅπου καὶ τὰ ἄλογα, ἀλλὰ
μᾶλλον ἔνθεν μὲν ἄρχεσθαι, καταλήγειν δὲ ἐφ᾽ ὃ κατέληξεν ἐφ᾽ ἡμῶν καὶ ἡ φύσις. κατέληξεν δ᾽ ἐπὶ θεωρίαν
καὶ παρακολούθησιν καὶ σύμφωνον διεξαγωγὴν τῇ φύσει.
ὁρᾶτε οὖν, μὴ ἀθέατοι τούτων ἀποθάνητε.

Ἀλλ᾽ εἰς Ὀλυμπίαν μὲν ἀποδημεῖτε, ἵν᾽ [ε]ἴδητε τὸ ἔργον τοῦ Φειδίου, καὶ ἀτύχημα ἕκαστος ὑμῶν οἴεται τὸ
ἀνιστόρητος τούτων ἀποθανεῖν· ὅπου δ᾽ οὐδ᾽ ἀποδη-
μῆσαι χρεία ἐστίν, ἀλλ᾽ ἐστὲ ἤδη καὶ πάρεστε τοῖς ἔργοις, ταῦτα δὲ θεάσασθαι καὶ κατανοῆσαι οὐκ ἐπιθυμή-
σετε; οὐκ αἰσθήσεσθε τοίνυν, οὔτε τίνες ἐστὲ οὔτ᾽ ἐπὶ
τί γεγόνατε οὔτε [ἐπὶ] τί τοῦτό ἐστιν, ἐφ᾽ οὗ τὴν θέαν
παρείληφθε; — Ἀλλὰ γίνεταί τινα ἀηδῆ καὶ χαλεπὰ ἐν
τῷ βίῳ. — Ἐν Ὀλυμπίᾳ δ᾽ οὐ γίνεται; οὐ καυματίζεσθε;
οὐ στενοχωρεῖσθε; οὐ κακῶς λούεσθε; οὐ καταβρέχεσθε,

zuläßt, genügt lediglich das Gebrauchen. Aber das Lebewesen, das auch die Fähigkeit besitzt, den Gebrauch zu begreifen, wird seine Bestimmung niemals erfüllen, wenn es diese Fähigkeit nicht auch ordnungsgemäß anwendet. Was ergibt sich daraus? Gott hat jedem Tier seine Bestimmung gegeben: das eine dient dazu, gegessen zu werden, das andere leistet seine Dienste in der Landwirtschaft, ein anderes soll Käse produzieren und noch ein anderes hat einen anderen, ähnlichen Zweck. Wozu benötigten sie, um diese Zwecke zu erfüllen, die Fähigkeit, ihre Vorstellungen zu begreifen und zu unterscheiden? Den Menschen aber hat Gott in die Welt gebracht, auf daß er ihn und seine Werke schaue und nicht nur damit er sie schaue, sondern auch deute. Daher ist es eine Schande für den Menschen, dort anzufangen und aufzuhören, wo auch die Tiere stehenbleiben. Er muß vielmehr dort anfangen, wo auch sie anfangen, aber aufhören erst dort, wo auch die Natur bei uns aufgehört hat. Sie hörte aber erst auf beim denkenden Betrachten und Begreifen und bei einem Leben, das im Einklang mit der Natur steht. Hütet euch also davor, daß ihr sterbt, ohne diese Dinge geschaut zu haben.

Aber ihr fahrt nach Olympia, um das Werk des Phidias[134] zu sehen, und jeder von euch hält es für ein Unglück zu sterben, ohne es besichtigt zu haben. Wohin aber gar keine Reise notwendig ist, sondern wo Gott schon anwesend und in seinen Werken gegenwärtig ist, dort wollt ihr nicht hinschauen und die Wahrheit erkennen? Wollt ihr denn gar nicht wahrnehmen, wer ihr seid, wozu ihr geschaffen seid und was das ist, wofür ihr euer Sehvermögen erhalten habt? – Aber es gibt doch manches Unerfreuliche und Schlimme im Leben. – In Olympia etwa nicht? Leidet ihr da nicht unter der Hitze? Herrscht dort nicht ein furchtbares Gedränge? Müßt ihr euch da nicht unter primitiven Verhält-

ὅταν βρέχῃ; θορύβου δὲ καὶ βοῆς καὶ τῶν ἄλλων χαλε
πῶν οὐκ ἀπολαύετε; ἀλλ᾽ οἶμαι ὅτι ταῦτα πάντα ἀντιτι
θέντες πρὸς τὸ ἀξιόλογον τῆς θέας φέρετε καὶ ἀνέχεσθε.
ἄγε δυνάμεις δ᾽ οὐκ εἰλήφατε, καθ᾽ ἃς οἴσετε πᾶν τὸ
συμβαῖνον; μεγαλοψυχίαν οὐκ εἰλήφατε; ἀνδρείαν οὐκ
εἰλήφατε; καρτερίαν οὐκ εἰλήφατε; καὶ τί ἔτι μοι μέλει
μεγαλοψύχῳ ὄντι τῶν ἀποβῆναι δυναμένων; τί μ᾽ ἐκ
στήσει ἢ ταράξει ἢ τί ὀδυνηρὸν φανεῖται; οὐ χρήσομαι
τῇ δυνάμει πρὸς ἃ εἴληφα αὐτήν, ἀλλ᾽ ἐπὶ τοῖς ἀποβαί
νουσιν πενθήσω καὶ στενάξω;
    ῾Ναί· ἀλλ᾽ αἱ μύξαι μου ῥέουσιν.᾽ τίνος οὖν ἕνεκα
χεῖρας ἔχεις, ἀνδράποδον; οὐχ ἵνα καὶ ἀπομύσσῃς σεαυ
τόν; — Τοῦτο οὖν εὔλογον μύξας γίνεσθαι ἐν τῷ κόσμῳ;
— Καὶ πόσῳ κρεῖττον ἀπομύξασθαί σε ἢ ἐγκαλεῖν; ἢ
τί οἴει ὅτι ὁ Ἡρακλῆς ἂν ἀπέβη, εἰ μὴ λέων τοιοῦτος
ἐγένετο καὶ ὕδρα καὶ ἔλαφ[ρ]ος καὶ σῦς καὶ ἄδικοί τινες
ἄνθρωποι καὶ θηριώδεις, οὓς ἐκεῖνος ἐξήλαυνεν καὶ ἐκά
θαιρεν; καὶ τί ἂν ἐποίει μηδενὸς τοιούτου γεγονότος;
ἢ δῆλον ὅτι ἐντετυλιγμένος ἂν ἐκάθευδεν; οὐκοῦν πρῶ
τον μὲν οὐκ ἂν ἐγένετο Ἡρακλῆς ἐν τρυφῇ τοιαύτῃ καὶ
ἡσυχίᾳ νυστάζων ὅλον τὸν βίον· εἰ δ᾽ ἄρα καὶ ἐγένετο,
τί ὄφελος αὐτοῦ; τίς δὲ χρῆσις τῶν βραχιόνων τῶν ἐκεί
νου καὶ τῆς ἄλλης ἀλκῆς καὶ καρτερίας καὶ γενναιότη
τος, εἰ μὴ τοιαῦταί τινες αὐτὸν περιστάσεις καὶ ὗλαι
διέσεισαν καὶ ἐγύμνασαν; τί οὖν; αὐτῷ ταύτας ἔδει

nissen waschen? Werdet ihr nicht völlig naß, wenn es regnet? Seid ihr nicht Lärm, Geschrei und anderen Unannehmlichkeiten in Hülle und Fülle ausgesetzt? Aber ich glaube, daß ihr alle diese Schwierigkeiten unter dem Eindruck des großartigen Schauspiels über euch ergehen laßt. Die Kräfte aber habt ihr nicht, alles zu ertragen, was euch widerfährt? Habt ihr keine Seelengröße von eurem Schöpfer erhalten? Keine Tapferkeit? Keine Ausdauer? Und was kümmert mich das, was mir noch passieren kann, wenn ich über Seelengröße verfüge? Was wird mich aus der Fassung bringen oder aufregen? Was wird mir Kummer machen? Werde ich nicht die Kraft gebrauchen, wozu ich sie bekommen habe, statt über das, was passiert, zu jammern und zu klagen?

Ja, aber meine Nase läuft. – Wozu hast du denn deine Hände, du Sklave? Hast du sie nicht, um dich zu schneuzen? – Ist es denn sinnvoll, daß es laufende Nasen auf der Welt gibt? – Es ist doch wohl erheblich besser, daß du dir die Nase putzt, als daß du deinem Schöpfer Vorwürfe machst? Oder was meinst du, wäre aus Herakles[135] geworden, wenn es nicht den berühmten Löwen, die Hydra, den Hirsch, den Eber und die ungerechten und wilden Kerle gegeben hätte, die er verjagte und vernichtete? Und was hätte er getan, wenn keines dieser Wesen existiert hätte? Hätte er sich dann nicht in eine Decke gerollt und geschlafen? Er wäre vor allem kein Herakles geworden, wenn er sein ganzes Leben so bequem und faul verschlafen hätte. Wenn er es doch geworden wäre, worin hätte sein Nutzen bestanden? Wozu wären seine Arme, seine sonstigen Kräfte und seine Ausdauer und sein Heldentum nützlich gewesen, wenn ihn nicht solche Umstände und Anlässe aufgerüttelt und zur Leistung herausgefordert hätten?

Nun? Hätte er sich diese Verhältnisse selbst geschaffen

κατασκευάζειν καὶ ζητεῖν ποθεν λέοντα εἰσαγαγεῖν εἰς
τὴν χώραν τὴν αὐτοῦ καὶ σῦν καὶ ὕδραν; μωρία τοῦτο
καὶ μανία. γενόμενα δὲ καὶ εὑρεθέντα εὔχρηστα ἦν
πρὸς τὸ δεῖξαι καὶ γυμνάσαι τὸν Ἡρακλέα.

Ἄγε οὖν καὶ σὺ τούτων αἰσθόμενος ἀπόβλεψον εἰς
τὰς δυνάμεις ἃς ἔχεις καὶ ἀπιδὼν εἰπὲ 'φέρε νῦν, ὦ
Ζεῦ, ἣν θέλεις περίστασιν· ἔχω γὰρ παρασκευὴν ἐκ σοῦ
μοι δεδομένην καὶ ἀφορμὰς πρὸς τὸ κοσμῆσαι διὰ τῶν
ἀποβαινόντων ἐμαυτόν'. οὔ· ἀλλὰ κάθησθε τὰ μὲν μὴ
συμβῇ τρέμοντες, τῶν δὲ συμβαινόντων ὀδυρόμενοι καὶ
πενθοῦντες καὶ στένοντες· εἶτα τοῖς θεοῖς ἐγκαλεῖτε. τί γάρ
ἐστιν ἄλλο ἀκόλουθον τῇ τοιαύτῃ ἀγεννείᾳ ἢ καὶ ἀσέβεια;
καίτοι ὅ γε θεὸς οὐ μόνον ἔδωκεν ἡμῖν τὰς δυνάμεις ταύτας, καθ' ἃς οἴσομεν πᾶν τὸ ἀποβαῖνον μὴ ταπεινούμενοι
μηδὲ συγκλώμενοι ὑπ' αὐτοῦ, ἀλλ' ὃ ἦν ἀγαθοῦ βασιλέως καὶ ταῖς ἀληθείαις πατρός, ἀκώλυτον τοῦτο ἔδωκεν,
ἀνανάγκαστον, ἀπαραπόδιστον, ὅλον αὐτὸ ἐφ' ἡμῖν ἐποίησεν οὐδ' αὐτῷ τινα πρὸς τοῦτο ἰσχὺν ἀπολιπών, ὥστε
κωλῦσαι ἢ ἐμποδίσαι. ταῦτα ἔχοντες ἐλεύθερα καὶ ὑμέ-
τερα μὴ χρῆσθε αὐτοῖς μηδ' αἰσθάνεσθε τίνα εἰλήφατε
καὶ παρὰ τίνος, ἀλλὰ κάθησθε πενθοῦντες καὶ στένοντες
οἱ μὲν πρὸς αὐτὸν τὸν δόντα ἀποτετυφλωμένοι μηδ'
ἐπιγινώσκοντες τὸν εὐεργέτην, οἱ δ' ὑπ' ἀγεννείας εἰς
μέμψεις καὶ τὰ ἐγκλήματα τῷ θεῷ ἐκτρεπόμενοι. καίτοι

und irgendwo einen Löwen suchen müssen, um ihn in seine
Heimat zu bringen, und ebenso einen Eber und eine Hydra?
Das wäre eine wahnsinnige Dummheit gewesen. Aber da
diese Ungeheuer nun einmal existierten und aufgefunden
wurden, boten sie unserem Herakles eine vorzügliche Gelegenheit, sein Heldentum und seine Leistungsfähigkeit zu
beweisen.

Komm also, da du von diesen Dingen weißt, und blicke
auch du auf die Möglichkeiten, die du besitzt, und wenn du
sie vor Augen hast, sprich: «Schick mir jetzt, Zeus, jede be-
liebige Schwierigkeit. Denn ich verfüge durch dich über die
Voraussetzungen und Kräfte, um mich durch alles, was mir
widerfährt, auszuzeichnen.» Doch nein. Ihr sitzt viel lieber
da und zittert vor dem, was euch treffen könnte, und jammert, heult und stöhnt über das, was euch trifft. Und dann
macht ihr den Göttern Vorwürfe.

Was kann sich denn aus einer solch niedrigen Gesinnung
anderes ergeben als Gotteslästerung? Und doch hat uns
Gott nicht nur die Kräfte gegeben, mit denen wir alles, was
uns widerfährt, ertragen können, ohne dadurch verzagt
oder entmutigt zu werden, sondern er hat uns diese Kräfte
auch, was für einen guten König und wahren Vater selbstverständlich ist, frei von Behinderung, Zwang und Störung
vermittelt. Er hat alles in unsere Hand gelegt, ohne sich
selbst irgendein Recht vorzubehalten, uns zu hindern oder
aufzuhalten. Obwohl ihr über diese Möglichkeiten frei und
selbstverantwortlich verfügt, nutzt ihr sie nicht und merkt
gar nicht, was ihr bekommen habt und wer es euch gegeben
hat, sondern ihr sitzt da, klagt und stöhnt: die einen sind
gegenüber dem Geber völlig blind und erkennen ihren
Wohltäter nicht; die anderen lassen sich aufgrund ihrer
niedrigen Gesinnung zu Beschwerden und Vorwürfen gegen Gott hinreißen. Doch ich werde dir zeigen, daß du Mit-

πρὸς μεγαλοψυχίαν μὲν καὶ ἀνδρείαν ἐγὼ σοὶ δείξω ὅτι
ἀφορμὰς καὶ παρασκευὴν ἔχεις, πρὸς δὲ τὸ μέμφεσθαι
καὶ ἐγκαλεῖν ποίας ἀφορμὰς ἔχεις σὺ δ' ἐμοὶ δείκνυε.

Πῶς πρὸς τὰς περιστάσεις ἀγωνιστέον *

Εἰ ταῦτα ἀληθῆ ἐστι καὶ μὴ βλακεύομεν μηδ' ὑπο-
κρινόμεθα ὅτι τὸ ἀγαθὸν τοῦ ἀνθρώπου ἐν προαιρέσει καὶ τὸ κακόν, τὰ δ' ἄλλα πάντα οὐδὲν
πρὸς ἡμᾶς, τί ἔτι ταρασσόμεθα, τί ἔτι φοβούμεθα;
περὶ ἃ ἐσπουδάκαμεν, τούτων ἐξουσίαν οὐδεὶς ἔχει· ὧν
ἐξουσίαν οἱ ἄλλοι ἔχουσιν, τούτων οὐκ ἐπιστρεφόμεθα.
ποῖον ἔτι πρᾶγμα ἔχομεν; — Ἀλλὰ ἔντειλαί μοι. — Τί
σοι ἐντείλωμαι; ὁ Ζεύς σοι οὐκ ἐντέταλται; οὐ δέδωκέν
σοι τὰ μὲν σὰ ἀκώλυ[σ]τα καὶ ἀπαραπόδιστα, τὰ δὲ μὴ σὰ
κωλυτὰ καὶ παραποδιστά; τίνα οὖν ἐντολὴν ἔχων ἐκεῖθεν
ἐλήλυθας, ποῖον διάταγμα; τὰ σὰ τήρει ἐκ παντὸς τρόπου,
τῶν ἀλλοτρίων μὴ ἐφίεσο. τὸ πιστὸν σόν**·..........·
τίς οὖν ἀφελέσθαι δύναταί σου ταῦτα; τίς κωλύσει
χρῆσθαι αὐτοῖς ἄλλος εἰ μὴ σύ; σὺ δὲ πῶς; ὅταν περὶ
τὰ μὴ σαυτοῦ σπουδάσῃς, τὰ σαυτοῦ ἀπώλεσας. τοιαύτας ἔχων ὑποθήκας καὶ ἐντολὰς παρὰ τοῦ Διὸς ποίας

---

* Überliefert ist die Überschrift Πρὸς τὸ αὐτό («Zu demselben Thema»). Der
  folgende Text schließt an 1,24 (s. o. S. 161) an.

** καὶ τὸ αἰδῆμον σόν.

tel und Möglichkeiten hast, deine Seelengröße und Tapferkeit zu beweisen; du aber zeige mir, welche Möglichkeiten
du hast, Beschwerden und Vorwürfe zu rechtfertigen.

WIE MAN GEGEN DIE UMSTÄNDE ANKÄMPFEN MUSS (1, 25)

Wenn dies wahr ist und wir keine Narren sind oder Theater
spielen, indem wir sagen, daß das Gute und das Böse für den
Menschen im Bereich seiner sittlichen Entscheidung[136]
liegt, während uns alles andere überhaupt nichts angeht,
warum regen wir uns da noch über irgend etwas auf? Wo-
vor fürchten wir uns noch? Über die Dinge, um die wir uns
ernsthaft bemühen, hat niemand Macht. Um die Dinge,
über die die anderen Menschen Macht haben, kümmern wir
uns nicht. Wo haben wir noch Schwierigkeiten? – «Doch
gib mir Weisungen.» – Welche Weisungen soll ich dir geben? Hat dir Zeus keine Weisungen erteilt? Hat er dir nicht
das, was dir wirklich gehört, als unantastbares Eigentum
zur Verfügung gestellt, während das, was dir nicht gehört,
erheblichen Beeinträchtigungen ausgesetzt ist? Welchen
Auftrag hast du also mitgebracht, als du von ihm in diese
Welt gekommen bist, welchen Befehl? Hüte unter allen
Umständen das, was dir gehört, und strebe nicht nach fremdem Besitz. Deine Zuverlässigkeit und deine Zurückhaltung gehören dir. Wer kann sie dir fortnehmen? Wer kann
dich daran hindern, sie zu gebrauchen, außer dir selbst?
Aber wie handelst du? Wenn du dich ernsthaft um das bemühst, was dir nicht gehört, dann hast du das, was dir tatsächlich gehört, verloren. Da du doch solche Aufträge und
Weisungen von Zeus hast, welche willst du von mir noch

ἔτι παρ' ἐμοῦ θέλεις; κρείσσων εἰμὶ ἐκείνου, ἀξιοπιστό-
τερος; ἀλλὰ ταύτας τηρῶν ἄλλων τινῶν προσδέῃ; ἀλλ'
ἐκεῖνος οὐκ ἐντέταλται ταῦτα; φέρε τὰς προλήψεις, φέρε
τὰς ἀποδείξεις τὰς τῶν φιλοσόφων, φέρε ἃ πολλάκις
ἤκουσας, φέρε δ' ἃ εἶπας αὐτός, φέρε ἃ ἀνέγνως, φέρε
ἃ ἐμελέτησας.

Μέχρις οὖ⟨ν⟩ τίνος ταῦτα τηρεῖν καλῶς ἔχει[ς] καὶ
τὴν παιδιὰν μὴ λύειν; μέχρις ἂν κομψῶς διεξάγηται. ἐν
Σατορναλίοις λέλογχεν βασιλεύς· ἔδοξε γὰρ παῖξαι ταύτην τὴν παιδιάν. προστάσσει 'σὺ πίε, σὺ κέρασον, σὺ
ᾆσον, σὺ ἄπελθε, σὺ ἐλθέ'. ὑπακούω, ἵνα μὴ παρ' ἐμὲ
λύηται ἡ παιδιά. 'ἀλλὰ σὺ ὑπολάμβανε ὅτι ἐν κακοῖς
εἶ.' οὐχ ὑπολαμβάνω· καὶ τίς μ' ἀναγκάσει ὑπολαμβάνειν; πάλιν συνεθέμεθα παῖξαι τὰ περὶ Ἀγαμέμνονα
καὶ Ἀχιλλέα. καταταγεὶς Ἀγαμέμνων λέγει μοι 'πορεύου
πρὸς τὸν Ἀχιλλέα καὶ ἀπόσπασον τὴν Βρισηίδα.' πο-
ρεύο⟨μαι⟩. 'ἔρχου.' ἔρχομαι. ὡς γὰρ ἐπὶ τῶν ὑποθετι-
κῶν λόγων ἀναστρεφόμεθα, οὕτως δεῖ καὶ ἐπὶ τοῦ βίου.
'ἔστω νύξ.' ἔστω. 'τί οὖν; ἡμέρα ἐστίν;' οὔ· ἔλαβον
γὰρ ὑπόθεσιν τοῦ νύκτα εἶναι. 'ἔστω σε ὑπολαμβάνειν
ὅτι νύξ ἐστιν.' ἔστω. 'ἀλλὰ καὶ ὑπόλαβε ὅτι νύξ ἐστιν.'
οὐκ ἀκολουθεῖ τῇ ὑποθέσει. οὕτως καὶ ἐνταῦθα. 'ἔστω
5 σε εἶναι δυστυχῆ.' ἔστω. 'ἆρ' οὖν ἀτυχή⟨ς⟩ εἶ;' ναί. 'τί
οὖν; κακοδαιμονεῖς;' ναί. 'ἀλλὰ καὶ ὑπόλαβε ὅτι ἐν
κακοῖς εἶ.' οὐκ ἀκολουθεῖ τῇ ὑποθέσει· καὶ ἄλλο⟨ς⟩ με
κωλύει.

haben? Bin ich mächtiger oder glaubwürdiger als er? Aber
wenn du diese Weisungen befolgst, welche anderen
brauchst du dann noch? Hat er dir denn diese Weisungen
nicht gegeben? Nimm deine allgemeinen Vorstellungen[137],
nimm die Darstellungen der Philosophen, nimm das, was
du schon oft gehört hast, nimm das, was du selbst gesagt
hast, nimm das, was du gelesen hast, nimm das, was du geübt hast.

Bis zu welchem Punkt ist es angebracht, diese Vorschriften zu befolgen und das Spiel nicht abzubrechen? Solange
anständig gespielt wird. Während der Saturnalien[138] wird
ein König ausgelost. Denn es ist üblich, dieses Spiel zu spielen. Der König befiehlt: «Du trinkst, du mischst, du singst,
du gehst fort, du kommst.» Ich gehorche, um kein Spielverderber zu sein. «Du aber nimm an, daß du dich in einer
schlimmen Lage befindest.» Ich nehme es nicht an. Denn
wer will mich zwingen, dies anzunehmen? Bei einer anderen Gelegenheit haben wir vereinbart, die Geschichte von
Agamemnon und Achill zu spielen. Der Darsteller des Agamemnon sagt zu mir: «Geh zu Achill und nimm ihm Briseis
weg.» Ich gehe. Er sagt: «Komm.» Ich komme. Denn wie
wir uns auf dem Feld hypothetischer Annahmen bewegen,
so müssen wir uns auch im Leben verhalten. «Nimm an, es
sei Nacht.» Gut. «Wieso? Es ist doch Tag.» Nein. Denn ich
habe angenommen, daß Nacht sei. «Laß uns davon ausgehen, daß du annimmst, es sei Nacht.» Gut. «Aber nun
glaube auch, daß tatsächlich Nacht ist.» Das entspricht
nicht mehr der Hypothese. So ist es auch hier: «Laß uns annehmen, du seist unglücklich.» Gut. «Bist du denn unglücklich?» Ja. «Wieso? Befindest du dich im Unglück?» Ja.
«Aber nun glaube, daß du wirklich im Unglück steckst.»
Das entspricht nicht der Hypothese. Da ist ein anderer, der
mich daran hindert, so zu denken.

Μέχρι πόσου οὖν ὑπακουστέον τοῖς τοιούτοις; μέχρις ἂν οὐ λυσιτελῇ, τοῦτο δ᾽ ἔστιν μέχρις ἂν οὐ σῴζω τὸ πρέπον καὶ κατάλληλον. λοιπὸν οἱ μέν εἰσι κακαύστηροι καὶ κακοστόμαχοι καὶ λέγουσιν 'ἐγὼ οὐ δύναμαι παρὰ τούτῳ δειπνεῖν, ἵν᾽ αὐτοῦ ἀνέχομαι καθ᾽ ἡμέραν διηγουμένου, πῶς ἐν Μυσίᾳ ἐπολέμησεν· "διηγησάμην σοι, ἀδελφέ, πῶς ἐπὶ τὸν λόφον ἀνέβην· πάλιν ἄρχομαι πολιορκεῖσθαι"'. ἄλλος λέγει 'ἐγὼ δειπνῆσαι θέλω μᾶλλον καὶ ἀκούειν αὐτοῦ ὅσα θέλει ἀδολεσχοῦντος'. καὶ σὺ σύγκρινε ταύτας τὰς ἀξίας· μόνον μηδὲ⟨ν⟩ βαρούμενος ποίει, μὴ θλιβόμενος μηδ᾽ ὑπολαμβάνων ἐν κακοῖς εἶναι· τοῦτο γὰρ οὐδείς σε ἀναγκάζει. καπνὸν πεποίηκεν ἐν τῷ οἰκήματι; ἂν μέτριον, μενῶ· ἂν λίαν πολύν, ἐξέρχομαι. τούτου γὰρ μεμνῆσθαι καὶ κρατεῖν, ὅτι ἡ θύρα ἤνοικται. ἀλλὰ 'μὴ οἴκει ἐν Νικοπόλει'. οὐκ οἰκῶ. 'μηδ᾽ ἐν Ἀθήναις.' οὐδ᾽ ἐν Ἀθήναις. 'μηδ᾽ ἐν Ῥώμῃ.' οὐδ᾽ ἐν Ῥώμῃ. 'ἐν Γυάροις οἴκει.' οἰκῶ. ἀλλὰ πολύς μοι καπνὸς φαίνεται τὸ ἐν Γυάροις οἰκεῖν. ἀποχωρῶ, ὅπου μ᾽ οὐδεὶς κωλύσει οἰκεῖν· ἐκείνη γὰρ ἡ οἴκησις παντὶ ἤνοικται. καὶ τὸ τελευταῖον χιτωνάριον, τοῦτ᾽ ἔστι τὸ σωμάτιον, τούτου ἀνωτέρω οὐδενὶ οὐδὲν εἰς ἐμὲ ἔξεστιν. διὰ τοῦτο ὁ Δημήτριος εἶπεν τῷ Νέρωνι 'ἀπειλεῖς μοι θάνατον, σοὶ δ᾽ ἡ φύσις'. ἂν δὲ τὸ σωμάτιον θαυμάσω, ‖ δοῦλον ἐμαυτὸν παραδέδωκα· ἂν τὸ κτησείδιον, δοῦλον. εὐθὺς γὰρ [ἐμ]αὐτὸς κατ᾽ ἐμαυτοῦ δηλῶ, τίνι ἁλωτός εἰμι. ὡς ὁ ὄφις ἐὰν συσπᾷ τὴν κεφαλήν, λέγω 'ἐκεῖνο αὐτοῦ τύπτε ὃ φυλάσσει'. καὶ

Wieweit muß man derartigen Anweisungen gehorchen?
Solange es nützlich ist, das heißt solange ich das Gebot der
Angemessenheit und Zweckmäßigkeit befolge. Übrigens
gibt es mürrische und übellaunige Menschen, die sagen:
«Ich kann bei diesem Kerl nicht essen, wo ich es ertragen
muß, daß er jeden Tag erzählt, wie er in Mysien gekämpft
hat: ‹Ich habe dir doch geschildert, Bruder, wie ich den Hü-
gel erstürmte. Jetzt beginne ich wieder, belagert zu werden.›» Ein anderer sagt: «Ich will lieber bei ihm essen und
sein Geschwätz anhören.» Nun vergleiche diese beiden
Standpunkte. Nur darfst du dich bei allem, was du tust,
nicht ärgern, dich nicht gekränkt fühlen und nicht annehmen, du seist in einer üblen Lage. Denn dazu kann dich niemand zwingen. Hat jemand im Haus Rauch gemacht?
Wenn es nicht schlimm ist, werde ich bleiben. Wenn es zuviel wird, gehe ich hinaus. Daran nämlich sollte man sich
erinnern und festhalten: «Die Tür steht offen[139].» «Du
sollst aber nicht in Nikopolis[140] wohnen.» Das tue ich nicht.
«Auch nicht in Athen.» Auch nicht in Athen. «Auch nicht
in Rom.» Auch nicht in Rom. «Wohne in Gyaros[141].» Gut.
Aber in Gyaros zu wohnen, scheint mir das Gleiche zu sein
wie ein verrauchtes Haus. Also gehe ich dorthin, wo mich
keiner zu wohnen hindert. Denn jene Wohnung steht jedem offen. Und was das letzte Gewand betrifft, das heißt
meinen Körper, über den hinaus hat niemand Macht über
mich. Daher sagte Demetrius zu Nero: «Du drohst mir mit
dem Tod, dich aber bedroht deine Natur.»
Wenn ich meinen Leib bewundere, habe ich mich bereits
als Sklaven verkauft. Wenn ich mein bißchen Besitz bewundere, ebenso. Denn damit zeige ich direkt auf meine
schwache Stelle, an der man mich packen kann. Wenn zum
Beispiel die Schlange ihren Kopf zurückzieht, sage ich mir:
«Triff sie an jener Stelle, die sie schützt.» Auch du denke

σὺ γίγνωσκε, ὅτι ὃ ἂν φυλάσσειν ἐθέλῃς, κατ᾽ ἐκεῖνο ἐπιβήσεταί σοι ὁ κύριος. τούτων μεμνημένος τίνα ἔτι κολακεύσεις ἢ φοβήσῃ;

Ἀλλὰ θέλω καθῆσθαι ὅπου οἱ συγκλητικοί. — Ὁρᾷς ὅτι σὺ σαυτῷ στενοχωρίαν παρέχεις, σὺ σαυτὸν θλίβεις; — Πῶς οὖν ἄλλως θεωρήσω καλῶς ἐν τῷ ἀμφιθεάτρῳ; — Ἄνθρωπε, καὶ μὴ θεώρει καὶ οὐ μὴ θλιβῇς. τί πράγματα ἔχεις; ἢ μικρὸν ἔκδεξαι καὶ ἀχθείσης τῆς θεωρίας κάθισον εἰς τοὺς τῶν συγκλητικῶν τόπους καὶ ἡλιάζου. καθόλου γὰρ ἐκείνου μέμνησο, ὅτι ἑαυτοὺς θλίβομεν, ἑαυτοὺς στενοχωροῦμεν, τοῦτ᾽ ἔστιν τὰ δόγματα ἡμᾶς θλίβει καὶ στενοχωρεῖ. ἐπεὶ τί ἐστιν αὐτὸ τὸ λοιδορεῖσθαι; παραστὰς λίθον λοιδόρει· καὶ τί ποιήσεις; ἂν οὖν τις ὡς λίθος ἀκούῃ, τί ὄφελος τῷ λοιδοροῦντι; ἂν δ᾽ ἔχῃ τὴν ἀσθένειαν τοῦ λοιδορουμένου ὁ λοιδορῶν ἐπιβάθραν, τότε ἀνύει τι. 'περίσχισον αὐτόν.' τί λέγεις αὐτόν; τὸ ἱμάτιον λάβε, περίσχισον. 'ὕβριν σοι πεποίηκα.' καλῶς σοι γένοιτο. ταῦτα ἐμελέτα Σωκράτης, διὰ τοῦτο ἓν ἔχων πρόσωπον ἀεὶ διετέλει. ἡμεῖς δὲ θέλομεν πάντα μᾶλλον ἀσκεῖν καὶ μελετᾶν ἢ ὅπως ἀπαραπόδιστοι καὶ ἐλεύθεροι ἐσόμεθα. 'παράδοξα λέγουσιν οἱ φιλόσοφοι.' ἐν δὲ ταῖς ἄλλαις τέχναις οὐκ ἔστι παράδοξα; καὶ τί παραδοξότερόν ἐστιν ἢ κεντεῖν τινος τὸν ὀφθαλμόν, ἵνα ἴδῃ; εἴ τις ἀπείρῳ τῶν ἰατρικῶν τοῦτο εἶπεν, οὐκ ἂν

daran, daß der, der dich von sich abhängig machen will, genau auf den Punkt zielen wird, den du schützen willst. Wenn du dir dessen bewußt bleibst, wem wirst du dann noch schmeicheln oder wen noch fürchten?

«Aber ich will dort sitzen, wo die Senatoren sitzen.» – Siehst du nicht, daß du dich dadurch selbst in die Enge treibst, dich selbst drangsalierst? – «Wie soll ich denn sonst im Amphitheater gut sehen können?» – Mensch, verzichte auf das Schauspiel, und du wirst nicht in Bedrängnis gebracht. Warum machst du dir selbst Schwierigkeiten? Warte einfach ein Weilchen und setz dich nach dem Schluß der Vorstellung auf die Plätze der Senatoren und laß dir die Sonne auf den Kopf scheinen. Denk grundsätzlich immer daran, daß wir uns selbst quälen und in die Enge treiben, das heißt daß unsere Anschauungen und Meinungen uns quälen und in Schwierigkeiten bringen. Denn was bedeutet es, beschimpft zu werden? Stell dich neben einen Stein und beschimpfe ihn. Und was erreichst du damit? Wenn nun einer wie ein Stein zuhört, was hat dann der Schimpfende davon? Wenn aber der Schimpfende die schwache Stelle des Beschimpften als Angriffspunkt hat, dann erreicht er etwas. «Reiß ihm die Kleider herunter.» Wieso ihm? «Pack seinen Mantel und reiß ihn herunter.» – «Ich habe dich mißhandelt.» Es möge dir gut bekommen.

Das ist es, was Sokrates täglich übte. Deswegen behielt er immer denselben Gesichtsausdruck. Wir aber ziehen es vor, alles andere intensiver zu üben und zu trainieren, als unbehindert und frei zu sein? «Die Philosophen reden unsinniges Zeug.» Gibt es denn in den anderen Wissenschaften nichts Unsinniges? Und was ist unsinniger, als in das Auge eines Menschen hineinzustechen, damit er wieder sehen kann[142]? Wenn man das jemandem sagte, der von medizinischen Dingen keine Ahnung hat, würde man da nicht aus-

κατεγέλα τοῦ λέγοντος; τί οὖν θαυμαστὸν εἰ καὶ ἐν
φιλοσοφίᾳ πολλὰ τῶν ἀληθῶν παράδοξα φαίνεται τοῖς
ἀπείροις;

Πῶς ἕκαστα ἔστιν ποιεῖν ἀρεστῶς θεοῖς.

Πυθομένου δέ τινος, πῶς ἔστιν ἐσθίειν ἀρεστῶς
θεοῖς, Εἰ δικαίως ἔστιν, ἔφη, καὶ εὐγνωμόνως καὶ ἴσως
ἐγκρατῶς καὶ κοσμίως, οὐκ ἔστι καὶ ἀρεστῶς τοῖς θεοῖς;
ὅταν δὲ θερμὸν αἰτήσαντός σου μὴ ὑπακούσῃ ὁ παῖς ἢ
ὑπακούσας χλιαρώτερον ἐνέγκῃ ἢ μηδ' εὑρεθῇ ἐν τῇ
οἰκίᾳ, τὸ μὴ χαλεπαίνειν μηδὲ ῥήγνυσθαι οὐκ ἔστιν
ἀρεστὸν τοῖς θεοῖς; — Πῶς οὖν τις ἀνάσχηται τῶν
τοιούτων; — Ἀνδράποδον, οὐκ ἀνέξῃ τοῦ ἀδελφοῦ τοῦ
σαυτοῦ, ὃς ἔχει τὸν Δία πρόγονον, ὥσπερ υἱὸς ἐκ τῶν
αὐτῶν σπερμάτων γέγονεν καὶ τῆς αὐτῆς ἄνωθεν κατα-
βολῆς, ἀλλ' εἰ ἔν τινι τοιαύτῃ χώρᾳ κατετάγης ὑπερε-
χούσῃ, εὐθὺς τύραννον καταστήσεις σεαυτόν; οὐ μεμνή-
σῃ τί εἶ καὶ τίνων ἄρχεις; ὅτι συγγενῶν, ὅτι ἀδελφῶν
φύσει, ὅτι τοῦ Διὸς ἀπογόνων; — Ἀλλ' ὠνὴν αὐτῶν
ἔχω, ἐκεῖνοι δ' ἐμοῦ οὐκ ἔχουσιν. — Ὁρᾷς ποῦ βλέπεις;
ὅτι εἰς τὴν γῆν, ὅτι εἰς τὸ βάραθρον, ὅτι εἰς τοὺς τα-
λαιπώρους τούτους νόμους τοὺς τῶν νεκρῶν, εἰς δὲ
τοὺς τῶν θεῶν οὐ βλέπεις;

gelacht? Was ist also daran verwunderlich, daß auch in der Philosophie viele wahre Aussagen den Laien unsinnig vorkommen?

WIE MAN BEI JEDEM TUN DEN GÖTTERN GEFALLEN KANN (1, 13)

Als ihn einmal jemand fragte, wie es möglich sei, so zu essen, daß es den Göttern gefiele, erwiderte er: Wenn man es im Einklang mit der Gerechtigkeit, vernünftig, maßvoll, mit Selbstbeherrschung und Anstand tut, gefällt es dann nicht den Göttern? Wenn du aber heißes Wasser verlangt hast und der Sklave es nicht gehört oder doch gehört hat und nur lauwarmes Wasser gebracht hat oder im ganzen Haus nicht zu finden war, dann nicht gleich zu schimpfen oder zu toben, gefällt das den Göttern etwa nicht? «Wie kann man so etwas denn ertragen?» Du Sklave, kannst du deinen eigenen Bruder nicht ertragen, der Zeus zum Vorfahren hat und wie ein Sohn aus demselben Samen und demselben Ursprung im Himmel hervorgegangen ist wie du? Und da willst du, wenn du in eine ähnliche Stellung über andere gesetzt bist, dich gleich als Tyrann aufspielen? Vergißt du denn ganz, was du bist und über wen du herrschst? Daß es Verwandte, von Natur aus Brüder und Kinder Gottes sind? «Aber ich habe einen Kaufvertrag über ihre Person, jene aber nicht über mich.» Siehst du denn nicht, wohin du blickst? Auf die Erde, in die Grube, auf diese elenden Gesetze der Toten, auf die Gesetze der Götter aber schaust du nicht?

Τί ἐπαγγέλλεται φιλοσοφία.

Συμβουλευομένου τινός, πῶς τὸν ἀδελφὸν πείσῃ μηκέτι χαλεπῶς αὐτῷ ἔχειν, Οὐκ ἐπαγγέλλεται, ἔφη, φιλοσοφία τῶν ἐκτός τι περιποιήσειν τῷ ἀνθρώπῳ· εἰ δὲ μή, ἔξω τι τῆς ἰδίας ὕλης ἀν⟨αδ⟩έξεται. ὡς γὰρ τέκτονος ὕλη τὰ ξύλα, ἀνδριαντοποιοῦ ὁ χαλκός, οὕτως τῆς περὶ βίον τέχνης ὕλη ὁ βίος αὐτοῦ ἑκάστου. — Τί οὖν ὁ τοῦ ἀδελφοῦ; — Πάλιν τῆς αὐτοῦ ἐκείνου τέχνης ἐστίν, πρὸς δὲ τὴν σὴν τῶν ἐκτός ἐστιν, ὅμοιον ἀγρῷ, ὅμοιον ὑγείᾳ, ὅμοιον εὐδοξίᾳ. τούτων δ᾽ οὐδὲν ἐπαγγέλλεται φιλοσοφία. 'ἐν πάσῃ περιστάσει τηρήσω τὸ ἡγεμονικὸν κατὰ φύσιν ἔχον.' — Τὸ τίνος; — 'Τὸ ἐκείνου, ἐν ᾧ εἰμί.' — Πῶς οὖν ἐκεῖνός μοι μὴ ὀργίζηται; — 'Φέρε μοι ἐκεῖνον κἀκείνῳ ἐρῶ, σοὶ δὲ περὶ τῆς ἐκείνου ὀργῆς οὐδὲν ἔχω λέγειν.'

Εἰπόντος δὲ τοῦ συμβουλευομένου ὅτι Τοῦτο ζητῶ, πῶς ἂν ἐκείνου καὶ μὴ διαλλασσομένου κατὰ φύσιν ἔχοιμι, Οὐδέν, ἔφη, τῶν μεγάλων ἄφνω γίνεται, ὅπου γε οὐδ᾽ ὁ βότρυς οὐδὲ σῦκον. ἄν μοι νῦν λέγῃς ὅτι 'θέλω σῦκον', ἀποκρινοῦμαί σοι ὅτι 'χρόνου δεῖ'. ἄφες ἀνθήσῃ πρῶτον, εἶτα προβάλῃ τὸν καρπόν, εἶτα πεπανθῇ. εἶτα συκῆς μὲν καρπὸς ἄφνω καὶ μιᾷ ὥρᾳ οὐ τελειοῦται, γνώμης δ᾽ ἀνθρώπου καρπὸν θέλεις οὕτως δι᾽

WAS VERSPRICHT DIE PHILOSOPHIE? (1, 15)

Als ihn jemand fragte, wie man seinen Bruder dazu veranlassen könne, sich nicht mehr über einen zu ärgern, antwortete er: Die Philosophie verspricht niemandem eine Leistung im Bereich der äußeren Dinge. Täte sie das, so würde sie etwas unternehmen, was außerhalb ihres eigenen Tätigkeitsfeldes läge. Denn wie das Material des Zimmermannes das Holz, des Bildhauers das Erz ist, so ist das Leben jedes einzelnen Menschen das Material seiner eigenen Lebenskunst. «Was ist mit dem Leben meines Bruders?» Das ist wiederum Gegenstand seiner Lebenskunst. Aber im Blick auf deine Lebenskunst gehört das Leben deines Bruders zu den äußeren Dingen, ähnlich wie ein Stück Land, Gesundheit oder Ansehen. Keines aber von diesen Dingen verspricht die Philosophie. Wohl aber: «In jeder Lebenslage werde ich das leitende Prinzip im Einklang mit der Natur zur Geltung bringen.» Wessen leitendes Prinzip? «Jenes Menschen, in dem ich wohne.» Wie fange ich es an, daß mein Bruder mir nicht mehr zürnt? «Bring ihn her zu mir, und ich werde mit ihm sprechen; dir aber kann ich über seinen Ärger gar nichts sagen.»

Als nun der Mann, der ihn um Rat fragte, sagte: «Das eben möchte ich wissen, wie ich mich naturgemäß verhalte, auch wenn er sich nicht mit mir versöhnen sollte», erwiderte Epiktet: Nichts Großes kommt auf einen Schlag, wo dies doch nicht einmal einer Traube oder Feige möglich ist. Wenn du jetzt zu mir sagtest: «Ich will eine Feige», werde ich dir antworten: «Das braucht seine Zeit.» Laß den Baum erst einmal blühen, dann die Früchte treiben, dann diese reif werden. Die Frucht des Feigenbaumes kommt nicht auf einmal und nicht in einer Stunde, du aber willst die Frucht der Einsicht eines Menschen[143] so schnell und mühe-

ὀλίγου καὶ εὐκόλως κτήσασθαι; μηδ᾿ ἂν ἐγώ σοι λέγω,
προσδόκα.

Περὶ τῶν προλήψεων.

Προλήψεις κοιναὶ πᾶσιν ἀνθρώποις εἰσίν· καὶ πρόληψις προλήψει οὐ μάχεται. τίς γὰρ ἡμῶν οὐ τίθησιν,
ὅτι τὸ ἀγαθὸν συμφέρον ἐστὶ †ἔστι καὶ αἱρετὸν καὶ ἐκ
πάσης αὐτὸ περιστάσεως δεῖ μετιέναι καὶ διώκειν; τίς
δ᾿ ἡμῶν οὐ τίθησιν, ὅτι τὸ δίκαιον καλόν ἐστι καὶ πρέπον; πότ᾿ οὖν ἡ μάχη γίνεται; περὶ τὴν ἐφαρμογὴν τῶν
προλήψεων ταῖς ἐπὶ μέρους οὐσίαις, ὅταν ὁ μὲν εἴπῃ
'καλῶς ἐποίησεν, ἀνδρεῖός ἐστιν'· 'οὔ, ἀλλ᾿ ἀπονενοημέ-
νος.' ἔνθεν ἡ μάχη γίνεται τοῖς ἀνθρώποις πρὸς ἀλλήλους. αὕτη ἐστὶν ἡ Ἰουδαίων καὶ Σύρων καὶ Αἰγυπτίων
καὶ Ῥωμαίων μάχη, οὐ περὶ τοῦ ὅτι τὸ ὅσιον πάντων
προτιμητέον καὶ ἐν παντὶ μεταδιωκτέον, ἀλλὰ πότερόν
ἐστιν ὅσιον τοῦτο τὸ χοιρείου φαγεῖν ἢ ἀνόσιον. ταύτην τὴν μάχην εὑρήσετε καὶ Ἀγαμέμνονος καὶ Ἀχιλλέως.
κάλει γὰρ αὐτοὺς εἰς τὸ μέσον. τί λέγεις σύ, ὦ Ἀγά-
μεμνον; οὐ δεῖ γενέσθαι τὰ δέοντα καὶ τὰ καλῶς ἔχοντα; 'δεῖ μὲν οὖν.' σὺ δὲ τί λέγεις, ὦ Ἀχιλλεῦ; οὐκ ἀρέσκει σοι γίνεσθαι τὰ καλῶς ἔχοντα; 'ἐμοὶ μὲν οὖν πάντων μάλιστα ἀρέσκει.' ἐφαρμόσατε οὖν τὰς προλήψεις.
ἐντεῦθεν ἡ ἀρχὴ μάχης. ὁ μὲν λέγει 'οὐ χρὴ ἀποδιδόναι
με τὴν Χρυσηίδα τῷ πατρί', ὁ δὲ λέγει 'δεῖ μὲν οὖν'.
πάντως ὁ ἕτερος αὐτῶν κακῶς ἐφαρμόζει τὴν πρόληψιν

los ernten. Das erwarte nicht, auch wenn ich es dir sagen
sollte.

VON DEN ALLGEMEINEN VORSTELLUNGEN (1, 22)

Allgemeine Vorstellungen[144] sind allen Menschen gemeinsam, und keine allgemeine Vorstellung steht im Widerspruch zu einer anderen. Denn wer von uns erkennt nicht
an, daß das Gute nützlich und zu billigen ist und daß man es
in jeder Lage erstreben muß? Wer von uns erkennt nicht an,
daß die Gerechtigkeit schön und angenehm ist? Wann erhebt sich dagegen Widerspruch? Er erhebt sich erst bei der
Anwendung unserer allgemeinen Vorstellungen auf die besonderen Einzelfälle, wenn zum Beispiel jemand sagt: «Er
hat schön gehandelt; er ist tapfer.» – «Nein, er ist wahnsinnig.» Daraus erwächst der Streit der Menschen untereinander. Das ist der Streit der Juden, Syrer, Ägypter und Römer; dabei wird nicht bestritten, daß die Frömmigkeit allem
anderen voranzustellen und in jedem Falle zu respektieren
ist; es geht vielmehr um die Frage, ob das Essen von
Schweinefleisch dem Gebot der Frömmigkeit entspricht oder
nicht. Das – so werdet ihr finden – war auch der Streit zwischen Agamemnon und Achill. Denn rufe sie doch zum
Verhör. Was meinst du, Agamemnon? Muß nicht geschehen, was recht und billig ist? «Das muß geschehen.» Was
aber meinst du, Achilleus? Bist du etwa nicht damit einverstanden, daß das, was recht und billig ist, geschieht? «Ich
bin damit völlig einverstanden.» Nun wendet die allgemeinen Vorstellungen auf den konkreten Fall an. Damit beginnt der Streit. Der eine sagt: «Ich brauche die Chryseis
ihrem Vater nicht zurückzugeben.» Der andere sagt: «Das
ist unerläßlich.» Ganz gewiß wendet einer von den beiden
die allgemeine Vorstellung von dem, was nötig ist, falsch

τοῦ δέοντος. ͗ πάλιν ὁ μὲν λέγει 'οὐκοῦν, εἴ με δεῖ ἀπο-
δοῦναι τὴν Χρυσηίδα, δεῖ με λαβεῖν ὑμῶν τινος τὸ γέ-
ρας᾽, ὁ δέ 'τὴν ἐμὴν οὖν λάβῃς ἐρωμένην;'. 'τὴν σήν'
φησίν. 'ἐγὼ οὖν μόνος —᾽ 'ἀλλ' ἐγὼ μόνος μὴ ἔχω;' οὔ-
τως μάχη γίνεται.

Τί οὖν ἐστι τὸ παιδεύεσθαι; μανθάνειν τὰς φυσικὰς
προλήψεις ἐφαρμόζειν ταῖς ἐπὶ μέρους οὐσίαις καταλλήλως τῇ φύσει καὶ λοιπὸν διελεῖν, ὅτι τῶν ὄντων τὰ μέν
ἐστιν ἐφ' ἡμῖν, τὰ δὲ οὐκ ἐφ' ἡμῖν· ἐφ' ἡμῖν μὲν προαίρεσις καὶ πάντα τὰ προαιρετικὰ ἔργα, οὐκ ἐφ' ἡμῖν δὲ
τὸ σῶμα, τὰ μέρη τοῦ σώματος, κτήσεις, γονεῖς, ἀδελ-
φοί, τέκνα, πατρίς, ἁπλῶς οἱ κοινωνοί. ποῦ οὖν θῶμεν
τὸ ἀγαθόν; ποίᾳ οὐσίᾳ αὐτὸ ἐφαρμόσομεν; τῇ ἐφ' ἡμῖν;
— Εἶτα οὐκ ἔστιν ἀγαθὸν ὑγίεια καὶ ἀρτιότης καὶ ζωή,
ἀλλ' οὐδὲ τέκνα οὐδὲ γονεῖς οὐδὲ πατρίς; — Καὶ τίς
σου ἀνέξεται; μεταθῶμεν οὖν αὐτὸ πάλιν ἐνθάδε. ἐνδέχεται οὖν βλαπτόμενον καὶ ἀποτυγχάνοντα τῶν ἀγαθῶν
εὐδαιμονεῖν; — Οὐκ ἐνδέχεται. — Καὶ τὴν πρὸς τοὺς
κοινωνοὺς οἵαν δεῖ*...... ἀναστροφήν; καὶ πῶς ἐνδέχεται; ἐγὼ γὰρ πέφυκα πρὸς τὸ ἐμὸν συμφέρον. εἰ συμφέρει μοι ἀγρὸν ἔχειν, συμφέρει μοι καὶ ἀφελέσθαι αὐτὸν τοῦ πλησίον· εἰ συμφέρει μοι ἱμάτιον ἔχειν, συμφέρει μοι καὶ κλέψαι αὐτὸ ἐκ βαλανείου. ἔνθεν πόλεμοι,
στάσεις, τυραννίδες, ἐπιβουλαί. πῶς δ' ἔτι δυνήσομαι

* τηρεῖν.

an. Und das sagt wieder der eine: «Gut, wenn ich die Chryseis zurückgeben muß, dann muß ich von einem von euch den Preis, den er gewonnen hat, bekommen.» Der andere erwidert: «Willst du mir etwa meine Geliebte wegnehmen?» – «Ja, das will ich.» – «Ich soll also der einzige sein, der ...?» – «Soll ich etwa der einzige sein, der leer ausgeht?» So entsteht der Streit.

Was ist nun Bildung? Daß man lernt, die von Natur aus vorhandenen allgemeinen Vorstellungen auf die besonderen Fälle im Einklang mit der Natur anzuwenden und weiterhin zu unterscheiden, daß ein Teil der Dinge in unserer Macht steht, ein Teil aber auch nicht. In unserer Macht stehen die sittliche Entscheidung[145] und alle Akte auf der Grundlage der sittlichen Entscheidung; nicht in unserer Macht stehen unser Körper, die Teile unseres Körpers, der Besitz, die Eltern, die Geschwister, die Kinder, das Vaterland und kurz: alle, mit denen wir in Verbindung stehen. Wo sollen wir das Gute einordnen? Welchem der beiden Bereiche sollen wir es zuordnen? Dem Bereich, der in unserer Macht steht? Sind denn dann Gesundheit, Unversehrtheit und Leben kein Gut? Und nicht einmal Kinder, Eltern und Vaterland? Wer wird dir das abnehmen? Laß uns also diese Dinge wieder als «gut» bezeichnen. Ist es möglich, daß jemand, der Schaden erleidet und das Gute verliert, glücklich ist? – Ausgeschlossen. – Und kann er die Beziehungen zu seinen Mitmenschen aufrechterhalten, wie es sein soll? Wie kann das möglich sein? Ich bin doch von Natur aus auf meinen eigenen Nutzen eingestellt. Wenn es mir nützt, ein Stück Land zu besitzen, dann nützt es mir auch, es meinem Nachbarn wegzunehmen. Wenn es mir nützt, einen Mantel zu besitzen, dann nützt es mir auch, ihn aus der Badeanstalt zu stehlen. So entstehen Kriege, Aufstände, Gewaltherrschaft und Verschwörungen. Wie

τὸ πρὸς τὸν Δία καθῆκον; εἰ γὰρ βλάπτομαι καὶ ἀτυχῶ,
οὐκ ἐπιστρέφεταί μου. καὶ 'τί μοι καὶ αὐτῷ, εἰ οὐ δύναταί μοι βοηθῆσαι;' καὶ πάλιν 'τί μοι καὶ αὐτῷ, εἰ
θέλει μ' ἐν τοιούτοις εἶναι ἐν οἷς εἰμι;' ἄρχομαι λοιπὸν
μισεῖν αὐτόν. τί οὖν ναοὺς ποιοῦμεν, τί οὖν ἀγάλματα,
ὡς κακοῖς δαίμοσιν, ὡς πυρετῷ τῷ Διί; καὶ πῶς ἔτι
Σωτὴρ[¦] καὶ πῶς Ὑέτιος καὶ πῶς Ἐπικάρπιος; καὶ μήν,
ἂν ἐνταῦθά που θῶμεν τὴν οὐσίαν τοῦ ἀγαθοῦ, πάντα
ταῦτα ἐξακολουθεῖ.

Τί οὖν ποιήσωμεν; — Αὕτη ἐστὶ ζήτησις τοῦ φιλοσοφοῦντος τῷ ὄντι καὶ ὠδίνοντος· νῦν ἐγὼ οὐχ ὁρῶ τί
ἐστι τὸ ἀγαθὸν καὶ τὸ κακόν· οὐ μαίνομαι; ναί· ἀλλ'
⟨ἂν⟩ ἐνταῦθά που θῶ τὸ ἀγαθόν, ἐν τοῖς προαιρετικοῖς, πάντες μου καταγελάσονται. ἥξει τις γέρων πολιὸς
χρυσοῦς δακτυλίους ἔχων πολλούς, εἶτα ἐπισείσας τὴν
κεφαλὴν ἐρεῖ 'ἄκουσόν μου, τέκνον· δεῖ μὲν καὶ φιλοσοφεῖν, δεῖ δὲ καὶ ἐγκέφαλον ἔχειν· ταῦτα μωρά ἐστιν.
σὺ παρὰ τῶν φιλοσόφων μανθάνεις συλλογισμόν, τί δέ
⟨σ⟩οι ποιητέον ἐστίν, σὺ κάλλιον οἶδας ἢ οἱ φιλόσοφοι'.
ἄνθρωπε, τί οὖν μοι ἐπιτιμᾷς, εἰ οἶδα; τούτῳ τῷ ἀνδρα-
πόδῳ τί εἴπω; ἂν σιωπῶ, ῥήγνυται ἐκεῖνος. ὡς δεῖ λέγειν ὅτι 'σύγγνωθί μοι ὡς τοῖς ἐρῶσιν· οὐκ εἰμὶ ἐμαυτοῦ, μαίνομαι'.

kann ich da noch meine Pflicht gegenüber Zeus erfüllen?
Wenn ich nämlich Schaden erleide und ins Unglück gerate,
kümmert er sich nicht um mich. Und: «Was habe ich mit
ihm zu schaffen, wenn er mir nicht helfen kann?» Und weiter: «Was habe ich mit ihm zu schaffen, wenn er es will, daß
ich mich in einer solch üblen Lage befinde?» Ja, am Ende
fange ich an, ihn zu hassen. Wozu bauen wir Tempel, wozu
stellen wir Götterbilder auf, wie für böse Geister, wie für
Zeus als Gott des Fiebers[146]? Und wie kann er dann noch
«Retter», «Regenspender» und «Gott der guten Ernte»
sein? Wahrhaftig, wenn wir Dinge dieser Art für «gut» halten, ergibt sich alles eben Gesagte aus dieser Annahme.

Was sollen wir nun tun? Das ist die Frage des wahrhaft
philosophisch denkenden und geistig hart ringenden Menschen: Jetzt sehe ich nicht, was das Gute und das Böse ist.
Bin ich nicht wahnsinnig? Ja, aber wenn ich das Gute dem
anderen Bereich zuordne, der meiner sittlichen Entscheidung zugänglich ist, dann werden mich alle auslachen. Ein
alter Mann mit grauen Haaren und vielen goldenen Ringen
an den Fingern wird auf mich zu kommen, den Kopf schüt-
teln und sagen: «Hör mir zu, mein Sohn. Selbstverständlich muß man philosophieren; man muß aber auch seinen
gesunden Menschenverstand behalten. Das ist alles Un-
sinn. Du lernst von den Philosophen, logische Schlüsse zu
ziehen; was du aber tun mußt, das weißt du viel besser als
die Philosophen.» Mensch, warum tadelst du mich, wenn
ich es weiß? Was soll ich dieser Sklavenseele antworten?
Wenn ich schweige, dann kriegt er einen Wutanfall. So
muß ich ihm sagen: «Hab Nachsicht mit mir wie mit den
Verliebten. Ich habe meine Selbstkontrolle verloren, ich bin
wahnsinnig.»

Τί δεῖ πρόχειρον ἔχειν ἐν ταῖς
περιστάσεσιν.

Ὅταν εἰσίῃς πρός τινα τῶν ὑπερεχόντων, μέμνησο
ὅτι καὶ ἄλλος ἄνωθεν βλέπει τὰ γιγνόμενα καὶ ὅτι
ἐκείνῳ σε δεῖ μᾶλλον ἀρέσκειν ἢ τούτῳ. ἐκεῖνος οὖν
σου πυνθάνεται ᾽φυγὴν καὶ φυλακὴν καὶ δεσμὰ καὶ
θάνατον καὶ ἀδοξίαν τί ἔλεγες ἐν τῇ σχολῇ;᾽ ᾽ἐγὼ ἀδιάφορα.᾽ ᾽νῦν οὖν τίνα αὐτὰ λέγεις; μή τι ἐκεῖνα ἠλλάγη;᾽
᾽οὔ.᾽ ᾽σὺ οὖν ἠλλάγης;᾽ ᾽οὔ.᾽ ᾽λέγε οὖν τίνα ἐστὶν
ἀδιάφορα.᾽ ⟨᾽τὰ ἀπροαίρετα.᾽⟩ ᾽λέγε καὶ τὰ ἑξῆς.᾽
᾽ἀπροαίρετα οὐδὲν πρὸς ἐμέ.᾽ ᾽λέγε καὶ τὰ ἀγαθὰ
τίνα ὑμῖν ἐδόκει;᾽ ᾽προαίρεσις οἵα δεῖ καὶ χρῆσις
φαντασιῶν.᾽ ᾽τέλος δὲ τί;᾽ ᾽τὸ σοὶ ἀκολουθεῖν.᾽
᾽ταῦτα καὶ νῦν λέγεις;᾽ ᾽ταὐτὰ καὶ νῦν λέγω.᾽ ἄπ[ε]ιθι
λοιπὸν ἔσω θαρρῶν‖ καὶ μεμνημένος τούτων καὶ ὄψει
τί ἐστι νέος μεμελετηκὼς ἃ δεῖ ἐν ἀνθρώποις ἀμελετή-
τοις. ἐγὼ μὲν νὴ τοὺς θεοὺς φαντάζομαι ὅτι πείσῃ τὸ
τοιοῦτον ᾽τί οὕτως μεγάλα καὶ πολλὰ παρασκευαζόμεθα
πρὸς τὸ μηδέν; τοῦτο ἦν ἡ ἐξουσία; τοῦτο τὰ πρόθυρα,
οἱ κοιτωνῖται, οἱ ἐπὶ τῆς μαχαίρας; τούτων ἕνεκα τοὺς
πολλοὺς λόγους ἤκουον; ταῦτα οὐδὲν ἦν, ἐγὼ δ᾽ ὡς μεγάλα παρεσκευαζόμην.᾽

WAS MUSS MAN IN SCHWIERIGEN LAGEN
ZUR HAND HABEN? (1, 30)

Wenn du zu irgendeinem prominenten Mann kommst,
dann denke daran, daß noch ein anderer von oben auf das
Geschehen blickt und daß man diesem mehr gefallen muß
als jenem. Dieser fragt dich also: «Verbannung, Gefängnis,
Ketten, Tod und Schande, was sagst du darüber in deiner
Philosophenschule?» – «Ich bezeichne diese Dinge als
‹gleichgültig›[147].» – «Und wie nennst du sie jetzt? Sie haben
sich doch nicht verändert?» – «Nein.» – «Hast du dich verändert?» – «Nein.» – «Sag mir nun, was ‹gleichgültige›
Dinge sind.» – «Die Dinge, die meiner sittlichen Entscheidung entzogen sind[148].» – «Sag mir auch, was sich daran anschließt.» – «Die Dinge, die meiner sittlichen Entscheidung
entzogen sind, gehen mich nichts an.» – «Sag mir auch, was
eurer Ansicht nach die ‹guten› Dinge sind.» – «Eine angemessene sittliche Entscheidung und der rechte Gebrauch
der äußeren Eindrücke.» – «Was aber ist das ‹höchste
Ziel›[149]?» – «Dir, mein Gott, zu folgen.» – «Denkst du auch
jetzt noch so?» – «Ja.» – «Dann geh nur ruhig hinein, in vol-
lem Vertrauen und in Gedanken an diese Worte, und du
wirst sehen, was es bedeutet, ein junger Mann zu sein, der
eifrig studiert hat, was nötig ist[150], wenn er unter Menschen
ist, die dies nicht studiert haben. Ich stelle mir vor, bei den
Göttern, daß du dann ein Gefühl haben wirst wie dieses:
‹Warum treffen wir so große und umfängliche Vorberei-
tungen für ein Nichts? Beruhte darauf die Autorität des
hohen Herrn? Dienten dazu die Vorzimmer, die Kammer-
herren, die Leibwächter? Mußte ich dafür die vielen Vorlesungen hören? Das war ja gar nichts. Ich hatte mich doch
darauf vorbereitet, als ob es sich um etwas ganz Großes
handelte.›»

Τίς ἀρχὴ φιλοσοφίας.

Ἀρχὴ φιλοσοφίας παρά γε τοῖς ὡς δεῖ καὶ κατὰ θύραν ἁπτομένοις αὐτῆς συναίσθησις τῆς αὐτοῦ ἀσθενείας καὶ ἀδυναμίας περὶ τὰ ἀναγκαῖα. ὀρθογωνίου μὲν γὰρ τριγώνου ἢ διέσεως ἡμιτονίου οὐδεμίαν φύσει ἔννοιαν ἥκομεν ἔχοντες, ἀλλ' ἔκ τινος τεχνικῆς παραλήψεως διδασκόμεθα ἕκαστον αὐτῶν καὶ διὰ τοῦτο οἱ μὴ εἰδότες αὐτὰ οὐδ' οἴονται εἰδέναι. ἀγαθοῦ δὲ καὶ κακοῦ καὶ καλοῦ καὶ αἰσχροῦ καὶ πρέποντος καὶ ἀπρεποῦς καὶ εὐδαιμονίας καὶ προσήκοντος καὶ ἐπιβάλλοντος καὶ ὅ τι δεῖ ποιῆσαι καὶ ὅ τι οὐ δεῖ ποιῆσαι τίς οὐκ ἔχων ἔμφυτον ἔννοιαν ἐλήλυθεν; διὰ τοῦτο πάντες χρώμεθα τοῖς ὀνόμασιν καὶ ἐφαρμόζειν πειρώμεθα τὰς προλήψεις ταῖς ἐπὶ μέρους οὐσίαις. καλῶς ἐποίησεν, δεόντως, οὐ δεόντως· ἠτύχησεν, εὐτύχησεν· ἄδικός ἐστιν, δίκαιός ἐστιν. τίς ἡμῶν φείδεται τούτων τῶν ὀνομάτων; τίς ἡμῶν ἀναβάλλεται τὴν χρῆσιν αὐτῶν μέχρι μάθῃ καθάπερ τῶν περὶ τὰς γραμμὰς ἢ τοὺς φθόγγους οἱ οὐκ εἰδότες; τούτου δ' αἴτιον τὸ ἥκειν ἤδη τινὰ ὑπὸ τῆς φύσεως κατὰ τὸν τόπον ὥσπερ δεδιδαγμένους, ἀφ' ὧν ὁρμώμενοι καὶ τὴν οἴησιν προσειλήφαμεν. — †Διὰ γάρ*, φησίν, οὐκ οἶδα ἐγὼ τὸ καλὸν καὶ τὸ αἰσχρόν; οὐκ ἔχω ἔννοιαν αὐτοῦ; — Ἔχεις. — Οὐκ ἐφαρμόζω τοῖς ἐπὶ μέρους; — Ἐφαρμόζεις. — Οὐ

---

* Statt Διὰ γάρ lies Νὴ Δία γε. φύσει.

WAS IST DER ANFANG DER PHILOSOPHIE? (2, 11)

Ein Anfang der Philosophie ist bei denen, die sie sachgemäß
in Angriff nehmen und den richtigen Einstieg wählen, das
Bewußtsein der eigenen Schwäche und Unfähigkeit angesichts dessen, was notwendig ist. Denn wir kommen auf die
Welt, ohne von vornherein einen Begriff von einem recht-
winkligen Dreieck oder von einem Halbtonintervall zu
haben, sondern wir lernen erst mit Hilfe einer bestimmten
Lehrmethode jedes einzelne dieser Phänomene kennen, und
aufgrund dessen bilden sich diejenigen, die dies nicht kennen, auch nicht ein, etwas davon zu verstehen. Wer aber ist
schon auf die Welt gekommen, ohne angeborene Vorstellung von Gut und Böse, Schön und Häßlich, Angemessen
und Unangemessen, von Glück (und Unglück) und von
dem, was uns zukommt und uns auferlegt ist und was man
tun muß und nicht tun darf? Daher gebrauchen wir alle
diese Begriffe und versuchen unsere allgemeinen Vorstellungen den besonderen Situationen anzupassen. «Der
Mann hat recht gehandelt, pflichtgemäß oder nicht pflichtgemäß.» – «Er hat Pech oder Glück gehabt.» – «Er ist ungerecht oder gerecht.» Wer von uns meidet diese Wörter?
Wer von uns schiebt ihre Verwendung auf, bis er ihre
wahre Bedeutung gelernt hat, wie diejenigen, die noch nicht
Bescheid wissen über Linien und Töne, auch die entsprechenden Begriffe nicht verwenden? Das kommt daher, daß
wir gleich mit gewissen Vorstellungen auf die Welt kommen, als ob wir bereits von der Natur belehrt worden wären, mit Vorstellungen also, von denen wir ausgehen und
mit denen wir uns eine bestimmte Meinung gebildet haben.
Ja, beim Zeus, weiß ich denn von Natur aus nicht, was schön
und häßlich ist? Habe ich keine Vorstellung davon? Doch.
Passe ich diese nicht an die besonderen Umstände an? Doch.

καλῶς οὖν ἐφαρμόζω; — Ἐνταῦθά ἐστι τὸ ζήτημα πᾶν
καὶ οἴησις ἐνταῦθα προσγίνεται. ἀφ᾽ ὁμολογουμένων
γὰρ ὁρμώμενοι τούτων ἐπὶ τὸ ἀμφισβητούμενον προά-
γουσιν ὑπὸ τῆς ἀκαταλλήλου ἐφαρμογῆς. ὡς εἴ γε καὶ
τοῦτο ἔτι πρὸς ἐκείνοις ἐκέκτηντο, τί ἐκώλυε⟨ν⟩ αὐτοὺς
εἶναι τελείους; νῦν δ᾽ ἐπεὶ δοκεῖς ὅτι καὶ καταλλήλως
ἐφαρμόζεις τὰς προλήψεις τοῖς ἐπὶ μέρους, εἰπέ μοι,
πόθεν τοῦτο λαμβάνεις; — Ὅτι δοκεῖ μοι. — Τουτὶ
οὖν ⟨ᾧ⟩τινι οὐ δοκεῖ, καὶ οἴεται καὶ αὐτὸς ἐφαρμόζειν καλῶς· ἢ οὐκ οἴεται; — Οἴεται. — Δύνασθε οὖν
περὶ ὧν τὰ μαχόμενα δοξάζετε ἀμφότεροι καταλλήλως
ἐφαρμόζειν τὰς προλήψεις; — Οὐ δυνάμεθα. — Ἔχεις
οὖν δεῖξαί τι ἡμῖν πρὸς τὸ αὐτὰς ἐφαρμόζειν ἄμεινον
ἀνωτέρω τοῦ δοκεῖν σοι; ὁ δὲ μαινόμενος ἄλλα τινὰ
ποιεῖ ἢ τὰ δοκοῦντά οἱ καλά; κἀκείνῳ οὖν ἀρκεῖ τοῦτο
τὸ κριτήριον; — Οὐκ ἀρκεῖ. — Ἐλθὼν οὖν ἐπί τι
ἀνωτέρω τοῦ δοκεῖν τί τοῦτό ἐστιν*

Ἴδ᾽ ἀρχὴ φιλοσοφίας· αἴσθησις μάχης τῆς πρὸς
ἀλλήλους τῶν ἀνθρώπων καὶ ζήτησις τοῦ παρ᾽ ὃ γίνεται ἡ μάχη καὶ κατάγνωσις καὶ ἀπιστία πρὸς τὸ
ψιλῶς δοκοῦν, ἔρευνα δέ τις περὶ τὸ δοκοῦν εἰ ὀρθῶς
δοκεῖ καὶ εὕρεσις κανόνος τινός, οἷον ἐπὶ βαρῶν τὸν
ζυγὸν εὕρομεν, οἷον ἐπὶ εὐθέων καὶ στρεβλῶν τὴν
στάθμην. — Τοῦτ᾽ ἔστιν ἀρχὴ φιλοσοφίας; πάντα

---

* Lies τοῦ δοκεῖν. – Τί τοῦτό ἐστιν;

Passe ich sie nicht richtig an? Das eben ist das Problem und hier kommt die subjektive Meinung[151] hinzu. Denn die Menschen gehen von diesen allgemein anerkannten Prinzipien aus, kommen dann aber aufgrund unpassender Anwendung im konkreten Fall zu einer zweifelhaften Entscheidung. Denn wenn sie außer den allgemeinen Vorstellungen auch noch die Fähigkeit zur richtigen Anwendung im konkreten Einzelfall besäßen, was hinderte sie dann daran, vollkommen zu sein? Da du jetzt aber glaubst, daß du die allgemeinen Vorstellungen auf die Einzelfälle richtig anwendest, sag mir, woher du diese Gewißheit beziehst? – Weil es mir so richtig erscheint. – Das scheint aber einem anderen nicht so, und er glaubt ebenfalls, daß er die allgemeinen Vorstellungen richtig anwendet. Oder glaubt er es nicht? – Doch. – Ist es denn möglich, daß ihr dort, wo ihr entgegengesetzte Auffassungen habt, beide die allgemeinen Vorstellungen richtig anwendet? – Das ist ausgeschlossen. – Kannst du uns denn eine höhere Instanz als deine Meinung zeigen, die uns eine bessere Anwendung der allgemeinen Vorstellungen gestattet? Tut etwa der Wahnsinnige etwas anderes als das, was seiner Meinung nach gut ist? Reicht dieses Kriterium auch in seinem Falle aus? – Nein. – Komm also zu der Instanz, die höher ist als deine Meinung. – Was verstehst du darunter?

Denk an den Anfang der Philosophie: Wahrnehmung des Konflikts zwischen den Meinungen der Menschen, Suche nach dem Ursprung dieses Konflikts, Ablehnung und Mißtrauen gegenüber der bloßen Meinung, ferner Überprüfung der Meinung, ob sie richtig ist, Auffindung eines Maßstabes, wie wir zur Feststellung des Gewichts die Waage oder für die Unterscheidung des Geraden und des Schiefen die Richtschnur erfunden haben. Ist das der Anfang der Philosophie? Ist alles in Ordnung, was allen richtig

καλῶς ἔχει τὰ δοκοῦντα ἅπασι; — Καὶ πῶς δυνατὸν τὰ μαχόμενα καλῶς ἔχειν; οὐκοῦν οὐ πάντα, ἀλλὰ τὰ ἡμῖν δοκοῦντα. τί μᾶλλον ἢ τὰ Σύροις, τί μᾶλλον ἢ τὰ Αἰγυπτίοις, τί μᾶλλον ἢ τὰ ἐμοὶ φαινόμενα ἢ τὰ τῷ δεῖνι; — Οὐδὲν μᾶλλον. — Οὐκ ἄρα ἀρκεῖ τὸ δοκοῦν ἑκάστῳ πρὸς τὸ εἶναι· οὐδὲ γὰρ ἐπὶ βαρῶν ἢ μέτρων ψιλῇ τῇ ἐμφάσει ἀρκούμεθα, ἀλλὰ κανόνα τινὰ ἐφ' ἑκάστου εὕρομεν. ἐνταῦθ' οὖν οὐδεὶς κανὼν ἀνωτέρω τοῦ δοκεῖν; καὶ πῶς οἷόν τε ἀτέκμαρτα εἶναι καὶ ἀνεύρετα τὰ ἀναγκαιότατα ἐν ἀνθρώποις; — Ἔστιν οὖν. — Καὶ διὰ τί οὐ ζητοῦμεν αὐτὸν καὶ ἀνευρίσκομεν καὶ ἀνευρόντες λοιπὸν ἀπαραβάτως χρώμεθα δίχα αὐτοῦ μηδὲ τὸν δάκτυλον ἐκτείνοντες; τοῦτο γάρ, οἶμαι, ἐστὶν ὃ εὑρεθὲν ἀπαλλάσσει μανίας τοὺς μόνῳ τῷ δοκεῖν μέτρῳ πάντων χρωμένους, ἵνα λοιπὸν ἀπό τινων γνωρίμων καὶ διευκρινημένων ὁρμώμενοι χρώμεθα ἐπὶ τῶν ἐπὶ μέρους διηρθρωμέναις ταῖς προλήψεσι.

Τίς ὑποπέπτωκεν οὐσία περὶ ἧς ζητοῦμεν; — Ἡδονή. — Ὕπαγε αὐτὴν τῷ κανόνι, βάλε εἰς τὸν ζυγόν. τὸ ἀγαθὸν δεῖ εἶναι τοιοῦτον, ἐφ' ᾧ θαρρεῖν ἄξιον καὶ ᾧ πεποιθέναι; — Δεῖ. — Ἀβεβαίῳ οὖν τινι θαρρεῖν ἄξιον; — Οὔ. — Μή τι οὖν βέβαιον ἡ ἡδονή; — Οὔ. — Ἆρον οὖν καὶ βάλε ἔξω ἐκ τοῦ ζυγοῦ καὶ ἀπέλασον τῆς χώρας τῶν ἀγαθῶν μακράν. εἰ δ' οὐκ ὀξυβλεπτεῖς καὶ ἕν σοι

zu sein scheint? Und wie ist es möglich, daß Meinungen, die im Widerspruch zueinander stehen, richtig sind? Folglich sind nicht alle richtig. Aber sind nur unsere Meinungen richtig? Warum sollten es unsere in höherem Maße sein als die der Syrer oder der Ägypter, warum meine mehr als die eines beliebigen Mitmenschen? – Es gibt keinen Grund, warum es so sein sollte. – Also ist die Meinung, die jemand hat, kein hinreichendes Kriterium für die Bestimmung der Wahrheit. Denn auch im Falle der Maße und Gewichte geben wir uns nicht mit dem bloßen Eindruck zufrieden, sondern haben einen Maßstab für beides gefunden. Gibt es denn ausgerechnet hier keinen höheren Maßstab als die bloße Meinung? Und wie ist es möglich, daß die allerwichtigsten Fragen für die Menschen unbestimmbar und unlösbar sein sollten? – Deshalb gibt es doch wohl einen Maßstab. – Und warum suchen und finden wir ihn nicht, und wenn wir ihn gefunden haben, gebrauchen wir ihn nicht standhaft, ohne auch nur einen Fingerbreit von ihm abzuweichen? Denn diese Entdeckung ist es doch wohl, welche alle von ihrem Wahnsinn befreit, die allein ihre Meinung als Maß aller Dinge gebrauchen, damit wir in Zukunft von anerkannten und klar bestimmten Prinzipien ausgehend bei der Beurteilung bestimmter Einzelfälle ein deutlich umschriebenes System von allgemeinen Vorstellungen benutzen können.

Was ist der Gegenstand unserer Untersuchung? – Die Lust. – Prüfe sie mit unserem Maßstab, wirf sie auf die Waagschale. Muß das Gute etwas sein, auf das man bauen und dem man vertrauen kann? – Ja. – Auf etwas Unsicheres darf man nicht bauen? – Nein. – Ist die Lust denn etwas Sicheres? – Nein. – Nimm sie also und wirf sie von der Waage und schaff sie weit fort aus dem Bereich der wahren Güter. Wenn du aber noch nicht scharf siehst und dir eine einzige

ζυγὸν οὐκ ἀρκεῖ, φέρε ἄλλο. ἐπὶ τῷ ἀγαθῷ ἄξιον
ἐπαίρεσθαι; — Ναί. — Ἐφ᾽ ἡδονῇ οὖν παρούσῃ ἄξιον
ἐπαίρεσθαι; βλέπε μὴ εἴπῃς ὅτι ἄξιον· εἰ δὲ μή, οὐκέτι
σε οὐδὲ τοῦ ζυγοῦ ἄξιον ἡγήσομαι. οὕτως κρίνεται τὰ
πράγματα καὶ ἵσταται τῶν κανόνων ἡτοιμασμένων· καὶ
τὸ φιλοσοφεῖν τοῦτό ἐστιν, ἐπισκέπτεσθαι καὶ βεβαιοῦν
τοὺς κανόνας, τὸ δ᾽ ἤδη χρῆσθαι τοῖς ἐγνωσμένοις
τοῦτο τοῦ καλοῦ καὶ ἀγαθοῦ ἔργον ἐστίν.

Πῶς συνυπάρχει μεγαλοφροσύνη καὶ ἐπιμέλεια.

... δύσκολον δὲ μῖξαι καὶ συναγαγεῖν ταῦτα,
ἐπιμέλειαν τοῦ προσπεπονθότος ταῖς ὕλαις καὶ εὐστά-
θειαν τοῦ ἀνεπιστρεπτοῦντος, πλὴν οὐκ ἀδύνατον. εἰ
δὲ μή, ἀδύνατον τὸ εὐδαιμονῆσαι. ἀλλ᾽ οἷόν τι ἐπὶ τοῦ
πλοῦ ποιοῦμεν. τί μοι δύναται; τὸ ἐκλέξασθαι τὸν κυ-
βερνήτην, τοὺς ναύτας, τὴν ἡμέραν, τὸν καιρόν. εἶτα
χειμὼν ἐμπέπτωκεν. τί οὖν ἔτι μοι μέλει; τὰ γὰρ ἐμὰ
ἐκπεπλήρωται. ἄλλου ἐστὶν ἡ ὑπόθεσις, τοῦ κυβερνήτου.
ἀλλὰ καὶ ἡ ναῦς καταδύεται. τί οὖν ἔχω ποιῆσαι; ὃ
δύναμαι, τοῦτο μόνον ποιῶ· μὴ φοβούμενος ἀποπνίγο-
μαι οὐδὲ κεκραγὼς οὐδ᾽ ἐγκαλῶν τῷ θεῷ, ἀλλ᾽ εἰδώς,
ὅτι τὸ γενόμενον καὶ φθαρῆναι δεῖ. οὐ γάρ εἰμι αἰών,
ἀλλ᾽ ἄνθρωπος, μέρος τῶν πάντων ὡς ὥρα ἡμέρας.
ἐνστῆναί με δεῖ ὡς τὴν ὥραν καὶ παρελθεῖν ⟨ὡς⟩ ὥραν.

Waage nicht genügt, dann bring eine andere her. Kann man
auf das Gute stolz sein? – Ja. – Kann man nun auch auf die
Lust stolz sein? Sieh zu, daß du nicht sagst, man könne es.
Denn sonst werde ich dich nicht mehr für berufen halten,
Werte zu wägen.

So werden die Dinge geprüft und gewogen, wenn uns die
Maßstäbe dafür zur Verfügung stehen. Und das ist Philosophieren: die Maßstäbe prüfen und festsetzen. Sie aber
auch anzuwenden, nachdem sie erkannt worden sind, das ist
die Aufgabe eines ganz ausgezeichneten Mannes.

WIE LASSEN SICH EIN HOHER SINN UND DIE SORGE UM MATERIELLE GÜTER VEREINBAREN? (2, 5, 9–14)

Es ist schwierig, diese Dinge miteinander zu verbinden: den
Einsatz eines Mannes, der ganz in der Sorge um materielle
Dinge aufgeht, und die ruhige Festigkeit eines Menschen,
der diese Dinge verachtet; aber unmöglich ist es nicht. Andernfalls wäre es unmöglich, glücklich zu sein. Doch wir
verfahren so wie bei der Vorbereitung einer Seereise. Was
kann ich dafür tun? Den Steuermann, die Seeleute, den Rei-
setag, den rechten Zeitpunkt auswählen. Dann kommt
Sturm auf. Inwiefern liegt das nun noch bei mir? Denn ich
habe meine Aufgabe erfüllt. Jetzt aber ist ein anderer am
Zuge, der Steuermann. Doch das Schiff sinkt. Was habe ich
nun zu tun? Ich tue nur das, was in meiner Macht steht:
Ohne Furcht gehe ich unter, ohne zu schreien, ohne Gott
Vorwürfe zu machen, sondern mit der Einsicht, daß alles,
was entstanden ist, auch wieder vergeht. Denn ich bin nicht
unsterblich, sondern ein Mensch, ein Teilchen des Ganzen,
wie eine Stunde ein Teil des Tages ist. Ich muß kommen wie
die Stunde und vergehen wie die Stunde. Was macht es für

τί οὖν μοι διαφέρει πῶς παρέλθω, πότερον πνιγεὶς ἢ
πυρέξας; διὰ γὰρ τοιούτου τινὸς δεῖ παρελθεῖν με.

Περὶ ἀσκήσεως.

Τὰς ἀσκήσεις οὐ δεῖ διὰ τῶν παρὰ φύσιν καὶ παρα-
δόξων ποιεῖσθαι, ἐπεί τοι τῶν θαυματοποιῶν οὐδὲν
διοίσομεν οἱ λέγοντες φιλοσοφεῖν. δύσκολον γάρ ἐστι
καὶ τὸ ἐπὶ σχοινίου περιπατεῖν καὶ οὐ μόνον δύσκολον,
ἀλλὰ καὶ ἐπικίνδυνον. τούτου ἕνεκα δεῖ καὶ ἡμᾶς μελετᾶν ἐπὶ σχοινίου περιπατεῖν ἢ φοίνικα ἱστάνειν ἢ ἀνδριάντας περιλαμβάνειν; οὐδαμῶς. οὐκ ἔστι τὸ δύσκολον
πᾶν καὶ ἐπικίνδυνον ἐπιτήδειον πρὸς ἄσκησιν, ἀλλὰ τὸ
πρόσφορον τῷ προκειμένῳ ἐκπονηθῆναι. τί δ᾽ ἐστὶ τὸ
προκείμενον ἐκπονηθῆναι; ὀρέξει καὶ ἐκκλίσει ἀκωλύ-
τως ἀναστρέφεσθαι. τοῦτο δὲ τί ἐστιν, μήτε ὀρεγόμενον
ἀποτυγχάνειν μήτ᾽ ἐκκλίνοντα περιπίπτειν. πρὸς τοῦτο
οὖν καὶ τὴν ἄσκησιν ῥέπειν δεῖ. ἐπεὶ γὰρ οὐκ ἔστιν
ἀναπότευκτον σχεῖν τὴν ὄρεξιν καὶ τὴν ἔκκλισιν ἀπερίπτωτον ἄνευ μεγάλης καὶ συνεχοῦς ἀσκήσεως, ἴσθι
ὅτι, ἐὰν ἔξω ἐάσῃς ἀποστρέφεσθαι αὐτὴν ἐπὶ τὰ ἀπροαίρετα, οὔτε τὴν ὄρεξιν ἐπιτευκτικὴν ἕξεις οὔτε τὴν
ἔκκλισιν ἀπερίπτωτον. καὶ ἐπεὶ τὸ ἔθος ἰσχυρὸν προ-
ηγῆται πρὸς μόνα ταῦτα εἰθισμένων ἡμῶν χρῆσθαι ὀρέξει καὶ ἐκκλίσει, δεῖ τῷ ἔθει τούτῳ ἐναντίον ἔθος ἀν-

einen Unterschied, wie ich vergehe, ob durch Ertrinken
oder durch Fieber? Denn auf diese oder ähnliche Weise muß
ich vergehen.

VON DER ÜBUNG (3, 12)

Unsere Übungen dürfen wir nicht auf unnatürliche und un-
vernünftige Aufgaben und Situationen beziehen. Denn
dann würden wir, die wir behaupten, Philosophen zu sein,
uns in nichts von den Marktschreiern unterscheiden. Denn
schwierig ist es ja auch, auf einem Seil spazieren zu gehen,
und nicht nur schwierig, sondern auch gefährlich. Müssen
wir uns deswegen darin üben, auf einem Seil spazieren zu
gehen oder eine Palme aufzustellen oder Statuen zu umar-
men? Keinesfalls. Es ist nicht alles, was schwierig und gefährlich ist, zur Übung geeignet, sondern nur das, was beim
Streben nach dem Ziel unserer Anstrengung zum Erfolg
führt. Was ist das Ziel unserer Anstrengung? Daß wir beim
Begehren und Ablehnen ohne Behinderung sind. Was bedeutet das? Weder das, was man begehrt, zu verfehlen,
noch dem zu verfallen, was man ablehnt. Darauf also muß
unsere Übung abzielen. Denn da es nicht möglich ist, ohne
intensives und andauerndes Training sicherzustellen, daß
unser Begehren sein Ziel erreicht und unsere Ablehnung
erfolgreich ist, mach dir folgendes klar: Wenn du deine
Übung abirren läßt auf Ziele, die außerhalb deiner sittlichen
Entscheidung liegen, dann wirst du bei deinem Begehren so
wenig Erfolg haben wie bei deiner Ablehnung. Und da die
Gewohnheit einen mächtigen Einfluß ausübt, wenn wir uns
darauf eingestellt haben, unser Begehren und unsere Ablehnung nur auf diese äußeren Dinge zu richten, muß man
dieser Gewohnheit mit einer entgegengesetzten Gewohnheit begegnen, und wo die weithin unzuverlässige Natur

τιθεῖναι καὶ ὅπου ὁ πολὺς ὄλισθος τῶν φαντασιῶν, ἐκεῖ
ἀντιτιθέναι τὸ ἀσκητικόν·

Ἑτεροκλινῶς ἔχω πρὸς ἡδονήν· ἀνατοιχήσω ἐπὶ τὸ
ἐναντίον ὑπὲρ τὸ μέτρον τῆς ἀσκήσεως ἕνεκα. ἐκκλιτι-
κῶς ἔχω πόνου· τρίψω μου καὶ γυμνάσω πρὸς τοῦτο
τὰς φαντασίας ὑπὲρ τοῦ ἀποστῆναι τὴν ἔκκλισιν ἀπὸ
παντὸς τοῦ τοιούτου. τίς γάρ ἐστιν ἀσκητής; ὁ μελετῶν
ὀρέξει μὲν ⟨μὴ⟩ χρῆσθαι, ἐκκλίσει δὲ πρὸς μόνα τὰ
προαιρετικὰ χρῆσθαι καὶ μελετῶν μᾶλλον ἐν τοῖς δυσκα-
ταπονήτοις. καθ᾽ ὃ καὶ ἄλλῳ πρὸς ἄλλα μᾶλλον ἀσκητέον. τί οὖν ὧδε ποιεῖ τὸ φοίνικα στῆσαι ἢ τὸ στέγην
δερματίνην καὶ ὅλμον καὶ ὕπερον περιφέρειν; ἄνθρωπε,
ἄσκησον, εἰ γοργὸς εἶ, λοιδορούμενος ἀνέχεσθαι, ἀτι-
μασθεὶς μὴ ἀχθεσθῆναι. εἶθ᾽ οὕτως προ[σ]βήσῃ, ἵνα,
κἂν πλήξῃ σέ τις, εἴπῃς αὐτὸς πρὸς αὐτὸν ὅτι ʻδόξον
ἀνδριάντα περιειληφέναιʼ. εἶτα καὶ οἰναρίῳ κομψῶς χρῆσθαι, μὴ εἰς τὸ πολὺ πίνειν (καὶ γὰρ περὶ τοῦτο ἐπα-
ρίστεροι ἀσκηταί εἰσιν), ἀλλὰ πρῶτον εἰς τὸ ἀποσχέ-
σθαι, καὶ κορασιδίου ἀπέχεσθαι καὶ πλακουνταρίου. εἶτά
ποτε ὑπὲρ δοκιμασίας, εἰ ἄρα, καθήσεις εὐκαίρως αὐτὸς
σαυτὸν ὑπὲρ τοῦ γνῶναι, εἰ ὁμοίως ἡττῶσίν σε αἱ φαντασίαι. τὰ πρῶτα δὲ φεῦγε μακρὰν ἀπὸ τῶν ἰσχυροτέ-

unserer sinnlichen Eindrücke wirksam ist, dort müssen wir unser Training dagegensetzen. Meine Neigung ist einseitig auf die Lust gerichtet. Dann werde ich mich auf die entgegengesetzte Seite des Bootes begeben, und zwar noch über das erforderliche Maß hinaus, um mich darin zu üben. Ich neige dazu, Anstrengung zu meiden. Deswegen werde ich meine Sinneseindrücke besonders hart herannehmen und üben, um meine Ablehnung gegenüber jeder Scheu vor Anstrengung abzubauen. Denn wer ist ein Meister dieser Übung, ein «Asket»? Er, der sich ständig übt, seinem Verlangen nicht nachzugeben und seine Ablehnung nur auf die Dinge zu richten, die im Bereich seiner sittlichen Entscheidung liegen, und der sich besonders in den Situationen übt, die schwer zu meistern sind. Dementsprechend muß sich der eine mehr auf diesem, der andere mehr auf jenem Gebiet üben. Was hat es da für einen Sinn, einen mächtigen Palmbaum aufzustellen oder ein ledernes Zelt, einen schweren Mörser und eine Keule herumzuschleppen? Mensch, übe du dich, falls du selbstherrlich bist, dich zurückzuhalten, sobald du beschimpft wirst, und dich nicht zu grämen, sobald du beleidigt wirst. Dann wirst du solche Fortschritte machen, daß du, wenn dich jemand schlägt, zu dir selbst sagst: «Stell dir vor, du umarmtest eine Statue.» Dann übe dich auch darin, Wein maßvoll zu genießen, nicht um viel trinken zu können (denn das übt auch mancher verdrehte Typ), sondern vor allem um ganz enthaltsam zu werden – auch gegenüber Freudenmädchen und Lüsten des Gaumens. Und dann, wenn eines Tages die Gelegenheit zur Selbstprüfung da ist, wirst du dich selbst zu günstiger Zeit in eine kritische Situation begeben, um zu erkennen, ob dich die sinnlichen Eindrücke noch in gleichem Maße wie früher hinreißen. Zunächst aber mach einen weiten Bogen um die Dinge, die zu stark für dich sind. Der Kampf zwi-

ρων. ἄνισος ἡ μάχη κορασιδίῳ κομψῷ πρὸς νέον ἀρχόμενον φιλοσοφεῖν· χύτρα, φασί, καὶ πέτρα οὐ συμφωνεῖ.

Μετὰ τὴν ὄρεξιν καὶ τὴν ἔκκλισιν δεύτερος τ[ρ]όπος
ὁ περὶ τὴν ὁρμὴν καὶ ἀφορμήν· ⟨ἵν'⟩ εὐπειθὴς τῷ λόγῳ, ἵνα μὴ παρὰ καιρόν, μὴ παρὰ τόπον, μὴ παρὰ ἄλλην
τινὰ τοιαύτην [ἀ]συμμετρίαν. τρίτος ὁ περὶ τὰς συγκα-
ταθέσεις, ὁ πρὸς τὰ πιθανὰ καὶ ἑλκυστικά. ὡς γὰρ ὁ
Σωκράτης ἔλεγεν ἀνεξέταστον βίον μὴ ζῆν, οὕτως
ἀνεξέταστον φαντασίαν μὴ παραδέχεσθαι, ἀλλὰ λέγειν
'ἔκδεξαι, ἄφες ἴδω, τίς εἶ καὶ πόθεν ἔρχῃ', ὡς οἱ νυκτο-
φύλακες 'δεῖξόν μοι τὰ συνθήματα'. 'ἔχεις τὸ παρὰ τῆς
φύσεως σύμβολον, ὃ δεῖ τὴν παραδεχθησομένην ἔχειν
φαντασίαν;' καὶ λοιπὸν ὅσα τῷ σώματι προσάγεται ὑπὸ
τῶν γυμναζόντων αὐτό, ἂν μὲν ὧδέ που ῥέπῃ πρὸς
ὄρεξιν καὶ ἔκκλισιν, εἴη ἂν καὶ αὐτὰ ἀσκητικά· ἂν δὲ
πρὸς ἐπίδειξιν, ἔξω νενευκό⟨το⟩ς ἐστὶ καὶ ἄλλο τι θη-
ρωμένου καὶ θεατὰς ζητοῦντος τοὺς ἐροῦντας 'ὦ[ς] μεγάλου ἀνθρώπου'. διὰ τοῦτο καλῶς ὁ Ἀπολλώνιος ἔλεγεν ὅτι 'ὅταν θέλῃς σαυτῷ ἀσκῆσαι, διψῶν ποτε
καύματος ἐφέλκυσαι βρόγχον ψυχροῦ καὶ ἔκπτυσον καὶ μηδενὶ εἴπῃς'.

schen einem attraktiven Mädchen und einem jungen Mann,
der eben erst anfängt, Philosophie zu studieren, ist zu un-
gleich. Ein zerbrechlicher Topf, wie man sagt, und ein Stein
passen nicht zusammen[152].

Nach dem Begehren und der Ablehnung kommt ein
zweites Thema: Hier geht es um den Willen zum Handeln
und um die Abneigung: Damit du der Vernunft gehorchst
und nicht zu unrechter Zeit, am falschen Ort oder nicht si-
tuationsgerecht handelst.

Beim dritten Thema geht es um die Fälle innerer Zustimmung bei den Dingen, die einleuchten und anziehen. Wie
nämlich Sokrates zu sagen pflegte, daß ein ungeprüftes Leben nicht lebenswert sei[153], so soll man einen sinnlichen
Eindruck nicht ungeprüft in sich aufnehmen, sondern sagen: «Warte, laß erst sehen, wer du bist und woher du
kommst. (Wie die Nachtwächter[154] zu einem sagen: ‹Zeig
mir deinen Ausweis.›) Hast du deinen Ausweis von der Natur, den jeder Eindruck haben muß, der akzeptiert werden
will?»

Schließlich dürften auch alle Methoden, mit denen die
Trainer den Körper trainieren, der Übung dienen, wenn sie
dadurch auf Begehren und Ablehnung zielen. Wenn dies
aber um der bloßen Schau willen geschieht, dann dient es
einem Menschen, der nach außen schielt und etwas anderem nachjagt und den Zuschauern imponieren will, damit
sie sagen: «Was für ein toller Kerl.» Daher pflegte Apollonios[155] mit Recht zu sagen: «Wenn du dich für dich selbst
üben willst, dann nimm, wenn du vor Durst fast ver-
schmachtest, einen Schluck kaltes Wasser in den Mund,
spuck es wieder aus und sag keinem etwas davon.»

Ὅτι δεῖ περιεσκεμμένως ἔρχεσθαι
ἐφ' ἕκαστα.

Ἑκάστου ἔργου σκόπει τὰ καθηγούμενα καὶ τὰ ἀκόλουθα καὶ οὕτως ἔρχου ἐπ' αὐτό. εἰ δὲ μή, τὴν μὲν
πρώτην ἥξεις προθύμως ἅτε μηδὲν τῶν ἑξῆς ἐντεθυμημένος, ὕστερον δ' ἀναφανέντων τινῶν αἰσχρῶς ἀποστήσῃ. 'θέλω Ὀλύμπια νικῆσαι.' ἀλλὰ σκόπει τὰ καθηγούμενα αὐτοῦ καὶ τὰ ἀκόλουθα·¹ καὶ οὕτως ἄν σοι λυσιτελῇ, ἅπτου τοῦ ἔργου. δεῖ σε εὐτακτεῖν, ἀναγκοφαγεῖν,
ἀπέχεσθαι πεμμάτων, γυμνάζεσθαι πρὸς ἀνάγκην, ὥρᾳ
τεταγμένῃ, ἐν καύματι, ἐν ψύχει· μὴ ψυχρὸν πίνειν, μὴ
οἶνον ὅτ' ἔτυχεν· ἁπλῶς ⟨ὡς⟩ ἰατρῷ [γὰρ] παραδεδωκέναι σεαυτὸν τῷ ἐπιστάτῃ· εἶτα ἐν τῷ ἀγῶνι παρορύσσεσθαι, ἔστιν ὅτε χεῖρα ἐκβαλεῖν, σφυρὸν στρέψαι, πολλὴν ἁφὴν καταπιεῖν, μαστιγωθῆναι· καὶ μετὰ τούτων
πάντων ἔσθ' ὅτε νικηθῆναι. ταῦτα λογισάμενος, ἄν ἔτι
θέλῃς, ἔρχου ἐπὶ τὸ ἀθλεῖν· εἰ δὲ μή, ὅρα ὅτι ὡς τὰ
παιδία ἀναστραφήσῃ, ἃ νῦν μὲν ἀθλητὰς παίζει, νῦν δὲ
μονομάχους, νῦν δὲ σαλπίζει, εἶτα τραγῳδεῖ ὅ τ⟨ι⟩ ἄν
ἴδῃ καὶ θαυμάσῃ. οὕτως καὶ σὺ νῦν μὲν ἀθλητής, νῦν
δὲ μονομάχος, εἶτα φιλόσοφος, εἶτα ῥήτωρ, ὅλῃ δὲ τῇ
ψυχῇ οὐδέν, ἀλλ' ὡς ὁ πίθηκος πᾶν ὃ ἄν ἴδῃς μιμῇ καὶ
ἀεί σοι ἄλλο ἐξ ἄλλου ἀρέσκει, τὸ σύνηθες δ' ἀπαρέσκει.

DASS MAN MIT UMSICHT AN ALLES HERANGEHEN
MUSS (3, 15, 1–13)

Bei jedem Vorhaben prüfe seine Voraussetzungen und Folgen und dann erst gehe ans Werk. Wenn du nicht so vorgehst, wirst du zwar zuerst mit großem Eifer an die Sache herangehen, weil du dir die folgenden Schritte noch nicht überlegt hast, später aber, wenn gewisse Schwierigkeiten aufgetreten sind, wirst du die Sache aufgeben und dich dabei schwer blamieren. «Ich will Olympiasieger werden.» Aber denk an die Voraussetzungen dieses Vorhabens und an seine Folgen. Und erst dann mach dich ans Werk, wenn es dir nützt. Du mußt dich einer strengen Disziplin unterwerfen, eine konsequente Diät einhalten, auf Süßigkeiten verzichten, unter äußerstem Zwang trainieren, zu festgesetzter Zeit, in Hitze und Kälte. Du darfst kein kaltes Wasser trinken, keinen Wein, wenn du Lust dazu hast. Kurz: Du mußt dich deinem Trainer wie einem Arzt völlig unterwerfen. Wenn dann der Kampf beginnt, mußt du dich «eingraben»[156]. Es kann dir passieren, daß du dir die Hand verrenkst, den Knöchel verdrehst, viel Staub schluckst und ausgepeitscht[157] wirst. Und bei all dem mußt du natürlich auch damit rechnen, besiegt zu werden. Denk daran, und wenn du es immer noch willst, dann geh in den Kampf. Wenn du das aber nicht tust, dann – paß nur auf – wirst du es treiben wie die Kinder: Bald spielen sie Athlet, bald Gladiator, heute haben sie Spaß an einer Trompete, morgen spielen sie Szenen aus einer Tragödie nach, die sie gesehen und gut gefunden haben. So bist auch du heute ein Athlet, morgen ein Gladiator, dann ein Philosoph und später ein Rhetor. Aber mit ganzer Seele tust du gar nichts, sondern benimmst dich wie ein Affe: Alles, was du siehst, machst du nach, immer wieder begeisterst du dich mal für dieses, mal

οὐ γὰρ μετὰ σκέψεως ἦλθες ἐπί τι οὐδὲ περιοδεύσας ὅλον τὸ πρᾶγμα οὐδὲ βασανίσας, ἀλλ᾽ εἰκῇ καὶ κατὰ ψυχρὰν ἐπιθυμίαν.

Οὕτως τινὲς ἰδόντες φιλόσοφον καὶ ἀκούσαντές τινος οὕτως λέγοντος, ὡς Εὐφράτης λέγει (καίτοι τίς οὕτως δύναται εἰπεῖν ὡς ἐκεῖνος;), θέλουσιν καὶ αὐτοὶ φιλοσοφεῖν. ἄνθρωπε, σκέψαι πρῶτον τί ἐστι τὸ πρᾶγμα, εἶτα καὶ τὴν σαυτοῦ φύσιν, τί δύνασαι βαστάσαι. εἰ παλαιστής, ἰδού σου τοὺς ὤμους, τοὺς μηρούς, τὴν ὀσφῦν. ἄλλος γὰρ πρὸς ἄλλο τι πέφυκεν. δοκεῖς ὅτι ταῦτα ποιῶν δύνασαι φιλοσοφεῖν; δοκεῖς ὅτι δύνασαι ὡσαύτως ἐσθίειν, ὡσαύτως πίνειν, ὁμοίως ὀργίζεσθαι, ὁμοίως δυσαρεστεῖν; ἀγρυπνῆσαι δεῖ, πονῆσαι, νικῆσαί τινας ἐπιθυμίας, ἀπελθεῖν ἀπὸ τῶν οἰκείων, ὑπὸ παιδαρίου καταφρονηθῆναι, ὑπὸ τῶν ἀπαντώντων καταγελασθῆναι, ἐν παντὶ ἔλασσον ἔχειν, ἐν ἀρχῇ, ἐν τιμῇ, ἐν δίκῃ. ταῦτα περισκεψάμενος, εἴ σοι δοκεῖ, προσέρχου, εἰ θέλεις ἀντικαταλλάξασθαι τούτων ἀπάθειαν, ἐλευθερίαν, ἀταραξίαν. εἰ δὲ μή, μὴ πρόσαγε, μὴ ὡς τὰ παιδία νῦν μὲν φιλόσοφος, ὕστερον δὲ τελώνης, εἶτα ῥήτωρ, εἶτα ἐπίτροπος Καίσαρος. ταῦτα οὐ συμφωνεῖ· ἕνα σε δεῖ ἄνθρωπον εἶναι ἢ ἀγαθὸν ἢ κακόν· ἢ τὸ ἡγεμονικόν σε δεῖ ἐξεργάζεσθαι τὸ σαυτοῦ ἢ τὰ ἐκτός· ἢ περὶ τὰ

für jenes. Bekanntes und Vertrautes aber langweilt dich.
Denn nie bist du mit Umsicht an eine Sache herangegangen,
nie hast du die ganze Sache von allen Seiten her betrachtet
und geprüft, sondern dich aufs Geratewohl darauf eingelassen und mit halbem Herzen[158].

So kommt es denn vor, daß manche einen Philosophen
sehen und reden hören wie Euphrates[159] (wer kann freilich
so reden wie er?) und dann selbst Philosoph werden wollen.
Mensch, mach dir doch erst einmal klar, was das für ein
Vorhaben ist. Und dann prüfe deine eigene Begabung und
deine Leistungsfähigkeit. Wenn du Ringkämpfer werden
willst, dann sieh dir doch deine Schultern, deine Schenkel
und deine Lenden an. Denn der eine ist zu diesem, der andere zu jenem geeignet. Glaubst du, daß du bei deinem der-
zeitigen Lebensstil Philosoph sein kannst? Glaubst du, daß
du ebenso essen, ebenso trinken, in gleicher Weise deinen
Leidenschaften und deinem Ärger nachgeben kannst wie
bisher? Du mußt auf Schlaf verzichten, Anstrengungen ertragen, bestimmte Begierden besiegen, deine Angehörigen
verlassen, dich von einem gemeinen Sklaven verachten lassen, von den Leuten, die dir begegnen, verspotten lassen,
überall den kürzeren ziehen, auf dem Amt, in der öffentlichen Anerkennung, vor Gericht. Laß dir das gründlich
durch den Kopf gehen. Wenn es dir dann noch gefällt, dann
mach dich auf den Weg, falls du für diesen Preis innere
Ruhe, Freiheit und Zufriedenheit gewinnen willst. Wenn
du dir das aber nicht zutraust, dann laß die Hände davon.
Und spiele nicht – wie die Kinder – mal Philosoph, mal
Steuereinnehmer, mal Rhetor, mal Prokurator des Kaisers.
Das paßt nicht zusammen. Nur ein Mensch darfst du sein,
entweder gut oder schlecht. Du mußt entweder das leitende
Prinzip in dir ausbilden oder dich mit den äußeren Dingen
beschäftigen. Du mußt entweder an deiner Persönlichkeit

ἔσω φιλοπονεῖ⟨ν⟩ ἢ περὶ τὰ ἔξω· τοῦτ᾽ ἔστι φιλοσόφου
στάσιν ἔχειν ἢ ἰδιώτου.

...διὰ τοῦτο κα-
λῶς Εὐφράτης ἔλεγεν ὅτι 'ἐπὶ πολὺ ἐπειρώμην λανθάνειν φιλοσοφῶν καὶ ἦν μοι', φησίν, 'τοῦτο
ὠφέλιμον. πρῶτον μὲν γὰρ ᾔδειν, ὅσα καλῶς
ἐποίουν, ὅτι οὐ διὰ τοὺς θεατὰς ἐποίουν, ἀλλὰ
δι' ἐμαυτόν· ἤσθιον ἐμαυτῷ καλῶς, κατεσταλμένον εἶχον τὸ βλέμμα, τὸν περίπατον· πάντα
ἐμαυτῷ καὶ θεῷ. εἶτα ὥσπερ μόνος ἠγωνιζόμην,
οὕτως μόνος καὶ ἐκινδύνευον· οὐδὲν ἐμοὶ δρά-
σαντι τὸ αἰσχρὸν ἢ ἀπρεπὲς τὸ ⟨τῆς⟩ φιλοσοφίας ἐκινδυνεύετο, οὐδ᾽ ἔβλαπτον τοὺς πολλοὺς
ὡς φιλόσοφος ἁμαρτάνων. διὰ τοῦτο οἱ μὴ εἰδότες μου τὴν ἐπιβολὴν ἐθαύμαζον, πῶς πᾶσι
φιλοσόφοις χρώμενος καὶ συζῶν αὐτὸς οὐκ ἐφι-
λοσόφουν. καὶ τί κακόν, ἐν οἷς ἐποίουν ἐπι-
γιγνώσκεσθαι τὸν φιλόσοφον, ἐν δὲ τοῖς συμ-
βόλοις μή;' βλέπε, πῶς ἐσθίω, πῶς πίνω, πῶς καθεύδω,
πῶς ἀνέχομαι, πῶς ἀπέχομαι, πῶς συνεργῶ, πῶς ὀρέξει
χρῶμαι, πῶς ἐκκλίσει, πῶς τηρῶ τὰς σχέσεις τὰς φυσικὰς ἢ ἐπιθέτους ἀσυγχύτως καὶ ἀπαραποδίστως· ἐκεῖθέν
με κρῖνε, εἰ δύνασαι. εἰ δ᾽ οὕτως κωφὸς εἶ καὶ τυφλός,
ἵνα μηδὲ τὸν Ἥφαιστον ὑπολαμβάνῃς καλὸν χαλκέα, ἂν

arbeiten oder dich auf die Welt einlassen. Das bedeutet, entweder die Haltung eines Philosophen zu gewinnen oder die Rolle eines Durchschnittsmenschen zu spielen.

EUPHRATES (4, 8, 17–21)

Daher pflegte Euphrates sehr fein zu sagen: «Lange Zeit versuchte ich zu verbergen, daß ich ein Philosoph war, und das war von Nutzen für mich. Denn erstens wußte ich, daß ich alles, was ich gut machte, nicht tat, um gesehen zu werden, sondern um meiner selbst willen. Für mich selbst aß ich anständig, beherrschte ich meinen Blick und meinen Gang. Alles tat ich für mich und für Gott. Zweitens, wie ich allein kämpfte, begab ich mich auch allein in Gefahr. Wenn ich etwas Unschönes oder Ungehöriges tat, brachte ich in keinem Fall die Philosophie in Mißkredit. Auch richtete ich unter den Leuten keinen Schaden an, indem ich als Philosoph einen Fehler machte. Aus diesem Grund wunderten sich diejenigen, die meine Absicht nicht kannten, darüber, wie es kam, daß ich, obwohl ich doch mit allen Philosophen verkehrte und zusammenlebte, selbst nicht die Rolle eines Philosophen spielte. Und war es etwa verkehrt, daß sich in allem, was ich tat, der Philosoph offenbarte, aber in meinem äußeren Auftreten nirgends?»

Sieh nur her, wie ich esse, wie ich trinke, wie ich schlafe, wie ich aushalte, wie ich mich distanziere, wie ich mithelfe, wie ich mit meinem Verlangen und mit meiner Ablehnung umgehe, wie ich die natürlichen und erworbenen Beziehungen unbeirrt und unbehindert pflege. Danach beurteile mich, wenn du kannst. Wenn du aber so taub und blind bist, daß du nicht einmal Hephaistos für einen tüchtigen Schmied hältst, wenn du ihn nicht mit einem Filz auf dem

μὴ τὸ πιλίον ἴδῃς περὶ τὴν κεφαλὴν περικείμενον, τί
κακὸν ὑφ' οὕτως ἠλιθίου κριτοῦ ἀγνοεῖσθαι;

C. PLINIVS CLEMENTI SVO S.

Siquando urbs nostra liberalibus studiis floruit,
nunc maxime floret. multa claraque exempla sunt,
sufficeret unum, Euphrates philosophus.

Hunc ego, in Syria cum adulescentulus militarem,
penitus et domi inspexi amarique ab eo laboravi, etsi
non erat laborandum. est enim obvius et expositus
plenusque humanitate, quam praecipit. atque utinam
sic ipse, quam spem tunc et de me concepit, imple-
verim, ut ille multum virtutibus suis addidit! aut ego
nunc illas magis miror, quia magis intellego. quamquam ne nunc quidem satis intellego; ut enim de pic-
tore, scalptore, fictore nisi artifex iudicare, ita nisi sapiens non potest perspicere sapientem.

Quantum tamen mihi cernere datur, multa in Eu-
phrate sic eminent et elucent, ut mediocriter quoque
doctos advertant et adficiant. disputat subtiliter,
graviter, ornate, frequenter etiam Platonicam illam
sublimitatem et latitudinem effingit. sermo est copio-
sus et varius, dulcis in primis, et qui repugnantis quoque ducat, impellat. ad hoc proceritas corporis, decora

Kopf siehst, was schadet es da, von einem so blöden Kritiker
verkannt zu werden?

PLINIUS GRÜSST SEINEN LIEBEN ATTIUS CLEMENS (1, 10)

Wenn in unserer Stadt jemals Kunst und Wissenschaft ge-
blüht haben[160]*, dann ist es jetzt in ganz besonderem Maße*
der Fall. Dafür gibt es viele leuchtende Beispiele. Eines
würde schon genügen: Der Philosoph Euphrates. Während
ich als junger Mann in Syrien Kriegsdienst leistete, habe
ich in seinem Haus verkehrt und ihn sehr gut kennenge-
lernt. Ich habe mich um seine Zuneigung bemüht, obwohl
das eigentlich gar nicht nötig war. Denn er ist ein entgegen-
kommender und aufgeschlossener Mann und von Mensch-
lichkeit erfüllt, zu der er auch seine Zuhörer anleitet. Ach,
hätte ich selbst doch die Erwartungen, die er damals auch in
mich setzte, so erfüllt, wie er seitdem seine eigenen Vor-
züge noch gesteigert hat. Oder ich bewundere sie jetzt noch
mehr, weil ich sie heute mehr zu würdigen weiß. Allerdings
begreife ich ihn immer noch nicht hinreichend. Wie ja über
einen Maler, einen Gemmenschneider oder Bildhauer nur
ein Künstler urteilen kann, so kann auch nur ein Philosoph
einen Philosophen würdigen.

Doch soweit mir ein Urteil erlaubt ist, besitzt Euphrates
so viele herausragende Fähigkeiten, daß sie auch bei Men-
schen von mäßiger Bildung einen tiefen Eindruck hinter-
lassen. Er diskutiert scharfsinnig, mit tiefem Ernst und in
einer schönen Ausdrucksweise; oft bringt er es sogar zur
Erhabenheit und Ausdrucksfülle eines Platon. Seine Rede
ist gehaltvoll und abwechslungsreich, vor allem aber anzie-
hend und dazu angetan, auch Widersacher für sich zu
gewinnen und mitzureißen. Dazu kommt seine hochge-

facies, demissus capillus, ingens et cana barba, quae
licet fortuita et inania putentur, illi tamen plurimum
venerationis adquirunt. nullus horror in cultu, nulla
tristitia, multum severitatis; reverearis occursum, non
reformides. vitae sanctitas summa, comitas par; in-
sectatur vitia, non homines, nec castigat errantes, sed
emendat. sequaris monentem attentus et pendens et
persuaderi tibi, etiam cum persuaserit, cupias.

Iam vero liberi tres, duo mares, quos diligentissime
instituit. socer Pompeius Iulianus, cum cetera vita
tum vel hoc uno magnus et clarus, quod ipse provin-
ciae princeps inter altissimas condiciones generum
non honoribus principem, sed sapientia elegit.

Quamquam quid ego plura de viro, quo mihi frui
non licet? an ut magis angar, quod non licet? nam di-
stringor officio ut maximo sic molestissimo: sedeo pro
tribunali, subnoto libellos, conficio tabulas, scribo
plurimas sed inlitteratissimas litteras. soleo non num-
quam (nam id ipsum quando contingit!) de his occu-
pationibus apud Euphraten queri. ille me consola-
tur, adfirmat etiam esse hanc philosophiae et quidem
pulcherrimam partem, agere negotium publicum, co-

wachsene Gestalt, sein schönes Gesicht, sein lang herab-
hängendes Haar und sein mächtiger grauer Bart. Man mag
das auch für äußerlich halten, es trägt jedenfalls sehr zu
seiner vornehmen Erscheinung und seinem gewinnenden
Wesen bei. Nichts Abstoßendes und nichts Unfreundliches
ist mit seinem Auftreten verbunden, wohl aber tiefe Ernst-
haftigkeit. Wenn man ihm begegnet, empfindet man Ehr-
furcht, nicht Furcht. Sein Lebenswandel ist in jeder Hin-
sicht untadelig. Seine Freundlichkeit entspricht dieser Hal-
tung. Er bekämpft die Fehler, nicht die Menschen; Irrende
schimpft er nicht aus, sondern bessert sie. Man folgt seinen
Mahnungen aufmerksam und gespannt und möchte sich
noch weiter überzeugen lassen, auch wenn er einen schon
überzeugt hat.

Er hat übrigens drei Kinder, darunter zwei Söhne, die er
mit größter Sorgfalt und Liebe erzieht. Sein Schwiegerva-
ter ist Pompeius Iulianus, der sowohl durch sein sonstiges
Leben als auch dadurch bedeutend und berühmt ist, daß er,
der selbst Provinzstatthalter mit den besten Beziehungen
ist, als Schwiegersohn sich nicht den gesellschaftlich bedeu-
tendsten, sondern den weisesten aussuchte.

Doch warum rede ich noch weiter von diesem Mann, des-
sen Gegenwart zu genießen mir nicht möglich ist? Etwa um
mich noch mehr zu grämen, weil es mir nicht möglich ist?
Denn ich werde voll in Anspruch genommen durch mein
ebenso bedeutendes wie höchst beschwerliches Amt; ich
führe den Vorsitz bei Gericht, unterzeichne Petitionen,
führe Rechnungsbücher, verfasse unendlich viele, aber völ-
lig ungelehrte Schreiben. Ich pflege manchmal – doch wann
ist mir das überhaupt vergönnt – dem Euphrates über diese
Tätigkeit mein Leid zu klagen. Er tröstet mich und versi-
chert mir, auch das sei ein Teil der Philosophie, und zwar
der schönste, sich im öffentlichen Dienst zu betätigen, Un-

gnoscere, iudicare, promere et exercere iustitiam, quaeque ipsi doceant, in usu habere. mihi tamen hoc unum non persuadet, satius esse ista facere quam cum illo dies totos audiendo discendoque consumere.

Quo magis te, cui vacat, hortor, cum in urbem proxime veneris (venias autem ob hoc maturius), illi te expoliendum limandumque permittas. neque enim ego ut multi invideo aliis bono, quo ipse careo, sed contra sensum quendam voluptatemque percipio, si ea, quae mihi denegantur, amicis video superesse.
Vale.

Ὅτι οὐ δεῖ πρὸς τὰς ἀγγελίας ταράσσεσθαι.

Ὅταν σοί τι προσαγγελθῇ ταρακτικόν, ἐκεῖνο ἔχε πρόχειρον, ὅτι ἀγγελία περὶ οὐδενὸς προαιρετικοῦ γίνεται. μή τι γὰρ δύναταί σοί τις ἀγγεῖλαι, ὅτι κακῶς ὑπέλαβες ἢ κακῶς ὠρέχθης; — Οὐδαμῶς. — Ἀλλ' ὅτι ἀπέθανέν τις· τί οὖν πρὸς σέ; ὅτι σε κακῶς τις λέγει· τί οὖν πρὸς σέ; ὅτι ὁ πατὴρ τάδε τινὰ ἑτοιμάζεται· ἐπὶ τίνα; μή τι ἐπὶ τὴν προαίρεσιν; πόθεν δύναται; ἀλλ' ἐπὶ τὸ σωμάτιον, ἐπὶ τὸ κτησείδιον· ἐσώθης, οὐκ ἐπὶ σέ. [οὐκοῦν] ἀλλ' ὁ κριτὴς ἀποφαίνεται ὅτι ἠσέβησας. περὶ Σωκράτους δ' οὐκ ἀπεφήναντο οἱ δικασταί; μή τι σὸν ἔργον

tersuchungen zu führen, Urteile zu fällen, die Gerechtig-
keit zu vertreten und auszuüben, und was die Philosophen
lehrten, in die Tat umzusetzen. Trotzdem überzeugt er
mich in diesem einen Punkt nicht, daß es besser sei, diese
Dinge zu tun als mit ihm ganze Tage nur zuhörend und ler-
nend zu verbringen.

Um so mehr rate ich dir, der du die Zeit dazu hast, sobald
du in der nächsten Zeit nach Rom kommst – du solltest aber
deswegen recht bald kommen –, dich ihm zu weiterer Aus-
bildung und Vervollkommnung zu überlassen. Denn ich
beneide nicht wie so viele die anderen um ihr Glück, das ich
selbst nicht habe. Im Gegenteil – ich empfinde lebhafte
Freude, wenn ich sehe, daß das, was mir versagt ist, meinen
Freunden zuteil wird. Lebe wohl.

DASS MAN SICH NICHT DURCH IRGENDWELCHE
NACHRICHTEN BEUNRUHIGEN LASSEN SOLL (3, 18)

Wenn dir irgend etwas Aufregendes gemeldet wird, halte
dir stets folgendes vor Augen: Die Nachricht bezieht sich
auf einen Sachverhalt, der nicht in den Bereich meiner sittlichen Entscheidung fällt. Kann dir denn etwa jemand mel-
den, daß du eine falsche Meinung oder ein verkehrtes Verlangen hattest? – Keinesfalls. – Aber daß jemand gestorben
ist? – Was geht dich das an? – Daß jemand schlecht von dir
spricht? – Was geht dich das an? – Daß dein Vater gewisse
Dinge plant? – Gegen wen? Sicherlich nicht gegen deine
sittliche Entscheidung. Wie sollte er das können? Wohl
aber gegen deinen elenden Körper, gegen dein bißchen Besitz. Du bist in Sicherheit; es geht nicht gegen dich. Aber
der Richter erklärt, du habest die Götter gelästert. Haben
das die Richter nicht auch von Sokrates gesagt? – Ist es etwa

ἐστὶ τὸ ἐκεῖνον ἀποφήνασθαι; — Οὔ. — Τί οὖν ἔτι
σοι μέλει; ἔστι τι τοῦ πατρός σου ἔργον, ὃ ἂν μὴ ἐκπληρώσῃ, ἀπώλεσεν τὸν πατέρα, τὸν φιλόστοργον, τὸν
ἥμερον. ἄλλο δὲ μηδὲν ζήτει τούτου ἕνεκα αὐτὸν ἀπο-
λέσ[θ]αι. οὐδέποτε γὰρ ἐν ἄλλῳ μέν τις ἁμαρτάνει, εἰς
ἄλλο δὲ βλάπτεται. πάλιν σὸν ἔργον τὸ ἀπολογηθῆναι
εὐσταθῶς, αἰδημόνως, ἀοργήτως. εἰ δὲ μή, ἀπώλεσας
καὶ σὺ τὸν υἱόν, τὸν αἰδήμονα, τὸν γενναῖον. τί οὖν; ὁ
κριτὴς ἀκίνδυνός ἐστιν; οὔ· ἀλλὰ κἀκείνῳ τὰ ἴσα κιν-
δυνεύεται. τί οὖν ἔτι φοβῇ, τί ἐκεῖνος κρινεῖ; τί σοὶ καὶ
τῷ ἀλλοτρίῳ κακῷ; σὸν κακόν ἐστι τὸ κακῶς ἀπολογηθῆ-
ναι· τοῦτο φυλάσσου μόνον· κριθῆναι δ᾽ ἢ μὴ κριθῆναι ὥσπερ ἄλλου ἐστὶν ἔργον, οὕτως κακὸν ἄλλου ἐστίν.
'ἀπειλεῖ σοι ὁ δεῖνα.' ἐμοί; οὔ. 'ψέγει σε.' αὐτὸς ὄψεται,
πῶς ποιεῖ τὸ ἴδιον ἔργον. 'μέλλει σε κατακρινεῖν ἀδίκως.' ἄθλιος.

Τίνα τίνων ἀντικαταλλακτέον.

Ἐκεῖνο πρόχειρον ἔχε, ὅταν τινὸς ἀπολ⟨ε⟩ίπῃ τῶν
ἐκτός, τί ἀντ᾽ αὐτοῦ περιποιῇ· κἂν ᾖ πλείονος ἄξιον,
μηδέποτ᾽ εἴπῃς ὅτι 'ἐζημίωμαι'· οὐδ᾽ ⟨ἂν⟩ ἀντὶ ὄνου
ἵππον, οὐδ᾽ ἀντὶ προβάτου βοῦν, οὐδ᾽ ἀντὶ κέρματος
πρᾶξιν καλήν, οὐδ᾽ ἀντὶ ψυχρολογίας ἡσυχίαν οἵαν δεῖ,

deine Sache, daß dich der Richter für schuldig erklärt? – Nein. – Was macht dir denn nun noch Sorgen? Dein Vater hat doch gewisse Pflichten; wenn er die nicht erfüllt, dann hat er seine Rolle als ein Vater ausgespielt, der seine Kinder liebt und gütig zu ihnen ist. Veranlasse ihn nicht dazu, daß er deswegen noch etwas anderes zerstört. Denn nie kommt es vor, daß jemand auf einem Gebiet einen Fehler macht, auf einem anderen aber Schaden davonträgt[161]. Dagegen ist es deine Pflicht, dich mit innerer Festigkeit, mit der gebotenen Zurückhaltung und leidenschaftslos zu verteidigen. Andernfalls würdest du den Sohn in dir zerstören, der zur Zurückhaltung und zu vornehmem Verhalten gegenüber seinem Vater verpflichtet ist. Wie steht es nun? Ist etwa der Richter außer Gefahr? Nein. Vielmehr kann auch ihm dasselbe passieren. Warum hast du noch Angst davor, wie er urteilen wird? Was hast du mit dem Übel eines anderen zu tun? Für dich wäre es schlecht, wenn du dich schlecht verteidigtest. Nur davor mußt du dich hüten. Aber ob du verurteilt wirst oder nicht, das ist das Übel eines anderen, wie es die Tat eines anderen ist[162]. «Der Mensch da bedroht dich.» – Mich? Nein. – «Er tadelt dich.» Er wird selbst aufpassen müssen, wie er seine eigene Sache führt. «Er wird dich verurteilen.» Der arme Teufel[163].

WAS MUSS MAN GEGEN WAS EINTAUSCHEN? (4, 3)

Wenn du eines der äußeren Dinge verlierst, halte dir stets vor Augen, was du statt dessen bekommst. Und wenn es wertvoll ist, dann sage niemals: «Ich habe einen Verlust erlitten.» Du hast auch nichts verloren, wenn du für einen Esel ein Pferd oder für ein Schaf ein Rind bekommst oder anstelle eines materiellen Gewinns eine gute Tat verrichtest

οὐδ' ἀντὶ αἰσχρολογίας αἰδῶ. τούτων μεμνημένος πανταχοῦ διασώσεις τὸ σαυτοῦ πρόσωπον οἷον ἔχειν σε
δεῖ. εἰ δὲ μή, σκόπει, ὅτι ἀπόλλυνται οἱ χρόνοι εἰκῆ
καὶ ὅσα νῦν προσέχεις σεαυτῷ, μέλλεις ἐκχεῖν ἅπαντα
ταῦτα καὶ ἀνατρέπειν. ὀλίγου δὲ χρεία ἐστὶ πρὸς τὴν
ἀπώλειαν τὴν πάντων καὶ ἀνατροπήν, μικρᾶς ἀποστρο-
φῆς τοῦ λόγου. ἵνα ὁ κυβερνήτης ἀνατρέψῃ τὸ πλοῖον,
οὐ χρείαν ἔχει τῆς αὐτῆς παρασκευῆς, ὅσης εἰς τὸ σῶ-
σαι· ἀλλὰ μικρὸν πρὸς τὸν ἄνεμον ἂν ἐπιστρέψῃ, ἀπώ-
λετο· κἂν μὴ αὐτὸς ἑκών, ὑποπαρενθυμηθῇ δ', ἀπώ-
λετο. τοιοῦτόν ἐστί τι καὶ ἐνθάδε· μικρὸν ἂν ἀπονυ-
στάξῃς, ἀπῆλθεν πάντα τὰ μέχρι νῦν συνειλεγμένα.
πρόσεχε οὖν ταῖς φαντασίαις, ἐπαγρύπνει. οὐ γὰρ μικρὸν τὸ τηρούμενον, ἀλλ' αἰδὼς καὶ πίστις καὶ εὐστάθεια, ἀπάθεια, ἀλυπία, ἀφοβία, ἀταραξία, ἁπλῶς ἐλευθερία. τίνων μέλλεις ταῦτα πωλεῖν; βλέπε, πόσου ἀξίων.—
Ἀλλ' οὐ τεύξομαι τοιούτου τινὸς ἀντ' αὐτοῦ. — Βλέπε
καὶ τυγχάνων πάλιν ἐκείνου, τί ἀντ' αὐτοῦ λαμβάνεις.
ἐγὼ εὐκοσμίαν, ἐκεῖνος δημαρχίαν· ἐκεῖνος στρατηγίαν,
ἐγὼ αἰδῶ. ἀλλ' οὐ κραυγάζω, ὅπου ἀπρεπές· ἀλλ' οὐκ
ἀναστήσομαι, ὅπου μὴ δεῖ. ἐλεύθερος γάρ εἰμι καὶ φίλος τοῦ θεοῦ, ἵν' ἑκὼν πείθωμαι αὐτῷ. τῶν δ' ἄλλων
οὐδενὸς ἀντιποιεῖσθαί με δεῖ, οὐ σώματος, οὐ κτήσεως,
οὐκ ἀρχῆς, οὐ φήμης, ἁπλῶς οὐδενός· οὐδὲ γὰρ ἐκεῖνος
βούλεταί μ' ἀντιποιεῖσθαι αὐτῶν. εἰ γὰρ ἤθελεν, ἀγαθὰ

und anstelle eines oberflächlichen Geredes die notwendige innere Ruhe gewinnst oder statt schmutziger Worte deine vornehme Zurückhaltung behauptest.

Wenn du dir dessen bewußt bist, wirst du in jeder Situation deinen Charakter bewahren, wie es notwendig ist. Andernfalls bedenke, daß du deine Zeit sinnlos vergeudest und alles, womit du dich jetzt befaßt, verlieren und umstürzen wirst. Man braucht nur wenig, um alles zu ruinieren und umzustürzen, nur eine kleine Abirrung von der Vernunft. Um sein Schiff zum Kentern zu bringen, benötigt der Steuermann nicht denselben Aufwand wie zu seiner Rettung. Aber wenn er es nur ein wenig in den Wind steuert, ist es verloren. So etwa ist es auch in unserem Fall: Wenn du nur einen Augenblick einnickst, dann ist alles, was du bisher eingesammelt hast, dahin. Achte daher auf deine sinnlichen Eindrücke und sei ständig wach. Denn es ist nichts Geringes, was du hütest. Es geht um Zurückhaltung, Zuverlässigkeit, Festigkeit, Freiheit von Leidenschaft, von Kummer und Furcht, um unerschütterliche Seelenruhe – mit einem Wort: Es geht um die Freiheit. Wofür willst du diese hohen Güter verkaufen? Schau her, wieviel sie wert sind. – Aber ich werde nichts Gleichwertiges dafür bekommen. – Bedenke auch, wenn du etwas dafür bekommst, was du dafür bekommst.

«Ich habe ein gutes Benehmen, jener dagegen ein Amt als Volkstribun; er hat ein Amt als Prätor, ich besitze Zurückhaltung. Aber ich schreie nicht, wenn es sich nicht gehört. Ich werde nicht aufstehen, wo ich es nicht muß. Denn ich bin frei und Gottes Freund, um ihm freiwillig zu gehorchen. Auf nichts anderes muß ich Anspruch erheben, nicht auf einen Körper, nicht auf Besitz, nicht auf ein Amt, nicht auf einen guten Ruf, kurz: auf gar nichts. Denn auch er, Gott, will nicht, daß ich danach verlange. Wenn er das näm-

πεποιήκει αὐτὰ ἂν ἐμοί. νῦν δ' οὐ πεποίηκεν· διὰ τοῦτο
οὐδὲν δύναμαι παραβῆναι τῶν ἐντολῶν.' τήρει τὸ ἀγαθὸν τὸ σαυτοῦ ἐν παντί, τῶν δ' ἄλλων κατὰ τὸ διδό-
μενον μέχρι τοῦ εὐλογιστεῖν ἐν αὐτοῖς, τούτῳ μόνῳ
ἀρκούμενος. εἰ δὲ μή, δυστυχήσεις, ἀτυχήσεις, κωλυθήσῃ, ἐμποδισθήσῃ. οὗτοί εἰσιν οἱ ἐκεῖθεν ἀπεσταλμέ-
νοι νόμοι, ταῦτα τὰ διατάγματα· τούτων ἐξηγητὴν δεῖ
γενέσθαι, τούτοις ὑποτεταγμένον, οὐ τοῖς Μασουρίου
καὶ Κασ⟨σ⟩ίου.

Περὶ ἀφοβίας.

Τί ποιεῖ φοβερὸν τὸν τύραν⟨ν⟩ον; — Οἱ δορυφόροι,
φησίν, καὶ αἱ μάχαιραι αὐτῶν καὶ ὁ ἐπὶ τοῦ κοιτῶνο;
καὶ οἱ ἀποκλείοντες τοὺς εἰσιόντας. — Διὰ τί οὖν, ἂν
παιδίον αὐτῷ προσαγάγῃς μετὰ τῶν δορυφόρων ὄντι,
οὐ φοβεῖται; ἢ ὅτι οὐκ αἰσθάνεται τούτων τὸ παιδίον:
ἂν οὖν τῶν δορυφόρων τις αἰσθάνηται καὶ ὅτι μαχαίρας ἔχουσιν, ἐπ' αὐτὸ δὲ τοῦτο προσέρχηται αὐτῷ θέλων ἀποθανεῖν διά τινα περίστασιν καὶ ζητῶν ὑπ'
ἄλλου παθεῖν αὐτὸ εὐκόλως, μή τι φοβεῖται τοὺς δορυφόρους; — Θέλει γὰρ τοῦτο, δι' ὃ φοβεροί εἰσιν. —
Ἂν οὖν τις μήτ' ἀποθανεῖν μήτε ζῆν θέλων ἐξ ἅπαντος
ἀλλ' ὡς ἂν διδῶται, προσέρχηται αὐτῷ, τί κωλύει μὴ
δεδοικότα προσέρχεσθαι αὐτόν; — Οὐδέν. — Ἄν τις

lich gewollt hätte, dann hätte er diese Dinge zu wirklichen Gütern für mich gemacht. Nun hat er das aber nicht getan. Daher kann ich auch keines seiner Gebote übertreten.» Bewahre dir auf jeden Fall das Gut, das dir gehört. Was aber das übrige betrifft, so sei zufrieden damit, es einfach als gegeben hinzunehmen, so weit du es auf vernünftige Weise gebrauchen kannst. Tust du das nicht, so wirst du kein Glück haben, unglücklich sein und auf Schwierigkeiten und Hindernisse stoßen.

Das sind die von Gott gesandten Gesetze, das sind seine Weisungen. Ihr Künder und Deuter mußt du werden und ihnen, nicht denen des Masurius[164] und Cassius, mußt du dich unterwerfen.

VON DER FURCHTLOSIGKEIT (4, 7)

Was macht den Tyrannen furchtbar? – Seine Leibwächter, sagt man, und ihre Schwerter und der Posten vor seinem Schlafzimmer und die Leute, die einem den Zutritt verwehren. – Warum empfindet nun ein Kind, wenn man es in seine Nähe und mitten unter seine Leibwächter bringt, keine Furcht? Etwa weil das Kind nichts von diesen Dingen begreift? Wenn nun jemand die Leibwächter als solche erkennt und sieht, daß sie Schwerter haben, und eben mit der Absicht auf den Tyrannen losgeht, um aufgrund irgendeines Unglücks zu sterben, und den Wunsch hat, durch die Hand eines anderen einen leichteren Tod zu bekommen, hat der etwa Angst vor den Leibwächtern? – Er will ja genau das, weshalb sie so furchterregend sind. – Wenn nun jemand, der weder sterben noch um jeden Preis leben will, sondern es hinnimmt, wie es ihm gegeben wird, auf den Tyrannen losgeht, was hindert ihn, sich diesem ohne Furcht zu

οὖν καὶ πρὸς τὴν κτῆσιν ὡσαύτως ἔχῃ καθάπερ οὗτος
πρὸς τὸ σῶμα καὶ πρὸς τὰ τέκνα καὶ τὴν γυναῖκα καὶ
ἀπλῶς ὑπό τινος μανίας καὶ ἀπονοίας οὕτως ᾖ[ν] διακει-
μένος, ὥστ' ἐν μηδενὶ ποιεῖσθαι τὸ ἔχειν ταῦτα ἢ μὴ
ἔχειν, ἀλλ' ὡς ὀστρακίοις τὰ παιδία παίζοντα περὶ μὲν
τῆς παιδιᾶς διαφέρεται, τῶν ὀστρακίων δ' οὐ πεφρόντικεν, οὕτως δὲ καὶ οὗτος τὰς μὲν‖ ὕλας παρ' οὐδὲν ᾖ[ν]
πεποιημένος, τὴν παιδιὰν δὲ τὴν περὶ αὐτὰς καὶ ἀνα-
στροφὴν ἀσπάζηται· ποῖος ἔτι τούτῳ τύραννος φοβερὸς
ἢ ποῖοι δορυφόροι ἢ ποῖαι μάχαιραι αὐτῶν;

Εἶτα ὑπὸ μανίας μὲν δύναταί τις οὕτως διατεθῆναι
πρὸς ταῦτα καὶ ὑπὸ ἔθους οἱ Γαλιλαῖοι· ὑπὸ λόγου
δὲ καὶ ἀποδείξεως οὐδεὶς δύναται μαθεῖν, ὅτι ὁ θεὸς
πάντα πεποίηκεν τὰ ἐν τῷ κόσμῳ καὶ αὐτὸν τὸν κόσμον
ὅλον μὲν ἀκώλυτον καὶ αὐτοτελῆ, τὰ ἐν μέρει δ' αὐτοῦ
πρὸς χρείαν τῶν ὅλων; τὰ μὲν οὖν ἄλλα πάντα ἀπήλλακται τοῦ δύνασθαι παρακολουθεῖν τῇ διοικήσει αὐ-
τοῦ· τὸ δὲ λογικὸν ζῷον ἀφορμὰς ἔχει πρὸς ἀναλογισμὸν
τούτων ἀπάντων, ὅτι τε μέρος ἐστὶ καὶ ποῖόν τι μέρος
καὶ ὅτι τὰ μέρη τοῖς ὅλοις εἴκειν ἔχει καλῶς. πρὸς
τούτοις δὲ φύσει γενναῖον καὶ μεγαλόψυχον καὶ ἐλεύθερον γενόμενον ὁρᾷ, διότι τῶν περὶ αὐτὸ τὰ μὲν ἀκώλυτα ἔχει καὶ ἐπ' αὐτῷ, τὰ δὲ κωλυτὰ καὶ ἐπ' ἄλλοις·
ἀκώλυτα μὲν τὰ προαιρετικά, κωλυτὰ δὲ τὰ ἀπροαίρετα.

nähern? – Nichts. – Wenn sich nun jemand auch gegenüber
seinem Besitz so verhält wie dieser gegenüber seinem Körper und ebenso gegenüber seinen Kindern und seiner Frau
und wenn er – kurz gesagt – aufgrund von Wahnsinn und
geistiger Störung so gestimmt ist, daß es ihm völlig egal ist,
diese Dinge zu besitzen oder nicht, wenn er vielmehr in
einer Gemütsverfassung ist wie die Kinder, die mit Scherben spielen und dabei in Streit geraten, sich aber um die
Scherben gar nicht mehr kümmern, wenn so auch diesem
Mann die äußeren Dinge ganz gleichgültig sind und er sich
nur für das Spiel mit ihnen und ihre Veränderung interessiert – welcher Tyrann, welche Leibwächter und welche
Schwerter können einem solchen Menschen noch Furcht
einflößen?

Folglich kann jemand infolge von Wahnsinn zu einer solchen Einstellung gegenüber diesen Dingen kommen wie
auch die Galiläer[165] aufgrund von Gewöhnung – und da
sollte niemand aufgrund vernünftiger Überlegung und
Überzeugung einsehen, daß Gott alles, was in der Welt ist,
und die Welt selbst geschaffen hat, damit sie als ganze frei
von jeder Behinderung sei und ihren Zweck nur in sich
selbst habe und damit deren Teile dem Nutzen des Ganzen
dienten? Allen anderen Wesen nun ist es versagt, sein Walten verstehen zu können, der vernünftige Mensch dagegen
hat die Fähigkeit zur Erkenntnis aller dieser Dinge, das
heißt, daß er ein Teil des Weltganzen ist, was für ein Teil er
ist und daß es für die Teile richtig ist, sich dem Ganzen zu
fügen. Außerdem aber sieht er, weil er von Natur aus edler
Herkunft ist, eine hohe Gesinnung hat und frei ist, daß er
über einen Teil der Dinge seiner Umwelt ungehindert verfügt und Macht über sie hat, während der andere Teil behindert werden kann und fremdem Einfluß unterliegt.
Durch nichts behindert werden die Dinge, die von der sittli-

καὶ διὰ τοῦτο, ἐὰν μὲν ἐν τούτοις μόνοις ἡγήσηται τὸ
ἀγαθὸν τὸ αὑτοῦ καὶ συμφέρον, τοῖς ἀκωλύτοις καὶ ἐφ᾽
ἑαυτῷ, ἐλεύθερον ἔσται, εὔρουν, εὔδαιμον, ἀβλαβές,
μεγαλόφρον, εὐσεβές, χάριν ἔχον ὑπὲρ πάντων τῷ θεῷ,
μηδαμοῦ μεμφόμενον μηδενὶ τῶν γενομένων, μηδεν⟨ὶ⟩
ἐγκαλοῦν· ἂν δ᾽ ἐν τοῖς ἐκτὸς καὶ ἀπροαιρέτοις, ἀνάγκη
κωλύεσθαι αὐτό, ἐμποδίζεσθαι, δουλεύειν τοῖς ἐκείνων
ἔχουσιν ἐξουσίαν, ἃ τεθαύμακεν καὶ φοβεῖται, ἀνάγκη
δ᾽ ἀσεβὲς εἶναι ἅτε βλάπτεσθαι οἰόμενον ὑπὸ τοῦ θεοῦ
καὶ ἄνισον, ἀεὶ αὑτῷ τοῦ πλείονος περιποιητικόν, ἀνάγκη
δὲ καὶ ταπεινὸν εἶναι καὶ μικροπρεπές.

Ταῦτα¹ τί κωλύει διαλαβόντα ζῆν κούφως καὶ εὐ-
ηνίως, πάντα ⟨τὰ⟩ συμβαίνειν δυνάμενα πράως ἐκδεχό-
μενον, τὰ δ᾽ ἤδη συμβεβηκότα φέροντα; ᾽θέλεις πενίαν;᾽ φέρε καὶ γνώσῃ, τί ἐστι πενία τυχοῦσα καλοῦ
ὑποκριτοῦ. ᾽θέλεις ἀρχάς;᾽ φέρε. καὶ πόνους. ᾽ἀλλ᾽
ἐξορισμόν;᾽ ὅπου ἂν ἀπέλθω, ἐκεῖ μοι καλῶς ἔσται· καὶ
γὰρ ἐνθάδε οὐ διὰ τὸν τόπον ἦν μοι καλῶς, ἀλλὰ διὰ
τὰ δόγματα, ἃ μέλλω μετ᾽ ἐμαυτοῦ ἀποφέρειν. οὐδὲ γὰρ
δύναταί τις ἀφελέσθαι αὐτά, ἀλλὰ ταῦτα μόνα ἐμά ἐστι

chen Entscheidung des Menschen abhängig sind; behindert aber werden die Dinge, die seiner Entscheidung entzogen sind. Wenn daher der Mensch in jenen Dingen allein das für ihn Gute und Nützliche sieht, in den Dingen also, die keiner Behinderung ausgesetzt sind und seiner Macht unterliegen, dann wird er frei, froh und glücklich sein; er wird keinen Schaden erleiden, eine hohe Gesinnung haben, fromm sein, Gott für alles danken; nie wird er an etwas Anstoß nehmen, was ihm auch passiert, und niemandem wird er Vorwürfe machen. Wenn er aber sein Heil in den äußeren Dingen sieht, die seiner sittlichen Entscheidung nicht zugänglich sind, dann wird er zwangsläufig behindert und gehemmt sein und zu einem Sklaven der Leute werden, die auf das Einfluß haben, was er bestaunt und fürchtet; und dann verliert er zwangsläufig seine Ehrfurcht vor Gott, weil er glaubt, von ihm geschädigt zu werden, und er wird ungerecht, weil er stets darauf bedacht ist, sich mehr zu beschaffen, als ihm zukommt. Notwendigerweise entwickelt er eine sklavische und niedrige Gesinnung.

Wenn man dies alles begriffen hat, was hindert einen dann noch, ohne Sorgen und gottergeben zu leben, indem man alles, was einem passieren kann, geduldig annimmt, und was einem schon passiert ist, ohne Widerstand erträgt. «Willst du, daß ich arm bin?» – Ja. Dann wirst du erkennen, was Armut ist, wenn sie einen guten Schauspieler trifft[166]. – «Willst du, daß ich ein Amt übernehme?» – Ja. – «Willst du, daß ich mein Amt verliere?» – Ja. – «Aber willst du, daß ich Schwierigkeiten habe?» – Ja, auch Schwierigkeiten. – «Gut, und auch Verbannung?» – Wo ich auch hingehe, dort wird es mir gut gehen. Denn auch hier ging es mir ja nicht wegen der schönen Wohngegend gut, sondern aufgrund meiner Anschauungen und Überzeugungen, die ich mitnehmen werde. Es kann mir diese doch niemand wegnehmen, son-

καὶ ἀναφαίρετα καὶ ἀρκεῖ μοι παρόντα, ὅπου ἂν ὦ καὶ
ὅ τι ἂν ποιῶ. 'ἀλλ' ἤδη καιρὸς ἀποθανεῖν.' τί λέγεις
ἀποθανεῖν; μὴ τραγῴδει τὸ πρᾶγμα, ἀλλ' εἰπὲ ὡς ἔχει
'ἤδη καιρὸς τὴν ὕλην, ἐξ ὧν συνῆλθεν, εἰς ἐκεῖνα πάλιν ἀποκαταστῆναι'. καὶ τί δεινόν; τί μέλλει ἀπόλλυ-
σθαι τῶν ἐν τῷ κόσμῳ, τί γενέσθαι καινόν, παράλογον;
τούτων ἕνεκα φοβερός ἐστιν ὁ τύραννος; διὰ ταῦτα οἱ
δορυφόροι μεγάλας δοκοῦσιν ἔχειν τὰς μαχαίρας καὶ
ὀξείας; ἄλλοις ταῦτα· ἐμοὶ δ' ἔσκεπται περὶ πάντων,
εἰς ἐμὲ οὐδεὶς ἐξουσίαν ἔχει. ἠλευθέρωμαι ὑπὸ τοῦ
θεοῦ, ἔγνωκα αὐτοῦ τὰς ἐντολάς, οὐκέτι οὐδεὶς δουλα-
γωγῆσαί με δύναται, καρπιστὴν ἔχω οἷον δεῖ, δικαστὰς
οἵους δεῖ. 'οὐχὶ τοῦ σώματός σου κύριός εἰ⟨μι⟩;' τί οὖν
πρὸς ἐμέ; 'οὐχὶ τοῦ κτησιδίου;' τί οὖν πρὸς ἐμέ;
'οὐχὶ φυγῆς ἢ δεσμῶν;' πάλιν τούτων πάντων καὶ
τοῦ σωματίου ὅλου σοι αὐτοῦ ἐξίσταμαι, ὅταν θέλῃς.
πείρασαί μοί σου τῆς ἀρχῆς καὶ γνώσῃ, μέχρι τίνος αὐτὴν ἔχεις.

Τίνα οὖν ἔτι φοβηθῆναι δύναμαι; ‖ τοὺς ἐπὶ τοῦ
κοιτῶνος; μὴ τί ποιήσωσιν; ἀποκλείσωσί με; ἄν με
εὕρωσι θέλοντα εἰσελθεῖν, ἀποκλεισάτωσαν. — Τί οὖν
ἔρχῃ ἐπὶ θύρας; — Ὅτι καθήκειν ἐμαυτῷ δοκῶ με-
νούσης τῆς παιδιᾶς συμπαίζειν. — Πῶς οὖν οὐκ ἀπο-
κλείῃ; — Ὅτι ἂν μή τίς με δέχηται, οὐ θέλω εἰσελθεῖν, ἀλλ' ἀεὶ μᾶλλον ἐκεῖνο θέλω τὸ γινόμενον. κρεῖττον γὰρ ἡγοῦμαι ὃ ὁ θεὸς θέλει ἢ ὃ ἐγώ. προσκείσομαι

dern sie allein sind mein Eigentum; sie sind mir nicht zu
rauben, und es genügt mir, wenn ich sie besitze, wo ich auch
bin und was ich auch tue. – «Doch es ist nun Zeit zu sterben.» – Was heißt «sterben»? Gib doch dem Vorgang keinen so tragischen Namen, sondern sag einfach, wie es sich
tatsächlich verhält: Es ist nun Zeit, daß der Stoff wieder in
die Teile zerfällt, aus denen er zusammengesetzt wurde.
Und was ist furchtbar daran? Was kann denn Neues, Ver-
nunftwidriges entstehen? Ist der Tyrann deswegen furchterregend? Scheinen die Leibwächter aus diesem Grund
große, scharfe Schwerter zu haben? Laß andere das so sehen. Ich habe über alle diese Dinge nachgedacht; über mich
hat niemand Macht. Ich bin von Gott befreit worden[167]. Ich
kenne seine Anweisungen. Niemand mehr kann mich zum
Sklaven machen; ich habe einen Befreier, wie er sein muß,
und Richter, wie sie sein sollen.

«Bin ich nicht Herr über deinen Körper?» Was geht mich
das an? «Und nicht über dein Eigentum?» Was geht mich
das an? «Und nicht über Verbannung und Gefängnis?»
Alles dies und meinen ganzen elenden Leib hier überlasse
ich dir, wenn du willst. Prüfe doch einmal deine Macht über
mich, und du wirst erkennen, wo sie ihre Grenzen hat.

Wen kann ich da überhaupt noch fürchten? Die Wächter
vor dem Schlafzimmer? Daß sie mir etwas tun können? Daß
sie mir den Zutritt verwehren? Wenn sie mich dabei ent-
decken, daß ich eindringen will, sollen sie mir den Zutritt
verwehren. – «Warum gehst du denn zum Tor des Palastes?» – Weil ich glaube, daß es mir zusteht mitzuspielen,
solange das Spiel noch andauert. – «Warum wirst du nicht
ausgesperrt?» – Weil ich gar nicht hineingehen will, wenn
mich jemand nicht haben will. Ich will ja immer nur das,
was gerade geschieht. Denn ich halte das für besser, was
Gott will, als das, was ich will. Ich werde ihm als Diener und

διάκονος καὶ ἀκόλουθος ἐκείνῳ, συνορμῶ, ⟨συν⟩ορέγο-
μαι, ἁπλῶς συνθέλω. ἀποκλεισμὸς ἐμοὶ οὐ γίνεται, ἀλλὰ
τοῖς βιαζομένοις. διὰ τί οὖν οὐ βιάζομαι; οἶδα γάρ, ὅτι
ἔσω ἀγαθὸν οὐδὲν διαδίδοται τοῖς εἰσελθοῦσιν. ἀλλ'
ὅταν ἀκούσω τινὰ μακαριζόμενον, ὅτι τιμᾶται ὑπὸ τοῦ
Καίσαρος, λέγω 'τί αὐτῷ συμβαίνει; μή τι οὖν καὶ δόγμα, οἷον δεῖ ἐπαρχίαν; μή τι οὖν καὶ τὸ χρῆσθαι ἐπι-
τροπῇ; τί ἔτι διωθοῦμαι; ἰσχαδοκάρυά τις διαρριπτεῖ·
τὰ παιδία ἁρπάζει καὶ ἀλλήλοις διαμάχεται· οἱ ἄνδρες
οὐχί, μικρὸν γὰρ αὐτὸ ἡγοῦνται. ἂν δ' ὀστράκια διαρ-
ριπτῇ τις, οὐδὲ τὰ παιδία ἁρπάζει. ἐπαρχίαι διαδίδονται·
ὄψεται τὰ παιδία. ἀργύριον· ὄψεται τὰ παιδία. στρατηγία, ὑπατ⟨ε⟩ία· διαρπαζέτω τὰ παιδία· ἐκκλειέσθω,
τυπτέσθω, καταφιλείτω τὰς χεῖρας τοῦ διδόντος, τῶν
δούλων· ἐμοὶ δ' ἰσχαδοκάρυόν ἐστιν'. τί οὖν, ⟨ἂν⟩ ἀπὸ
τύχης ῥιπτοῦντος αὐτοῦ ἔλθῃ εἰς τὸν κόλπον ἰσχάς;
ἄρας κατάφαγε· μέχρι τοσούτου γὰρ ἔστι καὶ ἰσχάδα
τιμῆσαι. ἵνα δὲ κ[ρ]ύψω καὶ ἄλλον ἀνατρέψω ἢ ὑπ'
ἄλλου ἀνατραπῶ καὶ κολακεύσω τοὺς εἰσιόντας, οὐκ
ἀξία οὔτ' ἰσχὰς οὔτ' ἄλλο τι τῶν οὐκ ἀγαθῶν, ἃ με
ἀναπεπείκασιν οἱ φιλόσοφοι μὴ δοκεῖν ἀγαθὰ εἶναι.

Gefolgsmann zur Verfügung stehen, ich verlange, was er verlangt, ich wünsche, was er wünscht, kurz: Sein Wille ist mein Wille. Mir ist keine Tür verschlossen; das gilt nur für diejenigen, die mit Gewalt eindringen wollen. Warum will ich denn nicht mit Gewalt hinein? Weil ich weiß, daß da drinnen, denen, die hineingekommen sind, nichts Gutes zuteil wird. Aber wenn ich höre, daß einer glücklich gepriesen wird, weil er vom Kaiser geehrt wird, dann sage ich: «Was hat er getan? Gewinnt er etwa auch die Einsicht[168], die für die Verwaltung einer Provinz erforderlich ist? Erhält er etwa auch die Fähigkeit, die er für die Ausübung des Prokuratorenamtes benötigt? Was soll ich mich da auch noch hineindrängen? Da wirft jemand Feigen und Nüsse unter die Menge; die Kinder haschen danach und prügeln sich darum. Die Erwachsenen tun das nicht; denn sie meinen, es lohne sich nicht. Wenn aber jemand Scherben unter die Leute wirft, haschen auch die Kinder nicht danach. Da werden die Posten der Provinzstatthalter verteilt. Die ‹Kinder› werden die Augen aufreißen[169]. Und Geld. Die Kindköpfe reißen die Augen auf. Ein Heereskommando, ein Konsulat. Die Kindköpfe sollen sich darum reißen. Laß sie ausgeschlossen sein, verprügelt werden, die Hände ihrer Wohltäter küssen oder die seiner Sklaven. Für mich sind das ‹Feigen und Nüsse›.» – «Was ist, wenn er eine Feige in die Luft wirft und sie dir zufällig in den Schoß fällt?» – Ich hebe sie auf und esse sie. Denn unter diesen Umständen ist es erlaubt, auch auf eine Feige zu achten. Daß ich mich aber darum bücke, einen anderen dabei umstoße oder mich von einem anderen umstoßen lasse oder diejenigen umschmeichle, die die Feigen unter die Leute werfen, das ist weder eine Feige noch irgendein anderes der Scheingüter wert, bei denen mich die Philosophen überzeugt haben, sie nicht für Güter zu halten.

Δείχνυέ μοι τὰς μαχαίρας τῶν δορυφόρων. Ἰδοῦ,
ἡλίχαι εἰσὶ καὶ πῶς ὀξεῖαι.' τί οὖν ποιοῦσιν αἱ μεγάλαι
αὗται μάχαιραι καὶ ὀξεῖαι; 'ἀποκτ[ε]ιννύουσιν.' πυρετὸς
δὲ τί ποιεῖ; 'ἄλλο οὐδέν.' κεραμὶς δὲ τί ποιεῖ; 'ἄλλο
οὐδέν.' θέλεις οὖν πάντα ταῦτα θαυμάζω καὶ προσκυ-
νῶ καὶ δοῦλος πάντων περιέρχωμαι; μὴ γένοιτο· ἀλλ'
ἅπαξ μαθών, ὅτι τὸ γενόμενον καὶ φθαρῆναι δεῖ, ἵνα
ὁ κόσμος μὴ ἵστηται μηδ' ἐμποδίζηται, οὐκέτι διαφέρο-
μαι, πότερον πυρετὸς αὐτὸ ποιήσει ἢ κεραμὶς ἢ στρατιώτης, ἀλλ' εἰ δεῖ συγκρῖναι, οἶδ' ὅτι ἀπονώτερον αὐτὸ
καὶ ταχύτερον ὁ στρατιώτης ποιήσει. ὅταν οὖν μήτε
φοβῶμαί τι ὧν διαθεῖναί με δύναται μήτ' ἐπιθυμῶ
τινος ὧν παρασχεῖν, τί ἔτι θαυμάζω αὐτόν, τί ἔτι τέθη-
πα; τί φοβοῦμαι τοὺς δορυφόρους; τί χαίρω, ἄν μοι
φιλανθρώπως λαλήσῃ καὶ ἀποδέξηταί με, καὶ ἄλλοις
διηγοῦμαι, πῶς μοι ἐλάλησεν; μὴ γὰρ Σωκράτης ἐστίν,
μὴ γὰρ Διογένης, ἵν' ὁ ἔπαινος αὐτοῦ ἀπόδειξις ᾖ περὶ
ἐμοῦ; μὴ γὰρ τὸ ἦθος ἐζήλωκα αὐτοῦ; ἀλλὰ τὴν παιδιὰν σῴζων ἔρχομαι πρὸς [εμ]αὐτὸν καὶ ὑπηρετῶ, μέχρις
ἂν ὅτου μηδὲν ἀβέλτερον κελεύῃ μηδ' ἄρ⟨ρ⟩υθμον. ἂν
δέ μοι λέγῃ 'ἄπελθε ἐπὶ Λέοντα τὸν Σαλαμίνιον', λέγω
αὐτῷ 'ζήτει ἄλλον· ἐγὼ γὰρ οὐκέτι παίζω'. 'ἄπαγε
αὐτόν.' ἀκολουθῶ ἐν παιδιᾷ. 'ἀλλ' ἀφαιρεῖταί σου‖ ὁ
τράχηλος.' ἐκείνου δ' αὐτοῦ ἀεὶ ἐπιμένει, ὑμῶν δὲ τῶν
πειθομένων; 'ἀλλ' ἄταφος ῥιφήσῃ.' εἰ ἐγώ εἰμι ὁ νε-

Zeig mir die Schwerter der Leibwächter. «Sieh, wie groß
sie sind und wie scharf?» Was tun denn diese großen, schar-
fen Schwerter? «Sie töten.» Was aber tut das Fieber?
«Nichts anderes.» Was tut ein Dachziegel? «Nichts anderes.» Soll ich nun alle diese Dinge bewundern und verehren
und mich als Sklave eines anderen herumtreiben? – So soll
es nicht sein; aber nachdem ich einmal begriffen habe, daß
alles, was entstanden ist, auch vergehen muß, damit der
Lauf der Welt nicht still steht oder behindert wird, da ist es
doch gleichgültig, ob ein Fieber dies tut, ein Dachziegel oder
ein Soldat. Aber wenn ich diese drei Möglichkeiten vergleichen soll, so weiß ich, daß der Soldat es am schmerzlosesten
und schnellsten tut. Wenn ich aber weder etwas von dem
fürchte, was der Tyrann mir antun kann, noch etwas begehre von dem, was er mir gewähren kann, warum soll ich
ihn dann noch bewundern oder bestaunen? Warum fürchte
ich seine Leibwächter? Warum freue ich mich, wenn er
freundlich mit mir spricht und mich empfängt, und warum
erzähle ich es auch noch anderen, wie er mit mir gesprochen
hat? Es handelt sich doch wohl nicht um Sokrates oder Diogenes, so daß sein Lob eine Bestätigung für mich wäre? Ich
habe doch wohl auch nicht den Ehrgeiz, seiner Art nachzueifern? Doch um kein Spielverderber zu sein, gehe ich zu
ihm, um ihm zu dienen, solange er mir nichts Törichtes
oder Ungehöriges befiehlt. Wenn er mir aber sagt: «Geh
hin und hol Leon von Salamis»[170], dann antworte ich ihm:
«Such dir einen anderen. Denn ich spiele nicht mehr mit.» –
«Abführen», schreit der Tyrann. Ich leiste keinen Widerstand, denn das gehört zu diesem Spiel. «Aber dir wird der
Kopf abgeschlagen.» Sitzt etwa sein eigener Kopf ganz fest
oder euer Kopf, die ihr ihm gehorcht? «Aber du wirst nicht
begraben und auf den Schindanger geworfen[171].» Wenn ich
wirklich der Tote bin, dann passiert mir das wirklich. Wenn

κρός, ῥιφήσομαι· εἰ δ' ἄλλος εἰμὶ τοῦ νεκροῦ, κομψότερον λέγε, ὡς ἔχει τὸ πρᾶγμα, καὶ μὴ ἐκφόβει με. τοῖς
παιδίοις ταῦτα φοβερά ἐστι καὶ τοῖς ἀνοήτοις. εἰ δέ τις
εἰς φιλοσόφου σχολὴν ἅπαξ εἰσελθὼν οὐκ οἶδεν, τί ἐστιν
αὐτός, ἄξιός ἐστι φοβεῖσθαι καὶ κολακεύειν ὅ† ὕστερον
ἐκολάκευεν· εἰ μήπω μεμάθηκεν, ὅτι οὐκ ἔστι σὰρξ οὐδ'
ὀστᾶ οὐδὲ νεῦρα, ἀλλὰ τὸ τούτοις χρώμενον, τὸ καὶ
διοικοῦν καὶ παρακολουθοῦν ταῖς φαντασίαις.

Ναί· ἀλλ' οἱ λόγοι οὗτοι καταφρονητὰς ποιοῦσι τῶν
νόμων. — Καὶ ποῖοι μᾶλλον λόγοι πειθομένους παρέ-
χουσι τοῖς νόμοις τοὺς χρωμένους; νόμος δ' οὐκ ἔστι
τὰ ἐπὶ μωρῷ. καὶ ὅμως ὅρα, πῶς καὶ πρὸς τούτους ὡς
δεῖ ἔχοντας παρασκευάζουσιν, οἵ γε διδάσκουσιν μηδενὸς ἀντιποιεῖσθαι πρὸς αὐτούς, ἐν οἷς ἂν ἡμᾶς νικῆσαι
δύνωνται. περὶ τὸ σωμάτιον διδάσκουσιν ἐξίστασθαι,
περὶ τὴν κτῆσιν ἐξίστασθαι, περὶ τὰ τέκνα, γονεῖς [δ'],
ἀδελφούς, πάντων παραχωρεῖν, πάντα ἀφιέναι· μόνα
τὰ δόγματα ὑπεξαιροῦνται, ἃ καὶ ὁ Ζεὺς ἐξαίρετα
ἑκάστου εἶναι ἠθέλησεν. ποία ἐνθάδε παρανομία, ποία
ἀβελτερία; ὅπου κρείττων εἶ καὶ ἰσχυρότερος, ἐκεῖ σοι
ἐξίσταμαι· ὅπου πάλιν ἐγὼ κρείττων, σὺ παραχώρει μοι.
ἐμοὶ γὰρ μεμέληκεν, σοὶ δ' οὔ. σοὶ μέλει, πῶς ἐν ὀρθο-
στρώτοις οἰκῇς, ἔτι πῶς παῖδές σοι καὶ πιλλᾶτοι διακο-

ich aber ein anderer bin als der Tote, dann sag präziser, wie
sich die Sache verhält, und versuch nicht, mir Angst zu machen. Diese Geschichten erschrecken nur Kinder und Narren. Wenn aber jemand einmal in die Schule eines Philosophen gegangen ist und nicht weiß, was er selbst ist[172],
dann verdient er es, Angst zu haben und denen nach dem
Mund zu reden, denen er schon vorher nach dem Mund zu
reden pflegte, das heißt, wenn er noch nicht weiß, daß er
nicht Fleisch, nicht Knochen und nicht Sehnen ist, sondern
das Wesen, das diese Dinge nur gebraucht und seine Sinneseindrücke beherrscht und versteht.

«Ja, aber diese Lehren erziehen zu Verächtern der Gesetze[173].» Im Gegenteil. Welche anderen Lehren veranlassen diejenigen, die sie befolgen, in höherem Maße dazu, den
Gesetzen zu gehorchen? Ein Gesetz aber ist nicht einfach
das, was in der Gewalt eines Narren steht. Und beachte
doch, wie diese Lehren uns dazu befähigen, daß wir uns
auch diesen Narren gegenüber richtig verhalten; sie bringen uns jedenfalls bei, ihnen dort nichts streitig zu machen,
wo sie uns überlegen sein können. Sie lehren uns zu verzichten, wenn es um unseren erbärmlichen Leib, um unseren Besitz, um unsere Kinder, Eltern und Geschwister geht,
und dies alles aufzugeben und fahrenzulassen. Nur unsere
Überzeugungen nehmen sie aus; hat doch auch Zeus bestimmt, daß diese das unantastbare Eigentum eines jeden
von uns sein sollen. Wie kann da die Rede von einer Nicht-
achtung der Gesetze oder von Torheit sein? Wo du[174] stärker und mächtiger bist, da weiche ich vor dir zurück. Wo ich
aber stärker bin, da mußt du mir nachgeben. Denn hier bin
ich zu Hause, du aber nicht. Dich interessiert, wie du die
Wände deiner Gemächer mit Marmorplatten belegen
kannst, wie Sklaven und Freigelassene dich bedienen können, wie du es schaffst, auffallende Kleider zu tragen und

νῶσιν, πῶς ἐσθῆτα περίβλεπτον‖ φορῇς, πῶς κυνηγοὺς
πολλοὺς ἔχῃς, πῶς κιθαρῳδούς, τραγῳδούς. μή τι ἀντι-
ποιοῦμαι; μή τι οὖν δογμάτων σοι μεμέληκε; μή τι τοῦ
λόγου τοῦ σεαυτοῦ; μή τι οἶδας, ἐκ τίνων μορίων συνέ-
στηκεν, πῶς συνάγεται, τίς ἡ διάρθρωσις αὐτοῦ, τίνας
ἔχει δυνάμεις καὶ ποίας τινάς; τί οὖν ἀγανακτεῖς, εἰ
ἄλλος ἐν τούτοις σου πλέον ἔχει ὁ μεμελετηκώς; — Ἀλλὰ
ταῦτ' ἔστι τὰ μέγιστα. — Καὶ τίς σε κωλύει περὶ ταῦτ'
ἀναστρέφεσθαι καὶ τούτων ἐπιμελεῖσθαι; τίς δὲ μείζονα
ἔχει παρασκευὴν βιβλίων, εὐσχολίας, τῶν ὠφελησόντων;
μόνον ἀπόνευσόν ποτε ἐπὶ ταῦτα, ἀπόνειμον κἂν ὀλίγον
χρόνον τῷ σαυτοῦ ἡγεμονικῷ· σκέψαι τί ποτ' ἔχεις
τοῦτο καὶ πόθεν ἐληλυθός, τὸ πᾶσιν τοῖς ἄλλοις χρώμενον, πάντα τἆλλα δοκιμάζον, ἐκλεγόμενον, ἀπεκλεγό-
μενον. μέχρι δ' ἂν οὗ περὶ τὰ ἐκτὸς ἀναστρέφῃ, ἐκεῖνα
ἕξεις οἷα οὐδείς, τοῦτο δ' οἷον αὐτὸ ἔχειν θέλεις, ῥυπαρὸν καὶ ἀτημέλητον.

möglichst viele Jagdhunde, Musiker und Schauspieler zu bekommen. Mache ich dir auf diesem Gebiet etwa Konkurrenz?

Hast du dich etwa jemals für in sich schlüssige Überzeugungen interessiert? Oder für das Wesen deiner Vernunft? Weißt du etwa, aus welchen Teilen sie besteht, wie sie zusammengesetzt ist, wie sie gegliedert ist, welche Möglichkeiten sie hat und welche Qualität diese haben? Warum ärgerst du dich, wenn dir ein anderer auf diesem Gebiet überlegen ist, weil er sich gründlich damit beschäftigt hat? – Aber diese Dinge sind doch besonders wichtig. – Und wer hindert dich daran, daß du dich selbst damit beschäftigst und dich darum bemühst? Wer ist mit Büchern besser ausgestattet? Wer hat mehr Zeit, mehr Berater und Helfer? Du mußt dich nur einmal mit diesen Dingen befassen. Beschäftige dich doch nur einmal für kurze Zeit mit dem leitenden Prinzip in dir. Denk doch einmal darüber nach, was das eigentlich ist, das du besitzt, und woher es kommt, dieses Prinzip, das alles andere richtig gebraucht und bewertet, auswählt und abweist. Aber solange du dich nur mit den äußeren Dingen beschäftigst, wirst du diese in einem Umfang besitzen wie sonst niemand. Aber das leitende Prinzip in dir wirst du so belassen, wie du selbst es willst: verwahrlost und verkümmert.

TELES

(UM 250 V. CHR.)

ΕΚ ΤΟΥ ΤΕΛΗΤΟΣ ΠΕΡΙ ΑΥΤΑΡΚΕΙΑΣ

Δεῖ ὥσπερ τὸν ἀγαθὸν ὑποκριτὴν ὅ τι ἂν ὁ ποιητὴς περιθῇ πρόσωπον τοῦτο ἀγωνίζεσθαι καλῶς, οὕτω καὶ τὸν ἀγαθὸν ἄνδρα ὅ τι ἂν περιθῇ ἡ τύχη. καὶ γὰρ αὕτη, φησὶν ὁ Βίων, ὥσπερ ποιήτρια, ὁτὲ μὲν πρωτολόγου, ὁτὲ δὲ δευτερολόγου περιτίθησι πρόσωπον, καὶ ὁτὲ μὲν βασιλέως, ὁτὲ δὲ ἀλήτου. μὴ οὖν βούλου δευτερολόγος ὢν τὸ πρωτολόγου πρόσωπον· εἰ δὲ μή, ἀνάρμοστόν τι ποιήσεις. σὺ μὲν ἄρχεις καλῶς, ἐγὼ δὲ ἄρχομαι,

ÄLTERE DIATRIBEN

VON DER SELBSTGENÜGSAMKEIT (TELES II)

Wie der gute Schauspieler die Rolle, die ihm der Dichter zu-
gewiesen hat, gut spielen muß, so hat auch der gute Mensch
die Rolle zu spielen, die ihm die Schicksalsgöttin auferlegt
hat. Denn auch diese gibt laut Bion dem Menschen wie eine
Dichterin bald die Rolle des ersten, bald die des zweiten
Schauspielers, bald die eines Königs, bald die eines Bettlers.
Du darfst aber, wenn du die zweite Rolle hast, nicht die erste
spielen wollen. Sonst wirst du ein Fiasko hervorrufen. Du
bist ein guter Herrscher[2], ich aber bin dein Untertan, sagte

φησί, καὶ σὺ μὲν πολλῶν, ἐγὼ δὲ ἑνὸς τουτουὶ παιδαγωγὸς γενόμενος, καὶ σὺ μὲν εὔπορος γενόμενος δίδως ἐλευθερίως, ἐγὼ δὲ λαμβάνω εὐθαρσῶς παρὰ σοῦ οὐχ ὑποπίπτων οὐδὲ ἀγεννίζων οὐδὲ μεμψιμοιρῶν. σὺ κέχρησαι τοῖς πολλοῖς καλῶς, ἐγὼ δὲ τοῖς ὀλίγοις· οὐ γὰρ τὰ πολυτελῆ, φησί, τρέφει, οὐδὲ ἐκείνοις μὲν ἔστι μετ᾿ ὠφελείας χρῆσθαι, τοῖς δὲ ὀλίγοις καὶ εὐτελέσι μετὰ σωφροσύνης οὐκ ἔστι καὶ ἀτυφίας. διὸ καὶ εἰ λάβοι, φησὶν ὁ Βίων, φωνὴν τὰ πράγματα, ὃν τρόπον καὶ ἡμεῖς, καὶ δύναιτο δικαιολογεῖσθαι, οὐκ ἂν εἴποι, φησίν, [πρῶτον ἡ πενία, ἄνθρωπε, τί μοι μάχῃ;] ὥσπερ οἰκέτης πρὸς τὸν κύριον ἐφ᾿ ἱερὸν καθίσας δικαιολογεῖται ʻτί μοι μάχῃ; μή τί σοι κέκλοφα; οὐ πᾶν τὸ προστατ τόμενον ὑπὸ σοῦ ποιῶ; οὐ τὴν ἀποφορὰν εὐτάκτως σοι φέρω;ʼ καὶ ἡ Πενία ⟨ἂν⟩ εἴποι πρὸς τὸν ἐγκαλοῦντα ʻτί μοι μάχῃ; μὴ καλοῦ τινος δι᾿ ἐμὲ στερίσκῃ; μὴ σωφροσύνης; μὴ δικαιοσύνης; ⟨μὴ⟩ ἀνδρείας; ἀλλὰ μὴ τῶν ἀναγκαίων ἐνδεὴς εἶ; ἢ οὐ μεσταὶ μὲν αἱ ὁδοὶ λαχάνων, πλήρεις δὲ αἱ κρῆναι ὕδατος; οὐκ εὐνάς σοι τοσαύτας παρέχω ὁπόση γῆ; καὶ στρωμνὰς φύλλα; ἢ εὐφραίνεσθαι μετ᾿ ἐμοῦ οὐκ ἔστιν; ἢ οὐχ ὁρᾷς γράδια φυστὴν φαγόντα τερετίζοντα; ἢ οὐκ ὄψον ἀδάπανον καὶ ἀτρύφερον παρασκευάζω σοι τὴν πεῖναν; ἢ οὐχ ὁ πεινῶν ἥδιστα ἐσθίει καὶ ἥκιστα ὄψου δεῖται; καὶ ὁ διψῶν ἥδιστα πίνει καὶ ἥκιστα τὸ μὴ παρὸν ποτὸν ἀναμένει; ἢ πεινᾷ τις πλα-

Bion. Du herrschst über viele, ich aber bin nur der Erzieher dieses einen hier. Du besitzt vieles und gibst mit vollen Händen, ich aber nehme dreist von dir, ohne vor dir niederzufallen, aber auch ohne mich unwürdig zu benehmen oder mit dem Schicksal zu hadern.

Du gebrauchst die Fülle auf rechte Weise, ich dagegen das Wenige, das ich besitze. Denn nicht die Überfülle ernährt, wie er sagt, noch kann man sie mit wirklichem Nutzen gebrauchen. Das Wenige und Geringe aber sollte man nicht mit Bescheidenheit und ohne Anmaßung gebrauchen können? Wenn daher die Dinge, sagt Bion, reden könnten wie wir und in der Lage wären, sich zu rechtfertigen, würden sie da nicht sprechen wie ein Sklave, der an einem Altar Schutz gesucht hat und sich vor seinem Herrn rechtfertigt: «Warum zankst du mit mir? Habe ich dir etwa irgend etwas gestohlen? Tue ich nicht alles, was du mir befiehlst? Bringe ich dir nicht vorschriftsmäßig alle Abgaben?» Und die Armut würde zu dem sagen, der auf sie schimpfte: «Warum zankst du mit mir? Verlierst du etwa durch mich irgend etwas Wertvolles? Etwa Bescheidenheit? Gerechtigkeit? Tapferkeit? Aber du hast doch keinen Mangel am Notwendigen? Sind denn nicht die Wegränder voll von feinen Kräutern und die Quellen gefüllt mit reinem Wasser? Biete ich dir nicht auf der ganzen Erde Platz zum Ruhen? Und Blätter als Schlafstätte? Oder kann man sich in meiner Gesellschaft etwa nicht freuen? Oder siehst du nicht, wie selbst alte Hutzelweibchen, wenn sie nur ein Stück Gnadenbrot gegessen haben, vor Vergnügen trällern? Mache ich dir nicht den Hunger zu einem preiswerten und anspruchsvollen Nachtisch? Ißt nicht der Hungernde mit größtem Genuß und braucht er nicht den Nachtisch am wenigsten? Trinkt nicht der Durstige mit größter Freude, und wartet er nicht am wenigsten auf ein Getränk, das er nicht hat? Oder

κοῦντα ἢ διψᾷ Χίον; ἀλλ᾿ οὐ ταῦτα διὰ τρυφὴν ζητοῦσιν ἄνθρωποι; ἢ οἰκήσεις οὐ παρέχω σοι προῖκα, τὸν μὲν χειμῶνα τὰ βαλανεῖα, θέρους δὲ τὰ ἱερά; ποῖον γάρ σοι τοιοῦτον οἰκητήριον, φησὶν
ὁ Διογένης, τοῦ θέρους, οἷον ἐμοὶ ὁ παρθενὼν οὗτος, εὔπνους καὶ
πολυτελής;᾿ εἰ ταῦτα λέγοι ἡ Πενία, τί ἂν ἔχοις ἀντειπεῖν; ἐγὼ
μὲν γὰρ ⟨ἂν⟩ δοκῶ ἄφωνος γενέσθαι. ἀλλ᾿ ἡμεῖς πάντα μᾶλλον
αἰτιώμεθα ἢ τὴν ἑαυτῶν δυστροπίαν καὶ κακοδαιμονίαν, τὸ γῆρας,
τὴν πενίαν, τὸν ἀπαντήσαντα, τὴν ἡμέραν, τὴν ὥραν, τὸν τόπον.
διό φησιν ὁ Διογένης φωνῆς ἀκηκοέναι κακίας ἑαυτὴν αἰτιωμένης,
οὔτις ἐμοὶ τῶνδ᾿ ἄλλος ἐπαίτιος, ἀλλ᾿ ἐγὼ αὐτή.

παράφοροι δὲ πολλοὶ οὐχ ἑαυτοῖς ἀλλὰ τοῖς πράγμασι τὴν αἰτίαν
ἐπάγουσιν. ὁ δὲ Βίων, ὥσπερ τῶν θηρίων, φησί, παρὰ τὴν λῆψιν
ἡ δῆξις γίνεται, κἂν μέσου τοῦ ὄφεως ἐπιλαμβάνῃ, δηχθήσῃ, ἐὰν
τοῦ τραχήλου, οὐδὲν πείσῃ· οὕτω καὶ τῶν πραγμάτων, φησί, παρὰ
τὴν ὑπόληψιν ἡ ὀδύνη γίνεται, καὶ ἐὰν μὲν οὕτως ὑπολάβῃς περὶ
αὐτῶν, ὡς ὁ Σωκράτης, οὐκ ὀδυνήσῃ, ἐὰν δὲ ὡς ἑτέρως, ἀνιάσῃ,
οὐχ ὑπὸ τῶν πραγμάτων ἀλλ᾿ ὑπὸ τῶν ἰδίων τρόπων καὶ τῆς ψευ-
δοῦς δόξης. διὸ δεῖ μὴ τὰ πράγματα πειρᾶσθαι μετατιθέναι, ἀλλ᾿
αὐτὸν παρασκευάζειν πρὸς ταῦτά πως ἔχοντα, ὅπερ ποιοῦσιν οἱ
ναυτικοί· οὐ γὰρ τοὺς ἀνέμους καὶ τὴν θάλατταν πειρῶνται μετατιθέναι, ἀλλὰ παρασκευάζουσιν αὑτοὺς δυναμένους πρὸς ἐκεῖνα
στρέφεσθαι. εὐδία, γαλήνη· ταῖς κώπαις πλέουσι. κατὰ ναῦν ἄνε-

hungert jemand nach Kuchen und dürstet er nach Wein aus Chios? Verlangen Menschen nach solchen Dingen nicht aus reiner Genußsucht? Oder biete ich dir nicht Wohnungen umsonst, im Winter die Badeanstalt und im Sommer die Tempelhallen? Wie köstlich ist für dich eine solche Wohnung, sagt Diogenes, wie für mich der Parthenon hier, mit guter Luft und voller Pracht?» – Wenn so die Armut spräche, was könntest du da erwidern? Ich glaube nämlich, ich wäre sprachlos. Aber wir geben allem anderen mehr die Schuld als unserem eigenen schlechten Charakter und unserer unglückseligen Natur. Wir schimpfen auf das Alter, die Armut, auf den Menschen, der uns gerade begegnet, auf den Tag, die Stunde, den Ort. Daher sagte Diogenes, er habe die Stimme der Schlechtigkeit gehört, wie sie sich selbst Vorwürfe machte: Kein anderer hat Schuld an meinem Geschick, sondern nur ich selbst. Viele aber geben in ihrer Torheit nicht sich selbst, sondern den Umständen die Schuld. Bion aber sagt: Wie der Biß der Tiere dem Griff entsprechend erfolgt und du, wenn du die Schlange in der Mitte anfaßt, gebissen wirst, wenn du sie aber am Hals packst, dir nichts passiert, so entspricht der Schmerz über die Verhältnisse der Auffassung, mit der man ihnen begegnet, und wenn du sie so aufnimmst wie Sokrates, dann wirst du nicht leiden, wenn du sie aber anders aufnimmst, dann wirst du Kummer haben, und zwar nicht aufgrund der Verhältnisse selbst, sondern aufgrund deiner eigenen Veranlagung und deiner falschen Ansicht von den Dingen. Daher muß man nicht versuchen, die Verhältnisse zu ändern, sondern sich selbst den jeweiligen Umständen anzupassen, wie es auch die Seeleute tun. Sie versuchen nämlich nicht, die Winde und das Meer zu ändern, sondern sie bereiten sich darauf vor, sich nach jenen Mächten richten zu können. Gutes Wetter, ruhige See: Sie legen sich in die Riemen. Der

μος· ἐπῆραν τὰ ἄρμενα. ἀντιπέπνευκεν· ἐστείλαντο, μεθείλαντο.
καὶ σὺ πρὸς τὰ παρόντα χρῶ. γέρων γέγονας· μὴ ζήτει τὰ τοῦ
νέου. ἀσθενὴς πάλιν· μὴ ζήτει τὰ τοῦ ἰσχυροῦ [φορτία βαστάζειν
καὶ διατραχηλίζεσθαι], ἀλλ᾽ ὥσπερ Διογένης, ἐπεί τις ὤθει καὶ
ἐτραχήλιζεν ἀσθενῶς ἔχοντα, οὐ διετραχηλίζετο, ἀλλὰ δείξας αὐτῷ
τὸν κίονα 'βέλτιστε᾽ φησί 'τοῦτον ὤθει προσστάς᾽. ἄπορος πάλιν
γέγονας· μὴ ζήτει τὴν τοῦ εὐπόρου δίαιταν, ἀλλ᾽ ὡς πρὸς τὸν
ἀέρα φράττῃ (εὐδία, [καὶ] διεστείλω· ψῦχος, συνεστείλω), οὕτω καὶ
πρὸς τὰ ὑπάρχοντα· εὐπορία, διάστειλον· ἀπορία, σύστειλον. ἀλλ᾽
ἡμεῖς οὐ δυνάμεθα ἀρκεῖσθαι τοῖς παροῦσιν, ὅταν καὶ τρυφῇ πολὺ
διδῶμεν, καὶ τὸ ἐργάζεσθαι. . . . αἱ κρίνωμεν καὶ τὸν θάνατον
ἔσχατόν [τι] τῶν κακῶν. ἐὰν δὲ ποιήσῃ καὶ τῆς ἡδονῆς καταφρο-
νοῦντά τινα, καὶ πρὸς τοὺς πόνους μὴ διαβεβλημένον, καὶ πρὸς
δόξαν καὶ ἀδοξίαν ἴσως ἔχοντα, καὶ τὸν θάνατον μὴ φοβούμενον,
ὅ τι ἂν θέλῃς ἐξέσται σοι· ἀνωδύνῳ ὄντι ποιεῖν. διὸ ἅπερ λέγω,
οὐχ ὁρῶ πῶς αὐτὰ τὰ πράγματα ἔχει· τι δύσκολον, ἢ γῆρας ἢ
πενία ἢ ξενία. οὐκ ἀηδῶς γὰρ Ξενοφῶν 'ἐάν σοι᾽ φησί 'δείξω δύο
ἀδελφῶν τὴν ἴσην οὐσίαν διελομένων τὸν μὲν ἐν τῇ πάσῃ ἀπορίᾳ,
τὸν δὲ ἐν εὐκολίᾳ, οὐ φανερὸν ὅτι οὐ τὰ χρήματα αἰτιατέον ἀλλ᾽ ἕτερόν τι;᾽ οὕτως ἐὰν σοι· δείξω δύο γέροντας, δύο πένητας, δύο φεύγοντας,

Wind bläst von achtern: Sie setzen Segel. Der Wind bläst von vorn: Sie ziehen die Segel ein. – So mußt auch du dich gegenüber den Umständen verhalten. Du bist alt geworden: Laß die Spiele der Jugend. Du bist schwach: Laß die Hände von einer Arbeit, die Kraft verlangt. Du mußt vielmehr wie Diogenes sein: Wenn einer ihn anstieß und am Hals packte, dann wehrte er sich nicht, solange er sich schwach fühlte, sondern zeigte ihm die Säule und sagte: «Mein Bester, die da stoß um.» – Du hast dein Vermögen verloren: Dann versuche nicht, wie ein reicher Mann zu leben, sondern wie du dich gegen den Wind schützt, so tue es auch gegenüber den Umständen. Das Wetter ist schön: Geh spazieren. Es ist kalt: Bleib zu Hause. Es geht dir gut: Entfalte dich. Es geht dir schlecht: Schränke dich ein. Aber wir haben nicht die Kraft, uns mit dem Vorhandenen zu begnügen, wenn wir uns dem angenehmen Leben zu sehr verschreiben, aber die Anstrengung für eine Strafe und den Tod für das schlimmste Übel halten. Wenn du dich aber dazu durchringst, die sinnliche Lust zu verachten, gegenüber Anstrengungen standhaft zu sein, gegenüber Anerkennung und Geringschätzung Gleichgültigkeit zu empfinden und den Tod nicht zu fürchten, dann wird es dir möglich sein, alles zu tun, was du willst, und frei von Leid und Schmerz zu sein. Daher sehe ich – wie ich immer wieder sage – nicht danach, inwiefern die Umstände selbst, wie zum Beispiel das Alter, die Armut oder die Verbannung, etwas Unangenehmes an sich haben. Denn Xenophon[3] sagt doch ganz treffend: «Wenn ich dir zwei Brüder zeige, die ihr väterliches Vermögen zu gleichen Teilen unter sich aufgeteilt haben, von denen der eine in völliger Armut, der andere in guten Verhältnissen lebt, ist es da nicht klar, daß das nicht auf das Vermögen zurückzuführen ist, sondern auf etwas anderes?» Oder wenn ich dir zwei Greise zeige, beide

τὸν μὲν ἐν τῇ πάσῃ εὐκολίᾳ καὶ ἀπαθείᾳ ὄντα, τὸν δὲ ἐν τῇ πάσῃ
ταραχῇ, οὐ φανερὸν ὅτι οὐ τὸ γῆρας, οὐ τὴν πενίαν, οὐ τὴν ξενίαν
αἰτιατέον ἀλλ' ἕτερόν τι; καὶ ὅπερ Διογένης ἐποίησεν πρὸς τὸν
πολυτελῆ φάμενον πόλιν εἶναι τὰς Ἀθήνας· λαβὼν γὰρ αὐτὸν ἦγεν
εἰς τὸ μυροπωλεῖον καὶ ἐπυνθάνετο πόσου τῆς κύπρου ἡ κοτύλη.
'μνᾶς' φησὶν ὁ μυροπώλης· ἀνέκραγε 'πολυτελής γε ἡ πόλις'. ἀπῆγεν αὐτὸν πάλιν εἰς τὸ μαγειρεῖον καὶ ἐπυνθάνετο πόσου τὸ ἀκρο-
κώλιον. 'τριῶν δραχμῶν'· ἐβόα 'πολυτελής γε ἡ πόλις'. εἰς τὰ
ἔρια πάλιν τὰ μαλακὰ καὶ πόσου τὸ πρόβατον. 'μνᾶς' φησίν· ἐβόα
'πολυτελής γε ἡ πόλις'. 'δεῦρο δή' φησί. κἀνταῦθα ἄγει αὐτὸν καὶ
εἰς τοὺς θέρμους. 'πόσου ἡ χοῖνιξ;' 'χαλκοῦ' φησίν· ἀνέκραγεν ὁ
Διογένης 'εὐτελής γε ἡ πόλις'. πάλιν εἰς τὰς ἰσχάδας, 'δύο χαλκῶν'· 'τῶν δὲ μύρτων;' 'δύο χαλκῶν'· 'εὐτελής γε ἡ πόλις'. ὃν
τρόπον οὖν ὧδε οὐχ ἡ πόλις εὐτελὴς καὶ ⟨πολυτελής. ἀλλ' ἐὰν
μέν τις οὕτω ζῇ,⟩ πολυτελής, ἐὰν δὲ οὕτως, εὐτελής, οὕτω καὶ τὰ
πράγματα, ἐὰν μὲν αὐτοῖς οὕτω χρῆται, εὐπετῆ καὶ ῥάδια φανεῖται, ἐὰν δὲ οὕτως, δυσχερῆ. — Ἀλλ' ὅμως δοκεῖ μοι ἔχειν τι ἡ
πενία δυσχερὲς καὶ ἐπίπονον· καὶ μᾶλλον ἄν τις ἐπαινέσαι τὸν
μετὰ πενίας εὐκόλως ⟨τὸ⟩ γῆρας ἐνεγκόντα ἢ τὸν μετὰ πλούτου.
— Καὶ τί ἔχει δυσχερὲς ἢ ἐπίπονον ἡ πενία; ἢ οὐ Κράτης καὶ
Διογένης πένητες ἦσαν; καὶ πῶς ⟨οὐ⟩ ῥᾳδίως διεξήγαγον, ἄτυφοι γενό-

arm, beide in der Verbannung, von denen der eine rundherum zufrieden und ohne jeden Kummer lebt, der andere aber in einer ganz verzweifelten Stimmung ist, ist es da nicht klar, daß nicht das Alter, nicht die Armut, nicht der Aufenthalt in der Fremde dafür verantwortlich zu machen sind, sondern etwas anderes? Und was machte Diogenes mit einem, der behauptete, Athen sei eine furchtbar teure Stadt? Er nahm ihn bei der Hand und führte ihn in eine Parfümerie und fragte, was eine Kotyle[4] Cypernöl koste. Als der Verkäufer sagte: «Eine Mine», schrie er auf: «Was für eine teure Stadt.» Dann führte er den Mann in eine Garküche und fragte, wie teuer die Kalbsfüße seien. «Drei Drachmen.» Wieder rief er: «Die Stadt ist allerdings teuer.» Dann ging er zu den Wollhändlern und fragte, wie teuer das Schaf sei. «Eine Mine.» Diogenes rief aus: «Die Stadt ist zweifellos teuer.» Dann sagte er: «Komm hierher», und führte ihn zu den Lupinen. «Wie teuer ist die Choinix[5]?» – «Einen Pfennig.» Diogenes schrie auf: «Die Stadt ist wirklich billig.» Dann ging er zu den Feigen. «Zwei Pfennig.» – «Und die Myrtenbeeren?» – «Zwei Pfennig.» – «Die Stadt ist wirklich billig.» – Wie nun auf diese Weise nicht die Stadt billig oder teuer ist, sondern wenn einer entsprechend lebt, teuer, wenn aber anders, billig ist, so steht es auch mit den allgemeinen Verhältnissen: Wenn man sich mit ihnen so arrangiert wie Diogenes, dann werden sie einem gut erträglich und leicht erscheinen, wenn man das aber anders macht, dann werden sie einem schwer erträglich erscheinen. – «Aber trotzdem scheint mir die Armut etwas schwer Erträgliches und Mühseliges zu sein. Und mehr noch könnte man den loben, der das Alter in Armut leichten Herzens ertrüge, als den, der es in Reichtum erlebte.» Und was hat die Armut eigentlich Schlimmes oder Mühseliges an sich? Waren denn Krates und Diogenes nicht arm? Wie

μενοι καὶ ἐπαῖται· καὶ διαίτῃ εὐτελεῖ καὶ λιτῇ δυνάμενοι χρήσασθαι ;
ἀπορία καὶ δάνεια περιέστηκεν· κόγχον καὶ κύαμον συνάγαγε, φησὶν ὁ
Κράτης, καὶ τὰ τούτοις πρόσφορα· κἂν τάδε δράσῃς, ῥᾳδίως στή-
σεις τρόπαιον κατὰ πενίας. ἢ τί δεῖ μᾶλλον ἐπαινέσαι τὸν μετὰ
πενίας εὐκόλως ⟨τὸ⟩ γῆρας ἐνεγκόντα ἢ τὸν μετὰ πλούτου; ἐπεί
τοι οὐδὲ γνῶναι ῥᾳδιέστερόν ἐστι, ποῖόν τι ἐστὶ πλοῦτος ἢ ποῖόν
τι πενία· ἀλλὰ καὶ πλούτῳ πολλοὶ μετὰ γήρως δυσκόλως χρῶνται
καὶ πενίᾳ ἀγεννῶς καὶ ὀδυρτικῶς· καὶ οὔτε τούτῳ ῥάδιον, ὥστε
τῷ πλούτῳ ἐλευθερίως καὶ ἀφόρτως, οὔτε ἐκείνῳ, ὥστε ⟨τῇ⟩ πενίᾳ
γενναίως, ἀλλὰ τοῦ αὐτοῦ ἀμφότερα, καὶ ὥσπερ τοῖς πολλοῖς δύναται κατὰ τρόπον, οὗτος καὶ τοῖς ἀνάπαλιν. καὶ ἐὰν μὲν ἐκποιῇ
πενητεύουσι ⟨δεῖ⟩ μένειν ἐν τῷ βίῳ, εἰ δὲ μή, ῥᾳδίως ἀπαλλάττε-
σθαι ὥσπερ ἐκ πανηγύρεως [οὕτω καὶ ἐκ τοῦ βίου]. καθάπερ καὶ
ἐξ οἰκίας, φησὶν ὁ Βίων, ἐξοικιζόμεθα, ὅταν τὸ ἐνοίκιον ὁ μισθώ-
σας οὐ κομιζόμενος τὴν θύραν ἀφέλῃ, τὸν κέραμον ἀφέλῃ, τὸ
φρέαρ ἐγκλείσῃ, οὕτω, φησί, καὶ ἐκ τοῦ σωματίου ἐξοικίζομαι,
ὅταν ἡ μισθώσασα φύσις τοὺς ὀφθαλμοὺς ἀφαιρῆται τὰ ὦτα τὰς
χεῖρας τοὺς πόδας· οὐχ ὑπομένω, ἀλλ' ὥσπερ ἐκ συμποσίου ἀπαλλάττομαι οὐθὲν δυσχεραίνων, οὕτω καὶ ἐκ τοῦ βίου, ὅταν [ἡ] ὥρα
ᾖ, 'ἔμβα πορθμίδος ἔρυμα.' ὥσπερ ⟨ὁ⟩ ἀγαθὸς ὑποκριτὴς εὖ καὶ
τὸν πρόλογον εὖ καὶ τὰ μέσα εὖ καὶ τὴν καταστροφήν, οὕτω καὶ

leicht verbrachten sie ihre Tage, da sie anspruchslos und bettelarm waren und es verstanden, ein billiges und bescheidenes Leben zu führen? Du steckst in Not und Schulden. Nimm dir eine Muschel und eine Bohne, sagt Krates, und was dazu paßt. Und wenn du das tust, wirst du leicht über die Armut triumphieren. Oder warum muß man den mehr rühmen, der die Armut im Alter leichten Herzens erträgt, als den, der es in Reichtum verbringt? Denn es ist doch wohl nicht besonders einfach, genau zu erkennen, was Reichtum oder was Armut ist. Es machen aber auch viele von ihrem Reichtum im Alter einen schlechten Gebrauch, und mancher erliegt der Armut auf schwächliche und jammervolle Weise. Es ist offensichtlich weder dem einen leicht, seinen Reichtum würdig und ohne Beschwernis, noch dem anderen, seine Armut wie ein Held zu ertragen; beides ist vielmehr die Kunst ein und desselben Mannes, und wer den Reichtum angemessen gebraucht, der wird auch mit dem Gegenteil fertig. Wenn es irgend möglich ist, muß man auch, wenn man arm ist, im Leben aushalten; wenn es aber unerträglich ist, muß man leichten Herzens davongehen wie von einem Festgelage. Bion sagt: «Wie wir aus dem Haus hinausgedrängt werden, wenn der Vermieter die Miete nicht bekommt und dann die Wohnungstür wegnimmt, das Dach abdecken läßt und den Brunnen verschließt, so werde auch ich aus meinem erbärmlichen Körper ausquartiert, sobald mir die Natur, die mir alles vermietet hat, das Augenlicht, das Gehör und die Kraft der Hände und Füße wegnimmt.» Dann warte ich nicht länger, sondern wie ich ohne zu murren ein Gastmahl verlasse, so scheide ich auch aus dem Leben, wenn die Stunde da ist. «Tritt auf den Steg der Fähre[6].» Wie der gute Schauspieler nicht nur den Prolog, sondern auch die Mitte und den Schluß des Stückes vorzüglich spielt, so verbringt auch der

ὁ ἀγαθὸς ἀνὴρ εὖ καὶ τὰ πρῶτα τοῦ βίου εὖ καὶ τὰ μέσα εὖ καὶ τὴν τελευτήν· καὶ ὥσπερ ἱμάτιον τρίβωνα γενόμενον ἀπεθέμην καὶ οὖ"·.... παρέλκω οὐδὲ φιλοψυχῶ, ἀλλὰ μὴ δυνάμενος ἔτι· εὐδαι- μονεῖν ἀπαλλάττομαι. καθάπερ καὶ Σωκράτης· ἦν αὐτῷ ἐκ τοῦ δεσμωτηρίου, εἰ ἐβούλετο, ἐξελθεῖν ... καὶ τῶν δικαστῶν κελευόν- των ἀργυρίου τιμήσασθαι οὐ προσεῖχεν, ἀλλὰ τῆς ἐν πρυτανείῳ σιτήσεως ἐτιμήσατο· καὶ τριῶν ἡμερῶν αὐτῷ δοθεισῶν τῇ πρώτῃ ἔπιεν καὶ οὐ προσέμεινεν τῆς τρίτης ἡμέρας τὴν ἐσχάτην ὥραν παρατηρῶν, εἰ ἔτι ἥλιος ἐπὶ τῶν ὁρῶν, ἀλλ᾿ εὐθαρσῶς [τῇ πρώτῃ], ⟨ὡς Πλάτων φη⟩σίν, οὐδὲν τρέψας οὔτε τοῦ προσώπου οὔτε τοῦ χρώματος, ἀλλὰ μάλα ἱλαρῶς τε καὶ εὐκόλως λαβὼν τὸ ποτήριον ἐξέπιεν, καὶ τὸ τελευταῖον ἀποκοτταβίσας· 'τουτὶ δέ᾿ φησίν ᾿Αλκι- βιάδῃ τῷ καλῷ᾿· ὅρα σχολὴν καὶ παιδιάν. ἡμεῖς δέ, κἂν ἄλλον ⟨θανατῶντ᾿⟩ ἴδωμεν, πεφρίκαμεν. καὶ μέλλων ἀποθνήσκειν, ἐκά- θευδε βαθέως, ὥστε μόλις διεγεῖραι τινά. ταχύ γ᾿ ἂν καὶ ἡμῶν τις ἂν κοιμηθείη.... καὶ γυναικὸς χαλεπότητα πράως ἔφερε κἀκείνης βοώσης οὐκ ἐφρόντιζεν· ἀλλὰ Κριτοβούλου εἰπόντος 'πῶς ἀνέχῃ ταύτης συμβιούσης;᾿ 'πῶς δὲ σὺ τῶν παρὰ σοὶ χηνῶν;᾿ 'τί δὲ μοι μέλει ἐκείνων;᾿ φησίν 'οὕτως οὐδ᾿ ἐμοὶ ταύτης, ἀλλ᾿ ἀκούω ὥσπερ χηνός᾿. καὶ πάλιν παρειληφότος αὐτοῦ ᾿Αλκιβιάδην ἐπ᾿ ἀρισ-

---

* Statt οὐ lies οὐκέτι ἐφόρουν, οὕτως καὶ τὸν βίον ἀβίωτον γενόμενον οὐ.

anständige Mensch Anfang, Mitte und Ende des Lebens auf würdige Weise. Und wie ich einen Mantel, der schäbig geworden ist, ablege und nicht weitertrage, so versuche ich auch mein Leben, wenn es unerträglich geworden ist, nicht weiter hinzuschleppen.

Ich klebe nicht am Leben, sondern wenn ich nicht mehr glücklich sein kann, befreie ich mich davon. Wie es auch Sokrates tat: Es wäre ihm möglich gewesen, wenn er gewollt hätte, aus dem Gefängnis zu fliehen. Und als die Richter ihn aufforderten, selbst eine Geldstrafe in bestimmter Höhe vorzuschlagen, ging er darauf nicht ein, sondern beantragte für sich den Unterhalt auf Staatskosten im Rathaus. Und obwohl ihm noch drei Tage gewährt wurden, trank er schon am ersten den Schierlingsbecher und wartete nicht auf die letzte Stunde des dritten Tages, um zu beobachten, ob die Sonne noch auf den Bergen stehe, sondern frohen Mutes, wie Platon[7] sagt, und ohne sein Gesicht oder seine Farbe zu verändern, nahm er in größter Heiterkeit und Gelassenheit den Becher und trank ihn aus; zuletzt schleuderte er noch einige Tropfen auf die Erde und sagte dabei: «Das ist für den schönen Alkibiades[8].» Was für eine innere Ruhe und Heiterkeit.

Wir aber erschaudern schon, wenn wir einen anderen sterben sehen. Als ihm, Sokrates, der Tod schon ganz nahe bevorstand, schlief er tief, so daß man ihn nur mit Mühe wecken konnte . . . Und das Keifen seiner Frau ertrug er mit Sanftmut und kümmerte sich nicht um ihr Geschrei. Nein, als Kritobulos ihn fragte: «Wie hältst du das Leben mit dieser Frau aus?» antwortete er: «Wie erträgst du das Schnattern der Gänse bei dir auf dem Hof[9]?» – «Was gehen mich denn die Gänse an?» Darauf wieder Sokrates: «So störe ich mich auch nicht an ihr, sondern ich höre ihr zu wie einer Gans.» Als er dann einmal Alkibiades zum Essen eingela-

τον, ὡς ἐκείνη παρελθοῦσα τὴν τράπεζαν ἀνέτρεψεν, οὐκ ἐβόα οὐδ᾽
ὠδυνᾶτο δεινοπαθῶν ὦ τῆς παρανομίας, ὥστε ταύτῃ πάσχειν, ἀλλ᾽
ἀναλέξας τὰ πεσόντα, παραθέσθαι πάλιν ἐκέλευσε τὸν Ἀλκιβιάδην·
ὡς δὲ ἐκεῖνος οὐ προσεῖχεν ἀλλ᾽ ἐγκαλυψάμενος ἐκάθητο [αἰσχυ-
νόμενος], 'προάγωμεν δή,' φησίν 'ἔξω· φαίνεται γὰρ ἡ Ξανθίππη
ὀξυρεγμίᾳ σπαράσσειν ἡμᾶς.' εἶτα μετ᾽ ὀλίγας ἡμέρας αὐτὸς ἀριστῶν
παρὰ τῷ Ἀλκιβιάδῃ, ὡς ἡ ὄρνις ἡ γενναία ἐπιπτᾶσα κατέβαλε τὸν
πίνακα, ἐγκαλυψάμενος ἐκάθητο καὶ οὐκ ἠρίστα· ὡς δὲ ἐκεῖνος
ἐγέλα καὶ ἐπυνθάνετο εἰ διὰ τοῦτο οὐκ ἀριστᾷ ὅτι ἡ ὄρνις ἐπιπτᾶσα κατεβάλοι, 'δῆλον ὅτι' φησί 'σὺ μὲν πρῴην Ξανθίππης ἀνατρεψάσης οὐκ ἐβούλου ἀριστᾶν, ἐμὲ δὲ οἴει νῦν ⟨ἂν⟩ ἀριστᾶν τῆς
ὄρνιθος ἀνατρεψάσης; ἢ διαφέρειν τι ἐκείνην ὄρνιθος κορυζώσης
ἤγῃ;' 'ἀλλ᾽ εἰ μὲν ὗς' φησίν 'ἀνέτρεψεν, οὐκ ἂν ὠργίζου, [οὐκ ἂν
διηνέχθης] εἰ δὲ γυνὴ ὑώδης;' ὅρα παιδιάν.

ΤΕΛΗΤΟΣ ΠΕΡΙ ΦΥΓΗΣ

Μήποτε πρὸς μὲν τὸν οἰόμενον ἀλογιστοτέρους τὴν φυγὴν ποιεῖν
ὀρθῶς ἂν παραβάλλοιτο τὰ ἐπὶ τῶν τεχνῶν, ὅτι ὃν τρόπον οὐδὲ
αὐλεῖν οὐδὲ ὑποκρίνεσθαι χεῖρόν ἐστιν ἐπὶ ξένης ὄντα, οὕτως οὐδὲ
βουλεύεσθαι· πρὸς δὲ τὸν κατ᾽ ἄλλο τι ἡγούμενον τὴν φυγὴν βλαβερὸν εἶναι, μὴ οὐδὲν λέγηται παρὰ τὸ τοῦ Στίλπωνος, ὃ καὶ πρῴην

den hatte und seine Frau hereingestürzt kam und den Tisch
umstieß, fing er kein Geschrei an und regte sich auch nicht
darüber auf: «Diese Gemeinheit, daß man so etwas erleben
muß.» Er sammelte vielmehr alles auf, was hinuntergefal-
len war, und ermunterte Alkibiades, wieder zuzugreifen.
Als dieser aber nicht wollte, sondern sein Gesicht verhüllte
und schweigend dasaß, sagte Sokrates: «Laß uns fortgehen.
Denn Xanthippe scheint uns in ihrer Wut zerreißen zu wollen.» Dann war er einige Tage später bei Alkibiades zum Essen. Als der edle Vogel[10] auf den Tisch flog und die Schüssel
umstieß, verhüllte er sein Gesicht, saß schweigend da und
aß nicht weiter. Als aber Alkibiades in Gelächter ausbrach
und ihn fragte, ob er deshalb nicht esse, weil der Vogel auf
den Tisch geflogen sei und die Schüssel umgestoßen habe,
antwortete er: «Das ist doch klar. Hast du nicht vorgestern,
als Xanthippe den Tisch umstieß, auch keinen Appetit mehr
gehabt? Und da meinst du, daß ich, nachdem das Tier alles
heruntergerissen hat, noch weiteressen möchte? Oder
glaubst du, daß sich Xanthippe von einer dummen Gans
unterschiede? Aber wenn ein Schwein den Tisch umgewor-
fen hätte, dann hättest du dich nicht aufgeregt, wohl aber
über eine Frau, die sich wie ein Schwein aufführt[11]?»

ÜBER DIE VERBANNUNG (TELES III)

Als einmal jemand die Meinung äußerte, die Verbannung
lasse die Menschen geistig und sittlich herunterkommen,
erwiderte er, man könne damit wohl am besten die Situation der Künstler vergleichen: Wie jemand kein schlechte-
rer Flötist oder Schauspieler sei, wenn er sich im Ausland
aufhalte, so leide auch sein Denken nicht darunter.

Dem aber, der die Verbannung in anderer Hinsicht für

εἶπον· τ. λέγεις, φησί, καὶ τίνων ἡ φυγὴ ⟨ἢ⟩ ποίων ἀγαθῶν στερίσκει; τῶν περὶ ⟨τὴν⟩ ψυχὴν ἢ τῶν περὶ τὸ σῶμα ἢ τῶν ἐκτός; εὐλογιστίας, ὀρθοπραγίας, εὐπραγίας ἡ φυγὴ στερίσκει; οὐ δή. ἀλλὰ μὴ ἀνδρείας ἢ δικαιοσύνης ἢ ἄλλης τινὸς ἀρετῆς; οὐδὲ τοῦτο. ἀλλὰ μὴ τῶν περὶ τὸ σῶμά τινος ἀγαθῶν; ἢ οὐχ ὁμοίως ἔστιν ἐπὶ ξένης ὄντα ὑγιαίνειν καὶ ἰσχύειν καὶ ὀξὺ ὁρᾶν καὶ ὀξὺ ἀκούειν, ἐνίοτε δὲ μᾶλλον ⟨ἢ⟩ ἐν τῇ ἰδίᾳ μένοντα; καὶ μάλα. ἀλλὰ μὴ τῶν ἐκτὸς στερίσκει ἡ φυγή; ἢ οὐ πολλοῖς ὤφθη τὰ πράγματα κατὰ τὴν τῶν τοιούτων ὕπαρξιν ἐπιφανέστερα γεγονότα φυγάδων γενομένων; ἢ οὐ Φοῖνιξ ἐκ Δολοπίας ἐκπεσὼν ὑπὸ Ἀμύντορος εἰς Θετταλίαν φεύγει;

Πηλέα δ' ἐξικόμην,

καί μ' ἀφνειὸν ἔθηκε, πολὺν δέ μοι ὤπασε λαόν.

Θεμιστοκλῆς ἐκεῖνος 'ὦ παῖ' φησίν 'ἀπωλόμεθ' ἂν εἰ μὴ ἀπωλόμεθα'. νῦν δὲ πολλὴ τῶν τοιούτων ἀφθονία. ποίων οὖν ἀγαθῶν ἡ φυγὴ στερίσκει, ἢ τίνος κακοῦ παραιτία ἐστίν; ἐγὼ μὲν γὰρ οὐχ ὁρῶ. ἀλλ' ἡμεῖς πολλαχοῦ αὐτοὺς κατορύττομεν καὶ φυγάδες γενόμενοι καὶ ἐν τῇ ἰδίᾳ μένοντες. οὐκ ἄρχουσι, φασίν, οὐ πιστεύονται, οὐ παρρησίαν ἔχουσιν. ἔνιοι δέ γε καὶ φρουροῦσι τὰς πόλεις παρὰ βασιλεῦσι, καὶ ἔθνη πιστεύονται, καὶ δωρεὰς μεγάλας καὶ συντάξεις λαμβάνουσι. Λυκῖνος ἐκεῖνος οὐ παρ' ἡμῖν ἐφρούρει φυγὰς ὢν ἐκ τῆς Ἰταλίας, πιστευόμενος παρ' Ἀντιγόνῳ, καὶ τὸ προσ-

ein Unglück hält, kann man Stilpons[12] Worte entgegenhal-
ten, die ich schon vor kurzem zitierte: «Wieso denn? Welche Güter verliert man denn durch die Verbannung? Sind es
Güter der Seele oder des Körpers oder äußere Dinge? Verliert man etwa seine Vernunft, sein richtiges Handeln oder
seine Sittlichkeit? Nein. Verliert man etwa Tapferkeit und
Gerechtigkeit oder eine andere Tugend? Auch das ist nicht
der Fall. Aber vielleicht irgendein körperliches Gut? Kann
man nicht in der Verbannung genauso gesund und kräftig
bleiben, scharf sehen und genau hören wie in der Heimat
und manchmal sogar noch besser? Gewiß. Aber raubt
einem die Verbannung vielleicht die äußeren Dinge? Hat
man nicht schon gesehen, daß sich für viele die Lage in dieser Hinsicht deutlich gebessert hat, nachdem sie in die Verbannung geraten sind? Oder kommt nicht Phoinix, der aus
dem Land der Doloper vor Amyntor hatte fliehen müssen,
als Flüchtling nach Thessalien[13]? «... zu Peleus kam ich,
und er machte mich reich und setzte mich ein als Herrn über
viele.» Der berühmte Themistokles sagte einmal: «Mein
Sohn, wir wären verloren gewesen, wenn wir nicht verloren
gewesen wären.» Heutzutage gibt es eine Fülle solcher
Schicksale.

Welche Güter raubt einem denn nun die Verbannung?
Oder welches Übel verursacht sie? Ich sehe nichts. Aber wir
stürzen uns oft selbst in den Abgrund, ob wir nun Flücht-
linge sind oder zu Hause bleiben können. «Sie haben keine
Ämter», sagt man, «sie genießen kein Vertrauen, sie dürfen
nicht frei reden.» Manche aber stehen als Stadtkomman-
danten im Dienst von Königen, ja ganze Völker werden ihnen anvertraut, und sie erhalten großzügige Schenkungen
und Pensionen. War nicht jener Lykinos bei uns Stadtkom-
mandant, obwohl er als Flüchtling aus Italien gekommen
war? Genoß er nicht das Vertrauen des Antigonos[14]? Und

ταττόμενον ἐποιοῦμεν Λυχίνῳ ἡμεῖς ἐν τῇ ἰδίᾳ μένοντες; Ἱππομέ-
δων ὁ Λαχεδαιμόνιος ὁ νῦν ἐπὶ Θράκης καθεσταμένος ὑπὸ Πτολε-
μαίου, Χρεμωνίδης καὶ Γλαύχων οἱ Ἀθηναῖοι οὐ πάρεδροι καὶ
σύμβουλοι; ἵνα μὴ τὰ παλαιά σοι λέγω, ἀλλὰ τὰ καθ᾽ ἡμᾶς. καὶ
τὸ τελευταῖον οὐκ ἐπὶ στόλου τηλιχούτου ἐξαπεστάλη καὶ χρημάτων τοσοῦτον πιστευόμενος καὶ τὴν ἐξουσίαν ἔχων ὡς βούλοιτο
χρῆσθαι; — Ἀλλ᾽ ἔν γε τῇ ἰδίᾳ οὐκ ἄρχουσιν οἱ φυγάδες. —
Οὐδὲ γὰρ αἱ γυναῖκες οἴκοι μένουσαι, οὐδ᾽ οἱ παῖδες, οὐδὲ τὰ μει-
ράχια ταυτί, οὐδ᾽ οἱ ἔξωροι τῇ ἡλιχίᾳ. ἀλλὰ μή τι δυσχερὲς αὐτοῖς;
εἰ δ᾽ ὠδυνῶντο ἐπὶ τούτῳ, οὐκ ἂν ἦσαν βάχηλοι; τί δὲ καὶ διαφέρει ἄρχειν ἢ ἰδιωτεύειν; σὺ πολλῶν [ἢ ὀλίγων] καὶ ἡβώντων
βασιλεύεις, ἐγὼ δὲ ὀλίγων καὶ ἀνήβων παιδαγωγὸς γενόμενος, καὶ
τὸ τελευταῖον ἐμαυτοῦ· τῇ γὰρ αὐτῇ ἐμπειρίᾳ χειρούμενον καὶ τοὺς
πολλοὺς καὶ τὸν ἕνα, καὶ δημοσιεύοντα καὶ κατ᾽ οἰχίας ἐργολα-
βοῦντα, καὶ ἐπὶ ξένης ὄντα καὶ ἐν τῇ ἰδίᾳ μένοντα, καὶ κατὰ τὴν
αὐτὴν εὐβουλίαν καὶ τῇ ἀρχῇ καλῶς καὶ τῇ ἰδιωτείᾳ ἔστι χρῆσθαι.
τί οὖν διοίσει μοι, εἰ μὴ ἄρξω ἀλλὰ ἰδιωτεύσω; — Ἀλλ᾽ οὐδὲ
ἐξουσίαν ἕξεις εἰσελθεῖν εἰς τὴν ἰδίαν. — Οὐδὲ γὰρ νῦν εἰς τὸ
Θεσμοφόριον ἐξουσίαν ἔχω, οὐδ᾽ αἱ γυναῖκες εἰς τὸ τοῦ Ἐνυαλίου,
οὐδ᾽ εἰς τὰ ἄβατα ⟨οὐθείς⟩ [ἔξομεν]. ἀλλ᾽ εἰ ἐπὶ τούτῳ ἄχθοιτό

führten wir nicht die Anordnungen des Lykinos aus, wir, die wir in der Heimat blieben? Und ist es nicht der Lakedämonier Hippomedon, der jetzt von Ptolemaios als Statthalter in Thrakien eingesetzt ist, und sind nicht die Athener Chremonides und Glaukon Beisitzer und Berater, um dir keine Beispiele aus älterer Zeit, sondern aus unserer Gegenwart zu nennen? Und wurde schließlich nicht Chremonides mit einer gewaltigen Flotte ausgesandt, wurden ihm nicht riesige Summen anvertraut und hatte er nicht die Vollmacht, sie nach eigenem Ermessen zu verwenden? – «Aber in ihrer Heimat haben die Verbannten keine Ämter.» Die haben ja auch die Frauen nicht, die im Haus bleiben, und auch nicht die Kinder oder die Halbwüchsigen hier und ebensowenig die Männer, die zu alt sind, um noch mitwirken zu können. Aber macht ihnen das etwa Kummer? Wenn sie sich darüber beklagten, wären sie dann nicht Narren? Was macht es überhaupt für einen Unterschied, ob man ein öffentliches Amt hat oder zurückgezogen lebt? Du herrschst als König über viele erwachsene Männer, ich aber als Erzieher über wenige Kinder, und schließlich bist du auch noch mein Herr. Man kann nämlich aufgrund derselben Erfahrung die Masse und den einzelnen beherrrschen, ein öffentliches Amt bekleiden und zu Hause ein Handwerk ausüben, in der Verbannung leben und in der Heimat bleiben, und aufgrund derselben Klugheit ein Amt gut verwalten und ein Leben als Privatmann führen. Worin also besteht für mich der Unterschied, wenn ich kein Amt habe, sondern als Privatmann lebe? – «Aber du wirst als Verbannter keine Möglichkeit haben, in deine Heimat zurückzukehren.» Ich darf ja auch jetzt nicht in das Thesmophorion[15] gehen, und die Frauen können nicht in den Tempel des Enyalios, und überhaupt darf niemand zu den verbotenen Stätten. Aber wenn sich jemand darüber ärgerte, wäre er

τις, ούκ άν παιδαριώδης είη; ουδέ εις το γυμνάσιον ένίοτε έξου-
σίαν έχω, άλλ' άπελθών ⟨άν⟩ εις το βαλανείον ήλειψάμην τη
αυτή παλαιστρικη χρώμενος η καί προ του εν τω γυμνασίω. ούτω
καί δευρο άβατον ήγησάμενος την ιδίαν μεταβάς άλλαχου κατοικώ,
δύναμαι δε μεταβάς ώσπερ εξ ετέρας νεώς εις έτέραν ομοίως εύ-
πλοείν, ούτως εξ ετέρας πόλεως εις έτέραν ομοίως εύδαιμονείν.
ουκουν άκλήρημά τι καί όνειδος εμόν, εί μη μετά πονηρών οικήσω.
ή εμόν όνειδος, άλλ' ου των εμε εκβαλόντων επιεική καί δίκαιον
όντα; ουκ άηδώς Φιλήμων· ήγωνισμένου γάρ ποτε αυτού καί
άπηλλαχότος άστείως συναντώντές τινες 'ως εύημέρηκας' έφασαν
'Φιλήμον'. 'ύμείς μεν ουν' φησίν 'οίεσθε ούτω τεθεαμένοι· εγώ μεν
γάρ αεί αγαθός ών διατελώ.' — Τί ουν; υπό χειρόνων φυγαδεύε-
σθαι ου παροινία; — Σύ δ' άν έβούλου, φησίν, υπό καλών καί
αγαθών; ή ουχ ούτω μεν σον έγκλημα; ουθένα γάρ άγνωμόνως
καί αδίκως άνδρες αγαθοί φυγαδεύουσιν· ου γάρ άν ήσαν δίκαιοι.
— Παρευδοκιμείσθαι ουν υπό των τοιούτων καί χειροτονία καί
ψήφω ουκ όνειδος; — Ου σόν γε, αλλά των τούτους χειροτονούν-
των καί ψηφοφορούντων· ώσπερ εί τον άριστον ιατρόν αφέντες
φαρμακοπώλην είλοντο καί τούτω το δημόσιον έργον ενεχείρισαν,

dann nicht kindisch? Manchmal habe ich auch nicht die
Möglichkeit, in das Gymnasion zu gehen. Dafür ginge ich
dann in die Badeanstalt, riebe mich mit Öl ein und übte
mich in derselben Kunst des Ringkampfes wie vorher im
Gymnasion. So mache ich es auch hier: Ich gehe davon aus,
daß mir die Heimat verschlossen ist; also gehe ich woanders
hin und lasse mich dort nieder. Ich kann doch ebenso, wie
ich von einem Schiff in ein anderes umsteigen und gleicher-
maßen gut reisen kann, auch von einer Stadt in eine andere
übergehen und ohne Einschränkung glücklich sein[16]. Es ist
also gar kein Unglück und keine Schande für mich, wenn ich
nicht mit schlechten Menschen zusammenleben muß. Oder
ist es etwa eine Schande für mich und nicht vielmehr für
die, die mich verbannt haben, obwohl ich doch anständig
und gerecht bin? Sehr schön sagt das auch Philemon[17]. Als
er einmal an einem Wettbewerb beteiligt war und erfolgreich abgeschnitten hatte, begegneten ihm einige Leute und
sagten zu ihm: «Was hast du für einen guten Tag gehabt,
Philemon.» Er erwiderte darauf: «Ihr seid doch nur dieser
Meinung, nachdem ihr euch das Stück angesehen habt. Für
mich ist das selbstverständlich. Denn ich bin dauernd ein
Meister der Kunst.»

«Wie? Ist es nicht schmachvoll, von Schlechteren verbannt zu werden?» – «Hättest du etwa den Wunsch, von anständigen und tüchtigen Leuten verbannt zu werden? Oder
wäre das nicht wirklich eine Schande für dich? Denn gute
Männer verbannen niemanden gegen alle Vernunft und
Gerechtigkeit. Denn dann wären sie ja nicht gerecht.» –
«Von solchen Männern durch Abstimmung und Beschluß
mißachtet zu werden, wäre das keine Schande?» – «Nicht
für dich, sondern für die, welche diese zu Richtern gewählt
haben, als ob sie den besten Arzt entlassen, statt dessen
einen Arzneimittelhändler gewählt und diesem das öffent-

πότερον τοῦ ἰατροῦ εἶπας ἂν ὄνειδος καὶ ἀκλήρημα τοῦτο ἢ τῶν ἑλομένων; — Ἀλλὰ τοῦτό γε, εὑρεθῆναι τὴν πατρίδα μοχθηρὰν καὶ ἀχάριστον οὖσαν, εἰς ἢν πολλά τις ἐπόνησε, πῶς οὐκ ἀκλήρημα; — Καὶ πῶς ἂν εἴη τοῦτο ἀκλήρημα, ἀλλ᾽ οὐκ εἰ δεῖ εἰπεῖν οὕτως εὐκλήρημα τὸ γνῶναι ποία τις πρότερον μὴ εἰδότα; ἀλλ᾽ εἰ μὲν τὴν γυναῖκα ᾔσθου πονηρὰν καὶ ἐπίβουλον οὖσαν πρότερον μὴ εἰδώς, ἂν ἔσχες χάριν, καὶ εἰ τὸν οἰκέτην δραπέτην καὶ κλέπτην, ἵνα φυλάττῃ· εἰ δὲ τὴν πατρίδα πονηρὰν καὶ ἀχάριστον ᾔσθου, ἀκληρεῖν ἤγῃ σύ, ἀλλ᾽ οὐ χάριν ἔχεις; — Ἀλλ᾽ ὅμως μέγα μοι δοκεῖ· τὸ ἐν ᾗ ἐγένετό τις καὶ ἐτράφη, ἐν ταύτῃ καταγενέσθαι. — Πότερον καὶ ἐν οἰκίᾳ ἐν ᾗ ἐτράφης καὶ ἐγένου [ἐν ταύτῃ καταγενέσθαι], κἂν ᾖ σαπρὰ καὶ ῥέουσα καὶ καταπίπτουσα; καὶ ἐν νηΐ ἐν ᾗ ἐγένου καὶ ἐκ παιδίου ἔπλεις, [ἐνταῦθα] κἂν ἀκάτιον ᾖ, οὐδ᾽ εἰ κωπηλατοῦντα διαρρήγνυσθαι δέοι, εἰς τὴν εἰκόσορον μεταβάντα ἀσφαλῶς καὶ ἀκόπως; καὶ ὀνειδίζουσι μὲν ὅτι Κυθήριος, ὅτι Μυκόνιος, ὅτι Βελβινείτης· ὅμως δὲ μέγα τι φασὶ τὸ ἐν ᾗ ἐγένετό τις καὶ ἐτράφη, ἐν ταύτῃ καταβιῶναι, καὶ τὰς πλείους μὲν ἐξώλεις τῶν πόλεων καὶ τοὺς ἐνοικοῦντας ἀσεβεῖς. μέγα δὲ καὶ προσηνὲς τὴν πατρίδα ὥσπερ καὶ αὐτή. — Ἀλλὰ καὶ ὅτι μέτοικος ὀνειδίζουσι

liche Amt anvertraut hätten. Würdest du in diesem Falle etwa sagen, dies sei eine Schande und ein Unglück für den Arzt oder für die Leute, die ihn gewählt haben?»

«Aber wenn sich herausgestellt hat, daß das eigene Vaterland schlecht und undankbar ist, für das man sich so unendlich abgemüht hat, wie sollte das kein Unglück sein?» Wie sollte das denn ein Unglück sein? Dürfte es nicht vielmehr ein Glück sein, wenn man es schon so ausdrücken muß, daß man endlich dessen wahres Wesen durchschaut, das man bisher nicht kannte? Aber wenn du bemerktest, daß deine Frau heimtückisch und böse ist, was du vorher nicht wußtest, und wenn du deinen Diener als Ausreißer und Dieb durchschautest, dann wärst du dankbar; denn dann könntest du dich entsprechend in acht nehmen. Wenn du aber bemerkt hast, daß dein Vaterland schlecht und undankbar ist, dann hältst du das für ein Unglück und bist nicht dankbar für diese Erkenntnis? «Aber trotzdem scheint es mir ein großes Glück zu sein, in seinem Vaterland bleiben zu können, wo man geboren und aufgewachsen ist.» Etwa auch in dem Haus, in dem du geboren und aufgewachsen bist, auch wenn es morsch und ganz baufällig ist? Auch auf dem Schiff, auf dem du geboren und auf dem du von Kindheit an gefahren bist, auch wenn es nur ein kleines Boot ist? Würdest du da nicht, wenn du beim Rudern vor Anstrengung zerbersten müßtest, ohne Mühe und Gefahr auf einen Zwanzigruderer umsteigen? Und da verhöhnen einen die Leute, daß man aus Kythera, Mykonos oder Belbina ist. Trotzdem aber behaupten sie, daß es ein großes Glück sei, in dem Land zu leben, wo man geboren und aufgewachsen ist, und daß zwar die meisten Städte in Trümmern liegen und ihre Bewohner Gottlose seien, daß aber die Vaterstadt etwas Großartiges und Angenehmes sei. . . . .[18].

«Viele aber werfen einem auch vor, daß man ein Zugerei-

† δὲ πολλοὶ λέγοντες

μέτοικε σύ,
οὐδ' ἐγγενὴς ὢν τήνδε δουλώσας ἔχεις.

— καὶ Κάδμον μὲν τὸν κτίστην Θηβῶν θαυμάζεις, ἐμὲ δὲ εἰ μή ⟨εἰμι⟩ πολίτης, ὀνειδίζεις; καὶ Ἡρακλέα μὲν ὡς ἄριστον ἄνδρα γεγονότα ἐπαινοῦμεν, τὸ δὲ μέτοικον εἶναι ὄνειδος ἡγούμεθα; Ἡρακλῆς δ' ἐξ Ἄργους ἐκπεσὼν Θήβας κατῴκει. Λακεδαιμόνιοι οὐδὲν τῶν τοιούτων ὄνειδος ἡγοῦνται· ἀλλὰ τὸν μὲν μετασχόντα τῆς ἀγωγῆς καὶ ἐμμείναντα, κἂν ξένος κἂν ἐξ εἵλωτος, ὁμοίως τοῖς ἀρίστοις τιμῶσι· τὸν δὲ μὴ ἐμμείναντα, κἂν ἐξ αὐτοῦ τοῦ βασιλέως, εἰς τοὺς εἵλωτας ἀποστέλλουσι, καὶ τῆς πολιτείας ὁ τοιοῦτος οὐ μετέχει. — Ἀλλὰ τό γε ἐν τῇ ἰδίᾳ μὴ ἐξεῖναι ταφῆναι πῶς οὐκ ὄνειδος; — Καὶ πῶς μέλλει τοῦτο ὄνειδος εἶναι ὃ τοῖς ἀρίστοις πολλάκις συνέβη; ἢ τίς τιμὴ αὕτη ἢ τις τοῖς κακίστοις περιγίνεται; καὶ Σωκράτην μὲν ἐπαινοῦσιν, ὅταν ἐπιλαμβανόμενος Ἀθηναίων λέγῃ· οἱ μὲν γὰρ στρατηγοὶ ἐφ' οἷς καλλωπίζονται, ὑπερόριοι τεθαμμένοι εἰσί, τὰ δὲ ὀνείδη τῆς δημοκρατίας ἐν τοῖς δημοσίοις τάφοις. ὅμως δὲ τὸ μὲν ἐπὶ ξένης ταφῆναι ὄνειδος, τὸ δ' ἐν τοῖς δημοσίοις τάφοις τίμιον; τί δὲ καὶ διαφέρειν ἂν δόξαι· ἐπὶ ξένης ταφῆναι ἢ ἐν τῇ ἰδίᾳ; οὐκ ἀηδῶς γάρ τις τῶν Ἀττικῶν φυγάδων λοιδορουμένου τινὸς αὐτῷ καὶ λέγοντος 'ἀλλ' οὐδὲ ταφήσῃ ἐν τῇ ἰδίᾳ, ἀλλ' ὥσπερ οἱ ἀσεβεῖς Ἀθηναίων ἐν τῇ Μεγαρικῇ' 'ὥσπερ μὲν οὖν' ⟨φησίν⟩ 'οἱ εὐσεβεῖς Μεγαρέων ἐν τῇ Μεγαρικῇ'. τί γὰρ τὸ διά-

ster sei, und sagen: ‹Du Halbbürger, obwohl du kein Einheimischer bist, beherrschst du die Stadt, nachdem du sie dir unterworfen hast.›» Und da bewunderst du zwar Kadmos als den Gründer Thebens, mich aber beschimpfst du, wenn ich kein Vollbürger bin? Und Herakles rühmen wir als den größten Helden aller Zeiten, zugereist zu sein halten wir jedoch für eine Schande? Herakles wohnte in Theben, nachdem er aus Argos vertrieben worden war. In den Augen der Lakedämonier ist so etwas überhaupt kein Makel. Sie ehren vielmehr denjenigen, der an ihrer Erziehung teilgenommen und sich entsprechend bewährt hat, auch wenn er ein Fremder oder der Sohn eines Heloten ist, wie ihre besten Männer. Den aber, der sich nicht entsprechend bewährt hat, auch wenn er Sohn eines Königs wäre, verstoßen sie unter die Heloten, und ein solcher Mensch nimmt an ihrem politischen Leben nicht mehr teil.

«Aber ist das nicht wirklich eine Schande, wenn man nicht in heimatlicher Erde begraben werden darf?» – «Wie sollte das eine Schande sein, was oft den Besten widerfahren ist? Oder was ist das für eine Ehre, die auch den Schlechtesten zuteil wird?» Sie loben doch Sokrates, weil er die Athener tadelt und sagt[19]: «Ihre Feldherren, auf die sie so stolz sind, wurden fern der Heimat bestattet, die Schandkerle der Demokratie aber in staatlichen Gräbern.» Trotzdem soll es ein Makel sein, in fremder Erde begraben zu werden, und eine Ehre, in staatlichen Grabstätten zu ruhen? Was ist es denn überhaupt für ein Unterschied, in fremder Erde oder in der Heimat begraben zu sein? Eine gute Antwort gab einer der Verbannten aus Attika, als ihn jemand schmähte und zu ihm sagte: «Du wirst freilich auch nicht in der Heimat bestattet werden, sondern wie die Gottlosen von den Athenern in der Erde von Megara.» – «Ja, wie die Frommen von den Megarern in Megaras Erde.» Wo

φορον; ἢ οὐ πανταχόθεν, φησὶν ὁ Ἀρίστιππος, ἴση καὶ ὁμοία ἡ
εἰς ᾅδου ὁδός; ἢ τὴν ἀρχὴν εἰ μὴ ταφήσῃ, τί σοι μέλει; ἀλλ᾽ ἡ
περὶ ταφῆς ἀγωνία, φησὶν ὁ Βίων, πολλὰς τραγῳδίας ἐποίησεν.
ὥσπερ καὶ ὁ Πολυνείκης ἐντέλλεται·

> θάψον δέ μ᾽ ὦ τεκοῦσα καὶ σὺ σύγγονε
> ἐν γῇ πατρῴᾳ, καὶ πόλιν θυμουμένην
> παρηγορεῖτον, ὡς τοσόνδε γοῦν τύχω
> χθονὸς πατρῴας, κεἰ δόμους ἀπώλεσα.

εἰ δὲ μὴ τύχοις χθονὸς πατρῴας, ἀλλ᾽ ἐπὶ ξένης ταφείς, τί ἔσται
τὸ διάφορον; ἢ ἐκ Θηβῶν μὲν εἰς ᾅδου ὁ Χάρων πορθμεύει . . . ;

> καὶ γῆς φίλης ὄχθοισι κρυφθῆναι καλόν.

εἰ δὲ μὴ κρυφθείης, ἀλλὰ ἄταφος ⟨ῥιφθείης⟩, τί τὸ δυσχερές; ἢ
τί διαφέρει ὑπὸ πυρὸς κατακαυθῆναι ἢ ὑπὸ κυνὸς καταβρωθῆναι·
ἢ ἐπάνω τῆς γῆς ὄντα ὑπὸ κοράκων ἢ κατορυχθέντα ὑπὸ σκωλήκων;

> συνάρμοσον δέ μου βλέφαρα τῇ σῇ χερί,
> μῆτερ.

ἂν δὲ μὴ σαναρμόσῃ σου, ἀλλὰ βλέπων καὶ κεχηνὼς ἀποθάνῃς,
τί ἔσται τὸ χαλεπόν; ἢ καὶ τῶν ἐν τῇ θαλάττῃ καὶ ἐν τοῖς πολέ-
μοις ἀποθνῃσκόντων συναρμόζει τις; ἀλλ᾽ ἔμοιγε δοκεῖ ταῦτα παιδιά τις ἡμετέρα εἶναι . . . καὶ ἡμεῖς μὲν καὶ ἰδεῖν καὶ ἅψασθαι
ὀκνοῦμεν· οἱ δὲ σκελετεύσαντες ἔνδον ἔχουσιν ὡς καλόν τι καὶ
ἐνέχυρα τοὺς νεκροὺς λαμβάνουσιν. οὕτως ἀντέστραπται τῷ ἡμε-
τέρῳ ὁ ἐκείνων τρόπος.

liegt denn da der Unterschied? «Ist etwa nicht», wie Aristipp[20] sagt, «von überall her der Weg in den Hades ganz gleich?» Und wenn du überhaupt nicht begraben wirst, was kümmert dich das? «Doch der Kampf um das Begräbnis», sagt Bion, «hat schon viele Tragödien ausgelöst.» Wie ja auch Polyneikes[21] den folgenden Auftrag gibt: «O Mutter mein und Schwester du, begrabt mich doch in Vatererde, und die Stadt in ihrem Zorn sucht zu erweichen, daß soviel mir wird zuteil vom Vaterland, auch wenn die Häuser ich zerstört.» Wenn dir das aber nicht zuteil würde, sondern du in fremder Erde begraben würdest, was wäre da für ein Unterschied? Oder setzt Charon nur von Theben aus zum Hades über? «Und doch ist's schön, in lieber Erde Schoß zu ruh'n.»

Wenn dir das aber nicht vergönnt ist und du unbeerdigt auf den Schindanger geworfen wirst, was ist schlimm daran? Oder worin besteht der Unterschied, ob man von einem Feuer verbrannt oder von einem Hund gefressen wird oder ob man auf der Erde liegend von Raben oder beerdigt von Würmern verspeist wird[22]? «Drück mir die Augen zu mit deiner Hand, o Mutter[23].» Wenn sie es aber nicht tut und du mit offenen Augen und offenem Mund tot daliegst, was ist so schlimm daran? Oder drückt etwa einer denen, die auf hoher See oder im Krieg sterben, die Augen zu? Mir wenigstens scheint dies eine Kinderei zu sein ... Und wir scheuen uns, hinzusehen und einen solchen Toten zu berühren: Die Ägypter dagegen balsamieren ihre Toten ein und behalten sie als etwas Schönes und als ein Unterpfand bei sich zu Hause[24]. So sehr unterscheiden sie sich von uns.

MUSONIUS

(ETWA 30 BIS 108 N. CHR.)

II.

ΜΟΥΣΩΝΙΟΥ.

Πάντες, ἔφη, φύσει πεφύκαμεν οὕτως, ὥστε ζῆν ἀναμαρτήτως καὶ καλῶς, οὐχ ὁ μὲν ἡμῶν ὁ δ' οὔ· καὶ τούτου μέγα τεκμήριον ὅτι πᾶσιν ὁμοίως οἱ νομοθέται καὶ προστάττουσιν ἃ χρὴ ποιεῖν καὶ ἀπαγορεύ-

LEHRGESPRÄCHE (DIATRIBEN)

VON DEN ANLAGEN DES MENSCHEN (2)

Von Natur aus sind wir Menschen alle so veranlagt, daß wir frei von Verfehlungen und tugendhaft leben könnten; jeder hat diese Möglichkeit. Und dafür ist die Tatsache ein schlagender Beweis, daß die Gesetzgeber allen Bürgern ohne Unterschied vorschreiben, was sie tun sollen, und verbieten,

ουσιν ἃ μὴ χρή, οὐχ ὑπεξαιρούμενοι οὐδένα τῶν ἀπει-
θούντων ἢ τῶν ἁμαρτανόντων, ὥστε ἀτιμώρητον εἶναι,
οὐ νέον, οὐ πρεσβύτην, οὐκ ἰσχυρόν, οὐκ ἀσθενῆ, οὐχ
ὁντιναοῦν. καίτοι ἐχρῆν, εἰ ὅλον ἐπείσακτον τὸ τῆς
ἀρετῆς ἦν, καὶ μηδὲν αὐτοῦ φύσει ἡμῖν μετῆν, ὥσπερ
οὐδ' ἐν τοῖς ὑπὸ τὰς ἄλλας τέχνας οὖσιν ἔργοις οὐδεὶς
ἀπαιτεῖται εἶναι ἀναμάρτητος, μὴ μεμαθηκὼς τὴν τέχνην, οὕτως μηδ' ἐν τοῖς κατὰ τὸν βίον μηδένα ἀπαι-
τεῖσθαι εἶναι ἀναμάρτητον, ὅστις ἀρετὴν μὴ ἐξέμαθεν,
ἐπείπερ ἀρετὴ μόνη ποιεῖ μὴ ἁμαρτάνειν ἐν βίῳ. νῦν
δὲ ἐν μὲν θεραπείᾳ καμνόντων οὐδεὶς ἀναμάρτητον
ἀξιοῖ εἶναι ἄλλον ἢ τὸν ἰατρὸν καὶ ἐν χρήσει λύρας
οὐδένα ἄλλον ἢ τὸν μουσικὸν ⟨καὶ⟩ ἐν χρήσει πηδα-
λίων οὐδένα ἄλλον ἢ τὸν κυβερνήτην· ἐν δὲ τῷ βίῳ
οὐκέτι μόνον ἀναμάρτητον εἶναι τὸν φιλόσοφον ἀξι-
οῦσιν, ὃς δοκεῖ μόνος ἐπιμελεῖσθαι ἀρετῆς, ἀλλ' ὁμοίως
ἅπαντας καὶ τοὺς μηδεμίαν ἐπιμέλειαν ταύτης πεποιη-
μένους. δῆλον οὖν, ὡς οὐδὲν ἕτερον τούτου αἴτιον
ἢ τὸ πρὸς ἀρετὴν γεγονέναι τὸν ἄνθρωπον. καὶ μὴν
κἀκεῖνο μέγα τεκμήριον τοῦ μετεῖναι ἀρετῆς φύσει ἡμῖν,
τὸ πάντας οὕτως διαλέγεσθαι περὶ ἑαυτῶν, ὡς ἐχόντων
ἀρετὴν καὶ ὄντων ἀγαθῶν. οὐδεὶς γάρ ἐστι τῶν πολλῶν,
ὃς ἐρωτώμενος πότερον ἄφρων ἢ φρόνιμος τυγχάνει ὤν,
ἄφρων ὁμολογήσει εἶναι· οὐδ' αὖ ἐρωτώμενος πότερον
ἄδικος ἢ δίκαιος τυγχάνει ὤν, φήσει ὅτι ἄδικος. ὁμοίως
δὲ κἂν ἐρωτᾷ τις πότερα σώφρων ἢ ἀκόλαστος, † ἠθ'

was sie nicht tun dürfen; sie nehmen keinen einzelnen von
denen, die etwa ungehorsam sind oder die Gesetze verletzen, aus, so daß er straffrei bliebe, mag er jung oder alt,
stark oder schwach sein, nicht einen, wer er auch sei. Und
das müßte doch der Fall sein, wenn die Gesamtheit der Tugenden erst nachträglich erworben wäre und uns nichts
davon schon von Natur innewohnte. Wie ja auch bei den
Werken der anderen Künste und Wissenschaften niemand
beansprucht, vollkommen zu sein, wenn er die Kunst nicht
gelernt hat, so würde doch auch im Bereich der Lebenskunst
niemand beanspruchen, vollkommen zu sein, wer die Tugend nicht gelernt hat, da ja doch allein die Tugend dazu befähigt, keine Fehler zu begehen. Nun erkennt doch bei der
Behandlung von Kranken niemand einen anderen als Ex-
perten an als den Arzt. Und bei der Handhabung der Leier
keinen anderen als den Musiker und beim Gebrauch des
Steuers keinen anderen als den Steuermann. Im Leben dagegen wollen die Menschen den Philosophen nicht mehr als
allein maßgebend anerkennen, der doch allein von der Tugend etwas zu verstehen scheint, sondern vielmehr alle
Menschen ohne Unterschied, sogar die, welche sich überhaupt nicht um das Wesen der Tugend gekümmert haben.
Daraus ergibt sich, daß hieran nichts anderes schuld ist als
die Tatsache, daß der Mensch von Hause aus zur Tugend
veranlagt ist. Und wahrhaftig, auch folgendes ist ein mächtiger Beweis dafür, daß wir von Geburt an Anteil an der Tugend haben: daß alle Menschen von sich selber sprechen, als
wenn sie (schon) die Tugend besäßen und gut wären. Es gibt
ja auch keinen einzigen in der Menge, der, wenn man ihn
fragte, ob er unverständig oder verständig sei, zugeben
würde, daß er unverständig sei, oder einen, der, gefragt, ob
er gerecht oder ungerecht sei, zugäbe, daß er ungerecht sei.
Ebenso ist es, wenn man jemanden fragt, ob er sich selbst in

οὕτως* ἀποκρίνεται ἐρωτηθείς, ὅτι σώφρων· καὶ ἁπλῶς ἂν ἐρωτᾶταί τις πότερον ἀγαθὸς εἴη ἢ φαῦλος, φαίη ἂν ἀγαθός, καὶ ταῦτ' οὐκ ἂν ἔχων εἰπεῖν οὔτε διδάσκαλον αὐτοῦ καλοκἀγαθίας, οὔτε μάθησιν ἀρετῆς ἢ ἄσκησιν τινα τυγχάνει πεποιημένος. τοῦτ' οὖν τίνος ἄλλου τεκμήριόν ἐστιν ἢ τοῦ φυσικὴν εἶναι ὑποβολὴν τῇ τοῦ ἀνθρώπου ψυχῇ πρὸς καλοκἀγαθίαν καὶ σπέρμα ἀρετῆς ἑκάστῳ ἡμῶν ἐνεῖναι. διὰ δὲ τὸ πάντως ἀγαθοὺς ὑπάρχειν προσήκειν ἡμῖν, οἱ μὲν ἀπατώμεθα ὡς καὶ δὴ ὄντες ἀγαθοί, οἱ δὲ αἰσχυνόμεθα ὁμολογεῖν ⟨ὅτι⟩ οὐκ ἐσμέν. ἐπεὶ διὰ τί, πρὸς θεῶν, γράμματα μὲν ἢ μουσικὴν ἢ παλαιστρικὴν οὐδεὶς μὴ μαθὼν εἰδέναι φησίν, οὐδὲ ἔχειν τὰς τέχνας ταύτας προσποιεῖται, μὴ καὶ διδάσκαλον παρ' ὃν ἐφοίτα ἔχων εἰπεῖν, ἀρετὴν δὲ ἔχειν πᾶς ὑπισχνεῖται; ὅτι ἐκείνων μὲν οὐδενὸς φύσει τῷ ἀνθρώπῳ μέτεστιν, οὐδὲ ἥκει ⟨τις⟩ εἰς τὸν βίον ἔχων ὑποβολὰς * * *

---

* Statt ἤθ' οὕτως lies εἴθ' ἅπας (Wachsmuth).

** Ergänze τῆς δ'ἀρετῆς σπέρματα ἑκάστῳ ἡμῶν ἔνεστιν (Nieuwland).

III.

ΟΤΙ ΚΑΙ ΓΥΝΑΙΞΙ ΦΙΛΟΣΟΦΗΤΕΟΝ.

Ἐπεὶ δ' ἐπύθετό τις αὐτοῦ, εἰ καὶ γυναικὶ φιλοσοφητέον, οὕτω πως ἤρξατο διδάσκειν ὡς φιλοσοφητέον αὐταῖς. Λόγον μέν, ἔφη, τὸν αὐτὸν εἰλήφασι παρὰ θεῶν αἱ γυναῖκες τοῖς ἀνδράσιν, ᾧ τε χρώμεθα

Zucht halte oder zuchtlos sei; auch da wird jeder antworten, er wisse sich vollständig zu beherrschen. Überhaupt erklärt jeder, wenn er gefragt wird, ob er gut oder schlecht sei, er sei gut. Und dabei ist er doch gar nicht in der Lage, jemanden als seinen Lehrer in der Tugend anzugeben oder zu sagen, was für einen Lehrgang der Tugend er absolviert oder ob er sich in der Tugend geübt habe.

Was beweist dies nun anderes als die Tatsache, daß der Seele des Menschen von Natur die Anlage zur Sittlichkeit innewohnt und der Keim der Tugend einem jeden von uns eingepflanzt ist? Weil wir aber in jeder Hinsicht gut sein müssen, da bilden sich die einen von uns ein, daß sie schon gut seien, und die anderen schämen sich, einzugestehen, daß sie es nicht sind. Und warum – bei den Göttern! – behauptet denn keiner, lesen und schreiben zu können oder von Musik oder der Ringkunst etwas zu verstehen, der die Sache nicht gelernt hat? Er beansprucht ja auch gar nicht, diese Künste zu beherrschen, wenn er nicht einmal einen Lehrer nennen kann, bei dem er sie gelernt hätte. – Und da behauptet jeder, die Tugend zu besitzen? Das kommt eben daher, daß von keiner jener Künste der Mensch von Natur etwas versteht; es tritt ja auch kein Mensch ins Leben, der die Voraussetzungen (dafür schon in sich hätte), dagegen von der Tugend trägt ein jeder von uns schon die Keime in sich.

DASS AUCH DIE FRAUEN PHILOSOPHIEREN
SOLLTEN (3)

Als ihn jemand fragte, ob auch die Frauen philosophieren sollten, begann er etwa folgendermaßen darzulegen, daß sie das tun sollten: Die Frauen haben von den Göttern dieselbe Vernunft wie die Männer, eine Vernunft, wie wir sie im

πρὸς ἀλλήλους καὶ καθ' ὃν διανοούμεθα περὶ ἑκάστου
πράγματος, ⟨εἰ⟩ ἀγαθὸν ἢ κακόν ἐστι, καὶ καλὸν ἢ
αἰσχρόν. ὁμοίως δὲ καὶ αἰσθήσεις τὰς αὐτὰς ἔχει τὸ
θῆλυ τῷ ἄρρενι, ὁρᾶν, ἀκούειν, ὀσφραίνεσθαι καὶ τὰ
ἄλλα. ὁμοίως δὲ καὶ μέρη σώματος τὰ αὐτὰ ὑπάρχει
ἑκατέρῳ, καὶ οὐδὲν θατέρῳ πλέον. ἔτι δὲ ὄρεξις καὶ
οἰκείωσις φύσει πρὸς ἀρετὴν οὐ μόνον γίνεται τοῖς
ἀνδράσιν, ἀλλὰ καὶ γυναιξίν· οὐδὲν γὰρ ἧττον αὗταί
γε τῶν ἀνδρῶν τοῖς μὲν καλοῖς καὶ δικαίοις ἔργοις
ἀρέσκεσθαι πεφύκασι, τὰ δ' ἐναντία τούτων προβάλ-
λεσθαι. τούτων δὲ ταύτῃ ἐχόντων, διὰ τί ποτ' οὖν
τοῖς μὲν ἀνδράσι προσήκοι ἂν ζητεῖν καὶ σκοπεῖν ὅπως
βιώσονται καλῶς, ὅπερ τὸ φιλοσοφεῖν ἐστι, γυναιξὶ
δὲ οὔ; πότερον ὅτι ἄνδρας μὲν προσήκει ἀγαθοὺς εἶναι,
γυναῖκας δὲ οὔ; σκοπῶμεν δὲ καὶ καθ' ἓν ἕκαστον
τῶν προσηκόντων γυναικὶ τῇ ἐσομένῃ ἀγαθῇ· φανεῖται γὰρ ἀπὸ φιλοσοφίας τούτων ἕκαστον μάλιστ' ἂν
αὐτῇ περιγινόμενον. αὐτίκα δεῖ οἰκονομικὴν εἶναι τὴν
γυναῖκα καὶ ἐκλογιστικὴν τῶν οἴκῳ συμφερόντων καὶ
ἀρχικὴν τῶν οἰκετῶν. ταῦτα δ' ἐγὼ φημὶ τῇ φιλοσο-
φούσῃ ὑπάρξαι ἂν μάλιστα· εἴ γε ἕκαστον μὲν τούτων
μέρος τοῦ βίου ἐστίν, ἐπιστήμη δὲ περὶ βίον οὐχ ἑτέρα
τις ἢ φιλοσοφία ἐστί, καὶ ὁ φιλόσοφος, ὥσπερ ἔλεγε
Σωκράτης, τοῦτο διατελεῖ σκοπῶν,

　　　ὅττι τοι ἐν μεγάροισι κακόν τ' ἀγαθόν τε τέτυκται.

ἀλλὰ δεῖ δὴ καὶ σώφρονα εἶναι τὴν γυναῖκα· οἵαν
καθαρεύειν μὲν ἀφροδισίων παρανόμων, καθαρεύειν
δὲ τῆς περὶ τὰς ἄλλας ἡδονὰς ἀκρασίας, μὴ δουλεύειν

Umgang miteinander gebrauchen und mit der wir über jede Sache urteilen, ob sie gut oder schlecht, schön oder häßlich ist. Ebenso hat die Frau ganz dieselben Sinne wie der Mann, Sehen, Hören, Riechen und die anderen Sinnesvermögen. Ebenso sind auch die Teile des Körpers dieselben bei beiden Geschlechtern; keines von beiden hat mehr als das andere. Ferner haben nicht nur die Männer von Natur ein Verlangen und innere Verwandtschaft zur Tugend, sondern auch die Frauen. Denn sie freuen sich infolge ihrer Naturanlage ebensosehr wie die Männer über schöne und gerechte Taten und verwerfen ebenso wie sie das Gegenteil davon. Wenn die Dinge so liegen, warum sollte es da nur den Männern wohl anstehen, danach zu suchen und zu forschen, wie sie ein sittliches Leben führen, was gleichbedeutend mit Philosophie ist, dagegen die Frauen nicht? Etwa, weil es sich für die Männer gehört, gut zu sein, und für die Frauen nicht?

Laßt uns einmal im einzelnen die Eigenschaften betrachten, über die die Frau zu verfügen hat, die gut sein soll. Es wird sich dann nämlich herausstellen, daß gerade von seiten der Philosophie eine jede dieser Eigenschaften einer solchen Frau zukommt. Die Frau muß doch erst einmal haushälterisch sein und mit Verstand alles auszuwählen wissen, was dem Haushalt förderlich ist, und das Gesinde regieren können. Ich behaupte, daß diese Fähigkeiten ganz besonders der philosophischen Frau zukommen, jedenfalls dann, wenn eine jede von ihnen ein Teil des Lebens und die Wissenschaft vom Menschenleben nichts anderes ist als Philosophie und der Philosoph, wie Sokrates zu sagen pflegte[1], dauernd im Auge hat, «was nur immer in den Häusern Gutes und Schlechtes geschieht»[2]. – Aber die Frau muß auch keusch und züchtig sein. Sie muß frei sein von unerlaubten Liebesbeziehungen, frei von Unmäßigkeit bei den anderen Genüssen; sie darf keine Sklavin irgendwelcher

ἐπιθυμίαις, μηδὲ φιλόνεικον εἶναι, μὴ πολυτελῆ, μὴ
καλλωπίστριαν. ταῦτα μὲν ἔργα τῆς σώφρονός ἐστι·
καὶ ἔτι πρὸς τούτοις ἐκεῖνα· κρατεῖν μὲν ὀργῆς, μὴ
κρατεῖσθαι δ' ὑπὸ λύπης, κρείττονα δὲ πάθους παντὸς
εἶναι. ταῦτα δ' ὁ φιλόσοφος παρεγγυᾷ λόγος· ὁ δὲ μαθὼν
αὐτὰ καὶ ἀσκήσας ἐμοὶ μὲν δοκεῖ γενέσθαι ἂν κοσμιώ-
τατος, εἴτ' [αν] ἀνὴρ εἴη εἴτε γυνή. τί οὖν; ταῦτα
μὲν ταύτῃ ἔχει· δικαία δ' οὐκ ἂν εἴη γυνὴ φιλοσο-
φοῦσα, οὐδ' ἄμεμπτος βίου κοινωνός, οὐδ' ὁμονοίας
ἀγαθὴ συνεργός, οὐδ' ἀνδρός γε καὶ τέκνων ἐπιμελὴς
κηδεμών, οὐδὲ φιλοκερδείας ἢ πλεονεξίας πάντῃ κα-
θαρά; καὶ τίς ἂν μᾶλλον τῆς φιλοσόφου τοιαύτη γένοιτο, ἥν γε ἀνάγκη πᾶσα, εἴπερ εἴη τῷ ὄντι φιλόσοφος, τὸ μὲν ἀδικεῖν τοῦ ἀδικεῖσθαι χεῖρον νομίζειν,
ὅσῳπερ αἴσχιον, τὸ δὲ ἐλαττοῦσθαι τοῦ πλεονεκτεῖν
κρεῖττον ὑπολαμβάνειν, ἔτι δὲ καὶ τέκνα μᾶλλον ἀγαπᾶν ἢ τὸ ζῆν; τῆς δ' ἐχούσης οὕτω τίς ἂν εἴη γυνὴ
δικαιοτέρα; καὶ μὴν καὶ ἀνδρειοτέραν εἶναι προσήκει
γυναῖκα τῆς ἀπαιδεύτου τὴν πεπαιδευμένην καὶ τὴν
φιλόσοφον τῆς ἰδιώτιδος· ὡς μήτε θανάτου φόβῳ μήτε
ὄκνῳ τῷ πρὸς πόνον ὑπομεῖναί τι αἰσχρόν, μηδ' ὑπο-
πτῆξαι μηδενὶ ὅτι εὐγενὴς ἢ ὅτι δυνατὸς ἢ ὅτι πλού-
σιος ἢ καὶ νὴ Δία ὅτι τύραννος. ὑπάρχει γὰρ αὐτῇ
μεμελετηκέναι μέγα φρονεῖν, καὶ τὸν μὲν θάνατον
ἡγεῖσθαι μὴ κακόν, τὴν δὲ ζωὴν μὴ ἀγαθόν· ὡσαύτως

Begierden sein, nicht Streit suchen, nicht auf Wohlleben erpicht und nicht putzsüchtig sein. Das sind Tugenden einer
züchtigen Frau. Und dazu kommen noch andere: Sie muß
ihren Zorn beherrschen können, darf sich nicht von Trauer
überwältigen lassen, muß Herrin über jede Leidenschaft
sein. Das alles fordert die Philosophie von ihr. Wer immer
sich diese Lehren zu eigen gemacht hat und danach lebt, der
scheint mir der Beste zu sein, einerlei, ob es Mann oder Frau
ist.

So liegen die Dinge. Was aber folgt daraus? Und da wäre
eine Frau, die der Philosophie ergeben ist, nicht gerecht und
keine tadellose Lebensgefährtin, keine ausgezeichnete Hel-
ferin bei der Pflege häuslicher Eintracht, keine sorgfältige
Betreuerin des Mannes und der Kinder und nicht frei von
jeder Gewinnsucht oder jeglichem Egoismus? Und wer
könnte wohl in höherem Maße eine so tugendhafte Frau
werden als die philosophisch gebildete? Denn sie muß ja unbedingt, wenigstens wenn sie eine wahre Philosophin ist,
Unrecht tun für schlimmer halten als Unrecht leiden[3], da
doch jenes weit schimpflicher ist als dieses. Außerdem muß
sie das Nachgeben für besser halten als den Willen zur
Überlegenheit über andere und darüber hinaus ihre Kinder
lieber haben als ihr Leben. Welches weibliche Wesen stände
wohl in sittlicher Hinsicht höher als eine solche Frau? Und
wirklich, auch tapferer muß eine wahrhaft gebildete Frau
sein als eine ungebildete, und ganz besonders die philosophische weit mehr als eine gewöhnliche Frau. So daß sie
weder aus Angst vor dem Tode noch aus Scheu vor Arbeit
Schimpfliches erleidet und sich niemandem hingibt, mag er
auch aus adligem Geschlecht oder ein Mächtiger sein oder
ein reicher Mann oder gar, beim Zeus, ein Tyrann. Sie hat
sich ja dauernd bemüht, einen hohen Sinn zu haben und
den Tod für kein Übel zu halten und das Leben für kein Gut.

δὲ καὶ τὸν μὲν πόνον μὴ ἐκτρέπεσθαι, τὴν δὲ ἀπο-
νίαν μὴ διώκειν ἐξ ἅπαντος. ὅθεν εἰκὸς εἶναι τὴν
γυναῖκα ταύτην καὶ αὐτουργικὴν καὶ κακόπαθον, οἵαν
ἃ μὲν ἂν τέκῃ τρέφειν μαστῷ τῷ ἑαυτῆς, τῷ δὲ ἀνδρὶ
ὑπηρετεῖν χερσὶ ταῖς ἑαυτῆς· ἃ δὲ δουλικὰ νομίζουσιν
ἔνιοι, ταῦτα ἀόκνως ποιεῖ· ἆρ' οὐκ ἂν ἡ τοιαύτη
γυνὴ μέγα μὲν ὄφελος εἴη τῷ γεγαμηκότι, κόσμος δὲ
τοῖς προσήκουσι γένει, παράδειγμα δὲ χρηστὸν ταῖς
ἐπισταμέναις αὐτήν; ἀλλὰ νὴ Δία, φασί τινες, ὅτι
αὐθάδεις ὡς ἐπὶ πολὺ καὶ θρασείας εἶναι ἀνάγκη τὰς
προσιούσας τοῖς φιλοσόφοις γυναῖκας, ὅταν ἀφέμεναι
τοῦ οἰκουρεῖν ἐν μέσοις ἀναστρέφωνται τοῖς ἀνδράσι
καὶ μελετῶσι λόγους καὶ σοφίζωνται καὶ ἀναλύωσι
συλλογισμούς, δέον οἴκοι καθημένας ταλασιουργεῖν.
ἐγὼ δὲ οὐχ ὅπως τὰς γυναῖκας τὰς φιλοσοφούσας ἀλλ' οὐδὲ
τοὺς ἄνδρας ἀξιώσαιμ' ἂν ἀφεμένους τῶν προσηκόντων
ἔργων εἶναι περὶ λόγους μόνον· ἀλλὰ καὶ ὅσους μεταχειρί-
ζονται λόγους, τῶν ἔργων φημὶ δεῖν ἕνεκα μεταχειρίζε-
σθαι αὐτούς. ὥσπερ γὰρ ἰατρικοῦ λόγου ὄφελος οὐδέν
ἐὰν μὴ πρὸς ὑγίειαν φέρῃ σώματος ἀνθρωπίνου, οὕτως
οὐδ' εἴ τινα φιλόσοφος ἔχει ἢ διδάσκει λόγον, οὐδὲν
ὄφελος αὐτοῦ, ἐὰν μὴ φέρῃ πρὸς ἀρετὴν ψυχῆς ἀνθρωπίνης. πρὸ παντὸς δὲ σκοπεῖν τὸν λόγον χρή, ᾧ ἕπεσθαι τὰς φιλοσοφούσας ἀξιοῦμεν, εἰ δύναται θρασείας
ποιεῖν ὁ τὴν αἰδῶ μέγιστον ἀποφαίνων ἀγαθόν· εἰ ζῆν

Und ebenso ist sie gewöhnt, keiner Arbeit aus dem Wege zu gehen und den Müßiggang überhaupt nicht zu suchen. Daher ist es ganz natürlich, daß eine solche Frau überall selbst mit Hand anlegt, auch beschwerliche Arbeit auf sich nimmt, die Kinder, die sie geboren hat, an ihrer eigenen Brust nährt und ihrem Mann dient mit ihren eigenen Händen und, was andere für Sklavendienste halten – wenn es nötig ist – ohne Zaudern tut. – Wäre nicht eine solche Frau ein großer Segen für ihren Mann, eine Zierde für ihre Verwandten und ein leuchtendes Beispiel für die, die sie kennen?

«Aber wahrhaftiger Gott», sagen gewisse Leute, «die Frauen, die bei den Philosophen in die Lehre gehen, die werden meist selbstgefällig und dreist. Das ist ganz unvermeidlich, wenn sie ihren Haushalt im Stich lassen und sich mitten unter den Männern bewegen und sich üben, Reden zu halten, spitzfindige Beweise zu führen und Trugschlüsse zu widerlegen, während sie zu Hause sitzen und spinnen sollten.» – Demgegenüber bin ich der Meinung, daß die Frauen, die Philosophie studieren, ebensowenig wie die Männer ihre Pflichten und Aufgaben im Stich lassen und nur noch studieren sollten, sondern daß sie sich die philosophischen Lehren, mit denen sie sich beschäftigen, wegen ihrer praktischen Anwendung im wirklichen Leben aneignen müßten. Ist doch auch das ganze medizinische Studium wertlos, wenn es nicht die Gesundheit des menschlichen Körpers als Ziel hat. Und ebenso ist eine Theorie, die ein Philosoph vertritt oder lehrt, ohne jeden Nutzen, wenn sie nicht zur Tugend der menschlichen Seele führt. Vor allem aber muß man die Lehre des Philosophen, der die ihn hörenden Frauen nach unserer Meinung folgen sollen, daraufhin prüfen, ob sie, wenn sie die Sittlichkeit für das höchste Gut erklärt, die Frauen überheblich machen kann, ob ein

ἰταμώτερον ἐθίζει ὁ καταστολὴν πλείστην ὑφηγού-
μενος· εἰ μὴ διδάσκει σωφρονεῖν ὁ κακὸν ἀποδεικνὺς
ἔσχατον τὴν ἀκολασίαν· εἰ μὴ προτρέπει οἰκονομεῖν
ὁ παριστὰς ἀρετὴν εἶναι τὴν οἰκονομικήν. καὶ στέρ-
γειν δὲ*... καὶ αὐτουργεῖν ὁ τῶν φιλοσόφων λόγος
παρακαλεῖ τὴν γυναῖκα.

IV.

ΕΙ ΠΑΡΑΠΛΗΣΙΩΣ ΠΑΙΔΕΥΤΕΟΝ ΤΑΣ
ΘΥΓΑΤΕΡΑΣ ΤΟΙΣ ΥΙΟΙΣ.

Λόγου δέ ποτέ τινος ἐμπεσόντος, εἰ τὴν αὐτὴν
παιδείαν παιδευτέον τοὺς υἱέας καὶ τὰς θυγατέρας,
ἵππους μέν, ἔφη, καὶ κύνας ὁμοῦ οὐδὲν διαφερόντως
παιδεύουσιν οἵ τε ἱππικοὶ καὶ οἱ κυνηγετικοὶ τοὺς
ἄρρενας τῶν θηλειῶν· ἀλλ' αἵ τε κύνες αἱ θήλειαι
παραπλησίως τοῖς ἄρρεσι διδάσκονται θηρᾶν· ἵππους
τε θηλείας ἄν τις θέλῃ τὰ ἵππων ἔργα ἀποτελεῖν
καλῶς, οὐ διάφορον τῶν ἀρρένων διδασκαλίαν διδα-
σκομένας ἰδεῖν ἔστιν· ἀνθρώπους δὲ τοὺς ἄρρενας
ἐξαίρετόν τι ἄρα δεήσει ἔχειν ἐν τῇ παιδείᾳ καὶ τροφῇ
παρὰ τὰς θηλείας, ὥσπερ οὐχὶ τὰς αὐτὰς παραγίνεσθαι δέον ἀρετὰς ἀμφοῖν ὁμοίως ἀνδρὶ καὶ γυναικί,
ἢ ἐπὶ τὰς αὐτὰς ἀρετὰς μὴ διὰ τῶν αὐτῶν παιδευ-
μάτων ἀλλὰ δι' ἑτέρων οἷόν τε ὂν ἐλθεῖν. ὅτι δὲ
οὐκ ἄλλαι ἀρεταὶ ἀνδρός, ἄλλαι δὲ γυναικός, ῥᾴδιον
μαθεῖν. αὐτίκα, φρονεῖν δεῖ μὲν τὸν ἄνδρα, δεῖ δὲ
καὶ τὴν γυναῖκα· ἢ τί ὄφελος εἴη ἂν ἄφρονος ἀνδρὸς
ἢ γυναικός; εἶτα ⟨δεῖ⟩ δικαίως βιοῦν οὐδέτερον ἧττον

---

* Ergänze τὴν οἰκονομίαν.

Philosoph, der ein würdiges, anständiges Benehmen über
alles preist, die Frauen daran gewöhnt, sich überheblich und
frech zu benehmen, ob etwa der, welcher die Zuchtlosigkeit
für das ärgste Übel erklärt, nicht zu Zucht und Sitte erzieht,
ob nicht der dazu antreibt, den Haushalt treu zu besorgen,
der die rechte Haushaltsführung für eine Tugend erklärt.
Und ob nicht die Lehre der Philosophen die Frauen dafür gewinnt, die häusliche Arbeit zu lieben und selber mit anzu-
fassen.

OB MAN DIE TÖCHTER WIE DIE SÖHNE
ERZIEHEN SOLL (4)

Als einmal die Rede darauf kam, ob Söhne und Töchter dieselbe Erziehung haben sollten, erwiderte er: Die Pferde-
züchter und die Jagdkundigen erziehen die männlichen und
weiblichen Tiere zusammen, ohne jeden Unterschied in der
Zucht. Vielmehr werden die weiblichen Hunde in ähnlicher
Weise wie die männlichen zur Jagd abgerichtet. Und wenn
jemand will, daß weibliche Pferde die Leistungen der Pferde
zu voller Zufriedenheit vollbringen, dann kann man sehen,
daß sie nicht anders als die männlichen dressiert werden.
Und da sollen bei den Menschen die Männer in der Erziehung und Aufzucht eine Ausnahme bilden gegenüber den
Frauen, als ob nicht beiden Geschlechtern dieselben Tugenden anerzogen werden müßten oder als ob es möglich wäre,
dieselben Tugenden nicht durch die gleichen Erziehungs-
methoden, sondern durch andere zu erwerben?
    Daß aber die Tugenden des Mannes nicht andere sind als
die der Frau, läßt sich leicht begreifen. Verstand haben muß
der Mann, doch ebensosehr die Frau. Denn was taugte ein
törichter Mann oder eine törichte Frau? Und gerecht sein
im Leben müssen beide Geschlechter, das eine so gut wie

θατέρου· ἀλλ' ὅ τε ἀνὴρ οὐκ ἂν εἴη πολίτης ἀγαθὸς
ἄδικος ὤν, ἥ τε γυνὴ οὐκ ἂν οἰκονομοίη χρηστῶς, εἰ
μὴ δικαίως· ἀλλ' ἄδικος οὖσα περὶ αὐτὸν ἀδικήσει
τὸν ἄνδρα, ὥσπερ τὴν Ἐριφύλην φασί. σωφρονεῖν
μὲν αὖ καλὸν τὴν γυναῖκα, καλὸν δ' ὁμοίως καὶ τὸν
ἄνδρα· τὸ γοῦν μοιχεύειν τῷ μοιχεύεσθαι ἐπ' ἴσης
κολάζουσιν οἱ νόμοι. καὶ λιχνεῖαι καὶ οἰνοφλυγίαι
καὶ ἄλλα παραπλήσια κακά, ἀκολαστήματα ὄντα καὶ
καταισχύνοντα μεγάλως τοὺς ἐνεχομένους αὐτοῖς, ἀποφαίνει τὴν σωφροσύνην ἀναγκαιοτάτην οὖσαν ἀνθρώπῳ
παντί, τῷ τε θήλει καὶ τῷ ἄρρενι· διὰ γὰρ σωφροσύνης
μόνης ἐκφεύγομεν ἀκολασίαν, ἄλλως δ' οὐδαμῶς. τὴν
ἀνδρείαν φαίη τις ἂν ἴσως μόνοις προσήκειν τοῖς ἀνδράσιν. ἔχει δὲ οὐδὲ τοῦτο ταύτῃ. δεῖ γὰρ ἀνδρίζεσθαι καὶ
τὴν γυναῖκα ⟨καὶ⟩ καθαρεύειν δειλίας τήν γε ἀρίστην,
ὡς μήθ' ὑπὸ πόνου μήθ' ὑπὸ φόβου κάμπτεσθαι· εἰ δὲ
μή, πῶς ἔτι σωφρονήσει, ἐάν τις ἢ φοβῶν ἢ προσ-
άγων πόνους βιάσασθαι δύνηται αὐτὴν ὑπομεῖναί ⟨τι⟩
τῶν αἰσχρῶν. δεῖ δὲ δὴ καὶ ἀμυντικῶς ἔχειν τὰς
γυναῖκας, εἰ μὴ νὴ Δία φαίνεσθαι μέλλουσι κακίους
ἀλεκτορίδων καὶ ἄλλων ὀρνίθων θηλειῶν, αἳ πολὺ
μείζοσι ζῴοις ἑαυτῶν ὑπὲρ τῶν νεοττῶν διαμάχονται.
πῶς οὖν οὐκ ἂν ἀνδρείας αἱ γυναῖκες δέοιντο; ὅτι δὲ
καὶ ἀλκῆς τῆς δι' ὅπλων μέτεστιν αὐταῖς, ἐδήλωσε τὸ
Ἀμαζόνων γένος ἔθνη πολλὰ δι' ὅπλων καταστρεψά-
μενον· ὥστ' εἴ τι ἐνδεῖ πρὸς τοῦτο ταῖς ἄλλαις γυναιξίν, ἀνασκησία μᾶλλον ἢ τὸ μὴ πεφυκέναι*. ... ἀρετὰς

---

* Ergänze αἰτία ἂν εἴη. εἰ μὲν οὖν τὰς αὐτὰς εἶναι δεῖ τὰς.

das andere. Es kann ja doch der Mann, der ungerecht ist, kein guter Bürger sein und die Frau könnte nicht gut im Hause walten, wenn sie nicht gerecht wäre. Wenn sie ungerecht wäre, würde sie ja ungerecht gegen ihren eigenen Mann sein, wie man das von Eriphyle[4] erzählt. Sittlichkeit und Selbstzucht stehen der Frau wohl an, doch ebenso dem Mann. Strafen doch die Gesetze den Ehebrecher wie die Ehebrecherin. Der Hang zu Leckereien und die Prunksucht und andere ähnliche Laster, die ein Beweis von Zuchtlosigkeit sind und die davon Behafteten schwer schänden, sie beweisen, daß Sittlichkeit und Selbstzucht für jeden Menschen unbedingt notwendig sind, sei es Mann oder Frau. Denn nur durch Sitte und Selbstzucht entgehen wir der Zuchtlosigkeit, auf andere Weise überhaupt nicht. – Was aber Tapferkeit betrifft, so könnte man vielleicht meinen, daß sie nur den Männern anstände. Aber auch das ist nicht richtig. Denn es muß auch die Frau tapfer sein und frei von jeder Feigheit, das heißt die ideale Frau, so daß sie sich weder durch schwere Mühsal noch durch Furcht beugen läßt. Wie könnte sie sonst noch keusch und züchtig bleiben, wenn jemand sie durch Angst oder Quälerei mit schwerer Arbeit zwingen könnte, etwas Schimpfliches zu erdulden. Es müssen sich die Frauen aber auch zu wehren wissen, wenn sie – beim Zeus – nicht schlechter sein wollen als die Hennen und andere weibliche Vögel, die mit viel stärkeren Tieren als sie selber für ihre Jungen kämpfen. Wie hätten da die Frauen keine Tapferkeit nötig? Daß sie aber auch Wehrfähigkeit im Kampfe mit der Waffe besitze, das hat das Geschlecht der Amazonen bewiesen, das viele Völker mit Waffengewalt unterworfen hat. Wenn aber die anderen Frauen in dieser Hinsicht zu wünschen übriglassen, so ist die Ursache dafür mehr Mangel an Übung als mangelhafte Naturanlage. Wenn also die Tugenden von Mann und Frau

ἀνδρὸς καὶ γυναικός, ἀνάγκη πᾶσα καὶ τροφὴν καὶ
παιδείαν τὴν αὐτὴν προσήκειν ἀμφοῖν. παντὶ γὰρ δὴ
ζῴῳ καὶ φυτῷ τὴν ἐπιμέλειαν τὴν προσαγομένην ὀρθῶς
ἐμποιεῖν χρὴ τὴν ἐκείνῳ προσήκουσαν ἀρετήν. ἢ εἰ
μὲν ἔδει αὐλεῖν δύνασθαι παραπλησίως ἄνδρα καὶ
γυναῖκα, καὶ εἰ τοῦθ' ἑκατέρῳ αὐτοῖν ἀναγκαῖον ἦν
πρὸς τὸν βίον, ἀμφοτέρους ἂν ἐπ' ἴσον τὴν αὐλητικὴν
τέχνην ἐξεδιδάσκομεν, καὶ εἰ κιθαρίζειν ἔδει ἑκάτερον, ... · ἀμφοτέρους δὲ εἰ δεῖ γενέσθαι ἀγαθοὺς τὴν
ἀνθρώπῳ προσήκουσαν ἀρετὴν καὶ φρονεῖν ὁμοίως
δύνασθαι καὶ σωφρονεῖν καὶ ἀνδρείας μετέχειν καὶ δικαιοσύνης μηδὲν ἧττον θατέρου θάτερον, οὐκ ἄρ'
ὁμοίως ἑκάτερον παιδεύσομεν οὐδὲ τὴν τέχνην, ἀφ'
ἧς γένοιτ' ἂν ἄνθρωπος ἀγαθός, ἐπ' ἴσον ἀμφοτέρους
διδάξομεν; ἀλλὰ χρὴ οὕτω ποιεῖν καὶ οὐχ ἑτέρως. 'τί
οὖν; καὶ ταλασίαν' φησί τις ἴσως 'ἀξιοῖς σὺ παραπλησίως ἐκμανθάνειν ταῖς γυναιξὶν τοὺς ἄνδρας καὶ
γυμναστικὴν μετέρχεσθαι τοῖς ἀνδράσιν ὁμοίως τὰς
γυναῖκας;' τοῦτο μὲν οὐκέτι ἀξιώσω ἐγώ· φημὶ δὲ ὅτι
οὔσης ἐν τῷ γένει ⟨τῷ⟩ ἀνθρωπίνῳ τῆς μὲν ἰσχυρο-
τέρας φύσεως τῆς τῶν ἀρρένων, τῆς δ' ἀσθενεστέρας
τῆς τῶν θηλειῶν, ἑκατέρᾳ φύσει τῶν ἔργων ἀπονεμη-
τέον τὰ προσφορώτατα, καὶ τὰ μὲν βαρύτερα τοῖς ἰσχυ-
ροτέροις ἀποδοτέον, τὰ δὲ ἐλαφρότερα τοῖς ἀσθενε-
στέροις· διὰ τοῦτο ταλασία μὲν ταῖς γυναιξὶ μᾶλλον
πρέποι ἂν ἤπερ ἀνδράσιν, ὥσπερ ⟨καὶ⟩ οἰκουρία·
γυμναστικὴ δὲ ἀνδράσι μᾶλλον ἢ γυναιξίν, ὥσπερ καὶ
θυραυλία· ἐνίοτε μέντοι καὶ ἄνδρες τινὲς τῶν ἐλαφρο-
τέρων ἔργων ἔνια καὶ δοκούντων γυναικείων μετα-

dieselben sein müssen, dann muß auch die Ernährung und
Erziehung für beide Geschlechter unbedingt dieselbe sein.
Denn die Pflege, die jedem Lebewesen, auch jeder Pflanze
in der rechten Weise zuteil wird, muß auch die ihm entsprechende Tugend in ihm erwecken. Oder wenn Mann
und Frau in gleicher Weise die Kunst des Flötenspiels beherrschen müßten und wenn diese Kunst jedem von beiden
zum Leben nötig wäre, dann würden wir doch beide Geschlechter in gleicher Weise die Flötenkunst lehren, und
dasselbe gilt von dem Spiel auf der Kithara. Wenn aber
beide Geschlechter in der dem Menschen zukommenden
Tugend gut sein und sie in gleicher Weise Verstand haben
müssen und das eine wie das andere Selbstzucht, Tapferkeit
und Gerechtigkeit besitzen, werden wir da nicht beide Geschlechter in derselben Weise erziehen und sie nicht die
Kunst, durch die man ein wirklich guter Mensch wird, in
gleicher Weise lehren? Ja, so muß man vorgehen und nicht
anders.

Aber wie steht nun die Sache? Da wird vielleicht einer sagen: «Willst du etwa auch, daß die Männer ebenso wie die
Frauen spinnen lernen sollen und die Frauen ebenso wie die
Männer Gymnastik treiben?» – Das werde ich freilich nicht
fordern. Ich behaupte vielmehr – da bei den Menschen die
Männer von Natur das stärkere Geschlecht sind, die Frauen
das schwächere –, daß man jeder der beiden Naturanlagen
die für sie förderlichsten Leistungen zuweisen muß, die
schwereren dem stärkeren, die leichteren dem schwächeren
Geschlecht. Daher paßt das Spinnrad besser zu den Frauen
als zu den Männern und ebenso der Haushalt. Dagegen die
Gymnastik mehr zu Männern als zu Frauen wie auch das
Leben unter freiem Himmel. Zuweilen werden freilich auch
einzelne Männer leichtere und mehr zu Frauen passende
Arbeiten vernünftigerweise verrichten wie auch Frauen

χειρίσαιντ᾽ ἂν εἰκότως, καὶ γυναῖκες αὖ τῶν σκληρο-
τέρων καὶ δοκούντων μᾶλλον προσήκειν ἀνδράσιν
ἐργάσαιντ᾽ ἄν, ὅταν ἢ τὰ τοῦ σώματος οὕτως ὑφη-
γῆται ἢ τὰ τῆς χρείας ἢ τὰ τοῦ καιροῦ. πάντα μὲν
γὰρ ἴσως ἐν κοινῷ κεῖται τὰ ἀνθρώπεια ἔργα καὶ ἔστι
κοινὰ ἀνδρῶν καὶ γυναικῶν, καὶ οὐδὲν ἀποτακτὸν ἐξ
ἀνάγκης τῷ ἑτέρῳ· ἔνια δὲ δὴ ἐπιτηδειότερα τὰ μὲν
τῇδε τῇ φύσει, τὰ δὲ τῇδε· δι᾽ ὃ τὰ μὲν ἀνδρεῖα κα-
λεῖται, τὰ δὲ γυναικεῖα· ὅσα μέντοι τὴν ἀναφορὰν
ἔχει εἰς ἀρετήν, ταῦτα φαίη τις ἂν ὀρθῶς ἐπ᾽ ἴσον
ἑκατέρᾳ προσήκειν φύσει, εἴ γε καὶ τὰς ἀρετὰς προσήκειν φαμὲν οὐδὲν τοῖς ἑτέροις μᾶλλον ἢ τοῖς ἑτέροις.
ὅθεν εἰκότως οἶμαι καὶ παιδευτέον ὅσα πρὸς ἀρετὴν
παραπλησίως τό τε θῆλυ καὶ τὸ ἄρρεν· καὶ ἀρξαμένους
ἀπὸ νηπίων εὐθὺς διδακτέον, ὅτι τοῦτο μὲν ἀγαθόν,
τοῦτο δὲ κακὸν*† κακὸν ταὐτὸν ἀμφοῖν, καὶ τοῦτο μὲν
ὠφέλιμον, τοῦτο δὲ βλαβερόν, καὶ τόδε μὲν πρακτέον,
τόδε δὲ οὔ· ἐξ ὧν περιγίνεται φρόνησις τοῖς μανθά-
νουσιν ὁμοίως κόραις καὶ κόροις, καὶ οὐδὲν διαφορώ-
τερον τοῖς ἑτέροις· εἶτα δὲ ἐμποιητέον αἰδῶ πρὸς ἅπαν
αἰσχρόν· ὧν ἐγγενομένων ἀνάγκη σώφρονας εἶναι καὶ
ἄνδρα καὶ γυναῖκα. καὶ μὴν τὸν παιδευόμενον ὀρθῶς,
ὅστις ἂν ᾖ, εἴτε ἄρρην εἴτε θήλεια, ἐθιστέον μὲν ἀνέχεσθαι πόνου, ἐθιστέον δὲ μὴ φοβεῖσθαι θάνατον,
ἐθιστέον δὲ μὴ ταπεινοῦσθαι πρὸς συμφορὰν μηδε-
μίαν· δι᾽ ὅσων ἄν τις εἴη ἀνδρεῖος. ἀνδρείας δὲ μικρῷ
πρότερον ἐδείχθη δεῖν μετεῖναι καὶ γυναιξίν. ἔτι

---

* Lies τοῦτο δὲ κακόν, ὅτι ἀγαθὸν καί.

härtere und mehr den Männern anstehende Arbeiten auf sich nehmen, wenn es die körperlichen Verhältnisse so fordern oder der Zwang der Umstände oder die Forderung der Stunde. Denn alle menschlichen Arbeiten und Verrichtungen bleiben ein gemeinsames Arbeitsfeld für beide Geschlechter, sind Männern und Frauen gemeinsam, und keine einzige ist nur für das eine Geschlecht durch einen Zwang der Natur reserviert. Doch sind einige besser geeignet für diese, andere für jene Naturen. Daher nennt man die einen Werke der Männer, die anderen Werke der Frauen. Die aber, welche in den Bereich der sittlichen Tugend fallen, sind – das kann man mit Recht behaupten – in gleicher Weise für beide Geschlechter verpflichtend, wenn wir behaupten, daß auch die Tugenden beiden Geschlechtern in gleichem Umfang zukommen. Daher muß man vernünftigerweise in allem, was in den Bereich der Sittlichkeit gehört, das weibliche und das männliche Geschlecht gleich erziehen. Und von Kindesbeinen an muß man sie lehren: «Das ist gut; das dagegen ist schlecht», weil gut und böse für beide Geschlechter dasselbe ist, und ebenso «das ist nützlich, das aber schädlich»; «das muß man tun, das aber nicht». Daraus erwächst den lernenden Mädchen und Knaben in gleicher Weise die rechte Einsicht, ohne Unterschied der Geschlechter. Und dann muß man ihnen Abscheu gegen alles Gemeine einflößen. Unter solchen Voraussetzungen müssen ja Männer wie Frauen sittliche Menschen werden. Und insbesondere muß der, der richtig erzogen wird, wer er auch sei, ob Knabe oder Mädchen, daran gewöhnt werden, Strapazen zu ertragen; man muß sie daran gewöhnen, den Tod nicht zu fürchten, sich durch keinerlei Unglück unterkriegen zu lassen. Auf die Weise wird einer tapfer. Tapferkeit, habe ich schon eben gesagt, müssen auch die Frauen besitzen. Ferner müssen sie lernen, andere nicht zu

τοίνυν πλεονεξίαν μὲν φεύγειν, ἰσότητα δὲ τιμᾶν, καὶ
εὐποιεῖν μὲν θέλειν, κακοποιεῖν δὲ μὴ θέλειν ἄνθρωπον ὄντα ἀνθρώπους, ἔστι μὲν δίδαγμα κάλλιστον καὶ
δικαίους ἐπιτελεῖ τοὺς μανθάνοντας· τί δὲ μᾶλλον ἄνδρα
μεμαθηκέναι χρὴ ταῦτα; εἰ γὰρ νὴ Δία πρέπει δικαίας
εἶναι γυναῖκας, καὶ ταὐτὰ δεῖ μεμαθηκέναι ἄμφω τά
γε κυριώτατα καὶ μέγιστα. εἰ γάρ τί που καὶ μικρὸν
ὁ μὲν εἴσεται, ἡ δὲ οὔ, ἢ ἀνάπαλιν ἡ μὲν εἴσεται, ὁ
δὲ οὔ, τεχνίτου τινὸς ἐχόμενον, οὔπω τοῦτο διάφορον
ἀποφαίνει τὴν ἑκατέρου παιδείαν· μόνον περὶ μηδενὸς
τῶν μεγίστων ἕτερος ἕτερα μεμαθηκέτω, ἀλλὰ ταὐτά.
ἂν δέ τις ἐρωτᾷ με, τίς ἐπιστήμη τῆς παιδείας ταύτης ἐπιστατεῖ, λέξω πρὸς αὐτὸν ὅτι φιλοσοφίας ἄνευ
ὥσπερ ἀνὴρ οὐκ ἂν οὐδείς, οὕτως οὐδ' ἂν γυνὴ παι-
δευθείη ὀρθῶς. καὶ οὐ τοῦτο βούλομαι λέγειν, ὅτι
τρανότητα περὶ λόγους καὶ δεινότητά τινα περιττὴν
χρὴ προσεῖναι ταῖς γυναιξίν, εἴπερ φιλοσοφήσουσιν
ὡς γυναῖκες· οὐδὲ γὰρ ἐπ' ἀνδρῶν ἐγὼ πάνυ τι τοῦτο
ἐπαινῶ· ἀλλ' ὅτι ἤθους χρηστότητα καὶ καλοκάγαθίαν
τρόπου κτητέον ταῖς γυναιξίν· ἐπειδὴ καὶ φιλοσοφία
καλοκαγαθίας ἐστὶν ἐπιτήδευσις καὶ οὐδὲν ἕτερον.

V.

ΕΚ ΤΩΝ
ΜΟΥΣΩΝΙΟΥ ΠΟΤΕΡΟΝ ΙΣΧΥΡΟΤΕΡΟΝ ΕΘΟΣ
Η ΛΟΓΟΣ.

Αὖθις ἐνέπεσεν ἡμῖν ζήτησις πότερον ἀνυσιμώτερον
πρὸς κτῆσιν ἀρετῆς ἔθος ἢ λόγος ⟨εἴη⟩, εἰ ὁ μὲν λόγος

übervorteilen, dagegen Recht und Billigkeit zu ehren; sie müssen Gutes tun wollen, als Mensch den Menschen nie Böses tun wollen – das ist die schönste Form der Erziehung: sie macht die so Erzogenen zu rechtlich denkenden Menschen. Warum sollte ein Mann diese Dinge mehr lernen? Denn wenn, beim Zeus, auch die Frauen gerecht sein müssen, dann müssen beide Geschlechter auch dasselbe lernen und vor allem die wichtigsten Dinge, die bedeutendsten Grundsätze. Denn wenn etwa einmal auf irgendeinem Gebiet der Mann etwas weiß, die Frau aber nicht, oder umgekehrt, sie etwas weiß, er aber nicht, was auf irgendeinem Fachwissen beruht, so fordert dieser Unterschied noch nicht die verschiedene Erziehung der Geschlechter. Nur soll keiner über irgendeinen der wichtigsten Grundsätze anderes lernen als der andere, sondern jeder dasselbe. Wenn aber mich jemand fragt: welche Wissenschaft ist maßgebend für diese Erziehungsmethode, so antworte ich, daß ohne die Philosophie weder irgendein Mann noch irgendeine Frau in der rechten Weise gebildet werden kann. Ich will aber damit nicht sagen, daß die Frauen größeren Scharfsinn und übermäßige Gewandtheit im Disputieren besitzen sollen, wenn sie als Frauen Philosophie treiben sollen. Denn ich lobe das nicht einmal bei Männern. Wohl aber, daß auch die Frauen eine edle Gesinnung und ein wahrhaft sittliches Wesen erwerben sollen. Ist doch die Philosophie das Streben nach wahrer Sittlichkeit und nichts anderes.

OB GEWÖHNUNG ODER BELEHRUNG STÄRKER IST (5)

Wieder kamen wir auf die Frage, ob zum Erwerb der Tugend Gewöhnung oder Belehrung wirksamer sei, wenn

διδάσκοι ὀρθῶς τί εἴη ποιητέον, τὸ δὲ ἔθος γίνοιτο κατὰ τοιοῦτον λόγον πράττειν ἐθιζομένων. τῷ δὲ Μουσωνίῳ τὸ ἔθος ἐδόκει εἶναι ἀνυσιμώτερον, καὶ συνηγορῶν τῇ ἑαυτοῦ δόξῃ ἤρετο τῶν παρόντων τινὰ οὕτως· Δυοῖν ὄντοιν ἰατροῖν, τοῦ μὲν ἱκανοῦ λέγειν καὶ περὶ τῶν ἰατρικῶν ὡς ὅτι ἐμπειρότατα, περὶ δὲ θεραπείαν τῶν καμνόντων μηδὲν τετριμμένου, τοῦ δ' εἰπεῖν μὲν ἀδυνάτου, θεραπεύειν δ' εἰθισμένου κατὰ τὸν λόγον τὸν ἰατρικόν, πότερον, ἔφη, μᾶλλον ἕλοιο ἂν παρεῖναί σοι νοσοῦντι; Ὁ δὲ ἀπεκρίνατο, ⟨ὅτι⟩ τὸν θεραπεύειν εἰθισμένον. Καὶ ὁ Μουσώνιος· Τί δέ; δυοῖν ἀνδροῖν τοῦ μὲν πεπλευκότος πολλάκις καὶ κυβερνήσαντος ἤδη πλοῖα ἱκανά, τοῦ δὲ ὀλιγάκις μὲν πεπλευκότος, κυβερνήσαντος δὲ μηδέποτε· ἐὰν οὗτος ὁ μὴ κυβερνήσας ἱκανώτατα λέγῃ ὃν τρόπον χρὴ κυβερνᾶν, ὁ δ' ἕτερος ἐνδεῶς καὶ παντάπασιν ἀσθενῶς, ποτέρῳ ἂν πλέων χρήσαιο κυβερνήτῃ; Καὶ ὃς εἶπεν, ὅτι τῷ κυβερνήσαντι πολλάκις. Πάλιν ὁ Μουσώνιος· Μουσικοῖν δὲ δυοῖν, τοῦ μὲν τοὺς λόγους ἐπισταμένου τοὺς μουσικοὺς καὶ λέγοντος αὐτοὺς πιθανώτατα, ᾄδειν δὲ ἢ κιθαρίζειν ἢ λυρίζειν ἀδυνατοῦντος, τοῦ δὲ περὶ μὲν τοὺς λόγους ὄντος ἥττονος, κιθαρίζοντος δὲ καλῶς καὶ λυρίζοντος, ἔτι δὲ ᾄδοντος· ποτέρῳ ἂν ἐπιτρέψαις ἔργον μουσικόν, ἢ πότερον ἂν ἐθέλοις γενέσθαι διδάσκαλον τῶν

nämlich die Theorie[5] richtig lehrt, was man tun muß, dagegen die Gewohnheit dadurch entsteht, daß sich die Menschen gewöhnen, einer solchen Theorie gemäß zu handeln.
Dem Musonius aber schien die Gewohnheit wirksamer zu
sein, und um seine Ansicht zu begründen, fragte er einen der
Anwesenden folgendermaßen: «Wenn zwei Männer Ärzte
sind, der eine imstande zu reden, und zwar über medizinische Dinge mit erstaunlicher Gewandtheit, dagegen in der
Behandlung der Kranken überhaupt keine Erfahrung hätte,
während der andere zwar nicht reden kann, aber gewohnt
ist, die Kranken der medizinischen Erkenntnis gemäß zu
behandeln, welchen von beiden würdest du da lieber wählen, um dir zu helfen, wenn du krank wärest?» – Der aber
antwortete: «Den Arzt, der durch die Praxis gewöhnt ist,
die Kranken zu behandeln.» Darauf Musonius: «Nun weiter, wenn wir zwei Männer haben, den einen, der oft zur
See gefahren ist und schon viele Schiffe als Kapitän gesteu-
ert hat, während der andere nur einige Male zur See gefahren und niemals Steuermann gewesen ist – wenn nun der,
der nie Steuermann war, erschöpfend davon reden könnte,
wie man steuern muß, während der andere nur ganz man-
gelhaft und nur ganz kümmerlich reden kann – welchen
von beiden würdest du dann lieber als Steuermann haben?»
Der Schüler antwortete: «Den, der oft als Steuermann ein
Schiff geführt hat.» – Wieder fragte Musonius: «Wenn wir
zwei Musiker haben, den einen, der die musikalischen
Theorien gut kennt und sie überzeugend durch das Wort
darlegen kann, während er weder singen noch auf der Kithara oder der Leier spielen kann, während der andere in der
Theorie nur schwach ist, aber schön auf der Leier und der
Kithara spielen und auch singen kann, welchem von beidem
würdest du da einen musikalischen Auftrag geben oder welchen von beiden würdest du als Musiklehrer für deinen

μουσικῶν παιδὸς οὐκ εἰδότος; Ὁ δὲ ἀπεκρίνατο, ὅτι
τὸν ἐν τοῖς ⟨ἔργοις⟩ ἱκανόν. Τί οὖν, εἶπεν ὁ Μουσώνιος, ταῦτα μὲν ταύτῃ ἔχει· περὶ δὲ σωφροσύνης ἢ
ἐγκρατείας τοῦ ἃ χρὴ δύνασθαι λέγειν οὐ πολὺ κρεῖττον τὸ ἐγκρατῆ γενέσθαι καὶ σώφρονα περὶ τὰ πρατ-
τόμενα πάντα; Συνεχώρει κἀνταῦθα ὁ νεανίσκος, ἧττον
καὶ φαυλότερον εἶναι τοῦ σωφρονεῖν ἔργῳ τὸ λέγειν
περὶ σωφροσύνης ἱκανῶς. Ὅθεν ὁ Μουσώνιος συν-
άπτων τοῖς προειρημένοις, πῶς οὖν ἐπὶ τούτοις, ἔφη,
τὸ τὸν ἑκάστου λόγον ἐπίστασθαι πράγματος κρεῖττον
ἂν εἴη τοῦ ἐθίζεσθαι καὶ πράττειν τὰ πράγματα κατὰ
τὴν ὑφήγησιν τοῦ λόγου; ἐπείπερ τὸ μὲν ἔθος πρὸς
τὸ δύνασθαι πράττειν ἄγει, τὸ δ᾽ ἐπίστασθαι λόγον
τοῦ πράγματος πρὸς τὸ δύνασθαι λέγειν. συνεργεῖ μὲν
γὰρ καὶ τῇ πράξει ὁ λόγος διδάσκων ὅπως πρακτέον
καὶ ἔστι τῇ τάξει πρότερος τοῦ ἔθους· οὐ γὰρ ἐθι-
σθῆναί τι καλὸν οἷόν τε μὴ κατὰ λόγον ἐθιζόμενον·
δυνάμει μέντοι τὸ ἔθος προτερεῖ τοῦ λόγου, ὅτι ἐστὶ
κυριώτερον ἐπὶ τὰς πράξεις ἄγειν τὸν ἄνθρωπον ἤπερ
ὁ λόγος.

Sohn haben wollen, der noch nichts davon weiß?» Der Schüler antwortete: «Den, der in der Praxis ausreichende Erfahrung hat.» – «Gut», sagte Musonius, «hieran ist also kein Zweifel. Wie steht es nun aber bei Zucht und Sittlichkeit oder der Selbstbeherrschung? Ist es nicht viel wertvoller, sich selber in der Gewalt zu haben und in allen Lagen des wirklichen Lebens besonnen zu handeln, als nur darüber reden zu können, was man tun muß?» Auch das gab der Jüngling zu, daß die Fähigkeit, gut über die Besonnenheit zu reden, weit weniger wert sei als in Wirklichkeit besonnen zu sein.

. . .

Darauf sagte Musonius, indem er an das Vorhergehende anknüpfte: «Wie könnte es da besser sein, nur die Theorie jeder einzelnen Sache zu kennen statt sich zu gewöhnen, nach den Regeln der Kunst die Tugenden in sich zu verwirklichen? Wird doch die Gewöhnung einen dazu befähigen, das Vorgeschriebene zu tun, während nur die Theorie einer Sache (einer Wissenschaft oder Kunst) zu kennen, einen nur befähigt, darüber reden zu können. Es arbeitet ja auch mit der Praxis die Theorie zusammen, indem diese lehrt, wie man handeln soll, und sie kommt daher in der Reihenfolge vor der Gewöhnung. Denn es ist nicht möglich, eine gute Gewohnheit anzunehmen, wenn man sich nicht im Sinne der rechten Theorie gewöhnt. Aber an Wirkungskraft ist die Gewöhnung der Theorie überlegen, weil sie entscheidender auf den Menschen einwirkt, die Tugenden zu verwirklichen, als die bloße Belehrung.

VI.

ΠΕΡΙ ΑΣΚΗΣΕΩΣ.

Παρώρμα δὲ πρὸς ἄσκησιν τοὺς συνόντας ἐντεταμένως ἀεὶ τοιοῖσδέ τισι λόγοις χρώμενος. Ἡ ἀρετή, ἔφη, ἐπιστήμη ἐστὶν οὐ θεωρητικὴ μόνον, ἀλλὰ καὶ πρακτικὴ καθάπερ ἥ τε ἰατρικὴ καὶ ἡ μουσική. δεῖ οὖν ὥσπερ τὸν ἰατρὸν καὶ τὸν μουσικὸν μὴ μόνον ἀνειληφέναι τὰ θεωρήματα τῆς αὐτοῦ τέχνης ἑκάτερον, ἀλλὰ καὶ γεγυμνάσθαι πράττειν κατὰ τὰ θεωρήματα, οὕτω καὶ τὸν ἐσόμενον ἀγαθὸν ἄνδρα μὴ μόνον ἐκμανθάνειν ὅσα μαθήματα φέρει πρὸς ἀρετήν, ἀλλὰ καὶ γυμνάζεσθαι κατὰ ταῦτα φιλοτίμως καὶ φιλοπόνως. ἐπεὶ πῶς μὲν ἂν εὐθὺς γένοιτό τις σώφρων, εἰ μόνον εἰδείη ὅτι οὐ χρὴ ἡττᾶσθαι ἡδονῶν, ἀγύμναστος δ' εἴη ἀντέχειν ταῖς ἡδοναῖς; πῶς δ' ἂν δίκαιός τις γένοιτο, μεμαθηκὼς μὲν ὅτι χρὴ τὸ ἴσον ἀγαπᾶν, μὴ μεμελετηκὼς δὲ φεύγειν τὸ πλεονεκτεῖν; πῶς δ' ἂν ἀνδρείαν κτησαίμεθα, τὸ μὲν ὅτι μὴ φοβερὰ τὰ δοκοῦντα τοῖς πολλοῖς δεινὰ κατανενοηκότες, ἄφοβοι δ' εἶναι εἰς αὐτὰ μὴ μεμελετηκότες; πῶς δ' ἂν φρόνιμοι γενοίμεθα, τὰ μὲν ὡς ἀληθῶς ἀγαθὰ καὶ κακὰ τίνα ἐστὶν ἐγνωκότες, μὴ γεγυμνασμένοι δὲ καταφρονεῖν τῶν δοκούντων ἀγαθῶν; διὸ χρὴ τῇ μαθήσει τῶν προσηκόντων ἀρετῇ ἑκάστῃ μαθημάτων καὶ τὴν ἄσκησιν ἐπακολουθεῖν πάντως, εἴ γε μέλλει καὶ αὐτῆς τῆς μαθήσεως ὄφελός

VON DER ÜBUNG (6)

Er pflegte seine Jünger mit großem Nachdruck zur «Askese»[6] anzuspornen, indem er stets gewisse Gedanken folgender Art dafür entwickelte. Die Tugend, so pflegte er zu sagen, ist nicht nur ein theoretisches Wissen, sondern auch eine praktische Verwirklichung, gerade wie die Heilkunst und die Musik. Denn gerade wie der Arzt, wie der Musiker nicht nur die Grundsätze ihrer Kunst im Kopfe haben, sondern auch geübt sein müssen, nach diesen Grundsätzen zu handeln, so muß auch der, der ein wahrhaft tugendhafter Mensch werden will, nicht nur die Sätze auswendig wissen, die den Menschen zur Tugend hinführen, sondern er muß sich auch diesen Sätzen gemäß mit heißem Bemühen und zähem Eifer üben. Wie könnte denn jemand gleich eine ernste sittliche Persönlichkeit werden, wenn er nur wüßte, daß man sich von den Lüsten nicht hinreißen lassen darf und dabei doch völlig ungeübt wäre, ihnen zu widerstehen? Und wie könnte einer gerecht werden, wenn er nur gelernt hätte, daß man für sich selbst das gleiche wie für andere wünschen und akzeptieren muß, wenn er sich nicht auch darin geübt hätte, jeden Wunsch nach einem Vorteil gegenüber anderen zu unterdrücken? Und wie könnten wir Tapferkeit erwerben, wenn wir zwar erkannt hätten, daß, was der Masse schrecklich erscheint, in Wahrheit gar nicht furchtbar ist, uns aber überhaupt nicht darin geübt hätten, vor solchen Dingen keine Angst zu haben? Und wie könnten wir wirklich einsichtig werden, wenn wir zwar begriffen hätten, was die wahrhaften Güter und Übel sind, uns aber nicht geübt hätten, die Scheingüter zu verachten? Daher muß dem Lernen der Sätze, die zu jeder Tugend gehören, unter allen Umständen auch ihre Übung folgen, wenn wir von den Lehrsätzen selber irgendwelchen Nutzen haben wollen.

τι γενήσεσθαι ἡμῖν. καὶ τοσούτῳ γε χρὴ μᾶλλον ἀσκεῖν
τὸν φιλοσοφεῖν ἀξιοῦντα ἤπερ τὸν ἰατρικῆς ἤ τινος
τέχνης ὁμοίας ἐφιέμενον, ὅσῳ μεῖζον καὶ δυσκατεργα-
στότερον φιλοσοφία παντὸς ἐπιτηδεύματος ἑτέρου. καὶ
γὰρ οὖν ἐπὶ μὲν τὰς ἄλλας τέχνας † εἶναι οἱ ἐφιέμενοι αὐτῶν, οὐ προδιεφθαρμένοι τὰς ψυχὰς οὐδ' ἐναντία μεμαθηκότες οἷς μαθήσεσθαι μέλλουσιν· οἱ δὲ
φιλοσοφεῖν ἐπιχειροῦντες, ἐν διαφθορᾷ γεγενημένοι
πρότερον πολλῇ καὶ ἐμπεπλησμένοι κακίας, οὕτω μετ-
ίασι τὴν ἀρετήν, ὥστε καὶ ταύτῃ πλείονος δεηθῆναι
τῆς ἀσκήσεως. πῶς οὖν καὶ τίνα τρόπον τούτοις
ἀσκητέον; ἐπεὶ τὸν ἄνθρωπον οὔτε ψυχὴν μόνον εἶναι
συμβέβηκεν οὔτε σῶμα μόνον, ἀλλά τι σύνθετον ἐκ
τοῖν δυοῖν τούτοιν, ἀνάγκη τὸν ἀσκοῦντα ἀμφοῖν ἐπιμελεῖσθαι, τοῦ μὲν κρείττονος μᾶλλον, ὥσπερ ἄξιον,
τουτέστι τῆς ψυχῆς· καὶ θατέρου δέ, εἴ γε μέλλει μηδὲν
ἐνδεῶς ἔχειν τοῦ ἀνθρώπου μέρος. δεῖ γὰρ δὴ καὶ
τὸ σῶμα παρεσκευάσθαι καλῶς πρὸς τὰ σώματος ἔργα
τὸ τοῦ φιλοσοφοῦντος, ὅτι πολλάκις αἱ ἀρεταὶ κατα-
χρῶνται τούτῳ ὄντι ὀργάνῳ ἀναγκαίῳ πρὸς τὰς τοῦ
βίου πράξεις. τῆς οὖν ἀσκήσεως ἡ μέν τις ἰδία τῆς
ψυχῆς μόνης γίνοιτ' ἂν ὀρθῶς, ἡ δέ τις κοινὴ ταύτης
τε καὶ τοῦ σώματος. κοινὴ μὲν οὖν ἄσκησις ἀμφοῖν
γενήσεται, συνεθιζομένων ἡμῶν ῥίγει θάλπει, δίψει
λιμῷ, τροφῆς λιτότητι κοίτης σκληρότητι, ἀποχῇ τῶν
ἡδέων ὑπομονῇ τῶν ἐπιπόνων. διὰ γὰρ τούτων καὶ
τῶν τοιούτων ῥώννυται μὲν τὸ σῶμα καὶ γίνεται δυσ-

Und es muß der, der ein wirklicher Jünger der Philosophie werden will, sich deshalb um so mehr üben als einer, der die Heilkunst oder eine andere vergleichbare Kunst zu erwerben sucht, weil die Philosophie etwas Größeres ist und schwieriger zu erwerben ist als jede andere Fähigkeit. Denn es gehen ja an die anderen Künste und Wissenschaften diejenigen, die sich darin ausbilden wollen, heran, ohne in ihren Seelen schon verdorben zu sein und ohne das Gegenteil von dem gelernt zu haben, was sie nun lernen sollen. Die aber vorhaben, sich dieser Philosophie zu widmen, die sind ja in ihrer ganzen Denkweise schon auf das stärkste verdorben und von Schlechtigkeit erfüllt, und wenn sie nun in dieser Geistesverfassung darangehen, die wahrhaften Tugenden zu erwerben, so bedürfen sie auch aus diesem Grunde einer weit größeren Übung. Wie und auf welche Art und Weise müssen sich diese üben? Da der Mensch weder nur Seele ist noch nur Körper, sondern ein aus diesen beiden zusammengesetztes Wesen, muß sich der Übende um beides kümmern, jedoch mehr um das Bessere, wie sich das gehört, das heißt um die Seele; aber auch um das andere, wenn kein Teil des Menschen verkümmern soll. Denn es muß auch der Körper des künftigen Philosophen zu den Leistungen des Körpers gut ausgebildet sein, weil die Tugenden ihn oft als ein zu den Werken des praktischen Lebens notwendiges Organ gebrauchen. Von der Übung erfolgt nun diejenige, die der Seele eigen ist, nur für diese allein auf die rechte Weise, die andere dagegen ist Leib und Seele gemeinsam. Die beiden gemeinsame Übung erfolgt, wenn wir uns zugleich an Kälte und Hitze, Hunger und Durst, einfache Kost und ein hartes Lager gewöhnen sowie an Enthaltung von Genüssen, Ertragen von schweren Anstrengungen. Denn durch Übungen dieser und ähnlicher Art wird der Körper gestählt und an Beschwerden gewöhnt und ab-

παθές τε καὶ στερεὸν καὶ χρήσιμον πρὸς ἅπαν ἔργον,
ῥώννυται δὲ ἡ ψυχὴ γυμναζομένη διὰ μὲν τῆς ὑπο-
μονῆς τῶν ἐπιπόνων πρὸς ἀνδρείαν, διὰ δὲ τῆς ἀπο-
χῆς τῶν ἡδέων πρὸς σωφροσύνην. ἰδία δὲ τῆς ψυχῆς
ἄσκησίς ἐστι πρῶτον μὲν τὰς ἀποδείξεις προχείρους
ποιεῖσθαι τάς τε περὶ τῶν ἀγαθῶν τῶν δοκούντων
ὡς οὐκ ἀγαθά, καὶ τὰς περὶ τῶν κακῶν τῶν δοκούντων ὡς οὐ κακά, καὶ τὰ ἀληθῶς ἀγαθὰ γνωρίζειν τε
καὶ διακρίνειν ἀπὸ τῶν μὴ ἀληθῶς ἐθίζεσθαι· εἶτα δὲ
μελετᾶν μήτε φεύγειν μηδὲν τῶν δοκούντων κακῶν
μήτε διώκειν μηδὲν τῶν δοκούντων ἀγαθῶν, καὶ τὰ
μὲν ἀληθῶς κακὰ πάσῃ μηχανῇ ἐκτρέπεσθαι, τὰ δὲ
ἀληθῶς ἀγαθὰ παντὶ τρόπῳ μετέρχεσθαι.

Ἐν κεφαλαίῳ μὲν οὖν σχεδὸν εἴρηται, ὁποῖος ἑκάτερος τρόπος ἀσκήσεως· οὐ μὴν ἀλλὰ καὶ κατὰ μέρος
ὡς ποιητέον ἕκαστα, πειράσομαι εἰπεῖν, οὐ διακρίνων
οὐδὲ χωρίζων οὐκέτι τά τε κοινὰ τῆς ψυχῆς καὶ τοῦ
σώματος ἀσκήματα καὶ τὰ ἴδια τῆς ψυχῆς, ἀλλὰ ἀνα-
μὶξ τὰ ἑκατέρου μέρους διεξιών. οὐκοῦν ἐπειδὴ ταῦτα
μὲν τυγχάνομεν ἀκηκοότες τε καὶ ὑπειληφότες, ὅσοι γε
φιλοσόφου διατριβῆς μετεσχήκαμεν, ὡς οὔτε πόνος οὔτε
θάνατος οὔτε πενία κακὸν οὐδαμῶς ἐστιν οὐδ᾽ ἄλλο
τι τῶν κακίας ἀπηλλαγμένων, οὐδ᾽ αὖ πάλιν ἀγαθὸν
πλοῦτος ζωὴ ἡδονὴ ἤ τι ἕτερον τῶν μὴ μετεχόντων.
ἀρετῆς· ὅμως δὲ καὶ ταῦθ᾽ ὑπειληφότες διὰ τὴν ἀπὸ
παίδων εὐθὺς γεγονυῖαν ἡμῖν διαφθορὰν καὶ τὴν
ὑπὸ τῆς διαφθορᾶς συνήθειαν πονηρὰν πόνου μὲν προσ-
ερχομένου κακὸν ἡγούμεθα προσέρχεσθαι ἑαυτοῖς, ἡδονῆς δὲ παραγινομένης ἀγαθὸν ἡγούμεθα παραγίνεσθαι

gehärtet, überhaupt tüchtig zu jeder Leistung. Es wird aber
auch die Seele gestählt, indem sie sich durch das Ertragen
von Mühsal in Tapferkeit übt und durch die Enthaltung
von Lüsten in Selbstzucht. – Die der Seele eigentümliche
Übung aber besteht erstens darin, daß sie sich die Beweise
dafür einprägt, daß die Scheingüter keine wirklichen Güter
sind und ebenso daß die scheinbaren Übel in Wahrheit gar
keine sind, und daß sie sich so gewöhnt, die wirklichen Güter zu erkennen und von den nichtwirklichen zu unterscheiden und sich dann zu üben, vor keinem der scheinbaren
Übel Angst zu haben und nach keinem der scheinbaren Güter zu trachten und die wirklichen Übel mit jeder Faser zu
verabscheuen, den wirklichen Gütern aber mit allen Kräften nachzujagen.

Hiermit ist in der Hauptsache so ziemlich gesagt, welcher
Art eine jede der beiden Gattungen der Übungen ist. Doch
will ich versuchen, auch darzulegen, wie im einzelnen jede
Übung auszuführen ist, indem ich keinen Unterschied mache und nicht mehr die Leib und Seele gemeinsamen und
die der Seele eigenen Übungen voneinander trenne, sondern indem ich die Übungen beider Teile gemeinsam behandle. Aber auch wenn wir die Philosophie ernsthaft
studiert haben und diese Grundlehren gehört und in uns
aufgenommen haben, daß Mühsal, Tod und Armut überhaupt keine Übel sind wie alles andere, das nichts mit der
Schlechtigkeit zu tun hat, und umgekehrt, daß weder der
Reichtum noch das Leben oder die Lust ein Gut ist noch irgend etwas anderes von den Dingen, die nichts mit der Sittlichkeit zu tun haben, glauben wir infolge der uns gleich
von Kindheit an widerfahrenen Vergiftung und der infolge
dieser Vergiftung eingetretenen schlechten Gewohnheit,
sobald uns Mühsal überkommt, doch, daß uns ein Übel
trifft, und wenn die Lust an uns herantritt, meinen wir, daß

ἡμῖν, καὶ τὸν μὲν θάνατον ὡς ἐσχάτην συμφορὰν
πεφρίκαμεν, τὴν δὲ ζωὴν ὡς τῶν ἀγαθῶν μέγιστον
ἀσπαζόμεθα, καὶ διδόντες μὲν ἀργύριον ὡς βλαπτό-
μενοι λυπούμεθα, λαμβάνοντες δὲ ὡς ὠφελούμενοι
χαίρομεν, παραπλησίως δὲ καὶ ἐπὶ πλειόνων ἄλλων
οὐκ ἀκολούθως ταῖς ὀρθαῖς ὑπολήψεσι τοῖς πράγμασι
χρώμεθα, τῷ δὲ φαύλῳ ἔθει μᾶλλον ἀκολουθοῦμεν.
ἐπεὶ οὖν ταῦτα φημὶ ταύτῃ ἔχειν, δεῖ τὸν ἀσκοῦντα
ζητεῖν περιγίγνεσθαι ἑαυτῷ τῇ μὲν ἡδονῇ μὴ ἀσμενίζειν,
τὸν πόνον δὲ μὴ ἐκτρέπεσθαι, καὶ τῷ μὲν ζῆν μὴ φιλη-
δεῖν, τὸν δὲ θάνατον μὴ δεδιέναι, καὶ ἐπὶ χρημάτων
μὴ προτιμᾶν τοῦ προΐεσθαι τὸ λαμβάνειν.

VII.

ΟΤΙ ΠΟΝΟΤ ΚΑΤΑΦΡΟΝΗΤΕΟΝ.

Πρὸς δὲ τὸ ῥᾷον καὶ προθυμότερον ὑφίστασθαι
τῶν πόνων ἐκείνους, οὓς ἂν ὑπὲρ ἀρετῆς καὶ καλοκά-
γαθίας μέλλωμεν πονεῖν, ταῦτα λελογίσθαι χρήσιμα·
πόσα μὲν πονοῦσιν ἔνιοι δι᾽ ἐπιθυμίας κακάς, ὥσπερ
οἱ ἐρῶντες ἀκολάστως, πόσα δ᾽ ὑπομένουσιν ἄλλοι τοῦ
κερδαίνειν χάριν, πόσα δ᾽ αὖ κακοπαθοῦσιν ἔνιοι θη-
ρώμενοι δόξαν. καίτοι οὗτοι πάντες ὑπομένουσιν αὐ-
θαίρετοι πᾶσαν ταλαιπωρίαν. ἆρ᾽ οὖν οὐχὶ δεινὸν
ἐκείνους μὲν ὑπὲρ οὐδενὸς τῶν καλῶν ἀνέχεσθαι ταῦτα
πάσχοντας, ἡμᾶς δ᾽ ὑπὲρ καλοκἀγαθίας καὶ τοῦ κακίαν

uns etwas Gutes zuteil wird, und schaudern vor dem Tode als dem Gipfel des Unheils zurück, und preisen das Leben als das höchste Gut, und wenn wir Geld ausgeben, dann wurmt uns das, als ob wir einen schweren Schaden erlitten hätten, und wenn wir Geld bekommen, freuen wir uns, als ob wir wirklich Nutzen davon hätten, und ähnlich geht es uns auch in vielen anderen Situationen, daß wir nicht mit der richtigen Einstellung an die Dinge herangehen, sondern eher der schlechten Gewohnheit folgen.

Da die Dinge nach meiner Überzeugung so liegen, muß der sich Übende danach trachten, daß er dahin kommt, nicht an der Lust seine Freude zu haben, vor der Mühsal nicht zurückzuschrecken, nicht am Leben zu hängen und keine Angst vor dem Tode zu haben; und was Geld betrifft, nicht dem Einnehmen den Vorrang zu geben vor dem Ausgeben.

DASS MAN DIE MÜHE VERACHTEN MUSS (7)

Um diejenigen Mühen und Anstrengungen leichter und freudiger auf uns zu nehmen, die wir um der Tugend und sittlichen Vollkommenheit willen ertragen müssen, ist es nützlich, folgendes bedacht zu haben: Wie viele Mühen nehmen manche Menschen zur Befriedigung böser Begierden auf sich, wie zum Beispiel die Leute, die sich hemmungslos der Liebesleidenschaft hingeben; wie viele Anstrengungen nehmen andere auf sich, um etwas zu gewinnen, und wie viele Widerwärtigkeiten erdulden manche, die dem Ruhm nachjagen. Und doch unterziehen sich alle diese Menschen jeder Art von Mühsal und Pein aus eigenem freiem Entschluß. Ist es da nicht schlimm, daß die Menschen für keines der wirklichen Güter solche Anstrengungen und Leiden auf sich nehmen und daß wir nicht bereit

μὲν ἐκφυγεῖν τὴν λυμαινομένην ἡμῶν τὸν βίον, κτήσασθαι δὲ ἀρετήν, ἧ τις ἀπάντων τῶν ἀγαθῶν ἐστι
χορηγός, μὴ πάντα πόνον ἑτοίμως ὑφίστασθαι; καίτοι
οὐδ' ἂν εἴποι τις ὅσῳ κρεῖττον ἀντὶ μὲν τοῦ πονεῖν,
ἵνα τύχῃ τις γυναικὸς ἀλλοτρίας, τὸ πονεῖν, ἵνα παι-
δαγωγήσῃ τὰς ἐπιθυμίας τὰς ἑαυτοῦ· ἀντὶ δὲ τοῦ
περὶ χρημάτων ταλαιπωρεῖν τὸ ἀσκεῖν ὥστε ὀλίγων
δεῖσθαι· πρὸ δὲ τοῦ πράγματα ἔχειν ὑπὲρ δόξης τὸ
πραγματεύεσθαι ὅπως μὴ δοξοκόπος ᾖ· πρὸ δέ γε τοῦ
ζητεῖν, ὅπως ᾧ φθονεῖ τις κακοποιήσῃ τοῦτον, τὸ σκοπεῖν ὅπως μηδὲν φθονήσῃ μηδενί· καὶ πρό γε τοῦ
δουλεύειν τισὶ καλουμένοις φίλοις, ὥσπερ οἱ κόλακες,
τὸ κακοπαθεῖν ἵνα κτήσηται φίλους ἀληθινούς· καθόλου δὲ τοῦ πονεῖν πᾶσιν ἀνθρώποις ἀναγκαίου ὄντος,
τοῖς τε τῶν κρειττόνων ὀρεγομένοις καὶ τοῖς τῶν χειρόνων, τὸ μὴ πολλῷ εἶναι προθυμοτέρους πονεῖν τοὺς
τὰ κρείττω μετιόντας ⟨ἢ⟩ οἷς ἐλπίδες μικραὶ τῶν
πόνων εἰσίν, ἀτοπώτατον. ἀλλ' οἱ μὲν ἄρα θαυματο-
ποιοὶ δύσκολα οὕτως ὑφίστανται πράγματα καὶ τὴν
ζωὴν παραβάλλονται τὴν ἑαυτῶν, οἱ μὲν εἰς μαχαίρας
κυβιστῶντες, οἱ δ' ἐπὶ κάλων μετέωροι βαδίζοντες, οἱ
δ' ὥσπερ ὄρνεα πετόμενοι διὰ τοῦ ἀέρος, ὧν τὸ
σφάλμα θάνατός ἐστιν. καὶ ταῦτα πάντα δρῶσι μικροῦ
χάριν μισθοῦ· ἡμεῖς δ' οὐκ ἀνεξόμεθα ταλαιπωρεῖν
ὑπὲρ εὐδαιμονίας ὅλης; οὐ γὰρ ἄλλο τί γε τέλος ἐστὶ
τοῦ γενέσθαι ἀγαθὸν ἢ τὸ εὐδαιμονεῖν καὶ ζῆν μακα-
ρίως εἰς τὸ λοιπόν. εἰκότως δ' ἄν τις λογίζοιτο καὶ
τὸ τῶν ζῴων ἐνίων ὁποῖόν ἐστι, πάνυ δὴ δυνάμενον

sind, zur Erreichung des sittlichen Ideals und zur Überwindung des Bösen, das unser Leben verdirbt, zur Erringung
der Tugend, die die Geberin aller wirklichen Güter ist, jegliche Mühsal auf uns zu nehmen? Und doch behauptet wohl
keiner, wieviel besser es sei, anstatt sich abzumühen, um
die Frau eines anderen zu gewinnen, sich zu bemühen, daß
man seine eigenen Lüste und Begierden meistert; und statt
um des Geldes willen Mühsal und Pein zu erdulden, sich zu
üben, nur wenig zu benötigen; und statt für den Ruhm Leid
und Not zu ertragen, sich zu bemühen, daß man nicht ehrgeizig ist; und statt danach zu trachten, wie man dem Böses
tut, den man beneidet, daß man vielmehr sich erzieht, daß
man überhaupt niemanden beneidet, und statt Sklave
irgendwelcher sogenannten Freunde zu sein, wie das die
Schmeichler sind, vielmehr Mühen zu erdulden, um wahre
Freunde zu erwerben. Überhaupt, wo alle Menschen Mühsal erdulden müssen, die nach dem Besseren und die nach
dem Schlechteren streben, da wäre es ja ungeheuerlich,
wenn nicht diejenigen, die dem Besseren nachstreben, von
viel größerem Eifer beseelt wären, Mühsal auf sich zu nehmen, als jene, die sich um armseliger Hoffnungen willen
Mühsal unterziehen. – Und doch wagen die Tausendkünstler so gefährliche Dinge und setzen dabei ihr Leben aufs
Spiel; die einen springen kopfüber in starrende Schwerter,
die anderen gehen auf Seilen hoch in die Luft, andere fliegen wie Vögel durch die Luft, deren Absturz der Tod ist.
Und dies alles tun sie um kärglichen Lohn. Und da wollen
wir im Kampfe mit der Mühsal versagen, wo es sich um unsere ganze Glückseligkeit handelt? Ist doch nichts anderes
das höchste Ziel des Bestrebens, wahrhaft gut zu werden,
als die Glückseligkeit und dann bis an das Ende glücklich zu
sein. Aus gutem Grunde könnte man da an das Verhalten
mancher Tiere denken, das uns mächtig anspornen könnte,

ἐντρέπειν ἡμᾶς φιλοπόνους εἶναι. οἱ γοῦν ὄρτυγες καὶ ἀλεκτρυόνες οὔτ' ἀρετῆς ἐπαΐοντες οὐδὲν ὥσπερ ὁ ἄνθρωπος οὔτε τὸ καλὸν καὶ δίκαιον εἰδότες οὐδ' ὑπὲρ τοιούτου πονοῦντες οὐθενός, ὅμως μαχόμενοι πρὸς ἀλλήλους καὶ πηρούμενοι ἀνέχονται καὶ μέχρι θανάτου καρτεροῦσιν, ὥστε μὴ ἡττᾶσθαι θατέρου ὁ ἕτερος. πόσῳ δὴ μᾶλλον εἰκὸς ἡμᾶς ἀνέχεσθαί τε καὶ καρτερεῖν, ὅταν ἐπιστώμεθα διά τι τῶν καλῶν κακοπαθοῦντες, ἢ ἵνα φίλοις βοηθήσωμεν ἢ πόλιν ὠφελήσωμεν ἢ ἵνα γυναικῶν ἢ τέκνων ὑπερμαχήσωμεν, τὸ δὲ μέγιστον καὶ κυριώτατον, ἵνα ἀγαθοὶ ὦμεν καὶ δίκαιοι καὶ σώφρονες, ὃ δίχα πόνων οὐ παραγίνεται οὐδενί. ὅθεν ἔπεισί μοι λέγειν, ὡς ὁ μὴ θέλων πονεῖν σχεδὸν καταδικάζει αὐτὸς αὑτοῦ μηδενὸς εἶναι ἀγαθοῦ ἄξιος, ὅτι τὰ ἀγαθὰ πόνῳ πάντα κτώμεθα. Ταῦτα μὲν καὶ τοιαῦθ' ἕτερα εἶπε τότε, ἐπεγείρων καὶ παρορμῶν τοὺς παρόντας πόνου καταφρονεῖν.

VIII.

ΟΤΙ ΦΙΛΟΣΟΦΗΤΕΟΝ ΚΑΙ ΤΟΙΣ ΒΑΣΙΛΕΥΣΙΝ.

Εἰσελθόντος δέ ποτε ὡς αὐτὸν τῶν βασιλέων τινὸς τῶν ἀπὸ τῆς Συρίας, ἦσαν γὰρ ἔτι τότε ἐν Συρίᾳ βασιλεῖς Ῥωμαίων ὑπήκοοι, ἄλλα τε πολλὰ εἶπε πρὸς τὸν ἄνδρα καὶ δὴ καὶ ταῦτα. Μὴ οἴου, ἔφη, ἄλλῳ τινὶ μᾶλλον προσήκειν φιλοσοφεῖν ἢ σοί, μηδ' ἄλλου του χάριν μᾶλλον ἢ ὅτι βασιλεὺς τυγχάνεις ὤν. δεῖ μὲν γὰρ δήπου δύνασθαι τὸν βασιλέα σῴζειν ἀνθρώπους καὶ εὐεργετεῖν· τὸν δέ γε σώσοντα καὶ εὐεργετήσοντα χρὴ ἐπίστασθαι, τί μὲν ἀγαθὸν ἀνθρώπῳ

die Anstrengung zu lieben; die Wachteln und Hähne wissen doch nichts von Tugend oder von gut und gerecht wie der Mensch und mühen sich nicht für etwas Derartiges ab, und doch kämpfen sie gegeneinander und ertragen es standhaft, wenn sie verwundet werden, ja sie halten aus bis zum Tode, so daß nicht der eine vom anderen besiegt wird. Um wieviel mehr müssen wir da aushalten und Ausdauer zeigen, wo wir doch wissen, daß wir um eines schönen Zieles willen Mühsal erdulden, entweder, um Freunden beizustehen oder um dem Staat zu nützen oder für Weib und Kind zu kämpfen, und was das Höchste und Allerwichtigste ist, daß wir gut, gerecht und besonnen werden, Tugenden, die niemand erwirbt ohne Mühen. Daher möchte ich geradezu sagen: wer sich nicht abmühen will, der richtet sich selber: daß er keines Gutes würdig ist, weil wir alle Güter nur durch Mühsal erwerben.

Solche und ähnliche Gedanken äußerte er damals, weil er seine Hörer erwecken und anspornen wollte, die Mühe zu verachten.

DASS AUCH DIE KÖNIGE PHILOSOPHIEREN SOLLTEN (8)

Als einmal einer der syrischen Könige zu ihm kam – es gab nämlich damals in Syrien noch Könige, die den Römern untertan waren[7] –, sagte er zu dem Mann unter vielem anderen vor allem folgendes: Glaub doch nicht, daß es für irgend jemanden mehr als für dich angebracht ist, Philosophie zu treiben, und aus keinem Grunde mehr als deshalb, weil du ein König bist. Denn der König muß doch in der Lage sein, die Menschen zu beschützen und ihnen Gutes zu tun. Wer aber berufen ist, sie zu beschützen und ihr Wohltäter zu sein, muß wissen, was für den Menschen gut und was für

τί δὲ κακόν, καὶ τί μὲν ὠφέλιμον τί δὲ βλαβερόν,
καὶ συμφέρον γε καὶ ἀσύμφορον· εἴ γε ἀπόλλυνται
μὲν οἱ περιπίπτοντες τοῖς κακοῖς, σῴζονται δὲ οἱ τυγχά-
νοντες τῶν ἀγαθῶν, καὶ εὐεργετοῦνται μὲν οἱ ἀξιού-
μενοι τῶν ὠφελίμων καὶ συμφερόντων, κακοποιοῦνται
δὲ οἱ ἐμβαλλόμενοι τοῖς ἀσυμφόροις καὶ βλαβεροῖς.
ἀγαθὸν μέντοι καὶ κακὸν ἢ συμφέρον καὶ ἀσύμφορον
ἢ ὠφέλιμον καὶ βλαβερὸν οὐκ ἄλλου του διαγινώσκειν
ἢ τοῦ φιλοσόφου ἐστίν, ὃς αὐτὸ τοῦτο διατελεῖ πρα-
γματευόμενος, ὅπως μηδὲ ἓν τούτων ἀγνοήσει, καὶ
τέχνην πεποίηται ταύτην εἰδέναι τί φέρει πρὸς ἀνθρώπου εὐδαιμονίαν ἢ κακοδαιμονίαν. διὸ φαίνεται δεῖν
τὸν βασιλέα φιλοσοφεῖν. καὶ μὴν προσήκει μὲν τῷ
βασιλεῖ, μᾶλλον δ' ἀνάγκη ἐστὶν αὐτῷ, τὰ δίκαια βρα-
βεύειν τοῖς ὑπηκόοις, ὡς μήτε πλέον ἔχειν μήτε ἐλαττοῦσθαι μηδένα παρὰ τὴν ἀξίαν, ἀλλὰ καὶ τιμῆς καὶ
τιμωρίας τυγχάνειν τοὺς ἀξίους. ταῦτα δὲ πῶς ποτε
δυνηθείη ἄν τις δίκαιος οὐκ ὤν; δίκαιος δὲ πῶς ἂν
εἴη τις μὴ ἐπιστάμενος δικαιοσύνην, ὁποῖόν τι ἐστίν;
πάλιν οὖν καὶ ταύτῃ φιλοσοφητέον τῷ βασιλεῖ, ὅτι
δικαιοσύνην καὶ τὸ δίκαιον οὐκ ἂν ἄλλως φαίνοιτο
γνούς, εἰ μὴ φιλοσοφήσειεν. οὐ γὰρ οὔθ' ὡς οὐχ ὁ
μαθὼν μᾶλλον εἰδήσει τὰ δίκαια τοῦ μὴ μαθόντος
ἔστιν εἰπεῖν, οὔθ' ὡς οὐκ ἀμαθεῖς εἰσι τῶν τοιούτων
πάντες οἱ μὴ φιλοσοφήσαντες. στασιάζουσι γοῦν καὶ

ihn schlecht ist, was für ihn nützlich und was schädlich ist, was förderlich ist und was nicht, wenn es wirklich so ist, daß die zugrunde gehen, die mit dem wahren Bösen zu tun bekommen, und die gerettet werden, die wirkliche Güter empfangen, und diejenigen, denen die wahrhaft nützlichen und förderlichen Dinge zuteil werden, wahre Wohltaten erfahren, dagegen die, welche in schlimme und schädliche Situationen geraten, wirklichen Schaden erleiden. Und in der Tat ist für die Unterscheidung des Guten und des Bösen, des Vorteilhaften und des nicht Vorteilhaften, des Nützlichen und des Schädlichen kein anderer in höherem Maße zuständig als der Philosoph, der sich ja eben mit diesen Fragen ständig beschäftigt, damit er über keinen einzigen Aspekt dieser Probleme im unklaren ist; er hat ja gerade das als seinen Beruf erwählt: Zu wissen, was zur Glückseligkeit oder zum Unglück des Menschen führt. Hieraus ergibt sich, daß der König Philosoph sein muß. Und ohne Zweifel gehört es sich für ihn, ja noch mehr, es ist durchaus seine Pflicht, seinen Untertanen gegenüber Gerechtigkeit walten zu lassen, so daß niemand mehr und niemand weniger hat, als ihm gebührt, sondern auch Ehre wie Strafe denen zuteil werden, die es verdienen. Wie könnte das aber jemals einer, der selbst nicht gerecht ist? Und wie könnte er gerecht sein, wenn er das Wesen der Gerechtigkeit nicht kennte? Es muß daher auch aus dem Grunde der König Philosoph sein, weil er die Gerechtigkeit und das Prinzip der Gerechtigkeit auf keine andere Weise begreifen kann, wenn er nicht Philosoph geworden ist. Man kann nämlich nicht leugnen, daß der, der diese Dinge studiert hat, besser weiß, was gerecht ist, als der, welcher sie nicht studiert hat. Aber man kann auch nicht bestreiten, daß alle in diesen Dingen Unwissende sind, die sich nie mit Philosophie beschäftigt haben. Daher streiten und kämpfen die Menschen miteinander um das,

πολεμοῦσι περὶ τῶν δικαίων πρὸς ἀλλήλους, οἱ μὲν ταῦτα φάσκοντες οἱ δὲ ἐκεῖνα δικαιότερα εἶναι. καίτοι περί γε ὧν ἐπίστανται ἄνθρωποι, περὶ τούτων οὐ διαφέρονται· οὔτε περὶ λευκῶν ἢ μελάνων, ἢ θερμῶν ἢ ψυχρῶν, οὔτε περὶ μαλακῶν ἢ σκληρῶν· ἀλλὰ κατὰ τὰ αὐτὰ περὶ τούτων ἅπαντες φρονοῦσί τε καὶ λέγουσιν· ὥστε καὶ περὶ τῶν δικαίων ὡμονόουν ἂν παραπλησίως, εἴπερ ᾔδεσαν ἅ τινα ἐστίν· ἐν ᾧ δ' οὐχ ὁμονοοῦσιν, ἀγνοοῦντες φαίνονται. καὶ οὐδὲ σὺ ταύτης ἐκτὸς εἰ τῆς ἀγνοίας, ὡς ἐγὼ δοκῶ· ὅθεν ἐπιμελητέον σοι τῆς γνώσεως μᾶλλον ἢ ἄλλῳ ὁτῳοῦν, καὶ τοσούτῳ γε μᾶλλον ⟨ὅσῳ περ⟩ αἴσχιον ἀνδρὶ βασιλεῖ ἢ ἰδιώτῃ εἶναι ἐν ἀγνοίᾳ δικαιοσύνης.

Ἔτι τοίνυν δεῖ μὲν τὸν βασιλέα σωφρονεῖν αὐτόν, δεῖ δὲ τοὺς ὑπηκόους σωφρονίζειν, ἵν' ὁ μὲν ἄρχῃ σωφρόνως, οἱ δ' ἄρχωνται κοσμίως, μηδέτεροι δὲ τρυφῶσι· λυμαντικὸν γὰρ ἄρχοντός τε καὶ ἰδιώτου παντὸς ἡ τρυφή. πῶς δ' ἂν ἢ αὐτὸς σωφρονήσειέ τις μὴ μελετήσας κρατεῖν τῶν ἐπιθυμιῶν, ἢ ἀκόλαστος ὢν ἄλλους ποιήσειε σώφρονας; τίς μέντοι ἐπιστήμη πρὸς σωφροσύνην ἄγει πλὴν φιλοσοφίας, οὐκ ἔστιν εἰπεῖν· αὕτη γὰρ διδάσκει μὲν ἐπάνω ἡδονῆς εἶναι, διδάσκει δ' ἐπάνω πλεονεξίας, διδάσκει δὲ ἀγαπᾶν εὐτέλειαν, διδάσκει δὲ φεύγειν πολυτέλειαν, ἐθίζει δ' αἰδῶ ἔχειν, ἐθίζει δὲ γλώττης κρατεῖν, τάξιν δὲ καὶ κόσμον καὶ εὐσχημοσύνην περιποιεῖ καὶ ὅλως τὸ ἐν κινήσει καὶ

was gerecht ist: die einen behaupten, gerecht sei dies, die anderen jenes. Über Dinge aber, die sie wirklich wissen, geraten die Menschen nicht in Streit. Weder darüber, ob etwas schwarz oder weiß oder warm oder kalt ist, noch darüber, ob etwas weich oder hart ist. In diesen Dingen stimmen vielmehr alle Menschen inhaltlich und begrifflich völlig überein. Daher würden sie auch darin, was gerecht oder ungerecht ist, in ähnlicher Weise übereinstimmen, wenn sie wirklich wüßten, was gerecht ist; wenn sie aber nicht übereinstimmen, erweisen sie sich als unwissend. Und auch du[8] bist nicht frei von dieser Unwissenheit, wie ich glaube. Daher mußt du dich mehr als irgendein anderer um die Erkenntnis bemühen, und dies um so mehr, als es für einen König schimpflicher als für einen Privatmann ist, vom Wesen der Gerechtigkeit keine Ahnung zu haben.

Außerdem muß aber der König selber in jeder Hinsicht maßvoll sein; er muß auch seine Untertanen zu dieser Haltung erziehen, damit er selber mit weiser Mäßigung regiert und die Untertanen sich willig beherrschen lassen und keiner von beiden in Genußsucht verfällt. Denn diese verdirbt jeden Herrscher und Untertan. Wie könnte er aber selber ein Vorbild von Besonnenheit und Selbstzucht sein, wenn er sich nicht geübt hätte, seine Begierden zu beherrschen? Wie könnte ein Mensch ohne Selbstzucht andere zur Zucht erziehen? Freilich, welche Wissenschaft zur Mäßigung führt, außer der Philosophie, das kann man unmöglich sagen[9]. Denn sie lehrt ja gerade, Herr der Lust zu sein, und Herr der Ichsucht; sie lehrt, sein Genügen in einfacher Lebensweise zu finden und jede Üppigkeit zu meiden; sie gewöhnt die Menschen, Ehrfurcht zu haben, ihre Zunge im Zaum zu halten; sie lehrt Sinn für Ordnung, gesetztes Benehmen und guten Anstand, mit einem Wort: was sich gehört in Bewegung und Haltung[10]. Mit derartigen Eigen-

σχέσει πρέπον. ταῦτα δὲ ἀνθρώπῳ προσόντα παρέχεται σεμνὸν καὶ σώφρονα αὐτόν. καὶ δὴ καὶ βασιλεύς, ὅτῳ ὑπάρχει ταῦτα, μάλιστα ἂν εἴη θεοπρεπής τε καὶ αἰδοῦς ἄξιος. τό γε μὴν ἄφοβον καὶ ἀνέκπληκτον καὶ θαρσαλέον ἔστι μὲν ἀνδρείας ἔργον, πῶς δ' ἂν ἄλλως μᾶλλον ἀνθρώπῳ ὑπάρξειεν ἢ εἴ τις περὶ θανάτου καὶ πόνου λάβοι πίστιν ἰσχυρὰν ὡς οὐ κακοῖν ὄντοιν αὐτοῖν; ταῦτα γὰρ δὴ τὰ ἐξιστάντα καὶ φοβοῦντα τοὺς ἀνθρώπους ἐστίν, ὅ τε θάνατος καὶ ὁ πόνος, ὅταν ὡς περὶ κακῶν πεπεισμένοι ὦσιν αὐτῶν· μὴ κακὰ δ' εἶναι ταῦτα φιλοσοφία διδάσκει μόνη. ὥστ' εἴπερ ἀνδρείαν κτητέον τοῖς βασιλεῦσι, κτητέον δὲ παντὸς ⟨ὁτου⟩οῦν ἑτέρου μᾶλλον, ἐπιμελητέον τοῦ φιλοσοφεῖν αὐτοῖς, ὡς οὐκ ἂν ἑτέρως ἀνδρείοις γενομένοις. καὶ δὴ βασιλικὸν μέν, εἴ τι ἄλλο, καὶ τὸ ἀήττητον ἐν λόγῳ εἶναι καὶ δύνασθαι κρατεῖν ὥσπερ ὅπλοις τῶν μαχομένων, οὕτω λόγοις ⟨τῶν⟩ διαλεγομένων· ὡς ἄν γε ταύτῃ ἀσθενήσωσιν οἱ βασιλεῖς, ἀνάγκη πολλάκις περιάγεσθαι αὐτοὺς καὶ βιάζεσθαι τὰ ψευδῆ ὡς ἀληθῆ προσίεσθαι, ὅπερ ἀφροσύνης ἔργον καὶ ἀμαθίας τῆς ἐσχάτης. φιλοσοφία δ' οὐκ οἶδ' εἴ τι ⟨ἄλλο⟩ μᾶλλον ἢ τοῦτο παρέχειν τοῖς μετιοῦσιν αὐτὴν πέφυκεν, ὥστε περιεῖναι λόγῳ τῶν πλησίον καὶ τὰ ψευδῆ διακρίνειν ἀπὸ τῶν ἀληθῶν καὶ τὰ μὲν ἐλέγχειν τὰ δὲ βεβαιοῦν. οἱ γοῦν ῥήτορες ὁπόταν ἔλθωσιν εἰς ταὐτὸ τοῖς φιλοσόφοις καὶ διδῶσι καὶ λαμβάνωσι λόγον, ἔστιν ὁρᾶν αὐτοὺς συγκρουομένους ἀπορουμένους, ἐναντία λέγειν

schaften erweist sich der Mensch als vornehm und maßvoll.
Hat aber nun gar ein König diese Eigenschaften, so wird er
wahrhaft erhaben sein und Ehrfurcht erwecken.

Und Furchtlosigkeit, Unerschrockenheit und Mut sind
doch wohl Auswirkungen der Tapferkeit; wie könnte sie
aber ein Mensch auf andere Weise eher erwerben, als wenn
er von Tod und Mühsal die feste Überzeugung gewänne,
daß sie gar keine Übel sind? Tod und Mühsal: Sie sind es ja
gerade, die die Menschen ängstigen und außer Fassung
bringen, wenn sie fest davon überzeugt sind, daß das
furchtbare Übel sind. Daß es aber überhaupt keine Übel
sind, das lehrt die Philosophie allein. Wenn also die Könige
Tapferkeit besitzen müssen, und zwar mehr als jeder andere, dann müssen sie sich in die Philosophie vertiefen, da
sie auf keine andere Weise wirklich tapfer werden können.
Und wahrlich, wenn irgend etwas, so ist es auch königlich,
in der Diskussion unbesiegbar zu sein und die Fähigkeit zu
haben, zu siegen, wie mit den Waffen über ihre Feinde, so
mit wissenschaftlichen Gründen über die, welche mit ihnen
diskutieren. Denn wenn die Könige auf diesem Gebiete
schwach sind, werden sie unweigerlich in die Irre geführt
und dazu gedrängt, das Falsche für wahr zu halten, was
denn auch eine Wirkung ärgster Torheit und Unwissenheit
ist. – Ich glaube, daß die Philosophie ihrem Wesen nach
ihren Anhängern vor allem anderen die Fähigkeit verleihen
kann, daß sie ihren Mitmenschen durch ihre Einsicht darin
überlegen sind, das Falsche vom Wahren zu unterscheiden,
und bestimmte Behauptungen widerlegen, andere dagegen
mit Erfolg erhärten können. Wenn nun die Redner mit den
Philosophen (im Streit über das gleiche Problem) zusam-
menstoßen und einander Beweisgründe liefern und fordern, dann kann man sehen, wie sie in die Klemme geraten
und sich nicht mehr helfen können und daher gezwungen

αὐτοῖς ἀναγκαζομένους· καίτοι ὁπόταν οἱ ῥήτορες, οἱ
τοῦτο πεποιημένοι ἔργον λόγους μελετᾶν, ἀσθενέστεροι
περὶ λόγους ἁλίσκωνται τῶν φιλοσόφων ὄντες, τί χρὴ
τοὺς ἄλλους ἀνθρώπους ὑπολαμβάνειν; ὅθεν εἴ τινι
ὄντι βασιλεῖ ἔστιν ἐπιθυμία τοῦ ἐν λόγῳ κράτους,
φιλοσοφητέον αὐτῷ, ἵνα μὴ δεδίῃ μηδὲ ταύτῃ μηδένα
ὡς περιγενησόμενον αὐτοῦ, δέον ἀπανταχοῦ ἀδεῆ εἶναι
τὸν βασιλέα καὶ θαρραλέον καὶ ἀήττητον.

Καθόλου δὲ τὸν μὲν βασιλέα τὸν ἀγαθὸν ἀνάγκη
πᾶσα καὶ λόγῳ καὶ ἔργῳ εἶναι ἀναμάρτητον καὶ τέ-
λειον· εἴ περ δεῖ αὐτόν, ὥσπερ ἐδόκει τοῖς παλαιοῖς,
νόμον ἔμψυχον εἶναι, εὐνομίαν μὲν καὶ ὁμόνοιαν μηχανώμενον, ἀνομίαν δὲ καὶ στάσιν ἀπείργοντα, ζηλω-
τὴν δὲ τοῦ Διὸς ὄντα καὶ πατέρα τῶν ἀρχομένων
ὥσπερ ἐκεῖνον. τοιοῦτος δὲ πῶς ἂν εἴη τις μὴ φύσει
τε διαφερούσῃ κεχρημένος παιδείαν τε τὴν ἀρίστην
πεπαιδευμένος ἀρετάς τε ἁπάσας ἔχων, ὅσαι περ ἀνθρώπῳ προσήκουσιν; εἰ μὲν οὖν καὶ ἑτέρα ἐπιστήμη
ἐστὶν ἡ ποδηγοῦσα πρὸς ἀρετὴν ἀνθρώπου φύσιν καὶ
ἀσκεῖν καὶ μετιέναι τὰ καλὰ διδάσκουσα, παραβλητέον
ἂν εἴη καὶ συγκριτέον, εἴτε ἐκείνη εἴτε φιλοσοφία
κρείττων καὶ ἀποχρῶσα μᾶλλον ἀγαθὸν ἀποδεῖξαι βασι-
λέα· καὶ τῇ κρείττονι χρῷτ' ἂν εἰκότως ὁ βασιλεὺς
βουλόμενός γε δὴ εἶναι ἀγαθός. εἰ δ' ἄλλη μὲν οὖν
οὐδ' ὑπισχνεῖται τέχνη οὐδεμία παράδοσιν καὶ διδασκαλίαν ἀρετῆς, ⟨ἀλλ' εἰσὶν⟩ αἱ μὲν περὶ τὸ σῶμα τὸ
ἀνθρώπινον καὶ τὰ τούτῳ χρήσιμα πραγματευόμεναι

werden, sich selbst zu widersprechen. Und tatsächlich –
wenn es sich erweist, daß die Redner, die es doch zu ihrem
Beruf gemacht haben, sich im Diskutieren zu üben, den
Philosophen auf diesem Feld unterlegen sind, was sollen da
erst die anderen Menschen für «Meinungen» haben? Wenn
daher jemand, der König ist, den Wunsch nach Überlegenheit in der Dialektik hat, dann muß er Philosoph werden,
damit er auch auf diesem Gebiet nicht zu fürchten braucht,
von irgend jemandem besiegt zu werden, wo doch der König
auf allen Gebieten furchtlos, zuversichtlich und unbesiegbar sein muß.

Überhaupt darf der ideale König im Denken und Handeln
auf keinen Fall einem Irrtum ausgesetzt sein, ja er muß
vollkommen sein, wenn er, wie die Alten meinten[11], das
leibhaftige Gesetz sein muß, indem er eine gute Verfassung
und Eintracht schafft, Anarchie und Aufruhr dagegen verhindert: Er muß Zeus nacheifern und wie dieser ein Vater
seiner Untertanen sein. Wie aber könnte er ein solcher
Mann sein, wenn er nicht eine außergewöhnliche Begabung
besäße und ihm nicht die beste Erziehung und Bildung zuteil geworden wäre, so daß er sämtliche Tugenden in sich
verkörperte, die einem Menschen angemessen sind. Wenn
es nun noch eine andere Wissenschaft gäbe, die die menschliche Natur zur Tugend hinführte und sie lehrte, sie zu üben
und den Idealen nachzustreben, dann müßte man sie vergleichen und einander gegenüberstellen, um zu sehen, ob
jene oder diese Philosophie besser und geeigneter wäre,
einen wahrhaft guten König hervorzubringen, und selbstverständlich würde der, der wirklich ein rechter König sein
möchte, sich die bessere zu eigen machen. Wenn nun aber
überhaupt keine andere Wissenschaft beansprucht, Tugend
zu lehren und zu übermitteln – aber es gibt ja Wissenschaften, die sich nur mit dem menschlichen Körper und mit

μόνον, ὅσαι δὲ τῆς ψυχῆς ἐφάπτονται, πάντα σκοπού-
μεναι μᾶλλον, ἢ ὅθεν αὐτὴ σωφρονήσει· μόνη δὲ φιλοσοφία τοῦτο σκοπεῖται καὶ τοῦτο μηχανᾶται, πῶς ἂν ὁ
ἄνθρωπος κακίαν μὲν ἐκφύγοι, κτήσαιτο δὲ ἀρετήν· εἰ
ταῦτα ταύτῃ ἔχει, τί ἂν ἄλλο εἴη βασιλεῖ τῷ γε ἀγαθῷ
εἶναι βουλομένῳ προυργιαίτερον τοῦ φιλοσοφεῖν; μᾶλλον δὲ πῶς καὶ τίνα τρόπον δύναιτο ἄν τις βασιλεῦ-
σαι ἢ βιῶναι καλῶς, εἰ μὴ φιλοσοφήσειεν; ἐγὼ μὲν
οἶμαι τὸν βασιλέα τὸν ἀγαθὸν εὐθὺς καὶ φιλόσοφον
ἐξ ἀνάγκης εἶναι καὶ τόν γε φιλόσοφον εὐθὺς καὶ
βασιλικὸν εἶναι.

Πρῶτον δὲ τὸ πρότερον θεασώμεθα. ἆρ' ἔσθ'
ὅπως βασιλεὺς ἀγαθὸς εἴη τις ἂν μὴ ἄνθρωπος ἀγαθὸς ὤν; οὐκ ἔστιν εἰπεῖν. ἀγαθὸς δέ τις ἀνὴρ ὢν
οὐ καὶ φιλόσοφος εἴη ἄν; νὴ Δία, εἴ γε τὸ φιλοσοφεῖν
καλοκἀγαθίας ἐπιτήδευσίς ἐστιν. ὥσθ' ὁ βασιλεὺς ὁ
ἀγαθὸς ἐξ ἀνάγκης εὐθὺς καὶ φιλόσοφος εὑρίσκεται
ὤν. καὶ μὴν ὅ γε φιλόσοφος ὅτι πάντως καὶ βασι-
λικός, οὕτως ἂν μάθοις. τοῦ γὰρ βασιλικοῦ δήπου
ἐστὶ τὸ δύνασθαι καλῶς ἐπιτροπεύειν ἔθνη καὶ πόλεις
καὶ εἶναι ἄξιον ἀνθρώπων ἄρχειν. τίς δ' ἂν ἢ ἱκα-
νώτερος εἴη πόλεως προστάτης ἢ ἀξιώτερος ἀνθρώπων
ἄρχειν τοῦ φιλοσόφου; ᾧ γε προσήκει (ἄν περ ᾖ ἀληθῶς φιλόσοφος) εἶναι φρονίμῳ, σώφρονι, μεγαλόφρονι,
τῶν δικαίων κριτικῷ καὶ τῶν πρεπόντων, καταπρακτικῷ
τῶν νοηθέντων, καρτερικῷ τῶν ἐπιπόνων· πρὸς δὲ
τούτοις θαρραλέος ἀδεὴς ὑποστατικὸς τῶν δοκούντων

dem, was diesem förderlich ist, beschäftigen; aber die, die sich mit der Seele befassen, haben ganz andere Ziele, als zu ergründen, auf welchem Wege sie zu Verstand kommen kann –, so hat allein die Philosophie dies Ziel und forscht danach, wie der Mensch der Schlechtigkeit entgeht, dagegen die Tugend erwirbt.

Wenn sich dies so verhält, was wäre da wohl einem Mann, der ein idealer König werden will, nützlicher als ein Philosoph zu werden? Oder vielmehr – wie und auf welche Weise könnte jemand ein guter König werden oder ein wahrhaft gutes Leben führen, wenn er sich nicht der Philosophie widmete? Ich bin jedenfalls davon überzeugt, daß der ideale König zugleich Philosoph und der wahre Philosoph zugleich zur Königsherrschaft befähigt sein muß[12].

Zuerst wollen wir die erste Möglichkeit betrachten. Ist es denkbar, daß einer ein guter König ist, ohne ein guter Mensch zu sein? Unmöglich. Und ist nicht ein wahrhaft guter Mann zugleich ein Philosoph? Ja, beim Zeus, wenn Philosophieren das Ergründen des wahrhaft Guten ist. Hieraus ergibt sich zwangsläufig, daß der gute König zugleich auch Philosoph ist. Und daß der Philosoph unter allen Umständen auch zur Königsherrschaft fähig ist, das kannst du aus folgendem ersehen. Wer wirklich zur Königsherrschaft befähigt ist, der hat auch die Fähigkeit, Völker und Staaten gut zu betreuen, und ist würdig, über Menschen zu herrschen. Wer aber könnte wohl ein besserer Staatslenker oder berufener sein, über Menschen zu herrschen, als der Philosoph, der doch, wenn er ein wirklicher Philosoph ist, verständig, maßvoll, hochsinnig sein muß und beurteilen kann, was gerecht und was geziemend ist, und die Fähigkeit hat, seine Erkenntnis in die Tat umzusetzen und alle Schwierigkeiten zu überwinden? Außerdem wird er aber voll Mut und ohne Furcht sein und fähig, alles scheinbar Schlimme zu ertra-

δεινῶν εἴη ἄν, ἔτι δὲ εὐεργετικὸς χρηστὸς φιλάνθρωπος. τοῦ δὲ τοιούτου τίς ἂν εὑρεθείη ἄρχειν ἐπι-
τηδειότερος ἢ δυνατώτερος; οὐδείς. ἂν δὲ μὴ ἔχῃ
πολλοὺς τοὺς ὑπακούοντας καὶ πειθομένους αὐτῷ, οὔπω
διὰ τοῦτο τοῦ βασιλικὸς εἶναι ἐστέρηται· ἐξαρκεῖ γὰρ
καὶ τὸ τῶν φίλων ἄρχειν τῶν ὑπαρχόντων ἢ γυναικός
τε καὶ παίδων, ἢ καὶ νὴ Δία αὐτὸν αὐτοῦ μόνον. καὶ
γὰρ ἰατρὸς οὐδὲν ἧττον τοῦ θεραπεύοντος πολλοὺς ὁ
θεραπεύων ὀλίγους, εἴ γε ἔχει τὴν ἐμπειρίαν τὴν ἰατρι-
κήν· καὶ μουσικὸς οὐδὲν ἧττον τοῦ διδάσκοντος πολλοὺς ὁ διδάσκων ὀλίγους, εἴ γε ἔχει τὴν μουσικήν·
καὶ ἱππικὸς ὁμοίως τῷ χρωμένῳ πολλοῖς ἵπποις ὁ χρώμενος ἑνὶ ἢ δυοῖν, ἄν γε ἐπιστήμων τῆς ἱππικῆς ᾖ·
καὶ δὴ καὶ βασιλικὸς παραπλησίως τῷ κεκτημένῳ πολλοὺς ὑπηκόους ὁ ἔχων ἕνα ἢ δύο τοὺς πειθομένους
αὐτῷ· μόνον ἐχέτω τὴν τοῦ βασιλεύειν ἐμπειρίαν, ὥστε
καὶ βασιλικὸς εἴη ἄν. διὰ τοῦτό μοι δοκεῖ καὶ Σωκράτης τὴν φιλοσοφίαν πολιτικήν τε καὶ βασιλικὴν
ἐπιστήμην ὀνομάζειν, ὅτι ὁ ταύτην ἀναλαβὼν εὐθὺς
πολιτικός ἐστι. Τοιαῦτα τοῦ Μουσωνίου εἰπόντος,
ἡσθεὶς ὁ βασιλεὺς τοῖς λόγοις χάριν τε ἔχειν ὡμολόγει
τῶν εἰρημένων αὐτῷ, καὶ ἀντὶ τούτων, ἔφη, αἴτησον
ὅ τι βούλει με, οὐ γὰρ ἂν ἀντείποιμί σοι περὶ οὐδενός. Ὁ οὖν Μουσώνιος, αἰτῶ σε, ἔφη, τούτοις στοιχεῖν καὶ ἕπεσθαι τοῖς λόγοις, οὓς ἐπαινεῖς· καὶ γὰρ

gen. Er wird aber auch ein Wohltäter (seiner Untertanen) und ein Mensch voller Güte und Menschenliebe sein. Und wer wäre wohl geeigneter oder befähigter zu herrschen als ein solcher Mann? Überhaupt niemand. Wenn er aber nicht viele Anhänger hat, die auf ihn hören und ihm folgen, darum braucht ihm doch nicht die Gabe, wie ein König zu herrschen, abzugehen. Denn es genügt schon, über seine Freunde zu herrschen oder über Weib und Kind oder sogar, beim Zeus, nur über sich selber. Ist doch auch ein Arzt, der nur wenige Patienten hat, darum nicht unfähiger als der, welcher viele hat, wenn er eine gründliche Erfahrung in der Heilkunst besitzt. Und ebenso ist ein Musiker, der nur wenige Schüler hat, nicht geringer als der, welcher viele hat, wenn er ein Meister der Musik ist. Und was die Reitkunst betrifft, so ist auch der Mann, der über viele Pferde verfügt, nicht fähiger als der, der nur eins oder zwei zu seiner Verfügung hat, wenn er sich auf die Reitkunst und auf Pferde versteht. Und ebenso steht es bei der Befähigung zur Königsherrschaft: Wer viele Untertanen hat, ist darum nicht befähigter als der, welcher einen oder zwei hat, die ihm gehorchen[13]. Nur muß er wirklich die königliche Kunst besitzen, so daß er auch wirklich befähigt ist, als König zu herrschen. Darum scheint mir auch Sokrates[14] die Philosophie eine politische und königliche Wissenschaft zu nennen, weil der, welcher zu jener berufen ist, zugleich der wahre Staatsmann ist.

Als Musonius diesen Vortrag gehalten hatte, erklärte der König, der seine Freude daran gehabt hatte, er sei ihm dankbar für seine Ausführungen, und sagte dann: «Fordere zum Dank hierfür von mir, was du willst; ich werde dir keine Bitte abschlagen.» – Musonius erwiderte: «Ich bitte dich, meinen Lehren, denen du zustimmst, zu folgen und sie im Leben zu verwirklichen. Denn auf diese Weise wirst du mir

*ἐμοὶ οὕτω χαριεῖ μάλιστα καὶ ὠφεληθήσῃ αὐτὸς οὐχ
ἑτέρως μᾶλλον.*

IX.

ΟΤΙ ΟΥ ΚΑΚΟΝ Η ΦΥΓΗ.

    *Φυγάδος δέ τινος ὀδυρομένου ὅτι φεύγει, οὕτω
πως παρεμυθήσατο αὐτόν. Φυγὴν γάρ, ἔφη, πῶς ἄν
τις μὴ ἀνόητος ὢν βαρύνοιτο; ἥτις ὕδατος μὲν καὶ
γῆς καὶ ἀέρος, ἔτι δὲ ἡλίου καὶ τῶν ἄλλων ἄστρων
οὐκ ἀπείργει ἡμᾶς οὐδαμῶς, ἀλλ' οὐδὲ ἀνθρώπων
ὁμιλίας, ἁπανταχοῦ γὰρ καὶ πάντῃ τούτων μετουσία
ἐστίν. εἰ δὲ μέρους τινὸς τῆς γῆς ἀφαιρούμεθα καὶ
τινῶν ἀνθρώπων συνουσίας, τί τοῦτο δεινόν; οὐδὲ
γὰρ οἴκοι ὄντες ἁπάσῃ τῇ γῇ ἐχρώμεθα, οὐδὲ ἀνθρώποις ἅπασι συνῆμεν· τοῖς μέντοι φίλοις καὶ νῦν συν-
είημεν ἄν, τοῖς γε ἀληθινοῖς καὶ ὧν προσήκει ποι-
εῖσθαί τινα λόγον· οὐ γὰρ ἂν οὗτοι προδοῖεν ποτὲ
ἡμᾶς οὐδ' ἐγκαταλίποιεν· εἰ δέ τινες πλαστοὶ καὶ οὐκ
ἀληθινοὶ φίλοι εἰσί, τούτων ἀπηλλάχθαι κρεῖττον ἢ
συνεῖναι αὐτοῖς. τί δ'; οὐχὶ κοινὴ πατρὶς ἀνθρώπων
ἁπάντων ὁ κόσμος ἐστίν, ὥσπερ ἠξίου Σωκράτης; ὥστ'
οὐδὲ φεύγειν τῇ γε ἀληθείᾳ τὴν πατρίδα νομιστέον,
ἂν ἀπέλθῃς ἐντεῦθεν ἔνθα ἔφυς τε καὶ ἐτράφης, πόλεως δὲ μόνον ἐστερῆσθαί τινος, ἄλλως τε κἂν ἀξιοῖς
τις εἶναι ἐπιεικής. ὁ γὰρ τοιοῦτος χωρίον μὲν οὐδὲν
οὔτε τιμᾷ οὔτ' ἀτιμάζει οὕτως ὡς εὐδαιμονίας ⟨ἢ κακο-
δαιμονίας⟩ αἴτιον· αὐτὸς δὲ ἐν αὑτῷ τίθεται τὸ πᾶν,*

den schönsten Dank erstatten und selber den größten Nutzen haben.»

DASS DIE VERBANNUNG KEIN ÜBEL IST (9)

Als ihm einmal ein Verbannter klagte, daß er in der Verbannung leben müsse, suchte er ihn folgendermaßen zu
trösten: «Wie könnte denn wohl einer, der nicht ganz
töricht ist, sich darüber grämen? Wo sie uns doch weder von
Wasser, Erde und Luft absperrt noch von der Sonne und den
anderen Gestirnen, aber doch auch nicht vom Verkehr mit
den Menschen, denn überall und an jedem Ort sind wir mit
diesen zusammen. Wenn wir aber von einem Teil der Erde
und von dem Verkehr mit gewissen Menschen ausgeschlossen sind, was ist das weiter schlimm? Auch als wir noch zu
Hause waren, hatten wir nicht die ganze Erde zur Verfügung, waren auch nicht mit allen Menschen zusammen.
Mit den Freunden aber könnten wir auch jetzt zusammen
sein, den wirklichen Freunden, die es verdienen, daß man
mit ihnen verkehrt. Denn die werden uns niemals verraten,
niemals verlassen. Wenn es aber falsche und keine echten
Freunde sind, da ist es doch besser, von ihnen entfernt zu
sein, als mit ihnen zu verkehren? Ist nicht das gemeinsame
Vaterland aller Menschen der Kosmos, wie schon Sokrates[15] meinte? Daher darfst du nicht glauben, daß du wirklich
aus deinem Vaterlande verbannt bist, wenn du von der
Stätte fern bist, wo du geboren und aufgewachsen bist, sondern daß du nur von irgendeiner Stadt ausgeschlossen bist,
zumal wenn du dich für einen vernünftigen Menschen
hältst. Denn ein solcher achtet oder mißachtet keinen Ort
als die Ursache von Glückseligkeit oder Unseligkeit. Er setzt
all sein Vertrauen in sich selbst und glaubt, daß er ein Bür-

καὶ νομίζει εἶναι πολίτης τῆς τοῦ Διὸς πόλεως, ἣ συν-
έστηκεν ἐξ ἀνθρώπων καὶ θεῶν. σύμφωνα δὲ τούτοις λέγει καὶ Εὐριπίδης ἐν οἷς φησιν
   ἅπας μὲν ἀὴρ ἀετῷ περάσιμος,
  ἅπασα δὲ χθὼν ἀνδρὶ γενναίῳ πατρίς.

ὥσπερ οὖν εἴ τις ἐν τῇ πατρίδι ὢν καὶ ἑτέραν
οἰκίαν οἰκῶν, οὐκ ἐν ᾗ ἐτέχθη, δεινοπαθοίη διὰ τοῦτο
καὶ ὀδύροιτο, μάταιος ἂν εἴη καὶ καταγέλαστος· οὕτω
καὶ ὅστις ἑτέραν πόλιν οἰκῶν, οὐκ ἐν ᾗ τυγχάνει γε-
γονώς, συμφορὰν ἡγεῖται, ὁ τοιοῦτος εἰκότως ἂν ἄφρων
νομίζοιτο καὶ ἀνόητος. καὶ μὴν πρός γε τὴν ἐπιμέλειαν τὴν ἑαυτῶν καὶ πρὸς κτῆσιν ἀρετῆς πῶς ἂν τὸ
φεύγειν ἐνίσταιτο; ὁπότε γε μήτε μαθήσεως μήτε ἀσκήσεως [καὶ] ὧν χρὴ εἴργεταί τις διὰ τὴν φυγήν. πῶς
μὲν οὐκ ἂν ἡ φυγὴ καὶ συνεργοίη πρὸς τὸ τοιοῦτον,
παρέχουσά γε σχολὴν καὶ ἐξουσίαν τοῦ μανθάνειν τε
τὰ καλὰ καὶ πράττειν μᾶλλον ἢ πρότερον, ἅτε μήθ'
ὑπὸ πατρίδος τῆς δοκούσης περιελκομένοις εἰς ὑπηρεσίας πολιτικὰς μήτε ὑπὸ φίλων τῶν δοκούντων ἢ
συγγενῶν ἐνοχλουμένοις, οἵ τινες ἐμποδίσαι δεινοὶ καὶ
ἀποσπάσαι τῆς ἐπὶ τὰ κρείττω ὁρμῆς; ἤδη δέ τισι καὶ
παντάπασι τὸ φεύγειν συνήνεγκεν, ὥσπερ Διογένει, ὃς
ἐκ μὲν ἰδιώτου φιλόσοφος ἐγένετο φυγών, ἀντὶ δὲ τοῦ
καθῆσθαι εἰς Σινώπην διέτριψεν ἐν τῇ Ἑλλάδι, ἀσκή-
σει δὲ τῇ πρὸς ἀρετὴν τῶν φιλοσόφων διήνεγκεν.

ger vom Staate des Zeus ist, der aus Menschen und Göttern besteht. Ganz in Übereinstimmung hiermit sagt ja auch Euripides[16] in jenen Versen:

Das ganze Luftreich ist dem Adler untertan,
die ganze Erde Vaterland dem edlen Mann.

Wenn also jemand, der in seinem Vaterland lebt und in ein anderes Haus zieht und nicht in das, in dem er geboren wurde, nun deshalb ganz außer sich wäre und jammerte – der wäre doch kindisch, und man lachte über ihn. Das gilt ebenso für den, der in eine andere Stadt übersiedelt, in der er nicht geboren ist, und das für ein Unglück hält. Der Mann würde doch sicher für töricht, ja für verrückt gehalten werden. Und wie könnte nun gar angesichts der Sorge um uns selbst und um die Verwirklichung der Tugend die Verbannung ein Hindernis sein? Wo doch niemand durch die Verbannung von der Erkenntnis und Übung dessen, was nötig ist, abgehalten wird.

Kann nicht vielmehr die Verbannung zur Erreichung eines so hohen Zieles sogar nützlich sein? Gibt sie uns doch Muße und Freiheit, die wahrhaft schönen Dinge kennenzulernen und in ihrem Sinne zu handeln, und zwar weit mehr als früher; denn in der Verbannung werden wir weder von unserem angeblichen Vaterland für staatliche Dienste herangezogen noch von den scheinbaren Freunden oder Verwandten gestört, die einen arg behindern und von dem Streben nach höheren Dingen abziehen können. Ist doch die Verbannung sogar schon für manche in jeder Hinsicht förderlich gewesen, wie für Diogenes[17], der infolge der Verbannung aus einem Kind der Welt zum Philosophen wurde, anstatt in Sinope müßig zu sitzen, in Griechenland weilte und durch seine Übung zur Erringung der Tugend alle Philosophen in den Schatten stellte. – Und anderen, die infolge

ἄλλοις δέ γε κακῶς τὰ σώματα διακειμένοις ὑπὸ μαλα-
κίας καὶ τρυφῆς ἔρρωσεν ἡ φυγή, βιασθεῖσιν ἀνδρικώτερον διαιτᾶσθαι· καὶ ἴσμεν τινὰς χρονίων νοσημάτων
ἐν τῷ φεύγειν ἀπολυθέντας, ὥσπερ ἀμέλει Σπαρτια-
τικὸς οὗτος ὁ Λακεδαιμόνιος, ὃς ἀπὸ πολλοῦ ἔχων τὸ
πλευρὸν κακῶς κἀκ τούτου πολλάκις νοσῶν διὰ τὴν
τρυφήν, ἐπειδὴ ἐπαύσατο τρυφῶν, ἐπαύσατο καὶ νοση-
λευόμενος. ἄλλους δέ γε τῶν ἁβροδιαίτων ποδάγρας
ἀπολυθῆναί φασι, πάνυ δὴ κατατεινομένους πρότερον
ὑπὸ τούτου τοῦ πάθους, οὓς ἡ φυγὴ σκληρότερον διαιτᾶσθαι συνεθίσασα κατ᾽ αὐτὸ τοῦτο ὑγιεῖς γενέσθαι
παρεσκεύασεν. οὕτως ἄρα τῷ διακεῖσθαι κρεῖττον αὐτοὺς ἑαυτῶν καὶ σῶμα καὶ ψυχὴν συνεργεῖ μᾶλλον ἢ
ἀντιπράττει ἡ φυγή.

Ἀλλ᾽ οὐδ᾽ ἀπορεῖν τῶν ἀναγκαίων πάντως ὑπάρχει
τοῖς φεύγουσιν. ὅσοι μὲν γὰρ ἀργοὶ καὶ ἀμήχανοι καὶ
οὐχ οἷοί τε ἀνδρίζεσθαι, οὗτοι μὲν κἂν τῇ πατρίδι
ὄντες ἀποροῦσιν ὡς τὸ πολὺ καὶ ἀμηχανοῦσιν· οἱ δὲ
γεννικοὶ καὶ φιλόπονοι καὶ συνετοί, κἂν ὅποι ποτὲ
ἔλθωσιν, εὐποροῦσι καὶ διάγουσιν ἀνενδεῶς· καὶ γὰρ
οὐδὲ δεόμεθα πολλῶν, ἂν μὴ βουλώμεθα τρυφᾶν·

ἐπεὶ τί δεῖ βροτοῖσι πλὴν δυοῖν μόνον,
Δήμητρος ἀκτῆς πώματός· θ᾽ ὑδρηχόον,
ἅπερ πάρεστι καὶ πέφυχ᾽ ἡμᾶς τρέφειν;

von Verweichlichung und Luxus arge körperliche Leiden hatten, hat die Verbannung zur Gesundheit verholfen, weil sie dadurch gezwungen wurden, eine männliche Lebensweise zu führen. Wir wissen ja auch, daß gewisse Leute durch die Verbannung von chronischen Krankheiten befreit wurden, wie insbesondere der bekannte Lakedaimonier Spartiatikos, der lange Zeit ein böses inneres Leiden hatte und infolge seines luxuriösen Lebens oft krank war. Aber dank seiner Verbannung zum Verzicht auf seine Wollust gezwungen, wurde er auch von seinem Leiden befreit. Und von anderen Schlemmern erzählt man, daß sie von ihrem Podagra[18] befreit worden seien, Menschen, die vorher von diesem Leiden schwer gequält wurden; die Verbannung aber gewöhnte sie an härtere Kost und ließ sie eben dadurch gesund werden. Indem also die Verbannung solchen Menschen dazu verhilft, sich körperlich und seelisch von ihrem früheren Lotterleben zu erholen, bringt sie ihnen mehr Nutzen als Schaden.

Die Verbannung bringt überhaupt keinerlei Mangel an den wirklich notwendigen Dingen. Denn diejenigen, die energielos sind, sich nicht zu helfen wissen und nicht die Kraft haben, sich wie ein Mann aufzuraffen, solche Menschen wissen auch, wenn sie in ihrem Vaterlande sind, gewöhnlich nicht ein noch aus und sind rat- und hilflos. Aber die Tüchtigen, die jeder Widerwärtigkeit mit Freuden begegnen und einen hellen Kopf haben, die haben, wohin sie auch in der Welt kommen mögen, keine Not und kennen keinen Mangel. Wir brauchen ja überhaupt so wenig, wenn wir gar kein Bedürfnis nach irgendwelchem Luxus haben.

Die Menschen brauchen wirklich doch nur zweierlei;
Erdmutter Korn und einen Trunk aus kühlem Quell,
was stets zur Hand und uns zu nähren urbestimmt[19].

λέγω δὲ τούς γε λόγου ἀξίους ἄνδρας οὐ τῶν ἀναγκαιοτάτων μόνον πρὸς τὸν βίον ῥᾳδίως ἂν εὐπορεῖν ἔξω τῆς οἰκείας ὄντας, ἀλλὰ καὶ πολλὰ περιποιήσεσθαι χρήματα πολλάκις. ὁ γοῦν Ὀδυσσεὺς παντὸς φυγάδος ὡς ἄν τις εἴποι ἀθλιώτερον διακείμενος καὶ μόνος ὢν καὶ γυμνὸς καὶ ναυαγός, ὅμως ἀφικόμενος εἰς ἀνθρώπους ἀγνῶτας τοὺς Φαίακας ἐδυνήθη χρηματίσασθαι ἀφθόνως. Θεμιστοκλῆς δ' ἐπεὶ ἔφευγεν οἴκοθεν, οὐ παρὰ μὴ φίλους μόνον, ἀλλὰ καὶ παρὰ πολεμίους καὶ βαρβάρους ἐλθὼν τοὺς Πέρσας, τρεῖς ἔλαβε πόλεις δῶρον, Μυοῦντα καὶ Μαγνησίαν καὶ Λάμψακον, ὥστ' ἀπὸ τούτων βιοῦν. Δίων δὲ ὁ Συρακούσιος, ἀφαιρεθεὶς ὑπὸ Διονυσίου τοῦ τυράννου τὴν οὐσίαν πᾶσαν, ὅτ' ἐξέπιπτε τῆς πατρίδος, οὕτως ἐν τῇ φυγῇ χρημάτων εὐπόρησεν, ὥστε καὶ ξενικὸν θρέψαι στράτευμα, μεθ' οὗ ἦλθεν ἐπὶ Σικελίαν καὶ ἠλευθέρωσεν αὐτὴν ἀπὸ τοῦ τυράννου. τίς ἂν οὖν εὖ φρονῶν εἰς ταῦτ' ἀφορῶν, ἔτι τὴν φυγὴν ἀπορίας αἰτίαν εἶναι πᾶσι τοῖς φεύγουσιν ὑπολαμβάνοι; ἀλλ' οὐδὲ κακοδοξεῖν πάντως ἀνάγκη τοὺς φυγόντας διὰ τὴν φυγήν, γνωρίμου γε πᾶσιν ὄντος, ὅτι καὶ δίκαι πολλαὶ δικάζονται κακῶς, καὶ ἐκβάλλονται πολλοὶ τῆς πατρίδος ἀδίκως, καὶ ὅτι ἤδη τινὲς ἄνδρες ἀγαθοὶ ὄντες ἐξηλάθησαν ὑπὸ τῶν πολιτῶν· ὥσπερ Ἀθήνηθεν μὲν Ἀριστείδης ὁ δίκαιος, ἐξ Ἐφέσου δὲ Ἑρμόδωρος, ἐφ' ᾧ καὶ Ἡράκλειτος ὅτι ἔφυγεν ἡβηδὸν ἐκέλευεν Ἐφεσίους ἀπάγξασθαι. ἔνιοι δέ γε καὶ ἐνδοξότατοι φεύγοντες ἐγένοντο, καθάπερ Διογένης ὁ Σινωπεὺς καὶ Κλέαρχος ὁ Λακεδαιμόνιος ὁ μετὰ Κύρου στρατεύσας ἐπ' Ἀρταξέρξην· καὶ ἄλλους ⟨δ'⟩ ἄν τις ἔχοι βουλόμενος

Ich behaupte sogar, daß die wirklich tüchtigen Männer, obwohl sie in der Fremde waren, nicht nur an allem zum Leben Notwendigen mühelos Überfluß hatten, sondern sogar oft große Schätze gewannen. Odysseus, der doch in einer noch viel elenderen Lage war als irgendein Verbannter: schiffbrüchig, ganz allein, nackt, er konnte trotzdem, als er zu gänzlich fremden Menschen[20] gelangt war, reiches Gut von ihnen bekommen. Und als Themistokles aus der Heimat fliehen mußte und nicht nur nicht zu Freunden, sondern sogar zu Feinden und Barbaren[21] gekommen war, bekam er gar drei ganze Städte als Geschenk, Myus, Magnesia und Lampsakos, um davon zu leben. Und Dion von Syrakus, dem der Tyrann Dionysios sein ganzes Vermögen weggenommen hatte, er gewann, als er aus der Heimat fliehen mußte, in der Verbannung eine solche Fülle von Geldmitteln, daß er sogar ein Söldnerheer aufstellen konnte, mit dem er nach Sizilien zurückkehrte und das Land von dem Tyrannen befreite. Wer seinen gesunden Verstand hat und dies alles bedenkt, wie könnte der noch meinen, daß die Verbannung für alle Verbannten die Ursache von Not und Mangel ist? Es ist aber auch durchaus nicht nötig, daß die Verbannten bei allen Menschen in schlechtem Ruf stehen, wo doch jedermann bekannt ist, daß auch viele Gerichtsentscheidungen ungerecht sind und daß viele aus ihrem Vaterlande mit Unrecht verbannt werden und daß sogar schon manche ausgezeichnete Männer von ihren Mitbürgern verbannt wurden; so aus Athen Aristeides, der Gerechte, aus Ephesos Hermodoros, so daß sogar Herakleitos infolge seiner Verbannung sagte, die Ephesier sollten sich Mann für Mann aufhängen[22]. – Wurden doch einige Männer durch ihre Verbannung weltberühmt, wie Diogenes von Sinope, der Spartaner Klearchos, der unter Kyros' Befehl gegen König Artaxerxes ins Feld zog. Auch noch viele andere könnte

λέγειν πολλούς. καίτοι πῶς ἂν εἴη τοῦτο κακοδοξίας
αἴτιον, ἐν ᾧ τινες ἐνδοξότεροι γεγόνασιν, ἢ πρότερον
ἦσαν;

Νὴ Δί᾽ ἀλλ᾽ Εὐριπίδης φησὶν ἐλευθερίας στέρε-
σθαι τοὺς φυγάδας, ἐπεὶ καὶ παρρησίας. πεποίηκε
γὰρ τὴν μὲν ᾽Ιοκάστην πυνθανομένην Πολυνείκους τοῦ
υἱέος, τίνα δυσχερῆ τῷ φεύγοντί ἐστιν· ὁ δ᾽ ἀποκρίνεται ὅτι

ἓν μὲν μέγιστον, οὐκ ἔχει παρρησίαν,

ἡ δ᾽ αὖ πρὸς αὐτὸν

δούλου τόδ᾽ εἶπας, μὴ λέγειν ἅ τις φρονεῖ.

ἐγὼ δὲ φαίην ἂν πρὸς τὸν Εὐριπίδην ὅτι, ὦ Εὐρι-
πίδη, τοῦτο μὲν ὀρθῶς ὑπολαμβάνεις, ὡς δούλου ἐστίν,
ἃ φρονεῖ μὴ λέγειν, ὅταν γε δέῃ λέγειν· οὐ γὰρ ἀεὶ
καὶ πανταχοῦ καὶ πρὸς ὁντινοῦν λεκτέον ἃ φρονοῦμεν.
ἐκεῖνο δὲ οὔ μοι δοκεῖς εὖ εἰρηκέναι, τὸ μὴ μετεῖναι
τοῖς φεύγουσι παρρησίας, εἴπερ παρρησία σοι δοκεῖ
τὸ μὴ σιγᾶν ἃ φρονῶν τυγχάνει τις. οὐ γὰρ οἱ φεύγοντες ὀκνοῦσι λέγειν ἃ φρονοῦσιν, ἀλλ᾽ οἱ δεδιότες
μὴ ἐκ τοῦ εἰπεῖν γένηται αὐτοῖς πόνος ἢ θάνατος ἢ
ζημία ἤ τι τοιοῦτον ἕτερον. τοῦτο δὲ τὸ δέος μὰ Δία
οὐχ ἡ φυγὴ ποιεῖ. πολλοῖς γὰρ ὑπάρχει καὶ τῶν ἐν
τῇ πατρίδι ὄντων, μᾶλλον δὲ τοῖς πλείστοις, τὰ δοκοῦντα δεινὰ δεδιέναι. ὁ δὲ ἀνδρεῖος οὐδὲν ἧττον
φυγὰς ὢν ἤπερ οἴκοι θαρρεῖ πρὸς ἅπαντα τὰ τοιαῦτα,

man nennen, wenn man wollte. Wie sollte denn da die Verbannung Ursache von schlechtem Ruf sein, wo durch sie manche berühmter wurden, als sie jemals vorher gewesen waren?

«Ja, gewiß. Aber Euripides sagt doch, daß die Verbannten ihre Freiheit verlören und sogar ihre Redefreiheit! Läßt er doch die Iokaste ihren Sohn Polyneikes fragen[23], was denn daran schlimm sei, verbannt zu sein. Der aber antwortet ihr:

Eins ist das Ärgste; darf er doch kein freies Wort mehr wagen.

Sie aber sagt dann zu ihm:

Nicht sagen dürfen, was man denkt, ist Sklavenlos.

Ich aber möchte zu Euripides sagen: «O Euripides, damit hast du ja recht, daß es Sklavenart ist, nicht zu sagen, was man denkt, wenn es Pflicht ist zu reden. Denn man muß ja nicht immer und nicht überall und nicht zu jedem sagen, was man denkt. Doch damit scheinst du mir nicht recht zu haben, daß die Verbannten keine Redefreiheit hätten, wenn du unter Redefreiheit verstehst, nicht zu verschweigen, was man gerade denkt. Denn die Verbannten scheuen sich ja nicht zu sagen, was sie denken, sondern nur diejenigen, die fürchten, daß sie infolge ihrer Worte in Schwierigkeiten geraten oder gar den Tod oder sonst eine strenge Strafe oder anderes dieser Art auf sich nehmen müssen. Diese Furcht ist aber, beim Zeus, keine Folge der Verbannung. Denn es geht ja auch vielen, die in ihrer Heimat sind, oder vielmehr den meisten so, daß sie vor allem, was ihnen schrecklich scheint, Angst haben. Der wirklich tapfere Mann aber hat gegenüber all diesen Schreckbildern in der Verbannung nicht weniger Mut als in der Heimat, wie er denn in der

διὸ καὶ λέγει ἃ φρονεῖ θαρρῶν οὐδὲν μᾶλλον ἢ ὅταν
ἦ μὴ φυγάς, ὅταν φεύγων τύχῃ. ταῦτα μὲν πρὸς
Εὐριπίδην εἴποι τις ἄν· σὺ δ' εἰπέ μοι, ὦ ἑταῖρε, ὅτε
Διογένης φεύγων ἦν Ἀθήνησιν, ἢ ὅτε πραθεὶς ὑπὸ
τῶν λῃστῶν ἦλθεν εἰς Κόρινθον, ἆρα τότε πλείω παρρησίαν ἄλλος τις ἐπεδείξατο Διογένους ἢ Ἀθηναῖος ἢ
Κορίνθιος; τί δ'; ἐλευθεριώτερος ἄλλος τις ἢ Διογένης τῶν τότε ἀνθρώπων ἦν; ὃς καὶ Ξενιάδου τοῦ
πριαμένου αὐτὸν ὡς δεσπότης δούλου ἦρχεν. καὶ τί
δεῖ τὰ παλαιὰ λέγειν; ἀλλ' ἐγώ σοι οὐ δοκῶ εἶναι
φυγάς; ἆρ' οὖν ἐστέρημαι παρρησίας; ἆρα ἀφήρημαι
τὴν ἐξουσίαν τοῦ ἃ φρονῶ λέγειν; ἤδη δέ με εἶδες ἢ
σὺ ἢ ἕτερος ὑποπτήσσοντά τῳ ὅτι φεύγω; ἢ χεῖρον
ἔχειν τὰ πράγματα νομίζοντα νῦν ἢ πρότερον; ἀλλ'
οὐδὲ μὰ Δία λυπούμενον ἢ ἀθυμοῦντα διὰ τὴν φυγὴν
φαίης ἂν ἑωρακέναι με. καὶ γὰρ εἰ τὴν πατρίδα τις
[ἡμᾶς] ἀφήρηται, τό γε δύνασθαι φέρειν φυγὴν οὐκ
ἀφήρηται.

Οἷς δὲ λογισμοῖς χρῶμαι πρὸς ἐμαυτόν, ὥστε μὴ
ἄχθεσθαι τῇ φυγῇ, τούτους καὶ πρὸς σὲ εἴποιμι ἄν.
δοκεῖ μοι ἡ φυγὴ στερίσκειν μὲν ἄνθρωπον οὐ πάντως οὐδ' ὧν οἱ πολλοὶ νομίζουσιν ἀγαθῶν, καθάπερ
ἄρτι ἐδείκνυον. εἰ δ' οὖν καὶ στερίσκοι ἢ τινὸς ἢ
πάντων τούτων, τῶν γε ἀληθῶς ἀγαθῶν οὐ στερίσκει·
οὔτε γὰρ ἀνδρείαν ἢ δικαιοσύνην ὁ φεύγων ἔχειν κω-
λύεται, διὸ φεύγει, οὔτε σωφροσύνην ἢ φρόνησιν, οὐδ'
αὖ ἀρετὴν ἄλλην ἡντινοῦν, αἳ παροῦσαί τε κοσμεῖν

Verbannung ebenso getrost seine Meinung sagt wie in der Heimat. Dies könnte man gegen Euripides sagen[24].

Du aber sage mir, lieber Freund: als Diogenes in Athen in der Verbannung lebte oder als er, von Seeräubern verkauft, nach Korinth gekommen war, ob damals ein anderer, sei es Athener oder Korinther, mehr Freimut in der Rede zeigte als Diogenes? Wer denn? War irgendein anderer von den Menschen, die damals lebten, freier als Diogenes? Er, der sogar über den Xeniades, der ihn gekauft hatte, wie ein Herr über seinen Sklaven herrschte. Doch was brauche ich Beispiele aus alter Zeit anzuführen? Weißt du nicht, daß ich ein Verbannter bin? Darf ich etwa nicht frei reden? Ist mir etwa die Möglichkeit genommen zu sagen, was ich denke? Hast du oder ein anderer etwa gemerkt, daß ich mich vor jemandem duckte, weil ich verbannt bin? Oder daß ich glaubte, daß meine Lage jetzt schlechter wäre als früher? Aber, bei Gott, du kannst nicht behaupten, daß du gesehen hättest, daß ich mich infolge meiner Verbannung grämte oder verzagte. Und wenn jemand auch (durch seine Verbannung) die Heimat verloren hat, so hat er darum doch nicht die Fähigkeit verloren, die Verbannung tapfer zu ertragen.

Die Gründe aber, die ich mir selbst gegenüber gebrauche, so daß ich an meiner Verbannung nicht leiden muß, will ich auch dir nennen: Meines Erachtens ist die Verbannung für den Menschen nicht in jeder Hinsicht ein Verlust; sie beraubt ihn nicht einmal der Güter, die bei der Masse als solche gelten, wie ich eben gezeigt habe. Und selbst wenn sie den Verlust eines oder gar aller dieser angeblichen Güter bedeutete, so kann sie einen doch der wirklichen Güter nicht berauben. Wird man dadurch, daß man verbannt ist, doch nicht gehindert, seine Tapferkeit, seine Gerechtigkeit, seine Selbstzucht, seine Einsicht oder eine andere der Tugenden zu behalten, die den Menschen, sofern er über sie

καὶ ὠφελεῖν πεφύκασι τὸν ἄνθρωπον καὶ ἐπαινετὸν
ἀποφαίνειν καὶ εὐκλεῆ, ἀποῦσαί τε βλάπτειν καὶ κατ-
αισχύνειν κακὸν ἀποφαίνουσαι καὶ ἀκλεῆ. τούτων δὲ
ταύτῃ ἐχόντων, εἰ μὲν ἀγαθὸς εἶ οὗτος καὶ τὰς ἀρετὰς ἔχεις, οὐκ ἄν σε βλάπτοι ἡ φυγὴ οὐδ' ἄν ταπει-
νοίη, παρόντων γε τῶν ὠφελεῖν καὶ ἐπαίρειν μάλιστα
δυναμένων· εἰ δὲ τυγχάνεις κακὸς ὤν, ἡ κακία σε
βλάπτει καὶ οὐχ ἡ φυγή· καὶ τήν γε λύπην ἡ κακία σοι
ἐπάγει, οὐχ ἡ φυγή· διὸ ταύτης ἀπολυθῆναι δεῖ σε
σπεύδειν μᾶλλον ἢ τῆς φυγῆς. ταῦτα καὶ πρὸς ἐμαυτὸν ἔλεγον ἀεὶ καὶ πρὸς σὲ λέγω νῦν. σὺ δ', ἄν
σωφρονῇς, οὐ τὴν φυγὴν δεινὸν ἡγήσῃ εἶναι, ἥν γε
φέρουσιν ἕτεροι εὐπετῶς, τὴν δὲ κακίαν ἧς ἐνούσης
ἄθλιος πᾶς ὅστις ἄν ἔχῃ αὐτήν. καὶ γὰρ δὴ δυοῖν
ἀνάγκη τὸ ἕτερον, ἢ ἀδίκως ἢ δικαίως σε φεύγειν· εἰ
μὲν δὴ δικαίως, πῶς ποτε ὀρθὸν ἢ προσῆκον ἄχθεσθαι τοῖς δικαίοις; εἰ δ' ἀδίκως, τῶν ἐξελασάντων
τοῦτ' ἄν εἴη κακόν, οὐχ ἡμέτερον· εἴπερ νὴ Δία τὸ
μὲν ἀδικεῖν θεομισέστατόν ἐστιν, ὅπερ [ἐν] ἐκείνοις
συμβέβηκε· τὸ δ' ἀδικεῖσθαι, ὅπερ συμβέβηκεν ἡμῖν,
καὶ παρὰ θεοῖς καὶ παρ' ἀνθρώποις τοῖς ἐπιεικέσιν
ἐπικουρίας, ἀλλ' οὐχὶ μίσους ἄξιον εἶναι ὑπείληπται.

verfügt, auszeichnen und ihm wahrhaften Nutzen bringen und bewirken, daß man ihn lobt und rühmt, wenn sie ihm aber fehlen, ihm schaden und Schande bringen, weil sie ihn als einen schlechten und ruhmlosen Menschen zeigen.

Wo dies der Fall ist, da kann dir, wenn du ein in sittlicher Hinsicht guter Mensch bist und die wahren Tugenden besitzt, die Verbannung nicht schaden oder dich erniedrigen, falls du die Eigenschaften besitzt, die dich wirklich fördern und aufs höchste erheben können. Wenn du aber nichts taugst, dann schadet dir deine Schlechtigkeit und nicht die Verbannung. Und den Gram darüber bringt dir deine eigene Schlechtigkeit, nicht die Verbannung. Daher mußt du weit mehr danach trachten, von jener frei zu werden als von der Verbannung.

Solche Gedanken habe ich stets in mir bewegt und teile sie dir jetzt mit. Du aber, wenn du Sinn und Verstand hast, wirst nicht mehr die Verbannung für etwas Schlimmes halten, die ja andere leicht ertragen, wohl aber die Schlechtigkeit; ist doch jeder ein Elender, der sie besitzt. Es kann doch von Zweien nur eins geben: entweder ist man zu Unrecht verbannt oder mit Recht. Wenn mit Recht, wie könnte es da richtig oder angemessen sein, sich über ein gerechtes Urteil zu grämen? Wenn aber zu Unrecht, dann trifft ja das Übel die, die einen verbannt haben, nicht uns, wenn, beim Zeus, Unrecht tun das ist, was Gott am meisten verhaßt ist; das aber müssen sich eben jene selbst zuschreiben. Dagegen ist Unrecht leiden, was uns widerfahren ist, bei Göttern und Menschen, die einen Sinn für Gerechtigkeit haben, Anlaß, uns zu helfen und nicht zu hassen.

X.

ΕΙ ΓΡΑΦΗΝ ΥΒΡΕΩΣ ΓΡΑΨΕΤΑΙ ΤΙΝΑ Ο ΦΙΛΟΣΟΦΟΣ.

Ὕβρεως δὲ γραφὴν οὔτ' ἂν αὐτὸς ἔφη γράψασθαί τινά ποτε οὔτ' ἂν ἑτέρῳ συμβουλεῦσαι οὐδενὶ τῶν φιλοσοφεῖν ἀξιούντων. ἃ γὰρ πάσχοντές τινες ὑβρίζεσθαι δοκοῦσιν, τούτων οὐδὲν εἶναι ὕβριν ἢ αἰσχύνην τοῖς πάσχουσιν· οἷον λοιδορηθῆναι ἢ πληγῆναι ἢ ἐμπτυσθῆναι, ὧν τὸ χαλεπώτατον πληγαί. ὡς δὲ οὔτε αἰσχρὸν οὔτε ὑβριστικὸν ἔχουσιν οὐδέν, δηλοῦν Λακεδαιμονίων παῖδας δημοσίᾳ μαστιγουμένους καὶ ἐπ' αὐτῷ τούτῳ ἀγαλλομένους. ὁ δὲ φιλόσοφος εἰ μὴ δύναιτο καταφρονεῖν πληγῶν ἢ λοιδορίας, τί ἂν ὄφελος αὐτοῦ εἴη, ὅν γε φαίνεσθαι δεῖ καὶ θανάτου καταφρονοῦντα; 'νὴ Δία, ἀλλ' ἡ διάνοια τοῦ δρῶντος αὐτὰ δεινή, τὸ ἐπεγγελῶντα καὶ ὑβρίζειν νομίζοντα ῥαπίσαι ἢ λοιδορῆσαι ἤ τι τοιοῦτον ποιῆσαι· Δημοσθένης γοῦν καὶ τῷ βλέμματι ὑβρίζειν τινάς, καὶ ἀφόρητα εἶναι τὰ τοιαῦτα, καὶ ἐξίστασθαι τοὺς ἀνθρώπους ὑπ' αὐτῶν ταύτῃ ἢ ἐκείνῃ οἴεται.' ταῦτα δὲ οἱ μὲν τὸ καλὸν καὶ τὸ αἰσχρὸν ὅ τι τῇ ἀληθείᾳ ἐστὶν ἀγνοοῦντες καὶ πρὸς τὴν δόξαν κεχηνότες, καὶ αὐτοὶ ὑβρίζεσθαι νομίζουσιν, εἴ τις ἢ προσβλέποι αὐτοὺς πικρότερον ἢ καταγελῴη αὐτῶν ἢ πλήττοι ἢ λοιδοροίη. ἀνὴρ δὲ εὖ φρονῶν καὶ νοῦν ἔχων, οἷον εἶναι δεῖ τὸν φιλόσοφον, ὑπὸ οὐδενὸς τούτων ταράττεται, οὐδ' οἴεται τὸ πάσχειν αὐτὰ αἰσχρόν, ἀλλὰ τὸ ποιεῖν μᾶλλον· ἐπεὶ τί καὶ ὁ

OB DER PHILOSOPH JEMANDEN WEGEN BELEIDIGUNG
VERKLAGEN SOLL (10)

Er pflegte zu sagen, daß er für seine Person niemals eine gerichtliche Klage wegen Beleidigung eingereicht und auch nie einem der anderen, die Philosophen sein wollten, dazu geraten hätte. Von dem nämlich, was manche erleiden und sich daher mißhandelt fühlen, sei ja nichts eine Mißhandlung oder Schande für die Erleidenden, wenn sie zum Beispiel beschimpft oder geschlagen oder angespien würden, wovon das Ärgste sei, wenn man von einem anderen geschlagen würde. Daß solche Menschen weder Schande noch Schimpf davon haben, das bewiesen ja die Söhne der Spartaner, die öffentlich gegeißelt wurden und eben darauf noch stolz waren. Und wenn ein Philosoph nicht Schläge oder Beschimpfung verachten könnte, was taugte er dann überhaupt, wo er doch beweisen müßte, daß er selbst den Tod verachtet? – «Ja, aber die Gesinnung des Beleidigers ist ja das Arge, daß er triumphiert und in der Überzeugung, einen zu mißhandeln, einen schlägt oder schmäht oder Ähnliches tut. Demosthenes[25] wenigstens meint doch, daß manche einen schon durch ihren Blick beleidigen und daß so etwas unerträglich sei und daß infolge solcher Beleidigungen die Menschen aus diesem oder jenem Anlaß ganz außer sich gerieten.» – So denken die Menschen, die nicht wissen, was in Wahrheit gut und böse ist und auf die Meinung der Leute mit offenem Munde stieren und sich schon beleidigt fühlen, wenn einer sie schief ansieht oder über sie lacht oder sie schlägt oder schmäht. Aber ein Mann, der rechte Einsicht und Verstand hat, wie das der Philosoph haben muß, der wird von einer solchen «Mißhandlung» nicht aus der Fassung gebracht und glaubt nicht, daß er dadurch etwas Schimpfliches erlitt; vielmehr hält er das Unrechttun für

πάσχων ἁμαρτάνει; ὁ δὲ ἁμαρτάνων εὐθὺς καὶ ἐν
αἰσχύνῃ ἐστίν, ὁ μέντοι πάσχων ὡς οὖν οὐχ ἁμαρτάνει
καθόσον πάσχει, οὕτως οὐδὲ ἐν αἰσχρῷ οὐδενὶ γίνεται.
ὅθεν οὐδ᾽ ἐπὶ δίκας οὐδ᾽ ἐπ᾽ ἐγκλήματα προέλθοι ἂν
ὁ νοῦν ἔχων, ἐπείπερ οὐδ᾽ ὑβρίσθαι ἂν δόξειεν· καὶ
γὰρ μικρόψυχον τὸ ἀγανακτεῖν ἢ ἐπιτείνεσθαι περὶ
τῶν τοιούτων· πράως δὲ καὶ ἡσύχως οἴσει τὸ συμβάν,
ἐπεὶ καὶ πρέπον τοῦτο τῷ βουλομένῳ εἶναι μεγαλόφρονι. Σωκράτης γοῦν οὕτω διακείμενος φανερὸς ἦν,
ὃς δημοσίᾳ λοιδορηθεὶς ὑπ᾽ Ἀριστοφάνους, οὐχ ὅπως
ἠγανάκτησεν, ἀλλὰ καὶ ἐντυχὼν ἠξίου αὐτὸν εἰ καὶ
πρὸς ἄλλο τι τοιοῦτον βούλοιτο χρῆσθαι αὐτῷ. ταχύ
γ᾽ ἂν ἐκεῖνος ἐν ὀλίγοις λοιδορούμενος ἐχαλέπηνεν, ὃς
οὐδὲ ἐν θεάτρῳ λοιδορηθεὶς ἠγανάκτει. Φωκίων δὲ
ὁ χρηστός, τῆς γυναικὸς αὐτοῦ προπηλακισθείσης πρός
τινος, τοσοῦτον ἐδέησεν ἐγκαλεῖν τῷ προπηλακίσαντι,
ὥστε ἐπεὶ δείσας ἐκεῖνος προσῆλθέ τε καὶ συγγνώμην
ἔχειν ἠξίου τὸν Φωκίωνα, φάσκων ἠγνοηκέναι ὅτι ἦν
ἐκείνου γυνή, εἰς ἣν ἐπλημμέλει· ᾽ἀλλὰ ἥ γε ἐμὴ γυνὴ
οὐδέν᾽ ἔφη ᾽ὑπὸ σοῦ πέπονθεν, ἑτέρα δέ τις ἴσως·
ὥστε οὐδὲ χρὴ ἐμοὶ σὲ ἀπολογεῖσθαι᾽. καὶ ἄλλους δὲ
πολλοὺς ἄνδρας ἔχοιμ᾽ ἂν λέγειν πειραθέντας ὕβρεως,
τοὺς μὲν ἔκ τινων γλώσσῃ πλημμεληθέντας, τοὺς δὲ
χερσὶν ὥστε αἰκισθῆναι τὸ σῶμα· καὶ οὔτε ἀμυνάμενοι
φαίνονται τοὺς πλημμελήσαντας, οὔτε ἄλλον τρόπον
ἐπεξελθόντες, ἀλλὰ πάνυ πράως ἐνεγκόντες τὴν ἀδι-

schändlich. Denn was macht der so «Beleidigte» falsch? Ist
es doch der Beleidigende, der etwas Schändliches tut; der
Beleidigte dagegen tut nichts, was ihm Schande bereiten
könnte, da er nichts falsch macht, indem er beleidigt wird.
Daher wird der wirklich Verständige auch nicht mit einer
Klage vor Gericht gehen oder Beschuldigungen erheben, da
er sich nicht beleidigt fühlt; es ist ja borniert, sich über solche Dinge zu ärgern oder aufzuregen. Vielmehr wird er die
ihm bereiteten Unannehmlichkeiten mit Sanftmut und in
aller Gemütsruhe tragen; steht doch dem, der hochsinnig
sein will, dies wohl an. Sokrates offenbarte ja eine solche
Gesinnung; als er von Aristophanes öffentlich beschimpft
war[26], ärgerte er sich überhaupt nicht darüber, sondern
fragte ihn, als er ihm begegnete, ob er seine Person noch zu
einem anderen ähnlichen Zweck verwenden wollte. Und sicher hätte er sich über kleine Schmähungen nicht geärgert,
er, der ja nicht einmal ungehalten war, als er öffentlich im
Theater geschmäht wurde. Und wie hat sich der treffliche
Phokion[27] benommen. Als seine Frau von irgendeinem
Menschen schwer beschimpft war, dachte er so wenig
daran, den Beleidiger zu verklagen, daß er, als dieser in seiner Angst zu ihm kam und ihn um Verzeihung bitten wollte
– der Mensch sagte, er habe nicht gewußt, daß es seine
(Phokions) Frau sei, gegen die er sich vergangen habe –, diesem erwiderte: «Aber meine Frau hat nichts Kränkendes
von dir erlitten; das ist wohl eine andere gewesen. Daher
brauchst du dich auch nicht bei mir zu entschuldigen.» –
Übrigens könnte ich noch viele andere Männer nennen, die
Beleidigungen erfahren haben – die einen durch Worte, die
anderen sogar durch Faustschläge, so daß ihr Körper mißhandelt wurde –, und doch haben sie sich, wie feststeht,
nicht gewehrt gegen die Täter, noch einen anderen Weg
(zur Genugtuung) beschritten, sondern die Beleidigung mit

κίαν αὐτῶν. καὶ γὰρ δὴ τὸ μὲν σκοπεῖν, ὅπως ἀντι-
δήξεταί τις τὸν δακόντα, καὶ ἀντιποιήσει κακῶς τὸν
ὑπάρξαντα, θηρίου τινὸς οὐκ ἀνθρώπου ἐστίν, ὡς
οὐδὲ τοῦτο λογίσασθαι δύναται, ὅτι τὰ πολλὰ τῶν
ἁμαρτανομένων ὑπ᾽ ἀγνοίας τε καὶ ἀμαθίας τοῖς ἀνθρώποις ἁμαρτάνεται, ὧν ὁ μεταδιδαχθεὶς εὐθὺς παύ-
εται· τὸ δὲ δέχεσθαι τὰς ἁμαρτίας μὴ ἀγρίως, μηδὲ
ἀνήκεστον εἶναι τοῖς πλημμελήσασιν, ἀλλ᾽ αἴτιον εἶναι
αὐτοῖς ἐλπίδος χρηστῆς, ἡμέρου τρόπου καὶ φιλανθρώ-
που ἐστίν. πόσῳ δὴ κρεῖττον οὕτως ἔχοντα φαίνεσθαι
τὸν φιλόσοφον, ὥστε συγγνώμης ἀξιοῦν εἴ τις πλημ-
μελήσειεν εἰς αὐτόν, ἢ δοκεῖν μὲν ἀμύνειν ἑαυτῷ δι-
καζόμενον καὶ ἐγκαλοῦντα, τῇ δὲ ἀληθείᾳ ἀσχημονεῖν,
ἀνακόλουθα τοῖς ἑαυτοῦ λόγοις πράττοντα; εἴ γε λέγει
μέν, ὡς οὐκ ἂν ἀδικηθείη ποτὲ ὁ ἀγαθὸς ἀνὴρ ὑπὸ
κακοῦ ἀνδρός· ἐγκαλεῖ δ᾽ ὡς ἀδικούμενος ὑπὸ ἀνθρώπων πονηρῶν αὐτὸς ἀξιῶν ἀγαθὸς εἶναι.

XI.

ΤΙΣ Ο ΦΙΛΟΣΟΦΩΙ ΠΡΟΣΗΚΩΝ ΠΟΡΟΣ.

Ἔστι καὶ ἕτερος πόρος οὐδὲν τούτου κακίων, τάχα
δὲ καὶ ἀμείνων νομισθεὶς ἂν οὐκ ἀλόγως ἀνδρί γ᾽
εὐρώστῳ τὸ σῶμα, ὁ ἀπὸ γῆς, ἄν τ᾽ οὖν ἰδίαν ἔχῃ

größter Sanftmut ertragen. Schon die Überlegung, wie man
jemanden, der einen gebissen hat, wieder beißt und dem Täter wieder etwas Böses tut, entspricht dem Verhalten eines
wilden Tieres, nicht eines Menschen, der nicht einmal zu
erkennen vermag, daß die Menschen die meisten Verfehlungen aus Unwissenheit oder Unverstand begehen und
daß der Täter, wenn er durch Belehrung umgestimmt ist,
sogleich damit aufhört; die Beleidigungen (die einem widerfahren) ohne Erregung hinzunehmen und gegenüber
den Tätern nicht unversöhnlich zu sein, sondern vielmehr
ihnen ein Grund zu tröstlicher Hoffnung zu sein, das ist ein
Kennzeichen eines milden und menschenfreundlichen Cha-
rakters. Wieviel besser ist es, daß der Philosoph in dieser
Weise seine Gesinnung offenbart und zur Verzeihung bereit ist, wenn sich jemand gegen ihn vergangen hat, als sich
dagegen zu wehren, indem man den Täter vor Gericht ver-
klagt und ihn beschuldigt. In Wahrheit erniedrigt man sich
durch dieses Verhalten, indem man in stärkstem Widerspruch zu seinen eigenen Grundsätzen handelt, falls man
die Meinung vertritt, daß der tugendhafte Mann von einem
schlechten niemals beleidigt werden kann. Erhebt er aber
Klage, so tut er das in der Meinung, von schlechten Menschen Unrecht erlitten zu haben, während er sich doch
selbst für tugendhaft hält.

WO DER PHILOSOPH SEINEN LEBENSUNTERHALT
ERWERBEN SOLLTE (11)

Es gibt auch eine andere Art von Einkünften, die nicht
schlechter ist als diese und vielleicht aus gutem Grunde für
noch besser gelten könnte – wenigstens für einen Mann von
robuster Konstitution: Es handelt sich um die Einkünfte,

τις ἄν τε καὶ μή. πολλοὶ γὰρ δὴ καὶ ἀλλοτρίαν γῆν
γεωργοῦντες, ἢ δημοσίαν ἢ ἰδιωτικήν, δύνανται τρέφειν οὐ μόνον αὐτούς, καὶ τέκνα δὲ καὶ γυναῖκας·
ἔνιοί γε δὴ καὶ εἰς ἄγαν ἀπὸ τούτου εὐποροῦσιν,
αὐτουργικοὶ καὶ φιλόπονοι ὄντες. ἀμείβεται γὰρ ἡ γῆ
κάλλιστα καὶ δικαιότατα τοὺς ἐπιμελομένους αὐτῆς,
πολλαπλάσια ὧν λαμβάνει διδοῦσα καὶ ἀφθονίαν παρ-
έχουσα πάντων τῶν ἀναγκαίων πρὸς τὸν βίον τῷ βουλομένῳ πονεῖν, καὶ ταῦτα μὲν σὺν τῷ πρέποντι, σὺν
αἰσχύνῃ δ᾽ οὐδὲν αὐτῶν. οὐ γάρ ἐστιν ἀνθρώπων
οὐδεὶς μὴ θρυπτικός γε μηδὲ μαλακὸς ὤν, ὃς ἂν φαίη
τῶν γεωργικῶν ἔργων ⟨ὅτι⟩οὖν αἰσχρὸν ἢ ἀνάρμοστον
ἀνδρὶ ἀγαθῷ εἶναι. πῶς μὲν γὰρ οὐ καλὸν τὸ φυτεύ-
ειν; πῶς δὲ τὸ ἀροῦν; πῶς δὲ τὸ ἀμπελουργεῖν; τὸ δὲ
σπείρειν, τὸ δὲ θερίζειν, τὸ δὲ ἀλοᾶν, οὐ πάντ᾽ ἐλευ-
θέρια ταῦτα καὶ ἀνδράσιν ἀγαθοῖς πρέποντα; καὶ μὴν
τὸ ποιμαίνειν ὥσπερ Ἡσίοδον οὐ κατήσχυνεν οὐδ᾽
ἐκώλυεν εἶναι θεοφιλῆ τε καὶ μουσικόν, οὕτως οὐδ᾽
ἂν ἄλλον οὐδένα κωλύσειεν. ἐμοὶ μὲν δὴ καὶ ἀρεστὸν
τοῦτο πάντων τῶν ἐν γεωργίαις ἔργων, ὅτι τῇ ψυχῇ
παρέχει σχολὴν πλείονα διανοεῖσθαί τι καὶ ζητεῖν παιδείας ἐχόμενον. ὅσα μὲν γὰρ ἔργα πάνυ ἐντείνει τὸ
σῶμα καὶ κάμπτει, ταῦτα καὶ τὴν ψυχὴν ἀναγκάζει
πρὸς αὐτοῖς εἶναι μόνοις ἢ μάλιστα συνεντεινομένην
τῷ σώματι· ὅσα δὲ τῶν ἔργων ἐφίησι μὴ ἄγαν ἐντε-
τάσθαι τὸ σῶμα, ταῦτ᾽ οὐκ ἀπείργει τὴν ψυχὴν ἐκλογί-

die man dem Land abringt, ob man es nun selbst besitzt oder
nicht. Können doch sogar viele, die fremdes Land bebauen,
mag es nun öffentliches oder Privateigentum sein, davon
nicht nur sich selber, sondern auch Weib und Kind ernähren. Einige, die mit eigenen Armen arbeiten und Freude an
ihrer Arbeit haben, ernten davon überreichen Ertrag.
Dankt doch die Erde denen, die sie voll Sachverstand pflegen, auf das schönste und gerechteste, indem sie ihnen ein
Vielfaches von dem wiedergibt, was sie empfängt, und eine
reiche Fülle all der zum Leben notwendigen Dinge dem
spendet, der tüchtig arbeiten will, und dies alles im Einklang
mit Recht und Billigkeit, niemals mit Schimpf und
Schande. Gibt es doch unter den Menschen keinen einzigen, falls er nicht in Wohlleben und Verweichlichung völlig
aufgegangen ist, der behauptete, daß irgendeine Arbeit des
Bauern zu schimpflich oder einem tüchtigen Manne unangemessen wäre. Ist denn nicht das Pflanzen von Bäumen
etwas Schönes? Und den Acker zu pflügen? Oder die Pflege
der Reben? Und das Säen, das Ernten, das Dreschen – sind
nicht all diese Arbeiten eines freien Mannes durchaus würdig? Und schicken sie sich etwa nicht für Männer der Tugend? Und ein Hirte zu sein – wie das den Hesiod nicht ent-
ehrt oder gehindert hat, den Göttern lieb und ein Günstling
der Musen zu sein, so kann es auch keinen anderen daran
hindern. Mir persönlich ist aber das bei allen Arbeiten des
Landmanns besonders lieb: daß die Seele daher die größere
Muße hat, über etwas nachzudenken und über Dinge zu
sinnen, die in engstem Zusammenhang mit wahrer Bildung
(der Seele) stehen. Denn alle Arbeiten, die den Körper übermäßig anstrengen und zermürben, die zwingen auch die
Seele, sich nur mit ihnen zu beschäftigen oder sich auf das
stärkste zusammen mit dem Körper anzustrengen. Die
Arbeiten aber, die zulassen, den Körper nicht übermäßig

ζεσθαί τι τῶν κρειττόνων κἀκ τῶν τοιούτων λογισμῶν
αὐτὴν αὐτῆς γίνεσθαι σοφωτέραν, οὗ δὴ καὶ μάλιστα
πᾶς φιλόσοφος ἐφίεται. διὰ ταῦτ' ἐγὼ τὴν ποιμενικὴν
ἀσπάζομαι μάλιστα· εἴ γε μὴν ἅμα φιλοσοφεῖ τις καὶ
γεωργεῖ, οὐκ ἄλλον ἂν παραβάλοιμι τούτῳ βίον οὐδὲ
πορισμὸν ἕτερον προτιμήσαιμι ἄν. πῶς μὲν γὰρ οὐ
κατὰ φύσιν μᾶλλον ἀπὸ γῆς, ἢ τροφός τε καὶ μήτηρ
ἐστὶν ἡμῶν, ἢ ἀπ' ἄλλου του τρέφεσθαι; πῶς δ' οὐκ
ἀνδρικώτερον τοῦ καθῆσθαι ἐν πόλει, ὥσπερ οἱ σοφι-
σταί, τὸ ζῆν ἐν χωρίῳ; πῶς δ' οὐχ ὑγιεινότερον τοῦ
σκιατροφεῖσθαι τὸ ἔξω διαιτᾶσθαι; 'τί δέ; ἐλευθεριώ-
τερον αὐτὸν αὑτῷ μηχανᾶσθαι τὰ ἀναγκαῖα ἢ παρ' ἑτέρων
λαμβάνειν;' ἀλλὰ φαίνεται τὸ μὴ δεῖσθαι ἄλλου πρὸς τὰς
χρείας τὰς αὑτοῦ πολὺ σεμνότερον ἢ τὸ δεῖσθαι. οὕτως
ἄρα καλὸν καὶ εὐδαιμονικὸν καὶ θεοφιλὲς τὸ ζῆν ἀπὸ
γεωργίας ἐστί, σύν γε τῷ καλοκἀγαθίας μὴ ὀλιγωρεῖν,
ὥστε Μύσωνα τὸν Χηναῖον ὁ θεὸς ἀνεῖπε σοφὸν καὶ
τὸν Ψωφίδιον Ἀγλαὸν εὐδαίμονα προσηγόρευσε, χωρι-
τικῶς ἑκάτερον αὐτῶν βιοῦντα καὶ αὐτουργίᾳ χρώμενον καὶ τῆς ἐν ἄστει διατριβῆς ἀπεχόμενον. ἆρ'
οὖν οὐκ ἄξιον ζηλοῦν τε καὶ μιμεῖσθαι τούτους καὶ
περιέχεσθαι σπουδῇ τοῦ γεωργεῖν;

'Τί οὖν; οὐ δεινὸν' φαίη τις ἂν ἴσως 'ἄνδρα παι-
δευτικὸν καὶ δυνάμενον προβιβάζειν νέους εἰς φιλοσοφίαν ἐργάζεσθαι γῆν καὶ τῷ σώματι πονεῖν τοῖς

anzustrengen, hindern die Seele nicht, sich etwas von den höheren Dingen auszuwählen und auf Grund solcher Gedanken an die Weisheit über sich selbst hinauszuwachsen, wonach ja gerade jeder Philosoph am meisten trachtet. Daher preise ich vor allem das Leben des Hirten. Wenn aber einer zugleich ein Freund der Weisheit und ein Landmann ist, dann läßt sich kein anderes Leben mit seinem vergleichen, und kein anderes Einkommen würde ich seinem vorziehen. Ist denn nicht die Ernährung aus der Erde, unserer Mutter und Ernährerin, weit naturgemäßer als der Lebensunterhalt aus einer anderen Quelle? Entspricht denn nicht das Leben auf dem Lande der Würde des Mannes viel mehr, als in der Stadt zu hocken wie die Sophisten? Und ist es nicht viel gesünder, draußen in frischer Luft zu leben als im Schatten aufzuwachsen? Es ist doch klar, daß von einem freien Manne zu erwarten ist, eher sich selbst das Lebensnotwendige zu erarbeiten, als es von anderen in Empfang zu nehmen. Es ist doch viel ehrenvoller, für seine eigenen notwendigen Bedürfnisse keinen anderen Menschen zu brauchen, als ihn nötig zu haben. So ist denn der Lebensunterhalt durch Bewirtschaftung des Landes wirklich schön und eine Quelle des Seelenfriedens und Gott wohlgefällig, wenigstens, wenn man dabei das Streben nach dem Guten nicht vernachlässigt. Daher hat ja der Gott den Myson für weise erklärt und den Aglaos aus Psophis glückselig genannt; beide lebten ganz für sich, bearbeiteten selber ihren Acker und hielten sich fern von dem Treiben der Stadt. Und da sollte es sich nicht lohnen, ihnen nachzueifern und sich mit ganzer Liebe dem Landbau zu widmen?

«Aber – könnte vielleicht einer sagen – ist es denn nicht irrsinnig, daß ein zur Erziehung befähigter Mann, der die Begabung hat, junge Männer zur Philosophie hinzuführen, den Acker selbst bebaut und schwere körperliche Arbeit

χωρίταις παραπλησίως; ναί. δεινὸν ἂν τοῦτο τῷ ὄντι
ἦν, εἴπερ ἐκώλυεν ἡ ἐργασία τῆς γῆς φιλοσοφεῖν
ἢ ἄλλους πρὸς φιλοσοφίαν ὠφελεῖν. νῦν δὲ καὶ μᾶλλον ἄν μοι δοκοῦσιν ὠφελεῖσθαι οἱ νέοι οὐκ ἐν πόλει
τῷ διδασκάλῳ συνόντες οὐδ' ἐν τῇ διατριβῇ ἀκούοντες
αὐτοῦ λέγοντος, ἀλλ' ἐργαζόμενον ἐπὶ τῆς ἀγροικίας
ὁρῶντες καὶ ἔργῳ ἐνδεικνύμενον ἅπερ ὑφηγεῖται ὁ
λόγος, ὅτι χρὴ πονεῖν καὶ κακοπαθεῖν τῷ σώματι μᾶλλον ἢ ἑτέρου δεῖσθαι τοῦ τρέφοντος. τί δὲ τὸ κωλύον
ἐστὶ καὶ ἐργαζόμενον [μετὰ] τοῦ διδασκάλου τὸν μα-
θητὴν ἀκούειν τι ἅμα περὶ σωφροσύνης ἢ δικαιοσύνης
ἢ καρτερίας λέγοντος; πολλῶν μὲν γὰρ λόγων οὐ δεῖ
τοῖς φιλοσοφήσουσι καλῶς, οὐδὲ τὸν ὄχλον τοῦτον τῶν
θεωρημάτων ἀναληπτέον πάντως τοῖς νέοις, ἐφ' ᾧ
φυσωμένους τοὺς σοφιστὰς ὁρῶμεν· ταῦτα γὰρ δὴ τῷ
ὄντι ἱκανὰ κατατρῖψαι βίον ἀνθρώπου ἐστί. τὰ δ'
ἀναγκαιότατα καὶ χρησιμώτατα μαθεῖν οὐκ ἀδύνατον
καὶ πρὸς ἐργασίᾳ γεωργικῇ ὄντας, ἄλλως τε καὶ οὐ
διὰ παντὸς ἐργασομένους, ἀλλὰ ἀναπαύλαις χρησομένους.
ὀλίγοι μὲν οὖν τὸν τρόπον τοῦτον ἐθελήσουσι μανθάνειν, οἶδ' ἀκριβῶς ἐγώ· ἔστι δὲ ἄμεινον μηδὲ προσιέναι
τῷ φιλοσόφῳ τοὺς πλείονας τῶν φιλοσοφεῖν λεγόντων
νέων, ὅσοι σαθροί τε καὶ μαλακοί, δι' οὓς προσιόντας
ἀναπίμπλαται κηλίδων φιλοσοφία. τῶν μὲν γὰρ ἀλη-
θινῶν ἐραστῶν φιλοσοφίας οὐκ ἔστιν οὐδείς, ὃς οὐκ
ἂν ἐθελήσειε μετ' ἀνδρὸς ἀγαθοῦ διάγειν ἐν χωρίῳ,
καὶ εἰ χαλεπώτατον τύχοι ὂν τὸ χωρίον, μέλλων γε

verrichtet wie simple Bauern?» – Ja, verrückt wäre das
wirklich, wenn tatsächlich die Bebauung des Ackers einen
hinderte, Philosoph zu sein oder andere als Jünger der Philosophie zu gewinnen. In Wirklichkeit liegt aber die Sache
doch so, daß die Jünglinge weit mehr Nutzen davon haben,
wenn sie nicht in der Stadt mit ihrem Lehrer zusammen
sind und nicht seinen Vortrag in der Schule dort hören, sondern ihn sehen, wie er selber auf dem Acker arbeitet und so
durch die Tat bewährt, was seine Lehre verkündet, daß man
sich abmühen und lieber mit körperlicher Arbeit quälen
muß, statt einen anderen Menschen zu beanspruchen, der
einen ernährt. Was hindert denn, daß der Schüler bei der
Landarbeit seinen Lehrer hört, der zugleich etwas von
Selbstzucht oder Gerechtigkeit oder Ausdauer sagt? Brauchen doch diejenigen, die das Studium der Philosophie richtig anfangen wollen, gar nicht so viele Lehrsätze und überhaupt nicht diese unheimliche Menge an theoretischem
Wissen, womit wir die Sophisten sich brüsten sehen; denn
deren Art ist ja in der Tat geeignet, das Leben der Menschen
sinnlos zu verderben. Aber das Notwendigste und Nütz-
lichste lernen kann man auch bei der Landarbeit, zumal
wenn man sie nicht ohne jede Unterbrechung ausübt, sondern auch Ruhepausen hat. Daß freilich nur wenige diesen
Weg des Studiums beschreiten wollen, weiß ich sehr gut.
Und doch ist es besser, daß dem Philosophen nicht die
Masse der angeblich Philosophie studierenden Jünglinge
zuläuft, die verdorben und verweichlicht sind, durch deren
Andrang das Kleid der Philosophie nur mit häßlichen Flek-
ken beschmutzt wird. Denn unter den echten Jüngern der
Philosophie gibt es auch nicht einen, der nicht zusammen
mit einem tugendhaften Mann auf dem Lande leben wollte,
selbst wenn das betreffende Land noch so schwer zu bearbeiten sein sollte, wenn er nur hoffen darf, einen reichen

ἀπολαύειν μεγάλα ταύτης τῆς διατριβῆς τῷ συνεῖναι
τῷ διδασκάλῳ νύκτωρ καὶ μεθ᾽ ἡμέραν, τῷ ἀπεῖναι
τῶν ἀστικῶν κακῶν, ἅπερ ἐμπόδιον τῷ φιλοσοφεῖν,
τῷ μὴ δύνασθαι λανθάνειν εὖ ἢ κακῶς τι ποιῶν, ὃ δὴ
μέγιστον τοῖς παιδευομένοις ὄφελος· καὶ ἐσθίειν δὲ
καὶ πίνειν καὶ καθεύδειν ἐφορώμενον ὑπ᾽ ἀνδρὸς ἀγαθοῦ μέγα ὄφελος. ἃ δὲ γένοιτ᾽ ἂν ἐξ ἀνάγκης ἐν
τῇ συνουσίᾳ τῇ κατ᾽ ἀγρόν, ταῦτα ἐπαινεῖ καὶ Θέογνις
ἐν οἷς φησι

καὶ μετὰ τῶν σύ γε πῖνε καὶ ἔσθιε, καὶ μετὰ τοῖσιν
ἷζε, καὶ ἄνδανε τοῖς, ὧν μεγάλη δύναμις.

ὅτι γε μὴν οὐκ ἄλλους τινὰς ἢ τοὺς ἀγαθοὺς ἄνδρας λέγει μεγάλην ἔχειν δύναμιν πρὸς ἀνθρώπων
ὠφέλειαν, εἰ συνεσθίοι καὶ συμπίνοι τις αὐτοῖς καὶ
συγκαθέζοιτο, ⟨ὧδε⟩ δεδήλωκεν·

ἐσθλῶν μὲν γὰρ ἀπ᾽ ἐσθλὰ μαθήσεαι· ἢν δὲ κακοῖσι
†συμμιγῇς, ἀπολεῖς καὶ τὸν ἐόντα νόον.

μὴ δὴ λεγέτω τις ὅτι τῷ μανθάνειν ἢ τῷ διδάσκειν
ἃ χρὴ τὸ γεωργεῖν ἐμπόδιον· οὐ γὰρ ἔοικεν οὕτως
ἔχειν, εἰ δὴ μάλιστ᾽ ἂν οὕτω καὶ ἐπὶ πλεῖστον ὁ μὲν
μανθάνων συνείη τῷ διδάσκοντι, ὁ δὲ διδάσκων διὰ
χειρὸς ἔχοι τὸν μανθάνοντα. τούτου δὲ τοιούτου
ὄντος, ὁ πόρος ἐκ γεωργίας φαίνεται ὢν τῷ φιλοσόφῳ
πρεπωδέστατος.

Gewinn von diesem Aufenthalt zu haben, dadurch daß er mit seinem Lehrer bei Tag und Nacht zusammen ist, wie auch dadurch, daß man fern von den Übeln der Stadt lebt – die ein Hindernis für den Jünger der Philosophie sind – und dort nicht unbeobachtet ist, wenn man einen guten oder schlechten Lebenswandel führt, was ja gerade ein großer Segen für die Studierenden ist. Und es ist auch sehr nützlich, wenn man unter den Augen eines tugendhaften Mannes ißt, trinkt und schläft. Das alles entwickelt sich mit innerer Notwendigkeit bei dem Zusammenleben auf dem Lande.

Darauf weist ja auch schon Theognis[28] hin, indem er sagt:

Und mit denen zusammen da trink und iß und mit denen sitze zusammen, genehm Herren gewaltiger Macht.

Daß er aber meint, daß keine anderen als die edlen Männer gewaltige Macht hätten zum Nutzen der Menschen, wenn einer mit ihnen zusammen esse und trinke und zusammensitze, das zeigen die folgenden Verse:

Weil von Gutem nur Gutes der lernt; wenn du aber mit Schlechten
Umgang hast, dann verdirbt dir auch der jetzige Sinn.

Es soll also niemand behaupten, daß die Arbeit auf dem Lande das Lehren und Lernen des Notwendigen behinderte. Denn das ist ja überhaupt nicht der Fall, wenn der Lernende mit den Lehrenden möglichst in diesem Sinne die meiste Zeit zusammen ist und der Lehrende den Lernenden ständig unter seiner Aufsicht hat. Unter diesen Umständen kommt es den Aufgaben des Philosophen in besonderem Maße entgegen, daß er seinen Lebensunterhalt aus dem Landbau bezieht[29].

XII.

ΠΕΡΙ ΑΦΡΟΔΙΣΙΩΝ.

Μέρος μέντοι τρυφῆς οὐ μικρότατον κἄν τοῖς ἀφροδισίοις ἐστίν, ὅτι ποικίλων δέονται παιδικῶν οἱ τρυφῶντες οὐ νομίμων μόνον ἀλλὰ καὶ παρανόμων, οὐδὲ θηλειῶν μόνον ἀλλὰ καὶ ἀρρένων, ἄλλοτε ἄλλους θηρῶντες ἐρωμένους, καὶ τοῖς μὲν ἐν ἑτοίμῳ οὖσιν οὐκ ἀρκούμενοι, τῶν δὲ σπανίων ἐφιέμενοι, συμπλοκὰς δ' ἀσχήμονας ζητοῦντες, ἅπερ ἅπαντα μεγάλα ἐγκλήματα ἀνθρώπου ἐστίν. χρὴ δὲ τοὺς μὴ τρυφῶντας ἢ μὴ κακοὺς μόνα μὲν ἀφροδίσια νομίζειν δίκαια τὰ ἐν γάμῳ καὶ ἐπὶ γενέσει παίδων συντελούμενα, ὅτι καὶ νόμιμά ἐστιν· τὰ δέ γε ἡδονὴν θηρώμενα ψιλὴν ἄδικα καὶ παράνομα, κἄν ἐν γάμῳ ᾖ. συμπλοκαὶ δ' ἄλλαι αἱ μὲν κατὰ μοιχείαν παρανομώταται, καὶ μετριώτεραι τούτων οὐδὲν αἱ πρὸς ἄρρενας τοῖς ἄρρεσιν, ὅτι παρὰ φύσιν τὸ τόλμημα· ὅσαι δὲ μοιχείας ἐκτὸς συνουσίαι πρὸς θηλείας εἰσὶν ἐστερημέναι τοῦ γίνεσθαι κατὰ νόμον, καὶ αὗται πᾶσαι αἰσχραί, αἵ γε πράττονται δι' ἀκολασίαν. ὡς μετά γε σωφροσύνης οὔτ' ἄν ἑταίρᾳ πλησιάζειν ὑπομείνειέ τις, οὔτ' ἄν ἐλευθέρᾳ γάμου χωρὶς οὔτε μὰ Δία θεραπαίνῃ τῇ αὐτοῦ. τὸ γὰρ μὴ νόμιμον μηδ' εὐπρεπὲς τῶν συνουσιῶν τούτων αἶσχός τε καὶ ὄνειδος μέγα τοῖς θηρωμένοις αὐτάς· ὅθεν οὐδὲ πράττειν φα-

VON DEN BEZIEHUNGEN DER BEIDEN GESCHLECHTER (12)

Ein Schwerpunkt der ausschließlich lustbetonten Existenz – und nicht der unwichtigste – ist das Sexualleben, weil diejenigen, die ein lusterfülltes Leben führen, vielfältige Liebesbeziehungen benötigen, nicht nur erlaubte, sondern auch sittenwidrige, nicht nur zum weiblichen, sondern auch zum männlichen Geschlecht. Bald machen sie Jagd auf diese, bald auf andere Lustobjekte, und mit denen, die ohne weiteres zugänglich sind, nicht zufrieden, suchen sie ungewöhnliche Beziehungen zu knüpfen und sind auf unanständige Verbindungen aus. – Das alles sind Beziehungen, die eine schwere Schande für einen Menschen darstellen.

Es dürfen aber die Menschen, die nicht wollüstig sind, nur den Liebesverkehr in der Ehe, der die Erzeugung von Kindern als Ziel hat, für sittlich erlaubt halten, weil er auch dem Gesetz gemäß ist. Dagegen ist ein Verkehr, der nur den Sinnesgenuß bezweckt, unsittlich und unrecht, auch wenn er in der Ehe erfolgt. – Was aber andere Arten der Umarmung betrifft, so sind die durch Ehebruch die unsittlichsten, und nicht weniger abscheulich ist sexueller Verkehr von Männern mit Männern, weil dies ein Vergehen wider die Natur ist.

Aber auch der Verkehr mit Frauen – ohne daß dabei Ehebruch in Frage kommt – der aber nicht legaler Natur ist – auch alle derartigen «Verhältnisse» sind unsittlich, da sie ja nur infolge von Zuchtlosigkeit gepflegt werden. Wie sich ja auch niemand, der ein sittlicher Charakter ist, jemals mit einer Dirne einlassen würde oder mit einer freigeborenen Frau (außerhalb der Ehe) oder, bei Gott, mit seiner eigenen Magd. Denn das Unsittliche und Unschickliche eines solchen Verkehrs bedeutet eine schwere Schande für die, die solche Verhältnisse suchen. Daher wagt es auch keiner, vor

νερῶς οὐδὲν ἀνέχεται τῶν τοιούτων οὐδείς, κἂν ἐπ'
ὀλίγον ἐρυθριᾶν οἷός τε ᾖ, ἐπικρυπτόμενοι δὲ καὶ
λάθρᾳ οἵ γε μὴ τελέως ἀπερρωγότες ταῦτα τολμῶσιν.
καίτοι τό γε πειρᾶσθαι λανθάνειν ἐφ' οἷς πράττει τις
ὁμολογοῦντος ἁμαρτάνειν ἐστί. 'νὴ Δία·' φησίν 'ἀλλ'
οὐχ ὥσπερ ὁ μοιχεύων ἀδικεῖ τὸν ἄνδρα τῆς διεφθαρ-
μένης γυναικός, οὐχ οὕτως καὶ ὁ τῇ ἑταίρᾳ συνὼν
ἀδικεῖ τινὰ ἢ νὴ Δία τῇ μὴ ἐχούσῃ ἄνδρα· οὐδὲ γὰρ
ἐλπίδα παίδων οὐδενὸς διαφθείρει οὗτος.' ἐγὼ δ'
ἐπέχω μὲν λέγειν, ὡς πᾶς ὅστις ἁμαρτάνει καὶ ἀδικεῖ
εὐθύς, εἰ καὶ μηδένα τῶν πέλας, ἀλλ' αὐτόν γε πάντως χείρονα ἀποφαίνων καὶ ἀτιμότερον· ὁ γὰρ ἁμαρτάνων, παρ' ὅσον ἁμαρτάνει, χείρων καὶ ἀτιμότερος.
ἵνα οὖν ἐῶ τὴν ἀδικίαν, ἀλλ' ἀκολασίαν γε πᾶσα
ἀνάγκη πάντως προσεῖναι τῷ ἡττωμένῳ αἰσχρᾶς ἡδονῆς
καὶ χαίροντι τῷ μολύνεσθαι, ὥσπερ αἱ ὗες· οἷος οὐχ
ἥκιστά ἐστι καὶ ὁ δούλῃ ἰδίᾳ πλησιάζων, ὅπερ νομί-
ζουσί τινες μάλιστά πως εἶναι ἀναίτιον, ἐπεὶ καὶ δεσπότης πᾶς αὐτεξούσιος εἶναι δοκεῖ ὅ τι βούλεται χρῆσθαι δούλῳ τῷ ἑαυτοῦ. πρὸς τοῦτο δὲ ἁπλοῦς μοι ὁ
λόγος· εἰ γάρ τῳ δοκεῖ μὴ αἰσχρὸν μηδ' ἄτοπον εἶναι
δούλῃ δεσπότην πλησιάζειν τῇ ἑαυτοῦ, καὶ μάλιστα εἰ
τύχοι οὖσα χήρα, λογισάσθω ποῖόν τι καταφαίνεται
αὐτῷ, εἰ δέσποινα δούλῳ πλησιάζοι. οὐ γὰρ ἂν δόξειεν

aller Augen eine solche Beziehung zu unterhalten, wenn er noch nicht alles und jedes Schamgefühl verloren hat. Und wer noch nicht gänzlich dem Laster verfallen ist, der wagt solche Beziehungen nur insgeheim und im Verborgenen zu unterhalten. Ist doch schon die Tatsache, daß er versucht, bei seinem Treiben unbemerkt zu bleiben, ein Beweis dafür, daß er zugibt, sich zu verfehlen. «Gewiß», sagt wohl einer, «aber so schwer wie der Ehebrecher sich gegen den Ehemann der verführten Frau versündigt, so schweres Unrecht tut doch niemandem der Mann, der mit einer Dirne verkehrt oder, beim Zeus, mit einer Frau, die keinen Mann hat. Denn ein solcher Mann verdirbt doch niemandes Hoffnung auf (eheliche) Kinder.»

Ich muß mit allem Nachdruck darauf hinweisen, daß jeder, der sich verfehlt, zugleich Unrecht tut, wenn auch nicht gegen einen seiner Mitmenschen, so doch auf jeden Fall gegen sich selber, indem er sich schlechter und unsittlicher macht. Denn wer sich verfehlt, der wird, sofern er sich verfehlt, schlechter und unsittlicher. Um aber von dem Unrecht abzusehen (was er dann tut), es steht doch vollkommen fest, daß dem Mann, der sich von einer schimpflichen Lust hinreißen läßt, der Vorwurf der Zuchtlosigkeit anhaftet, einem Menschen, der sogar seine Wollust darin findet, sich zu besudeln wie die Schweine. Das gilt vor allem auch für einen Mann, der mit seiner eigenen Sklavin verkehrt, ein Verhalten, das manche geradezu für unschuldig halten, da ja doch der Sklavenbesitzer bei dem, was er mit seiner Sklavin machen will, keinerlei Beschränkung unterliege, wie es heißt. Hierauf ist meine Antwort sehr einfach: Wenn jemandem es nicht schimpflich oder anstößig erscheint, daß ein Herr mit seiner Sklavin verkehrt, zumal wenn es eine Witwe ist, der soll doch einmal darüber nachdenken, wie er es fände, wenn die Herrin mit ihrem Sklaven

εἶναι ἀνεκτόν, οὐ μόνον εἰ κεκτημένη ἄνδρα νόμιμον
ἡ γυνὴ προσοῖτο δοῦλον, ἀλλ' εἰ καὶ ἄνανδρος οὖσα
τοῦτο πράττοι; καίτοι τοὺς ἄνδρας οὐ δήπου τῶν γυναικῶν ἀξιώσει τις εἶναι χείρονας, οὐδ' ἧττον δύνασθαι τὰς ἐπιθυμίας παιδαγωγεῖν τὰς ἑαυτῶν, τοὺς
ἰσχυροτέρους τὴν γνώμην τῶν ἀσθενεστέρων, τοὺς
ἄρχοντας τῶν ἀρχομένων. πολὺ γὰρ κρείττονας εἶναι
προσήκει τοὺς ἄνδρας, εἴπερ καὶ προεστάναι ἀξιοῦνται
τῶν γυναικῶν· ἂν μέντοι ἀκρατέστεροι φαίνωνται ὄντες, ... καὶ κακίονες. ὅτι δ' ἀκρασίας ἔργον καὶ οὐδενὸς ἄλλου ἐστὶ τὸ δεσπότην δούλῃ πλησιάζειν, τί δεῖ
καὶ λέγειν; γνώριμον γάρ.

XIII^A.

ΤΙ ΚΕΦΑΛΑΙΟΝ ΓΑΜΟΥ.

Βίου καὶ γενέσεως παίδων κοινωνίαν κεφάλαιον
εἶναι γάμου. Τὸν γὰρ γαμοῦντα, ἔφη, καὶ τὴν γαμου-
μένην ἐπὶ τούτῳ συνιέναι χρὴ ἑκάτερον θατέρῳ, ὥσθ'
ἅμα μὲν ἀλλήλοις βιοῦν, ἅμα δὲ ποιεῖσθαι, καὶ κοινὰ
δὲ ἡγεῖσθαι πάντα καὶ μηδὲν ἴδιον, μηδ' αὐτὸ τὸ
σῶμα. μεγάλη μὲν γὰρ γένεσις ἀνθρώπου, ἣν ἀπο-
τελεῖ τοῦτο τὸ ζεῦγος. ἀλλ' οὔπω τοῦτο ἱκανὸν τῷ
γαμοῦντι, ὃ δὴ καὶ δίχα γάμου γένοιτ' ἂν συμπλεκο-
μένων ἄλλως, ὥσπερ καὶ τὰ ζῷα συμπλέκεται αὐτοῖς.
δεῖ δὲ ἐν γάμῳ πάντως συμβίωσίν τε εἶναι καὶ κηδε-

verkehrte. Denn das würde er doch für ganz unerträglich halten, nicht nur wenn die Herrin, die einen rechtmäßigen Ehemann hat, sich mit ihrem Sklaven einließe, sondern auch dann, wenn sie keinen Ehemann hätte und so etwas täte.

Und doch wird niemand zugeben, daß die Männer schwächer als die Frauen und weniger fähig seien, ihre eigene Begierde im Zaum zu halten, sie, die an Verstand dem schwächeren Geschlecht überlegen sind, sie, die Herrschenden, weniger als die Beherrschten. Denn es sollen doch die Männer (in sittlicher Hinsicht) den Frauen weit überlegen sein, wenn sie den Anspruch erheben, ihr Herr zu sein. Freilich, wenn sie sich als weniger fähig erweisen, sich zu beherrschen, dann sind sie auch schlechter. Daß es aber ein Beweis von Zuchtlosigkeit und von nichts anderem ist, wenn ein Herr mit seiner Sklavin verkehrt, was soll man darüber noch ein Wort verlieren? Es ist doch sonnenklar.

WAS DAS EIGENTLICHE WESEN DER EHE IST (13 A UND B)

Er sagte einmal, die Gemeinschaft des Lebens und der Erzeugung von Kindern sei das eigentliche Wesen der Ehe. Denn der Heiratende und die Geheiratete müssen sich zu dem Zweck miteinander vereinigen, daß sie miteinander leben und zusammen Kinder erzeugen und alle Dinge gemeinsam haben und daß keiner etwas allein für sich hat, auch seinen Körper nicht. Denn etwas Großes ist die Erzeugung eines Menschen, den dieses Paar hervorbringt. Aber dies reicht noch nicht zur wahren Ehe, weil es ja auch ohne Ehe geschehen könnte, indem sie sich auf anderem Wege vereinigten, wie ja auch die Tiere sich miteinander paaren. In der Ehe aber muß in jeder Hinsicht ein enges Zusammen-

μονίαν ἀνδρὸς καὶ γυναικὸς περὶ ἀλλήλους, καὶ ἐρρω-
μένους καὶ νοσοῦντας καὶ ἐν παντὶ καιρῷ, ἧς ἐφιέμενος ἑκάτερος ὥσπερ καὶ παιδοποιίας εἰσὶν ἐπὶ
γάμον. ὅπου μὲν οὖν ἡ κηδεμονία αὕτη τέλειός ἐστι,
καὶ τελέως αὐτὴν οἱ συνόντες ἀλλήλοις παρέχονται,
ἁμιλλώμενοι νικᾶν ὁ ἕτερος τὸν ἕτερον, οὗτος μὲν οὖν
ὁ γάμος ᾗ προσήκει ἔχει καὶ ἀξιοζήλωτός ἐστι· καλὴ
γὰρ ἡ τοιαύτη κοινωνία· ὅπου δ' ἑκάτερος σκοπεῖ τὸ
ἑαυτοῦ μόνον ἀμελῶν θατέρου, ἢ καὶ νὴ Δί' ὁ ἕτερος
οὕτως ἔχει, καὶ οἰκίαν μὲν οἰκεῖ τὴν αὐτήν, τῇ δὲ
γνώμῃ βλέπει ἔξω, μὴ βουλόμενος τῷ ὁμόζυγι συντεί-
νειν τε καὶ συμπνεῖν, ἐνταῦθ' ἀνάγκη φθείρεσθαι μὲν
τὴν κοινωνίαν, φαύλως δὲ ἔχειν τὰ πράγματα τοῖς
συνοικοῦσιν, καὶ ἢ διαλύονται τέλεον ἀπ' ἀλλήλων ἢ
τὴν συμμονὴν χείρω ἐρημίας ἔχουσιν.

XIII ᴮ.

Διὸ χρὴ τοὺς γαμοῦντας οὐκ εἰς γένος ἀφορᾶν εἰ
ἐξ εὐπατριδῶν, οὐδ' εἰς χρήματα εἰ πολλὰ κέκτηνταί
τινες, οὐδ' εἰς σώματα εἰ καλὰ ἔχουσιν. οὔτε γὰρ
πλοῦτος οὔτε κάλλος οὔτ' εὐγένεια κοινωνίαν μᾶλλον
αὔξειν πέφυκεν, ὥσπερ οὐδ' ὁμόνοιαν, οὐδ' αὖ τὴν
παιδοποιίαν κρείττω ταῦτα ἀπεργάζεται· ἀλλὰ σώματα
μὲν πρὸς γάμον ἀποχρῶντα τὰ ὑγιῆ καὶ τὴν ἰδέαν
μέσα καὶ αὐτουργεῖν ἱκανά, ἃ δὴ καὶ ἐπιβουλεύοιτ'
ἂν ὑπὸ τῶν ἀκολάστων ἧττον, καὶ ἐργάζοιτο μᾶλλον
ὅσα σώματος ἔργα, καὶ παιδοποιοῖτο μὴ ἐνδεῶς. ψυχὰς

leben stattfinden und eine gegenseitige Fürsorge von Mann und Frau, wenn sie gesund und wenn sie krank sind, und überhaupt in jeder Lebenslage; das wollen beide, wie sie ja auch mit dem Wunsch, Kinder zu haben, den Ehebund schließen. Wo nun dieses gegenseitige Treueverhältnis vollkommen ist und beide durch ihr Zusammenleben miteinander dies vollkommen verwirklichen und wetteifern, einander in Liebe zu überbieten – eine solche Ehe ist, wie sie sein soll, und ein Vorbild für andere. Denn wahrhaft schön ist eine solche Gemeinschaft. Wo aber jeder von beiden nur das Seine sucht, ohne sich um den andern zu kümmern, oder auch nur der eine von beiden so handelt und dasselbe Haus bewohnt, während sein Herz nach draußen sieht, weil er keine Neigung hat, mit dem Gatten zusammen zu streben und zusammen zu atmen, da muß die Gemeinschaft verderben und das Verhältnis zwischen den beiden Zusammenwohnenden schlecht werden, und entweder trennen sie sich völlig voneinander, oder ihr Zusammenleben ist trostloser, als wenn jeder für sich allein wäre.

Daher müssen diejenigen, die heiraten wollen, nicht auf die Herkunft (des anderen) sehen, ob er aus vornehmer Familie ist, auch nicht auf Geld, ob der andere viel besitzt, auch nicht auf körperliche Schönheit. Denn weder Reichtum noch Schönheit noch edle Herkunft können die Gemeinschaft inniger machen und ebenso wenig die Eintracht; und ebenso wenig machen solche Dinge den Kindersegen glücklicher. Vielmehr genügen zur Ehe Menschen, die körperlich gesund sind und von mäßiger Schönheit und tauglich, selber zu arbeiten – solche Menschen werden auch nicht so leicht von Lüstlingen begehrt und können besser körperliche Arbeit leisten und ohne Schwierigkeit Kinder bekommen. Für einen solchen Bund sind nach meiner Meinung

δὲ ἐπιτηδειοτάτας εἶναι νομιστέον τὰς πρὸς σωφροσύνην καὶ δικαιοσύνην καὶ ὅλως πρὸς ἀρετὴν εὐφυ-
εστάτας. ποῖος μὲν γὰρ γάμος χωρὶς ὁμονοίας καλός;
ποία δὲ κοινωνία χρηστή; πῶς δ' ἂν ὁμονοήσειαν ἄνθρωποι πονηροὶ ὄντες ἀλλήλοις; ἢ πῶς ἀγαθὸς πονηρῷ
ὁμονοήσειεν; οὐδέν γε μᾶλλον ἢ ὀρθῷ ξύλῳ στρεβλὸν
συναρμόσειεν ἄν, ἢ στρεβλὰ ἄμφω ὄντα ἀλλήλοιν. τὸ
γὰρ δὴ στρεβλὸν τῷ τε ὁμοίῳ τῷ στρεβλῷ ἀνάρμοστον
καὶ τῷ ἐναντίῳ τῷ εὐθεῖ ἔτι μᾶλλον. ἔστι δὴ καὶ ὁ
πονηρὸς τῷ τε πονηρῷ οὐ φίλος οὐδ' ὁμονοεῖ καὶ
πολὺ ἧττον τῷ χρηστῷ.

XIV.

ΕΙ ΕΜΠΟΔΙΟΝ ΤΩΙ ΦΙΛΟΣΟΦΕΙΝ ΓΑΜΟΣ.

Ἄλλου δέ τινος φήσαντος, ὅτι ἐμπόδιον αὐτῷ δο-
κοίη εἶναι τῷ φιλοσοφεῖν γάμος καὶ ὁ σὺν γυναικὶ
βίος, Πυθαγόρᾳ μέν, εἶπεν ὁ Μουσώνιος, οὐκ ἐμπόδιον ἦν, οὐδὲ Σωκράτει, οὐδὲ Κράτητι, ὧν ἕκαστος
συνῴκησε γυναικί· καὶ οὐκ ἂν ἔχοι τις εἰπεῖν ἄμεινον
ἐκείνων ἑτέρους φιλοσοφήσαντας. καίτοι γε Κράτης
ἄοικός τε καὶ ἀσκευὴς καὶ ἀκτήμων τέλεον ἦν, ἀλλ'
ὅμως ἔγημεν· εἶτα μηδ' ὑπόδυσιν ἔχων ἰδίαν ἐν ταῖς
δημοσίαις Ἀθήνησι στοαῖς διημέρευε καὶ διενυκτέρευε
μετὰ τῆς γυναικός· ἡμεῖς δὲ ἀπ' οἰκίας ὁρμώμενοι,
καὶ οἰκέτας τοὺς ὑπηρετοῦντας ἔχοντες ἔνιοι, τολμῶ-
μεν ὅμως λέγειν ἐμπόδιον εἶναι φιλοσοφίᾳ γάμον; καὶ
μὴν ὅ γε φιλόσοφος διδάσκαλος δήπου καὶ ἡγεμὼν

die Seelen, die zur Besonnenheit und Gerechtigkeit und zur Tugend überhaupt am glücklichsten veranlagt sind, besonders geeignet. Denn welche Ehe wäre schön ohne Eintracht? Und welche Gemeinschaft gut?

Wie aber könnten schlechte Menschen in Eintracht miteinander leben? Oder wie könnte ein guter Mensch mit einem schlechten in Eintracht leben? Um nichts mehr als wenn man ein krummes Holz mit einem geraden zusammenfügen wollte oder zwei krumme miteinander. Denn das krumme paßt mit einem anderen krummen nicht zusammen und noch weniger mit dem ihm entgegengesetzten geraden. Ist ja doch auch der Schlechte nicht Freund des Schlechten und verträgt sich nicht mit ihm und noch viel weniger mit dem Guten.

OB DIE EHE FÜR PHILOSOPHEN EIN HINDERNIS IST (14)

Als ein anderer behauptet hatte, daß ihm die Ehe und das Zusammenleben mit einer Frau ein Hindernis für den Philosophen zu sein schienen, erwiderte Musonius:

Für Pythagoras war es kein Hindernis, auch nicht für Sokrates oder Krates; sie alle waren verheiratet. Und niemand kann behaupten, daß andere bessere Philosophen gewesen seien als sie. Dabei war Krates ohne Heim und Hausrat, überhaupt völlig besitzlos, und trotzdem heiratete er. Und weil er kein eigenes Obdach hatte, brachte er mit seiner Frau Tage wie Nächte in den öffentlichen Säulenhallen Athens zu. Und da wollen wir, die wir ein Haus haben, und manche sogar eine zahlreiche Dienerschaft, es trotzdem wagen zu behaupten, daß die Ehe für die Philosophie ein Hindernis sei?

Der Philosoph ist doch für die Menschen Lehrer und Füh-

πάντων τοῖς ἀνθρώποις ἐστὶ τῶν κατὰ φύσιν ἀνθρώπῳ
προσηκόντων· κατὰ φύσιν δ', εἴ τι ἄλλο, καὶ τὸ γαμεῖν
φαίνεται ὄν. ἐπεὶ τοῦ χάριν ὁ τοῦ ἀνθρώπου δημι-
ουργὸς πρῶτον μὲν ἔτεμε δίχα τὸ γένος ἡμῶν, εἶτ'
ἐποίησεν αὐτῷ διττὰ αἰδοῖα, τὸ μὲν εἶναι θήλεος τὸ
δὲ ἄρρενος, εἶτα δὲ ἐνεποίησεν ἐπιθυμίαν ἰσχυρὰν
ἑκατέρῳ θατέρου τῆς θ' ὁμιλίας καὶ τῆς κοινωνίας καὶ
πόθον ἰσχυρὸν ἀμφοῖν ἀλλήλων ἐνεκέρασεν, τῷ μὲν
ἄρρενι τοῦ θήλεος τῷ δὲ θήλει τοῦ ἄρρενος; ἆρ' οὖν
⟨οὐ⟩ γνώριμον, ὅτι ἐβούλετο συνεῖναί τε αὐτὼ καὶ
συζῆν καὶ τὰ πρὸς τὸν βίον ἀλλήλοιν συμμηχανᾶσθαι,
καὶ γένεσιν παίδων καὶ τροφὴν ἅμα ποιεῖσθαι, ὡς ἂν
τὸ γένος ἡμῶν ἀίδιον ᾖ. τί δ'; εἰπέ μοι, πότερα
προσήκει ἕκαστον ποιεῖν καὶ τὰ τοῦ πέλας, καὶ ὅπως
οἶκοι ὦσιν ἐν τῇ πόλει αὐτοῦ, καὶ ὅπως ἡ πόλις μὴ ἔρημος
ᾖ, καὶ ὅπως τὸ κοινὸν ἕξει καλῶς; εἰ μὲν γὰρ φής,
ὡς τὸ αὑτοῦ σκεπτέον μόνον, ἀποφαίνεις τὸν ἄνθρωπον λύκου μηδὲν διαφέροντα μηδ' ἄλλου θηρίου τῶν
ἀγριωτάτων μηδενός, ἅπερ ἀπὸ βίας καὶ πλεονεξίας
πέφυκε ζῆν, μὴ φειδόμενα μηδενὸς ἀφ' ὅτου μέλλει
καρποῦσθαί τι ἡδύ, ἄμοιρα μὲν κοινωνίας ὄντα, ἄμοιρα
δὲ συνεργίας τῆς ἀπ' ἀλλήλων, ἄμοιρα δὲ δικαίου
παντός. εἰ δ' ὁμολογήσεις τὴν ἀνθρωπείαν φύσιν
μελίσσῃ μάλιστα προσεοικέναι, ἢ μὴ δύναται μόνη ζῆν,
ἀπόλλυται γὰρ μονωθεῖσα, πρὸς ἓν δὲ καὶ κοινὸν
ἔργον τῶν ὁμοφύλων συννένευκε καὶ συμπράττει καὶ
συνεργάζεται τοῖς πλησίον· εἰ ταῦτα ταύτῃ ἔχει, καὶ

rer in allem, was sich von Natur aus für den Menschen gehört. Wenn überhaupt etwas naturgemäß ist, dann ist es die Ehe. Warum hat denn der Schöpfer des Menschen zuerst unser Geschlecht in zwei Wesensarten geschieden, dann ihm zweierlei Schamteile verliehen, das eine für das Weib, das andere für den Mann, und dann jedem der beiden Geschlechter heftige Begierde nach dem Verkehr und der Gemeinschaft mit dem andern eingepflanzt und beiden heftige Sehnsucht nach einander erweckt, dem Mann nach dem Weibe und dem Weib nach dem Manne? Ist es nicht offenbar, daß er wollte, daß sie zusammen wären, zusammen lebten und das zum Leben Nötige zusammen miteinander beschafften? Und die Erzeugung und Aufziehung von Kindern zusammen besorgten, damit unser Geschlecht nicht ausstürbe?

Wie? Sag mir doch, ob es sich gehört, daß jeder auch das Interesse seiner Mitmenschen berücksichtigt, indem er dafür sorgt, daß Familien in seiner Stadt vorhanden sind, die Stadt nicht entvölkert wird und das Gemeinwesen gedeiht? Denn wenn du behauptest, daß man nur sein persönliches Wohl im Auge haben muß, so machst du den Menschen zu einem Ungeheuer, das sich in nichts von einem Wolf unterscheidet oder von einem anderen der reißendsten Tiere, die ihrer Natur nach von Gewalt und Übermacht leben, kein Wesen schonen, von dem sie einen Genuß zu erbeuten hoffen, bar jedes Gemeinschaftsgefühls, bar der Hilfsbereitschaft gegeneinander, bar jedes Gerechtigkeitssinnes sind. Wenn du aber anerkennst, daß die menschliche Natur am meisten der der Biene gleicht, die nicht allein zu leben vermag – geht sie doch in der Vereinzelung zugrunde –, während sie an dem einen gemeinsamen Werk ihrer Artgenossen aus innerer Neigung mitwirkt und mit ihren Kameraden zusammenarbeitet; wenn sich dies so verhält und

ἔτι πρὸς τούτοις κακία μὲν ἀνθρώπου εἶναι ὑπείληπται
ἀδικία τε καὶ ἀγριότης καὶ τὸ τοῦ πλησίον πράττοντος κακῶς ἀφροντιστεῖν, ἀρετὴ δὲ φιλανθρωπία καὶ
χρηστότης καὶ δικαιοσύνη ἐστὶ καὶ τὸ εὐεργετικὸν
εἶναι καὶ τὸ κηδεμονικὸν εἶναι τοῦ πέλας· οὕτω καὶ
πόλεως ἑκάστῳ τῆς αὑτοῦ φροντιστέον καὶ τῇ πόλει
οἶκον περιβλητέον. ἀρχὴ δὲ οἴκου περιβολῆς γάμος.
ὥστε ὁ ἀναιρῶν ἐξ ἀνθρώπων γάμον ἀναιρεῖ μὲν οἶκον,
ἀναιρεῖ δὲ πόλιν, ἀναιρεῖ δὲ σύμπαν τὸ ἀνθρώπειον
γένος. οὐ γὰρ ἂν διαμένοι μὴ γενέσεως οὔσης, οὐδ'
ἂν γένεσις εἴη μὴ γάμου ὄντος, ἥ γε δικαία καὶ νόμι-
μος. ὅτι μὲν γὰρ οἶκος ἢ πόλις οὔτ' ἐκ γυναικῶν
συνίσταται μόνον οὔτ' ἐξ ἀνδρῶν μόνον, ἀλλ' ἐκ τῆς
πρὸς ἀλλήλους κοινωνίας, δῆλον· ἀνδρῶν δὲ καὶ γυναικῶν κοινωνίας ἄλλην οὐκ ἂν εὕροι τις οὔτ' ἀναγκαιο-
τέραν οὔτε προσφιλεστέραν. ποῖος γὰρ ἑταῖρος ἑταίρῳ
οὕτω προσηνὴς ὡς γυνὴ καταθύμιος τῷ γεγαμηκότι;
ποῖος δ' ἀδελφὸς ἀδελφῷ; ποῖος δὲ γονεῦσιν υἱός; τίς
δὲ ἀπὼν οὕτω ποθεινὸς ὡς ἀνὴρ γυναικὶ καὶ γυνὴ
ἀνδρί; τίνος δὲ παρουσίᾳ μᾶλλον ἢ λύπην ἐλαφρύ-
νειεν ἂν ἢ χαρὰν ἐπαυξήσειεν ἢ συμφορὰν ἐπανορθώ-
σειεν; τίσι δὲ νενόμισται κοινὰ εἶναι πάντα, καὶ σώματα καὶ ψυχαὶ καὶ χρήματα, πλὴν ἀνδρὸς καὶ γυναικός;
ταῦτά τοι καὶ πάντες ἄνθρωποι πρεσβυτάτην νομίζουσι
πασῶν τὴν ἀνδρὸς καὶ γυναικὸς φιλίαν· καὶ οὐδὲ
μήτηρ ἢ πατὴρ νοῦν ἔχων οὐδεὶς ἀξιοῖ φίλτερος ⟨εἶναι⟩
τῷ ἑαυτοῦ τέκνῳ τοῦ συνεζευγμένου γάμῳ. καὶ ὁ
λόγος δὲ ἐκεῖνος φαίνεται δηλοῦν, ὅσον προτερεῖ τῆς
γονέων πρὸς τέκνα φιλίας ἡ γυναικὸς πρὸς ἄνδρα,

wenn ferner Ungerechtigkeit, Roheit und Gleichgültigkeit gegen das Unglück des Nächsten als Schlechtigkeit des Menschen anzusehen ist, dagegen Menschenliebe, Güte, Gerechtigkeit, wohltätiger und fürsorglicher Sinn für den Nächsten als seine Tugend, dann muß sich auch jeder einzelne um seinen Staat bekümmern und zum Nutzen dieses Staates eine Familie gründen. Grundlage aber der Familie ist die Ehe. Wer daher die Ehe unter den Menschen ausrotten will, der rottet die Familie, der rottet den Staat, ja das ganze Menschengeschlecht aus. Denn dies kann ohne Zeugung nicht fortbestehen, und Zeugung, wenigstens solche, die sittlich erlaubt und gesetzlich ist, kann nur in der Ehe stattfinden. Es ist doch klar, daß eine Familie oder ein Staat weder nur aus Frauen noch allein aus Männern bestehen kann, sondern nur aus ihrer Lebensgemeinschaft miteinander.

Niemand aber dürfte wohl eine Gemeinschaft finden, die notwendiger und liebevoller wäre als die zwischen Mann und Frau. Denn welcher Freund ist dem Freunde so zugetan wie dem Gatten die Frau nach seinem Herzen? Oder welcher Bruder dem Bruder, welcher Sohn den Eltern? Wer wird, wenn er fern ist, so heiß ersehnt wie der Mann von seiner Gattin oder die Gattin von ihrem Mann? Wessen Gegenwart könnte wohl besser den Schmerz lindern, die Freude erhöhen oder über ein Unglück trösten? Welcher Bund außer dem von Mann und Frau pflegt alles gemeinsam zu haben, Leib und Seele und allen Besitz? Daher halten auch alle Menschen den Bund von Mann und Frau für den ältesten von allen. Und keine Mutter und kein Vater, die vernünftig sind, verlangen, daß sie ihr eigenes Kind mehr liebt als seinen Ehegatten. Und wie sehr die Liebe der Eltern zu den Kindern hinter der der Frau zu ihrem Manne zurücksteht, scheint auch die alte Sage zu offenbaren, daß

ὅτι Ἄδμητος δόσιν ταύτην λαβὼν παρὰ θεῶν, εἰ παρά
σχοι τὸν ἀνθ᾽ ἑαυτοῦ τεθνηξόμενον, ζῆσαι διπλασίω
χρόνον τοῦ τεταγμένου αὐτῷ, τῶν μὲν γονέων οὐκ
ἔτυχεν ἐθελόντων προαποθανεῖν αὐτοῦ καίτοι γεγηρα
κότων· ἡ γυνὴ δὲ ἡ γαμετὴ Ἄλκηστις, κομιδῇ νέα οὖσα,
ἐδέξατο ἑτοίμως τὸν θάνατον πρὸ τοῦ ἀνδρός.

Ὅτι δὲ μέγα καὶ ἀξιοσπούδαστον ὁ γάμος ἐστί, καὶ
ταύτῃ δῆλον. θεοὶ γὰρ ἐπιτροπεύουσιν αὐτόν, καθὸ νομί
ζονται παρ᾽ ἀνθρώποις, μεγάλοι· πρώτη μὲν Ἥρα, καὶ
διὰ τοῦτο ζυγίαν αὐτὴν προσαγορεύομεν· εἶτα Ἔρως, εἶτα
Ἀφροδίτη· πάντας γὰρ τούτους ὑπολαμβάνομεν ἔργον
πεποιῆσθαι τοῦτο, συνάγειν ἀλλήλοις πρὸς παιδοποιίαν
ἄνδρα καὶ γυναῖκα. ποῦ μὲν γὰρ Ἔρως παραγένοιτ᾽
ἂν δικαιότερον ἢ ἐπὶ νόμιμον ἀνδρὸς καὶ γυναικὸς
ὁμιλίαν; ποῦ δὲ Ἥρα; ποῦ δὲ Ἀφροδίτη; πότε δ᾽ ἂν
εὐκαιρότερον εὔξαιτό τις τοῖς θεοῖς τούτοις ἢ πρὸς
γάμον ἰών; τί δὲ καλοῦντες ἀφροδίσιον ἔργον προση
κόντως ἂν μᾶλλον καλοῖμεν ἢ τὴν γαμετῆς τῷ γεγα
μηκότι σύνοδον; διὰ τί τοιγαροῦν φαίη τις ἂν θεοὺς
μὲν οὕτω μεγάλους ἐπισκοπεῖν καὶ ἐπιτροπεύειν γάμον
καὶ παιδοποιίαν, μὴ προσήκειν δὲ ἀνθρώπῳ ταῦτα; διὰ
τί δὲ προσήκειν μὲν τῷ ἀνθρώπῳ ταῦτα, μὴ προσήκειν
δὲ τῷ φιλοσόφῳ; πότερον ⟨ὅτι⟩ κακίω εἶναι χρὴ τῶν
ἄλλων τὸν φιλόσοφον; ἀλλ᾽ οὐ χρή, κρείττω δὲ καὶ
δικαιότερον καὶ καλοκἀγαθικώτερον. ἢ ὅτι κακίων
οὐκ ἔστι καὶ ἀδικώτερος ἀνὴρ τοῦ μὲν κηδομένου τῆς
ἑαυτοῦ πόλεως ὁ μὴ κηδόμενος, τοῦ δὲ τὸ κοινὸν σκο
ποῦντος ὁ τὸ αὐτοῦ μόνον ὁρῶν; ἢ ὅτι φιλόπολις καὶ

Admetos, der von den Göttern die Vergünstigung erhalten
hatte, noch einmal so lange zu leben, wie ihm ursprünglich
bestimmt war, wenn er jemanden stellte, der an seiner Statt
zu sterben bereit sei, von seinen Eltern nicht erlangen
konnte, daß sie für ihn stürben, obgleich sie schon hochbe-
tagt waren; dagegen nahm seine Frau Alkestis, obgleich sie
noch in der Blüte der Jugend stand, den Tod für ihren Mann
mit Freuden auf sich.

Daß aber die Ehe etwas Großes und Wertvolles ist, ergibt
sich auch aus Folgendem. Denn mächtige Götter, nach ihrer
Verehrung bei den Menschen zu schließen, beschützen sie.
Allen voran Hera; daher nennen wir sie die Ehegründerin.
Dann Eros und Aphrodite. Denn wir glauben, daß all diese
Gottheiten das Werk zustande gebracht haben, Mann und
Frau miteinander zur Erzeugung von Kindern zusammen-
zuführen. Denn wo könnte sich Eros mit besserem Recht
einstellen als zur rechtmäßigen Vermählung von Mann
und Frau? Wo Hera oder Aphrodite? Zu welchem Zeitpunkt
könnte jemand wohl passender zu diesen Göttern beten als
bei seiner Hochzeit? Welches Werk könnten wir wohl tref-
fender aphrodisisch nennen als die Vereinigung des Gatten
mit der Gattin? Wie könnte man daher glauben, daß so
mächtige Götter Ehe und Kindersegen unter ihrer Obhut
und Fürsorge hätten, wenn sich diese für den Menschen
nicht schickte? Und warum sollte sie wohl für den Menschen schicklich sein, aber für den Philosophen nicht? Etwa,
weil der Philosoph schlechter als die anderen Menschen sein
soll? Nein. Er soll ja besser, gerechter und tüchtiger sein.
Oder etwa, weil der Mann, der gleichgültig gegen seinen
Staat ist, nicht schlechter und ungerechter ist als der, der
sich um das Wohl seines Staates bekümmert, und der, der
nur seinen persönlichen Vorteil sucht, besser ist als der, der
das Heil der Gesamtheit im Auge hat? Oder weil der, wel-

φιλάνθρωπος καὶ κοινωνικὸς μᾶλλον ἐστὶν ὁ μονήρη
βίον αἱρούμενος τοῦ νέμοντος οἶκον καὶ ποιουμένου
παῖδας καὶ πόλιν αὔξοντος τὴν ἑαυτοῦ, ἅπερ ὑπάρχει
τῷ γαμοῦντι; ὅτι μὲν οὖν προσήκει τὸν φιλόσοφον
γάμου καὶ παιδοποιίας ἐπιμελεῖσθαι, δῆλον. εἰ δὲ
προσήκει τοῦτο, πῶς ἂν ὀρθῶς ἔχοι, ὦ νεανίσκε, ὁ
λόγος ἐκεῖνος, ὃν σὺ ἀρτίως ἔλεγες, ὡς ἐμπόδιόν ἐστι
τῷ φιλοσόφῳ γάμος; οὐ γὰρ δὴ φιλοσοφεῖν ἕτερόν τι
φαίνεται ὂν ἢ τὸ ἃ πρέπει καὶ ἃ προσήκει λόγῳ μὲν
ἀναζητεῖν, ἔργῳ δὲ πράττειν. Τότε μὲν δὴ τοιαῦτά
τινα εἶπεν.

XVᴬ.

ΕΙ ΠΑΝΤΑ ΤΑ ΓΙΝΟΜΕΝΑ ΤΕΚΝΑ ΘΡΕΠΤΕΟΝ.

Οἱ δὲ νομοθέται, οἷς αὐτὸ τοῦτο γέγονεν ἔργον
ζητεῖν καὶ σκοπεῖν, τί μὲν ἀγαθὸν πόλει τί δὲ κακόν,
καὶ τί μὲν ὠφελεῖ τί δὲ βλάπτει τὸ κοινόν, οὐχὶ δὲ
καὶ οὗτοι πάντες συμφορώτατον μὲν ταῖς πόλεσιν ἐνό-
μισαν τὸ πληθύνεσθαι τοὺς τῶν πολιτῶν οἴκους, βλα-
βερώτατον δὲ τὸ μειοῦσθαι; καὶ ἀπαιδίαν μὲν ἢ ὀλιγο-
παιδίαν τῶν πολιτῶν ὑπέλαβον εἶναι ἀλυσιτελές, τὸ
δὲ ἔχειν παῖδας καὶ νὴ Δία πολλοὺς ἔχειν εἶναι λυσι-
τελές; τοῦτο μὲν γὰρ ἀμβλίσκειν ἀπεῖπον ταῖς γυναιξὶ
καὶ ταῖς ἀπειθούσαις ζημίαν ἐπέθεσαν, τοῦτο δ᾽ ἀτοκίᾳ
προστίθεσθαι καὶ τὴν κύησιν εἴργειν ἀπηγόρευσαν
αὐταῖς, τοῦτο δὲ πολυπαιδίας ἔταξαν γέρα καὶ ἀνδρὶ
καὶ γυναικί, καὶ τὴν ἀπαιδίαν ἐπιζήμιον κατέστησαν. πῶς

cher sich für das Leben des Junggesellen entscheidet, mehr Patriotismus, Menschenliebe und Sinn für die Gemeinschaft hat als der, welcher eine Familie gründet, Kinder zeugt und so seinen Staat unterstützt, wie es eben der verheiratete Mann tut?

Es ist also klar, daß es sich für den Philosophen gehört, zu heiraten und Kinder zu zeugen. Wenn sich dies aber gehört, wie kann dann, mein junger Freund, jene Behauptung richtig sein, die du vorhin aufstelltest, daß für den Philosophen die Ehe ein Hindernis sei? Denn Philosoph sein bedeutet augenscheinlich nichts anderes, als durch wissenschaftliche Erörterung ergründen, was sich schickt und gehört, und dies durch die Tat vollbringen.

OB MAN ALLE KINDER, DIE EINEM GEBOREN WERDEN, AUFZIEHEN SOLL (15 A UND B)

Die Gesetzgeber, deren Aufgabe es ist, zu ergründen, was gut und was schlecht für den Staat ist und was das Gemeinwesen fördert und was ihm schädlich ist – haben nicht auch sie alle es für die Städte am nützlichsten erachtet, daß die Häuser der Bürger sich füllten, und am schädlichsten, wenn sie verödeten? Und hielten sie nicht Kinderlosigkeit der Bürger oder nur wenig Kinder zu haben für ein Unglück, dagegen Kinder zu haben und, bei Gott, viele Kinder zu haben für ein Glück? Sie haben doch den Frauen verboten, Abtreibungen vorzunehmen, und für die, die dagegen handelten, eine Strafe festgesetzt, wie sie ihnen ja auch verboten haben, Unfruchtbarkeit zu erstreben und die Empfängnis zu verhindern. Dagegen haben sie für Kinderreichtum Ehrungen ausgesetzt, für Männer und Frauen, während sie die Kinderlosigkeit unter Strafe gestellt haben. Und da soll-

οὖν οὐκ ἂν ἡμεῖς ἄδικα καὶ παράνομα δρῶμεν ἐναντία δρῶντες τῇ βουλήσει τῶν νομοθετῶν, θείων καὶ θεοφιλῶν ἀνδρῶν, οἷς ἕπεσθαι νομίζεται καλὸν καὶ συμφέρον; δρῶμεν δ᾽ ἂν ἐναντία τὴν πολυπαιδίαν τὴν ἑαυτῶν κωλύοντες. πῶς δ᾽ οὐχὶ καὶ εἰς τοὺς πατρῴους θεοὺς ἐξαμαρτάνοιμεν ἂν καὶ εἰς τὸν ὁμόγνιον Δία ταῦτα πράττοντες; ὥσπερ γὰρ ὁ περὶ ξένους ἄδικος εἰς τὸν ξένιον ἁμαρτάνει Δία, καὶ ὁ περὶ φίλους εἰς τὸν φίλιον, οὕτως ὅστις εἰς τὸ ἑαυτοῦ γένος ἄδικος, εἰς τοὺς πατρῴους ἁμαρτάνει θεοὺς καὶ εἰς τὸν ὁμόγνιον Δία, τὸν ἐπόπτην τῶν ἁμαρτημάτων τῶν περὶ τὰ γένη· ὁ δέ γε περὶ τοὺς θεοὺς ἁμαρτάνων ἀσεβής. καὶ μὴν ὅτι καλὸν καὶ λυσιτελὲς παίδων ἀνατροφὴ πολλῶν μάθοι τις ἂν λογισάμενος, ὡς μὲν ἔντιμος ἐν πόλει πολύπαις ἀνήρ, ὡς δ᾽ αἰδῶ παρέχει τοῖς πλησίον, ὡς δὲ δύναται πλέον πάντων τῶν ὁμοίων, ἄν γε μὴ ὁμοίως παίδων εὐπορῶσιν. καθάπερ γάρ, οἶμαι, πολύφιλος ἀφίλου ἀνδρὸς δυνατώτερος, οὕτω καὶ πολὺ μᾶλλον ὁ πολύπαις τοῦ μὴ ἔμπαιδος ἢ τοῦ ὀλίγους κεκτημένου παῖδας, καὶ τοσούτῳ γε μᾶλλον, ὅσῳ περ ἐγγύτερον υἱὸς ἑκάστῳ ἢ φίλος. ἄξιον δὲ νοῆσαι ποῖόν τι καὶ θέαμά ἐστιν ἀνὴρ πολύπαις ἢ γυνὴ σὺν ἀθρόοις ὁρώμενοι τοῖς ἑαυτῶν παισίν· οὔτε γὰρ πομπὴν πεμπομένην θεοῖς οὕτω καλὴν θεάσαιτ᾽ ἄν τις οὔτε χορείαν ἐπὶ ἱεροῖς κόσμῳ χορευόντων οὕτως ἀξιοθέατον, ὡς χορὸν παίδων πολλῶν προηγουμένων ἐν πόλει πατρὸς τοῦ ἑαυτῶν ἢ μητρός, ⟨καὶ⟩ χειραγωγούντων τοὺς γονεῖς ἢ τρόπον ἕτερον περιεπόντων κηδεμονικῶς. τί μὲν τούτου κάλλιον τοῦ θεάματος; τί δὲ τῶν γο-

ten wir gegen Recht und Gesetz verstoßen, indem wir dem
Willen der Gesetzgeber zuwiderhandelten? Dieser göttlichen und gottgeliebten Männer, denen zu folgen doch für
schön und heilbringend gilt? Wir würden ihnen aber zuwi-
derhandeln, wenn wir bei uns selber den Kinderreichtum
verhinderten. Wir würden uns ja dann gegen die väterlichen Götter versündigen und gegen Zeus, den Hort der Familie. Gerade wie der, der gegen Fremdlinge frevelt, gegen
Zeus, den Beschützer der Fremden, sündigt, und wer gegen
die Freunde, gegen ihn als Schützer der Freundschaft, so
sündigt auch der, welcher gegen seine eigene Familie Unrecht tut, gegen die väterlichen Götter und gegen Zeus, den
Hort des Geschlechtes, der alle Sünden gegen die Gemeinschaft wahrnimmt. Wer aber gegen die Götter frevelt, ist
gottlos. Daß die Aufzucht vieler Kinder etwas Schönes und
Segenbringendes ist, kann man schon erkennen, wenn man
daran denkt, welche Ehre einem kinderreichen Mann in der
Stadt erwiesen wird, wie er bei seinem Nachbarn Ehrfurcht
erregt und wie er mehr gilt als alle ihm sonst Gleichen,
wenn sie nicht ebenfalls viele Kinder haben. Denn gerade
wie ein Mann, der viele Freunde hat, weit mehr Einfluß hat
als einer, der gar keinen Freund hat, so gilt auch der kinder-
reiche Mann viel mehr als der kinderlose oder der, der wenige Kinder hat, und um so mehr als einem jeden ein Sohn
näher steht als ein Freund. Es lohnt sich auch, darüber
nachzudenken, welch schöner Anblick ein Mann mit vielen
Kindern ist oder eine Mutter, die zusammen mit allen ihren
Kindern in der Öffentlichkeit erscheint. Denn nirgends
könnte man wohl einen so schönen Festzug zu Ehren der
Götter sehen oder einen Reigen, der bei den Heiligtümern
in schöner Ordnung tanzt, der so des Schauens wert wäre
wie ein Reigen vieler Kinder, die ihren Vater oder ihre Mutter in die Stadt geleiten und die Eltern an der Hand führen

νέων τούτων ζηλωτότερον, ἄλλως τε κἂν ἐπιεικεῖς ὦσι;
τίσι δ' ἂν ἄλλοις οὕτω προθύμως ἢ συνεύξαιτό τις
ἀγαθὰ παρὰ θεῶν, ἢ συμπράξειεν αὐτοῖς εἰς ὅ τι δέοιντο; 'νὴ Δία·' φησίν ⟨'ἀλλὰ . . .'⟩.

XVᵇ.

Ὃ δέ μοι δοκεῖ δεινότατον, οὐδὲ πενίαν ἔνιοι προ-
φασίζεσθαι ἔχοντες, ἀλλ' εὔποροι χρημάτων ὄντες, τινὲς
δὲ καὶ πλούσιοι, τολμῶσιν ὅμως τὰ ἐπιγινόμενα τέκνα
μὴ τρέφειν, ἵνα τὰ προγενόμενα εὐπορῇ μᾶλλον, ἐξ
ἀνοσίου μηχανώμενοι τὴν εὐπορίαν τοῖς παισίν [ἐξ
ἀδελφῶν φόνου]· οἵ γε ἀναιροῦσιν αὐτῶν τοὺς ἀδελφούς, ἵν' ἐκεῖνοι μερίδα μείζω τῶν πατρῴων ἔχωσι·
κακῶς εἰδότες, ὅσῳ κρεῖττον ⟨τὸ⟩ πολλοὺς ἔχειν ἀδελφοὺς τοῦ πολλὰ ἔχειν χρήματα. χρήματα μὲν γὰρ
ἐπιβουλὰς ἐγείρει παρὰ τῶν πλησίον· οἱ δ' ἀδελφοὶ
τοὺς ἐπιβούλους ἀνείργουσι. καὶ τὰ μὲν αὐτὰ δεῖται
βοηθείας· οἱ δ' ἀδελφοὶ βοηθοί εἰσι κράτιστοι. καὶ
οὔτε φίλον ἀγαθὸν ἀδελφῷ παρὰ τὸν* †ἀπὸ ἀνθρώπων
ἑτέρων ὁμοίων τε καὶ ἴσων τῇ ἀπ' ἀδελφῶν. τί δ'
ἄν τις παραβάλοι καλὸν εὐνοίᾳ τῇ ἐξ ἀδελφοῦ εἰς
ἀσφαλείας λόγον; τίνα δὲ κοινωνὸν ἀγαθῶν εὐμενέ-
στερον σχοίη τις ἂν ἢ ἀδελφὸν ἐπιεικῆ; τίνος δὲ παρουσίαν ἐν συμφοραῖς μᾶλλον ποθήσειεν ἂν ἢ τοιούτου ἀδελφοῦ; ἐγὼ μὲν ἀξιοζηλότατον ἡγοῦμαι τὸν

---

* Der Text ist an dieser Stelle sehr unsicher überliefert.

oder auf andere Weise um sie liebevoll bemüht sind. Was
wäre wohl schöner als ein solcher Anblick. Was beneidens-
werter als solche Eltern, zumal wenn sie auch sonst wertvolle Menschen sind? Und wem sonst möchte man wohl so
gern Gutes von den Göttern erflehen oder helfen, wenn sie
in Sorgen wären? «Jawohl», sagte da einer, «aber . . .»[30].

Was mir aber am ärgsten scheint: daß einige, die gar nicht
Armut als Vorwand (für ihre Kinderlosigkeit) anführen
können, sondern durchaus wohlhabende Leute sind, manche sogar reich, sich trotzdem nicht scheuen, die noch dazu
geborenen Kinder nicht aufzuziehen, damit die früher geborenen mehr Wohlstand haben, indem sie durch solches
Verbrechen den Wohlstand der (schon vorhandenen) Kinder zu fördern suchen. Dadurch morden sie ja deren Brüder,
damit diese einen größeren Teil von dem väterlichen Vermögen erben. Sie verkennen dabei zu ihrem Schaden, wie
unendlich viel wertvoller es ist, viele Brüder zu haben als
viele Reichtümer. Denn Reichtum erregt Neid und Nach-
stellungen seitens der Nachbarn. Brüder dagegen scheu-
chen die Neider zurück. Und der Reichtum bedarf des
Schutzes; Brüder dagegen sind selber die besten Beschützer. Und auch einen guten Freund kann man gar nicht mit
einem Bruder (das heißt mit dessen Liebe zu seinen Ge-
schwistern) vergleichen. Stammte jener doch von anderen
Leuten, deren Gesinnung sich gar nicht mit der eines Bruders vergleichen läßt. Und welches Schöne könnte man vergleichen mit dem Wohlwollen eines Bruders im Bereich der
eigenen Sicherheit? Man könnte doch wirklich keinen güti-
geren Teilhaber an seinem Gut haben als einen guten Bruder. Wen würde man wohl im Unglück mehr herbeiwünschen als einen solchen Bruder? Nach meiner Meinung ist
der Mensch am beneidenswertesten von allen, der in sei-

ἐπὶ πλήθει ἀδελφῶν ὁμονοούντων βιοῦντα· καὶ θεο-
φιλέστατον εἶναι νομίζω τὸν ἄνδρα τοῦτον οἴκοθεν
ἔχοντα τἀγαθά. διὸ καὶ νομίζω δεῖν ἕκαστον ἡμῶν
τοῖς αὑτοῦ παισὶ πειρᾶσθαι χρημάτων μᾶλλον ἀπο-
λείπειν ἀδελφούς, ὡς ἀφορμὰς ἀγαθῶν ἀπολείψοντα
μείζονας.

XVI.

ΕΙ ΠΑΝΤΑ ΠΕΙΣΤΕΟΝ ΤΟΙΣ ΓΟΝΕΤΣΙΝ.

Νεανίας τις, ὃν ὁ πατὴρ φιλοσοφεῖν βουλόμενον
ἐκώλυεν, ἤρετο αὐτὸν ὧδέ πως· Ἀρά γε, ὦ Μουσώνιε,
χρὴ πάντα πείθεσθαι τοῖς γονεῦσιν, ἢ ἔστιν ἃ καὶ
παρακουστέον αὐτῶν; Καὶ ὁ Μουσώνιος· Πείθεσθαι
μέν, ἔφη, μητρὶ ἢ πατρὶ τῷ ἑαυτοῦ ἕκαστον φαίνεται
καλόν, καὶ ἐπαινῶ ἔγωγε. τί μέντοι τὸ πείθεσθαί ἐστι,
θεασώμεθα· μᾶλλον δὲ πρότερον τὸ ἀπειθεῖν ὁποῖόν
τι, καὶ ὁ ἀπειθὴς ὅστις, καταμάθωμεν, εἶθ᾽ οὕτως
κρεῖττον ὀψόμεθα τὸ πείθεσθαι ὁποῖόν τί ἐστι. φέρε δή,
εἰ ὑῷ νοσοῦντι ὁ πατὴρ οὐκ ὢν ἰατρὸς οὐδὲ ἔμπειρος
ὑγιεινῶν τε καὶ νοσερῶν προστάττοι τι ὡς ὠφέλιμον,
τὸ δὲ εἴη βλαβερὸν καὶ ἀσύμφορον, καὶ μὴ λανθάνοι
τὸν νοσοῦντα τοιοῦτον ὄν, ἆρά γε μὴ πράττων ἐκεῖνος
τὸ προσταχθὲν ἀπειθεῖ τε καὶ ἀπειθής ἐστιν; ἀλλ᾽ οὐκ
ἔοικεν. τί δέ, εἴ του ὁ πατὴρ νοσῶν αὐτὸς οἶνον ἢ
τροφὴν αἰτοίη παρὰ καιρόν, μέλλων εἰ λάβοι μεῖζω

nem Leben eine Schar gleichgesinnter Brüder hat. Und ein solcher Mann, der von seinem Elternhaus her solches Glück hat, der ist, wie mir scheint, von den Göttern am meisten geliebt. Daher meine ich auch, daß jeder von uns weit eher versuchen muß, seinen Kindern Brüder zu hinterlassen als Geld und Gut, denn dann hinterläßt er ihnen bessere Grundlagen des Lebensglücks.

OB MAN IN ALLEM DEN ELTERN GEHORCHEN MUSS (16)

Ein Jüngling, der sich dem Studium der Philosophie widmen wollte, aber von seinem Vater daran gehindert wurde, fragte ihn etwa folgendermaßen: «Muß man wirklich, Musonius, seinen Eltern in allen Dingen gehorchen, oder gibt es Fälle, wo man ihnen ungehorsam[31] sein muß?» Darauf sagte Musonius: Daß jeder der Mutter oder dem Vater gehorcht, scheint gut und richtig, und ich jedenfalls erkenne das an. Was freilich unter «Gehorchen» zu verstehen ist, das laß uns einmal untersuchen. Oder besser, wir werden uns erst klar darüber, worin das Nichtgehorchen besteht und wie der Ungehorsam ist; dann werden wir besser erkennen, worin denn das Wesen des Gehorchens besteht. Nun gut, wenn einem kranken Sohn sein Vater, der überhaupt kein Arzt ist und überhaupt keine Erfahrungen mit Erkrankung und Genesung besitzt, etwas als nützlich verordnet, was in Wahrheit unzuträglich und schädlich ist, während der Kranke gut weiß, daß dies der Fall ist, ist da der Sohn, wenn er das ihm Befohlene nicht tut, ungehorsam? Augenscheinlich doch nicht. Ein anderes Beispiel: Wenn der Vater von jemand krank ist und Wein oder eine Speise zu unpassender Zeit verlangt – denn wenn er sie bekäme, würde er seine Krankheit noch verschlimmern – und der

τὴν νόσον ποιεῖν, ὁ δὲ παῖς τοῦτο εἰδὼς μὴ διδοίη,
ἆρά γε ἀπειθεῖ τῷ πατρί; οὐκ ἔστιν εἰπεῖν. καὶ πολύ
γε τούτου ἧττον ἐκεῖνον, οἶμαι, φαίη ἄν τις ἀπειθῆ
εἶναι, ὅστις πατέρα φιλοκερδῆ ἔχων, κελευόμενος ὑπ'
αὐτοῦ κλέπτειν ἢ παρακαταθήκην ἀποστερεῖν, οὐχ
ὑπουργεῖ τῷ προστάγματι. ἢ οὐκ οἴει σύ τινας εἶναι
πατέρας, οἳ τοιαῦτα τοῖς ἑαυτῶν παισὶ προστάττουσιν;
ἐγὼ μὲν γὰρ οἶδά τινα οὕτω πονηρόν, ὅς γε υἱὸν ἔχων
ὡραῖον τὴν ὥραν ἀπέδοτο αὐτοῦ. εἰ οὖν ἐκεῖνο τὸ
μειράκιον τὸ πεπραμένον, πεμπόμενον ὑπὸ τοῦ πατρὸς
ἐπὶ τὴν αἰσχύνην, ἀντέλεγε καὶ οὐκ ἀπῄει, πότερον
ἀπειθὲς ἂν τὸ μειράκιον ἔφαμεν εἶναι ἢ σωφρονεῖν;
ἢ οὐδὲ ἐρωτᾶν τοῦτό γε ἄξιον; καὶ γὰρ δὴ τὸ μὲν
ἀπειθεῖν καὶ ὁ ἀπειθὴς λοιδορία ἐστὶ καὶ ὄνειδος· τὸ
δὲ μὴ πράττειν ἃ μὴ χρὴ οὐκ ὄνειδος, ἀλλ' ἔπαινος.
ὥστε εἴτε πατρὸς εἴτε ἄρχοντος εἴτε καὶ νὴ Δία δε-
σπότου προστάγματι μὴ ὑπουργεῖ τις κακὰ προστάτ-
τοντος ἢ ἄδικα ἢ αἰσχρά, οὐκ ἀπειθεῖ οὐδαμῶς, ὥσπερ
οὐδ' ἀδικεῖ οὐδ' ἁμαρτάνει· ἀλλ' ἐκεῖνος ἀπειθεῖ μόνος
ὁ τῶν εὖ καὶ καλῶς καὶ συμφερόντως προσταττομένων
ἀφροντιστῶν καὶ παρακούων. ὁ μὲν οὖν ἀπειθὴς τοι-
οῦτός τίς ἐστιν· ὁ δ' εὐπειθὴς ἔχει μὲν ἐναντίως τούτῳ
καὶ ἔστιν ἐναντίος, εἴη δ' ἂν ὁ τῷ τὰ προσήκοντα
παραινοῦντι κατήκοος ὢν καὶ ἑπόμενος ἑκουσίως, οὗτος
εὐπειθής. ὅθεν καὶ γονεῦσι τοῖς ἑαυτοῦ τότε πείθε-
ταί τις, ὅταν χρηστὰ παραινούντων αὐτῶν ταῦτα
πράττῃ ἑκών. ἐγὼ μέντοι κἂν μὴ παραινούντων τῶν
γονέων πράττῃ τις ἃ χρὴ καὶ συμφέρει αὐτῷ, φημὶ
τοῦτον πείθεσθαι τοῖς γονεῦσιν· καὶ ὅτι ὀρθῶς φημι,

Sohn, der dies weiß, sie ihm nicht gibt, ist der wirklich seinem Vater ungehorsam? Das kann man nicht sagen. Und noch viel weniger kann man den Sohn ungehorsam nennen, der einen geldgierigen Vater hat und den Befehl erhält, zu stehlen oder sich einem anderen anvertrautes Gut anzueignen, und dies nicht tut. Oder glaubst du nicht, daß es solche Väter gibt, die so etwas ihren eigenen Kindern auftragen? Ich kenne sogar einen Vater, der einen noch sehr jungen Sohn hatte und diesen an einen Zuhälter verkaufte[32]. – Wenn nun jener halbwüchsige Junge, der von seinem Vater so verkauft und der Unzucht ausgesetzt wurde, sich widersetzt hätte, könnten wir da den Jungen für ungehorsam erklären oder für einen sittlichen Charakter? Oder braucht man das gar nicht zu fragen? Ist doch Ungehorsamsein und «der Ungehorsame» ein Schimpf und ein Vorwurf. Das aber nicht zu tun, was man nicht darf, ist doch kein Vorwurf, sondern ein Lob. Also, wenn jemand dem Befehl seines Vaters oder seines Vorgesetzten oder gar, beim Zeus, eines Gewaltherrschers nicht gehorcht, wenn er ihm Arges oder Ungerechtes oder Schändliches befiehlt, dann ist er überhaupt nicht ungehorsam, ebensowenig wie er unrecht tut oder sich verfehlt. Vielmehr ist nur der ungehorsam, der sich um kluge, verständige und heilbringende Befehle nicht kümmert und ihnen nicht gehorcht. Der wirklich Ungehorsame ist also solcher Art. Der Gehorsame ist das Gegenteil von diesem, ihm entgegengesetzt; es ist also derjenige, der dem gehorcht und gern Folge leistet, der Vernünftiges befiehlt, in einem guten Sinne gehorsam. Daher gehorcht jemand seinen Eltern, wenn sie ihm vernünftige Aufträge geben und er diese willig ausführt. Ich behaupte sogar, wenn jemand, auch ohne daß es ihm die Eltern auftragen, tut, was Pflicht und ihm förderlich ist, daß der den Eltern gehorsam ist. Und daß ich hiermit recht habe, will

σκόπει οὕτως. ὁ γὰρ δὴ πράττων ἃ βούλεται ὁ πατὴρ
καὶ τῇ βουλήσει τοῦ πατρὸς ἑπόμενος πείθεται, οἶμαι,
τῷ πατρί· ὁ δὲ πράττων ἃ δεῖ καὶ ἃ κρεῖττόν ἐστι, τῇ
βουλήσει ἕπεται τοῦ πατρός. τίνα τρόπον; ὅτι πάντες
οἱ γονεῖς εὐνοοῦσι δήπου τοῖς ἑαυτῶν παισίν, εὐνο-
οῦντες δὲ βούλονται ἃ χρὴ καὶ συμφέρει πράττεσθαι
ὑπ' αὐτῶν. ὅστις οὖν πράττει τὰ προσήκοντα καὶ τὰ
συμφέροντα, πράττει οὗτος ἃ βούλονται οἱ γονεῖς.
ὥστε πείθεται τοῖς γονεῦσι ταῦτα πράττων, κἂν μὴ
τῷ λόγῳ κελεύωσιν αὐτὰ πράττειν οἱ γονεῖς. τοῦτο
δὴ μόνον προσήκει σκοπεῖν, ὅστις βούλεται πείθεσθαι
τοῖς γονεῦσιν ἐφ' ἑκάστῳ τῶν πραττομένων, εἰ καλὸν
καὶ συμφέρον ὃ μέλλει πράξειν ἐστίν, ἕτερον δὲ οὐδέν,
ὡς ἂν ὑπάρχῃ τοιοῦτον εὐθὺς καὶ τοῦ πράττοντος
αὐτὸ πειθομένου τοῖς γονεῦσιν. μὴ τοίνυν σύ γε δεί-
σῃς, ὦ νεανίσκε, ὡς ἀπειθήσεις τῷ πατρί, ἂν ᾖ ἃ ⟨μὴ⟩
προσήκει δρᾶν κελεύοντος τοῦ πατρὸς ἀπέχῃ τοῦ ταῦτα
δρᾶν, ἢ ἃ προσήκει ἀπαγορεύοντος, ⟨τοῦ⟩ ταῦτα μὴ
δρᾶν. μηδέ σοι πρόφασις ἔστω τοῦ ἁμαρτάνειν ὁ
πατὴρ ἢ κελεύων τι τῶν πράττεσθαι μὴ καλῶν ἢ ἀπα-
γορεύων τι τῶν καλῶν. οὐδεμία γὰρ ἀνάγκη σοι τὰ
μὴ εὖ προσταττόμενα ὑπουργεῖν· καὶ τοῦτό μοι δοκεῖς
οὐδ' αὐτὸς ἀγνοεῖν. οὔκουν ἀνέξῃ τοῦ πατρὸς ἐν
μουσικοῖς, ἐὰν ἐκεῖνος οὐκ ἐπαΐων μουσικῆς προστάττῃ
κρούειν ἀμούσως τὴν λύραν, ἢ ἐπιστάμενον γράμματα
οὐκ ἐπιστάμενος κελεύῃ σε γράφειν καὶ ἀναγινώσκειν
μὴ ὡς ἔμαθες, ἀλλ' ἑτέρως· οὐδέ γε ἂν ἐπιστάμενον
κυβερνᾶν οὐκ ὢν κυβερνητικὸς κελεύῃ σε κινεῖν τὸ

ich dir zeigen. Denn derjenige, der tut, was sein Vater will, und dem Willen des Vaters folgt, der gehorcht seinem Vater. Und der, welcher (unaufgefordert) tut, was Pflicht ist und was besser ist, der folgt dem Willen seines Vaters. Wieso? Weil sicherlich alle Eltern ihren eigenen Kindern wohlgesinnt sind und eben darum wünschen, daß von ihnen getan wird, was Pflicht und (ihnen) förderlich ist. Wer also tut, was sich gebührt und was förderlich ist, der tut, was seine Eltern wünschen. Wenn er so handelt, gehorcht er den Eltern, wenn diese ihn auch nicht ausdrücklich auffordern, es zu tun. Nur darauf muß jeder sein Augenmerk richten, der seinen Eltern bei allem, was er tut, gehorchen möchte: ob das, was er im Begriff ist zu tun, anständig und nützlich ist, und auf nichts anderes, weil, wenn es so ist, sein Tun mit dem Gehorsam gegen seine Eltern übereinstimmt. Darum brauchst du keine Angst zu haben, mein Sohn, daß du dem Vater nicht gehorchst, wenn du, sobald dein Vater dir etwas befiehlt, was unrecht ist, dich hütest, dies zu tun, oder wenn du, sobald er dir etwas zu tun verbietet, was sich gehört, dies doch tust. Es darf dir daher dein Vater kein Vorwand sein, zu sündigen, wenn er dir etwas Häßliches befiehlt oder dir verbietet, etwas Anständiges zu tun. Denn nichts kann dich überhaupt zwingen, verkehrte Vorschriften auszuführen. Und das scheinst du mir auch selber zu wissen. Du wirst dich doch auch deinem Vater in musikalischen Dingen nicht fügen, wenn er von Musik nichts versteht und dir doch befiehlt, die Leier gegen alle Regeln der Kunst zu spielen, oder wenn du schreiben kannst, er aber hiervon keine Ahnung hat und dich zu schreiben und zu lesen auffordert nicht so, wie du es gelernt hast, sondern auf andere Weise, und ebensowenig bist du ihm ungehorsam, wenn du dich auf die Steuermannskunst verstehst, er dagegen nicht und dir trotzdem befiehlt, das

πηδάλιον ὡς οὐ προσήκει, οὐ προσέξεις αὐτῷ. τί οὖν;
ταῦτα μὲν ταύτῃ ἔχει· ἂν δέ σε κωλύῃ φιλοσοφεῖν ὁ
πατὴρ εἰδότα καὶ ἀκηκοότα ὁποῖόν τι φιλοσοφία ἐστίν,
αὐτὸς ἀγνοῶν, ἆρά γε προσεκτέον αὐτῷ, ἢ μεταδιδα-
κτέον μᾶλλον αὐτὸν ὡς οὐκ εὖ σοι παραινεῖ; ἐμοὶ
μὲν οὕτω δοκεῖ. τάχα μὲν οὖν τις καὶ λόγῳ χρώμενος
μόνῳ πείσειεν ἂν τὸν αὐτὸς αὑτοῦ πατέρα διανοεῖσθαι ᾗ προσήκει περὶ φιλοσοφίας, ἄν γε μὴ τέλεον ᾖ
σκληρὸς τὴν φύσιν ὁ πατήρ. εἰ δ᾽ οὖν μὴ πείθοιτο
τῷ λόγῳ μηδὲ ἕποιτο, ἀλλὰ τά γε ἔργα πάντως τὰ τοῦ
παιδὸς ὑπάξεται αὐτόν, εἰ φιλοσοφεῖ τῇ ἀληθείᾳ ὁ
παῖς. ἔσται γὰρ δὴ φιλοσοφῶν προθυμότατος μὲν
θεραπεύειν τὸν πατέρα θεραπείαν ἅπασαν, κοσμιώτα-
τος δὲ καὶ πρᾳότατος, ἐν τῇ συνουσίᾳ ἥκιστα φίλερις
ὢν ἢ φίλαυτος καὶ οὔτε προπετὴς οὔτε ταραχώδης
οὔτ᾽ ὀργίλος· ἔτι δὲ ἐγκρατὴς μὲν εἴη ἂν γλώσσης,
γαστρός, ἀφροδισίων, καρτερικὸς δὲ πρὸς τὰ δεινὰ καὶ
τοὺς πόνους· καὶ νοῆσαι μὲν ὅ τι καλὸν ἱκανώτατος,
οὐχ ὑπερβαίνων δὲ τὸ φαινόμενον καλόν. ὅθεν καὶ
τῶν μὲν ἡδέων ὑφήσεται τῷ πατρὶ πάντων ἑκών· τὰ
δὲ ἐπίπονα πρὸ ἐκείνου δέξεται αὐτός. τοιοῦτον οὖν
υἱὸν τίς μὲν οὐκ ἂν ἔχειν εὔξαιτο τοῖς θεοῖς; τίς δὲ
ἔχων οὐκ ⟨ἂν⟩ ἀγαπήσειεν, δι᾽ ὃν ὑπάρξειεν αὐτῷ ζηλωτὸν

Steuer nicht so, wie es sich gehört, zu bewegen. Dies alles ist ja klar.

Wenn dich aber dein Vater hindern will, Philosophie zu studieren, wo du genau weißt und begriffen hast, was denn eigentlich Philosophie ist, während er davon nichts weiß, mußt du da auf ihn hören oder ihn eines Besseren belehren, daß er dir zu Unrecht entgegentritt? Für mich ist das nicht zweifelhaft. Vielleicht könnte auch jemand, nur auf gute Argumente gestützt, selbst seinen Vater dahin bringen, sich von der Philosophie die richtige Vorstellung zu bilden, es sei denn der Vater ist in seiner Auffassungsgabe vollkommen beschränkt.

Wenn er nun aber durch deine Gründe nicht überzeugt würde und sich ihnen nicht fügte, so wird ihn doch das Tun seines Sohnes unter allen Umständen zur Erkenntnis bringen, ob sein Sohn in Wahrheit ein Philosoph ist. Denn dieser wird als wirklicher Philosoph mit größtem Eifer seinem Vater jeden Dienst leisten, äußerst artig und freundlich gegen ihn sein und in Gesellschaft mit anderen am allerwenigsten streitsüchtig oder egoistisch und auch nicht hitzig sein oder die anderen aufregen und Verwirrung anrichten und auch nicht zornig werden. Außerdem wird er Herr seiner Zunge, seines Magens und seiner Triebe sein und tapfer aushalten gegenüber schweren Schicksalen und körperlichen Strapazen und im höchsten Grade fähig, das zu erkennen, was wirklich schön und gut ist, und das, was ihm schön scheint, nicht unbeachtet lassen. Daher wird er auch bei allen Annehmlichkeiten gern hinter seinem Vater zurücktreten, dagegen mühsame Geschäfte an seiner Stelle auf sich nehmen. Wer möchte wohl nicht gern einen solchen Sohn haben wollen und die Götter bitten, ihm einen solchen zu schenken? Und wer, wenn er ihn besäße, wäre wohl nicht froh über ihn, um den er als Vater von allen verständigen

εἶναι καὶ μακαριστὸν πατέρα παρὰ τοῖς εὖ φρονοῦσι
πᾶσιν; εἰ δ' οὖν, ὦ νεανίσκε, καὶ τοιοῦτος ὤν, ὁποῖος
ἔσῃ πάντως ἄν γε ἀληθῶς φιλοσοφῇς, οὐχ ὑπάξῃ τὸν
πατέρα τὸν σὸν οὐδὲ πείσεις ἐπιτρέπειν σοι καὶ συγχω-
ρεῖν ταῦτα πράττειν, ἐκεῖνο λόγισαι· ὁ πατὴρ ὁ σὸς
κωλύει σε φιλοσοφεῖν· ὁ δέ γε κοινὸς ἁπάντων πατὴρ
ἀνθρώπων τε καὶ θεῶν Ζεὺς κελεύει σε καὶ προτρέπει. πρόσταγμά τε γὰρ ἐκείνου καὶ νόμος ἐστὶ τὸν
ἄνθρωπον εἶναι δίκαιον, χρηστόν, εὐεργετικόν, σώφρονα, μεγαλόφρονα, κρείττω πόνων, κρείττω ἡδονῶν,
φθόνου παντὸς καὶ ἐπιβουλῆς ἁπάσης καθαρόν· ἵνα
δὲ συντεμὼν εἴπω, ἀγαθὸν εἶναι κελεύει τὸν ἄνθρωπον ὁ νόμος ὁ τοῦ Διός. τὸ δέ γε εἶναι ἀγαθὸν τῷ
φιλόσοφον εἶναι ταὐτόν ἐστιν. εἰ δὴ τῷ πείθεσθαι ⟨τῷ⟩
πατρὶ τῷ ἀνθρώπῳ ἕπεσθαι μέλλεις, εἰ δὲ φιλοσοφοίης, τῷ Διΐ, δῆλον ὡς φιλοσοφητέον σοι μᾶλλον, ἢ
οὖ. ἀλλὰ νὴ Δία εἴρξει σε ὁ πατὴρ καὶ κατακλείσας
ἕξει, ἵνα δὴ μὴ φιλοσοφῇς. ταῦτα μὲν ποιήσει ἴσως,
τοῦ δέ γε φιλοσοφεῖν οὐκ ἀπείρξει σε μὴ βουλόμενον·
οὐ γὰρ χειρὶ ἢ ποδὶ φιλοσοφοῦμεν οὐδὲ τῷ ἄλλῳ
σώματι, ψυχῇ δὲ καὶ ταύτης ὀλίγῳ μέρει, ὃ δὴ διάνοιαν καλοῦμεν. ταύτην γε μὴν ἐν ὀχυρωτάτῳ ἵδρυ-
σεν ὁ θεὸς ὥστε ἀόρατον εἶναι καὶ ἄληπτον, καὶ ἀνάγκης πάσης ἐκτὸς ἐλευθέραν καὶ αὐτεξούσιον. ἄλλως
τε ἐὰν τύχῃ οὖσα χρηστή, οὐ δυνήσεταί σε κωλύειν
ὁ πατὴρ οὔτε χρῆσθαι τῇ διανοίᾳ οὔτε ἃ χρὴ διανοεῖσθαι οὔτε ἀρέσκεσθαι μὲν τοῖς καλοῖς, μὴ ἀρέσκεσθαι δὲ τοῖς αἰσχροῖς· οὐδ' αὖ τὰ μὲν αἱρεῖσθαι, τὰ

Menschen beneidet und wegen dem er glücklich gepriesen würde? – Wenn du nun aber, mein Junge – auch wenn du so bist, wie du als ein echter Jünger der Philosophie auf jeden Fall sein wirst –, deinen Vater trotzdem nicht umstimmst und ihn nicht bewegst, dir nachzugeben und es dir anheimzustellen, deinen Beruf selbst zu wählen, dann bedenke einmal folgendes: Dein Vater will dich hindern, der Philosophie zu dienen, aber Zeus, der gemeinsame Vater aller Menschen und Götter, befiehlt es dir und treibt dich dazu an. Denn sein Gebot und Gesetz lautet: Der Mensch soll gerecht, rechtschaffen, wohltätig, besonnen, hochsinnig, Herr über Mühen und Lüste, frei von jedem Neid und jeder bösen Absicht sein. Um es mit einem Wort zu sagen: das Gesetz des Zeus gebietet den Menschen, tugendhaft zu sein. Tugendhaft sein und Philosoph sein ist ein und dasselbe. Wenn du durch Gehorsam gegen deinen leiblichen Vater einem Menschen gehorsam bist, dagegen, wenn du Philosoph bist, dem Zeus, dann ist es klar, daß du es vorziehen mußt, der Philosophie zu dienen. Aber, beim Zeus, dein Vater wird dich hindern und eingesperrt halten, damit du nicht Philosoph wirst. Vielleicht wird er das tun, aber von der Philosophie wird er dich nicht abbringen, wenn du es nicht willst. Wir philosophieren doch nicht mit der Hand oder mit dem Fuß oder mit dem übrigen Körper, wohl aber mit der Seele und von dieser mit einem kleinen Teil, den wir das Denkvermögen nennen. Diesem wies der Gott seinen Sitz an der sichersten Stelle an, so daß es unsichtbar und unantastbar ist und jedem äußeren Zwang entrückt, frei und absolut selbständig. Und wenn es im übrigen gesund ist, dann kann dich dein Vater nicht hindern, dein Denkvermögen zu gebrauchen oder zu denken, was man soll, oder daran, dein Gefallen zu haben an schönen, dein Mißfallen an häßlichen Dingen. Und ebensowenig daran, die einen

δὲ ἐκκλίνειν. ταῦτα μὲν ποιῶν εὐθὺς φιλοσοφοίης
ἄν, καὶ οὔτε τρίβωνα πάντως ἀμπέχεσθαι δεήσει σε
οὔτε ἀχίτωνα διατελεῖν, οὐδὲ κομᾶν, οὐδ' ἐκβαίνειν
τὸ κοινὸν τῶν πολλῶν. πρέπει μὲν γὰρ καὶ ταῦτα
τοῖς φιλοσόφοις· ἀλλ' οὐκ ἐν τούτοις τὸ φιλοσοφεῖν
ἐστιν, ἀλλ' ἐν τῷ φρονεῖν ἃ χρὴ καὶ διανοεῖσθαι.

XVII.

ΤΙ ΑΡΙΣΤΟΝ ΓΗΡΩΣ ΕΦΟΔΙΟΝ.

Αὖθις δέ, ἐπεὶ πρεσβύτης τις ἐπύθετο, τί ἂν εἴη
γήρως ἐφόδιον ἄριστον, ταὐτόν, εἶπεν, ὅπερ καὶ νεότητος, τὸ ζῆν ὁδῷ καὶ κατὰ φύσιν. τοῦτο δὲ μάλιστ'
ἂν οὕτω μάθοις ὁποῖόν τί ἐστιν, εἰ ἐννοήσαις τὴν τοῦ
ἀνθρώπου φύσιν ὡς οὐ πρὸς ἡδονὴν γέγονεν. οὐδὲ
γὰρ ἵππος οὐδὲ κύων οὐδὲ βοῦς, ἅπερ ἀτιμότερα πολὺ
ἀνθρώπου ἐστίν, οὐ πρὸς ἡδονὴν γέγονεν· οὐδὲ γὰρ
νομισθείη ἂν τυγχάνειν τοῦ ἑαυτοῦ τέλους ἵππος
ἐσθίων μὲν καὶ πίνων καὶ ὀχεύων ἀνέδην, πράττων δὲ
μηδὲν ὧν ἵππῳ προσήκει· οὐδέ γε κύων ἡδόμενος
μὲν ὥσπερ ὁ ἵππος ἁπάσας ἡδονάς, πράττων δὲ μηδὲν
ἀφ' ὧν ἀγαθοὶ νομίζονται εἶναι κύνες· οὐδὲ μὴν ἄλλο
ζῷον ὁτιοῦν ἔργου μὲν τοῦ προσήκοντος αὐτῷ στερό-
μενον, ἡδονῶν δ' ἐμπιπλάμενον· οὐδὲν οὖν οὕτως ζῆν
ἂν λέγοιτο κατὰ φύσιν, ἀλλ' ὅ τι ἂν μάλιστα τὴν
ἀρετὴν ἐμφανίζῃ, δι' ὧν πράττει κατὰ τὴν ἑαυτοῦ
φύσιν. ἄγει γὰρ ἡ ἑκάστου φύσις ἕκαστον πρὸς τὴν

Dinge zu wählen, die anderen zu meiden. Wenn du das alles befolgst, dann bist du schon ein wirklicher Jünger der Philosophie. Und du brauchst dann überhaupt keinen Tribon umzuhängen oder ohne Unterkleidung zu gehen, auch keine langen Haare zu tragen und nicht aus der Gemeinschaft der Menge auszuscheiden. Diese äußeren Dinge passen zwar auch zu einem Philosophen; aber nicht in ihnen besteht das Philosophieren, sondern darin, die rechte Gesinnung zu haben, und im ständigen Nachdenken.

WAS DIE BESTE WEGZEHRUNG DES ALTERS IST (17)

Als ihn einmal ein alter Mann fragte, was die beste Wegzehrung des Alters sei, sagte er: Ganz dieselbe wie die der Jugend: das Leben nach festen Grundsätzen und gemäß der Natur. Was das bedeutet, das wirst du am besten begreifen, wenn du über die Natur des Menschen nachdenkst und erkennst, daß er nicht zur Lust geboren ist. Denn auch das Pferd, der Hund, das Rind, Tiere, die doch viel geringer als der Mensch sind, sind nicht zur Lust geboren. Denn man kann doch nicht glauben, daß ein Pferd seine Bestimmung erfüllt, wenn es ungehemmt frißt, trinkt und sich fortpflanzt und nichts von dem leistet, was dem Pferde geziemt. Und ebensowenig gilt ein Hund, der wie ein Pferd all seinen Lüsten frönt, aber nichts von dem leistet, auf Grund dessen Hunde für tüchtig gelten. Und auch kein anderes Tier, das der ihm zukommenden Leistung beraubt ist und nur seinen Lüsten folgt. Von keinem Tier, das so lebt, kann man sagen, daß es gemäß seiner Natur lebt, sondern nur von dem, das die ihm eigentümliche Tüchtigkeit («Tugend») im höchsten Grade durch seine Leistungen gemäß seiner eigenen Natur offenbart. Führt doch die Natur eines jeden Lebewesens ein

ἀρετὴν τὴν ἐκείνου· ὥστε καὶ τὸν ἄνθρωπον εἰκὸς οὐχ
ὅταν ἐν ἡδονῇ βιοῖ, τότε κατὰ φύσιν βιοῦν, ἀλλ᾿ ὅταν
ἐν ἀρετῇ. τότε γὰρ καὶ ἐπαινεῖσθαι δικαίως ὑπάρχοι
ἂν αὐτῷ καὶ μέγα φρονεῖν ἐφ᾿ αὑτῷ καὶ εὔελπιν καὶ
θαρραλέον εἶναι, οἷς εὐφροσύνην τε καὶ χαρὰν βεβαίαν
ἕπεσθαι ἀναγκαῖον. καθόλου δὲ ἄνθρωπος μίμημα
μὲν θεοῦ μόνον τῶν ἐπιγείων ἐστίν, ἐκείνῳ δὲ παρα-
πλησίας ἔχει τὰς ἀρετάς· ἐπεὶ μηδ᾿ ἐν θεοῖς μηδὲν
ὑπονοῆσαι κρεῖττον ἔχομεν φρονήσεως καὶ δικαιοσύνης,
ἔτι δὲ ἀνδρείας καὶ σωφροσύνης. ὥσπερ οὖν ὁ θεὸς
διὰ τὴν παρουσίαν τούτων τῶν ἀρετῶν ἀήττητος μὲν
ἡδονῆς, ἀήττητος δὲ πλεονεξίας, κρείττων δὲ ἐπιθυμίας, κρείττων δὲ φθόνου καὶ ζηλοτυπίας, μεγαλόφρων
δὲ καὶ εὐεργετικὸς καὶ φιλάνθρωπος· τοιοῦτον γὰρ
ἐπινοοῦμεν τὸν θεόν· οὕτω καὶ τὸ ἐκείνου μίμημα τὸν
ἄνθρωπον ἡγητέον, ὅταν ἔχῃ κατὰ φύσιν, ὁμοίως ἔχειν,
καὶ οὕτως ἔχοντα εἶναι ζηλωτόν· ὣν δὲ ζηλωτὸς εὐθὺς
ἂν εἴη καὶ εὐδαίμων· οὐ γὰρ ἄλλους γέ τινας ἢ τοὺς
εὐδαίμονας ζηλοῦμεν. καὶ μὴν οὐκ ἀδύνατον γενέσθαι τοιοῦτον ἄνθρωπον· οὐ γὰρ ἑτέρωθέν ποθεν
ταύτας ἐπινοῆσαι τὰς ἀρετὰς ἔχομεν ἢ ἀπ᾿ αὐτῆς τῆς
ἀνθρωπείας φύσεως, ἐντυχόντες ἀνθρώποις τοιοῖσδέ
τισιν, οἵους ὄντας αὐτοὺς θείους καὶ· θεοειδεῖς ὠνό-
μαζον. εἰ μὲν οὖν τις τύχοι πρότερον ἔτι νέος ὢν
παιδείας ὀρθῆς ἐπιμέλειαν πεποιημένος, καὶ τὰ μὲν
ὅσα μαθημάτων ἔχεται καλῶν μεμαθηκὼς οὐκ ἐνδεῶς,
τὰ δὲ ἀσκητὰ ἠσκηκὼς ἱκανῶς, οὗτος ἂν ἐν γήρᾳ ταῖς

jedes zu der ihm eigenen Tüchtigkeit. Es leuchtet daher ein, daß auch der Mensch, wenn er ein Leben der Lust führt, nicht seiner Natur gemäß lebt, sondern nur dann, wenn er die ihm eigentümliche Tugend in sich verwirklicht. Denn nur dann gebührt es ihm, mit Recht gelobt zu werden und groß von sich zu denken und voll Zuversicht und Mut zu sein, Eigenschaften, denen notwendig Frohsinn und durch nichts zu trübende Heiterkeit folgen müssen.

Überhaupt ist der Mensch als das einzige aller irdischen Wesen ein Abbild Gottes und hat ihm ähnliche Tugenden. Denn auch an den Göttern können wir nichts Besseres denken als Einsicht, Gerechtigkeit, Tapferkeit und weise Mäßigung. Wie nun Gott infolge des Besitzes dieser Tugenden niemals der Lust erliegt und nie der Ichsucht und Herr der Begierde ist, Herr über Neid und Eifersucht, hochsinnig, wohltätig und menschenfreundlich ist – denn so stellen wir uns Gott vor –, so muß man auch den Menschen für das Abbild der Gottheit halten, wenn er gemäß seiner Natur lebt und in ähnlicher Verfassung (wie Gott) ist, und wenn er so ist, ist er nacheifernswert. Und wenn dies der Fall ist, dann ist er alsbald auch glückselig. Denn wir eifern keinem anderen nach als dem Glückseligen. Und wahrlich, es ist nicht unmöglich, daß ein solcher Mensch einmal vorkommt: denn wir können uns aus keinem anderen Grunde diese Tugenden vorstellen als infolge der menschlichen Natur selbst, dadurch, daß wir solchen Menschen begegnet sind, die man auf Grund ihres Wesens göttlich oder gottähnlich nannte. Wenn es nun einmal jemanden gibt, der früher, als er noch jung war, sich um die rechte Bildung ernstlich bemüht hat und sich die Kenntnisse, die mit den schönen Erkenntnissen zusammenhängen, gründlich erworben und die Eigenschaften, die man durch Übung erwirbt, durch praktische Übung ausreichend angeeignet hat, ein solcher

ἐνούσαις ἑαυτῷ χρώμενος ἀφορμαῖς ζῴη κατὰ φύσιν,
καὶ ἀλύπως μὲν φέροι τὴν στέρησιν τῶν ἡδονῶν τῶν
ἐπὶ νεότητος, ἀλύπως δ' ἔχοι τῇ παρούσῃ τοῦ σώματος ἀδυναμίᾳ, δυσκολαίνοι δ' οὐκ ἂν οὔτε καταφρο-
νούμενος ὑπὸ τῶν πλησίον οὔτ' ἀμελούμενος ὑπὸ τῶν
οἰκείων καὶ φίλων, ἅτε πρὸς ταῦτα πάντα ἀλεξιφάρμα-
κον ἔχων καλὸν ἐπὶ τῇ διανοίᾳ τῇ ἑαυτοῦ, τὴν παιδείαν τὴν ὑπάρχουσαν. εἰ δέ τις εἴη παιδείας μὲν
ἐνδεέστερον μετεσχηκώς, προθυμίαν δὲ παρέχοιτο πρὸς
τὰ κρείττω, καὶ πείθεσθαι δύναιτο τοῖς εὖ λεγομένοις,
οὗτος ἂν εὖ ποιοίη ζητῶν λόγων ἀκούειν ὑποθετι-
κῶν παρὰ τῶν πεποιημένων ἔργον εἰδέναι τίνα μὲν
βλαβερά, τίνα δὲ ὠφέλιμα ἀνθρώποις, καὶ τίνα δὴ
τρόπον τὰ μὲν ἐκφεύγοι, τὰ δὲ κτῷτο, καὶ πῶς ἂν τὰ
μὴ ὄντα μὲν κακά, δοκοῦντα δέ, προσιόντα πρᾴως δέ-
χοιτο. τούτων δὲ ἀκούων καὶ πειθόμενος (ὡς τό γε
ἀκούειν ἀπειθῶς ἀκερδέστατον) διαθεῖτ' ἂν τὸ γῆρας
καλῶς τά τε ἄλλα καὶ τὸν τοῦ θανάτου φόβον ἐξαιρε-
θείη ἄν, ὃς μάλιστα θορυβεῖ τε καὶ πιέζει τοὺς γέροντας, ὥσπερ ἐπιλελησμένους ὅτι παντὶ θνητῷ θάνατος ὀφείλεται. καὶ τό γε ἀθλιώτατον ποιοῦν τὸν βίον
τοῖς γέρουσιν αὐτὸ τοῦτό ἐστιν, ὁ τοῦ θανάτου φόβος·
ὥσπερ ἀμέλει καὶ ὁ ῥήτωρ Ἰσοκράτης ἀνωμολογήσατο.
φασὶ γὰρ ἐκεῖνον, ἐρωτήσαντός τινος ὅπως διάγει,
εἰπεῖν, ὅτι οὕτως ὥσπερ εἰκὸς τὸν ἐνενήκοντα μὲν γεγονότα ἔτη, κακῶν δὲ ἔσχατον νομίζοντα εἶναι τὸν
θάνατον. καί τοι πῶς ἐκείνῳ τι παιδείας μετῆν ἢ γνώ-

Mann wird wohl im Alter, in dem er auf den in seiner Seele ruhenden Grundlagen fußt, gemäß der Natur leben. Und er wird unbekümmert den Verlust der Lüste der Jugendzeit ertragen, unbekümmert auch durch die gegenwärtige Entkräftung seines Körpers. Er wird sich auch nicht grämen, wenn er von seinen Mitmenschen verachtet oder von seinen Verwandten und Freunden vernachlässigt wird; er hat ja gegen alles dies einen schönen Schutzschild in seiner Seele: seine Bildung.

Wenn aber jemand nur eine mangelhafte Bildung erworben haben sollte, aber das Verlangen nach ihrer Vervollkommnung, der wird, wenn er die Fähigkeit hat, gute Lehren in sich aufzunehmen, gut daran tun, wenn er danach trachtet, gut beratende Vorträge[33] von denen zu hören, die es als ihren Beruf erwählt haben, gründlich zu wissen, was für Menschen schädlich und was nützlich ist und auf welche Weise man da das eine meidet, das andere sich zu eigen macht und wie man Dinge, die in Wahrheit keine Übel sind, aber doch so scheinen, wenn sie einen treffen, gelassen aufnimmt. Wenn er diese hört und ihnen folgt – ist doch das bloße Hören, ohne davon einen tieferen Eindruck zu bekommen, gänzlich wertlos –, dann wird er sein Leben im Alter in jeder Hinsicht schon gut gestalten, und vor allem wird er die Furcht vor dem Tode loswerden, die ja die Greise besonders beunruhigt und quält, als ob sie vergessen hätten, daß jedes sterbliche Wesen einmal sterben muß.

Das, was den Greisen das Leben am allerunglücklichsten macht, ist eben dies: die Furcht vor dem Tode. Wie das ja auch der Redner Isokrates bekannt hat. Denn man erzählt, daß er, als ihn jemand fragte, wie es ihm gehe, geantwortet habe: «So, wie es bei einem Mann von neunzig Jahren natürlich ist, der für der Übel größtes den Tod hält[34].» Bei Gott, er hatte ja keinen Schimmer von Bildung oder Er-

σεως τῶν ἀλη⟨θῶς ἀγα⟩θῶν ἢ κακῶν, ὃς ὑπελάμβανεν
εἶναι κακὸν τὸ ἐξ ἀνάγκης ἑπόμενον βίῳ τῷ ἀρίστῳ;
εἴ γε ἄριστος βίος ὁ τοῦ ἀγαθοῦ ἀνδρός, πέρας δὲ
καὶ τούτου θάνατος. ὃ δ᾽ οὖν εἶπον, εἰ τοῦτο περι-
ποιήσαιτό τις ἐν γήρᾳ, τὸ προσδέχεσθαι τὸν θάνατον
ἀφόβως καὶ θαρραλέως, οὐ μικρὸν ἂν πρὸς τὸ ζῆν
ἀλύπως καὶ κατὰ φύσιν εἴη πεπορισμένος· κτήσαιτο
δ᾽ ἂν τοῦτο συνὼν τοῖς οὐκ ὀνόματι μόνον ἀλλ᾽ ἀληθῶς φιλοσόφοις, ἄν γε καὶ πείθεσθαι θέλῃ αὐτοῖς.
ἐγὼ μὲν οὖν φημὶ γήρως ἐφόδιον εἶναι κράτιστον, ὃ
δὴ καὶ ἀρχόμενος τοῦ λόγου εἶπον, τὸ ζῆν κατὰ φύσιν
ἃ χρὴ πράττοντα καὶ διανοούμενον. οὕτω γὰρ ἂν καὶ
εὐθυμότατος εἴη ὁ γέρων καὶ ἐπαινετώτατος, ταῦτα
δὲ ἔχων εὐπότμως καὶ ἐντίμως βιῴη ἄν. εἰ δέ τις
οἴεται μέγιστον εἶναι παραμύθιον τοῖς γέρουσι τὸν
πλοῦτον, καὶ τοῦτον αὐτοῖς παρέχειν ἀλύπως βιοῦν,
κακῶς οἴεται· πλοῦτος γὰρ ἡδονὰς μὲν οἷός τε παρέχειν ἀνθρώποις ἐστὶ τὰς ἀπὸ σίτων καὶ ποτῶν καὶ
ἀφροδισίων καὶ ἄλλων ὁμοίων, οὔτε δὲ εὐθυμίαν οὔτε
ἀλυπίαν οὐδαμῶς τῷ κεκτημένῳ παράσχοι ἄν. μάρτυ-
ρες δὲ πολλοὶ τῶν πλουσίων λυπούμενοι καὶ ἀθυ-
μοῦντες καὶ ἀθλίους νομίζοντες εἶναι αὑτούς. διόπερ
οὐδὲ ἐπικούρημα γήρως καλὸν ὁ πλοῦτος εἴη ἄν.

XVIIIᴬ.

ΠΕΡΙ ΤΡΟΦΗΣ.

Περὶ δὲ τροφῆς εἰώθει μὲν πολλάκις λέγειν καὶ
πάνυ ἐντεταμένως ὡς οὐ περὶ μικροῦ πράγματος οὐδ᾽
εἰς μικρὰ διαφέροντος· ᾤετο γὰρ ἀρχὴν καὶ ὑποβολὴν

kenntnis der wahren Güter und Übel, da er das für ein Übel hielt, was notwendig auch dem besten Leben folgt; auch wenn das beste Leben das des wirklich guten Menschen ist, bleibt der Tod die Grenze auch dieses Lebens.

Wer – wie gesagt – im Alter die Fähigkeit erworben hat, den Tod ohne Furcht und mit Gelassenheit zu erwarten, der dürfte auf dem Weg zu einem Leben ohne Kummer und im Sinne der Natur erheblich vorangekommen sein. Erreichen kann er das aber nur, wenn er mit den echten Philosophen – nicht mit jenen, die es nur dem Namen nach sind – zusammen lebt, vorausgesetzt, daß er gewillt ist, ihnen zu folgen. Ich behaupte daher, daß die beste Wegzehrung des Alters ist, was ich schon zu Beginn meiner Rede sagte: das Leben gemäß der Natur, indem man denkt und tut, was man soll. Dann kann der Greis ganz ohne Sorgen sein und hohe Achtung erwarten, und in solcher Gewißheit kann er glücklich und hochgeehrt leben. Wenn aber jemand meint, der stärkste Trost für die Greise sei der Reichtum, und dieser ermögliche ihnen ein sorgenloses Leben, dann irrt er sich sehr. Kann doch der Reichtum dem Menschen nur Genüsse gewähren durch Speise und Trank und Wollust und anderes Derartiges. Aber Gemütsruhe und Freiheit von Kummer und Sorgen gibt er seinem Besitzer nie und nimmer. Das bezeugen viele reiche Leute, die Kummer und Gram haben und mutlos sind und sich für unglückselig halten. Daher kann auch der Reichtum kein schöner Trost des Alters sein.

VON DER ERNÄHRUNG (18 A UND B)

Über die Ernährung pflegte er oft zu sprechen und mit großem Nachdruck, in der Meinung, daß es sich nicht um eine kleine Sache handle, auf die nur wenig ankomme. Denn er

τοῦ σωφρονεῖν εἶναι τὴν ἐν σίτοις καὶ ποτοῖς ἐγκρά-
τειαν. ἅπαξ δέ ποτε τῶν ἄλλων ἀφέμενος λόγων, οὓς
ἑκάστοτε διεξῄει, τοιάδε τινὰ εἶπεν· ὡς χρὴ καθάπερ
τὴν εὐτελῆ τῆς πολυτελοῦς τροφὴν προτιμᾶν καὶ τὴν
εὐπόριστον τῆς δυσπορίστου, οὕτω καὶ τὴν σύμφυλον
ἀνθρώπῳ τῆς μὴ τοιαύτης· εἶναι δὲ σύμφυλον ἡμῖν
τὴν ἐκ τῶν φυομένων ἐκ γῆς, ὅσα τε σιτώδη ὄντα καὶ
ὅσα μὴ τοιαῦτα ὄντα δύναται τρέφειν οὐ κακῶς τὸν
ἄνθρωπον· καὶ τὴν ἀπὸ τῶν ζῴων οὐκ ἀναιρουμένων,
ἄλλως δὲ χρησιμευόντων. τούτων δὲ τῶν βρωμάτων
ἐπιτηδειότατα μὲν οἷς αὐτόθεν χρῆσθαι ὑπάρχει δίχα
πυρός, ἐπεὶ καὶ ἑτοιμότατα· οἷα δὴ τά τε ὡραῖα καὶ
τῶν λαχάνων ἔνια καὶ γάλα καὶ τυρὸς καὶ κηρία. καὶ
ὅσα μέντοι δεῖται πυρὸς ἢ σιτώδη ἢ λαχανώδη ὄντα,
καὶ ταῦτ᾽ οὐκ ἀνεπιτήδεια, ἀλλὰ σύμφυλα ἀνθρώπῳ
πάντα. τὴν μέντοι κρεώδη τροφὴν θηριωδεστέραν
ἀπέφηνε καὶ τοῖς ἀγρίοις ζῴοις προσφορωτέραν. εἶναι
δὲ ταύτην ἔλεγε καὶ βαρυτέραν καὶ τῷ νοεῖν τι καὶ
φρονεῖν ἐμπόδιον· τὴν γὰρ ἀναθυμίασιν τὴν ἀπ᾽ αὐτῆς
θολωδεστέραν οὖσαν ἐπισκοτεῖν τῇ ψυχῇ· παρὸ καὶ
βραδυτέρους φαίνεσθαι τὴν διάνοιαν τοὺς πλείονι ταύτῃ
χρωμένους. δεῖν δὲ τὸν ἄνθρωπον, ὥσπερ συγγενέ-
στατον τοῖς θεοῖς τῶν ἐπιγείων ἐστίν, οὕτω καὶ ὁμοιό-
τατα τρέφεσθαι τοῖς θεοῖς. ἐκείνοις μὲν οὖν ἀρκεῖν
τοὺς ἀπὸ γῆς καὶ ὕδατος ἀναφερομένους ἀτμούς, ἡμᾶς
δ᾽ ὁμοιοτάτην ταύτῃ προσφέρεσθαι τροφὴν ἂν εἶπεν
τὴν κουφοτάτην καὶ καθαρωτάτην· οὕτω δ᾽ ἂν καὶ τὴν

glaubte, daß Anfang und Grundlage eines vernünftigen Lebens das Maßhalten bei Speise und Trank sei. Einmal aber ließ er die anderen Themen, die er gewöhnlich erörterte, ganz beiseite und entwickelte folgende Gedanken: wie man die einfache der üppigen Kost und die leicht zu beschaffende der nur schwer zu beschaffenden vorziehen muß, so müsse man auch die Nahrung, die dem Menschen eher entspreche, derjenigen vorziehen, die dies nicht tue. Dem Menschen werde vor allem die Nahrung gerecht, die aus den Pflanzen der Erde gewonnen werde; dazu gehörten zum Beispiel alle getreideartigen Pflanzen und auch andere Gewächse, die den Menschen nicht schlecht ernährten. Hinzu kommen auch die Nahrungsmittel, die die Tiere liefern, die nicht geschlachtet werden, sondern anderweitig dem Menschen nützlich sind. Von diesen Nahrungsmitteln sind die ganz besonders geeignet, die man auf der Stelle ohne Feuer verzehren kann, da sie schon fertig zubereitet sind, wie die Früchte der Jahreszeiten und einige Gemüsearten, wie auch Milch, Käse und Honig. Und auch die, welche zu ihrer Verwertung Feuer nötig haben, oder die getreide- oder gemüseartig sind, sind nicht ungeeignet, sondern sämtlich für den Menschen geeignet. Die fleischliche Nahrung erklärte er für tierisch und den wilden Tieren gemäßer. Diese sei außerdem schwerer zu vertragen, und die Menschen, die überwiegend diese Nahrung genössen, seien langsamer im Denken.

Es müsse aber der Mensch, der von allen irdischen Geschöpfen den Göttern am verwandtesten sei, sich dementsprechend auch, so weit möglich, wie die Götter ernähren. Diesen nun genügten die von der Erde und dem Wasser aufsteigenden Ausdünstungen, für uns aber müsse die leichteste und reinste Nahrung am besten sein, weil diese der Götterspeise am ähnlichsten sei. Dann werde auch unsere Seele

ψυχὴν ἡμῶν ὑπάρχειν καθαράν τε καὶ ξηράν, ὁποία
οὖσα ἀρίστη καὶ σοφωτάτη εἴη ἄν, καθάπερ Ἡρακλείτῳ
δοκεῖ λέγοντι οὕτως 'αὐγὴ ξηρὴ ψυχὴ σοφωτάτη καὶ
ἀρίστη'· νῦν δέ, ἔφη, πολὺ χεῖρον ἡμεῖς τῶν ἀλόγων
ζῴων τρεφόμεθα. τὰ μὲν γάρ, εἰ καὶ σφόδρα τῇ ἐπι-
θυμίᾳ ὥσπερ μάστιγί τινι ἐλαυνόμενα φέρεται πρὸς
τὴν τροφήν, ὅμως τοῦ γε πανουργεῖν περὶ τὰ βρώματα
καὶ τοῦ τεχνιτεύειν ἀπήλλακται, ἀρκούμενα τοῖς παρα-
πεσοῦσι καὶ πλησμονὴν θηρώμενα μόνον, προσωτέρω
δ' οὐδέν. ἡμεῖς δὲ τέχνας καὶ μηχανὰς ποικίλας ἐπινοοῦμεν, ὥστε τὴν ἐδωδὴν τῆς τροφῆς ἐφηδύνειν καὶ
τὴν κατάποσιν κολακεύειν μειζόνως. εἰς τοῦτο δὲ προ-
εληλύθαμεν λιχνείας καὶ ὀψοφαγίας, ὥστε καθάπερ
μουσικὰ καὶ ἰατρικὰ οὕτω καὶ μαγειρικὰ πεποίηνταί
τινες συγγράμματα, ἃ τὴν μὲν ἡδονὴν καὶ πάνυ αὔξει
τὴν ἐν τῷ φάρυγι, τὴν δ' ὑγίειαν διαφθείρει. πολὺ
γοῦν κάκιον διακειμένους ὁρᾶν ἔστι τὰ σώματα τοὺς
περὶ τὰ βρώματα τρυφῶντας, ὧν εἰσιν ἔνιοι παρα-
πλήσιοι ταῖς κιττώσαις γυναιξίν· καὶ γὰρ οὗτοι, καθάπερ ἐκεῖναι, τὰ συνηθέστατα τῶν βρωμάτων δυσχεραί-
νουσι καὶ τοὺς στομάχους διεφθαρμένους ἔχουσιν.
ὅθεν ὥσπερ ὁ ἀχρεῖος σίδηρος συνεχῶς δεῖται στομώ-
σεως, οὕτω καὶ οἱ ἐκείνων στόμαχοι ἐν τῷ ἐσθίειν
συνεχὲς στομοῦσθαι θέλουσιν ἢ ὑπὸ ἀκράτου ἢ ὑπὸ
ὄξους ἢ ὑπὸ βρώματός τινος στρυφνοῦ. ἀλλ' οὐχὶ ὁ
Λάκων τοιοῦτος, ὃς ἰδών τινα, παρακειμένου αὐτῷ
ὀρνιθίου τῶν πιόνων καὶ πολυτελῶν, ὑπὸ τρυφῆς
ἀναινόμενον φαγεῖν αὐτὸ καὶ φάσκοντα μὴ δύνασθαι,
'ἀλλ' ἐγώ' ἔφη 'καὶ γυπὸς δύναμαι καὶ τόργου'. Ζή-

rein und trocken sein, und in diesem Zustande sei sie wohl
am besten und weisesten, wie das ja die Meinung des Herakleitos ist, der folgendermaßen spricht: «Trockene Seele die
weiseste und beste[35].» Jetzt aber – sagte Musonius – ernähren wir uns viel schlechter als vernunftlose Tiere. Denn
diese sind, wenn sie auch von heftiger Begierde, wie von
einer Geißel getrieben, zu ihrem Futter stürzen, gleichwohl
frei von Raffinement und Künstelei bei der Beschaffung ihrer Nahrung; sie begnügen sich mit dem, auf das sie gerade
stoßen; sie sind nur darauf erpicht, sich zu sättigen, auf
weiter nichts. Wir dagegen ersinnen alle möglichen Künste
und Mittel, um den Genuß der Speisen zu versüßen und das
Hinunterschlucken angenehmer zu machen. Ja, wir sind in
unserer Feinschmeckerei und Schlemmerei so weit gekommen, daß man in Analogie zu musikwissenschaftlichen und
medizinischen Abhandlungen auch Kochbücher[36] verfaßt
hat, die die Gaumenfreude noch erheblich steigern, aber die
Gesundheit ruinieren. Man kann daher sehen, wie die
Menschen, die solche Schwelgerei im Genuß von Essen und
Trinken treiben, in einem viel schlechteren körperlichen
Zustand sind und einige von ihnen den schwangeren Frauen
gleichen. Denn auch jene mögen gerade wie diese die aller-
gewöhnlichsten Speisen nicht mehr und haben dauernd
einen verdorbenen Magen. Wie das unbrauchbar geworde-
ne Eisen ständig der Schärfung bedarf, so wollen daher auch
ihre Mägen beim Essen durch unverdünnten Wein oder
Essig oder durch eine pikante Speise ständig angereizt sein.

Das gilt aber nicht für jenen Spartaner; als der einen sah,
der sich, wie ihm ein junger Vogel vorgesetzt wurde, der
künstlich gemästet und sehr teuer war, infolge seiner Über-
sättigung weigerte, ihn zu essen, und erklärte, das nicht zu
können, sagte er zu ihm: «Aber ich kann sogar von einem
Geier und einem Ziegenbock essen[37].» Und Zenon[38] von Ki-

νων δέ γε ὁ Κιτιεὺς οὐδὲ νοσῶν ᾤετο δεῖν τροφὴν
προσφέρεσθαι τρυφερωτέραν, ἀλλ' ἐπεὶ ὁ θεραπεύων
ἰατρὸς ἐκέλευεν αὐτὸν φαγεῖν νεοττὸν περιστερᾶς, οὐκ
ἀνασχόμενος 'ὡς Μάνην' ἔφη 'με θεράπευε'. ἠξίου
γάρ, οἶμαι, μηδὲν μαλακώτερον ἐν τῇ θεραπείᾳ γίνεσθαι αὐτῷ ἢ τῶν δούλων τινὶ νοσοῦντι· καὶ γὰρ εἰ
ἐκεῖνοι θεραπεύεσθαι δύνανται δίχα τοῦ τροφὴν λαμβάνειν πολυτελεστέραν, δύνασθαι ἂν καὶ ἡμᾶς. δεῖ γὰρ
μηδαμῶς τὸν ἀγαθὸν ἄνδρα δούλου μηδενὸς εἶναι
μαλακώτερον. διόπερ ὁ Ζήνων εἰκότως ἠξίου εὐλα-
βεῖσθαι τὴν πολυτέλειαν ἐν τῇ τροφῇ καὶ μηδ' ἐπ'
ὀλίγον ἐνδιδόναι πρὸς τὸ τοιοῦτον· ἐπείπερ ὁ ἐνδοὺς
ἅπαξ προέλθοι ἂν ἐπὶ πλεῖστον, ἅτε τῆς ἡδονῆς πολλὴν
ἐχούσης αὔξησιν ἔν τε πόμασι καὶ βρώμασι. Ταῦτα
μὲν τότε καινότερα ἔδοξεν ἡμῖν εἰπεῖν περὶ τροφῆς,
ὧν εἰώθει λέγειν ἑκάστοτε.

XVIII^B.

ΠΕΡΙ ΤΡΟΦΗΣ.

Αἴσχιστον, ἔφη, γαστριμαργία καὶ ὀψοφαγία ἐστίν,
οὐκ ἀντερεῖ οὐδείς· σκοποῦντας δὲ ὅπως διαφεύξονται
ταῦτα, πάνυ ὀλίγους ᾔσθημαι ἐγώ, τοὺς δὲ πολλοὺς
ὁρῶ καὶ ἀπόντων ὀρεγομένους τῶν τοιούτων βρωμάτων, καὶ παρόντων ἀπέχεσθαι μὴ δυναμένους, καὶ
χρωμένους αὐτοῖς, ὅταν χρῶνται, ἀφειδῶς, ὡς καὶ πρὸς
βλάβην χρῆσθαι τὴν τοῦ σώματος. καίτοι γαστριμαργία τί ἂν εἴη ἄλλο ἢ ἀκρασία περὶ τροφήν, δι' ἣν
ἄνθρωποι τὸ ἡδὺ τὸ ἐν σίτῳ τοῦ ὠφελίμου προτιμῶσιν;
καὶ ὀψοφαγία δὲ οὐδὲν ἕτερόν ἐστιν ἢ ἀμετρία περὶ

tion wollte nicht einmal, als er krank war, eine feinere Speise essen. Denn als ihm der ihn behandelnde Arzt verordnete, eine junge Taube zu essen, konnte er sich nicht halten und sagte: «Behandle mich wie den Manes.» Er wollte offenbar, daß ihm bei seiner Pflege nichts Feineres gereicht werde als einem kranken Sklaven. Denn wenn diese verpflegt werden können, ohne eine feinere Beköstigung zu bekommen, dann könnten wir das auch. – Muß doch der tugendhafte Mann in keiner Weise verwöhnter sein als irgendein Sklave. Daher forderte Zenon mit gutem Grunde, sich vor jedem Luxus in der Ernährung zu hüten und auch nicht im geringsten nach dieser Seite hin nachzugeben. Denn wer erst einmal eine Konzession in dieser Hinsicht gemacht hat, der wird größte Fortschritte darin machen, da die Sinnenlust eine vielfache Steigerung bei Speise und Trank in sich birgt.

Das sind die Gedanken, die er uns damals von der Ernährung entwickelte; sie kamen uns im Vergleich mit dem, was er sonst meist vorzutragen pflegte, als etwas Neues und Ungewohntes vor.

Daß die Schlemmsucht und Feinschmeckerei am allerschimpflichsten sind, wird niemand bestreiten. Und doch habe ich nur ganz wenige Menschen gesehen, die darauf achteten, wie sie diesen Lüsten entgehen könnten. Sehe ich doch, daß die meisten nach solchen Leckereien gieren, auch wenn sie nicht da sind, und wenn sie da sind, sich nicht enthalten können und sie in maßloser Weise genießen, so daß sie dadurch ihrer Gesundheit schaden; und was ist denn Schlemmsucht anderes als völlige Unbeherrschtheit gegenüber Speise und Trank, wodurch die Menschen das Angenehme in der Nahrung dem Nützlichen vorziehen? Und die Feinschmeckerei ist nichts anderes als Maßlosigkeit beim

χρῆσιν ὄψου. πανταχοῦ δὲ κακὸν οὖσα ἡ ἀμετρία ἐν τοῖς μάλιστα τῇδε τὴν ἑαυτῆς ἐπιδείκνυται φύσιν, παρεχομένη τοὺς ὀψοφάγους ἀντὶ ἀνθρώπων ὑσὶν ἢ κυσὶν ὁμοιουμένους τὴν λαβρότητα καὶ εὐσχημονεῖν μὴ δυναμένους, οὐ ταῖς χερσίν, οὐ τοῖς ὄμμασιν, οὐ τῇ καταπόσει· οὕτως ἄρα αὐτοὺς ἐξίστησιν ἡ ἐπιθυμία τῆς ἐν ὄψῳ ἡδονῆς. ὅτι μὲν δὴ οὕτως ἔχειν πρὸς τροφὴν αἴσχιστόν ἐστι, γνώριμον, ἐν ᾧ γε ζῴοις ἄφροσι μᾶλλον ἢ ἀνθρώποις φρονίμοις ὁμοιούμεθα. αἰσχίστου δὲ τούτου ὄντος, κάλλιστον ἂν εἴη τοὐναντίον, τάξει καὶ κοσμίως ἐσθίειν, καὶ τὴν σωφροσύνην ἐνταῦθα ἐπιδείκνυσθαι πρῶτον, οὐκ ὂν ῥᾴδιον, ἀλλὰ δεόμενον πολλῆς ἐπιμελείας καὶ ἀσκήσεως [καὶ καθόλου μὲν ἴσως τὸ σωφρονεῖν]. διὰ τί δὴ τοῦτο; ὅτι πολλῶν ἡδονῶν οὐσῶν, αἳ τὸν ἄνθρωπον ἀναπείθουσιν ἁμαρτάνειν καὶ ἐνδιδόναι αὐταῖς βιάζονται παρὰ τὸ συμφέρον, δυσμαχωτάτη εἶναι κινδυνεύει πασῶν ἡ περὶ τροφὴν ἡδονή. ταῖς μὲν γὰρ ἄλλαις ἡδοναῖς σπανιώτερον ὁμιλοῦμεν, καὶ ἐνίων γε μῆνας καὶ ἐνιαυτοὺς ὅλους ἀπέχεσθαι δυνάμεθα, ταύτης δὲ ἀνὰ πᾶσαν ἡμέραν πάντως πειρᾶσθαι ἀνάγκη, καὶ τά γε πολλὰ δὶς ἑκάστης ἡμέρας· οὐ γὰρ ἔνι ζῆν ἄλλως τὸν ἄνθρωπον. ὥσθ' ὅσῳ πλεονάκις τῆς ἐν βρώσει ἡδονῆς πειρώμεθα, τοσούτῳ πλείους οἱ ἐνταῦθα κίνδυνοι. καὶ μὴν καθ' ἑκάστην προσφορὰν τροφῆς, οὐχ εἷς κίνδυνος ἁμαρτήματος, ἀλλὰ πλείονες. καὶ γὰρ ὁ παρὰ πλέον ἢ δεῖ ἐσθίων, ἁμαρτάνει, καὶ ὁ κατασπεύδων ἐν τῷ ἐσθίειν οὐδὲν ἧττον, καὶ ὁ μολυνόμενος ὑπὸ τοῦ ὄψου μᾶλλον ἢ χρή, καὶ ὁ τὰ ἡδίω τῶν ὑγιεινοτέρων βρώματα προτιμῶν, καὶ ὁ μὴ νέμων τὰ ἴσα τοῖς συνεσθίουσιν.

Genuß der Zukost. In jeder Hinsicht ist Maßlosigkeit ein Übel, und vor allem offenbart sie ihre Natur in diesem Bereich, indem sie die Schlemmer nicht als Menschen, sondern als Schweinen oder Hunden ähnlich zeigt in ihrer Gier, wie sie denn keinen Anstand wahren können, weder mit Händen oder Augen oder beim Hinunterschlingen. So läßt sie die Gier nach dem Genuß von Leckerbissen entarten. Daß aber ein solches Verhalten beim Essen schmachvoll ist, ist klar, weil wir dabei mehr den vernunftlosen Tieren als vernünftigen Menschen gleichen. Während dies eins der greulichsten Laster ist, ist das Gegenteil eine schöne Eigenschaft: gesittet und anständig zu essen und Selbstzucht hierbei zu bekunden, ist zuerst nicht leicht, sondern das bedarf gründlicher Erziehung, Aufmerksamkeit und Übung. Doch warum dies alles? Es gibt doch vielerlei Lüste, die den Menschen verführen, sich zu verfehlen, und ihn zwingen, ihnen nachzustellen zu seinem Schaden; die am schwersten zu bekämpfende aber von allen scheint die Freßsucht zu sein. Denn mit den anderen Lüsten kommen wir seltener in nahe Berührung, und einiger wenigstens können wir uns Monate, ja ganze Jahre enthalten; diese aber bringt uns unvermeidlich jeden Tag in Versuchung und meistens zweimal am Tage. Denn sonst kann der Mensch ja nicht leben. Es sind daher, je öfter wir das Essen genießen, um so mehr Gefahren für uns dabei. Und wirklich, bei jedem Einnehmen von Speisen besteht nicht nur eine einzige Gefahr, sich zu verfehlen, sondern mehrere. Denn nicht nur der verfehlt sich, der mehr ißt, als er nötig hat, sondern ebenso der, der bei der Mahlzeit zu rasch ißt, und der, der sich von den Beilagen mehr verweichlichen läßt als unvermeidlich ist, und der, welcher die schön schmeckenden Speisen den gesünderen vorzieht, wie auch der, welcher seinen Tischgenossen nicht den gleichen Anteil gönnt. – Es gibt aber noch eine

ἔστι δὲ καὶ ἄλλη τις ἁμαρτία περὶ τροφήν, ὅταν παρὰ
καιρὸν προσφερώμεθα αὐτήν, καὶ δέον ἄλλο τι πράττειν ἀφέμενοι τούτου ἐσθίωμεν. τοσούτων δὴ καὶ ἔτι
ἄλλων ἁμαρτιῶν οὐσῶν περὶ τροφήν, δεῖ μὲν ἁπασῶν
καθαρεύειν αὐτῶν καὶ μηδεμιᾷ ἔνοχον εἶναι τὸν μέλ-
λοντα σωφρονήσειν. καθαρεύοι δ᾽ ἄν τις καὶ ἀναμάρτητος εἴη ἀσκῶν καὶ ἐθίζων αὑτὸν αἱρεῖσθαι σῖτον
οὐχ ἵνα ἥδηται ἀλλ᾽ ἵνα τρέφηται, οὐδ᾽ ἵνα λεαίνη-
ται τὴν κατάποσιν ἀλλ᾽ ἵνα ῥωννύηται τὸ σῶμα. καὶ
γὰρ γέγονεν ἡ μὲν κατάποσις δίοδος εἶναι τροφῆς,
οὐχ ἡδονῆς ὄργανον, ἡ δὲ γαστὴρ τοῦ αὐτοῦ χάριν
οὗπερ ἕνεκα καὶ φυτῷ παντὶ ῥίζα γέγονεν. καθάπερ
γὰρ ἐκεῖ τρέφει τὸ φυτὸν ἡ ῥίζα ἀπὸ τῶν ἐκτὸς τὴν
τροφὴν λαμβάνουσα, οὕτω τρέφει τὸ ζῷον ἡ γαστὴρ
ἀπὸ τῶν εἰσφερομένων σίτων καὶ ποτῶν. ὥσπερ τε
αὖ τούτοις διαμονῆς ἕνεκα συμβαίνει τρέφεσθαι καὶ
οὐχ ἡδονῆς, παραπλησίως καὶ ἡμῖν ζωῆς καὶ φάρμακον ἡ τροφὴ [τῷ ἀνθρώπῳ] ἐστί. διὸ καὶ προσήκει
ἐσθίειν ἡμῖν ἵνα ζῶμεν, οὐχ ἵνα ἡδώμεθα, εἴ γε μέλ-
λομεν στοιχεῖν ἀρίστῳ ὄντι τῷ λόγῳ Σωκράτους, ὃς
ἔφη τοὺς μὲν πολλοὺς ἀνθρώπους ζῆν ἵνα ἐσθίωσιν,
αὐτὸς δὲ ἐσθίειν ἵνα ζῇ. οὐ γὰρ δὴ ἐπιεικής τις βουλόμενος εἶναι ἄνθρωπος ἀξιώσει παραπλήσιός τις εἶναι
τοῖς πολλοῖς καὶ ζῆν ἐπὶ τῷ ἐσθίειν, ὥσπερ ἐκεῖνοι,
θηρώμενος ἐξ ἅπαντος τὴν ἀπὸ τῆς τροφῆς ἡδονήν.

Ὅτι δὲ καὶ θεὸς ὁ ποιήσας τὸν ἄνθρωπον τοῦ
σῴζεσθαι χάριν, οὐχὶ τοῦ ἥδεσθαι, σῖτα καὶ ποτὰ παρεσκεύασεν αὐτοῖς, μάθοι τις ἂν ἐκεῖθεν μάλιστα. ἡ γὰρ
δὴ τροφὴ ὅτε ἐργάζεται μάλιστα τὸ ἑαυτῆς ἔργον, τότε

andere Verfehlung beim Essen, wenn wir zur Unzeit Speisen genießen und, während wir anderes tun müssen, dies unterlassen und essen. Wo es so vielerlei Verfehlungen wie auch noch andere beim Essen gibt, da muß man sich von allem reinhalten, und wer ein ernster, gesetzter Mensch werden will, der wird sich keiner von ihnen aussetzen. Aber sich reinhalten und fehlerlos sein, kann nur der, der sich dauernd übt und gewöhnt, Speise einzunehmen, nicht um sich zu delektieren, sondern um sich zu ernähren, und nicht, um seinen Schlund zu kitzeln, sondern um seinen Körper zu kräftigen. Ist doch der Schlund geschaffen als ein Durchgang für die Speisen und nicht als ein Organ der Lust; der Magen aber hat denselben Zweck wie die Wurzeln für die Pflanze. Denn wie die Wurzel die Pflanze ernährt, indem sie ihrer äußeren Umgebung die Nahrung entnimmt, so ernährt der Magen das Lebewesen[39] mit den in ihn eingehenden Speisen und Getränken. Wie die Ernährung der Pflanzen mit dem Ziel einer langsamen Verarbeitung der Nährstoffe und nicht zum Zweck des Lustgewinns erfolgt, so ähnlich ist auch bei uns Menschen die Nahrung ein Mittel des Lebens und nicht der Lust. Daher müssen wir essen, damit wir leben, nicht um Lust zu gewinnen, falls wir dem treffenden Worte des Sokrates folgen wollen, der sagte, die meisten Menschen lebten, um zu essen, er selbst aber esse, um zu leben. Denn es wird doch jeder, der ein anständiger Mensch sein will, nicht der Masse ähnlich sein wollen und leben, um zu essen, indem er stets auf den Sinnengenuß durch die Speisen versessen ist.

Daß aber auch Gott, der den Menschen geschaffen hat, Speise und Trank zu seiner Erhaltung und nicht des Genusses wegen für ihn hat werden lassen, kann man aus folgendem leicht ersehen. Denn der eigentliche Prozeß der Nahrungsaufnahme bei der Verdauung, Umwandlung und

οὐδαμῶς ᾔδει τὸν ἄνθρωπον κατά τε τὴν πέψιν καὶ τὴν ἀνάδοσιν, ἀλλὰ τρεφόμεθα μὲν τότε ὑπ' αὐτῆς καὶ ῥωννύμεθα, ἡδόμεθα δὲ τότε οὐδεμίαν ἡδονήν, καίτοι πλείων ὁ χρόνος οὗτός ἐστιν ἢ ἐν ᾧ ἐσθίομεν. ἔδει δέ γε, εἴπερ ὁ θεὸς ἡδονῆς χάριν τὴν τροφὴν ἐμηχανήσατο ἡμῖν, τὸν πλείω τοῦτον χρόνον ἤδεσθαι ἡμᾶς ὑπ' αὐτῆς καὶ οὐ τὸν ἐλάχιστον ἐκεῖνον ἐν ᾧ καταπίνομεν. ἀλλ' ὅμως χάριν ἐκείνου τοῦ ἐλαχίστου χρόνου, ὃν ἡδόμεθα, παρασκευὴ μὲν ὄψων γίνεται μυρίων, πλεῖται δ' ἡ θάλαττα μέχρι περάτων· μάγειροι δὲ γεωργῶν περισπουδαστότεροί εἰσι· δεῖπνα δὲ παρατίθενταί τινες ἀγρῶν ἀναλίσκοντες τιμάς, καὶ ταῦτ' οὐδαμῶς ὠφελουμένων τῶν σωμάτων ἐκ τῆς πολυτελείας τῶν βρωμάτων. πᾶν γὰρ τοὐναντίον οἱ ταῖς εὐτελεστάταις χρώμενοι τροφαῖς ἰσχυρότατοί εἰσι. τοὺς γοῦν οἰκέτας τῶν δεσποτῶν καὶ τοὺς χωρίτας τῶν ἀστικῶν καὶ τοὺς πένητας τῶν πλουσίων ἴδοις ἂν ὡς ἐπὶ τὸ πλῆθος ῥωμαλεωτέρους ὄντας καὶ μᾶλλον μὲν πονεῖν δυναμένους, ἧττον δὲ κάμνοντας ἐν τοῖς ἔργοις, νοσοῦντας δὲ σπανιώτερον, ἀνεχομένους δὲ εὐκολώτερον κρύος, θάλπος, ἀγρυπνίαν, πᾶν εἴ τι τοιοῦτον. καίτοι κἂν ἐπ' ἴσον ᾖ τε πολυτελὴς καὶ ἡ εὐτελὴς τροφὴ ῥωννύῃ τὸ σῶμα, ὅμως αἱρετέον ἐστὶ τὴν εὐτελῆ, ὅτι αὕτη σωφρονικωτέρα καὶ πρέπει ἀνδρὶ ἀγαθῷ μᾶλλον, ᾗ καὶ τὸ εὐπόριστον τοῦ δυσπορίστου, καὶ τὸ ἀπραγμάτευτον τοῦ μετὰ πραγμάτων, καὶ τὸ ἕτοιμον τοῦ ἀνετοίμου πρὸς τροφὴν πρεπωδέστερον τοῖς ἐπιεικέσιν.

Weiterleitung der Nährstoffe bereitet dem Menschen absolut keine Lust. Obwohl wir gerade dadurch ernährt und gestärkt werden, haben wir dabei keinerlei Lustgefühl, und
doch dauert dieser Ernährunsprozeß erheblich länger als
das Essen selbst. – Wir Menschen müßten daher, wenn
Gott die Nahrung zum Zweck des Lustgewinnes für uns er-
sonnen hätte, während dieser längeren Zeit des Ernäh-
rungsvorganges Lust empfinden und nicht nur jenen kurzen Augenblick, wenn wir die Nahrung hinunterschlucken.
Aber trotzdem erfolgt wegen jenes kurzen Augenblicks, in
dem wir ein Lustgefühl haben, die Zubereitung von zahllo-
sen leckeren Speisen und wird das Meer bis an seine Grenzen befahren. Und die Köche sind viel gesuchter als die Bauern. Manche von ihnen bereiten Gastmähler vor, die den
Wert von ganzen Landgütern auffressen, ohne daß die Körper der Gäste von dem überschwenglichen Luxus der Speisen auch nur den geringsten Nutzen hätten. Sind doch ganz
im Gegenteil die Menschen, die die einfachste und billigste
Kost genießen, die kräftigsten, und die Sklaven im allgemeinen den Herren an Körperkraft erheblich überlegen,
wie auch die Landbewohner den Städtern und die Armen
den Reichen, und weit mehr imstande, Strapazen zu ertragen. Und ihre Arbeit strengt sie weniger an; sie sind auch
seltener krank und vertragen Kälte, Hitze, Schlaflosigkeit
und alles derart weit leichter. Und wahrhaftig, selbst in dem
Fall, daß die üppige und die einfache Kost in gleicher Weise
den Körper kräftigte, so ist trotzdem die einfache zu wählen, weil diese vernünftiger ist und dem wirklich tüchtigen
Mann mehr entspricht, wie auch das leicht zu Beschaffende
mehr als das schwer zu Beschaffende, das Mühelose mehr
als das viel Mühe Erfordernde, das schon Bereitliegende
mehr als sein Gegenteil für die Ernährung rechtschaffener
Menschen geeignet ist.

ἵνα δὲ συνελὼν εἴπω περὶ τροφῆς τὸ πᾶν, φημὶ δεῖν
σκοπὸν μὲν αὐτῆς ποιεῖσθαι ὑγίειάν τε καὶ ἰσχύν, ὡς
τούτων μόνον ἕνεκα βρωτέον, ἃ δὴ δεῖται πολυτελείας
οὐδεμιᾶς· ἐσθίοντα δ' ἐπιμελεῖσθαι κόσμου τε καὶ
μέτρου τοῦ προσήκοντος καὶ τοῦ διαφέρειν πλεῖστον
τῷ τε ἀμολύντῳ καὶ τῷ σχολαίῳ.

XIX.

ΠΕΡΙ ΣΚΕΠΗΣ.

Ταῦτα μὲν περὶ τροφῆς εἶπεν. ἠξίου δὲ καὶ σκέπην τὴν σώφρονα τῷ σώματι ζητεῖν, οὐ τὴν πολυτελῆ
καὶ περιττήν· εὐθὺς γὰρ ἐσθῆτι καὶ ὑποδέσει τὸν
αὐτὸν τρόπον ἔφη εἶναι χρηστέον, ὅνπερ πανοπλίᾳ,
φυλακῆς ἕνεκεν τοῦ σώματος, ἀλλ' οὐκ ἐπιδείξεως.
ὥσπερ οὖν ὅπλα κάλλιστα τὰ ἰσχυρότατα καὶ σῴζειν
μάλιστα δυνάμενα τὸν χρώμενον, οὐ τὰ περίβλεπτα
καὶ λαμπρά, οὕτως ἀμπεχόνη καὶ ὑπόδεσις ἡ χρησιμω-
τάτη τῷ σώματι κρατίστη καὶ οὐχ ἡ δυναμένη τὰς
τῶν ἀνοήτων ὄψεις ἐπιστρέφειν. δεῖ γὰρ τὴν σκέπην
αὐτὸ αὑτοῦ κρεῖττον ἀποφαίνειν τὸ σκεπόμενον καὶ
ἰσχυρότερον, ἀλλ' οὐκ ἀσθενέστερόν τε καὶ χεῖρον.
οἱ μὲν οὖν λειότητά τε καὶ ἀπαλότητα σαρκὸς διὰ τῶν
σκεπασμάτων μηχανώμενοι χείρω τὰ σώματα ποιοῦσιν,
εἴ γε τὸ τεθρυμμένον σῶμα καὶ μαλακὸν πολὺ κάκιον
τοῦ σκληροῦ τε καὶ διαπεπονημένου ἐστίν· οἱ δὲ ῥων-
νύντες καὶ κρατύνοντες τῇ σκέπῃ, οὗτοι τὰ σκεπόμενα
μόνοι ὠφελοῦσιν. διὰ τοῦτο οὐδαμῶς καλὸν οὔτε
ἐσθῆσι πολλαῖς κατασκέπειν τὸ σῶμα οὔτε ταινίαις
κατειλεῖν οὔτε χεῖράς τε καὶ πόδας περιδέσει πίλων

Um aber über die Ernährung die Hauptsache mit einem Wort zu sagen – ich behaupte: Der für die Ernährung entscheidende Gesichtspunkt muß die Förderung von Kraft und Gesundheit sein, da man nur deswegen das essen soll, was keine Umstände macht[40]. Und wenn man ißt, soll man auf gute Manieren achten, Maß halten, wie es sich gehört, und sich dadurch auszeichnen, daß man sich nicht schmutzig macht und seine Mahlzeit ohne jede Hast einnimmt.

VON DER KLEIDUNG (19)

Dies sagte er von der Ernährung. Er forderte aber auch für den Körper eine vernünftige Kleidung, nicht eine prächtige und übertriebene. Denn von vornherein müsse man Kleidung und Sandalen in derselben Weise gebrauchen wie eine Gesamtrüstung im Kriege, zum Schutz des Körpers nämlich, nicht, um damit zu prunken. Gerade wie die stärksten Waffen die schönsten sind, die am geeignetsten sind, den, der sie trägt, zu schützen, nicht aber die, welche glänzen und den Leuten auffallen, so ist auch das Gewand und die Fußbekleidung, die für den Körper die zweckmäßigste ist, die allerbeste, und nicht die, welche geeignet ist, die Blicke des Toren auf sich zu ziehen. Denn die Kleidung soll das von ihr Bedeckte besser erscheinen lassen, als es selbst ist, aber nicht schwächer und geringer. Die Menschen aber, die ihr Fleisch durch die Umhüllung glatt und zart erscheinen lassen wollen, machen den Körper nur schlechter, wenn es richtig ist, daß der verpäppelte und verweichlichte Körper viel schlechter ist als der abgehärtete und an Strapazen gewöhnte. Aber die, welche ihn durch die Kleidung stärken und kräftigen, die allein nützen den bedeckten Gliedern. Deswegen ist es keineswegs richtig, mit vielen Klei-

ἢ ὑφασμάτων τινῶν μαλακύνειν, τούς γε μὴ νοσοῦν-
τας· οὐδ' ὅλως εἶναι ἀγεύστους καλὸν ψύχους τε καὶ
θάλπους, ἀλλὰ ῥιγοῦν χρὴ τὰ μέτρια χειμῶνος καὶ
ἡλιοῦσθαι θέρους καὶ σκιατροφεῖσθαι ἥκιστα. καὶ τὸ
μὲν ἑνὶ χρῆσθαι χιτῶνι τοῦ δεῖσθαι δυοῖν προτιμητέον,
τοῦ δ' ἑνὶ χρῆσθαι χιτῶνι τὸ μηδενί, ἀλλὰ ἱματίῳ
μόνον. καὶ τοῦ γε ὑποδεδέσθαι τὸ ἀνυποδετεῖν τῷ
δυναμένῳ κρεῖττον· κινδυνεύει γὰρ τὸ μὲν ὑποδεδέσθαι τῷ δεδέσθαι ἐγγὺς εἶναι, ἡ δ' ἀνυποδησία πολλὴν εὐλυσίαν τινὰ καὶ εὐκολίαν παρέχει τοῖς ποσίν,
ὅταν ἠσκημένοι ὦσιν. ὅθεν καὶ τοὺς ἡμεροδρόμους
ὁρᾶν ἔστιν οὐ χρωμένους ὑποδήμασιν ἐν ταῖς ὁδοῖς
καὶ τῶν ἀθλούντων τοὺς δρομεῖς οὐκ ἂν δυναμένους
σῴζειν τὸ τάχος, εἰ δέοι τρέχειν αὐτοὺς ἐν ὑποδήμασιν. ἐπεὶ δὲ σκέπης ἕνεκα καὶ τὰς οἰκίας ποιούμεθα,
φημὶ καὶ ταύτας δεῖν ποιεῖσθαι πρὸς τὸ τῆς χρείας
ἀναγκαῖον, ὡς ἀπερύκειν μὲν κρύους, ἀπερύκειν δὲ
θάλπους τὸ σφοδρόν, εἶναι δ' ἡλίου καὶ ἀνέμων ἐπικούρημα τοῖς δεομένοις. καθόλου δὲ ὅπερ ἂν παρέχοι
σπήλαιον αὐτοφυές, ἔχον μετρίαν ὑπόδυσιν ἀνθρώπῳ,
τοῦτο χρὴ παρέχειν ἡμῖν τὴν οἰκίαν, τοσοῦτον εἴπερ
ἄρα περιττεύουσαν, ὅσον καὶ ἀπόθεσιν τροφῆς ἀνθρωπίνης ἐπιτηδείαν ἔχειν. τί δ' αἱ περίστυλοι αὐλαί;
τί δ' αἱ ποικίλαι χρίσεις; τί δ' αἱ χρυσόροφοι στέγαι;
τί δ' αἱ πολυτέλειαι τῶν λίθων, τῶν μὲν χαμαὶ συν-
ηρμοσμένων, τῶν δ' εἰς τοίχους ἐγκειμένων, ἐνίων

dungsstücken den Körper zu bedecken oder mit Binden zu umwickeln oder Hände und Füße durch die Umwickelung mit Filz oder gewissen Geweben zu verweichlichen, wenigstens für Leute, die nicht krank sind; es ist überhaupt nicht gut, daß der Körper von Kälte und Hitze gar nichts merkt, sondern er muß mäßig frieren im Winter und im Sommer der Sonne ausgesetzt und möglichst wenig im Schatten sein. Und ein einziges Untergewand zu haben ist besser, als zwei zu benötigen, und besser als eins zu haben ist es, gar keins zu brauchen, sondern nur ein Obergewand. Und besser als Sandalen an den Füßen zu haben ist es, barfuß zu gehen, für den, der es vertragen kann. Ist doch, scheint es, das «Untergebundensein»[41] ähnlich dem Gebundensein, denn die «Ungebundenheit» gewährt den Füßen eine gewisse Freiheit und leichte Beweglichkeit, wenn sie darin geübt sind. Daher sieht man auch bei den Tagesläufern[42], daß sie unterwegs keine Sandalen an den Füßen haben wie auch die Läufer bei den Wettspielen, die nicht die Schnelligkeit einhalten könnten, wenn sie mit Sandalen laufen müßten.

Da wir aber zu unserem Schutz auch die Häuser bauen, behaupte ich: auch diese müssen in Rücksicht auf das notwendige Bedürfnis gebaut werden, um das Zuviel von Kälte und Wärme abzuhalten und den Bewohnern gegen Sonne und Wind Schutz zu bieten. Überhaupt muß der Raum, den eine von Natur gebildete Höhle bietet und der dem Menschen einen bescheidenen Unterschlupf gewährt, uns als Wohnung dienen. Darüber hinaus sollte er so groß sein, daß er einen geeigneten Platz für die Aufbewahrung von Lebensmitteln bieten kann. Wozu braucht es da Höfe mit Säulen ringsum? Wozu die bunten stuckbelegten Wände? Wozu die vergoldeten Dächer? Was soll der Luxus an Marmorgestein, das teils auf dem Fußboden zusammengefügt, teils in die Wand eingelassen ist, von dem einiges aus fern-

καὶ πάνυ πόῤῥωθεν ἠγμένων [λίθων] καὶ δι' ἀναλω-
μάτων πλείστων; οὐ ταῦτα πάντα περιττὰ καὶ οὐκ
ἀναγκαῖα, ὧν γε χωρὶς καὶ ζῆν καὶ ὑγιαίνειν ἐστι,
πραγματείαν δ' ἔχει πλείστην, καὶ διὰ χρημάτων γίνεται πολλῶν, ἀφ' ὧν ἄν τις ἐδυνήθη καὶ δημοσίᾳ καὶ
ἰδίᾳ πολλοὺς ἀνθρώπους εὐεργετῆσαι; καί τοι πόσῳ
μὲν εὐκλεέστερον τοῦ πολυτελῶς οἰκεῖν τὸ πολλοὺς
εὐεργετεῖν; πόσῳ δὲ καλοκἀγαθικώτερον τοῦ ἀναλίσκειν
εἰς ξύλα καὶ λίθους τὸ εἰς ἀνθρώπους ἀναλίσκειν;
πόσῳ δὲ ὠφελιμώτερον τοῦ περιβεβλῆσθαι μεγάλην
οἰκίαν τὸ κεκτῆσθαι φίλους πολλούς, ὃ περιγίνεται
τῷ προθύμως εὐεργετοῦντι; τί δ' ἂν ὄναιτό τις τηλικοῦτον ἀπ' οἰκίας μεγέθους τε καὶ κάλλους, ἡλίκον
ἀπὸ τοῦ χαρίζεσθαι πόλει καὶ πολίταις ἐκ τῶν ἑαυτοῦ;

FRAGMENTA

XXX.

Μουσωνίου.

Αἰδοῦς παρὰ πᾶσιν ἄξιος ἔσῃ, ἐὰν πρῶτον ἄρξῃ
σαυτὸν αἰδεῖσθαι.

XLIX.

*** Musonium philosophum solitum accepimus.
'Cum philosophus' inquit 'hortatur, monet, suadet,
obiurgat aliudve quid disciplinarum disserit, tum, qui
audiunt, si de summo et soluto pectore obvias vulga-
tasque laudes effutiunt, si clamitant etiam, si gestiunt,

sten Ländern für ungeheure Summen herbeigeschafft worden ist? Ist nicht dies alles völlig überflüssig und überhaupt nicht notwendig, weil man ohne dies leben und gesund sein kann? Und dabei macht es unglaubliche Mühe und erfordert unendlich viel Geld, von dem man durch staatliche Maßnahmen oder durch private Initiative vielen Menschen helfen könnte.

Und bei Gott, wieviel rühmlicher wäre es, vielen zu helfen, als in solchen Luxusbauten zu wohnen. Wie unendlich verdienstvoller wäre es, statt solch riesige Summen für (exotische) Hölzer und Steine zu verwenden, das Geld zum Wohl der Menschen zu gebrauchen. Wieviel segensreicher wäre es, statt sich einen pompösen Palast zu bauen, viele Freunde zu erwerben, die der gewinnt, der von Herzen gern Gutes tut. Wie könnte jemand durch einen großen und prächtigen Palast einen solchen Nutzen haben, daß er dem Gewinn vergleichbar wäre, den man aus der finanziellen Unterstützung der Stadt und seiner Mitbürger zöge.

OHNE TITEL (30, 49)

Du wirst bei allen Menschen Ehrfurcht erwecken, wenn du vorher begonnen hast, vor dir selber Ehrfurcht zu empfinden ...

... (Lücke) Wir haben erfahren, daß Musonius folgendes zu sagen pflegte:

«Wenn ein Philosoph ermahnt, warnt, rät, schilt oder etwas anderes aus dem Bereich seiner Lehren erörtert, wenn dann seine Hörer aus tiefster und befreiter Brust ihre trivialen, allbekannten Lobsprüche über ihn ausschütten, wenn sie sogar Beifall schreien und toben, wenn sie durch

si vocum eius festivitatibus, si modulis verborum, si quibusdam quasi frequentamentis orationis moventur, exagitantur et gestiunt, tum scias et qui dicit et qui audiunt frustra esse, neque illi philosophum loqui, sed tibicinem canere. animus' inquit 'audientis philosophum, ⟨dum⟩ quae dicuntur utilia ac salubria sunt et errorum atque vitiorum medicinas ferunt, laxamentum atque otium prolixe profuseque laudandi non habet. quisquis ille est, qui audit, nisi ille est plane deperditus, inter ipsam philosophi orationem et perhorrescat necesse est et pudeat tacitus et paeniteat et gaudeat et admiretur, varios adeo vultus disparilesque sensus gerat, proinde ut eum conscientiamque eius adfecerit utrarumque animi partium, aut sincerarum aut aegrarum, philosophi pertractatio.'

Praeterea dicebat magnam laudem non abesse ab admiratione, admirationem autem, quae maxima est, non verba parere, sed silentium. 'Idcirco' inquit 'poetarum sapientissimus auditores illos Ulixi labores suos inlustrissime narrantis, ubi loquendi finis factus, non exultare nec strepere nec vociferari facit, sed consiluisse universos dicit quasi attonitos et obstupidos delenimentis aurium ad origines usque vocis permanantibus:

ὣς φάτο· τοὶ δ᾽ ἄρα πάντες ἀκὴν ἐγένοντο σιωπῇ,
κηληθμῷ δ᾽ ἔσχοντο κατὰ μέγαρα σκιόεντα.

Feinheiten seiner Rede, durch markante Betonung einzelner Worte oder durch gewisse Wiederholungen in seinem Vortrag bewegt und aufgeregt werden und sich wie Verzückte benehmen, dann wisse: Der Mann, der da redet, und die ihn hören sind Schaumschläger, und daß da kein Philosoph redet, sondern ein Schauspieler deklamiert. Wer einen wirklichen Philosophen hört, dessen Worte nützlich und heilsam sind und von Irrtümern und Lastern befreien, der hat keinen Spielraum und überhaupt keine Ruhe, hemmungslos und überschwenglich Beifall zu zollen. Wer auch immer der Hörer ist – wenn es nicht ein ganz Verworfener ist, dann muß er während des Vortrags des Philosophen von Schauder gepackt werden, insgeheim sich schämen und Reue empfinden, sich freuen und sich wundern, seinen Gesichtsausdruck dauernd ändern und ein Wechselbad der Gefühle erleben, je nach dem wie die Predigt des Philosophen sein Gewissen wachrüttelt und beide Bereiche der Seele, den gesunden und den kranken, ergreift.»

Außerdem sagte er, ein großes Lob sei nicht fern von Bewunderung; tiefste Bewunderung aber erzeuge nicht Worte, sondern Schweigen. Deswegen läßt ja der weiseste aller Dichter die Zuhörer des Odysseus, der seine Leiden so anschaulich erzählt, nach Beendigung seiner Schilderung nicht in lauten Beifall ausbrechen, lärmen oder viele Worte machen, sondern er sagt, alle hätten geschwiegen wie betäubt und ganz benommen, da die Bezauberung ihrer Ohren auch auf ihre Fähigkeit zu sprechen übergriff:

So seine Rede. Sie alle waren in tiefstes Schweigen versunken,
von Entzücken bezaubert im dunkelnden Saal des Palastes[43].

NACHWORT

Glück hat Konjunktur. Seit den siebziger Jahren hat das Thema
in Literatur, Philosophie und einigen Fachwissenschaften ein
erstaunlich großes Interesse auf sich gezogen: «In Symposien
wie in Sachbüchern und Ratgebern . . . sind alte Stichworte der
Reflexionstradition – von Epikur und Seneca bis zu Kant und
Hegel, Nietzsche, Marcuse und Russell – wieder aufgetaucht:
das Für und Wider über das ‹große›, das ‹private› und das ‹allgemeine›, das ‹subjektive› und ‹objektive› Glück; das Glück des
Habens und des Seins, Glück als ‹luck› und ‹happiness›, als Ereignis, Zustand und Moment; das Glück als Tugend und mysti-
sches Schauen, als Kindes-, Liebes-, Forscher- und Durch-
schnittsglück; das Glück im Streben, im sinnlichen Genuß, in
Wunscherfüllung und Wunschverzicht, in Bedürfnisbefriedi-
gung und Selbstverwirklichung; das Glück in Rausch, Wahn,
Spiel und Erinnerung; das Lebensglück und das Glück des Lebens; die Paradoxien des Glücks, das sich uns entzieht, je direk-
ter wir es intendieren, das uns ungesucht ‹auf dem Rücken der
Akte› zuteil werden kann oder dessen wir nicht mehr zu bedürfen glauben, wenn wir sogar im Unglück einen Sinn erfahren
haben[1]. »

Im Gegensatz zu der verbalen Inflation des Glücks – eine einschlägige Bibliographie dürfte auf den ersten Blick zeigen, daß
Texte über das Glück einen beträchtlichen Anteil auf dem
Buchmarkt der Gegenwart haben – spricht Epiket nur sehr verhalten vom Glück. Zumindest führt er das Wort nicht dauernd

im Mund, und eigentlich geht es ihm auch gar nicht um das Glück als Inhalt, sondern eben nur um «Wege zum Glück». Der ehemalige Sklave des Epaphroditos[2] aus dem phrygischen Hierapolis regt zum Nachdenken über Bedingungen und Voraussetzungen eines menschenwürdigen Daseins an. Er fordert seine Hörer oder Leser dazu auf, sich auf seine Argumente einzulassen, wenn sie ihrem Leben einen Sinn geben wollen.

Was es bedeutete, im ersten oder zweiten nachchristlichen Jahrhundert als Sklave, das heißt nicht einmal als Mensch, sondern als eine der Verfügungsgewalt ihres Eigentümers völlig ausgelieferte Sache, in Rom zu leben, können wir uns heute nicht mehr vorstellen. Das Wort «Freiheit» – Epiktet gebraucht es rund 130mal, der Kaiser Marc Aurel dagegen nur zweimal – hatte für den römischen Sklaven zweifellos eine ganz andere und sehr viel konkretere Bedeutung als für den modernen Mitteleuropäer.

Vor dem Hintergrund seiner Existenz als rechtloses Werkzeug – wenngleich sein Herr nicht nur reich, sondern auch gebildet und großzügig war und ihm erlaubte, die Vorlesungen des stoischen Philosophen Musonius Rufus zu besuchen – haben Epiktets Reflexionen über die Freiheit und über den Unterschied zwischen den Dingen, die sich in unserer Gewalt befinden, und denen, die unserem Einfluß entzogen sind, ein besonderes Gewicht. Denn hier spricht einer, der weiß, wovon er redet. Epiktet hatte sein Verständnis von Freiheit gewiß lange vor dem Rechtsakt der eigentlichen Freilassung durch Epaphroditos entwickelt. Er hatte sich auf diese Weise bereits selbst aus seiner Sklavenrolle «emanzipiert», indem er die Freiheit eben nicht auf die rechtliche Stellung eines römischen Bürgers reduzierte. Für den Sklaven war die Freiheit nicht mehr und nicht weniger als die innere Unabhängigkeit vom äußeren Zwang, die Souveränität der Moral über die Niedertracht, das Bewußtsein der Menschenwürde in der Erniedrigung.

Epiktet hat gewiß schon als Sklave gelernt, was zu seinem
unverzichtbaren und unverlierbaren Besitz gehörte und worüber er trotz äußerer Bedrängnis frei verfügen konnte. Die
Sicherung des Verfügbaren wird folgerichtig zum Leitthema
seiner Lehrgespräche und Lehrvorträge, die sein Schüler Fla-
vius Arrianus aufzeichnete und in griechischer Sprache für uns
aufbewahrte[3]. Arrian war Schüler Epiktets geworden, nachdem dieser aufgrund der Verfügung des Kaisers Domitian aus
dem Jahre 89 nach Nikopolis[4] ziehen mußte und dort eine
Schule eröffnete, die er bis zu seinem Tode (wohl nach 120
n. Chr.) leitete. Domitian hatte mit dieser Verfügung alle Philosophen aus Rom ausgewiesen; demnach war Epiktet in Rom
bereits vor 89 als philosophischer Lehrer tätig.

Im übrigen wissen wir nicht viel über Epiktets Leben. Er war
mit Kaiser Hadrian persönlich bekannt, der zwischen 117 und
139 regierte, während er mit Marc Aurel, seinem großen Be-
wunderer und Verehrer, nie zusammentraf. Außerdem erwähnt Epiktet (Diss. 1, 7, 32) den Brand des Kapitols im Jahre
69, als er noch Schüler des Musonius Rufus war. Aus diesen
Angaben läßt sich mit einiger Sicherheit entnehmen, daß er
um 50 n. Chr. geboren wurde und somit ein Zeitgenosse von
Plutarch und Tacitus war[5].

Neben den vier (von ursprünglich acht) erhaltenen Büchern
«Dissertationes» oder Διατριβαί des Arrian – Epiktet hat
ebenso wie sein großes Vorbild Sokrates selbst keine Schriften
veröffentlicht – ist ein ἐγχειρίδιον, ein «Handbuch» (Manual)
oder Kompendium, überliefert, das eine knappe Zusammenfas-
sung der Hauptgedanken der «Dissertationes» für eilige Leser
enthält. Das Wort ἐγχειρίδιον kann übrigens auch «Dolch»
oder «Waffe in der Hand» bedeuten; man denkt dabei unwillkürlich an die Metapher vom Wort als Waffe; die «harm-
losere» Übersetzung «Handbuch», wobei man das griechische
Wort als Adjektiv versteht, zu dem man das Substantiv βι-

βλίον (Buch) ergänzt, sollte jene Erklärung nicht ganz in den Hintergrund treten lassen, zumal sie dem wenn auch nicht aggressiven, so doch drängenden und scharf argumentierenden Charakter des «Handbuches» entspricht. Es darf als sicher gelten, daß Arrians «Dissertationes» auf einer stenographischen Mitschrift der Worte seines Lehrers beruhen (a stenographic record of the ipsissima verba of the master, Oldfather, a. a. O. XIII). Denn seine eigenen literarischen Werke sind in attischem Griechisch verfaßt, während die Sprache der «Dissertationes» das Griechisch der Koine widerspiegelt, das heißt der Sprache des Neuen Testaments enger verwandt ist als der Sprache Xenophons. Hinzu kommen weitere Merkmale, die dafür sprechen, daß Arrians Text eine in Inhalt und Form weitgehend authentische Wiedergabe der Gedanken seines Lehrers darstellt, die dieser vor und mit seinen meist erwachsenen und gesellschaftlich bereits avancierten Schülern entwickelt hatte.

Epiktet, der sich selbst nie als Philosophen bezeichnet, steht mit seiner Lehre auf dem Boden der stoischen Philosophie, und zwar der Ethik der älteren Stoa. Im Gegensatz zu den älteren Stoikern befaßt er sich aber nicht mit den traditionellen Themenbereichen Logik und Physik. Wie Sokrates konzentriert er sich ganz auf den Menschen und seine Möglichkeiten, das Glück, die Eudämonie, zu gewinnen, die in einem Höchstmaß an innerer Unabhängigkeit und Freiheit gegenüber der Welt und gegenüber den Dingen dieser Welt besteht, auf die wir keinen Einfluß haben. «Philosophie – und sie ist für Epiktet im wesentlichen Moral – besteht in der Selbsterziehung zur Freiheit, in der Selbstbefreiung durch die Einsicht in die richtige Unterscheidung zwischen dem, worüber der einzelne ungehindert verfügen kann und worüber nicht[6].» Jeder Mensch ist selbst verantwortlich für seine guten und seine schlechten Taten, für sein Glück und sein Unglück. Alles, was wir tun, ist abhängig von unserer moralischen Vorentscheidung. Die Ver-

nunft (Logos) ist das leitende Prinzip des Menschen, das den richtigen Gebrauch der Eindrücke und Vorstellungen (φαντασίαι) von den Dingen, die uns umgeben oder auf uns zukommen, gewährleistet und unsere Urteile (δόγματα) ermöglicht. Jeder Wunsch und jede Ablehnung ist mit einem derartigen Urteil über die moralische Qualität des jeweiligen Gegenstandes oder Vorgangs verbunden. Aber um Sicherheit im Gebrauch der Vorstellungen und im Gewinnen des richtigen Urteils zu erlangen, bedarf es ständiger Übung (ἄσκησις).

Der Mensch hat aber auch Pflichten (τὰ καθήκοντα) aufgrund seiner Einbindung in soziale Beziehungen; denn er hat Eltern, Kinder, Geschwister, Freunde und Mitbürger. Ihnen gegenüber ist er zur Solidarität verpflichtet. Ihren Fehlern muß er mit Liebe und Geduld begegnen. Der Umgang mit den Mitmenschen ist nicht zuletzt eine Übung in moralischem Handeln und Verhalten.

Epiktets eigener Unterricht, sein Erinnern und Mahnen, seine Gespräche und Diskussionen sind Ausdrucksformen seiner Menschenliebe. Ein Aussteigen, eine Abkehr von der Welt ist für ihn undenkbar. Denn diese ist ein von göttlichem Geist erfüllter und geordneter Kosmos. Alles unterliegt einem planvollen göttlichen Willen. Daher ist die Welt als ganze gut. Der Mensch, dem es gelingt, seinen Willen dem Willen Gottes anzugleichen, und der erkennt, daß alles, was geschieht, im Sinne des göttlichen Planes geschieht, befindet sich in voller Übereinstimmung mit allem, was geschieht. Er findet sein Glück in der Erfüllung seiner ihm von Gott zugewiesenen Aufgabe; denn er wird dadurch zum Mitarbeiter Gottes, und nichts kann ihn davon abhalten, diesen Dienst zu erfüllen. So sagt Epiktet: «Wage es, zu Gott aufzuschauen und zu sprechen: Gebrauche mich fortan, wozu du willst. Ich stimme dir zu; dein bin ich. Nichts von allem, was dir gut scheint, lehne ich ab. Führe mich, wohin du willst. Gib mir die Rolle, die du willst. Willst du, daß

ich ein Amt bekleide oder Privatmann bin, im Land bleibe oder fliehe, arm oder reich bin? Ich werde wegen all dieser Umstände den Menschen gegenüber zu deinem Lobe sprechen.»

An anderer Stelle sagt er: «Wenn mich der Tod ereilt, dann bin ich zufrieden, wenn ich zu Gott meine Hände erhebe und sprechen kann: Die Gaben, die ich von dir empfangen habe, um dein Walten zu erkennen und ihm zu folgen, habe ich nicht verkümmern lassen. Ich habe dir keine Schande gemacht, soviel an mir lag. Habe ich mich je bei dir beschwert? War ich je unzufrieden mit dem, was geschah, oder wollte ich es anders, als es geschah? Daß du mich hast werden lassen, dafür danke ich dir. Dank gegen dich erfüllt mich für alles, was du mir gegeben. Soweit ich deine Gaben gebrauchen darf, genügt es mir. Nimm sie zurück und verwende sie, wo du willst; denn dein ist alles, du hast es mir gegeben[7].»

Epiktets Ausführungen sind als sogenannte Diatriben (διατριβαί) überliefert. Der Begriff[8] bedeutet eigentlich «Verweilen», «Umgang mit jemandem», «Beschäftigung mit etwas» oder auch «Gespräch», «Diskussion», «Vortrag», «Unterricht», «Unterweisung». Von Diogenes Laertius (2, 77) erfahren wir, daß schon der Philosoph und Wanderprediger Bion im 3. Jahrhundert v. Chr. Vorträge über populärphilosophische Fragen hielt, die als Diatriben niedergeschrieben und verbreitet wurden. Wer ein philosophisches Thema vor einem größeren Hörerkreis erörtern wollte, bediente sich in hellenistischer Zeit offensichtlich der Form der Diatribe. Typisch für ihren Stil ist ihr dialogischer Aufbau: Der Autor stellt Fragen zu seinen eigenen Ausführungen, auf die er dann selbst antwortet, oder erhebt Einwände, auf die er im weiteren Verlauf seiner Darstellung eingeht. Auch die Verwendung von Beispielen und Bildern aus dem Alltagsleben bestimmt den Stil der Diatribe. In sprachlicher Hinsicht sind einfache Ausdrucksweise, Verzicht auf komplizierte Perioden, überschaubare, oft kurze Sätze und

einfache rhetorische Mittel wie Isokola, Parallelismen und Antithesen für die Diatribe kennzeichnend. Bevorzugte Themen sind der richtige Gebrauch von Geld und Eigentum, das Verhältnis des Menschen zur Welt, das Problem des Todes, das Wesen der Freiheit, die menschlichen Leidenschaften und das Verhältnis zu den Mitmenschen[9].

Der Form der Diatribe bedienten sich übrigens nicht nur die Anhänger des Kynismus und der Stoa. Merkmale des Diatriben-Stiles lassen sich zum Beispiel auch bei Horaz, Cicero, Philon, Plutarch und im Neuen Testament nachweisen. Selbst der in hellenistischer Zeit entstandene «Prediger Salomo», der dem alttestamentlichen Kanon angehört, weist deutliche Merkmale der Diatribe auf. Der Autor des «Prediger» ist zweifellos von der hellenistischen Diatribe beeinflußt, und der Text wird mit Recht als Diatribe bezeichnet[10]. «Im wesentlichen übernahm jeder Verfasser ethischer Essays in griechisch-römischer Zeit, sei er Grieche oder Römer, mehr oder weniger die Form der Diatribe. Bei Epiktet und Dion Chrysostomos, besonders aber bei Seneca ... sehen wir, daß die Diatribe von jedem überzeugenden ethischen Gedanken, der in der Luft lag, freien Gebrauch machte, aus welcher Schule er auch stammen mochte. Ebenso verhält es sich mit dem ‹Prediger›; die Luft, die er atmet, scheint nicht nur berührt, sondern gesättigt von Aussprüchen hellenistischer Lehrer[11].»

Es scheint eine spezifische und unverlierbare Eigenschaft der Diatribe zu sein, daß sie den Hörer oder Leser in ihren Bann zieht, nachdenklich macht oder auch zum Widerspruch herausfordert. Das liegt offensichtlich nicht nur an den Fragen, die sie aufwirft, und den Antworten, die sie zu geben versucht, sondern an der Unmittelbarkeit, Offenheit und Direktheit ihrer Argumentation. Man läßt sich gern auf einen Gesprächspartner wie Epiktet ein, weil er in seinen Diatriben immer wieder dazu auffordert, für kurze Zeit von der Oberfläche des Alltags-

geschäfts abzutauchen und sich – solange die Luft reicht – in Fragen zu vertiefen, die einen vielleicht manches anders sehen lassen als bisher. Epiktet ist kein aufdringlicher Ratgeber – ebensowenig wie Sokrates oder Diogenes; er veranlaßt den Leser vielmehr dazu, Rat zu suchen, wo er bisher Gewißheit zu haben meinte[12].

Bei Epiktet hat man es nicht mit zwingender Vorbildhaftigkeit oder erhabener Größe zu tun. Er fordert keine ehrfürchtige Bewunderung oder Nachahmung; er kommt vielmehr dem Bedürfnis entgegen, sich an existentiellen, das heißt aber auch lebenspraktischen Fragen festzusaugen. Er vermittelt Lust an der Vertiefung des Fragens und an der mühevollen Suche nach einem Standpunkt, von dem aus das eigene Leben mit etwas mehr Gelassenheit zu reflektieren ist. Das war bereits das Programm des Sokrates, der uns durch Forschen und Prüfen, durch Überwindung sprachloser Selbstverständlichkeit im offenen und engagierten Gespräch mit der Fragwürdigkeit unserer Meinungen und Urteile in den «wichtigsten Fragen des Lebens» konfrontierte. Unter diesem Gesichtspunkt ist Epiktet – wie auch Teles und Musonius – ein anregender Vermittler sokratischen Philosophierens.

Die Reihenfolge der Autoren und Texte in der vorliegenden Auswahl läßt sich folgendermaßen begründen: Epiktet (etwa 50–120 n. Chr.) steht am Anfang, weil er der bedeutendste der drei Autoren ist. Bei ihm ist die literarische Form des Lehrgesprächs (Diatribe) am weitesten entwickelt. Auch hinsichtlich ihrer inhaltlichen Relevanz verdienen Epiktets Texte den Vorrang vor den Texten seiner Vorgänger Teles (um 250 v. Chr.) und Musonius (etwa 30–108 n. Chr.). Obwohl Epiktet der jüngste der drei Autoren ist, verdient er nicht zuletzt aus dem Grunde seinen Platz am Anfang der Sammlung, weil seine Darlegungen mit der Lehre der Alten Stoa des Zenon (335–262 v. Chr.), des Chrysipp (um 250 v. Chr.) und

des Kleanthes (304–233 v. Chr.) besonders eng verwandt sind. In diesem Sinne ist Epiktet «älter» als seine literarischen Vorgänger Teles und Musonius.

Epiktet

Die moralische Überzeugungskraft des Stoikers Epiktet beruht auf der radikalen Einseitigkeit und der rigorosen Beschränkung seines philosophischen Interesses. Das Problem der sittlichen Lebensführung hat in seinem Denken eine ebenso zentrale wie alles beherrschende Stellung. Der Mensch – das ist Epiktets Überzeugung – hat von seinem göttlichen Schöpfer den Auftrag, im Sinne seiner Vernunftnatur, das heißt sittlich, zu handeln. Worin sich sittliches Handeln im einzelnen verwirklicht, veranschaulicht Epiktet nicht nur in seinem «Handbuch der Moral», sondern auch in seinen «Diatriben», die sich als Dokumente einer intensiven Arbeit am Menschen darstellen. Hier geht es dem Autor nicht um die Entwicklung und Begründung einer Theorie der Ethik, sondern um die Aufforderung und Befähigung des Menschen zu einem sittlichen, das heißt selbstbestimmten, vernunftsmäßigen, Handeln in konkreten Lebenssituationen.

Das unablässige, harte und entbehrungsreiche Ringen um die Entfaltung des freien Willens ist für den Menschen die einzige Möglichkeit, ein Leben in Würde und Selbstachtung zu führen und zugleich seiner spezifischen Bestimmung im göttlichen Schöpfungsplan gerecht zu werden. Epiktet leitet nicht dazu an, in extremen Grenzsituationen die ethisch richtige Entscheidung zu treffen. Er argumentiert nicht mit den gängigen Exempla gleichsam übermenschlicher sittlicher Größe. Für ihn ist Sittlichkeit eine dauernde Aufgabe des Durchschnittsmenschen, der sich in den kleinen Dingen des täglichen Lebens zu bewähren hat und oft, ohne sich dessen bewußt zu sein, die

Chance zur Selbstbestimmung seines Handelns und Verhaltens vertut, weil er sich Ansprüchen und Zwängen unterwirft, die ihn in den Zustand einer «unnatürlichen» Abhängigkeit bringen und ihm den Weg zur Eudämonie, zum glücklichen Leben, verbauen.

Epiktet will sich und seinen Mitmenschen eigentlich nur verdeutlichen, daß jedermann für sein Glück oder Unglück selbst verantwortlich ist. Denn kraft seiner Vernunft bestimmt der Mensch selbst darüber, ob ein Ereignis, ein Vorgang oder eine Handlung für ihn Glück oder Unglück bedeutet. Auf den richtigen Anschauungen und Urteilen über den Wert oder Unwert der Dinge und dem daraus resultierenden Verhalten beruht das Glück des Menschen. Die richtige Beurteilung unserer sogenannten Güter und unserer Beziehungen zu unseren Mitmenschen, die Freiheit von Affekten und Leidenschaften (Apátheia) und die Befolgung des göttlichen Willens sind die unabdingbaren Voraussetzungen für unser Glück.

Von grundlegender Bedeutung für unser Verhalten ist die klare Unterscheidung zwischen den Dingen und Vorgängen, die wir selbst beeinflussen können, und denen, die unserem Einfluß entzogen sind. Nur das, was in unserer Macht steht, kann Ursache für Glück oder Unglück sein. Glücklich zu sein ist daher kein Geschenk des Himmels, sondern das Produkt einer selbstverantworteten sittlichen Leistung.

Teles

Mit der Entstehung des makedonischen Weltreiches verloren die griechischen Stadtstaaten ihre einstige politische Bedeutung. Die Polis war nicht mehr fähig, dem Menschen Halt und Orientierung zu bieten. Der Verlust der Polisordnung zwang den einzelnen, neue Maßstäbe für sein Denken und Handeln zu

finden. In dieser bewegten Epoche kamen die Verkünder neuer philosophischer Lehren dem Bedürfnis des Menschen nach Sinngebung entgegen. Alle hellenistischen Philosophien hatten das gleiche Ziel: Sie versuchten, Wege zur inneren Freiheit und zum Frieden der Seele zu weisen. Besonders erfolgreich wirkten die Kyniker und Stoiker, die eine «Philosophie für jedermann» predigten und dem griechischen Menschen Hilfen zur inneren Selbstbehauptung gegenüber dem chaotischen Wandel seiner Lebensbedingungen zu geben versprachen. Jeder Mensch sei fähig, aus eigener Kraft zur Eudaimonía, zum höchsten Glück, zu gelangen und der Týche, dem blinden Zufall, zu trotzen.

Das wichtigste Mittel der philosophischen Kommunikation war die auf nachhaltige Wirkung zielende öffentliche Rede des Philosophen vor einem mehr oder weniger großen Publikum. Diese Rede konnte ihre Wirkung aber nur erreichen, wenn sie die Zuhörer zu fesseln und aufzurütteln verstand. Sie war eine mit den Kunstmitteln der Rhetorik gewürzte Predigt, die keineswegs nur belehren und bessern, sondern auch unterhalten und mitunter auch belustigen wollte.

Die Gegenstände dieser Volksreden oder Diatriben sind moralphilosophische Themen wie zum Beispiel das Wesen der Armut, die Verbannung, das Alter, der Tod. Sie handeln aber auch von den Gefahren der sinnlichen Lust (Hedoné), dem Wert der Anstrengung (Pónos) als Mittel zur Gewinnung von Ausdauer (Kartería) und Tapferkeit (Andréia). In der stoischen Diatribe geht es unter anderem auch um die Herkunft und Bestimmung des Menschen, um die Unabhängigkeit (Autarkie) des Weisen, die Freiheit von Affekten und Leidenschaften (Apátheia), das wahrhaft sittliche Leben, den einzigen Weg zum Glück. Daß der Mensch ohne Hilfe einer Gottheit zum Glück gelangen kann, ist für die Kyniker und Stoiker, die von der absoluten Willensfreiheit des Menschen überzeugt sind,

eine unumstößliche Überzeugung. Zumindest ist es den kynisch-stoischen Denkern gelungen, ihre Mitmenschen immer wieder zu innerer Einkehr, zum Nachdenken über die Voraussetzungen wahren Glückes und die wahre Bestimmung des Menschen, zur Umkehr vom breiten Weg der Masse, ja zum entschlossenen Streben nach Sittlichkeit aufzurufen. Diese Philosophen schaffen dadurch die Möglichkeit, den scheinbar so widersinnigen Lauf der Welt als sinnerfüllt zu betrachten und zu erleben.

Von den älteren Diatriben besitzen wir nur einige größere Bruchstücke eines gewissen Teles aus Megara, der um die Mitte des 3. Jahrhunderts v. Chr. lebte und predigte. Teles fußt offensichtlich auf den Anschauungen des Bion von Borysthenes, der als Schöpfer der hellenistischen Diatribe gilt. Ob er dies jedoch wirklich war, ist zweifelhaft. Denn er war eine schillernde Persönlichkeit. Aufgrund seiner bei Teles faßbaren Aussagen läßt er sich dem Kynismus zuordnen, war aber auch anderen Einflüssen zugänglich. Offenbar war er ein virtuoser Redner, scheute sich aber auch nicht, eine vulgäre Sprache zu benutzen. Er hat es auch nicht vermieden, seine Zuhörer durch unverhüllte Darstellung obszöner Themen zu amüsieren oder zu schockieren. Bereits in der Antike wurde von ihm gesagt, er habe der Philosophie das Gewand einer Dirne angezogen. Wenn man Bion daher wohl eher für einen witzigen und mitunter taktlosen Entertainer als für einen ernsthaften Moralphilosophen zu halten hat, dann dürfte er wahrscheinlich nicht den Anspruch erheben können, Schöpfer der Diatribe zu sein. Das kommt vielmehr den Männern zu, die mit dem Ernst des echten Propheten die Menschen der römischen Kaiserzeit zur Abkehr von ihrem bisherigen Leben aufriefen und in einer Welt des tiefsten sittlichen Verfalls für ihre hohen Ideale eintraten: Erst Philosophen wie Musonius und vor allem Epiktet konnten der Diatribe den geistigen Gehalt geben, der ihr eine weltgeschichtliche Wirkung auf die Folgezeit verbürgen sollte.

Musonius

Geboren wurde C. Musonius Rufus wahrscheinlich zwischen
20 und 30 n. Chr. Er stammte aus einer alten etruskischen Familie, die in Volsinii ansässig war. Er gehörte dem Ritterstand
an und war ein überzeugter römischer, aber griechisch schrei-
bender Stoiker. Im Jahre 65 n. Chr. wurde er mit anderen Philosophen von Nero auf die Felseninsel Gyaros verbannt. Nach
sokratischem Vorbild beschränkte er sich auf den mündlichen
Lehrvortrag; überliefert sind uns jedoch viele seiner Gedanken
in den Schriften seiner Schüler. Wir besitzen neben verstreu-
ten Äußerungen bei Epiktet, Plutarch und Gellius Auszüge aus
21 Lehrvorträgen, die Lucius, ein Schüler des Musonius, publi-
ziert hatte.

Nach Dion von Prusa gehört Musonius zu den ganz wenigen
Philosophen, die ein Leben im Einklang mit ihrer Lehre geführt
haben. Das gilt vor allem auch für die schweren Jahre der Verbannung. Im Jahre 69 durfte er nach Rom zurückkehren,
wurde bald aber von Vespasian erneut aus Italien verbannt und
81 von Titus zurückgerufen.

Eine von Tacitus (Historien 3, 81) geschilderte Episode wirft
ein bezeichnendes Licht auf die Persönlichkeit des Musonius:
Im Jahre 69 ging im Auftrag des Vitellius eine Gesandtschaft
des römischen Senats an Antonius Primus ab, der als Anhänger
des Vespasian mit seinen Truppen gegen Vitellius anrückte.
«Es hatte sich den Gesandten Musonius Rufus angeschlos-
sen... Dieser begab sich mitten unter die Soldaten und versuchte, sie von dem Segen des Friedens und dem Fluch des
Krieges zu überzeugen, um sie vom Blutvergießen zurückzuhalten. Die meisten lachten über ihn, viele wurden seines Ge-
schwätzes überdrüssig, und schon hätten ihn einzelne zurück-
gestoßen und niedergetreten, wenn er nicht schließlich der
Mahnung besonnener Elemente und der Drohung anderer

nachgegeben und auf seine unzeitige Weisheit verzichtet hätte.»

Dieses Verhalten zeigt beispielhaft die Furchtlosigkeit und Zivilcourage des Musonius, aber auch seinen Mangel an Wirklichkeitssinn.

Wenn auch Epiktet seinen Lehrer Musonius in seiner Darstellung und Durchdringung stoischer Welt- und Lebensanschauung weit überragt, so bieten uns doch die Diatriben des Musonius in thematischer Hinsicht eine wertvolle Erweiterung unserer Kenntnisse von der römischen Stoa. Das zeigen schon Titel wie zum Beispiel «Daß auch Frauen philosophieren sollten», «Ob man die Töchter ebenso erziehen soll wie die Söhne» oder «Was die Hauptsache in der Ehe ist». Viele rigorose Äußerungen des Epiktet über die Frau, die Familie und das Vaterland hätte Musonius mit seiner ganz anderen Einstellung zur Familie und Ehe nicht akzeptieren können.

ERLÄUTERUNGEN

EPIKTET

Handbuch der Moral

1 Zur Bedeutung dieser Begriffe vgl. Forschner, M.: Die stoische Ethik. Über
den Zusammenhang von Natur-, Sprach- und Moralphilosophie im altstoischen System, Stuttgart 1981, 114–134. Zu dem besonders wichtigen Begriff
des «Handeln-Wollen» (ὁρμή): «Wird etwas als für mich erstrebenswert beurteilt, so ist dieses Urteil von einem Handlungsimpuls ὁρμή begleitet»
(Forschner, 116).

2 Bei Epiktet kann «von Natur aus» auch bedeuten «im Sinne der göttlichen
Vorsehung» oder «in Übereinstimmung mit dem göttlichen Schöpfungsplan» oder «im Einklang mit der Vernunftnatur des Menschen».

3 Der Adressat ist ein fiktiver Gesprächspartner, ein philosophischer Anfänger, der auf den rechten Weg gebracht werden will. Epiktet spricht oft aber
auch einfach mit sich selbst; das ist ein typisches Merkmal der Diatribe.

4 Epiktet stellt es sich bzw. dem fiktiven Gesprächspartner zur Aufgabe, die
Unterscheidung des ἐφ' ἡμῖν und des οὐκ ἐφ' ἡμῖν intensiv zu üben.

5 «Eindruck» für φαντασία. Das Bild, das man sich von etwas macht, muß
mit dem tatsächlich Gegebenen nicht übereinstimmen. «Die φαντασία ist
das mentale Bild, das ein Ding bzw. Ereignis durch die Affektion unserer
Sinne in uns hervorruft, das Resultat eines unwillentlichen Vorgangs»
(Forschner, s. Anm. 1: 97).

6 «... sag dir sofort»: Im Text steht πρόχειρον ἔστω, eigentlich «es sei dir zur
Hand», «es stehe dir zur Verfügung». Man denkt hier auch an den Titel des
«Handbuches der Moral», ἐγχειρίδιον.

7 Die Bedeutung von τὰ παρὰ φύσιν («was gegen die Natur ist») ist vor dem
Hintergrund der altstoischen Formel vom ὁμολογουμένως τῷ φύσει ζῆν zu
verstehen, das so viel heißt wie «im Einklang mit der Weltordnung leben»
oder auch «in Übereinstimmung leben mit der Vernunftnatur des Menschen» (vgl. Anm. 2).

8 Vgl. die Hinweise zum Begriff der ὁρμή in Anm. 1.

9 Diese Aussage ist in Zusammenhang mit dem stoischen Wertbegriff der «Unerschütterlichkeit» (ἀταραξία) zu sehen.

10 «Sittliche Entscheidung» (προαίρεσις). Epiktet hat die «sittliche Entscheidung» oder den «moralischen Vorsatz» zum Kernbegriff seiner Ethik erhoben. Vgl. Pohlenz, M.: Die Stoa 1, 331–334. Es handelt sich um die grundsätzliche Vorentscheidung darüber, was wir als gut und nützlich für uns anzusehen haben und was nicht. Die προαίρεσις «ist die Voraussetzung für jede Einzelentscheidung, nicht als einmaliger Akt, sondern als die feste geistige Einstellung, aus der all unser praktisches Einzeltun fließt . . . Denn die rechte Prohairesis besteht eben darin, daß wir unser Begehren und Streben auf die Dinge beschränken, die in unserer Macht stehen . . . Die Prohairesis ist es, die uns frei macht. Denn wenn sie sich auf unser eigenes Tun beschränkt, kann niemand sie hindern, kein Kaiser und kein Gott . . . Sie ist die geistige Grundhaltung der sittlichen Persönlichkeit, ihre Arete und darum Quell der Eudämonie» (Pohlenz, 333).

11 «Urteile und Meinungen» für τὰ δόγματα im Gegensatz zu τὰ πράγματα. Die «Urteile» entscheiden über Wert und Bedeutung der Dinge für den Menschen. Diese Feststellung wiederholt Epiktet an vielen Stellen seiner Argumentation.

12 «Gebrauch deiner Eindrücke»: Die χρῆσις φαντασιῶν ist das einzige, was in unserer Macht steht. Von ihr hängen die Urteile ab, die wir über die Dinge gewinnen. Vgl. den Schluß von Ench. 1.

13 D. h. wenn du deiner sittlichen Entscheidung folgst.

14 Vgl. die Interpretation des Ench. 7 bei Kamlah, W.: Der Ruf des Steuermanns, Stuttgart 1953.

15 «Glücklich sein» steht hier für εὐροεῖν, das eigentlich «gut fließen» bedeutet. Bei den Stoikern (und mehrfach auch bei Epiktet) wird «das gute Fließen» (εὔροια) mit Eudaimonía (Glück) gleichgesetzt (SVF 1, 184; vgl. Pohlenz, M.: Stoa und Stoiker. Die Gründer-Panaitios-Poseidonios, Zürich (Artemis) 1950, 109, S. auch Senecas Formulierung beata vita secundo defluens cursu («das mit gutem Fluß ablaufende glückliche Leben»).

16 Vielleicht spielt Epiktet hiermit auf sein eigenes Gebrechen an. Vgl. Anth. Pal. 7, 676: «Ich, Epiktet, war Sklave, körperlich ein Krüppel. Ich war so arm wie Iros und den Göttern lieb.»

17 Selbstbeherrschung, Ausdauer, Duldsamkeit sind die wichtigsten Tugenden des kynisch-stoischen Weisen.

18 Vgl. Ench. 1.

19 Wenn Epiktet unverheiratet war und keine Kinder hatte, kann er hier nicht mit sich selbst, sondern nur mit einem fiktiven Adressaten sprechen.

20 Der «moralische Fortschritt» (προκοπή) ist eine von den Stoikern für möglich gehaltene Entwicklung zum Besseren, vom Toren zum Weisen. Vgl. SVF 1, 234; 3, 530–543; Seneca, Epist. 75, 8–14. Die Stoiker hielten die Erziehung und vor allem die Selbsterziehung für die Methode, den sittlichen Fortschritt herbeizuführen. Das ist auch die Voraussetzung für Epiktets Überzeugung von der Wirksamkeit seiner Diatriben. Zum Problem: Luschnat, O.: Das Problem des ethischen Fortschritts in der alten Stoa, in: Philologus 102, 1958, 178–214.

21 «Sorgen und Angst» sind nach stoischer Lehre Krankheiten der Seele. Sie verhindern die Eudämonie. Vgl. Pohlenz, s. Anm. 15, 148–162.

22 «Unglücklich» κακοδαίμων im Gegensatz zu «glücklich» εὐδαίμων.

23 Die Aufforderung, mit kleinen oder leichten Dingen anzufangen, hatte Epiktet bereits Ench. 3 ausgesprochen. Wer sich auf den Weg zum Glück macht, muß vom Leichteren zum Schwierigeren fortschreiten. Es kommt aber vor allem darauf an, überhaupt erst einmal «anzufangen».

24 «Gleichmut» oder «Freiheit von Affekten» (Apátheia) und «innere Ruhe» oder «Freiheit von Aufregung und Störung» (Ataraxía) sind für Epiktet die Bedingungen und Begleiterscheinungen des Glückes. In Diss. 4, 3, 7 (s. S. 351) stellt Epiktet Apátheia und Ataraxía neben Alypía («Freiheit von Schmerz») und Aphobía («Freiheit von Furcht») und faßt diese Zustände unter dem Begriff der Eleuthería («Freiheit») zusammen. Vgl. Pohlenz, Die Stoa I 331 u. II 163. Wer über diese Zustände verfügt, ist wahrhaft «frei» (und glücklich); er verfügt über den «guten Fluß des Lebens» (vgl. Ench. 8).

25 D. h. der Diener bekäme es schmerzhaft zu spüren, wenn die «innere Ruhe» des Herrn von seinem Verhalten und nicht von der Einstellung des Herrn selbst abhinge.

26 «Fortschritte» z. B. in der klareren Unterscheidung der Dinge, die in unserer Macht liegen, von denen, die nicht in unserer Macht liegen.

27 Epiktet hat nicht die Absicht, ein Wissen zu vermitteln; er fordert vielmehr zu bestimmten Verhaltensweisen auf. Das ist der Sinn der Imperative. Der Angeredete soll «etwas wollen», «sich an etwas erinnern», «etwas üben», «sich etwas sagen», «etwas sein lassen», «sich an etwas gewöhnen» usw.

28 D. h. wenn du es allmählich gelernt hast abzuwarten.

29 Diogenes von Sinope, der Kyniker, und Herakles, der Sohn des Zeus, galten als Vorbilder der Bedürfnislosigkeit. Herakles hatte im Kynismus eine Schlüsselstellung. Dazu auch: Höistad, R.: Cynic Hero and Cynic King. Studies in the Cynic Conception of Man, Lund 1948.

30 «Meinung» (Dógma): vgl. Ench. 5, wo schon die Dógmata von den Prágmata unterschieden wurden.

31 Gemeint ist wohl Gott, der jedem seine «Lebensrolle» zuteilt. Vgl. Diss. 1,
   25, 7 ff. (s. S. 305) u. Fragm. 11 (s. S. 83).

32 «Unterscheidung treffen» (διαιρεῖν). Die «Unterscheidung» (διαίρεσις) ist
   die Einteilung der Dinge in solche, die in unserer Macht stehen, und solche,
   die nicht in unserer Macht liegen. Vgl. Ench. 1. «Diese ‹Einteilung der
   Dinge›, diese ‹Dihairesis›, ist das Fundament von Epiktets Ethik, die große
   einfache Wahrheit, von der für ihn die Lebensführung abhängt...» (Pohlenz, Die Stoa I 330). Auf der Dihairesis beruht die Prohairesis, die sittliche
   Entscheidung, nur die Dinge zu berücksichtigen, die in unserer Macht stehen.

33 Damit ist der Kampf um eine gesellschaftlich angesehene Stellung gemeint.

34 Es ist Epiktets Absicht, seinen Adressaten auf diesen «Weg» zu bringen. Das
   Bild des Weges ist in der griechischen Literatur weit verbreitet. Vgl. Becker,
   O.: Das Bild des Weges und verwandte Vorstellungen im frühgriechischen
   Denken, Hermes-Einzelschriften 4, 1937. – Zu Epiktets Dihairesis, die ja
   auch eine Entscheidung für einen bestimmten «Weg» ist, vgl. das Bild von
   «Herakles am Scheideweg» in Xenophons Memorabilien 2, 1. Dazu Nickel,
   R.: Die Wahl des Herakles in Xenophons Memorabilien II 1. Der Mythos als
   Argument, in: ALK-Informationen 3/1980, 59–105.

35 «Auffassung» (Hypólepsis). Vgl. Ench. 1. Die Begriffe Hypólepsis, Dógma
   und Phantasía sind offensichtlich austauschbar. Sie bezeichnen den ersten
   Eindruck, den man von den Dingen und Vorgängen erhält.

36 Hier geht es also nicht um eine Therapie gegen die Todesfurcht, sondern um
   die Weckung des Bewußtseins vom Wert des Lebens. Vom Bewußtsein des
   Todes her das Leben zu gestalten, ist eine in der Antike vielfach bezeugte
   Empfehlung (das Mementomori-Motiv). Vgl. auch Psalm 90, 12: Herr lehre
   uns bedenken, daß wir sterben müssen, auf daß wir klug werden.

37 Hier ist der sokratische Gegensatz von «scheinen» und «sein» faßbar.

38 Ansehen und Schande werden durch andere Menschen hervorgerufen. Deshalb kann das Fehlen von Ansehen kein Unglück und kein Übel sein.

39 «Zurückhaltung»: Epiktet benutzt hier das Adjektiv αἰδήμων (schamhaft,
   bescheiden), das mit dem Substantiv αἰδώς verwandt ist. Pohlenz, Die
   Stoa I 335, interpretiert den Begriff so: «Die Aidos war schon für die alte
   Stoa eine vernunftgemäße seelische Bewegung, die Scheu vor berechtigtem
   Tadel... Bei Musonius konnte Epiktet hören, daß man vor Tadel am ehe-
   sten geschützt sei, wenn man vor sich selbst sittliche Scheu hege. Für Epiktet
   wird die Aidos zu dem sittlichen Grundgefühl, das uns von der Natur eingepflanzt ist, das den Menschen – und nur ihn – unwillkürlich erröten macht,
   wenn er etwas Unanständiges sagt oder hört, das ihn vor jeder sittlichen
   Verfehlung warnt und besser vor ihr schützt als die unbeobachtete Verbor-
   genheit innerhalb seiner vier Wände... Sie ist die Ehrfurcht vor der eigenen
   Menschenwürde als unantastbarem Heiligtum.»

40 Das Adjektiv πιστός (glaubwürdig, treu, zuverlässig) gehört zu dem Substantiv πίστις: «Während Aidos vornehmlich das Innenleben des Menschen angeht, ist der Bereich der Pistis das Verhalten zu den Mitmenschen. Auch die wurzelt in einem Gefühl, in dem Geselligkeitstrieb des Menschen, stellt aber praktisch dessen sittliche Vollendung dar und bezeichnet die rechte Einstellung innerhalb der Gesellschaft, die Zuverlässigkeit in der Erfüllung der Pflichten, die Vertrauen heischt und schenkt und die Grundlage jeder sozialen Betätigung ist. Während die Aidos aus uraltem hellenischen Empfinden stammt, ist bei der Pistis der Einfluß der römischen fides unverkennbar» (Pohlenz, Die Stoa I 335).

41 Man ist ein nützliches Glied der Gesellschaft, wenn man ihr mit seinen spezifischen Fähigkeiten und Eigenschaften dient. Der Dienst am Staat darf keinen Verlust an Persönlichkeit oder Verzicht auf Moral nach sich ziehen. Epiktet ist also kein «Aussteiger» oder «Verweigerer»; er verlangt nur von der Gesellschaft das Recht zu individueller Entfaltung und Betätigung des ihm eigenen Vermögens – zum Wohle des Ganzen. Hiermit beweist Epiktet, daß er der Lehre der Stoa deutlich näher steht als dem Kynismus, wie er etwa von Diogenes verkörpert wird.

42 Epiktet meint die römische Einrichtung der salutatio, den allmorgendlichen Empfang der Klienten im Haus des Patrons. Vgl. Horaz, Epist. 2, 1, 103–107; Seneca, De brevitate vitae 14, 3–4; Lukian, Nigrin. 22.

43 Die Klienten eines Patrons werden oft gar nicht, oft nur unter Schwierigkeiten vorgelassen. Häufig mußten sie auch lange warten.

44 D. h. es ist ausgeschlossen, daß die Welt, der Kosmos, geschaffen wurde, um dem Bösen eine Existenzmöglichkeit zu bieten. Daher gibt es nichts in der Welt, was von Natur aus böse ist. Das Böse kommt durch die Torheit der Menschen in die Welt. Vgl. den Zeus-Hymnus des Kleanthes (SVF 1, 537). Zum Problem vgl. auch Forschner, M.: Die stoische Ethik, Stuttgart 1981, 160–165.

45 Gladiatorenkampf war jahrhundertelang das größte öffentliche Massenvergnügen im römischen Reich. Vgl. Grant, M.: Die Gladiatoren, Frankfurt/Berlin/Wien 1982; Weber, C. W.: Panem et Circenses. Massenunterhaltung als Politik im antiken Rom, Düsseldorf/Wien 1983. – Epiktet war neben Seneca einer der wenigen, die die Gladiatorenspiele entschieden ablehnten.

46 Euphrates war ein berühmter stoischer Philosoph, den auch Plinius, Epist. 1, 10, rühmt (s. S. 343). Er war ebenso wie Epiktet ein Schüler des Musonius. Im Jahre 119 starb er als alter Mann durch Selbstmord. In Diss. 4, 8, 18–21 (s. S. 341) zitiert Epiktet den Philosophen und Redner.

47 D. h. wenn du dich für die Philosophie entschieden hast.

48 Die Fähigkeit, auf Schlaf zu verzichten und Anstrengungen zu ertragen,

wird schon von Sokrates, dem großen Vorbild des Epiktet, gefordert (Xenophon, Mem. 2, 1, 1).

49 D. h. ein Weiser oder ein Tor.

50 Epiktet verwendet hier den bereits von Zenon benutzten Begriff τὰ καθήκοντα (SVF 3, 491–499. 500–543).

51 Das Verb «sich anvertrauen» (οἰκειοῦσθαι) gehört zu dem Substantiv Oikeíosis (οἰκείωσις), «Aneignung», «Vertrautheit», «Vertrauensbildung». Die Oikeíosis ist ein Grundbegriff der stoischen Anthropologie. Er bezeichnet die natürliche Hinwendung zu allem, was dem Individuum förderlich ist und zu seinem Wesen gehört (Zenon bei Diogenes Laertius 7, 85–89). – Die Oikeíosis ist auch das Motiv für die Herstellung sozialer Beziehungen und zur Hinwendung zur gesamten menschlichen Natur im Sinne einer allgemeinen Philanthropie. Die Pflichten gegenüber anderen Menschen haben ihren natürlichen Antrieb in der Oikeíosis.

52 Diese natürliche Veranlagung ist die Oikeíosis. Vgl. Anm. 51.

53 Söhne des Ödipus und der Iokaste. Sie werden von ihrem Vater verflucht, weil sie ihn nach seinem Sturz vom Königsthron schlecht behandelt hatten. Die Brüder verabredeten, abwechselnd jeweils ein Jahr in Theben zu herrschen. Eteokles hielt sich nicht an die Abmachung. So kam es zum Krieg. Die Brüder töteten sich gegenseitig im Zweikampf.

54 Die Kunst, ein Orakel oder göttliche Zeichen zu deuten, heißt Mantik. Die Begründung für diese Kunst ergab sich für die Stoiker aus der Überzeugung von der göttlichen Vorsehung (vgl. Diss. 1, 6, s. S. 293). Wenn Gott die Zukunft lückenlos geplant hat, dann kann er den Menschen aufgrund seiner Fürsorge und Güte auch Zeichen geben, aus denen die Menschen zukünftige Ereignisse erschließen können.

55 Die Stoiker unterschieden zwischen Gutem, Schlechtem und Gleichgültigem (das Gleichgültige: Adiáphoron): Alles Seiende ist entweder ein Gut oder ein Übel oder keines von beiden (Adiáphoron). Gut ist nur das sittlich Gute, schlecht nur das sittlich Schlechte. Alles andere ist indifferent, weder gut noch schlecht, weil es weder zum Glück noch zum Unglück des Menschen beiträgt (SVF 1, 191–196; 559–562; 3, 117–168).

56 Der pythische Apoll ist der Schutzgott des Orakels in Delphi. Der Name «pythisch» leitet sich von Python, einer weissagenden Schlange her, die ursprünglich die Herrin der Orakelstätte war. Delphi heißt daher auch Pytho, und die Priesterin und Wahrsagerin des Apoll hatte den Namen Pythia. Apoll selbst trug den Beinamen Pythios.

57 Z. B. Gladiatorenspiele im Amphitheater, Wagenrennen, Aufführungen im Theater. Vgl. Anm. 45.

58 Vgl. Augustin, Confessiones 6, 7f.

59 Auf diese Weise wurden der Öffentlichkeit neue literarische Werke vorgestellt.

60 «Zurückhaltung», griechisch Eustátheia, eigentlich «Festigkeit», «Beständigkeit» und vor allem bei den Epikureern «der gute Zustand des Körpers». Für Epiktet gehört die Eustátheia zu den Voraussetzungen der Eudaimonía. Vgl. Diss. 2, 5, 9 (s. S. 329).

61 «Niemandem lästig werden», ein Verhalten, das im Zusammenhang mit der Aidós zu sehen ist. Vgl. Anm. 39.

62 Zenon von Kition, um 335–262 v. Chr., gilt als der Begründer der stoischen Philosophie.

63 Gemeint sind die Dinge, die nicht in unserer Macht stehen und unserem Einfluß entzogen sind.

64 Zur Bedeutung des Anstands (Aidós) vgl. schon Ench. 24 mit Anm. 39.

65 «Das leitende Prinzip», das Hegemonikón, ist ein bereits altstoischer Begriff für das höchstrangige geistig-seelische «Organ» des Menschen, die höchste Vernunft, «das führende Zentralorgan», das alle höheren Funktionen der Seele umfaßt. Nach Chrysipp (SVF 2, 879) sitzt das Hegemonikón wie die Spinne im Netz, die mit Hilfe der Fäden merkt, wenn in dieses eine Fliege gerät, im Herzen des Menschen, vernimmt dort, was die Sinne übermitteln. «Das Hegemonikon ist es, das sieht und hört, das die Eindrücke verarbeitet, denkt und handelt» (Pohlenz, Die Stoa I 88). – Als Stoiker hat Epiktet das Wesen des Menschen dichotomisch gefaßt (vgl. Bonhöffer, A.: Epictet u. die Stoa. Untersuchungen zur stoischen Philosophie, Stuttgart 1890, 29 ff.): Der Mensch besteht aus Körper und Seele. Vgl. Diss. 1, 3, 3 (s. S. 291).

66 D. h. die körperlichen Bedürfnisse bestimmen, was der Mensch an materiellem Besitz benötigt.

67 «Das richtige Maß einhalten» ist in diesem Sinne eine verbreitete Lebensregel. Vgl. Horaz, Epist. 1, 7, 98 u. 10, 42 f.

68 «Zurückhaltend»: Vgl. Ench. 24.

69 Ein Beispiel für eine richtige Verknüpfung von Aussagen ist die Verbindung der Sätze «Es ist Tag, und es ist hell» oder «Die Sonne scheint, und es ist warm». Ein Beispiel für eine falsche Verknüpfung gibt Epiktet selbst in Ench. 36: «Es ist Tag, und es ist Nacht.» Vgl. auch Diogenes Laertius 7, 72.

70 Das συγκατατίθεσθαι oder die Synkatáthesis ist die auf freier Entscheidung beruhende «Zustimmung» zu den Phantasíai, die unwillkürlich in das Bewußtsein eindringen. Vgl. auch Fragm. 9 (s. S. 79). Zum Begriff der «Zustimmung» vgl. auch Pohlenz, Die Stoa I 55: Die Synkatáthesis setzt eine Prüfung der Phantasía voraus. «Sobald die Phantasia auftaucht, tritt bei ihm (sc. dem Menschen) der Logos in Tätigkeit. Er fällt ein Urteil, das freilich an sich nicht über den objektiven Wahrheitsgehalt entscheidet, wohl aber über

die Gültigkeit der Vorstellung. Er prüft sie, zollt ihr entweder seine ‹Zustimmung›..., oder er lehnt sie ab oder hält sein Urteil zurück. Nur wenn er sie durch die ‹Synkatathesis› anerkennt, wird die Vorstellung für sein Erkennen oder auch für sein Handeln wirksam. Lehnt er sie ab, so bleibt sie bedeutungslos.» Zur terminologischen Verwendung von Synkatáthesis schon bei Zenon s. SVF 1, 60–61.

71 Um deine Abhärtung zu beweisen.

72 D. h. er betrachtet sich selbst als verantwortlich für alles, was ihm nützt oder schadet. Denn er bestimmt selbst darüber, welche Umstände auf ihn einwirken und für ihn relevant sind.

73 D. h. der moralische Fortschritte macht und sich somit in seiner Entwicklung zwischen dem Durchschnittsmenschen und dem Philosophen befindet. Vgl. Ench. 12 mit Anm. 20.

74 Chrysipp, 276–204 v. Chr., war einer der bedeutendsten stoischen Philosophen. Er systematisierte die stoische Lehre und gliederte sie in die drei Bereiche Logik, Ethik und Physik. Er hob vor allem die Bedeutung des Logos als der alles beherrschenden Weltvernunft hervor und definierte das Idealbild des stoischen Weisen, der in Übereinstimmung mit der Natur, d. h. mit dem Vernunftprinzip, frei von Affekten lebt und handelt. Von seinen Werken sind nur Fragmente erhalten, die in der Sammlung «Stoicorum Veterum Fragmenta» (SVF) von Hans von Arnim (Nachdruck 1964) zusammengestellt wurden.

75 Zum Begriff der «Vernunftnatur» vgl. Ench. 2 mit Anm. 7.

76 Der Vorrang der Taten vor den Worten entspricht der stoischen Bewertung der Ethik im Vergleich mit den beiden anderen Disziplinen, der Logik und der Physik. Vgl. auch Bonhöffer (s. Anm. 65), 13–28.

77 «Unterscheidung» (Dihaíresis): Vgl. Ench. 18 mit Anm. 32.

78 «Philosophische Lehren» (Theorémata). Theoretische Bildung ist für Epiktet nur Mittel zum Zweck. Das Wichtigste ist die Tat. Vgl. Bonhöffer (s. Anm. 65), 7–10, und Ench. 46.

79 Die hier unterschiedenen «Bereiche» der Philosophie decken sich nur zum Teil mit der traditionellen Unterscheidung der drei philosophischen Disziplinen Ethik, Logik und Physik. Der grundlegende Gedanke ist Epiktets Überzeugung, daß die Praxis und nicht die Theorie das Wichtigste ist.

80 Der Text stammt von Kleanthes, der die stoische Schule von 264–232 v. Chr. leitete (SVF 1, 527). Eine lateinische Fassung findet sich bei Seneca, Epist. 107, 10.

81 Euripides, Fragm. 965 Nauck.

82 Nach Platon, Kriton 43 d.

83 Nach Platon, Apologie 30 c-d.

Lehrgespräche (Diatriben)

1 D. h. dem allgegenwärtigen Gott. Der hierhin zum Ausdruck kommende Pantheismus ist eine in der stoischen Schule verbreitete Weltanschauung.

2 Vgl. Ench. 1 mit Anm. und Ench. 6 mit Anm.

3 «Glück», eigentlich «guter Fluß des Lebens». Vgl. Ench. 8 mit Anm. und Ench. 12 mit Anm.

4 Panaitios, der berühmte Vertreter der Mittleren Stoa, verfaßte eine Schrift «Über die Heiterkeit» (Perì Euthymías). Der Begriff der «Heiterkeit» ist aber eher ein traditionaller Wertbegriff der Epikureer und nicht der Stoiker.

5 «Würde» (Eustátheia): Ench. 33 mit Anm. 60.

6 Hier geht es wieder um den Begriff der Dihaíresis. Vgl. Ench. 18 mit Anm. 32.

7 Eine ausführliche Schilderung dieser Vorgänge liefert Plutarch in seiner Biographie des Lykurg. – Epiktet gibt mit dieser Geschichte ein Beispiel für die Möglichkeit des sittlichen Fortschritts. Vgl. Ench. 12 mit Anm. 20.

8 Der Hinweis auf Vergangenheit, Gegenwart und Zukunft ist ein formelhafter Ausdruck für die Unvergänglichkeit. Vgl. Anaxagoras B 48 und Melissos B 2.

9 Die Theorie vom ewigen Wandel der Welt geht wohl auf den Vorsokratiker Heraklit zurück, dem die Stoiker auch in vielen anderen Fragen folgten.

10 Zum Begriff der «Zustimmung» (Synkatáthesis): Ench. 45 mit Anm. 70.

11 König von Makedonien, etwa 413–399.

12 Ein berühmter Schauspieler des 4. Jh. v. Chr.

13 Gemeint ist Ödipus in der Tragödie «Ödipus auf Kolonos» von Sophokles.

14 Zur «Rolle», die der Mensch in Gottes Auftrag zu spielen hat: Ench. 17.

15 Anspielung auf Homer, Odyssee 18, 74 und 19, 225.

16 Gott hat die Welt nicht nur geschaffen; er lenkt sie auch mit seiner «Vorsehung» (Prónoia), die Epiktet als Fürsorge für jeden einzelnen versteht. Vgl. auch Ench. 32 mit Anm. 54.

17 Xenophon, Memorabilien 1, 4, 7, wo allerdings nicht von «Natur», sondern von einem «weisen Schöpfer» die Rede ist.

18 Für den Stoiker ist der «Freitod» ein moralisches Recht. Er muß allerdings begründet und wohlerwogen sein (SVF 3, 757–768). Epiktet fordert (Diss. 1, 9, 12, s. S. 127) von seinen Schülern, daß sie sich mit ihm beraten sollen, wenn sie Selbstmordgedanken haben. Zum Ganzen: Hirzel, R.: Der Selbstmord (1908), Darmstadt (Nachdruck) 1966.

19 Wie es z. B. Platon oder Xenophon mit den Worten des Sokrates getan haben.

20 D. h. auf die Bedingungen des besten Lebens, die Möglichkeiten eines sittlich vollkommenen Lebens, Wege zum Glück.

21 Weitere Stellen, an denen Epiktet geringschätzig über den Körper spricht,
findet man bei Bonhöffer (s. Anm. 65 zum «Handbuch der Moral»), 33. – In
der Verachtung des Körpers stimmen Stoa und Platonismus überein: «Jedoch trotz der nahen Berühung der Stoa mit dem Platonismus in diesem
Punkt gibt es gewisse Merkmale, welche den prinzipiellen Unterschied der
stoischen Anthropologie von der platonischen deutlich bezeichnen: die Stoiker verstanden die Nichtigkeit des Leibes nicht metaphysisch wie Plato, der
nur den Ideen Realität zuerkennt, sondern ethisch, nicht abstrakt, sondern
nur relativ, nämlich insofern das Interesse des Leibes mit dem der Seele kon-
kurriert. Dem Stoiker ist der Leib nicht etwas der Seele von Hause aus Unangenehmes, dieselbe in ihrer höchsten Bestätigung notwendig Hemmen-
des, nach dessen Abstreifung sie erst zum vollkommenen Leben gelangen
kann, sondern etwas, was zur Daseinsform des Menschen vermöge der göttlichen Ordnung gehört, jedoch so, daß die Glückseligkeit von dem leiblichen
Leben in keiner Weise abhängt, und es nur die Schuld der Seele ist, wenn sie
innerhalb dieses leiblichen Lebens nicht zur Vollkommenheit gelangt»
(Bonhöffer, 35–35).

22 Anspielung auf Homer, Odyssee 10, 21.

23 «Moralische Entscheidung» (Prohaíresis): Ench. 4 mit Anm.

24 Die «Philosophierenden» sind Menschen, die die richtigen «Dogmata» besitzen, d. h. philosophisch gebildet sind. Grundsätzlich unterscheidet sich
der «Philosoph» nicht von einem Menschen, der seinen Möglichkeiten und
Pflichten, die sich aus seinem Menschsein ergeben, gerecht wird. Der «Philosoph» stellt keine höhere Form des Menschseins dar.

25 «Üben» (Meletân): «die praktische Betreibung des theoretischen Studiums»
(Bonhöffer, s. Anm. 65 zum Handbuch «Handbuch der Moral», 10).

26 Paetus Thrasea, römischer Senator, Anhänger der stoischen Philosophie,
unter Nero zum Tode verurteilt. Thrasea beging Selbstmord (Tacitus, Annalen 16, 21–35).

27 Musonius Rufus, Epiktets Lehrer, der 65 n. Chr. von Nero verbannt worden
war (Tacitus, Annalen 15, 71).

28 Q. Paconius Agrippinus wurde 65 n. Chr. von Nero verbannt (Tacitus, Annalen 16, 33; vgl. schon 28f.).

29 Aricia liegt in Latium nicht weit von Rom entfernt, an der Via Appia.

30 Vgl. Ench. 12 und Fragment 5.

31 Vgl. Ench. 24 mit Anm. 39.

32 Zu Epiktets «Vorsehungsglauben» s. Pohlenz, Die Stoa I 339.

33 «Den Göttern... möglichst gleich zu sein»: Die «Angleichung an Gott»
(Homoíosis theô) ist schon ein platonisches Lebensziel. Vgl. Pohlenz, Die
Stoa II 174.

34 «Rücksichtsvoll»: Ein Mensch, der die Menschenwürde achtet: Ench. 24 mit Anm. 39.

35 «Weltbrand» (Ekpýrosis): vgl. Seneca, Epist. 9, 16.

36 Gemeint ist Gott.

37 «Allgemeine Vorstellungen» (Prolépseis): Pohlenz, Die Stoa I 56–58; II 33.

38 «Grundstoffe des Seins» (Stoicheia): Erde, Wasser, Feuer, Luft; trocken, feucht, warm, kalt.

39 «Hades... Periphlegethon»: Die Unterwelt und bestimmte Lokalitäten in der Unterwelt.

40 Vgl. Thales bei Diogenes Laertius 1, 27.

41 «Moralische Entscheidung» (Prohaíresis): Die Entscheidung darüber, was wir als gut und nützlich für uns anzusehen haben. Die «Festigung und Vertiefung der moralischen Entscheidung» bedeutet die Entwicklung der moralischen Persönlichkeit. Vgl. Ench. 4 mit Anm. 10.

42 Vgl. Ench. 38 mit Anm. 65.

43 Vgl. Diss. 2, 10, 3 (s. S. 173). Bonhöffer (s. Anm. 65 zum «Handbuch der Moral»), 39.

44 Epiktet meint sich selbst.

45 Das Prinzip der Sympátheia, d. h. der Einheit des Kosmos, besagt, daß alles, was geschieht, in einer inneren Verbindung mit allem anderen steht. Jede kleine Bewegung wird überall «mitgefühlt» (im Sinne der Sympátheia, des «Mitgefühls»). Schon die alte Stoa hatte davon gesprochen, daß alles in der Welt in einem inneren Kontakt zueinander, in einer Wechselwirkung miteinander stehe.

46 Vgl. Anm. 16 zu Fragment 13 und Anm. 32 zu Diss. 2, 14.

47 Diese Anschauung vertrat z. B. Epikur.

48 Homer, Ilias 19, 279f.; vgl. Xenophon, Memorabilien 1, 1, 19.

49 Vgl. schon Ench. 53 mit demselben Zitat.

50 Gemeint sind die «dauernden Krankheitszustände der Seele» (Pohlenz, Die Stoa I 148).

51 Vgl. die Anm. 65 zu Ench. 38.

52 Der «Herrschende» (Kyrieúon) ist ein altstoischer Fangschluß.

53 Weitere altstoische Fangschlüsse.

54 Vgl. Platon, Nomoi 9, 854b.

55 Platon, Symposion 218d ff.

56 Herakles galt als der erste Sieger bei den olympischen Spielen. Alle späteren wurden in einer fortlaufenden Liste, die von Herakles angeführt wurde, aufgezählt.

57 «Glück» steht hier wieder für den Begriff «Eúroia», den «guten Fluß des Lebens». Vgl. Ench. 8 mit Anm.

58 Die Dioskuren, die «Söhne des Zeus», Kastor und Polydeukes, galten als
   Helfer in der Not.

59 Vgl. Ench. 21. Hier klingen wieder epikureische Gedanken an.

60 Erga kai Hemerai 413.

61 Epiktet befindet sich nicht in Rom. Domitian hatte alle Philosophen aus der
   Hauptstadt verbannt. Der «Kundschafter» soll also in Erfahrung bringen, ob
   sich in Rom etwas ereignet hat, was für die Lage der Philosophen von Bedeutung sein könnte.

62 Diogenes als Vorbild des Epiktet: Ench. 15.

63 Vgl. das Euangélion.

64 Gemeint ist wohl Kaiser Domitian.

65 Die Amtskleidung des römischen Senators.

66 Die Kleidung des römischen Ritters.

67 Überwurf, den die einfachen Bürger tragen.

68 Kithairon: das Gebirge, wo Ödipus als kleines Kind ausgesetzt wurde.

69 Sophokles, König Ödipus 1391.

70 Im Text steht eigentlich «umschlagende Schlüsse» (Metapíptontes lógoi):
   Hypothetische Urteile, die unter gewissen Voraussetzungen aus wahren in
   falsche umschlagen.

71 «Auswahl» (Eklogé): Das Auswählen der naturgemäßen Dinge ist eine ver-
   pflichtende moralische Aufgabe. Das Handeln setzt ein moralisch zu verant-
   wortendes Auswählen aus verschiedenen Handlungsmöglichkeiten voraus.

72 Vgl. Ench. 24 mit Anm.

73 Vgl. Ench. 12 mit Anm.

74 Vielleicht eine Anspielung auf Epiktets körperliche Behinderung.

75 Menoikeus, Sohn des Königs Kreon von Theben. Da der Seher Teiresias den
   Thebanern den Sieg über die Sieben (Angreifer) prophezeit hatte, erstach
   sich der letzte Kadmide Menoikeus, um so seine Vaterstadt zu rächen.

76 Das Beispiel stammt aus der «Alkestis» des Euripides: Der Vater des Admet
   hätte mit seinem Tod das Leben der Alkestis retten können.

77 Vgl. Cicero, De officiis 1, 158.

78 Vermutlich ein Spötter oder Kritiker, der Epiktets Hörern bekannt war.

79 Übersetzung für den Begriff Oikeíosis. Dazu Ench. 30 mit Anm.

80 Der Name ist vermutlich nach dem lateinischen Wort für «Glückspilz» (fe-
   lix) gebildet worden, das hier einen einflußreichen Sklaven bezeichnet.

81 Einflußreicher Freigelassener des Kaisers Nero. Epiktet war zeitweilig sein
   Sklave.

82 Siehe Anm. 81.

83 Gemeint sind die vier großen griechischen Kampfspiele: die olympischen,
   isthmischen, pythischen und nemeischen Spiele.

84 Wachteln wurden ebenso wie Hähne zu Wettkämpfen abgerichtet.

85 Aristeides ist der Hauptvertreter der antiken erotischen Novelle (um 100 v. Chr.). Seine «Milesischen Geschichten» wurden schon zu Sullas Zeit ins Lateinische übersetzt; die Erzählkunst des Autors und ihr vielfach obszöner Inhalt war die Ursache ihrer weiten Verbreitung. – Auch Eubios ist wahrscheinlich ein Autor desselben Genres. Zu Eubios vgl. Ovid, Tristien 2, 416.

86 «Lebensplan» (Énstasis): Ench. 23.

87 Der Kyniker als Bote (Ángelos, Engel) Gottes.

88 Der Kyniker als Kundschafter (Katáskopos). Vgl. Diss. 1, 24, 3–10 (s. S. 96).

89 Kleitophon 407a–b.

90 Vgl. Ench. 8.

91 Wahrscheinlich zwei berühmte Athleten oder Gladiatoren. Mit Myron kann auch der Athlet gemeint sein, der später in Lukians Charon als gewaltiger Kraftprotz erwähnt wird.

92 Agamemnon: der Führer der Griechen vor Troja; Sardanapal: der letzte assyrische König, berühmt wegen seines ausschweifenden Lebenswandels; Nero: römischer Kaiser von 54–68 n. Chr., Inbild des grausamen Herrschers.

93 Herkunft der folgenden Zitate: Ilias 10, 15; 91; 94; 18, 289.

94 Wenn ein König «unglücklich» wird, dann ist er kein König mehr. Gegebenenfalls tötet er sich selbst, falls er «unglücklich» zu werden droht. Vgl. Fragment 25.

95 Zu diesen Begriffen: Ench. 1.

96 «Moralische Vorstellungen» (Prolépseis): Der Mensch hat «Vorbegriffe», natürliche Vorstellungen, von bestimmten ethischen Grundgegebenheiten: z. B. Glück ist der höchste Wert; der Mensch muß Gutes tun; das Böse ist zu meiden. Problematisch ist jedoch die nähere Bestimmung des »Glückes», des «Guten», des «Bösen».

97 Vgl. Bonhöffer (s. Anm. 65 zum Handbuch der Moral), 34.

98 Vgl. Niehues-Pröbsting, H.: Der Kynismus des Diogenes und der Begriff des Zynismus, München 1979, 187.

99 Anspielung an das Daimónion des Sokrates (Platon, Apologie).

100 Gott als «Trainer» des Kynikers.

101 Herakles, das Vorbild und Leitbild des kynischen Philosophen.

102 Epiktet haben wohl unter Diogenes' Namen überlieferte Diatriben und Briefe vorgelegen, die er für echt hielt. Schon Cicero (Tuskulanische Gespräche 5, 92) kannte derartige Texte.

103 Zitat aus Ilias 2, 25.

104 Ilias 2, 24.

105 Ilias 2, 25.

106 Vgl. Ench. 53 und Diss. 2, 23, 42 (s. S. 151), wo auch der Vers des Kleanthes zitiert wird (SVF 1, 527).

107 Platon, Kriton 43d.

108 Homer, Ilias 6, 492f.

109 Hier lehrte Epiktet.

110 Thrasonides («Frechling») ist die Hauptfigur in Menanders Komödie «Misúmenos» («Der Verhaßte»), Geta sein Sklave. Thrasonides hat sich in eine Kriegsgefangene verliebt, die er als Beute mitgebracht hatte. Das Mädchen kann ihn aber nicht ausstehen, so daß er vor Verzweiflung allein in die Nacht hinausstürmt.

111 Bei der Freilassung eines Sklaven mußten 5 % seines Kaufpreises als Steuer entrichtet werden. Auch diese Steuer wurde an Steuerpächter verpachtet.

112 Im Text steht wörtlich «er arbeitet mit seinem Körper»; vgl. Demosthenes 59, 20 zu dieser euphemistischen Redensart.

113 Die Angehörigen des römischen Ritterstandes, in den der ehemalige Sklave aufsteigen möchte, hatten das Recht, einen Goldring zu tragen.

114 Um sich für höhere Würden zu qualifizieren.

115 Xenophon, Memorabilien 4, 6, 1.

116 «Gutes Allgemeinbefinden»: Zur Bedeutung des griechischen Wortes εὐσταϑῆσαι vgl. Ench. 33 mit Anm.

117 Es ist also erwiesen, daß Freiheit nichts damit zu tun hat, ob jemand als Sklave oder als freier Mann lebt. Wahrhaft frei ist nur der Glückliche.

118 Dem römischen Konsul gehen bei Amtshandlungen zwölf Liktoren voraus, von denen jeder ein Rutenbündel mit einem Beil als Zeichen der staatlichen Macht mit sich führt.

119 An den Saturnalien, die am 17. Dezember begannen und im Zeichen allgemeiner Ausgelassenheit standen, wurden die Sklaven von den Herren bewirtet.

120 Der von Epiktet als falsch bezeichnete Syllogismus hat folgenden Aufbau: 1. Das Wesen, das die Verfügungsgewalt über den größten Nutzen hat, ist göttlich (Obersatz oder 1. Prämisse). – 2. Eine bestimmte Person hat die Macht über den größten Nutzen (Untersatz oder 2. Prämisse). – 3. Also ist diese Person göttlich (Schlußsatz oder Konklusion).

121 Vgl. Hiob 1, 21.

122 Vgl. dazu Gellius 2, 18, 9–10; Lukian, Vit. Auct. 7.

123 Zitat aus Platon, Sophistes 222b.

124 Schwiegersohn und Gesinnungsgenosse des Paetus Thrasea, Vertreter der Opposition gegen die kaiserliche Regierung, Gegner des Kaisers Vespasian, der ihn zunächst verbannen und später hinrichten ließ.

125 Aus dem Hymnus des Kleanthes. Vgl. Diss. 2, 23, 42.

126 Zu diesem Problem s. Sloterdijk, P.: Kritik der zynischen Vernunft, Bd. 1–2, Frankfurt 1983.

127 Ein Freigelassener des Nero. Vgl. Anm. 80.

128 Das könnte ein Hinweis sein auf Epaphroditos, den ehemaligen Herrn des Epiktet und Sklaven des Nero.

129 Platon, Kriton 45c.

130 Im Rahmen der illegalen Aktion der Volksversammlung.

131 Vgl. Platon, Kriton 54a.

132 Der Text ist an dieser Stelle nicht sicher überliefert.

133 Platon, Phaidon 64a und Politeia 361e.

134 Gemeint ist die berühmte Statue des Zeus aus Gold und Elfenbein.

135 Zu Herakles vgl. Ench. 15.

136 Vgl. Ench. 4 (Prohaíresis). Der Begriff bedeutet zunächst, daß man aufgrund von Nachdenken eine Entscheidung zwischen zwei Möglichkeiten trifft, indem man einer von beiden den Vorzug vor der anderen gibt (Aristoteles, Nikomachische Ethik III 4, 1112a 15 f.). Und zwar ist sie «ein auf denkender Überlegung beruhendes Streben nach Zielen, die in unserer Macht stehen, ἐφ' ἡμῖν sind». Denn «aufgrund solcher Überlegungen urteilend (d. h. eine Entscheidung treffend) haben wir ein Streben gemäß dieser Überlegung» (Aristoteles, Nikom. Ethik III 5, 1113a 10). Es handelt sich bei ihr um eine Entscheidung des Denkens im Bereich des Sittlichen. Denn «ohne Denkvermögen und Denktätigkeit und eine sittliche Grundverfassung gibt es keine Prohaíresis» (Arist., Nikom. Ethik IV 2, 1139a 33 ff.). Nach Aristoteles ist die Prohaíresis entweder ein Denkakt, der mit einem bestimmten Streben verbunden ist, oder ein auf Denken beruhendes Streben, und zwar ein dauerndes Streben, das auf einem ununterbrochen wirkenden Denkakt beruht. Die Prohaíresis ist also eine dauernde seelische Grundhaltung, die ein ständiges Streben nach einem höchsten Ziel (Telos) in sich schließt. Dieses Ziel ist das ständig gute Handeln in der Verwirklichung der «Tugend» (Areté), die dem Handelnden die Eudaimonia (Glück) ermöglicht. – Diese Lehre des Aristoteles ist die Grundlage auch der Weltanschauung des Epiktet.

137 «Allgemeine Vorstellungen» (Prolépseis): Beispiel für eine Prólepsis: Gerechtigkeit ist ein hoher Wert; problematisch ist jedoch die Anwendung dieser Prólepsis auf den Einzelfall (vgl. Diss. 1, 22).

138 Saturnalien: vgl. Anm. 119.

139 D. h. in die Freiheit (durch Freitod), wenn die Lage unerträglich geworden ist. Vgl. Anm. 18.

140 Vgl. Anm. 109.

141 Eine der Kykladen (östlich von Keos), wohin in der Kaiserzeit vornehme Römer verbannt wurden.

142 Gemeint ist das Verfahren der Staroperation.

143 D. h. der Charakterbildung des Menschen. Vgl. Bonhöffer, A.: Epiktet und das Neue Testament, Gießen 1911, 14 f.: «Ein sittlich tüchtiger Mensch wird man nach Epiktet, in der Regel wenigstens, nicht durch eine plötzliche Bekehrung, sondern durch einen ethischen Bildungsprozeß, über dessen Dauer selbstverständlich nichts Bestimmtes und Allgemeingültiges gesagt werden kann, außer daß er meist das ganze Leben hindurch fortdauert, so daß er, der Lehrer, zuweilen selbst noch sich in denselben einschließen kann. Die sittliche Bildung ist also nach Epiktet nichts so Einfaches, sondern etwas wunderbar Großes, das höchste und schwierigste Kunstwerk, das es auf dieser Erde zu vollbringen gibt.»

144 «Allgemeine Vorstellungen»: Anm. 96 u. 137.

145 «Sittliche Entscheidung»: Anm. 136.

146 In Rom gab es einen Altar des Fiebers (Diss. 1, 19, 6).

147 «Gleichgültige Dinge» (Adiáphora): Alle Dinge und Vorgänge, auf die es im Grunde nicht ankommt, weil sie für das sittliche Leben keine Bedeutung haben.

148 Das sind die Dinge, auf die der Mensch keinen Einfluß hat und die daher in ethischer Hinsicht bedeutungslos sind.

149 Griechisch «Télos», das höchste Ziel allen menschlichen Handelns.

150 Das «eifrige Studium» besteht vor allem in ständiger Selbstprüfung, Selbstbeobachtung und Selbsterziehung, kurz: in ständiger sittlicher Arbeit an sich selbst.

151 Die «subjektive Meinung» (Oíesis) steht im Gegensatz zum sicheren Wissen (Epistéme). Schon Sokrates unterschied zwischen diesen beiden Möglichkeiten einer Beziehung zur Welt.

152 Vgl. Babrius 193 = Aesop 422.

153 Platon, Apologie 38a.

154 Im kaiserzeitlichen Rom gab es nächtliche Polizeistreifen.

155 Hier könnte Apollonios von Tyana gemeint sein, der im 1. Jh. n. Chr. ein asketisches Wanderleben führte, Kranke heilte, Tote erweckte, weissagte und Wunder aller Art tat. Nach seinem Tode wurde er als Gott verehrt.

156 Gemeint sind wohl die vorbereitenden Maßnahmen beim Ringkampf: Sich wälzen im Sand.

157 Im Falle einer Regelverletzung.

158 Zum Ganzen vgl. Ench. 29.

159 Der berühmte stoische Redner und Philosoph (vgl. Diss. 4, 8, 17–21 [s. S. 341]; Plinius 1, 10 [s. S. 343]).

160 «Unsere Stadt» ist Rom.

161 D. h. wer einen Fehler macht oder Böses tut, fügt dadurch nur sich selbst

Schaden zu. Fehler machen und Schaden erleiden fallen also stets zusammen. Das ist die Grundüberzeugung, daß jedermann allein verantwortlich ist für das, was für ihn gut oder schlecht ist. Es ist ausgeschlossen, daß ein Mensch schlecht handelt und ein anderer als davon Betroffener dadurch etwas Schlechtes erfährt. Nur wer schlecht handelt, erleidet auch etwas Schlechtes. Mit anderen Worten: Es ist undenkbar, daß jemand durch die Verfehlung eines anderen Schaden erleidet. Das kann man nur durch eigenes Handeln. Für den Stoiker ist das Leid, das einem von einem anderen zugefügt wird, kein wirkliches Übel; es gehört zu den «Adiáphora».

162 Das Böse, das ein anderer tut, ist nach stoischer Auffassung nur für ihn selbst ein Übel, nicht für den, der das Böse zu ertragen hat.

163 «Der arme Teufel»: Das griechische Wort áthlios bezeichnet oft einen Menschen, dem nicht mehr zu helfen ist, weil er moralisch völlig verkommen ist.

164 Masurius Sabinus war ein berühmter römischer Jurist des 1. Jh. n. Chr. Er begründete ein eigenes juristisches System. – Cassius Longinus war Schüler und Nachfolger des Masurius.

165 Hiermit sind offensichtlich die Christen gemeint.

166 Das Menschenleben wird mit einem Drama verglichen, in dem jeder eine bestimmte Rolle spielt. Vgl. Ench. 17 und Fragment 11.

167 Der Kyniker Diogenes rühmte sich, frei unter Gottes Herrschaft zu sein.

168 D. h. bekommt er mit dem Amt auch die Kompetenz, die er dazu benötigt?

169 «Kinder» sagt Epiktet hier ironisch von den kindischen Menschen, die nach den genannten Dingen streben.

170 Anspielung auf eine Stelle in Platons Apologie 32c-d: Leon von Salamis, ein athenischer Heerführer und Anhänger der Demokratie, war den Dreißig Tyrannen im Jahre 404–403 v. Chr. nicht mehr genehm. Sie gaben Sokrates den Auftrag, ihn von Salamis zur Hinrichtung nach Athen zu schaffen. Während die vier Begleiter des Sokrates nach Salamis fuhren und Leon holten, der dann wirklich hingerichtet wurde, ging Sokrates einfach nach Hause, obwohl er dadurch sein Leben gefährdete (vgl. Thukydides 8, 73; Xenophon, Hellenika 2, 3, 39). Sokrates bewies mit diesem Verhalten Furchtlosigkeit und Zivilcourage. Ein Unrecht zu vermeiden galt ihm höher als sein Leben um jeden Preis zu retten.

171 Epiktet könnte hier auf die berühmte Bemerkung des Diogenes (Diogenes Laertius 6, 79) anspielen wollen, daß man ihn unbegraben lassen und allenfalls einen Stock neben ihn legen solle, damit er die Hunde vertreiben könne.

172 Vgl. Platon, Phaidon 116c ff., wo Sokrates dem Kriton klarmacht, daß sie ja nicht ihn (Sokrates) nach seinem Tode begrüben, sondern nur seinen entseelten Körper.

173 Dieser Vorwurf kann auch dazu geführt haben, daß die Philosophen unter Nero und Domitian aus Rom verbannt wurden.

174 Der hier und im folgenden Angeredete ist der fiktive Tyrann, z. B. der römische Kaiser.

TELES

Ältere Diatriben

1 Bions Bedeutung läßt sich auch an seiner Wirkung auf den römischen Dichter Horaz erkennen. So spricht Horaz (Epist. 2, 2, 60) von Satiren mit scharfem Witz als Bionei sermones. Die römische Satirendichtung insgesamt dürfte von der kynischen Diatribe stark beeinflußt worden sein.

2 Diese Worte waren wahrscheinlich ursprünglich von Bion an den König Antigonos Gonatas gerichtet. Vgl. Hense, O.: Teletis reliquiae, Tübingen 1909, LXXIX.

3 Symposion 4, 35.

4 Attisches Hohlmaß, ca. ⅛ Liter.

5 Choinix = ca. 1⅓ Liter. Lupinen waren ein bei den Kynikern beliebtes Nahrungsmittel.

6 Vers des Dichters Timotheos (4. Jh. v. Chr.). Vgl. Epiktet Ench. 7.

7 Phaidon 117b.

8 Hier verwechselt Teles Sokrates mit Theramenes (Xenophon, Hellenika 2, 3, 56). Sokrates' letzte Worte waren nach Platon, Phaidon 118a: «Kriton, wir sind dem Asklepios noch einen Hahn schuldig. Opfert ihn und vergeßt das nicht.»

9 Nach Hense (s. Anm. 2), LVI, geht diese Geschichte auf Bions Schrift «Vom Zorn» zurück. Sie hat mit dem historischen Sokrates nichts zu tun.

10 Wahrscheinlich eine Gans.

11 Dieser vulgäre Zug des Sokrates ist sicher eine kynische Erfindung.

12 Stilpon von Megara, Schüler des Diogenes, einer der Lehrer des Zenon von Kition, des Begründers der stoischen Lehre.

13 Die Verse stammen aus Ilias 9, 479ff.

14 Antigonos Gonatas, geboren um 319 v. Chr.

15 «Thesmophorion»: Tempel der Göttin Demeter Thesmóphoros. Nur verheiratete Frauen durften an dem jährlich zu Ehren dieser Göttin stattfindenden Fest teilnehmen.

16 Das entspricht der auch bei Cicero, Tuskulanische Gespräche 5, 37, faßbaren

Einstellung: Patria est, ubicumque est bene («Das Vaterland ist überall dort, wo es einem gut geht») oder Ubi bene, ibi patria.

17 Einer der drei großen Dichter der neuen attischen Komödie.

18 Der Text ist hier nicht sicher überliefert.

19 Ps. Platon, Axiochos 368d.

20 Aristipp, griechischer Philosoph um 435-355 v. Chr., Begründer des Hedonismus (die Lust ist das höchste Lebensziel), einer der frühesten Schüler des Sokrates.

21 Euripides, Phoenissen 1447ff.

22 Hier zeigt sich Teles-Bion wieder als der radikale Kyniker, der dem natürlichen menschlichen Empfinden entgegentritt, um zu provozieren und zu schockieren.

23 Euripides, Phoenissen 1451 f.

24 Diese Angaben können sich auf Herodot 2, 136 stützen.

MUSONIUS

Lehrgespräche (Diatriben)

1 Das bezieht sich wohl auf den Sokrates, wie ihn die Kyniker sich vorstellten. Vgl. Diogenes Laertius 2, 21; Xenophon, Symposion 4, 6.

2 Homer, Odyssee 4, 392.

3 Vgl. Platon, Gorgias 509c: «Wir behaupten, daß Unrecht tun ein größeres Übel ist, ein kleineres, Unrecht leiden.» Vgl. auch Seneca, Epist. 95, 52: miserius est nocere quam laedi.

4 Gestalt des argivisch-thebanischen Sagenkreises, Gattin des berühmten Sehers und Königs von Argos, Amphiaraos, den sie für ein goldenes Halsband verrät, mit dem sie von Polyneikes bestochen worden war, ihren Mann zur Teilnahme am Zug der «Sieben gegen Theben» zu zwingen, wobei er seinen Tod fand.

5 «Theorie» für griechisch «Logos»; eigentlich bedeutet «Logos» «das (sinnerfüllte) Wort».

6 «Askese» steht hier für griechisch «Áskesis», das zunächst nur «Übung» bedeutet.

7 Da es nach der Einnahme von Damaskus durch die Römer im Jahre 106 n. Chr. keine Könige in Syrien mehr gab, muß diese Diatribe vor 106 gehalten worden sein. Vgl. auch Hense, O.: Musonius, Leipzig 1905, XIVf.

8 Musonius redet den syrischen König an.

9 D. h. niemand kann behaupten, daß das eine andere Wissenschaft leisten.

10 Hier könnte Musonius auf Panaitios' Schrift «Über das richtige Handeln» (Peri tû kathékontos) Bezug nehmen. Vgl. auch Cicero, De officiis 1, 126, der dieselbe Quelle benutzte: «Was sich gehört, wird in allen Handlungen und schließlich auch in der Bewegung und Haltung des Körpers sichtbar.»

11 Vgl. Platon, Politikos 295eff.

12 Damit spielt Musonius auf Platons Politeia 473d an: «Wenn in den Staaten nicht die Philosophen Könige oder die jetzt sogenannten Könige und Machthaber in der rechten Weise und wirklich und wahrhaftig Philosophen werden und wenn sich nicht die politische Macht und die Philosophie in ein und derselben Person vereinen und von dem heutigen Geschlecht die vielen Naturen, die entweder nur nach dem einen oder nur nach dem anderen streben, zwangsweise ausgeschlossen werden, dann wird das Elend der Staaten nicht aufhören, mein lieber Glaukon, und wohl überhaupt nicht für das Menschengeschlecht; und dieser Staat, den wir eben in Gedanken entworfen haben, wird, soweit das möglich, nicht eher kommen und das Licht der Sonne schauen» (Übersetzung: Wilhelm Capelle).

13 Derselbe Gedanke schon bei Teles (16, 15 Hense).

14 Vgl. Platon, Politeia 473d (s. Anm. 12).

15 Das bezieht sich wieder auf den «kynischen» Sokrates, d. h. den Sokrates der kynisch geprägten Sokrates-Legende (s. Anm. 1.).

16 Fragment 1047 Nauck.

17 Vgl. Plutarch, De cap. ex inimicis util. 87a.

18 Eine in der römischen Kaiserzeit weit verbreitete Zivilisationskrankheit. Vgl. Lukians Gedichte Tragodopodagra und Okypus.

19 Verse des Euripides, Fragment 892 Nauck.

20 Gemeint sind die Phäaken.

21 Die Perser sind gemeint.

22 Heraklit B 121.

23 Euripides, Phoenissen 391 ff.

24 Vgl. auch die kritische Erörterung der Euripides-Verse bei Plutarch, De exilio, 605 ff. Das Thema «Verbannung» wurde in der Popularphilosophie vielfach behandelt.

25 Demosthenes 21, 72: «Denn vieles kann doch der Schlagende einem antun, ihr Männer von Athen, wovon der Beleidigte manches nicht einmal einem anderen erzählen mag; durch Gebärde, Blick, Stimme, wenn er als Beleidigter oder als Feind handelt, wenn er einen ohrfeigt oder ins Auge schlägt. Das erregt, das macht die Menschen außer sich, die nicht gewohnt sind, sich mit Füßen treten zu lassen» (Übersetzung: Wilhelm Capelle).

26 Das bezieht sich wohl auf die Rolle, die Sokrates in den «Wolken» des Aristophanes spielt.

27 Feldherr und Staatsmann von Athen, Schüler Platons, wegen seiner Anständigkeit und Charakterfestigkeit berühmt (lebte von 402/01 bis wenigstens 318 v. Chr.).

28 Theognis 33 f. und schon 27 ff.

29 In dieser Diatribe spricht Musonius offensichtlich aufgrund eigener Erfahrung, die er auf dem Lande mit seinen Schülern gemacht hatte – wie er ja auch in der Diatribe von der Verbannung aus eigener Erfahrung spricht.

30 Hier bricht der Text in der uns erhaltenen Handschrift ab. Wir wissen aber, wie Hense bemerkt, aus Plutarch, De amore prolis 457e, daß der «Zwischensprecher» die Armut der Eltern als wirtschaftlichen Nachteil für sie selbst und für die Kinder anführte, wogegen sich dann Musonius wieder gewandt hat, wie das folgende Stück zeigt.

31 Aus Gellius 2, 7 ergibt sich, daß dieses Problem in der griechisch-römischen Popularphilosophie oft erörtert wurde. Schon von Aristoteles wird diese Frage berührt (Nikomachische Ethik 9, 2, 1164b 2 ff.).

32 Hense vergleicht Seneca, Epist. 101, 15: «Viele sind bereit, noch schlimmere Bedingungen einzugehen: sogar den Freund zu verraten, um länger zu leben, und die eigenen Kinder mit eigener Hand der Prostitution auszuliefern . . .»

33 Gemeint sind die «Aufforderungen» zur Philosophie (Lógoi Protreptikoí), die zunächst einmal die Hauptrichtlinien der Lebensführung darlegen und die fundamentalen Grundsätze vermitteln.

34 Eine solche Äußerung des Isokrates ist sonst nicht überliefert.

35 Heraklit B 118.

36 Kochbücher gab es schon zur Zeit Platons in Sizilien. Vgl. Gorgias 518b. In der römischen Kaiserzeit war das Kochbuch des Apicius besonders bekannt (Seneca, Ad Helviam de consolatione 10, 8).

37 Das Fleisch dieser Tiere pflegte man gewöhnlich nicht zu essen.

38 Der Gründer der stoischen Schule (etwa 336–264 v. Chr.).

39 Nach aristotelisch-theophrastischer Lehre gehören die Pflanzen nicht zu den Lebewesen – wie Mensch und Tier –, sondern nur zu den «lebenden» Wesen und werden daher von diesen unterschieden.

40 Schon Panaitios (Perì tû kathékontos) hatte dieses Prinzip aufgestellt (vgl. Cicero, De officiis 1, 106).

41 «Untergebundensein» bezieht sich auf die Sandalen, die den Füßen «untergebunden» sind.

42 Boten, die aufgrund ihres langen Trainings den ganzen Tag über laufen konnten und dieses Laufen berufsmäßig betrieben. Vgl. auch Herodot 6, 105 f.

43 Homer, Odyssee 13, 1 f.

NACHWORT

1 Kreuzer, H.: Vom Glück und Unglück «auf den Flügeln der Wörter», in: Zeitschrift für Literaturwissenschaft und Linguistik 50, 1983, 7–15, zit. 8. Das Jubiläumsheft dieser Zeitschrift ist ganz dem Thema «Glück» gewidmet. Vgl. auch Forschner, M.: Über das Glück des Menschen. Aristototeles, Epikur, Stoa, Thomas von Aquin, Kant, Darmstadt 1993.

2 Epaphroditos war ein Freigelassener des Kaisers Nero (Epiktet, Diss. 1, 1, 20). – Er trug im Jahre 65 n. Chr. zur Aufdeckung der Pisonischen Verschwörung bei, an der auch Seneca und Petron beteiligt gewesen sein sollen. Als einer der letzten treuen Diener Neros half er diesem bei seinem Selbstmord. Von Epiktet (Diss. 1, 26, 11) wissen wir, daß Epaphroditos sehr reich war. Daß Epiktet ein Sklave des Epaphroditos war, wird durch Diss. 1, 19, 21 bezeugt.

3 Arrian war Geschichtsschreiber und Staatsbeamter in römischen Diensten. 130 n. Chr. war er Consul suffectus. Seine Nachschriften der Lehrgespräche und Lehrvorträge Epiktets sind schon in der Antike die einzigen Zeugnisse der Tätigkeit des Philosophen (vgl. Gellius 1, 2 und 17, 19). Arrians berühmtestes Werk ist die Geschichte Alexanders des Großen. Stilistisch ahmt er Xenophon nach.

4 Nikopolis wurde bei Actium, dem Ort der Schlacht gegen Antonius (2. September 31 v. Chr.), von Octavian gegründet.

5 Vgl. Epictetus. The Discourses as reported by Arrian, the Manual and Fragments, with an English Translation by W. A. Oldfather, Vol. 1–2, London/ Cambridge (Mass.) 1961 /Nachdruck der Ausgabe von 1925), Introd., p. XI–XII.

6 Niehues-Pröbsting, H.: Der Kynismus des Diogenes und der Begriff des Zynismus, München 1979, 187.

7 «Allein, daß Epiktet keine konkrete Instanz oder Institution wie etwa die Kirche einsetzt als Statthalter und Vollstrecker des göttlichen Willens, verhindert die praktische Entmündigung des Individuums» (Niehues-Pröbsting, s. Anm. 6, 190).

8 Eine knappe Information bietet «Der Kleine Pauly», Bd. 2, Nachträge, s. v. Diatribai. Ausführlicher informieren W. Capelle u. H. I. Marrou, s. v. Diatribe, in: Reallexikon für Antike und Christentum, Bd. 3, Stuttgart 1957.

9 Oltramare, A.: Les origines de la diatribe romaine, Diss. Genève 1926, 44–65 u. 263–292, bietet eine Liste von 94 Themen.

10 Vgl. Hadas, M.: Der Hellenismus. Werden und Wirkung, München 1963, 205–210.

11 Hadas, s. Anm. 10, 209–210. Vgl. auch Oltramare, s. Anm. 9. Zur Beziehung der Paulus-Briefe zur Diatribe: Bultmann, R.: Der Stil der Paulinischen Predigt und die kynisch-stoische Diatribe, Göttingen 1910.

12 Zur Wirkung der Diatribe auf die Schriften des Neuen Testaments: Bonhöffer, A.: Epictet und das Neue Testament, Gießen 1911.

ZUM TEXT

Der Epiktet-Übersetzung wurde der Text von H. Schenkl (Leipzig 1916) zugrunde gelegt. In einigen Fällen gibt die Übersetzung den Text von W. A. Oldfather (Cambridge, Mass., 1925–28) wieder. Für Teles und Musonius wurden die Textausgaben von O. Hense (Tübingen 1909, Leipzig 1905) benutzt. Den Epiktet-Übersetzungen von W. A. Oldfather (griechisch-englisch) und von J. Souilhé (Paris 1943–65, griechisch-französisch) verdankt der Übersetzer wertvolle Anregungen. Der griechische Text ist den Ausgaben von Schenkl (Epiktet) und Hense (Teles/Musonius) entnommen. Abweichungen von Schenkl und Hense sind als Fußnoten suo loco angegeben.

ZUR ÜBERSETZUNG

Die Übersetzung soll dem Leser einen zeitgemäßen, leicht verständlichen Text bieten. Der Übersetzer hat sich bemüht, Inhalt und Gedankengang des Originals so wiederzugeben, daß der Leser den großen historischen Abstand zwischen dem griechischen Text und der Übersetzung möglichst wenig spürt. Zu diesem Zweck sind mitunter kleine Lesehilfen in den Text eingebaut: So wird z. B. die Bedeutung eines wichtigen Fachausdrucks gelegentlich mit zwei deutschen Begriffen wiedergegeben. Manchmal wird ein mehrfach vorkommendes griechisches Wort mit verschiedenen deutschen Äquivalenten übersetzt. Auf diese Weise soll der Perspektivenreichtum des originalsprachlichen Ausdrucks besser erfaßt werden.

Die Überschriften über den Texten sind entweder freie Zusätze des Übersetzers oder in Anlehnung an die griechischen Titel formuliert.

LITERATURHINWEISE

Ausgaben

Epicteti Dissertationes ab Arriano digestae, hrsg. von H. Schenkl, Leipzig 1916.
Epictetus, The Discourses as reported by Arrian etc., hrsg. von W. A. Oldfather,
2 Bde., Cambridge (Mass.) 1925–28 (mit englischer Übersetzung).
Épictète, Entretiens, hrsg. von J. Souilhé, 4 Bde. (Collection Budé), Paris
1943–65 (mit französischer Übersetzung).
Teletis reliquiae, hrsg. von O. Hense, Tühringen 1909.
C. Musonii Rufi, Reliquiae, hrsg. von O. Hense, Leipzig 1905.

Übersetzungen

Epiktet, Was von ihm erhalten ist, übersetzt von J. G. Schulthess, bearbeitet von
R. Mücke, Heidelberg 1926.
Epiktet, Handbüchlein der Moral und Unterredungen, übersetzt von H. Schmidt,
bearbeitet von K. Metzler, Stuttgart 1984.
Epiktet, Handbüchlein der Moral. Griechisch/Deutsch. Übersetzt und herausge-
geben von K. Steinmann, Stuttgart 1992.

Aufsätze und Monographien

A. Bodson, La morale sociale des derniers Stoïciens Sénèque, Épictète et Marc-
Aurèle, Paris 1967.
A. Bonhöffer, Epictet und die Stoa, Stuttgart 1890.
Ders., Die Ethik des Stoikers Epictet, Stuttgart 1894.
Ders., Epictet und das Neue Testament, Gießen 1911.
I. Bonforte, The Philosophy of Epictetus, New York 1955.
P. De Lacy, The Logical Structure of the Ethics of Epictetus, Classical Philology
38 (1943), S. 112–125.
M. Forschner: Die stoische Ethik. Über den Zusammenhang von Natur-, Sprach-
und Moralphilosophie im altstoischen System, Stuttgart 1981.

K. Hartmann, Arrian und Epiktet, Neue Jahrbücher für das klassische Alterum usw. 15 (1905), S. 248–275.

B. L. Hijmans jr., Askesis – Notes on Epictetus' Educational System. Assen 1959.

W. Hochkeppel: War Epikur ein Epikureer. Aktuelle Weisheitslehren der Antike, München 1984, 169–192.

A. Jagu, Épictète et Platon – Essai sur les relations du Stoïcisme et du Platonisme à propos de la morale de Entretiens, Paris 1946.

G. Pire, Stoïcisme et pédagogie – De Zénon à Marc-Aurèle, de Sénèque à Montaigne et à J. J. Rousseau, Lüttich 1957.

M. Pohlenz, Die Stoa, 2 Bde., Göttingen 1978/80⁵.

H. Reiner, Die ethische Weisheit der Stoiker heute, Gymnasium 76 (1969), S. 330–357.

J. M. Rist, Stoic Philosophy, Cambridge 1969.

F. Schweingruber, Sokrates und Epiktet, Hermes 78 (1943), S. 52–79.

L. Spanneut, Epiktet in: Reallexikon für Antike und Christentum. Bd. 5, Stuttgart 1961, Sp. 599–681.

Th. Zahn, Der Stoiker Epiktet und sein Verhältnis zum Christentum. Erlangen 1894.

Wolfgang Buchwald / Armin Hohlweg / Otto Prinz

Tusculum-Lexikon

griechischer und lateinischer Autoren des Altertums und des Mittelalters.
3. neu bearbeitete und erweiterte Auflage 1982.
XXII, 862 Seiten, Ganzleinen

Das 1948 erstmals erschienene Tusculum-Lexikon wurde bald *das* klassische Hilfsmittel zum Verständnis griechischer und lateinischer Literatur. Für die 3. Auflage wurde es von den Autoren völlig neu bearbeitet und ist dadurch gegenüber der 2. Auflage um mehr als ein Drittel gewachsen. Die notwendige Ausweitung ergab sich vor allem aus der Aufnahme neuer Stichwörter, der Ergänzung der Angaben zu führenden Textausgaben bzw. Übersetzungen und aus der Aufarbeitung der bibliographischen Angaben. Das Lexikon bietet dadurch Fakten zu über 2000 Autoren und Begriffen: Namen, biographische Daten, Werkausgaben, literarische Bedeutung, bibliographische Hinweise.
Der Benutzer gewinnt einen umfassenden Überblick über alle Autoren von Homer bis zu den Frühhumanisten, die maßgeblich zu den Grundlagen unserer geistigen Welt beigetragen haben.

Plinius Secundus d. Ä.

Naturalis Historiae · Naturkunde

Erste lateinisch-deutsche Gesamtausgabe der 37 Bücher;
unter Mitwirkung namhafter Fachgelehrter herausgegeben
von Roderich König, Gerhard Winkler, Karl Bayer und
Joachim Hopp.